SDNCS

荷兰新加尔文主义丛书
Studies in Dutch Neo-Calvinism Series
陈佐人 曾劭恺 徐西面 ◎主编
蒋亨利 李鹏翔 朱隽皞 ◎编委

荷兰新加尔文主义丛书

2019

《赫尔曼·巴文克论荷兰新加尔文主义》
徐西面编　邵大卫译

2020

《三位一体和有机体：赫尔曼·巴文克的有机主旨新释》
恩雅各（James Eglinton）著　徐西面译

《拉斯维加斯机场内的加尔文主义》
毛瑞祺（Richard J. Mouw）著　刘伦飞译

《政治、宗教和领域主权》
戈登·格兰姆（Gordon Graham）编　路得，曼黎译

2021

《改革宗伦理学（卷一）：被造、堕落和归信的人性》
赫尔曼·巴文克著　徐西面编/荷译　刘兵，温津，董晓华，赵柳英译

《赫尔曼·巴文克的教牧神学》
赫尔曼·巴文克著　徐西面编　魏峰，牛泓，罗珍译

2022

《基督教与世界观》
赫尔曼·巴文克著　徐西面编/荷译　朱隽皞英译

《磐石取蜜》
亚伯拉罕·凯波尔著　邵大卫，利百加译

《宗教、科学和社会文集》
赫尔曼·巴文克著　刘伦飞译

《我们的敬拜》
亚伯拉罕·凯波尔著　李咏祈，肖庆，许未克，徐一方，徐西面译

《普遍恩典（卷一）：上帝赐予堕落世界的礼物》
亚伯拉罕·凯波尔（Abraham Kuyper）著　张瀚仁，许智琳，罗盼云，谢广琦译

2024

《改革宗教理学：章节摘要》
赫尔曼·巴文克著　约翰·博尔特（John Bolt）英编
徐西面，蒋亨利，朱隽皞中编　王一，李季，李明明，刘伦飞译

《赫尔曼·巴文克生平评述》
恩雅各（James Eglinton）著　董晓华、徐西面（辅）译

赫尔曼·巴文克生平评述

Bavinck: A Critical Biography

恩雅各(James Eglinton) ◎ 著
董晓华、徐西面(辅) ◎ 译

© Latreia Press, 2024

作者 / 恩雅各（James Eglinton）
译者 / 董晓华、徐西面（辅）
审定 / 徐西面
中文编辑 / 姚凯、陈泠珅
中文校订 / 赵柳

中文书名 / 赫尔曼·巴文克生平评述
英文书名 / Bavinck: A Critical Biography
所属丛书 / 荷兰新加尔文主义丛书
丛书主编 / 陈佐人、曾劭恺、徐西面、蒋亨利

All rights reserved.

Originally published in English under the title *Bavinck: A Critical Biography* by Baker Academic, a division of Baker Publishing Group. © **James Eglinton, 2020.** This translation is published by arrangement with Baker Publishing Group. No Part of this book may be reproduced or transmitted in any form or by any means, electronic or mechanical, including photocopying, recording, or by any information storage or retrieval system, without permission in writing from the publishers. For information, address **Baker Publishing Group of P.O. Box 6287, Grand Rapids, Michigan, 49516-6287, U.S.A.** or address **Latreia Press, Hudson House, 8 Albany Street, Edinburgh, Scotland, EH1 3QB.**

本书部分经文引自《和合本》和《和合本修订版》，版权属香港圣经公会所有，蒙允准使用。其余经文直接译自英文原文。

策划 / 李咏祈，徐西面
内页设计 / 冬青
封面设计 / 冬青
出版 / 贤理·璀雅出版社
地址 / 英国苏格兰爱丁堡
网址 / https://latreiapress.org
电邮 / contact@latreiapress.org
中文初版 / 2024 年 12 月

ISBN: 978-1-913282-29-5

目 录

荷兰新加尔文主义丛书序..I
缩略词..V
主要人物、教会、教育机构和报纸...VII
文献说明..XIII
致谢...XV
中译本序..XIX
绪论...XXIII
生平年表...XXXI
荷兰地图...XXXIII
照片集...XXXV

第一部分 寻根问宗

第一章 本特海姆的古旧归正教会...3

经历现代欧洲的动荡｜圣徒巴沃的漂泊后裔｜
现代欧洲的下萨克森与荷兰｜19世纪的分离运动与复兴｜
欧洲之春｜正统信徒在现代社会中的参与｜
作为分离运动之子的赫尔曼·巴文克

第二章 杨·巴文克与赫兹娜·玛格达莱娜－霍兰....................25

现代人杨·巴文克的生平概略｜本特海姆森林中的敬虔｜
赫尔曼努斯·巴文克与芬娜·尼豪斯｜杨·巴文克的属灵觉醒｜
杨·巴文克迈向牧会之路｜在荷兰学习神学｜
现代后期文化中的古旧归正人士｜在下萨克森按立圣职｜
抽签与书信｜子女的诞生与夭折｜教育分离派信徒的子女｜
杨·巴文克的著作｜巴文克一家迁至坎彭｜
杨、赫尔曼与科学性神学｜约翰内斯·赫里特和赫兹娜离世

第三章　赫尔曼的童年与学生时代（1854–1872） 65

杨·巴文克与赫尔曼·巴文克｜赫尔曼·巴文克的自传｜
在宾斯霍滕和阿尔姆科克的童年：神秘的"未琢之玉"｜
哈塞尔曼学院与赫尔曼的青少年时代｜文科中学还是职业高中？｜
赫尔曼的第一本日记｜阿梅利亚·邓德克｜
分离者之子成为分离运动之子｜杨·巴文克收到去坎彭的邀请

第二部分 学生时代

第四章　坎彭（1873–1880） 91

19世纪70年代的神学院｜凯波尔与坎彭｜巴文克在坎彭｜
巴文克的动机　｜多纳和莱顿的吸引力

第五章　莱顿（1874–1880） 113

初到莱顿｜多纳牧师的讲道｜莱顿分离派的多样性｜
莱顿的穆尔塔图里和凯波尔｜克里斯蒂安·斯努克·赫胡洛涅｜
从坎彭返回："上帝啊，求祢保守身处莱顿的我！"｜
哈尔勒梅尔斯大街｜从莱顿视角看坎彭｜怀疑的危机与重返坎彭｜
文学考试｜决意回莱顿｜《高等教育法案》（1876）｜
一位神学生的社交活动｜博士学习：实用主义与无果而终的爱恋｜
离开莱顿｜在坎彭研究慈运理｜巴文克完成博士学业｜
教理学与伦理学｜年轻的博士｜进入荷兰社会的纵横轨迹

第三部分 牧者

第六章　弗拉讷克（1881–1882） 173

迎接牧职按立｜弗拉讷克或布洛克–奥普–朗赫戴克｜
双重决定｜预见牧会的难处｜移居弗拉讷克，前瞻坎彭｜
前往弗拉讷克｜牧会时期的孤独｜休假回家，暂释重负｜

排解孤独｜任牧师后的第一个生日｜
一些前往阿姆斯特丹的机会｜教会会议即将召开

第四部分 坎彭任教

第七章　旁搜远绍（1883–1889）................ 219

离开弗拉讷克后的反思｜坎彭任职典礼｜
以神学的方式定义神学｜学界得意，情场失意｜挚友亡故｜
着笔《改革宗教理学》和《改革宗伦理学》｜
斯努克·赫胡洛涅的麦加之旅｜神学在现代世界中的未来｜
与阿梅利亚的最后见面｜斯努克·赫胡洛涅从麦加回荷兰｜
荷兰风云与巴文克的国际联络｜坎彭神学院里的紧张关系｜
跻身新加尔文主义者的巴文克｜初见席佩斯先生和夫人｜
分离者群体与哀恸者群体｜来自阿姆斯特丹和莱顿的意外机遇｜
触碰社会阶层天花板

第八章　书写现代宗教改革（1889–1902）.............. 281

心系幼弟约翰，情系佳偶游汉娜｜婚庆联翩而至，喜事纷至沓来｜
圣经新译本，工作新任务｜开启学术新篇章｜喜结连理｜
基督教的政治和教会政治｜坎彭与阿姆斯特丹有何相干？｜
轻舟拍浪，扬帆赴美｜"并非唯一的真理"：挑战荷兰的加尔文主义｜
是否为旧约释经学而放弃《改革宗教理学》和《改革宗伦理学》？｜
初为人父｜加尔文主义与未来｜紧张不断｜
新作问世：《改革宗教理学》和《圣经新译本》｜
巴文克的《改革宗教理学》与凯波尔的《神圣神学的百科》｜
坎彭冲突不断，阿姆斯特丹矛盾升级｜幼弟亡故｜
硕果累累的岁月：教理学、心理学和伦理学｜
凯波尔的加尔文主义主题演讲｜
另择他处：阿姆斯特丹、阿默斯福特、哈勒姆或是希尔弗瑟姆？｜
担任《号角报》编辑｜一份隐藏的日记残篇｜
前往阿姆斯特丹："公文体最佳"

第五部分 在阿姆斯特丹担任教授

第九章　尼采时代的基督教（1902-1909） 363

对自由大学的确信与疑惑｜生活中最悲伤的经历｜《改革宗伦理学》｜
瓦特尔赫拉夫斯梅尔、伦敦和阿姆斯特丹｜一个新来的长期邻居：超人｜
召聚有神论者联盟｜为基督教教育而奋斗｜
从《不信与革命》出发前行｜1905年的大选：新加尔文主义日薄西山？｜
凯波尔远游，巴文克履职｜1905年乌特勒支大会的决议｜
自由大学中的女性｜信靠圣经，怀疑圣经｜文艺复兴式的全才｜
在自由大学之外的影响力｜"我们有国际视野"｜
再次赴美旅行｜归来不见故人面：彼得勒斯·比斯特菲尔德离世｜
讲述美国种族主义灾难：移民需三思｜美国与福音宣教使命｜
对启示的哲学的一个怀疑性回应｜
在一个持续变化的社会里捍卫加尔文和加尔文主义｜
与林德博姆的再度接触｜父子天人相隔

第十章　彰显本色（1910-1920） 427

应区分海外宣教和殖民扩张｜《改革宗教理学》结稿｜现代和正统｜
将教理学置之脑后？｜担任议会议员，重返政治舞台｜
基督教和文化｜公共生活里的私人时刻｜葡萄树、葡萄枝和斧子｜
众人仰望之士，流光溢彩之辞｜战事爆发，进展受阻｜
战争的问题｜服侍战争中的改革宗青年｜
结束"有关学校的论战"，扩大投票权｜战后重建

第十一章　巴文克的临别之年（1920-1921） 471

吕伐登教会会议｜高调辞世，悄然离世：亚伯拉罕·凯波尔（1837-1920）
与赫尔曼·巴文克（1854-1921）｜最后长眠之地

附言 487
附录一《我的赴美之旅》 497
附录二《赫尔曼·巴文克博士的自传简介》 517
附录三《提议：福音运动的概念和必要性》 519
参考书目 521
索引 567

人实际上就是自身最大之谜。人需要认识自己，才能生活且让他人辨识。但与此同时，人必须保持隐瞒自己，这样才能活着且自由。若人最终可"识破自己"，清晰辨明自身所有问题，那么他就再无任何问题，一切将会确定无疑且受到束缚，从而人走向终结。何为人？解开这一谜团的同时，也意味着最终不再为人。当我们经历身而为人时，也就经历身而为人的问题、自由与开放。

于尔根·莫特曼，《人》

荷兰新加尔文主义丛书序

荷兰新加尔文主义是在现代荷兰王国的历史中发展出来的重要基督教神学传统，在普世基督教神学中独树一帜。若要认识欧洲低地国历史与现代西方神学的发展，荷兰新加尔文主义是极之重要的文化源流与神学思想传统。

十六世纪的欧洲出现了风起云涌的宗教改革运动。当时在鹿特丹的伊拉斯谟提倡温和改革的路线，与德国马丁路德的改教运动分庭抗礼。十七世纪被称为宗教战争的时代，当时的低地地区与西班牙爆发80年的战争，史称低地荷兰大反抗（1568-1648）。低地国联合起来成立了荷兰共和国，长期的经济繁荣促成了重商主义的兴起。1648年的明斯特和约结束了对西班牙的战争，成为了低地迈向国家化的重要里程碑。这时期产生了著名的多特会议（1618-1619）。内忧外患的时局成为这场神学论争的背景，好像在英国内战时召开的西敏大会（1643-1649）。历史家统称荷兰共和国为荷兰的黄金时代，一百五十万人口的低地国竟然创立了东印度与西印度公司，成功地建立了庞大殖民版图的帝国。这时期是笛卡尔、斯宾诺莎、伦勃朗的黄金时代。

1789年的法国大革命将荷兰再次卷进战火。1795年拿破仑挥兵席卷低地，结束了二百多年的荷兰盛世。1813年尼德兰（即低地）联合王国成立，包括荷兰、比利时与卢森堡，但这个短暂寿命的王国随着比利时与卢森堡的独立而瓦解。1839年《伦敦条约》承认比利时独立，现代的荷兰王国正式成立。本系列的思想家之一亚伯拉罕·凯波尔出生于1837年，即《伦敦条约》之前两年。

本系列的两位神学思想家都出生于现代的荷兰，逝世于二战爆发之前：亚伯拉罕·凯波尔（1837-1920），赫尔曼·巴文克（1854-1921），他们两位的人生旅途与思想轨迹都满布着荷兰历史的足印。另一位较年轻的是魏司坚（1862-1949），因从小就移民美国，他成为荷兰新加尔文主义在美国的主要代表人物之一。

为什么我们需要认识与了解荷兰新加尔文主义？首先荷兰新加尔文主义者均是著作等身的思想家。他们的著作被后世公认为神学的经典。单从神学思想史来看，阅读这些荷兰神学家的原典文本，可以丰富中国学界神学视野。今天许多英美神学的重要问题都可以追源至荷兰的改革宗神学，如果英美改革宗神学像1620年的五月花号客船，那整个荷兰加尔文主义的大传统就像是那艘先从鹿特丹出发的史佩德威尔号。

第二，荷兰新加尔文主义与荷兰历史之间错综复杂的关系提供了许多重要的参考，使我们可以反思宗教与文化及社会的关系。荷兰没有产生自己的马丁路德或加尔文，他们在漫长国家化的历史中接受了加尔文主义的神学思想，并且进行了全面荷兰化的改造。这在世界历史中是独特的。因着历史与地理的差异，荷兰与其他主要的新教国家不同。他们的目的似乎不是单纯地将阿姆斯特丹变成日内瓦，而是自觉地要建立一个低地的王国或共和国。这个国家化过程的对手不是君主制，所以他们不必像英国清教徒一般处死查尔斯一世。这些荷兰神学家的著作为我们提供了饶富启发性的历史蓝本，使我们可以进一步透视宗教与现世处境的关系。

神学与世局有千丝万缕的关系，自古已然。从奥古斯丁的《上帝之城》到马丁路德与加尔文的著作，无不具有独特的历史与政治背景，同时他们的文本也成为神学经典。同样，笛卡尔、康德与黑格尔的哲学名著也具有特定的历史处境，但他们的作品自成一个意义的世界，作为纯粹思想探寻的文本。荷兰新加尔文主义者的著作是神学思想史上的杰作，但同时与他们的荷兰世界密不可分。这种可区分但不可分离的关系正是我们阅读文化经典的原因：从思想来反思处境，从处境来透视思想。

第三，荷兰新加尔文主义为我们提供了对基督教教会本质的反省。这是耐人寻味的问题。作为大陆中小岛的荷兰，每时每刻都在与大洋搏斗。这种存在的危机根本不容许荷兰有内战，荷兰国家化过程的敌人全是周围虎视眈眈的帝国：西班牙、拿破仑与纳粹德国。但这种同仇敌忾的国族危机并没有产生教会的合一。相反，荷兰教会的分裂是著名的。许多教会历史课本常调侃荷兰特色的基督教：一个荷兰人是神学家，两个荷兰人组成教会，三个荷兰人便会教会分裂。从十七世纪的多特会议到凯波尔在1880年代的教会出走运动，荷兰教会一直在极度激化的纷争中。正如魏司坚在普林斯顿神学院的同僚华腓德定义改教运动说："从内部而言，改教运动是奥古斯丁的恩典论至终胜过了他自己的教会论。"从表面来看，荷兰新加尔文主义者似乎也秉承了此种宁为玉碎、不为瓦全的分离主义。然而，新加尔文主义健将凯波尔将加尔文主义定义为整体的世界观与生活体系，并且提倡普遍恩典的概念来整合一套具兼容性的神学与治国理念。研究荷兰新加尔文主义可以帮助我们去思想基督教的教会理论中的两大张力：大公精神与分离主义，就是大一统世界观的传统教会与倾向完美主义观的小教派。两者如何兼并而非各走极端，这是阅读新加尔文主义对我们的启迪。

第四，荷文化与中国文化都曾经拥有黄金时代的光辉历史，并且二国至今仍然是世界舞台上欣欣向荣的文化国家。荷兰人缅怀他们的黄金时代，就是法国的笛卡尔、犹太教的斯宾诺莎、加尔文主义艺术家伦勃朗、基督公教画家弗美尔、阿民念主义的法学家格劳秀斯，还有一群毅然投奔怒海的史佩德威尔号的漂游客。这群人组成了一幅五彩缤纷的马赛克。中国的黄金时代亦是如一幅连绵不断数千年的光辉灿烂的精致帛画，是如此美不胜收，教人目不暇接。阅读荷兰新加尔文主义的著作可以为广大中国学者与读者提供一个具有文化亲近性的西方蓝本，借此来激发我们在中国文化的处境中去寻求创新与隽永的信仰与传承。

  本系列的出版可以为广大读者提供高水平而流畅的翻译，使大家可以更深入地了解荷文化与神学思想的精妙。这是一套承先启后，继往开来的出版企划，希望广大的读者从中获益。

陈佐人
美国西雅图大学神学与宗教研究副教授
2019 年 10 月 29 日

缩略词

BHD	Harinck, George, and Wouter Kroese, eds. *"Men wil toch niet gaarne een masker dragen": Brieven van Henry Dosker aan Herman Bavinck, 1873–1921*. Amsterdam: Historisch Documentatiecentrum voor het Nederlands Protestantisme (1800–heden), 2018.
ELV	Harinck, George, and Jan de Bruijn, eds. *Een Leidse vriendschap*. Baarn: Ten Have, 1999.
ET	English translation 〔英译〕
GD^1	Bavinck, Herman. *Gereformeerde dogmatiek*. 4 vols. 1st ed. Kampen: Bos, 1895–1901.
GD^2	Bavinck, Herman. *Gereformeerde dogmatiek*. 4 vols. 2nd ed. Kampen: Kok, 1906–11.
HBA	Herman Bavinck Archive at the Historisch Documentatiecentrum voor het Nederlands Protestantisme (1800–heden), Vrije Universiteit Amsterdam.
LGV	Dennison, James T., Jr., ed. *The Letters of Geerhardus Vos*. Phillipsburg, NJ: P&R, 2005.
RD	Bavinck, Herman. *Reformed Dogmatics*. Edited by John Bolt. Translated by John Vriend. 4 vols. Grand Rapids: Baker Academic, 2003–8.

主要人物、教会、教育机构和报纸

人物

贝伦迪努斯·约翰内斯·巴文克（Berendinus Johannes Bavinck, 1870–1954）——又称"迪努斯"·巴文克（Dinus Bavinck），赫尔曼·巴文克之弟，医学博士。

昆拉德·伯纳德斯·巴文克（Coenraad Bernardus Bavinck, 1866–1941）——又称伯纳德·巴文克（Bernard Bavinck），赫尔曼·巴文克之弟，先就读于坎彭神学院，后成为一位牧师。

杨·巴文克（Jan Bavinck, 1826–1909）——赫尔曼·巴文克的父亲。汉诺威人，后移民至荷兰。在下萨克森地区古旧归正福音教会和基督教归正教会担任牧师。

约翰·赫尔曼·巴文克（Johan Herman Bavinck, 1895–1964）——赫尔曼·巴文克的侄儿，伯纳德·巴文克之子。约翰·赫尔曼是一位知名的宣教士，曾在印度尼西亚宣教。

约翰内斯·赫瑞特·巴文克（Johannes Gerrit Bavinck, 1872–96）——又称约翰·巴文克（Johan Bavinck），赫尔曼·巴文克之弟，在攻读法学博士课程期间，因患肺结核去世。

赫兹娜·巴文克–霍兰（Geziena Bavinck-Holland, 1827–1900）——赫尔曼·巴文克的母亲，荷兰人。她成长于荷兰改革宗教会，但后来加入分离派。

游汉娜·艾德里安娜·巴文克－席佩斯（Johanna Adriana Bavinck-Schippers, 1868–1942）——赫尔曼·巴文克之妻，基督教妇女运动的杰出人物。

阿梅利亚·邓德克（Amelia den Dekker, 1849–1933）——赫尔曼·巴文克年轻时所心仪的女子。

约翰内斯·亨德里克斯·多纳（Johannes Hendrikus Donner, 1824–1903）——莱顿分离派牧师。他的讲道对青少年时期的赫尔曼·巴文克产生了重大影响。1880年开始，他在下议院担任议员。

亨利·多斯克（Henry Elias Dosker, 1855–1926）——神学家，青少年时期跟随牧师父亲移民美国。多斯克和巴文克一起就读于兹沃勒文科中学，他们一直互通书信（尽管并非持续频繁）。

范普林斯特勒（Guillaume Groen van Prinsterer, 1801–1876）——加尔文主义者，曾任国王威廉二世的秘书。荷兰抗革命党的早期政治运动主要受他的著作《不信与革命》（1847）启发。

胡宁（J. H. Gunning Jr., 1829–1905）——阿姆斯特丹自由大学的教会学教授，是当时伦理神学的重要引领者。他和巴文克是彼此激发思想的多年好友。

亚伯拉罕·库能（Abraham Kuenen, 1828–1891）——莱顿大学的旧约教授，除了其他学科，他还讲授伦理学。库能是巴文克博士论文实际意义上的导师。

亚伯拉罕·凯波尔（Abraham Kuyper, 1837–1920）——自由派改革宗牧师。他第一次牧会时经历了敬虔主义式的归信。凯波尔在荷兰改革宗教会中引领了复兴运动，最后脱离荷兰改革宗教会，建立了哀恸者教会（1886）。他创立了抗革命党（1879），建立了阿姆斯特丹自由大学（1880），并于1901到1905年间担任荷兰首相。

小亚伯拉罕·凯波尔（Abraham Kuyper Jr., 1872–1941）——亚伯拉罕·凯波尔的儿子，曾师从赫尔曼·巴文克，年轻时在教理学界就崭露头角。

赫尔曼·凯波尔（Herman Kuyper，1864—1945）——亚伯拉罕·凯波尔的长子，阿姆斯特丹自由大学的教授，和赫尔曼·巴文克共事多年。

卢卡斯·林德博姆（Lucas Lindeboom，1845—1933）——基督教归正教会的牧师和神学家，是亚伯拉罕·凯波尔和赫尔曼·巴文克神学上的对手。他一直反对阿姆斯特丹自由大学的建校方针。林德博姆和赫尔曼·巴文克同年受聘于坎彭神学院。

弗里德里希·尼采（Friedrich Nietzsche，1844—1900）——19世纪德国哲学家。他提出一种新型的无神论，摒弃了有神论的道德陷阱，提出在"上帝已死"的基础上"重新评估所有价值观"。

赫瑞特·雷斯（Gerrit Ruys，1888—1945）——赫尔曼·巴文克的女婿，汉妮的丈夫。他在阿姆斯特丹任律师，积极参加反纳粹运动。他在被押送至战俘营的途中去世。

赫尔曼·雷斯（Herman Ruys，1923—1943）——赫尔曼·巴文克的外孙。因投身于反纳粹活动，被关押在威特林斯堡监狱，后遭纳粹枪决队杀害。

胡果·弗洛里斯·雷斯（Hugo Floris Ruys，1924—1945）——赫尔曼·巴文克的外孙。因投身于反纳粹运动，在哈勒姆遭纳粹枪决队杀害。

游汉娜·赫兹娜·雷斯–巴文克（Johanna Geziena Ruys-Bavinck，1894—1971）——赫尔曼和游汉娜的女儿。在第二次世界大战期间，她和家人积极参加反纳粹运动。父母常称她为汉妮。

亚历山大·德·萨沃宁·洛曼（Alexander de Savornin Lohman，1837—1924）——阿姆斯特丹自由大学的法学家，先是抗革命党成员，后与亚伯拉罕·凯波尔产生冲突。

安德瑞斯·席佩斯（Andries Willem Schippers，1843—1924）——赫尔曼·巴文克的岳父，一位富有船商，是凯波尔思想的支持者。

弗里德里希·施莱尔马赫（Friedrich Schleiermacher，1786—1834）——19世纪德国神学家。他将宗教重新定义为"一种全然信靠上帝的感觉"。该思想对巴文克一生产生了重要影响。

约翰内斯·斯霍尔滕（Johannes Henricus Scholten, 1811-1885）——曾先后在弗拉讷克和莱顿任教的神学家。从1843年到1881年，他在莱顿大学主要讲授新约、自然神学、教理学和宗教哲学。与亚伯拉罕凯波尔一样，他站在现代神学运动的前沿。他是巴文克的博士论文导师。

克里斯蒂安·斯努克·赫胡洛涅（Christiaan Snouck Hurgronje, 1857-1936）——当时荷兰最著名的东方学学者。他和赫尔曼·巴文克在莱顿求学时成为朋友。

阿德里安·斯迪克特（Adriaan Steketee, 1846-1913）——在巴文克坎彭神学院一年求学时期，他在坎彭任教，但后被免职，而这与巴文克获聘坎彭神学院紧密相连。

魏司坚（Geerhardus Vos, 1862-1949）——前普林斯顿神学院神学家。他在青少年时从荷兰移民至美国。魏司坚和巴文克情趣相投，书信往来多年。

道威·卫兰赫（Douwe Klazes Wielenga, 1841-1902）——基督教归正教会的牧师和神学家，是赫尔曼·巴文克的多年至交。卫兰赫和赫尔曼·巴文克同时受聘于坎彭神学院。

教会

基督教归正教会（Christelijke Gereformeerde Kerk）——藉1834年分离运动从荷兰改革宗教会分离出来的宗派。在巴文克家族中，杨、赫尔曼和伯纳德都曾在该宗派担任牧师。该宗派的信徒自称为分离者。自1869年后，该宗派称为基督教归正教会。1892年，该教会与荷兰归正教会（哀恸者）合二为一。

荷兰改革宗教会（Nederlands Hervormde Kerk）——为荷兰主流宗派，从中先后分离出了基督教归正教会和荷兰归正教会（哀恸者）。

主要人物、教会、教育机构和报纸　XI

荷兰归正教会（哀恸者）（Nederduitse Gereformeerde Kerk [Dolerende]）——1886 年，在亚伯拉罕·凯波尔的领导下，从荷兰改革宗教会分离出的宗派。1892 年，它与基督教归正教会联合成为荷兰地区归正众教会。

下萨克森地区古旧归正福音教会（Evangelisch-altreformierte Kirche in Niedersachsen）——在（德国）下萨克森（Lower Saxony）的本特海姆（Bentheim），该宗派紧随 1838 年本特海姆改革宗教会的分离运动而形成。青少年时期的杨·巴文克加入该教会，并在其中担任牧师。

归正教会复原联会（Gereformeerde Kerken in Hersteld Verband）——赫尔曼巴文克之前的学生约翰尼斯希尔克肯（Johannes Geelkerken）引发了一系列争议，之后于 1926 年成立该宗派。游汉娜·巴文克－席佩斯、汉妮·雷斯－巴文克和赫瑞特·雷斯也加入了该宗派。

荷兰地区归正众教会（Gereformeerde Kerken in Nederland）——由基督教归正教会和荷兰归正教会（哀恸者）于 1892 年联合而成。

教育机构

阿姆斯特丹自由大学（Vrije Universiteit Amsterdam）——原为亚伯拉罕·凯波尔在 1880 年成立的私立大学，旨在按照归正原则建校，但该大学没有得到任何教会的认可。现名为 VU University Amsterdam。

坎彭神学院（Theologische School Kampen）——原为基督教归正教会的神学院，成立于 1854 年。现名为坎彭神学大学（Theologische Universiteit Kampen）。

普林斯顿神学院（Princeton Theological Seminary）——原为新泽西普林斯顿的长老会神学院。巴文克和凯波尔与该校的教授魏司坚和华腓德（B. B. Warfield）一直保持着密切联系。他们二人在该校发表年度斯通讲座。

报刊

《大众商报》（*Algemeen Handelsblad*）——1828 年首次发刊，是荷兰最重要的自由派（和反凯波尔）的报纸。1970 年，该报和《新鹿特丹消息》（*Nieuwe Rotterdamsche Courant*）合并为《新鹿特丹商报》（*NRC Handelsblad*），是当今荷兰左翼自由派最有影响力的日报之一。

《号角报》（*De Bazuin*）——由分离派教会（后为基督教归正教会）于 1853 年创刊并发行至今。

《先锋报》（*De Heraut*）——由斯科特·科克（Scots Kirk）出版社于 1850 年在阿姆斯特丹创刊，旨在推进对犹太人的宣教活动。1870 年，该报由亚伯拉罕·凯波尔接手，并成为他推广自己神学和政治蓝图的重要渠道。

《旌旗报》（*De Standaard*）——1872 年创刊，是抗革命党的官方报刊。抗革命党是一个基督教民主政党，由亚伯拉罕·凯波尔创建。

文献说明

巴文克在记录自己经历的日记（dagboeken）和信函上都注明了日期，这为后来他的传记作家们打开一个丰富质感的视窗，由此可了解他生活的重要阶段。这些特殊的一手文献，为本传记铺陈了写作的韵律和素材，也是贯穿本书的参阅文献。为了帮助读者区分所引文献类型，我用粗体标注引自日记的内容，引自信函的内容未用粗体。巴文克与三位朋友——克里斯蒂安·斯努克·赫胡洛涅（Christiaan Snouck Hurgronje）、亨利·伊莱亚斯·多斯克（Henry Elias Dosker）和魏司坚（Geerhardus Vos）——有单方寄出或双方来往的几套重要信件，现已翻译并出版，书名分别为：《一份自莱顿开始的友谊》[1]、《揭开面纱：多斯克致巴文克的信函，1873–1921》[2] 和《魏司坚的信函》[3]。除非另有说明，本传记所引用的其他信函、巴文克日记以及未出版的手稿，均源

---

[1] George Harinck and Jan de Bruijn, eds., *Een Leidse vriendschap* (Baarn: Ten Have, 1999). 这本书包含了写给巴文克和巴文克自己所写的信函。

[2] George Harinck and Wouter Kroese, eds., *'Men wil toch niet gaarne een masker dragen': Brieven van Henry Dosker aan Herman Bavinck, 1873–1921* (Amsterdam: Historisch Documentatiecentrum voor het Nederlands Protestantisme [1800–heden], 2018). 本书只包含了来自多斯克的信函。巴文克写给多斯克的信函存于巴文克档案库（HBA）。

[3] James T. Dennison Jr., ed., *The Letters of Geerhardus Vos* (Phillipsburg, NJ: P&R, 2005). 本书只包含了魏司坚写给巴文克的信函。巴文克写给魏司坚的信函存于巴文克档案库。

自阿姆斯特丹自由大学的荷兰基督新教历史文献中心（Historisch Documentatiecentrum voor het Nederlands Protestantisme；1800年至今部分），以及荷兰坎彭的城市档案馆（Stadsarchief）和荷兰归正众教会档案文献中心（Archief- en Documentatiecentrum van de Gereformeerde kerken in Nederland）。

巴文克生平的大量信息摘自19至20世纪的荷文报纸。这些报纸在荷兰本土、荷属东印度和流散在北美的保守派荷兰人的聚居地发行。在巴文克的年代，新兴的社会民主化与自由化带来了报业这一显著成果。在巴文克青年时代，荷兰废除了报纸的邮票税，这让日报经济实惠且类型多样。[4] 在此情境下，巴文克所在的社会新兴力量的群体，开始大量采用报纸这一新媒体。巴文克的生活轨迹也可在这些报刊的字里行间窥见，因此本传记会频繁参考这些文献资源。我并未像一些传记作家那样，将荷文报纸的名称翻译为英文。《卫报》（The Guardian）、《法国世界报》（Le Monde）和《德国时代周报》（Die Zeit）在全球发行，但都保持了原名，荷文报刊《号角报》《先锋报》和《旌旗报》也应如此。

除了所引用的英文文献，本书其他外文资料均为本人所译。引文的原文可见注解。

---

[4] Michael Wintle, *An Economic and Social History of the Netherlands, 1800–1920: Demographic, Economic and Social Transition* (Cambridge: Cambridge University Press, 2000), 315.

致谢

　　本书虽是关于他人的生平故事，但著书过程给我自己带来了诸多变化。前五章写于 2017 年，当时我在休学术假，在坎彭神学大学（Theologische Universiteit Kampen）担任访问研究员。在数月时光里，我与许多朋友同仁相互交流，并在本书中极为重要且美丽的城市坎彭写作，这一切都让我心悦神怡。我要感谢以下朋友：洛尔·库依波尔（Roel Kuiper）、道尔夫·特菲尔德（Dolf te Velde）、艾瑞克·德波尔（Erik de Boer）、汉斯·博格（Hans Burger）、约内克·博格－尼梅耶（Janneke Burger-Niemeijer）、约斯·考林恩（Jos Colijn）、约兰达·凡戈尔德－巴斯蒂安（Jolanda van Gelder-Bastiaan）、约兰达·兹威尔（Jolanda Zweers）、吉尔特·哈曼尼（Geert Harmanny）、玛尧林恩·帕尔马（Marjolijn Palma）、考尔特·凡博卡姆（Koert van Bekkum）、安德·德布鲁叶恩（Ad de Bruijne）、沃尔特·罗斯（Wolter Rose）和沃尔特·哈亭佳（Wolter Huttinga）。我尤其感谢乔治·哈林克（George Harinck）和德科·凡库勒恩（Dirk van Keulen）；在下文我会再次提到他们二人的名字，以致特别敬意。我要向以上这些朋友和同仁表示真挚的感谢：zeer bedankt voor jullie gastvrijheid（衷心感谢你们的热情款待）。那几个月中，我大部分时间都在荷兰坎彭的城市档案馆和荷兰地区归正众教会档案文献中心，以及阿姆斯特丹自由大学的荷兰基督新教历史文献中心（1800 年至今部分）

进行研究。我真诚感谢这些机构的所有人员，尤其感谢沃姆·库尔（Wim Koole）、阿布·凡拉格维尔（Ab van Langeveld）、梅叶恩·威尔玛-凡德尔维恩（Merijn Wijma-van der Veen）和汉斯·瑟尔胡威尔（Hans Seijlhouwer）。在那几个月间，我还受邀在阿姆斯特丹自由大学的宗教历史研究中心作学术报告。我同时也感谢约翰·欧文协会（John Owen Society）的热情邀请，得以在牛津大学作学术报告。在此，我向这两间机构表示感谢。

在本书的写作准备期间，我有幸见到并采访了一些本书中重要人物的后代。赫尔曼·巴文克的侄孙威慕·巴文克（Wim Bavinck）和艾米丽·巴文克-凡哈尔瑟玛（Emilie Bavinck van Halsema）热情邀请我到他们的家中，并赠我数箱资料，其中有些已出版，有些则尚未出版；这些资料对本次研究有重大价值。我非常荣幸得到国务大臣皮特·海因·多纳（Piet Hein Donner）的接见，他是约翰内斯·亨德里克斯·多纳（Johannes Hendricus Donner）的来孙。他亲切邀请我至他在国务委员会（the Raad van State）的办公室，与他探讨了他的辉煌家族史。约翰内斯·多纳的另一位后代杰法·多纳（Jerphaas Donner）热心分享了自己对家族史的研究。我对你们二人都表示衷心的感谢（hartelijk bedankt）。

本书剩余章节在爱丁堡大学新学院（New College）完成。我在那里有幸与一群优秀的博士生共事。在此，我向已毕业和仍在读的博士生们表示感谢：考利·布劳克（Cory Brock）、廖绍良（Nathaniel Gray Sutanto）、布鲁斯·帕斯（Bruce Pass）、哥斯塔夫·蒙特罗（Gustavo Monteiro）、卡梅隆·克劳星（Cameron Clausing）、格里格·帕克（Greg Parker）、徐西面（Ximian Xu）、理查德·布拉斯（Richard Brash）和以色列·古尔勒罗·乐威亚（Israel Guerrero Leiva）。我在此仅向你们说声谢谢。与你们每一位共事都让我感到欢乐和荣幸。我不会将之视为理所当然。与你们的许多交流为本书写作带来了新的思考。我希望你们能享受阅读这本传记，就如同我为自己从你们的研究中所学到的而欢喜。

在新学院员工休息室里，我和同事们交流甚多。他们每位都推动了本书的写作进程，有时是在非常细微却非常重要的方面。在有些时候，同事们和我分享他们自己领域的专业知识，从而帮助了我。不论何时何地，我的同事都不吝鼓励的话语，耐心陪我畅谈我所痴迷的研究课题。我一直对以下几位同事们感恩不已：大卫·弗格森（David Fergusson）、约书亚·拉尔斯顿（Joshua Ralston）、扎克雷·普维斯（Zachary Purvis）、苏珊·哈德曼–摩尔（Susan Hardman-Moore）、西门·波顿（Simon Burton）、娜奥米·阿伯顿（Naomi Appleton）、马修·诺维森（Matthew Novenson）、萨拉·帕维斯（Sara Parvis）、保罗·帕维斯（Paul Parvis）、乌尔里希·思米德（Ulrich Schmiedel）、艾玛·维尔德–伍德（Emma Wild-Wood）、布莱恩·斯坦利（Brian Stanley）、尤林恩·米歇尔（Jolyon Mitchell）、保罗·福斯特（Paul Foster）、海伦·邦德（Helen Bond），汉娜·豪斯内尔德（Hannah Holtschneider）、莫娜·斯迪奎（Mona Siddiqui）、斯图尔德·布朗（Stewart J. Brown）和曹荣锦（Alexander Chow）。我稍后会特别鸣谢曹荣锦。愿我的学院一直葆有热心学术交流的文化氛围。本项研究在爱丁堡完成的部分，也得到了迪米特罗·宾斯塔罗维斯基（Dmytro Bintsarovskyi）的鼎力相助。他为坎彭神学大学新加尔文主义研究所的数字化工作做出了杰出贡献。

我要特别感谢以下的同事和朋友。感谢曹荣锦！他通读了本书前几章，并提出了宝贵的反馈意见。谢谢！感谢理查德·乌斯特哈弗（Richard Oosterhoff）！他在本项研究接近尾声时，为本书提供了评论和鼓励。感谢凡库勒恩和哈林克，他们二位仔细阅读了初稿，向我提出了丰富且具有启发性的建议。感谢常怀耐心的马瑞努斯·德杨（Marinus de Jong）回答我有关古荷文词汇与语法的许多问题。我对你们每一位都深怀感谢，也希望你们会因本研究的成果而欢喜。Bedankt, allemaal（谢谢你们）！感谢奥利弗·克里斯普（Oliver Crisp），他为本书设计了封面。谢谢你成为神学研究领域的比撒列和巴拿巴——包括我在内的许多人都如此认为。

贝克学术（Baker Academic）是本书出版社的不二选择。如巴文克一般，贝克学术与荷兰加尔文主义渊源深厚，对更广阔的基督教神学世界具有敏锐的眼光。感谢戴夫·尼尔森（Dave Nelson）、布兰迪·斯库里菲尔德（Brandy Scritchfield）和詹姆斯·科斯莫（James Korsmo）在本书出版上体现的专业性和热忱。

感谢我的父母雅各·佩尔曼·艾格林顿（James Perman Eglinton）和伊莎贝尔·艾格林顿（Ishbel Eglinton）。感谢我的岳父和岳母阿拉斯戴尔（Alasdair）和培基-马伊琍（Peigi-Mairi）：谢谢你们在我忙碌的研究和写作时光中的关爱与支持。

除了感谢以上各位，本书得以完成有赖于家人的关爱与鼓励，因为本书是在我生命中非常需要帮助、奇妙又艰难的阶段写成。在此感谢我的孩子瑟马斯（Seumas）、安娜（Anna）、义查恩（Eachainn）和迈克尔（Mìcheal），并感谢我的妻子伊丽（Eilidh）。我将此书献给你们。

Mìle beannachd oirbh uile（愿祝福无穷无尽地临到你们）！

中译本序

赫尔曼·巴文克在有生之年几乎未曾谈及东亚地区的民族或文化。诚然，虽然巴文克在人生最后十年对基督福音的全球传播极为关注，但同样也可以说，在他的地缘政治想象中，亚洲和非洲大陆代表了世界上自己未曾去过、文化相异的广袤地区，并且在他看来，这些地区在脑海中难以想象。在这一点上，巴文克不似他的同事亚伯拉罕·凯波尔那样周游世界。凯波尔在西方世界之外的著名旅行，见证了他在一次地中海地区长途旅行中寻求融入犹太和伊斯兰文化。此外，凯波尔也是一位地缘政治战略家。相比之下，巴文克则不然。他一生只离开过欧洲两次，且两次都是前往北美，在那里他仍处于西方文化之中。当充满冒险精神的凯波尔为各国的未来而谋划并投身于异国探险时，谨慎而内敛的巴文克则专注于为荷兰人民发展神学。

除了普遍的（且无疑是强烈的）东亚民族需要福音的意识之外，在巴文克的著作中甚少窥见他对东亚的看法。其中一个他对东亚的看法出现在他 1904 年出版的《基督教科学》（*Christelijke wetenschap*），在那里我们发现了对"黄祸"（yellow peril）的简单提及。这是一个现已过时且来源存疑的术语，指的是西方对遥远的亚洲国家（特别是日本）的民族主义崛起感到恐惧。[1] 巴文

---

[1] Herman Bavinck, *Christelijke wetenschap* (Kampen: J.H. Kok, 1904), 97.

克对这一术语的简单提及表明了他作为十九世纪末西欧人，以及作为他那个（地缘政治）时代之产物的身份。尽管如此，这个术语也暗示了他对东亚的看法，即一个尚未被福音显著影响的环境。对他而言，东亚是一个令人担忧的地方。

当然，在巴文克的时代，全球基督徒人口中绝大多数都是白人，并且生活在西方。他在1892年访问在多伦多举行的长老会会议期间，了解到来自英语国家的基督教宣教士被差派前往东亚宣教。在那里，他有机会听到驻扎汉城（现首尔）的著名长老会宣教士霍勒斯·格兰特·安德伍德（Horace Grant Underwood, 1859–1916）牧师博士所做的一个充满希望的报告。这个报告宣称佛教和儒家思想都在迅速衰退，而朝鲜如今已成为"无宗教之地"，因此"适宜"于传教。[2] 在这次会议上，他还遇到了加尔文·威尔逊·马蒂尔（Calvin Wilson Mateer, 1836-1908），一位在中国与美国长老会宣教团一起工作了四十五年的宣教士。巴文克写道："见到这些人，并与他们在信心和盼望中合一，这是极大的喜悦。"[3]

尽管如此，似乎在巴文克生命的大部分时间，他仍然带着不安的心态遥望东方，没有清晰地意识到在他去世后的几十年内，改革宗基督教信仰会在东亚急剧传播。他在《改革宗教理学》和《启示的哲学》中有简单提及中国，将中国刻画为一个拥有伟大历史文明的国家，但仍深陷于多神信仰并忠于孔子而非基督。唯一与此种论调相左的特例出现在他的《战争的问题》（*Het probleem van den oorlog*, 1914）。书中有一段评论提到，"即使是日本、

---

[2] Rev. Dr. Underwood, 'Romanism on Foreign Mission Fields,' in G.D. Mathews, ed., *Alliance of the Reformed Churches Holding the Presbyterian System: The Fifth General Council, Toronto 1892* (London: Publication Committee of the Presbyterian Church of England, 1892), 415.

[3] Herman Bavinck, 'Het Concilie van Presbyterische Kerken te Toronto,' *Stemmen voor Waarheid en Vrede: Evangelische Tijdschrift voor de Protestantsche Kerken* 30 (1893), 915. "Het was eene rijke genieting, al deze personen te zien en te ontmoeten, en zich één met hen te weten in geloof en in hope."

中国和印度这些文明国家，似乎也正在为福音的使者敞开一扇伟大而有力的门"。⁴ 然而，此番评论是在一篇关于第一次世界大战灾难性局势的地缘政治著作中提出。它代表了一种机会，不太表示期待。

考虑到这一点，尤其引人注目的是，在巴文克去世一百年后，改革宗基督信仰在中国人民中间的传播远超他的想象。同样引人关注的是，他的许多著作，现在连同这部他的生平叙述，都已被翻译成中文。虽然他的一生和思想主要聚焦于他自己现代后期的西方背景，但是巴文克的人生和神学对今日全球基督徒仍具有指导性和实用性；他的著作被翻译成多国语言这一工作也反映了这一点。这本传记旨在提供关于巴文克生平和人生发展历程的历史背景叙述。我希望这本传记的中译版能帮助中文读者更好地理解他的著作，同时希望将他的著作置于他自身环境之处境化的做法，会有助于中国基督徒在他们的环境中思考基督教信仰的大公性。徐西面博士和董晓华博士为此中译本的制作一同付出了极大的努力，为此我深表感谢。

荣耀独归上帝！

恩雅各
爱丁堡
2024 年 3 月

---

⁴ Herman Bavinck, *Het probleem van den oorlog* (Kampen: J.H. Kok, 1914), 28-29. "…zelfs de cultuurlanden van Japan, China en Indië schenen een groote en krachtige deur voor de verkondigers van het Evangelie te openen".

绪论

赫尔曼·巴文克（1854–1921）是一位著作等身、致力于荷兰新加尔文主义运动（neo-Calvinist movement）的神学家。为什么他值得立传？在他所生活的时代，这个问题的答案可谓不言自明：在 20 世纪初的荷兰，巴文克的名字家喻户晓。对他同时代的人而言，巴文克不仅是一位杰出的神学家，还是一位心理学领域的开拓者、教育改革者、女童教育的拥护者、妇女投票权的倡导者、议会议员和报刊撰稿人，所涉领域不一而足。他曾是具有国际影响力的人物，在当今一些领域中**依然如此**。例如在 1908 年，总统西奥多·罗斯福（Theodore Roosevelt）在白宫接见了巴文克和他的妻子。在此之后，巴文克在普林斯顿神学院举办了久负盛名的斯通讲座（Stone Lectures）。作为荷兰举足轻重的人物，巴文克的国外行程见诸每天的新闻媒体；他回国后会在多地宣讲自己海外游历的印象与体会，每场讲座皆座无虚席。一个世纪之后，他的著作已被译为多种文字，各国读者数量与日俱增。

由于巴文克的家庭背景，他在国内和国际上愈发重要的地位更令人瞩目：巴文克家族参加 19 世纪初脱离荷兰改革宗教会的非法宗派。在赫尔曼出生不久之前，此宗派因信仰上不遵循国教一直遭受政府主导的迫害，举步维艰的社会前景与他们弃民的地位共存。就此看来，巴文克卓越一生的重要性不言而喻：他出生在荷兰致力于实现自由民主的社会理想的初期阶段，因此是充满机遇、追求平等和自由之新时代的代言人。

考虑到此背景，我们似乎更应问为何**不为**巴文克立传。在他逝世后的一个世纪里，已有许多人问过这一问题。毕竟对他生后的传记作家而言，学识渊博之人生活的迷人之处，如同花蜜吸引蜜蜂一样。在我的这本传记之前，确实已有六位作家为巴文克立传。所以现在必须回答的问题是：为什么应为巴文克再立**新传**？

简而言之，本传记是对巴文克生平的重新解读，属于已然挑战了长久以来对如何理解巴文克著作之众多假设的运动。在20世纪后半叶，许多有关巴文克的二次文献，都以一套令人困惑的术语为基础，将巴文克描述为改革宗传统中具有双重人格的人。有些作品认为，巴文克将保守的加尔文主义正统和明显的现代主义，以不同寻常的方式结合起来。当读到这类作品时，我常常会遇两个分立的赫尔曼·巴文克的惯常描述：一个是正统巴文克，另一个是现代巴文克。在这些文献中，巴文克生活和思想中正统和现代元素，历来被归因于两种不可调和的推动力。巴文克被认为受两种相反且矛盾的力量所牵拉，但它们从未形成合力指向同一方向（或更准确地说，我所读到的文献认为存在一个彼此矛盾的赫尔曼·巴文克）。这种观点对不断拓展的巴文克研究领域产生了影响。这类描述可见于一些著作，例如杨·冯赫夫（Jan Veenhof）对"双重巴文克"（two Bavincks）和巴文克思想中"两极"（two poles）的经典描述。[1] 这种观点最终导致马尔科姆·亚纳尔（Malcolm Yarnell），甚至以"精神分裂症"（schizophrenia）的字眼，来描述巴文克在神学上的努力成果。[2]

这类描述的直接后果，就是创造了一个被广为接受的诠释巴

---

[1] Jan Veenhof, *Revelatie en Inspiratie: De Openbarings en Schriftbeschouwing van Herman Bavinck in vergelijking met die van de ethische theologie* (Amsterdam: Buijten & Schipperheijn, 1968), 108–11.

[2] Malcolm Yarnell, *The Formation of Christian Doctrine* (Nashville: B&H, 2007), 51.

文克的视角。读者看到巴文克著作中的一个段落，表现出他所认信改革宗之根源，此时的标准就是断定该段落为"正统巴文克"所著。相反，他著作中论及现代思想的部分，读者自然而然地给这些内容贴上"现代巴文克"的标签。布莱恩·马特森（Brian Mattson）在《复原至我们的定数》中，富有洞见地指出，尤金·海德曼（Eugene Heideman）的《埃米尔·卜仁纳和赫尔曼·巴文克论启示与理性的关系》就采用了这种阐释。海德曼试图在自己的著作中辨别，"合乎圣经的"和"观念论、经院主义的"巴文克，分别写了《改革宗教理学》中的哪些内容。[3]

由此视角观察，我开始思考巴文克研究的未来是否只是一种割地而居的场面，巴文克"正统思想"和"现代思想"的仰慕者们，从巴文克全部著作中各取所需。正是出于这一考量，同时也想对此一探究竟，我写了第一本学术专著《三位一体和有机体》。[4]我开始探寻巴文克自身神学视野的范围。一位以前的老师曾以反讽的方式说道（原语出自西塞罗）：一致性是思想狭窄之人的美德。这句话让我好奇，可能巴文克的思想足够宽广，可使正统与现代在某种程度上得到关键性的平衡。因此，我的第一部专著进一步提出，巴文克的上帝的教义中有不同于他人的细微差别（以众多途径强调上帝多样性中的合一性）。这使他发展出独特的世界观，依此而言世界万物彼此各异，但都以某种方式有机相联。我第一本专著的核心理据是：内在的三位一体（Trinity *ad intra*）带来外在有机体（organism *ad extra*）的宇宙观。巴文克对上帝的理解，

---

[3] Brian Mattson, *Restored to Our Destiny: Eschatology and the Image of God in Herman Bavinck's Reformed Dogmatics* (Leiden: Brill, 2011), 12; cf. Eugene Heideman, *The Relation of Revelation and Reason in E. Brunner and H. Bavinck* (Assen: Van Gorcum, 1959), 131–32, 138, 142, 144, 156–57, 177–79, 183, 189n1.

[4] James Eglinton, *Trinity and Organism: Towards a New Reading of Herman Bavinck's Organic Motif* (London: Bloomsbury T&T Clark, 2012). 中译本见恩雅各，《三位一体和有机体：赫尔曼·巴文克的有机主旨新释》，徐西面译（爱丁堡：贤理·璀雅，2020）。

在很大程度上决定了他的世界观，也影响了他对自己作为世界中一个人类施动者的自我理解。

《三位一体和有机体》摒弃了过去数十年间，大多数巴文克阐释者所采用的主要阐释工具，旨在促进对巴文克的重新解读，不再视他为倡导改革宗神学的"双重人格"思想家。该书并未否认巴文克给自己带来的挑战，亦未否认因巴文克思想中的张力而产生的现实困难。该书乃是主张巴文克是富有创造性的思想家，也是富有想象力的神学家，因而他能在自己所处的现代社会环境中，为历史性基督教信仰设想一种独特的表述。

我在《三位一体和有机体》提出此观点时，也努力避免巴文克研究中迫近的（且无结果的）僵局。在书末我大胆提出："'双重巴文克'模型的崩塌不亚于巴文克研究的范型转移。"[5] 该书的结论是，摒弃"双重巴文克"诠释模式会影响未来所有对巴文克的解读。鉴于此，巴文克的读者强行切割其思想或作品、用来支持自己"阵营"的做法不再可取。巴文克所树立的榜样，就是身具现代性时并不否认正统，身具正统性时也未否认现代。在探索此榜样时，巴文克的读者必需努力克服上述张力的两方面。

我在《三位一体和有机体》的结论中说明，彼时研究焦点不是作为神学家的巴文克，而是巴文克的神学思想。[6] 我在前著中的目标，是要探寻巴文克神学体系的思想机理，它使巴文克得以维持正统与现代之间的极大张力，甚至使他发现这样做是合乎需用的。然而，这个结论使我提出一个需进一步研究的课题，也就是本书现在所讨论的课题：这位卓尔不群的神学家努力成为极速现代化之文化的参与者，那么他如何在这样的努力奋进中，身为又成长为一位正统的加尔文主义者？《三位一体和有机体》之后可以跟进许多聚焦神学的后续著作，以此全新整合的形式来探究巴文克思想的不同层面。

---

[5] 恩雅各，《三位一体和有机体》，239。
[6] 恩雅各，《三位一体和有机体》，237。

然而，我现在这本作品以人物传记这种完全不同的写作体裁，构思一项不同类型的研究。如果我们不再认同"双重巴文克"的说法，那么这对我们讲述他生平故事又有何影响呢？鉴于"双重巴文克"诠释的崩塌，巴文克生平传记应有怎样的独特样态？

如我之前所论，巴文克早已是数本传记的主角。在他去世不到一年，由一位英国作家、两位荷兰作家分别写作并出版，三本圣徒传风格的传记尤其突出。荷兰传记作家瓦伦泰·赫普（Valentijn Hepp）所著的巴文克传记，只是记录了他大量生平故事。[7] 科克（A. B. W. M. Kok）著有荷文传记《赫尔曼·巴文克博士》。[8] 在他之后，赫霍德（J. Geelhoed）出版了《赫尔曼·巴文克博士》，使得对巴文克生平研究的兴趣延伸至 20 世纪中期。[9] 尽管如此，所有这些传记都不能比肩博拉梅尔（R. H. Bremmer）于 1966 年出版的佳作《赫尔曼·巴文克与他的同代人》。[10] 巴文克的巨著《改革宗教理学》英文译本近年得以出版。[11] 在此译作推动下，数位巴文克学者在阐述自己的作品时，也稍微概述了巴文克生平。[12]

---

[7] J. H. Landwehr, *In Memoriam: Prof. Dr. H. Bavinck* (Kampen: Kok, 1921); Valentijn Hepp, *Dr. Herman Bavinck* (Amsterdam: Ten Have, 1921); Henry Elias Dosker, "Herman Bavinck," *Princeton Theological Review* 20 (1922): 448–64; reprinted as "Herman Bavinck: A Eulogy by Henry Elias Dosker," in *Essays on Religion, Science, and Society*, ed. John Bolt, trans. Harry Boonstra and Gerrit Sheeres (Grand Rapids: Baker Academic, 2008), 13–24. 多斯克所写传记，实则就是对刚逝世挚友的长篇悼词。

[8] A. B. W. M. Kok, *Dr Herman Bavinck* (Amsterdam: S. J. P. Bakker, 1945).

[9] J. Geelhoed, *Dr. Herman Bavinck* (Goes: Oosterbaan & Le Cointre, 1958).

[10] R. H. Bremmer, *Herman Bavinck en zijn tijdgenoten* (Kampen: Kok, 1966). 博拉梅尔也用南非荷文出版了短篇巴文克传记: *Herman Bavinck (1854–1921): Portret van'n Reformatoriese denker in Nederland* (Potchefstroom: Potchefstroomse Universiteit vir Christelike Hoër Onderwys, 1998)。

[11] Herman Bavinck, *Reformed Dogmatics*, 4 vols., ed. John Bolt, trans. John Vriend (Grand Rapids: Baker Academic, 2003–8).

[12] 如见 John Bolt, "Editor's Introduction," in Bavinck, *RD*, 1:12–13; Eglinton, *Trinity and Organism*, 1–26; "The Christian Family in the Twenty-First Century," in *The Christian Family*, by Herman Bavinck, trans. Nelson D. Kloost-

2010年，罗恩·格里森（Ron Gleanson）所著篇幅更长的英文传记《赫尔曼·巴文克：牧师、会众、政治家与神学家》出版。[13] 该传记主要援引、拼合了赫普和博拉梅尔的巴文克传记内容，且表述并不准确。尽管与以上两位作者之著作的对话贯穿了我的传记始末，但与格里森不同，我以批判的方式进行，且优先考虑追溯资料来源（ad fontes）的进路，而非依赖以前的传记作者。此外，格里森的著作偏离了巴文克的生平叙事，继而采用当代"正统派对立自由派"之辩论，从而使得他的著作归类于割据阵营的某一方，而这正是我在《三位一体和有机体》中婉拒的做法。[14]

本传记有一个特别的目的：讲述一个人的生平故事，他神学思想发展脉络所编织的个人叙事，探究了在风云变幻的世界中以正统方式生活的可能性。本书承续《三位一体和有机体》的观点，但并不因此忽视或轻描淡写巴文克的信仰危机，或他坚定的改革宗信念。本书并不是为那些自我标榜为"正统派"或"现代派"的巴文克读者，讲论如何运用巴文克思想。与之相反，它摒弃了"双重巴文克"的模式，因而无需为此劳烦。结果是，这种自由使我得以重新思考巴文克的生平。从这个角度来看，本传记试图

---

erman (Grand Rapids: Christian's Library Press, 2012), ix–x; J. Mark Beach, "Introductory Essay," in *Saved by Grace: The Holy Spirit's Work in Calling and Regeneration*, by Herman Bavinck, trans. Nelson Kloosterman (Grand Rapids: Reformation Heritage Books, 2008), ix–xi. 中注：两份中译概述可见：恩雅各，《三位一体和有机体》，13–40；恩雅各，〈导言：21世纪基督徒的家庭〉，罗珍译，载于《赫尔曼·巴文克的教牧神学》，徐西面编（爱丁堡：贤理·璀雅，2021），189–197。

[13] Ron Gleason, *Herman Bavinck: Pastor, Churchman, Statesman, and Theologian* (Phillipsburg, NJ: P&R, 2010). 有关本传记书评，见 Harry van Dyke, review in *Calvin Theological Journal* 46, no. 1 (April 2011): 192–97; James Eglinton, review in *Scottish Bulletin of Evangelical Theology* 29, no. 1 (Spring 2011): 127; Guy Davies, review in *European Journal of Theology* 21, no. 2 (October 2012): 176; Russell Dykstra, review in *Protestant Reformed Theological Journal* 46, no. 1 (November 2012): 133–37.

[14] Gleason, *Herman Bavinck*, 55.

探源巴文克生平的叙事，在此过程中描绘其（整体而非割裂的）神学愿景的发展过程。

行文至此，有必要作最后几项引言说明。本传记在呈现赫尔曼·巴文克的生平与所处时代的过程中，大量使用了三个核心术语：现代、正统与科学。按照历史年代学的方式，我们的叙述将1848年的系列事件——"欧洲之春"（Spring of Nations）——视为巴文克生平轨迹的核心节点，因为这是荷兰**现代初期**的最后阶段，让位于随后的**现代后期**。这标志着泛称为"现代欧洲文化"的独特阶段过渡到了另一阶段，以深刻的方式讲述了巴文克生平。同时，本书"现代"一词的内涵，主要采用了什穆埃尔·诺亚·艾森斯塔特（Shmuel Noah Eisenstadt）的"多重现代性"（mutiple modernities）概念。该观点认为，现代人不断重构他们所栖居的文化，协商现代化哪些方面需予以发扬或摒弃。并无单一的"现代性"或"现代文化"，正如并无单一的"现代神学"。确切而言，"现代化"是以纷繁多样的方式得以实现的进程。[15] 作为在神学上保守的加尔文主义者，巴文克也是一位在此意义上的现代欧洲人。读者留意以下两个术语会有助于理解本书内容：一般**现代神学**（modern theology）和现代神学（de moderne theologie）。一般现代神学是一个广泛使用的概括性术语，指后启蒙运动新教神学的复杂网络，而现代神学（de moderne theologie）是一个与其同形异义的术语，特指荷兰神学的一个分支，专指十九世纪下半叶莱顿大学的神学系。在本书中，当表达莱顿思想学派及其支持者时，用首字母大写的 Modern（现代）；若指泛称的现代神学及其实践者，则用小写的 modern（现代）。

本传记也多处论及**正统（性）**，以该术语表示巴文克终其一

---

[15] Shmuel Noah Eisenstadt, "Multiple Modernities," in *Comparative Civilizations and Multiple Modernities* (Leiden: Brill, 2003), 2:535–60; Jacques Robert, *The European Territory: From Historical Roots to Global Challenges* (London: Routledge, 2014), 70–137.

生所持守的一系列思想、神学和教会的委身，尽管他对这些信念有时存在犹疑和挣扎。启蒙运动倾向贬低或轻视启蒙运动之前（特别是基督徒）的思想传统；因此，本传记中的"正统"就是巴文克不愿顺从此风潮的代名词。从积极角度来看，"正统"意指巴文克忠诚拥护并甘心乐意顺从两千年以来基督徒先贤所提出的文本、信经、认信、机构（教会）以及当时荷兰改革宗传统的特别情境。

"科学"这一术语在描述巴文克生平中有举足轻重的作用。尽管本书是用英文撰写，但书中所阐说的原始资料主要是荷文。正如"科学"的德语同根词 Wissenschaft 所示，荷文 wetenschap 译为英文 science 是合宜的。但它与英文译名 science 的含义不同，荷文 wetenschap 的词义并不严格局限于自然（或人文）科学。"科学"一词还可泛指更高形式的反思性的知识，常指神学等人文学科，就如同用"科学"指向物理、化学和生物等学科。巴文克意识到语言的差异，曾公开批评英语世界倾向于高举自然科学，而轻看其他研究进路，否定它们使用"科学"这一有力术语的权利。[16] 鉴于此，本书将 wetenschap 译为"科学"。不然，我们就会用当今那些表达更高知识形式的英文术语来理解巴文克，而这样就难免有失偏颇。

我将用以上所论术语介绍本书主人公：他是一位现代欧洲人，一位正统的加尔文主义者，也是一位研究科学之人。

以下是赫尔曼·巴文克的故事。

---

[16] Herman Bavinck, *Philosophy of Revelation: A New Annotated Edition*, ed. Cory Brock and Nathaniel Gray Sutanto (Peabody, MA: Hendrickson, 2018), 71.

生平年表

1854 年 12 月 13 日	赫尔曼·巴文克出生于荷兰的霍赫芬（Hoogeveen），其父为杨·巴文克牧师，其母为赫兹娜·巴文克。
1857 年	巴文克一家迁至宾斯霍滕（Bunschoten）。
1862 年	巴文克一家迁至阿尔姆科克（Almkerk）。
1871 年	赫尔曼就读于兹沃勒文科中学（Zwolle Gymnasium）。
1873 年	就读于坎彭神学院。
1874 年	就读于莱顿大学，攻读神学专业。
1880 年	拒绝阿姆斯特丹自由大学教职，在莱顿大学获博士学位，在坎彭通过神学考试。
1881 年	接受呼召，牧养弗拉讷克（Franeker）的基督教归正教会。
1882 年	拒绝阿姆斯特丹自由大学的教职；接受坎彭神学院的聘任。
1889 年	拒绝阿姆斯特丹自由大学的教职；在莱顿大学未能获评教授。
1891 年	与游汉娜·艾德里安娜·席佩斯（Johanna Adriana Schippers）结婚。
1893 年	拒绝阿姆斯特丹自由大学的教职。
1894 年	女儿游汉娜·赫兹娜·巴文克（Johanna Geziena Bavinck）出生。
1895–1901 年	出版四卷本《改革宗教理学》。
1902 年	接受阿姆斯特丹自由大学的教职。
1911 年	当选荷兰议会一院议员。
1921 年 7 月 29 日	在阿姆斯特丹去世，享年六十六岁，安葬于弗拉尔丁恩（Vlaardingen）。

荷兰地图

图表 1: FreeVectorMaps.com

照片集

图1（上左）：赫兹娜·巴文克－霍兰
图2（上右）： 杨·巴文克
图3：赫尔曼·巴文克学生时期肖像（1874）

图 4：亚伯拉罕·凯波尔（1875）

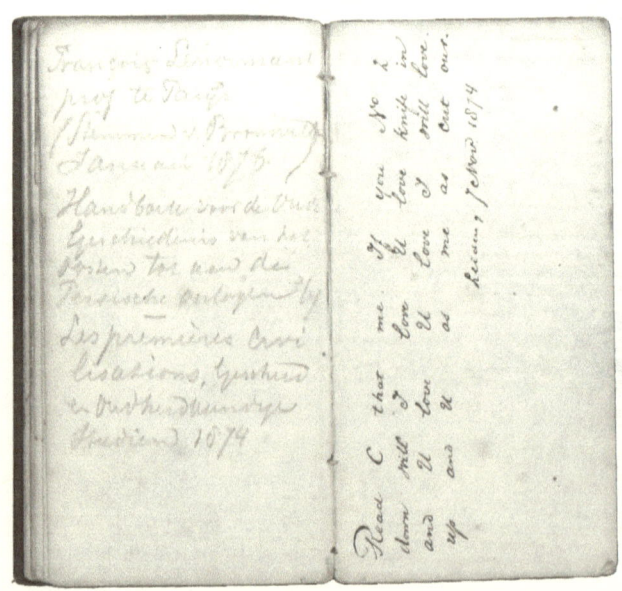

图 5：坎彭时期的日记本（1874）

A. STEKETEE

图 6： 阿德里安·斯迪克特

 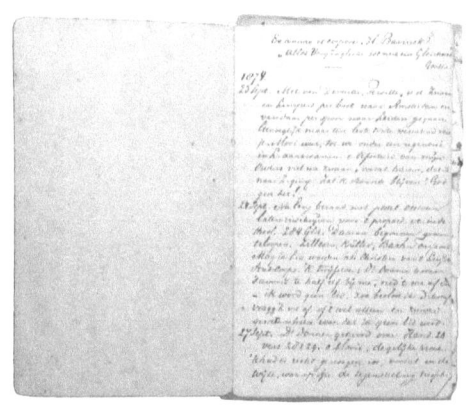

图 7（左）： 莱顿时期日记本 "Ex animo et corpore. H. Bavinck, Theol Stud."（自灵魂和身体而来。赫尔曼·巴文克，神学学习）的封面。

图 8（右）： 莱顿时期日记本的首页

图 9: 克里斯蒂安·斯努克·赫胡洛涅,学生时代肖像(约 1880)

图 10: 约翰内斯·斯霍尔滕

图 11： 亚伯拉罕·库能

图 12： 科内利斯·彼得勒斯·提勒

图 13
约翰内斯·亨德里克斯·多纳

图 14
在坎彭任教时的赫尔曼·巴文克

图 15：在阿姆斯特丹任教时的赫尔曼·巴文克

图 16：巴文克之妻游汉娜·艾德里安娜·巴文克 – 席佩斯

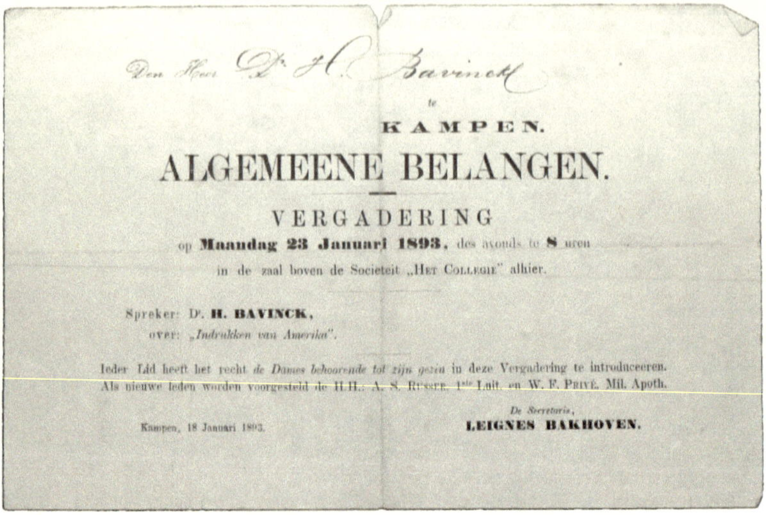

Den Heer Dr. H. Bavinck

te

KAMPEN.

ALGEMEENE BELANGEN.

VERGADERING

op **Maandag 23 Januari 1893**, des avonds te **8** uren

in de zaal boven de Societeit „Het Collegie" alhier.

Spreker: Dr. **H. BAVINCK**,

over: *„Indrukken van Amerika"*.

Ieder Lid heeft het recht *de Dames behoorende tot zijn gezin* in deze Vergadering te introduceeren.

Als nieuwe leden worden voorgesteld de H.H.: A. S. Russer, 1ste Luit. en W. F. Privé, Mil. Apoth.

De Secretaris,

LEIGNES BAKHOVEN.

Kampen, 18 Januari 1893.

图 17

1893 年巴文克在改革宗青年会社大会发表

《对美国之印象》演讲的通告

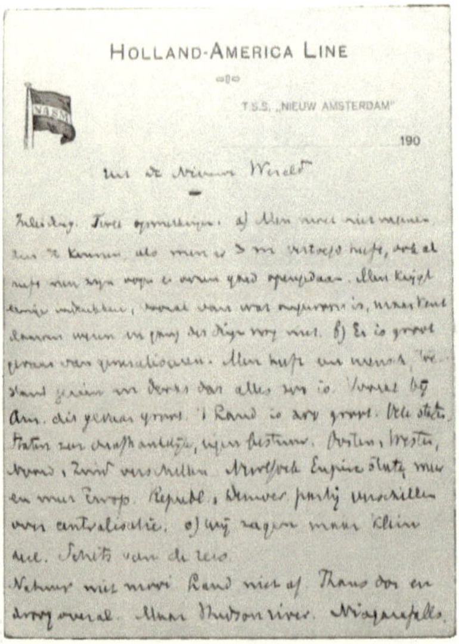

HOLLAND-AMERICA LINE

T.S.S. „NIEUW AMSTERDAM"

190

Uit de Nieuwe Wereld

图 18：巴文克 1908 年美国之行的笔记（第一页）

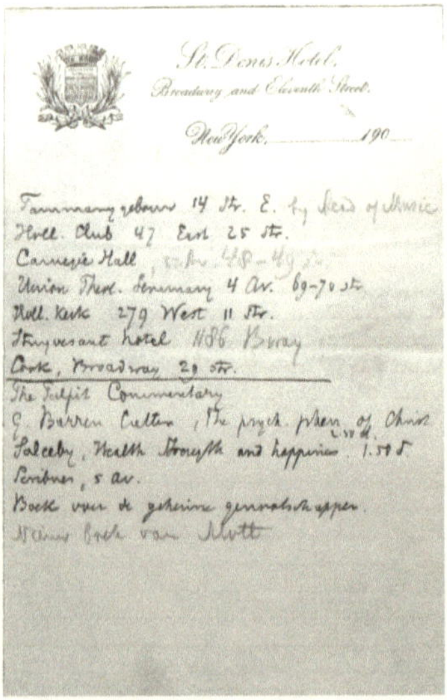

St. Denis Hotel.

Broadway and Eleventh Street.

New York, 190

Tammany gebouw 14 Str. E. by Acad. of Music

Holl. Club 47 East 25 Str.

Carnegie Hall

Union Theol. Seminary 4 Av. 69-70 Str.

Holl. Kerk 279 West 11 Str.

Stuyvesant hotel

Cork, Broadway 29 Str.

The Pulpit Commentary

G. Barren Cutten, The psych. phen. of Christ.

Saleeby, Health Strength and happiness 1.50 $

Scribner, 5 Av.

图 19：巴文克 1908 年美国之行的笔记（第二页）

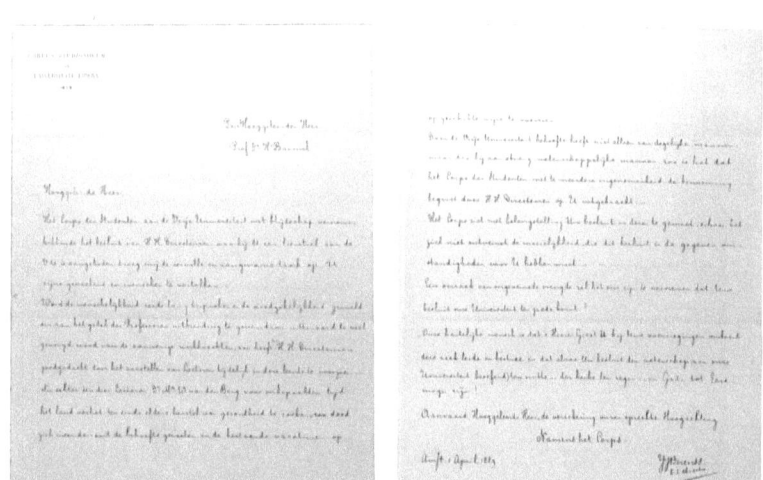

图 20：1889 年阿姆斯特丹自由大学学生的来信，力劝巴文克前往自由大学（第一页）

图 21：1889 年阿姆斯特丹自由大学学生的来信（第二页）

De Spiegel
Weekillustratie voor het Christelijk Gezin
De aarde is des Heeren
Waar en klaar
17 Juli 1915
Uitgave van W. Kirchner, Bloemgracht 133, Telephoon 4449, Amsterdam
9de Jaargang – No. 42

DE VRIJE-UNIVERSITEITSDAGEN TE GRONINGEN.

De „wetenschappelijke dag", waar prof. Bavinck's referaat over „Het onbewuste" werd besproken. Op het podium de proff. Bavinck, Geesink en Woltjer.

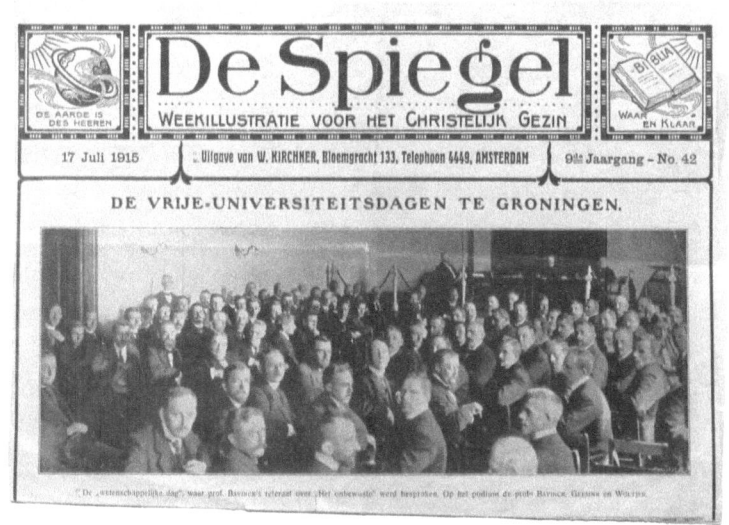

图 22：1915 年巴文克在格罗宁根的演讲（落座于讲台的左侧）

图 23
赫尔曼·巴文克在阿姆斯特丹运河区辛赫路 62 号
购置的房子（左手起第一间）

图 24
阿姆斯特丹自由大学（约 1900）

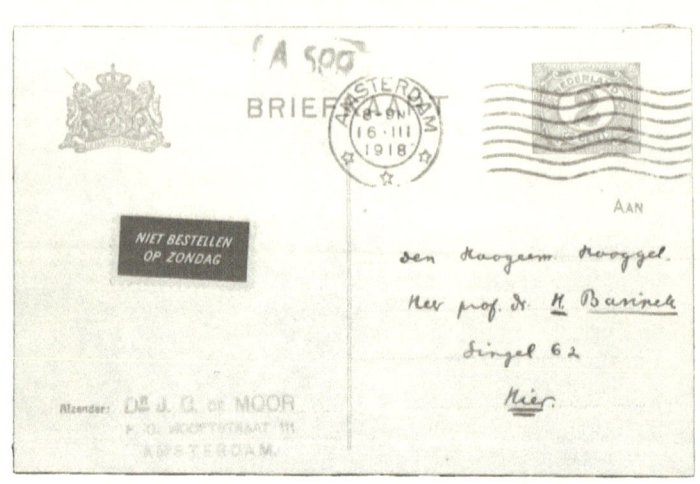

图 25：1918 年寄给巴文克的一封信，信上标签"请勿在周日送信"

图 26
赫尔曼·巴文克（1916）

图 27
亚伯拉罕·凯波尔（1906）

图 28
一幅嘲讽亚伯拉罕·凯波尔的漫画（1913）

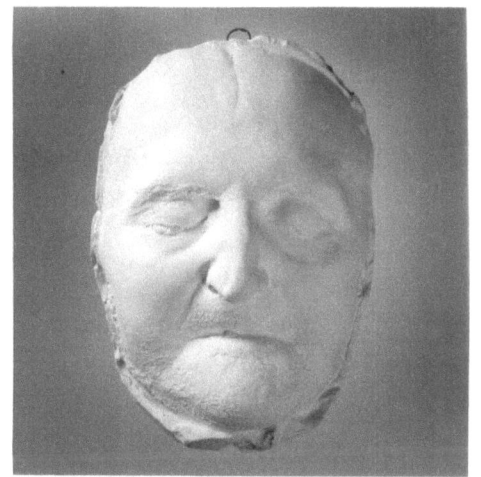

图 29
亚伯拉罕·凯波尔去世时的石膏面具

图 30
已知的最后一张巴文克照片，1920年拍摄于比瑟姆（Bussum）。拍摄时间时在外长孙西奥多勒斯·雷斯受洗之后。（照片从左到右依次为：汉妮、游汉娜、西奥多、赫尔曼、赫瑞特。）

图 31：1921 年巴文克的灵柩从辛赫路 62 号抬出

图 32：1921 年杨·沃尔切在巴文克坟墓旁致辞

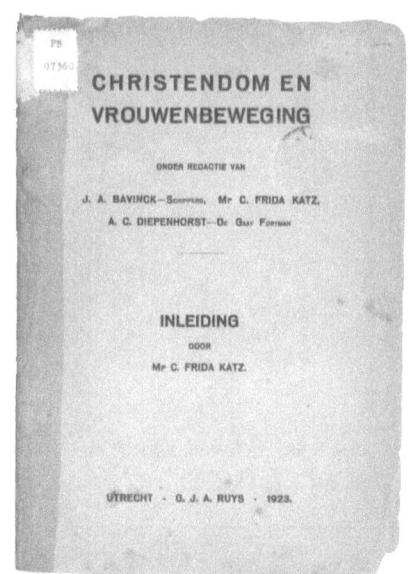

图 33
1923 年《基督教和妇女运动》创刊号发行，由游汉娜·巴文克－席佩斯共同编辑

图 34
1930 年伊尔德曼斯出版社（Wm. B. Eerdmans Publishing Co.）写给游汉娜·巴文克－席佩斯的信

图 35：赫尔曼·雷斯

图 36：西奥多勒斯·雷斯

图 37：胡果·弗洛里斯·雷斯

图 38：赫瑞特·雷斯

图 39
游汉娜·赫兹娜·雷斯 – 巴文克（1937）

第一部分
寻根问宗

第一章

本特海姆的古旧归正教会

"从农舍迁至小镇"

经历现代欧洲的动荡

这是一个跌宕起伏的故事，19 和 20 世纪的欧洲是赫尔曼·巴文克生平故事的鲜明背景。提姆·布朗宁（Tim Blanning）描述现代欧洲人（暗含了我们故事的主人公）的特征就是，相信"他们正在经历风云变幻、改天换地的时代"。[1] 他们所处的时代充满了风云激荡、广泛且时常戏剧性的社会、政治、思想和宗教变迁。19 世纪初，法国大革命已结束，随后便是拿破仑战争。始于 18 世纪的第一次工业革命在此时正高歌奋进。那个时代的欧洲人见证了民族主义的兴起，经历了以欧洲为中心的世界帝国的灿烂辉煌。彼时的欧洲是众多新兴的自由民主政治理想的摇篮。在 20 世纪，欧洲人经历了经济大萧条和两次世界大战，亲历他们的世界从现

---

[1] T. C. W. Blanning, introduction to *The Oxford Illustrated History of Modern Europe*, ed. T. C. W. Blanning (Oxford: Oxford University Press, 1996), 1.

代化转向全球化。现代欧洲正是各种世俗主义纷繁绽放的庭园。

　　具体到荷兰，巴文克诞生于荷兰历史上一个政治、工业、宗教激变的时代。在巴文克诞生十年前，彼时非民主制荷兰的专制统治者国王威廉一世退位。在1848年，他的继承者国王威廉二世同意了新定的自由宪法。转瞬之间，荷兰成为君主立宪制国家，国王的权力得到限制，现代民主公民自由成为引导荷兰社会活动的框架。随着议会民主的实施和选举权的扩大，民众可享有一系列基本权力，如集会自由权、宗教和教育自由权。巴文克出生于充满动荡变化的时代。他的父亲是位牧师，曾参与脱离国立荷兰改革宗教会的教会分离运动。在这一文化时局中，宗教团体归属经常调整，并常常伴随着巨变。

　　巴文克诞生时的世界正经历着变化和重塑。在他的一生中，世界的变化层见叠出。他于1854年诞生时的世界，与他在1921年离世时的世界迥然有别，因此我们故事的背景绝非静止不变。若将巴文克从这种不休止的社会变动进程中抽离出来，那么他传记的形式便很容易辨识。这将是一个关于一位神学正统的伟人的故事；他如巨石般巍然不动，不屈不挠且一成不变，虽经历数十年的狂风暴雨，依然沉溺在已然消逝却看似更美好的岁月中。然而，本书所叙述的故事内容不会如此。我们的主人公深谙自己的社会和历史处境。再次借用布朗宁的话来表述，巴文克不难认识到正在发生翻天覆地之改变的时局。但是，这种时局变迁的事实，对他而言并无内在问题。他时常乐见时局能以特定方式变迁。巴文克并不反对变化本身；正如他后来所说，世界上唯一与恩典相抗的就是罪本身。在他看来，这种恒常**成有**（becoming）的进程包括了人类文化内部的长久变化，是受造秩序的基本特征。确切而言，作为一名正统的加尔文主义者，巴文克一生所面对的巨大挑战就是：在变动不居之疆域内，他应立足何处。

　　若不细读巴文克早期生活的基本细节，读者可能会以某种主流观点曲解他的生活。巴文克成长于小镇上敬虔的改革宗家庭，但他选择在大城市的世俗大学里接受教育,师从非正统"现代神学"(Modern theology)运动的泰斗。[2] 巴文克就读于莱顿大学,若不对此详加考究,读者就会由此认为巴文克摒弃了滋养他成长的保守亚文化。他决定师从莱顿大学的非正统神学家,这可被解读为他对现代世界的初次智性探索。我们的传记将以完全不同的方式呈现巴文克,旨在阐明他一生的动向并非与自身传统决裂;后一种观点仿佛是说,当他的正统加尔文主义伙伴们与现代文化渐行渐远时,他似乎自发地迈入现代欧洲文化。确切而言,巴文克立于荷兰改革宗世界内一场已然影响深远的社会运动的最前沿。现代初期的欧洲被革命烈火所吞噬,在余烬中产生现代后期文化的新塑形式;在此时刻,这场运动发展壮大。

正如下文所示,现代初期文化在19世纪中期接近尾声。在那时,一场荷兰改革宗基督徒在属灵上觉醒的运动,致使他们脱离了荷兰改革宗教会,因而也被推至社会边缘。至19世纪中叶,荷兰社会发生了巨变。现代初期阶段随之结束,取而代之的是以全然不同形式呈现的现代后期文化;在该文化中,权力从君王转赋至人民。

此新时代的社会境况,给这些被边缘化的基督新教信徒带来了诸多可能性,其中之一便是他们可以作为平等参与者而进入一个崭新的自由化民主社会。在那个时代,赫尔曼·巴文克作为众多杰出英才中的一位崭露头角;当他所参与的运动成功解决自身在现代后期荷兰中的地位时,他总以鲜明正统的言辞抗颜高议。巴文克的故事不同凡响且显然独特,因为他站在一场更广泛的运动的前线,成为那场运动的中流砥柱。然而,这仍然是一个人的故事,他的卓越成就也得益于他人的相助相济。从这些相助之人的视角考察巴文克的生平,他的故事变得别具一格,引人入胜。

---

[2] 有关贯穿19世纪荷兰现代神学(de moderne theologie)的概述,见 Eldred Vanderlaan, *Protestant Modernism in Holland* (Oxford: Oxford University Press, 1924)。

圣徒巴沃的漂泊后裔

我们需从 19 世纪初的本特海姆开始来追溯巴文克的家族。本特海姆位于荷兰东部与德国接壤的边界地带，但此地的边境界线在彼时不甚明晰。本特海姆是德国下萨克森的首府，是巴文克父亲的出生地；巴文克家族数代人生于斯，长于斯。

尽管赫尔曼在荷兰生活，但对下萨克森的家族传统有强烈的意识。1909 年，他父亲行将离世，赫尔曼向荷兰门诺派报纸《周日消息》（De Zondagsbode）主编寄了一篇关于本特海姆自己家族史的文章。他的家族有门诺派传统，又融合了路德宗和改革宗的元素。[3] 若家族口传故事可信，那么追溯往昔可发现，巴文克家族的姓氏来自以下姓氏的流变：Bauingas, Bavingas, Bauinks 和 Bavinks。家族先辈是 16 世纪来自德国北部一个小村庄、现今名为邦斯泰德（Bangstede）的包英加斯特德（Bauingastede）的基督公教信徒，后成为路德宗信徒，再南迁至本特海姆。包英加斯特德这一地名是为纪念圣徒巴沃（Bavo），他是 17 世纪基督公教修士。数百年间，该族后代的姓氏拼写形式有 Bauingas、Bauinks、Bavinks 和 Bavincks，均源自 Bavo。[4]

部分家族后裔离开了路德宗教会，成为门诺派信徒。他们为享有更宽容的宗教环境而迁至荷兰。荷兰门诺派牧师洛德韦克·格

---

[3] "Oude Doopsgezinde Geslachten, III: Bavink," *De Zondagsbode*, September 5, 1909.

[4] 一份出版于 1877 年的更早的资料，提供了一个大体相似的故事。这个故事基于同样由 16 世纪德国地图制图学家乌博·艾米乌斯（Ubbo Emmius）所绘的地图。这份资料引述了一位 15 世纪的弗里西亚人（Frisian）道瓦·邦家（Douwa Bawngha），作为有记录以来最早的"巴沃后代"（son of Bavo）。见 Johan Winkler, "Een en ander over Friesche Eigennamen," *De Vrije Vries* vol. 1, sections 3–4 (1877), 285; W. Eekhoff, ed., *Oorkonden der geschiedenis van het Sint AnthonijGasthuis te Leeuwarden, uit de 153 en 16e eeuw, Eerste deel, Van 1406–1562* (Leeuwarden: n.p., 1876), 133。

哈特·巴芬科（Lodewijk Gerhard Bavink, 1812–1890）是赫尔曼的同代人，亦来自该家族分支。[5] 该家族有许多后裔仍留在本特海姆，其中多数人都离开了路德宗教会，成为改革宗信徒。他们的教会归属变更，并未促使第一代改革宗巴文克家族人士离开家乡。尽管如此，随后 19 世纪中叶的社会发展，最终使得宗族的一支——赫尔曼的父亲杨·巴文克——眺望边境以外的世界，正如门诺派同辈亲戚一样，遵循自己的宗教良知，开始寻求宗教自由。纵观其家族史，即便到了 19 世纪，巴文克一族常因宗教信仰被迫漂泊他乡。就此而论，他们是圣徒巴沃当之无愧的后裔。巴沃的归信经历让他放弃了舒适安逸的家庭，踏上了从法国至佛兰德斯（Flanders）的漫长宣教旅程。

现代欧洲的下萨克森与荷兰

本特海姆是下萨克森的首府，拥有长期、扩散式文化身份；因历史原因，此地为双语区，这体现了它边境位置特征。但是大抵由于边境小镇的特殊性，此地的历史具有多番政治依附和军事征服的特征。斯文纳·哈格（Swenna Harger）认为正是上述原因，使得本特海姆人坚忍不拔、富有独立精神："他们曾沦为汉诺威人，曾遭拿破仑军队入侵；普鲁士人在 1866 年曾占领此地。他们曾为德国皇帝的臣民，也曾生活在希特勒的魔爪之下。在如

---

[5] Eduard Visser, *God, het woord en de tering: Leven en werk van Simon Gorter (1838–1871), met een teksteditie van zijn brieven en een keuze uit zijn proza en preken* (Hilversum: Verloren, 2017), 28. 巴文克的一生挚友多斯克（Henry Elias Dosker）的家族祖籍也在下萨克森。多斯克也对荷兰门诺派怀有兴趣，并于 1918–1919 的普林斯顿神学院斯通讲座中阐述了这个主题；Henry Elias Dosker, *The Dutch Anabaptists* (Philadelphia: Judson Press, 1921)。

此之多的政权更迭、世事变迁之中，他们履险如夷，英勇无畏。现在如果问他们的身份，他们可能会径直说：'我们来自那个镇子。'"[6] 本特海姆19世纪的历史就是一段移民历史；单就巴文克家族不同分支而言，有的从德国移民至荷兰，但许多家庭从本特海姆移民到了北美。[7]

虽然本特海姆的文化身份横跨了荷兰与德国的边境，但是它毕竟是一座德国城镇，巴文克家族中赫尔曼一支仍与德国的宗派有教会方面的联系。在更早时期，这群巴文克家庭已经离开了路德宗教会，加入了（德国）改革宗教会（Reformirte Kirche）。[8] 赫尔曼的父亲离开了自己从小所在的教会，加入了下萨克森地区古旧归正福音教会（Evangelisch-altreformierte Kirche in Niedersachsen）。但若要理解赫尔曼的家族历史，我们不能囿于下萨克森，必须扩大视野，应首先考察更早时期横跨整个欧洲的历史发展，而后再聚焦于荷兰。

19世纪的分离运动与复兴

在北欧基督新教界，19世纪早期的基督教神学深受启蒙运动价值观和信念影响；后者继而产生了自由主义、反超自然主义、理性主义形式的基督教，并使其居于主导地位。与此同时，到19世纪中期，社会秩序沿着自由民主的路线重构，引发了教

---

[6] Swenna Harger and Loren Lemmen, *The County of Bentheim and Her Emigrants to North America* (Holland, MI: Swenna Harger, 1994), 4.

[7] Swenna Harger and Loren Lemmen, *Beloved Family and Friends: Letters between Grafschaft Bentheim, Germany and America* (Holland, MI: Bentheimers International Society, 2007).

[8] 请留意：杨·巴文克的作品中使用了旧式单词拼写 Reformirte（等同当代德文中的 Reformierte）。本书提到德国改革宗教会时，会采用19世纪的拼写。

会与其他社会权力中心之关系的新问题。在回应以上因素联合作用的过程中，一系列运动接踵而至，努力（在不同程度上）恢复个人的敬虔、对圣经权威的强调、更加重视基督徒的个人经验、重申罪与恩典的对立。故此，18 到 19 世纪初见证了敬虔主义在德国兴起，福音觉醒运动在英语国家展开，复兴运动在瑞士萌发并传播至诸多欧洲国家。与此同时，在 19 世纪荷兰基督公教中兴起了灵修运动（devotionalization）；这也折射了基督新教的复兴运动。

上述运动在荷兰如何发展？这对本特海姆的巴文克一家产生了怎样的影响？在他们迁入荷兰后，这些运动对他们又有何影响？

当时荷兰也处于本章开篇所描述的风云动荡境况之中。1815 年，巴达维亚共和国覆灭，威廉一世成为新荷兰王国（Koninkrijk der Nederlanden）的统治者。在登基之初，他谋求荷兰与比利时的政治联合，但荷兰境内基督公教和基督新教之间的宗教分歧，使这一任务变得错综复杂。威廉一世的理想是将这两个团体整合为单一、开明的宗派，用来达到一个特定的目的，即借着培养国民的公民美德而服务于国家。[9] 这种联合最终被证明不可能达成，使得威廉一世只好接纳已有的基督徒团体的分歧。总体而言，19 世纪早期的荷兰基督公教，拒绝国王单一教会的理想；这种教会观念依照启蒙运动的价值观被重新定义。他们表明自己不愿参与国王的计划。故此，国王开始关注荷兰改革宗教会；后者更易接受这位受启蒙运动启发的国王的蓝图。[10] 国王相信通过该教会，自己便能推动一个实践导向、被启蒙的、"超越教义纷争的基督教"。[11]

---

[9] George Harinck and Lodewijk Winkler, "The Nineteenth Century," in *Handbook of Dutch Church History*, ed. Herman Selderhuis (Göttingen: Vandenhoeck & Ruprecht, 2015), 445.

[10] J. Roegiers and N. C. F. van Sas, "Revolution in the North and South, 1780–1830," in *History of the Low Countries*, ed. J. C. H. Blom and Emiel Lamberts (New York: Berghahn Books, 1999), 308.

[11] Harinck and Winkler, "Nineteenth Century," 450.

威廉一世接手了于 1808 年成立的政府宗教事务部[12]，以及继承了从 1814 年开始就给改革宗牧师发放薪俸的国家。政府力图左右基督新教的崇拜，特别是通过推广（常常是道德说教式的）赞美诗集《福音圣诗》（*Evangelische Gezangen*, 1807）的方式，对其施加影响。这种持续增加的影响创造了一种处境，使得当时从法国传至瑞士的福音复兴运动，也得以在荷兰基督新教信徒中发展。家庭秘密聚会开始形成，越来越多的改革宗牧师开始强调复兴运动"罪与恩典"的宗教信念。古时荷兰进深宗教改革（Nadere Reformatie）神学家的著作，再次广受欢迎。

政府为自己的目的而左右荷兰改革宗教会为己用，这一做法激起了进一步的反抗，于 1834 年爆发了分离运动（Afscheiding）。改革宗牧师亨利·德考科（Hendrik de Cock, 1801–1842）经历了一种敬虔主义式的归信，并开始抗议并公开反对主导荷兰改革宗教会的自由主义风气。1834 年，德考科和会众一起正式脱离荷兰改革宗教会。荷兰代尔夫宰尔（Delfzijl）的商人雅各布·克罗克（Jacobus Klok）在同年著有《经查考评估后的〈福音圣诗〉：毫无价值之书》；[13] 该书反对前文所提及的赞美诗集，德考科为该书作序。[14] 这一特殊宗教反抗行动同时吸引了圣职人员和平信徒。

克罗克对此赞美诗集内容和目的的批判，对展示新兴分离派群体的氛围具有启发性。他用严厉的措辞抨击赞美诗集的支持者是"所谓的改革宗教师及其支持者"，认为这些人实际上是"阿米念主义、伯拉纠主义和索西尼主义者"。"综观这 192 首赞美

---

[12] 除了 1866 年 2 月至 6 月短期存在的政府，1807 年至 1871 年间的每届荷兰政府，都分割部门来管理改革宗和基督公教的敬拜。Amry Vandenbosch, *Dutch Foreign Policy since 1815: A Study in Small Power Politics* (The Hague: Martinus Nijhoff, 1959), 141.

[13] Jacobus Klok and Hendrik de Cock, *De evangelische gezangen getoetst en gewogen en te ligt gevonden* (Groningen: J. H. Bolt, 1834).

[14] Jasper Vree, *Enkele aspecten van de Afscheiding in Delfzijl: Gebeurtenissen van toen—een vraag aan ons* (n.p., 1985), 5.

诗，窃以为它们实为塞壬们向改革宗人士所唱之款曲，为要让他们脱离使他们成圣的教义，代之以虚假欺哄的教义——这些改革宗人士已经开始吟唱这些妖曲——以欺骗教会外的一切团体，为要与之沉瀣一气。"[15]

这种反抗情绪开始逐渐蔓延。[16] 不到两年时间，大约2%–3%的荷兰改革宗教会信徒，加入了新成立的分离派教会，聚拢了130个信徒团体。该教会在1869年命名为基督教归正教会（Christelijke Gereformeerde Kerk）。

这些信徒团体的教会在1848年宪法修订之前成立；在此宪法修订之前，荷兰并没有完全的宗教自由。从1815至1848年之间，荷兰仅允许一定限度的宗教自由，借此荷兰基督公教、路德宗教会、抗辩派教会和门诺派教会享有宗教宽容。然而，能自由成为改革宗人士，并不享有脱离国立荷兰改革宗教会并另建新宗派的权利。所以，第一批分离主义者（Afgescheidenen）因脱离母会而遭到政府诸多逼迫。实际上，他们属于经历到政府派武装力量进驻他们家中（军费由这些家庭承担）的最后一批欧洲人。[17] 由此带来的结果就是，许多人移民北美，在美国和加拿大建立了荷兰归正殖民聚居地。正如本书下文所示，那些留在本土的信徒，最终在现代荷兰社会中逐渐占据了更为稳定的地位，并见证了他

---

[15] Klok and de Cock, *De evangelische gezangen getoetst*, 74. "Het gezangboek in zijn geheel beschouwd, deze 192 gezangen zijn kortom mijns inziens Sirenische minneliederen, om de Gereformeerden al zingende van hun zaligmakende leer afthelpen, en eene valsche en leugenleer intevoeren, en alle partijen, buiten de kerk overtehalen om tot ééne kerk of gemeente zich te vereenigen." 中注：塞壬（Siren）是古希腊神话中半人半鸟或半人半鱼的女性怪物，常常徘徊在船只和礁石之间，用自己的歌喉使水手失神，船只触礁沉没。

[16] 见 H. van Veen, "De Afscheiding en de gezangenstrijd," in *Afscheiding—Wederkeer: Opstellen over de Afscheiding van 1834*, by D. Deddens and J. Kamphuis (Haarlem: Vijlbrief, 1984), 117–49。

[17] Douwe Fokkema and Frans Grijzenhout, *Dutch Culture in a European Perspective: 1600–2000* (New York: Palgrave Macmillan, 2004), 331.

们的宗派在彼时处境中快速发展。

在荷兰分离运动方兴未艾之时，巴文克家族的赫尔曼一支住在本特海姆；当地德国改革宗教会（Reformirte Kirche）内发生了一场运动，与分离运动的影响遥相呼应。1838年，即分离运动开始四年后，本特海姆兴起了另一场分离运动，在下萨克森成立了一个小型归正教会——古旧归正福音教会。杨（赫尔曼的父亲）在这个宗派中逐渐发挥了举足轻重的作用。[18]

这场运动的核心人物是两位本特海姆人：哈姆·新德克·休梅克(Harm Hindrik Schoemaker, 1800–1881) 和杨·巴伦德·桑多格（Jan Barend Sundag, 1810–1893）。桑多格正值青年，父母是敬虔主义的德国改革宗信徒。他逐渐认识到当地归正教会的牧者已经弃绝真正的改革宗信仰。他于1837年正式脱离原先的教会，迅速聚集并带领一小群志同道合的信徒；他们秘密聚集进行主日崇拜。休梅克在二十三岁有一次归信的经历，并在1837年（也就是桑多格脱离荷兰改革宗教会的那一年）正式与荷兰分离派结盟。[19]

桑多格与休梅克一道成为当地运动的核心人物，旨在恢复深厚的敬虔和正统的教义；这场运动以荷兰分离运动及其神学领袖为榜样。与荷兰早期分离派信徒一样，首批离开本特海姆改革宗教会的基督徒也遭到政府迫害。古旧归正教会的牧师常遭监禁，普通信徒被课以罚金。[20] 在教会崇拜时，全副武装的警察常常破门而入，而每个人的罚金会随着他们参加这些非法崇拜的次数增加。[21]

---

[18] Gerrit Jan Beuker, *Umkehr und Erneuerung: Aus der Geschichte der Evangelisch-altre-formierten Kirche in Niedersachsen 1838–1988* (Bad Bentheim: Hellendoorn KG, 1988).

[19] J. Schoemaker, *Geschiedenis der Oud Gereformeerde Kerk in het Graafschap Bentheim en het Vorstendom Ostfriesland* (Hardenberg: A. Kropveld, 1900), 28.

[20] Beuker, *Umkehr und Erneuerung*, 288.

[21] Beuker, *Umkehr und Erneuerung*, 259, 427–31.

为了拥有更好的生存环境，荷兰分离派牧师艾伯塔斯·凡拉尔特（Albertus van Raalte）带领受逼迫的分离派信徒移民北美。许多本特海姆古旧归正教会的信徒，在彼时也加入了这场移民潮。[22]

欧洲之春

1848 年革命时期，古旧归正教会的处境大有改变。这些革命运动被称为欧洲之春。在这些革命中，政治上的动荡使得欧洲大部分国家开始实施崭新的、现代的、自由的社会理想。如前所述，这在荷兰是指国王威廉二世实行了新宪法，由此荷兰迈向了现代自由民主制。这部宪法也授予了建立新的改革宗宗派的自由。

在本特海姆，古旧归正教会信徒感受到了这些革命的影响，因为他们也被赋予了宗教自由，尽管是分阶段实施。而在 1847 年之前，本特海姆的市民脱离改革宗教会而自立新宗派的做法乃违法行为。从 1848 年开始，某种有限度的宗教自由首度被引入本特海姆，终结了古旧归正教会信徒所遭受的逼迫，并赋予他们宗教宽容，但他们在法律上并不能与改革宗教会信徒享有同等地位。在 1866 年，本特海姆彼时归属的汉诺威王国被并入普鲁士。在这之前，当地的改革宗教会牧师，可强制古旧归正教会成员宣誓，表明他们永远不会想要脱离改革宗教会。1873 年之前，所有改革宗信徒的子女，出生后必须在改革宗教会登记注册；所有准备结婚且持守改革宗信仰的情侣，需首先征得当地改革宗教会牧师的许可，而古旧归正教会并无此权力。政府向古旧归正教会

---

[22] Robert Schoone-Jongen, "Dutch and Dutch Americans, to 1870," in *Immigrants in American History: Arrival, Adaptation, and Integration*, ed. Elliott Robert Barkan (Oxford: ABC-CLIO, 2013), 1:63.

信徒征税，用以资助改革宗教会；这一做法直到 1900 年才全面终止。[23]

古旧归正教会逐步享有了宗教自由。与荷兰相比，下克萨森社会的自由化进展缓慢（古旧归正教会的信徒主要居于该地）。因此，古旧归正教会处理他们新发现的与多元宗教处境之关系的步伐，与分离派信徒并不同步。但是欧洲之春的确改变了古旧归正教会的境遇，即便此番改变并非即刻发生。正如他们教会名称中的"古旧"二字所示，古旧归正教会旨在复兴启蒙运动前的基督教传统。随着**崭新的**、现代的、自由的社会理想在荷兰成为现实，古旧归正教会在社会中的地位也得以彻底改变。这个社会理想由康德和莱辛等学者所推崇，认为人们不应迫害那些不遵守国立教会信仰的信徒。

从前一些巴文克传记作家倾向于以不合实际的眼光看待本特海姆，仿佛小镇相对的寂寂无名和群体性的改革宗宗教身份，使"它几近成为基督徒生活的理想之地"。[24] 尽管如此，对本特海姆历史的重述应明确说明，19 世纪早期的本特海姆属于全欧洲范围动荡起伏的更广阔处境的一部分。[25] 19 世纪的本特海姆自然风光旖旎，但对脱离了国立改革宗教会的改革宗基督徒而言，本特海姆的生活充满了艰难险阻。杨·巴文克出生之前，本特海姆

---

[23] Gerrit Jan Beuker, "German Oldreformed Emigration: Catastrophe or Blessing?," in *Breaches and Bridges: Reformed Subcultures in the Netherlands, Germany, and the United States*, ed. George Harinck and Hans Krabbendam (Amsterdam: VU Uitgeverij, 2000), 102.

[24] 如见 Ron Gleason, *Herman Bavinck: Pastor, Churchman, Statesman, and Theologian* (Phillipsburg, NJ: P&R, 2010), 4; Valentijn Hepp, *Dr. Herman Bavinck* (Amsterdam: Ten Have, 1921), 7。

[25] 施吕尔特对中世纪到 19 世纪本特海姆的普通驱魔者和占卜者的研究，为这场社会变革进程提供了一个清晰的案例。Dick Schlüter, "De grensoverschrijdende activiteiten van duivelbanners," in *Nederland en Bentheim: Vijf eeuwen kerk aan de grens / Die Niederlande und Bentheim: Fünf Jahrhunderte Kirche an der Grenze*, ed. P. H. A. M. Abels, G.-J. Beuker, and J. G. J. van Booma (Delft: Eburon, 2003), 131–46.

是一个典型的现代初期尾声的北欧小镇。这个小镇有国立宗教信仰，重视道德教化，反对超自然因素；社会结构伴随着引入快速现代化的司法和医疗体系，具有那个年代的特征。

正统信徒在现代社会中的参与

下萨克森的先辈们对赫尔曼·巴文克的人生轨迹产生了重大影响。巴文克先辈的历史也是对以下假设的纠正：在巴文克去莱顿之前，或在他自觉将正统与现代结合、成为杰出神学家之前，他和家人住在这个前现代的小圈子里，而且根本不是那个时代之子。

多样化的 19 世纪欧洲，发展了各式各样的现代性；将这些现代性彼此等同是错误的举措。[26] 比如，此种举措就忽视了 19 世纪本特海姆居民身上的敬虔和鲜明的改革宗身份。然而，仍需说明的是，赫尔曼·巴文克的父亲出生于正在逐步现代化的世界，而且杨·巴文克的文化遗产留传给了赫尔曼。如何栖息于现代世界但同时持守启蒙运动前的正统基督教传统？这一问题并非由赫尔曼·巴文克提出。确切而言，这个问题来自他的父亲，也**早已是**摆在 19 世纪 30 年代的荷兰和下萨克森的分离派信徒以及 1848 年一系列变革面前的核心问题。

一副耐人寻味的画面继而开始呈现。杨·巴文克所参加的教会自称为"古旧"而非"新"。这一命名表明它摒弃了启蒙运动的现代纲领中的一个重要信条——传统充满了非理性的迷信，所以应弃之，继而推崇新的、现代的和理性的传统。[27] 在此情境中，

---

[26] Jacques Robert, *The European Territory: From Historical Roots to Global Challenges* (London: Routledge, 2014), 70–137.

[27] Matthew Lauzon, "Modernity," in *The Oxford Handbook of World History*, ed. Jerry H. Bentley (Oxford: Oxford University Press, 2011), 74.

下萨克森地区的古旧归正教会重申一种更古老的身份和正统。但是在 1848 年之后，在一个借着实施现代自由价值观而重构的社会中，古旧归正教会演变为一个现代社会机构；但此为机缘巧合，而非有意为之。简言之，杨·巴文克的传统与现代世界之间的关系早已变得非常复杂，它摒弃一个现代信条，却使得其他信条的实施成为可能。显而易见的是，无论对正统信徒还是现代人士，在这个现代后期的新世界中寻找定位，显然是一番舍与得的博弈。

当然这并非说，荷兰分离派或本特海姆的古旧归正人士，都愿意参与这一博弈。在荷兰，这场分离派运动的一个显著特征就是强烈的内在分歧。有些信徒希望自己的教会被视为真正的荷兰改革宗教会，在另一个未经触动的早期现代社会秩序中，替代国立荷兰改革宗教会。但是有些信徒希望作为小众群体与国立教会并存，（在新的社会秩序中）能自由操练自己的信仰。后一个群体由艾伯塔斯·凡拉尔特（Albertus van Raalte, 1811–1876）和亨德里克·彼得·斯霍特（Hendrik Pieter Scholte, 1805–1868）等人所领导，他们为荷兰社会空间的自由化满腔热情地奔走呼吁。然而，前一个群体并不急于赞同和肯定宗教多元主义等自由观念，无论这一新发现的自由何等大地改变了他们的生存处境。

从动机和意向观之，以上两类分离派群体因而不能被视为同类。分离派群体都认为现存荷兰改宗革教会已偏离真正的改革宗传统，所以当然认为自己是在重申唯一真正改革宗教会的身份。但是，预想实现这种重申的方式复杂多样。彼得·斯托克维斯（Pieter Stokvis）对此的评述令人印象深刻。他认为荷兰分离派中大多数人的动机，就是恢复"一种神秘加尔文主义式的教会国家"。[28] 德考科协调各方力量，促使国王威廉一世召集教会会议，承认分离派为荷兰真正的改革宗教会。这一举动也许就是斯托克

---

[28] Pieter R. D. Stokvis, "The Secession of 1834 and Dutch Emigration to the United States: Religious Aspects of Emigration in Comparative Perspective," in Harinck and Krabbendam, *Breaches and Bridges*, 22.

维斯所说之动机的典型体现。可是在此之外，有一重要的少数群体，他们呼吁透过教会和国家的分离，从而终止对他们的逼迫。

1848 年之后，分离派作为少数群体被允许存在于多元化自由的社会情境中。但是，对多数分离派信徒而言，这一新的地位并非刻意追求或自主选择的结果，而是新的局势加诸于他们身上，以未曾预料的方式使他们获益，又在其他方面向他们发出挑战。

现代荷兰宪法体现了国王威廉二世希望进一步分离教会和国家的意愿。[29] 虽然如此，该宪法并未确立一个新的、严格界定的宗教形式。它的影响反而创造出了一个现代环境，其间多重宗教势力都可主张自己的身份和生存方式。正如詹姆斯·肯尼迪（James Kennedy）和杨·慈文木（Jan Zwemer）所言："重返宪法颁布之前的社会再也无法想象了。"[30] 这是因为于 1848 年引入的社会结构，使任何宗教团体都不再可能以 1848 年之前的方式继续存在。因此，成为唯一真正的改革宗教会并希望也被社会如此看待，这样的探索实现起来可谓道阻且长。自 1848 年始，任何宗教团体不再遭受迫害，但也不会被国家赋以特权。[31] 分离派可自由聚集敬拜，在这个新社会中创建他们自己的空间，但前提是他们愿意接受政府提出的基本条件（在这种情况下，宗教自由的先决条件是国家和教会分离以及宗教的多元形式）。

正如主流的改革宗（Hervormd）人士和政治自由主义（Liberalen）人士的情况一样，并非所有分离派信徒和古旧归正信徒都愿意以此新的方式栖居于他们的社会，因为这意味着他们必须

---

[29] Harinck and Winkler, "Nineteenth Century," 468.
[30] James Kennedy and Jan Zwemer, "Religion in the Modern Netherlands and the Problems of Pluralism," *BMGN—Low Countries Historical Review* 125, no. 2–3 (2010): 249.
[31] 尽管这种探索几乎不可实现，我们不得不承认的是，一些分离派人士以及他们的后代，继续争取"他们的教会是唯一真教会"的认同。例如，这种现象可见于自由化荷兰地区归正众教会（Gereformeerde Kerken vrijgemaakt）的大部分历史。该教会在历史上主张，他们是"唯一真教会"（de enige ware kerk）。

接受自己已经变成了"〔不得不〕在〔多元主义形式的〕社会中抢占一席之地的新宗教势力"。[32] 那些不愿与这个新社会握手言和之人，当然可以借着重回社会边缘地带而享有宗教自由。宗教自由权并不要求所有宗教团体全面参与社会，因此他们完全可以使用宗教自由，继续追求他们在 1848 年前的目标，不管当时实现此目标是何等困难重重。当然，移民至新世界也是作为坚定拒绝重构的荷兰社会的方式之一。[33]

后来，赫尔曼·巴文克在反思面对诸种可能事物的自我定位时，批评那些留在荷兰的分离派信徒，认为他们对宗教自由的实践局限于敬拜和传福音；同时，他也同等强烈地批评那些移民他国的信徒，对自己祖国的文化发展漠不关心："许多人满足于在自己敬拜的场所敬拜上帝或开展福音事工，任凭国族、国家和社会、艺术和科学各行其是。许多人完全脱离生活，真正地让自己置于一切事物之外。在有些案例中更为恶劣的是，他们移民美国，完全抛弃自己的祖国，任其堕入无信仰。"[34] 对选择留在荷兰的信徒而言，他们在数十年之后才逐渐接受自己作为宗教多元社会中少数群体的新身份，放弃了之前简单地重建古旧、真实教会的看法。[35] 另一些人则更加热心地认同新的社会形势。例如，荷兰分

---

[32] Kennedy and Zwemer, "Religion in the Modern Netherlands," 249.

[33] 在下文可知，就斯霍特等分离派人士而言，移民的需求并非总是由拒绝现代社会的愿望所驱动。相反，斯霍特主张移民美洲，因为他相信这为宗教自由的实践提供给了更好的条件。

[34] Herman Bavinck, *De katholiciteit van Christendom en kerk* (Kampen: G. Ph. Zalsman, 1888); ET: "The Catholicity of Christianity and the Church," trans. John Bolt, *Calvin Theological Journal* 27, no. 2 (1992): 246. 有关来自古旧归正教会的移民，见 Beuker, "German Oldreformed Emigration," 101–13。

[35] Koert van Bekkum, "Verlangen naar tastbare genade: Achtergrond, geschiedenis en typologie van spiritualiteit in de Gereformeerde Kerken (vrijgemaakt)," in *Proeven van spiritualiteit: Bijdragen ter gelegenheid van 160 jaar Theologische Universiteit Kampen*, ed. Koert van Bekkum (Barneveld: Uitgeverij De Vuurbaak, 2014), 140.

离派的斯霍特深受美国宗教自由之实践的影响,并在早些时候主张荷兰分离派应全力支持自己在荷兰新处境中的新自由。[36]

在 1848 年宪法修订之前,斯霍特公开呼吁荷兰应实施教会和国家分离。与此同时,他否认国家统辖教会的权利,亦否认教会涉足政治领域的权利。在 1841 年,政府宗教事务大臣鼓励改革宗牧师为国王威廉二世的生日献上感恩祷告,当时身为《宗教改革报》(*De Reformatie*)[37] 主编的斯霍特,阐述了在持守教会和国家分离的同时,如何为国王祷告。[38] 他认为根据圣经,基督徒应为所有执政掌权者祷告;但是,为国王威廉二世个人祷告,并不意味着要求信徒支持他独特的政权。信奉不同教义的基督徒,事实上会为不同的目的祷告。依据斯霍特的推论,荷兰基督公教可为国王加入他们的教会且服从教宗而祷告,自由主义荷兰改革宗基督徒可为国王快速处理分离派问题而祷告,分离派可为国王加入分离运动而祷告。这样祷告有何不可呢?[39] 不管如何,斯霍特是在鼓励《宗教改革报》的读者祷告,让国王威廉二世能够经历归信,赋予荷兰人民宗教自由。此后的四年,即在 1845 年,

---

[36] 关于这点,哈林克已经论证,虽然斯霍特等人支持在苏格兰教会中同时期发生的分离运动(1843 年大分裂)——这场运动由托马斯·查尔莫斯(Thomas Chalmers)领导,形成了苏格兰自由教会——但是他们拒绝这场运动确认的教会和国家的关系。在苏格兰,大分裂见证了苏格兰教会和苏格兰自由教会在"国立原则"(Establishment Principle)下,主张他们就是苏格兰真正的改革宗教会。与此相反,斯霍特支持一种美国式教会和国家分离。见 George Harinck, "Groen van Prinsterer en Thomas Chalmers: 'Precious Ties of a Common Faith,'" in *Groen van Prinsterer in Europese context*, ed. George Harinck and Jan de Bruijn (Hilversum: Uitgeverij Verloren, 2004), 45。

[37] 有关斯霍特的《宗教改革报》主编身份,见 Eugene P. Heideman, *Hendrik P. Scholte: His Legacy in the Netherlands and in America* (Grand Rapids: Eerdmans, 2015), 163–84。

[38] Hendrik Pieter Scholte, "De zesde december," *De Reformatie* 2, no. 1 (1841): 291.

[39] Heideman, *Hendrik P. Scholte*, 150.

斯霍特在《宗教改革报》发表了题为〈1786 年为宗教自由而立的弗吉尼亚雕像〉一文，以此美国式宗教多元形式为例证，进一步鼓励分离派读者。⁴⁰

斯霍特在 1846 年写给荷兰加尔文主义政治家范普林斯特勒（Guillaume Groen van Prinsterer）的信件中，将移民描述为"因政府历来极力反对宗教自由所致"；鉴于此，凡拉尔特和斯霍特鼓励分离派移民。⁴¹ 正是因为日益增多的分离派信徒，响应呼吁去争取一种不同的社会状态，借此可以确保享有宗教自由，所以 1848 年之前的分离派教会越发具有汉斯·克拉本丹姆（Hans Krabbendam）所说的"移民热潮"的特征。⁴²

斯霍特及其跟随者主张宗教自由，但并不希望建立无神化、世俗的国家。他相信是上帝指派奥兰治王朝管理荷兰人民，而且荷兰元首必须是基督徒（但不能是门诺派，因门诺派持反战主义，这令国王无法执行《罗马书》十三 14 所论的职责；元首也不能为基督公教信徒，因基督公教要求服从于教宗）。⁴³ 斯霍特认为荷兰元首应为改革宗基督徒，并捍卫自己臣民宗教表现的自由。⁴⁴

尽管宗教自由最终在荷兰得以实施，但是耐人寻味的是，在此情境下，凡拉尔特和斯霍特都移民去了美国。为何他们选择移民，而不是留在自己所呼吁建立的社会新秩序中？尝试解释这个问题很容易陷入分离派内部政治的泥淖。例如，分离派的西门·凡

---

⁴⁰ Hendrik Pieter Scholte, "Wet op de Verdraagzaamheid opgesteld door Jefferson," *De Reformatie* 2, no. 8 (1845): 175.

⁴¹ Hans Krabbendam, *Vrijheid in het verschiet: Nederlandse emigratie naar Amerika 1840–1940* (Hilversum: Uitgeverij Verloren, 2006), 30: "...hardnekkige tegenstand der Regering tegen vrijheid van godsdienst."

⁴² Krabbendam, Vrijheid in het verschiet, 35: "... verspreiding van de emigratiekoorts."

⁴³ Hendrik Pieter Scholte, "Moet in de Nederlandsche Staatsregeling de Bepaling worden Opgenomen, dat de Koning Behooren moet tot de Hervormde Godsdienst?," in *De Reformatie* 1, no. 7 (1840): 326–27.

⁴⁴ 有关这方面的进一步讨论，见 Heideman, *Hendrik P. Scholte*, 152–56。

费泽恩（Simon van Velzen）认为，斯霍特在运动中的影响式微，所以，移民是为发挥自己更强的个人影响和价值。[45] 但是，正如汉斯·卡纳本丹姆（Hans Krabbendam）建设性地指出，如果考虑到凡费泽恩和斯霍特对分离派教会和国家之关系的看法迥异，那么以上定论更多呈现的是凡费泽恩自己，而非斯霍特。[46]

无论像斯霍特和凡拉尔特等人真正的移民动机为何，他们在 1848 年前后的故事，都表明分离派身份和神学愿景持续变动、异质的特性。分离派在现代世界前进的道路显然非常复杂。

作为分离运动之子的赫尔曼·巴文克

荷兰分离派内神学多样性的历史，对撰写赫尔曼·巴文克传记究竟有何作用呢？赫尔曼·巴文克不仅常被描述为分离派牧师之子——在字面意义上他的确如此——而且也常被称为"分离运动之子"。该称谓早于本书引论部分提及的"双重巴文克"诠释法的发展。[47] 的确，巴文克在世时，他自己就启用了"分离运动的儿女"的说法。尽管如此，在近些年"双重巴文克"学术研究的鼎盛时期，"分离运动之子"的标签，被贴到了"正统巴文克"的作品上。作为一个称呼，"分离运动之子"因而与其相反的词汇"现代巴文克"截然对立[48]。这个称呼假设分离派为非现

---

[45] Krabbendam, *Vrijheid in het verschiet*, 30.
[46] Krabbendam, *Vrijheid in het verschiet*, 30.
[47] 例如，见 G. M. den Hartogh, *Onze Theologische School* (Kampen: Kok, 1953), 23. "Een echt 'kind der Scheiding,' bij zijn optreden en in zijn werk te Kampen de trots van School en kerken, 'onze doctor,' zoals men hem met liefde en met dank noemde."
[48] 例如，见 John Bolt, "Grand Rapids between Kampen and Amsterdam: Herman Bavinck's Reception and Influence in North America," *Calvin Theological Journal* 38, no. 2 (2003): 264–65。

代,并且忠实于分离派遗产就是让巴文克远离现代世界,而非进入现代世界。虽然如此解读巴文克思想的问题如今已有详细论述,但是此种假设中对巴文克的分离派先辈之看法的纰漏也应予以指明:这种假设认为,面对新的、持续现代化的社会,分离派先辈们持一致而相同程度的否定姿态。

分离派运动的神学愿景从一开始就不具有同质性。[49] 但这一现象并不令人意外,因为分离派运动发展迅速,并且分离派运动神学理念主要由为数不多的分离派牧师和为数众多未受过培训的牧师提出。鉴于此,对巴文克"分离运动之子"的身份的重新解读,应特别注意凡登伯格(J. Van den Berg)的提醒,即以泛称的方式谈论"**此**分离派"(the Seceders)有很大的问题。[50] 分离派有多样性。除非我们进一步细微分辨巴文克所承续的分离派思想和传统的流派,否则"分离运动之子"的称谓只会成为一种一般性而非有特别作用的身份标记。

分离派出现后最初的数十年,教会数量迅速增加,分离派移民数量逐步减少;分离派教会对自身在 19 世纪后期荷兰社会的地位形成了共识,认为自己是享有宗教宽容的少数群体。巴文克的生平体现了对这一社会地位接受的重要发展,因而分离派愈发热切尝试,在 19 世纪末期和 20 世纪早期的荷兰社会里,为自己开凿出一个社会空间。

我一直将巴文克描述为"分离运动之子",旨在赋予此称谓以更为丰富的质感。毋庸讳言,赫尔曼·巴文克是分离者杨·巴文克的儿子,是由亨利·德考科发起的分离运动的继承者。但是,

---

[49] J. van den Berg, "De Spiritualiteit van de Afgescheidenen," *Gereformeerd Theologisch Tijdschrift* 92 (1992): 172–88.

[50] Van den Berg, "De Spiritualiteit van de Afgescheidenen," 174. "De Afscheiding was niet een homogene beweging, en ook al werden uiteindelijk binnen de hoofdstroom de tegenstellingen in een geleidelijk proces van samensmelting opgelost, toch kan men niet zonder meer van 'de' Afgescheidenen spreken."

他也是（或至少部分是）亨德里克·彼得·斯霍特和艾伯塔斯·凡拉尔特传统的继承者。更何况，巴文克显然与众多分离派普通信徒十分亲近；他们名不见经传，但努力更加融入 1848 年之后业已变化的社会之中。正是在此意义上，我选用"分离运动之子"的称谓，并不是要表明巴文克世界观的内在分裂，而是想以此明确巴文克位于分离主义运动初始阶段之核心的发展轨迹的开端，继而明白他是推动此发展轨迹的关键人物。贾斯伯·弗雷（Jasper Vree）认为，分离派运动具有"从分离走向融合"的特征。[51] 本书认为赫尔曼·巴文克就具有这样的特征，并恰好促使恢复邓·哈托格（G. M. den Hartogh）所采用的术语"真正的分离运动之子"（een echt "kind der Scheiding"）。此术语可充分描述巴文克对"以正统的立场参与现代世界"的委身。[52]

本传记中一个核心主张就是，巴文克生平的核心关切点可用几个重要时间节点勾勒出来：1834 年的荷兰分离运动、1838 年古旧归正教会在本特海姆的建立和 1848 年的欧洲之春运动。只有将巴文克置于这一背景之下，我们才能重新理解他的生平。巴文克的一生肩负一个职责：重新构想荷兰文化与荷兰文化中的正统改革宗传统。

在欧洲之春运动前后，分离派和古旧归正教会都在风雨飘摇之中。在它们出现最初的十年，即 1848 年之前，都面临着一个生存难题：正统改革宗基督徒，如何栖身于一个（因对宗教自由的狭隘观点）迫害他们并阻碍他们实现一些关键理想的**早期现代**社会？1848 年之后，问题变为：正统改革宗基督徒，如何栖身于一个（因着宗教多元主义）容纳他们却致使他们一些原初理想

---

[51] Jasper Vree, "Van separatie naar integratie: De afgescheidenen en hun kerk in de Nederlandse samenleving (1834–1892)," in *Religies en (on)gelijkheid in een plurale samenleving*, ed. R. Kranenborg and W. Stoker (Leuven: Garant, 1995), 176.

[52] Den Hartogh, *Onze Theologische School*, 23.

变得陈旧且无法实现的**晚期现代**社会？他们所在的时局一直在变迁。正是在这样的处境中，杨·巴文克开始崭露头角；这使得他所要解决的问题，也是他儿子赫尔曼·巴文克终其一生力图回答的问题。

第二章
杨·巴文克与赫兹娜·玛格达莱娜－霍兰

"那时，我们依然是弃民。"

现代人杨·巴文克的生平概略

杨·巴文克非常虔诚，又同样志向高远，两种特质彼此砥砺又相互掣肘。尽管杨有宗教上的觉醒，但他也是那个时代典型的小资产阶级（petite bourgeoisie）。他目睹了受理性主义启蒙运动支配之基督教的衰落，也看到支持它的铁腕君王的垮台，但他没有为二者的衰亡留下一滴眼泪。相反，杨张开双手，拥抱取二者而代之的经验加尔文主义（experiential Calvinism）和自由民主。无论杨的子孙们如何详述何种重大社会变革，杨的故事始终更加精彩。

当杨多姿多彩的一生走向暮年之时，他把未出版的自传手稿《我的生平概略》留给了子女。[1] 该手稿未标明具体写作日期，

---

[1] Jan Bavinck, "Een korte schets van mijn leven," unpublished, handwritten autobiography, n.d., HBA, folder 445. 另见 G. A. Wumkes, "Bavinck (Jan)," in *Nieuw Nederlansch Biografisch Woordenboek*, ed. P. C. Molhuysen and P. J. Blok (Leiden: A. W. Sijthoff's UitgeversMaatschappij, 1911), 34–35。

可能写于杨牧会五十四年之后、临近八十岁生日的一段时间。[2]
大概在 1905 年末至 1906 年间,"风烛残年"的他开始撰写自传,以留念于后嗣。这份手稿包括了对私人家庭生活的回忆,恰写于杨在晚年与赫尔曼一家共同在阿姆斯特丹生活的时期。在这手稿之前,杨也曾出版《唯靠耶稣之名得拯救》,其中包括了一系列自传性质的回忆。《唯靠耶稣之名得拯救》是于 1888 年以小册子形式出版的讲章,以庆祝他按牧四十周年。[3] 这篇讲道在形式上基于《使徒行传》四 12;它解释了经文,其间交织着对以往生活的回忆。这些回忆是他在坎彭担任基督教归正教会主任牧师(pastor loci)期间所著。

杨在暮年但也是自己最具影响力之时,按时间顺序记录了自己过去的经历;我们从这样的意愿中窥见杨有现代人的形象。垂暮之年的杨·巴文克撰写未发表的自传,意在留于家人传读,此举本身就具有浓厚的历史意味。为己立传在当时并非新鲜事。在杨·巴文克书写自传前的数百年,德国和荷兰文化中这类"自传文本"(egodocuments)已然十分普遍。[4] 但是在这数百年里,自传写作在立意、要点和细节上都发生了重大变化。

这类私人自传主要是为直属亲人而作。最早的(中世纪和宗教改革后)自传是为了承传家族集体记忆而写;但后来,自传写

---

[2] Jan Bavinck, "Een korte schets van mijn leven," 75. "Hij heeft mij ruim 54 jaren in dien dienst doen arbeiden, mij steunende en sterkende, zoodat ik schier zonder onderbreking mijn werk kon verrichten," and, "Ik ben nu oud en grijs geworden. Nog enkele dagen en ik heb den leeftijd van tachtig jaren bereikt. Ik ben aan den avond, aan den laten avond van mijn leven."

[3] Jan Bavinck, *De zaligheid alleen in den naam van Jezus* (Kampen: J. H. Bos, 1888).

[4] 有关"自传文本"一词的发展历史,见 Rudolf Dekker, "Introduction to Egodocuments and History: Autobiographical Writing," in *Its Social Context Since the Middle Ages,* ed. Rudolf Dekker (Hilversum: Verloren, 2002), 7–20。

作动机变得更为个人化：自传作者希望留念于自己的子女。从1800年（杨·巴文克出生的那段时期）起，家族自传写作发生了两个重大变化。首先，自传作者开始采用这一体裁，作为传布难以直接言传之内容的宣泄口。其次，作者开始采用这一体裁，内省化回忆自己童年的经历。相比较而言，17和18世纪的自传认为童年与成人成长阶段基本无关。鲁道夫·德克尔（Rudolf Dekker）对荷兰自传中童年的重要性进行了广泛研究。他论述了自传写作的此种演变，而这演变也完美勾勒出《我的生平概略》的框架。

> 文学史研究者区分了自传的两种写作模式。在传统模式中，自传作者大量讲述自己的家庭背景，较少提及自己的青年时期。作者首先视自己为家族世系中的一环。而在现代模式中，作者对先辈的描述寥寥数笔，对自己的童年则会加以浓墨重彩的描述。从自传开篇起，作者就是主角。这一变化发生在18世纪下半叶，是不断增强的个体意识所带来的影响。荷兰自传写作的发展也符合以上模式。16至17世纪，大多数作者对自己的童年只是数笔带过，一般只谈及自己的学校和老师。他们自传的故事通常始于自己立足社会后的时间。[5]

杨·巴文克的自传体现了作为现代后期欧洲人的自我定位。他对先辈以及他们对自己生活的影响饶有兴趣，尽管只是在有限的程度上如此。他认为童年经历和家庭的养育对自己的影响更为重要。在给子女讲述自己成年后的生活时，他回顾一些从前难以口头描述的事情：四个兄弟姐妹和母亲的离世，他对宗教迫害的

---

[5] Rudolf Dekker, "Childhood in Dutch Autobiographies, 1600–1850: Changing Memory Strategies," *Paedagogica Historica* 32 (1996): 69.

了解（他的孩子不曾有此经历），还有那些壮志未酬的苦痛。杨·巴文克认为，19 世纪的欧洲人看待时间流逝的方式不同于自己的先辈。现代欧洲人似乎突然更加关注时间的飞快流逝，因为他们那个世纪奔腾向前，涌向且跨过革命浪潮。[6] 杨·巴文克的生平概略布满了对此类意识的论述。在该传记中，平凡如家用座钟与 1848 年欧洲之春那样翻天覆地的巨变，都发挥了重要作用。故此，杨·巴文克那一代带着不凡的热情，着手按时间顺序来记录他们的生活经历。作为那个时代的产物，杨的自传所讲述的生命故事，既描绘了自己的驻足观察，也表达了希冀与向前奋斗的历程。这是一部完全意义上的现代自传。

本特海姆森林中的敬虔

杨的自传标题中有"概略"一词，但他对自己人生的叙述实有四万二千字。杨的回忆以简短序言开始，反思了《以赛亚书》四十二 16 中上帝对祂百姓的应许：

> 我要引瞎子行不认识的道，
> 领他们走不知道的路；
> 在他们面前使黑暗变为光明，
> 使弯曲变为平直。
> 这些事我都要行，
> 并不离弃他们。

---

[6] Arianne Baggerman, "Lost Time: Temporal Discipline and Historical Awareness in Nineteenth-Century Dutch Egodocuments," in *Controlling Time and Shaping the Self: Developments in Autobiographical Writing since the Sixteenth Century*, ed. Arianne Baggerman, Rudolf Dekker, and Michael James Mascuch (Leiden: Brill, 2011), 455–535.

这篇序言明显体现了杨·巴文克的敬虔：他在这个世界的旅程完全仰望《以赛亚书》中上帝的应许；这位上帝对罪人显出怜悯，并为瞎子重新指引了道路的方向。在自传正文开篇，杨介绍了自己在 1826 年 2 月 5 日生于本特海姆，然后就是一段回忆，直接转向赞叹现代性在他有生之年对家乡的改变："在我青年时代，人们未曾听闻铁路，但如今，铁路从阿纳姆（Arnhem）经本特海姆通向萨尔茨贝根（Salzbergen）。火车喷着蒸汽突突前行，如游龙穿行于森林。这真是一幅美丽壮观的景象！"[7] 这辆从下萨克森途径本特海姆开往荷兰的新火车，成为贯穿杨一生之转变的鲜明象征：前工业时代向工业时代的转变。木材是前工业社会的主要物质来源，而如今被煤炭和钢铁所替代，由此欧洲人的生活也永远改变了。本书所提到的本特海姆森林，在前工业时代一直是当地重要的燃料来源。当火车这一奇妙的新机械穿梭于森林中时，人们就不再需要从森林中获取资源。因而，这重新定义了包括杨·巴文克在内的新工业化时期欧洲人栖居于这个世界的方式。

文化批判家沃尔夫冈·希弗尔布施（Wolfgang Schivelbusch）曾将火车旅行对杨·巴文克时代欧洲人的影响，形容为"时空的埋灭"。[8] 因着蒸汽火车，杨学会了重新思考他可以如何（快速地）在这个世界上穿行。蒸汽火车或许是 19 世纪欧洲现代化的终极象征，而且杨认为此为美事。由此看来，他出生于本特海姆，这为他提供了地利，得以欣赏逐渐缩小的现代世界：由于这条特殊

---

[7] Jan Bavinck, "Een korte schets van mijn leven," 3. "In mijne jeugd kende men nog geene spoorwegen, maar thans loopt de spoorlijn van Arnhem naar Salzbergen langs Bentheim heen, en het is een prachtig gezicht den spoortrein als een slang door het woud zien stoomen."

[8] Wolfgang Schivelbusch, *The Railway Journey: The Industrialization of Time and Space in the 19th Century* (Berkeley: University of California Press, 1986), 33.

的铁路线将荷兰与欧洲其他地方广泛连接，于是他的家乡在当时旅行文学中扮演了重要的角色。⁹

赫尔曼努斯·巴文克与芬娜·尼豪斯

杨·巴文克的父母——赫尔曼努斯和芬娜（其母家姓氏为尼豪斯）是本特海姆改革宗教会的信徒，共育六个子女（五女一子），杨排行第五。赫尔曼努斯是木匠，出身于木匠之家。杨后来以父亲的名字给自己的一个儿子命名。1829年赫尔曼努斯去世，当时他最年长的孩子才十二岁，最年幼的不过数月。杨的父亲去世时四十九岁，当时杨只有三岁。¹⁰ "尽管我当时十分年幼，但我一直记得父亲。在记忆深处，我的父亲还活着。比如，我还记得暮色中他回到家里，坐在火旁，我坐在他腿上，让他抱着暖暖身子。以下记忆对我尤其清晰：在父亲的葬礼上，一个邻居牵着我和我四个姐姐的手，领到父亲所躺的棺木前，我们开始痛哭不已。"¹¹ 杨的母亲一直哀痛赫尔曼努斯的离世，直至她于1850年去世。她未再婚，尽管有数次可再婚的机会。他作为单亲母亲，一人全心

---

⁹ Daniël François van Alphen, *Reisverhalen en indrukken van een togt via Bentheim (Münster), Hannover, Hamburg, Kiel en Korsör naar Kopenhagen* ('s Gravenhage: J. M. van 't Haaff, 1874).

¹⁰ 利用自传努力回忆并维系遥远的儿童回忆，也是19世纪的一个发展；见 Dekker, "Childhood in Dutch Autobiographies, 1600–1850," 72–76.

¹¹ Jan Bavinck, "Een korte schets van mijn leven," 3. "Doch ofschoon ik nog zoo jong was, heb ik mij toch altoos als uit de verte kunnen herinneren, dat Vader leefde, dat hij bij voorbeeld des avonds van zijn werk tehuis kwam, bij het vuur ging zitten, en dat ik in zijn schoot moest komen staan om mij te verwarmen. Inzonderheid bleef mij dit steeds levendig voor den geest staan, dat bij de begrafenis van Vader eene buurvrouw mij en mijne vier zusjes bij de hand nam, ons naar de kist geleide, waarin Vader lag, en dat wij toen alle bitterlijk begonnen te schreien."

全意养育子女。杨·巴文克十二岁时，在改革宗学校求学，接受了双语（德语与荷语）教学。在巴文克家族中，杨的一家人参加改革宗教会。此教会用德语和荷语进行双语敬拜。杨·巴文克还参加了由当地牧师凡内斯（A. L. van Nes）用德语讲授的教理问答班。[12]

本特海姆物质生活繁荣但属灵气氛沉闷，至少在杨·巴文克的记忆中如此。杨所成长的家庭，是那里典型的有宗教信仰的中产阶级家庭。这样的家庭会偶尔阅读圣经。但是令杨失望的是，圣经对一个人生命的影响从未予以讨论。虽然公开祷告和家庭祷告是一种规范，但是杨对私下热切祷告的基督徒的故事深感兴趣。改革宗教会特别重视道德行为，却避而不讲福音翻转基督徒生命的力量。（由他所在的改革宗教会的牧师凡内斯所写的唯一著作是一本道德教化的书，旨在劝诫基督徒应远离酒水，尤其是荷兰琴酒。）[13] 在青少年时代，杨开始接触到一些基督徒，他们探讨改革宗信仰中一些不同的要点——"重生"（wedergeboorte）、"信心"（geloof）和"归信"（bekeering）。这些词汇对杨很陌生，他想要将这些要点理解为某些经历。他开始做热切的认罪祷告，但一直都不确信自己的祷告是否得蒙上帝垂听。

杨·巴文克的属灵觉醒

在杨青少年时期，他的舅舅哈姆·尼豪斯（Harm Niehaus）受到杨·巴伦德·桑多格（Jan Barend Sundag）的影响——这位敬虔的改革宗牧师在前一章已有介绍。根据杨·巴文克的描述，哈

---

[12] 见 *Hof-und Staats-Handbuch für das Köningreich Hannover auf das Jahr 1844* (Hannover: E. Berenberg, n.d.), 431。

[13] A. L. van Nes, *Woorden van broederlijke onderwijzing en waarschuwing ten opzigte van het gebruik der sterke dranken* (Groningen: J. Oomkens, 1841). 另见 *Hof-und Staats-Handbuch für das Köningreich Hannover auf das Jahr* 1844, 431。

姆受桑多格所领导之运动的影响，并与他的女儿一同归信了这一正统、经验的信仰。这个消息让杨很感兴趣。杨和许多同时期的北欧年轻人一样，渴慕体验更加充满活力和正统的信仰，而这样的信仰在彼时国立教会中难以见到。

1842 年，杨正值十六岁。他在舒特福（Schüttorf）的农场小屋听了桑多格布道。这次经历成了他生命的转折点。此后，他参加了荷兰分离派和古旧归正教会的聚会，常常与舅舅以及表兄弟穿过本特海姆森林，去参加在一间农场房子里的古旧归正教会的崇拜。在当时的境况下，选择参加不为国立改革宗教会所认可的非法教会崇拜，对杨而言既欢欣也倍感艰难。他感到自己应忠于教导他《海德堡要理问答》的凡内斯。但重要的是，青少年杨·巴文克开始对比改革宗教义和改革宗教会。如今他相信一个纯粹的事实：自称为改革宗的教会，并不能保证自己的教义与历史上的改革宗传统一致。基于此结论，他最终离开了国立改革宗教会，这似乎是必然之事。然而在 1848 年之前，他若想在国立教会之外追寻自己认定的教义，那么必要付出极大的代价。鉴于这些后果，他"不希望出现任何形式的宗派主义和分离主义，并希望自己依然属于改革宗"。[14]

当他穿过本特海姆森林去参加分离派的聚会时[15]，他的情感和忠诚感一直在非法和合法之间、在农场之屋内的聚会和国立改革宗教会 17 世纪的建筑之间、在桑多格和凡内斯之间、在改革

---

[14] Jan Bavinck, "Een korte schets van mijn leven," 12. "Ik was daarom bang voor alle sectarisme en seperatisme, en wilde op de Gereformeerde lijn blijven."

[15] Jan Bavinck, "Een korte schets van mijn leven," 11. "Ik herinner mij nog levendig, dat wij, te weten, oom, zijne dochter en ik des Zondagmorgens vroeg ons opmaakten en dat wij bij schoon weêr door een gedeelte van het Bentheimsche woud gingen om ons te begeven naar de bijeenkomst der Afgescheidenen, die destijds in de woning van den landbouwer Sandfoort onder Gildehaus gehouden werd."

宗教义和国立改革宗教会之间来回拉扯。从这个角度来看，杨在《我的生平概略》中所描写的童年时期、青少年时期和 20 世纪早期他最后所见的本特海姆森林之间的对比十分鲜明。对年轻的杨·巴文克而言，本特海姆森林曾是自由和冒险之地 [16]，但之后在他青少年生活的矛盾时期，成了连接两个彼此冲突之世界的通道。最终在更为宽容的年代，这片森林成为迈向机械奇迹时代的自然过渡地带。这是《我的生平概略》中不易被察觉却很重要的主旨。

> 我是否能真正离开国立改革宗教会，并加入那些早已彻底与之决裂且独立发展的教会？对此问题我深思良久。我向桑多格和其他人请教，我多次〔在祷告中〕跪下为此事祈求，并求见主的面。我迫切恳求祂，在这一重大事项上指引我选择一条持守到底的道路。我踌躇犹疑了一段时间，但最终做出了以下决定：我应参加古旧归正教会。[17]

在与改革宗教会牧师凡内斯交流了自己新的信念和经验信仰之后，他做出了最后决定："坦言之，为能够坚守改革宗信仰，

---

[16] Jan Bavinck, "Een korte schets van mijn leven," 5. "Menigmalen heb ik het Bentheimsche woud doorkruist, op de bergen gedoold, de boerenplaatsen rondom Bentheim afgeloopen om er naar te zoeken en heb mij soms daarbij aan gevaren blootgesteld."

[17] Jan Bavinck, "Een korte schets van mijn leven," 13. "Mocht ik mij nu wel van de 'Reformirte Kirche' scheiden, en mij voegen bij degenen, die geheel en al met haar hadden gebroken en voor zich eene zelfstandige Kerk nevens en naast haar hadden gesticht? Over deze vraag heb ik lang nagedacht en gepeinsd; ik heb met Sundag en met anderen er over gesproken; ik heb er meermalen mijne knieën voor gebogen en het aangezicht des Heeren gezocht, Hem ootmoedig en ernstig biddende, dat Hij mij in deze gewichtige zaak den weg mocht wijzen, dien ik had in te slaan en te bewandelen. Lang heb ik geaarzeld en getwijfeld, maar eindelijk ben ik er toe overgegaan om mij als lidmaat in de Oud-Gereformeerde Kerk te doen opnemen."

我离开了国立改革宗教会，并加入了古旧归正教会，我能够也可以为此作见证。"[18]

杨·巴文克迈向牧会之路

杨·巴文克定意参加古旧归正教会之后，开始学习车削木材的手艺。他在1888年公开的回忆录中说道："〔我〕选择学习一门手艺，因为感到上帝的旨意并非是差遣我去做圣言的服侍。"[19]但是，他私下给孩子所讲的与此不同。青少年时期的杨·巴文克选择学习车削木材手艺，显然是因为他可以搬到吉尔德豪斯（Gildehaus），在那里可以与克拉贝（J. B. Krabbe）共居一处，并向他求教。克拉贝是位车轮车工，是委身古旧归正教会的信徒。住在克拉贝家里对杨还有一个更大的吸引力：桑多格彼时也住在克拉贝家。这段时光让杨·巴文克得以更深入了解桑多格的思想："我每天都有机会见到他并和他交谈。"[20]

在探究杨·巴文克的生平及其对赫尔曼的影响时，不仅应特别关注杨在纷繁多样的分离运动中的最终选择，而且发觉杨在年轻时与桑多格的交流尤为重要。桑多格强烈反对凡拉尔特的移民主义倾向，认为分离派应留在自己的国家，在这里为信仰而争

---

[18] Jan Bavinck, "Een korte schets van mijn leven," 13. "Vrijmoedig kan en mag ik van mijzelven getuigen dat ik, om Gereformeerd te blijven, mij van de 'Reformirte Kirche' heb afgescheiden en mij bij de Oud-Gereformeerde Kerk heb gevoegd."

[19] Jan Bavinck, *De zaligheid alleen in den naam van Jezus*, 19. "Ik koos een beroep, denkende, dat het de wil des Heeren niet was, mij in de bediening Zijns Woords te stellen."

[20] Jan Bavinck, "Een korte schets van mijn leven," 20. "Ik was dus in de gelegenheid om hem dagelijks te ontmoeten en te spreken."

辩。[21] 杨·巴文克在接触凡拉尔特和桑多格思想的过程中，也加入了一场复杂（且纷繁）的神学运动。桑多格比凡拉尔特在文化层面更加保守，并反对后者的移民主义冲动和对现代文化的开放态度。[22] 在分离派圈子里，巴文克一家（包括赫尔曼）在这些问题上都持不同于常人的态度，结合了对现代文化的开放态度和强烈的反移民主义立场。这些观点似乎在吉尔德豪斯的车轮车工工厂中就已萌生。

1845 年，杨·巴文克十九岁。桑多格请求古旧归正教会的长执会帮助自己的工作。因牧师牧养的任务过于繁重，他渴望有人接受牧养侍奉的培训。在所有文献资料中，长执会对桑多格回应的具体细节各不相同，尽管故事主题保持相同。根据《我的生平概略》，有兴趣参加这一培训并到会的共有五位："雷里克（J. H. Reurik）、豪斯肯（F. Huisken）、卡普坦（B. H. Kaptein）、达林科（G. J. Dalink）和杨·巴文克。"可是根据贝克（H. Beuker）的记载，仅有三位被予以考虑：巴文克、豪斯肯和雷里克。[23] 长执会 22 位长老和执事对桑多格的请求意见不一。有 11 位支持，也有 11 位反对。杨·巴文克对此情景的描述充满戏剧性。为了明辨主的旨意，长执会主席建议用抽签来决定。[24] 根据杨·巴文克的描述，长执会写下了两个字母，分别表示"同意"与"反对"，然后让一位女佣抽签。她抽到了"同意"。（贝克说写下了三个字母，两个字母表示"反对"，一个字母表示"同意"。[25]）仅有一位

---

[21] H. Beuker, *Tubantiana* (Kampen: Kok, 1897), 62.

[22] Gerrit Jan Beuker, "'The Area beyond Hamse and Hardenberg': Van Raalte and Bentheim," in *The Enduring Legacy of Albertus C. Van Raalte as Leader and Liaison*, ed. Jacob E. Nyenhuis and George Harinck (Grand Rapids: Eerdmans, 2014), 26.

[23] H. Beuker, *Tubantiana*, 64.

[24] 在按牧选择过程中以抽签为手段来辨别上帝的旨意，这是彼时敬虔主义新教信徒常见的现象。例如，见 Heinrich Rimius, *The History of the Moravians* (London: J. Robinson, 1754), 13。

[25] H. Beuker, *Tubantiana*, 64.

青年人可获牧养侍奉的培训机会，所以长执会决定再次投票决定候选人。票数再次持平：11票支持豪惠斯肯，11票支持杨·巴文克。那位女佣再次抽签。她抽到了代表杨·巴文克的字母。在此特别的经历中，神圣护理与个人愿望似乎完全一致：抽签的结果让巴文克顺理成章地达成了自己的心愿。他将接受牧养侍奉的培训。

古旧归正教会希望荷兰分离派成为神学领袖，所以杨·巴文克在荷兰接受神学培训也并不令人惊讶。然而，《我的生平概略》清楚表明，古旧归正教会非常了解这个境外分离派运动的异质性。当时，荷兰分离派牧养侍奉的培训在三个地方开设：在阿纳姆由安东尼·布鲁梅坎普（Anthony Brummelkamp）负责，在格罗宁根由谭姆·弗彭斯·德哈恩（Tamme Foppens de Haan）负责，在勒伊讷沃尔德（Ruinerwold）由科克（W. A. Kok）负责。长执会决定让杨·巴文克在勒伊讷沃尔德受训，因为"有人判断，在荷兰分离派众人之间的纷争中，德伦特（Drenthe）〔勒伊讷沃尔德〕在真理上最为纯正"。[26] 古旧归正教会觉察到了分离运动内部存在各类团体，所以有意尝试将他们的牧师候选人引向其中一个特定群体。杨需要在荷兰分离派众人中找到自己的道路。

在荷兰学习神学

在杨·巴文克求学年间（1845–1848），他就读的神学学校从勒伊讷沃尔德迁至霍赫芬（Hoogeveen）。学校在一间租赁房的一个单间里上课，这常招当地人嘲笑。"我依然记忆犹新的是，

---

[26] Jan Bavinck, "Een korte schets van mijn leven," 23. "Men oordeelde, dat Drente bij de twisten onder de zonen der Scheiding in Holland het zuiverst bij de waarheid was gebleven."

第一次去学校时，大家如何讥笑、嘲弄我。当时，我们总被当作社会的弃民。"²⁷

对于杨·巴文克在勒伊讷沃尔德和霍赫芬的学业表现，后世的描述通常强调他在学生时代表现突出，学业优异²⁸，但他的自传似乎更强调自己并未准备充分进入这样的学习水平。他回忆起在入学初期需要提升荷文水平，同时还要学习地理和通史；这对他是一个极具挑战性的过渡期，至少在开始阶段如此。（杨·巴文克在他一生中，一直不遗余力地为子女寻求更高教育水平的学校；这显然是因为他意识到，自己在本特海姆改革宗学校所学甚是有限。）²⁹

他也坦承自己所受神学教育之欠缺。在这所神学院中，只有两位教师负责教导神学、圣经和教会历史、释经学、讲道学、荷兰历史与荷文、拉丁文、希腊文和希伯来文。"课程如此之多，却仅有两位教师！毋庸讳言，这里的教育所缺甚多，十分不足。"³⁰ 此番坦承的语气，借着他对分离派传统的赞扬而变得缓和，只因

---

²⁷ Jan Bavinck, "Een korte schets van mijn leven," 27. "Ik herinner mij nog zeer goed, dat ik in het eerst op den weg naar de School door sommigen uitgelachen en bespot werd. Wij werden toen nog altoos als de pariati's der maatschappij geacht."

²⁸ 例如，洛夫·布雷默（R. H. Bremmer）写道："杨·巴文克被证实是一位灵敏的学生。……这位学生很快就超越了老师。"（*Herman Bavinck en zijn tijdgenoten* [Kampen: Kok, 1966], 11）。另见格里森（Ron Gleason）所写："杨·巴文克是一位专心和老练的学生。他十分聪颖，并能迅速掌握所学内容。" *Herman Bavinck: Pastor, Churchman, Statesman, and Theologian* (Phillipsburg, NJ: P&R, 2010), 12。

²⁹ 这与亨利·多斯克在 1922 年为赫尔曼·巴文克所写悼词中的假设相抵触。多斯克认为，巴文克的父亲"一定也享受早年"在本特海姆接受教育的"特殊待遇"。"Herman Bavinck: A Eulogy by Henry Elias Dosker," in *Essays on Religion, Science, and Society*, ed. John Bolt, trans. Harry Boonstra and Gerrit Sheeres (Grand Rapids: Baker Academic, 2008), 14。

³⁰ Jan Bavinck, "Een korte schets van mijn leven," 24. "Vele vakken voor slechts twee mannen! Het spreekt vanzelf, dat het onderwijs niet anders dan gebrekkig, zeer gebrekkig en onvoldoende kon zijn."

分离派的理想一直都是科学化神学训练——即便这不是它在早期的现实。杨在数十年后支持儿子赫尔曼前往莱顿接受神学上严格科学训练的决定，而不是让他接受坎彭神学院的教育。无论如何，当我们想到此事时，应回想起杨对自己在霍赫芬小小的神学院里所体会诸般局限的坦诚。

杨学习和为按牧所做的预备在 1848 年夏天结束。这一年对我们理解杨的儿子所带来的独特现代改革宗遗产至关重要。那一年的复活节，当时欧洲正处于革命的洗礼之中，汉诺威与石勒苏益格－荷斯坦（Schleswig-Holstein）交战。时年二十三岁的汉诺威青年杨·巴文克应征入伍。

他私下对此消息感到悲伤绝望，因他正等待开始牧养侍奉。杨回到本特海姆之后，与一群后备役军人一起等待军官和医生对他们的测评。他在 1888 年写道："那一夜我终身难忘。我和一群骂骂咧咧、喝酒闹事的年轻人度过了一晚。"[31] 但是轮到测评杨·巴文克时，他被告知："穿上衣服走吧，我们兵员已招满……你自由了，可以走了。"[32] 在 1848 年，杨·巴文克的个人生活发生了一系列戏剧性变化。若说彼时的欧洲人认为"他们脚下之地在移动"，那么杨·巴文克的脚下之地在 1848 年就是在发生地震。

> 在〔忙碌学业的〕压力之下，时光飞逝，转瞬就到了 1848 年。这是充满困苦、反抗与转折的一年。法国再次爆发革命，迅速波及他国，远至德国。革命运动有时狂飙突进，来势汹汹，国王和王子们在宝座上战战兢兢，惶惶不安。尽管革命带来各种毁坏，

---

[31] Jan Bavinck, *De zaligheid alleen in den naam van Jezus*, 20. "Nooit kan ik dien nacht vergeten, die ik daar ten midden van tierende en drinkende jongelingen heb doorgebracht."

[32] Jan Bavinck, "Een korte schets van mijn leven," 31. "Ziehen sie euch nun wieder an, wir haben schon Mannschaften genug....Sie sind frei, sie können gehen."

成千上万的人由此惶恐战兢，但对"分离派"或〔本特海姆〕县古旧归正教会而言，革命却给他们带来释放，使他们恢复活力，因为在 1848 年——在此前他们一直遭受逼迫之苦——而且自 1848 年始，他们〔分离者〕享有宗教宽容，可以按着他们内心的信念，不受制约地聚会敬拜……因此，政府不再反对本特海姆的古旧归正教会；他们得享自由和宽容。**无需赘言，他们把握了这一机遇，为此欢欣雀跃，而且充分利用了这一变革。**[33]

古旧归正教会之前并未寻求或期待宗教自由。当他们的"敌人"击鼓相贺时，他们问为何而庆。敌人的答复让他们倍感意外："因为开始施行宗教自由了！"[34]

---

[33] Jan Bavinck, "Een korte schets van mijn leven," 28. "Onder die drukte vlogen de dagen voorbij en brak het jaar 1848 aan, dat jaar van beroeringen, opstanden en omkeeringen. De revolutie was bij vernieuwing uitgebroken in Frankrijk en sloeg weldra tot andere landen, ook tot Duitschland over. De bewegingen der revolutie waren soms zoo sterk en hevig, dat zij de Koningen en vorsten op hunne tronen deden beven. *Doch richtte de revolutie allerlei verwoestingen aan en vervulde zij de harten van duizenden met schrik en angst, zij was het die voor de 'Seperatisten' of de Oud-Gereformeerden in het Graafschap verademing en verkwikking aanbracht*; want niet alleen hielden de vervolgingen, waaraan zij tot dusver hadden blootgestaan, met het jaar 1848 op, maar zij werden van dat jaar af aan ook geduld, en mochten onverhinderd samenkomen om den Heere naar de overtuiging van hun hart te dienen....De Oud-Gereformeerden in het Graafschap werden alzoo niet meer door de Regeering bemoeilijkt, maar zij werden vrijgelaten en geduld. *Dat zij hiermede ingenomen, dat zij er blijde mede waren en er gebruik van maakten, spreekt vanzelf.*" 强调为作者所加。

[34] H. Beuker, *Tubantiana*, 62. "De Oud-Gereformeerden—zoo noemden zij zich—hadden geen vrijheid gevraagd, noch dezelve nu reeds verwacht, toen de vijanden, die hen vervolgd hadden, de vlaggen uitstaken en de klokken begonnen te luiden. Op de vraag van de onnoozele verdrukten: wat dit toch te beduiden had?—gaven de feestvierders ten antwoord: 'omdat er vrijheid van godsdienst is gekomen.'"

现代后期文化中的古旧归正人士

显而易见，古旧归正人士欣然接纳了现代后期的一个方面——如本书之前所论，就是康德和莱辛等人士为之奋斗呐喊的自由。古旧归正人士以何姿态对待（有别于现代文化的）现代神学呢？贝克在《图班蒂亚纳》（*Tubantiana*）中描述了，古旧归正人士与国立改革宗教会如何在这个时期渐行渐远。前者重视荷兰分离派以及他们的神学，而后者"只接受德国理性主义大学中成长起来的教师和形成的原则"。[35] 这一分裂也随着语言的差异逐渐扩大：古旧归正人士可自由选择用德语敬拜，但他们更倾向用荷语敬拜。与此相对应的是，认同受启蒙思想影响之神学的国立改革宗教会牧师，在教会敬拜中一致用德语。本特海姆大多数年轻牧师的德语比荷语更流利，这给德国思想带来了很大的优势。（在离开本特海姆之前，杨·巴文克的德语比荷语更自然。当到了勒伊讷沃尔德后，他的荷语甚至未达到进修的相应要求。）[36]

国立改革宗教会定期发行小册子和月刊来批评古旧归正教会的教义——尤其是后者以奥古斯丁的立场对拣选的阐述——并推崇阿尔布雷希特·立敕尔（Albrecht Ritschl）和中介神学家（Vermittlungstheologen）等人的思想。在相关回应中，古旧归正教会发行了手册和月刊《自由的长老会》（*De Vrije Presbyte-*

---

[35] H. Beuker, *Tubantiana*, 67. "De klove tusschen de Oud-Gereformeerde en de dusgenaamde 'Groote Kerk' werd al gaandeweg grooter en de tegenstelling beslister. De eene leefde, in correspondentie met de Nederlandsche kerken, uit de Gereformeerde beginselen; de andere kreeg uitsluitend leeraren en beginselen, zoo als ze aan de rationalistische Universiteiten in Duitschland gevormd werden."

[36] 有关继杨·巴文克学生年代之后古旧归正教会学生在荷兰的经历，见 Berthold Bloemendal, "Kerkelijke en nationale achtergronden van Duitse studenten in Kampen, 1854–1994," *Documentatieblad voor de Nederlandse Kerkgeschiedenis na 1800*, no. 85 (December 2016): 62–78。

riaan）和《本特海姆县与东弗里西斯的边境使者》（*Graafschap Bentheimsche en Oostfriesche Grensbode*）。[37] 尽管古旧归正教会欣然接受现代文化所带来的自由，但是他们依然坚守抵制现代神学的立场；他们遭其攻击，但也会反击。之前的宗教逼迫被新的斗争所替代。他们被推入了一个观念的战场；在这里，战士们都为自己在现代后期社会中位置的合理性而据理力争。借用杨·巴文克的话来描述，古旧归正教会已"从农场小屋迁至小镇"。[38]

在下萨克森按立圣职

在此情境下，杨·巴文克于1848年8月9日被按立为古旧归正教会的牧师。既然教会已脱离政府逼迫，于是他被派往韦尔德豪森（Weldhausen）、于尔森（Uelsen）、维尔瑟姆（Wilsum）和埃姆利希海姆（Emlichheim）的村庄开展事工；这些地方都有古旧归正教会的礼拜。在这些村庄里，古旧归正教会的礼拜在农场和谷仓里进行，而杨·巴文克的按牧礼拜在户外举行。于尔森新建了一座牧师宅邸，于是他定居式的牧养侍奉主要集中在于尔森和维尔瑟姆两地。在人生这一阶段，杨的长辈敦促他成家。不久之后，下萨克森早期最著名的分离派人士之一哈姆·新德克·休梅克（Harm Hindrik Schoemaker），向杨介绍了赫兹娜·玛格达莱娜·霍兰（Geziena Magdalena Holland）。

赫兹娜是昆拉德·博纳杜斯·霍兰（Coenraad Bernardus Holland）和贝伦迪纳·游汉娜·姚克曼（Berendina Johanna Jonkman）

---

[37] H. Beuker, *Tubantiana*, 68–69.
[38] Jan Bavinck, "Een korte schets van mijn leven," 35. "Wij waren alzoo met onze godsdienstoefeningen uit de boerschappen naar de dorpen zelve verhuisd."

的长女，于 1827 年 4 月 15 日出生在荷兰边境小镇弗里曾芬（Vriezenveen）。古旧归正教会和弗里曾芬为数不多的分离派有联系；杨有时在弗里曾芬讲道。但是，赫兹娜的家族属于荷兰改革宗教会。霍兰家未曾脱离该教会。可是，杨对妻子早年的生活这样写道："她定意侍奉上帝〔并〕……加入上帝的子民中，与他们一起走通向天堂的窄路。"[39]

他们于 1850 年 4 月 27 日在弗里曾芬成婚；当时赫兹娜二十三岁，杨二十四岁。尽管他们是在"欧洲之春"后成婚，但在当时本特海姆古旧归正教会准备结婚的情侣，须征得当地国立改革宗教会牧师的许可。在更为宽容的荷兰举行婚礼，就可避免这种潜在的羞辱。

婚礼之后，杨和赫兹娜收到学生的礼物——家用座钟（huisklok）。（当杨离开霍赫芬的神学院、开始自己的牧养侍奉后，他同意给该校学生讲授古典语言；在古旧归正福音教会担任牧师期间，有 11 名学生从霍赫芬来到下萨克森受教于他门下。）"我的学生开心地向我问候，在那个时刻为我们送上了家用座钟以相贺。这个座钟我们家用了许多年。主对我们何其良善！"[40] 霍夫坎普（S. J. Hofkamp）的《文明史》（*A History of Civilization*）是在杨·巴文克结婚 6 年后出版的一本文化指南。该书谈到座钟是 19 世纪 50 年代荷兰十分时尚的物品。[41] 在现代初期，皇室家

---

[39] Jan Bavinck, "Een korte schets van mijn leven," 72. "Reeds in de dagen van hare vroege jeugd was de Heere begonnen door Zijnen Geest het goede werk in haar te werken. Door dien Geest bewerkt deed zij in hare prille jeugd met beslistheid de keuze om den Heere te dienen en sloot zich bij het volk des Heeren aan, om met hen op den smallen weg naar den hemel te wandelen."

[40] Jan Bavinck, "Een korte schets van mijn leven," 41. "Ook mijne Studenten begroetten ons met blijdschap; zij vereerden ons bij deze gelegenheid eene huisklok, die vele jaren hare goede diensten aan ons gezin heeft bewezen. De Heere was goed over ons!"

[41] S. J. Hofkamp, *Geschiedenis der Beschaving: Een leesboek voor de hoogste klasse der lagere scholen* (Groningen: M. Smit, 1856), 121.

族让精美的钟表变得时尚。这些钟表象征着艺术与技术的融合，也彰显了钟表拥有者的财富。杨与赫兹娜结婚时，物质文化与时间文化的这个层面，渗入快速文明化的中产阶级。在巴文克家，这一时尚用品见证了流光易逝。[42] 第二年，他们的第一个孩子，女儿贝伦迪纳·游汉娜，出生在这一普通的小资产阶级家庭。

杨在本特海姆早期的牧养侍奉备受欢迎。1853 年，他受邀去牧养位于荷兰北部的小村庄斯米尔德（Smilde）的基督教归正教会，但他拒绝了。在这之后，其他荷兰会众也请他牧会。同年，他接到与之前的老师柯科（W. A. Kok）在霍赫芬同工的邀请，这次他接受了。杨原打算在那里担任牧者，同时也在那里的神学院任教。出乎意料的是，他刚到霍赫芬，当地的神学院就搬走了。1854 年 6 月 15 日，教会会议进而要将神学教育工作合并到一所学校中，加强推动神学教育，而这所学校将在那年下半年开设于坎彭。在此之前，神学教育在几个地方同时展开，反映了分离派内部一系列神学纷争。

抽签与书信

分离派的新神学院急需补充师资。西蒙·凡维尔岑（Simon van Velzen）、安东尼·布鲁梅尔坎普（Anthony Brummelkamp）和谭姆·弗彭斯·德哈恩（Tamme Foppens de Haan）都是荷兰分离运动的优秀子女。他们和二十八岁的杨·巴文克同获提名。杨再次感到受之前教育不足的阻碍："如何与已有学术训练的这三位

---

[42] Elizabeth Sullivan, "A Brief History of the Collection," in *European Clocks and Watches in the Metropolitan Museum of Art*, ed. Clare Vincent, Jan Hendrik Leopold, and Elizabeth Sullivan (New York: Metropolitan Museum of Art, 2015), 3.

同工又同行？"[43]因感到难以胜任，他立刻婉拒提名。（他在《唯以耶稣之名得救》中对此做出了唯一解释："我不敢接受此提名。根据自我评估，这项任务远超我的能力。"）[44]

在教会会议之后，他在弗里曾芬与妻子和岳父母商议此事，他们鼓励他不妨一试。由于抽签在当时是相对普遍的做法，所以他将抉择交付于上帝的旨意：再次抽签。他回到霍赫芬后书信两封，一封表接受，一封表拒绝，分别放入信封并封签。他将两封信交给当地的一位学生，让他邮寄一封，丢弃另一封。[45]"他邮走的是哪一封？**是拒绝信**。不！我不会描述得知结果那一刻心中的感受与内心的思绪！我只想说，无论在当时还是多年之后，自己对此结果都感到不平安。"[46]杨是一位敬虔的年轻分离派信徒。为什么他对抽签结果如此沮丧（而且内心没有平安）？杨在自传中承认，他是很久之后，因着赫尔曼在神学院任职，才对抽签结果感到释然。然而，赫尔曼的任职发生在那位不知情的学生错选信件（至少杨如此认为）二十八年之后。但在当时，杨对抽签结果耿耿不平。与之前在本特海姆的抽签经历相比，这让他苦恼更

---

[43] Jan Bavinck, "Een korte schets van mijn leven," 49. "Hoe zou ik kunnen staan en arbeiden nevens mannen, die alle drie eene academische opleiding hadden genoten!"

[44] Jan Bavinck, *De zaligheid alleen in den naam van Jezus*, 24. "Ik durfde die roeping niet aanvaarden. Die taak was, naar ik toen oordeelde, te zwaar voor mijn krachten."

[45] 那封意表拒绝的信在1854年7月18日写于霍赫芬。这封信表明，杨·巴文克对此次提名有慎重考虑，但决定予以拒绝。这封信并未对此决定做出任何解释。Letters from Jan Bavinck to P. Dijksterhuis, July 18 and 25, August 9 and 22, 1854, inventory number I–9, 12772, Archives of the Trustees of the Theological School, Stadsarchief Kampen.

[46] Jan Bavinck, "Een korte schets van mijn leven," 50. "En welke brief was door hem op de Post gedaan? De bedankbrief. Neen! ik zal er geen melding van maken van hetgeen ik gevoelde en in mij omging op het oogenblik, dat ik met dien uitslag bekend werd! Alleen dit wil ik ervan zeggen, dat ik er geen vrede mede had, noch toen noch langen tijd daarna."

甚。在之前的抽签中，他自己的心愿与上帝主权在抽签上的呈现相一致。但此次抽签，杨似乎期望发生同样的事情：如果学生寄出那封表接受的信，那么杨会欣然接受坎彭的职位，因为上帝已经给了同意的兆头。

然而事与愿违：他对上帝无所不能的信靠，显然没有产生自己期待的结果。他对抽签结果深为不悦之事逐渐广为人知。（有趣的是，赫尔曼在很久之后写道："以抽签定得失常会使人满腹牢骚。"）[47] 例如在1854年8月18日（周五）的分离派报纸《号角报》上，"教会新闻"一栏刊登了杨的情况，并希望重新予以评估："我们得知杨·巴文克牧师拒绝了即将成立的坎彭神学院的教职提名，但他对此情形心中并无平安。不知理事会成员聚集时，可否再次邀请这位受人尊敬的牧师，或最好敦促这位受人尊敬的牧师接受此次提名？"[48] 杨自己后来对这一段经历的描述，也反思了大众公开疾呼要否定他对提名的拒绝。

> 我拒绝了教职提名，这在教会中逐渐被人所知。那时，我收到许多朋友来信，他们对我已宣布的决定深感遗憾。有些朋友在信中甚至建议我重新考虑或收回这个决定。我不敢如此行。我已决定将此事交付抽签方式来解决。我想应维持最终的结果。尽管无人要求我采用抽签方式，但是整个抽签结果由上帝决定。难道祂不能将我的拒绝转化为美善的结局，令其为善事效力吗？难道我知晓在祂深不可测的智慧

---

[47] Herman Bavinck, *Gereformeerde Ethiek*, ed. Dirk van Keulen (Utrecht: Uitgeverij KokBoekcentrum, 2019), 438. "Het lot maakt bij verlies dikwerf gemelijk." 感谢德科·凡库勒恩提出这一看法。

[48] "Kerknieuws," *De Bazuin*, August 18, 1854. "Ons wordt gemeld dat Ds. J. BAVINCK, die bedankt heeft voor de benoeming als leraar aan de op te rigten Theol. School te Kampen, daarbij geene rust heeft. Zouden de Curatoren, als zij samenkomen, ZEw. niet op nieuw mogen beroepen, of liever op de aanneming van het beroep bij ZEw. mogen aandringen?"

中，对此事的心意和那要成就的〔旨意〕吗？因此我不会重新考虑我的拒绝，而是维持不变。[49]

然而，这段回忆与他在拒绝提名之后写给坎彭神学院理事的数封书信内容大相径庭。他最初的拒绝信（1854 年 7 月 8 日）并未说明拒绝教职的理由。之后，他给理事又写了一封满怀焦虑的信（1854 年 7 月 25 日），解释他在此情形下的不安。他在信中询问是否有撤回先前决定的可能，但同时也感到不得不面对众人（尤其自己会众）已知晓自己拒绝提名之事的事实。后来他写了第三封信（1854 年 8 月 9 日），描述了自己同样的困境，尽管信中语气更为平静。最终的第四封信（1854 年 8 月 22 日）最为重要。他在信中明确提到上文提及的《号角报》的文章。此事已众所周知，他写信为此表达了遗憾，愿意将自己的未来交在理事手中。如果他们可以忽略他最初的拒绝，那么他现在会欣然接受提名。[50] 此时，杨愿意将抽签结果视为建议性而非决定性的。

至此，学校理事不得不做出回应。他们同意以投票方式重新决定是否再次对他提名。这次投票过程，与他青少年时期在本特海姆长执会的投票经历不同，那次是因为投票数量双方持平而抽

---

[49] Jan Bavinck, "Een korte schets van mijn leven," 50. "Toen het algemeen in de Kerk bekend was geworden, dat ik voor de benoeming tot Docent had bedankt, ontving ik vele brieven, waarin leedwezen over mijn bedanken werd uitgesproken. Zelfs waren er enkele onder die brieven waarin mij aangeraden werd om op mijn bedanken terug te komen en het terug te nemen. Dit durfde ik ook niet te doen. Ik had eenmaal de beslissing aan het lot toevertrouwd, en hierbij, dacht ik, moest het ook blijven. Al had ik van het lot geen gebruik moeten maken, het gansche beleid van het lot is toch van den Heere. Kon Hij mijn bedanken niet ten beste doen keeren en doen medewerken ten goede? Wist ik wat Hij er in Zijne hooge wijsheid mede voorhad en waartoe het kon en moest dienen? Ik kwam daarom op mijn bedanken niet terug, maar liet het erbij blijven." 他另一封类似的声明见 *De zaligheid alleen in den naam van Jezus*, 24。

[50] Letters from Jan Bavinck to P. Dijksterhuis.

签，但这次是（或者说是因为）虽有明确的抽签结果却再次投票。理事会的投票以 7 比 2 的结果反对杨的申请。[51] 他的机会得而复失。到此为止，他对此教职的追求相当于遭到了公开拒绝。九月底，《号角报》报道另外一名乌特勒支分离派牧师奥赫尔（P. J. Oggel）被提名。[52] 让巴文克懊丧的是，奥格尔也拒绝了提名。最终，赫勒尼纽斯·德科克接受了教职。

赫尔曼·巴文克的传记家之一柯科如此描绘杨·巴文克："他**太过**谦卑，对自己及其天赋评价**过低**，所以未敢接受坎彭教职提名。"[53] 这一描述与杨试图扭转未料及的抽签结果所做的种种努力并不相符，但抽签之事有力表明杨身上敬虔和志向的奇妙结合——这影响了他的一生。另外一位赫尔曼的传记作家瓦伦泰·赫普（Valentijn Hepp）对此的描述略微低调，但内容相似。他的描述依赖于《先锋报》的报道："杨透过抽签〔在此〕抉择中寻求上帝的旨意，并认为已通过抽签得到指引，应拒绝这一提名。"[54] 杨在（看似出乎意料地）拒绝提名之后的行为，表现出了更为复杂的情形——他已然尝试以正统、经验式的虔诚方式努力引导一种个人志向的意识，却（出乎意料地）得知抽签结果与他虔诚内心的渴望并不一致。

---

[51] G. M. den Hartogh, *De Afscheiding en de Theologische School* (Aalten: N.V. de Graafschap, 1934), 29; "De eerste halve eeuw," in *Sola Gratia: Schets van de geschiedenis en de werkzaamheid van de Theologische Hogeschool der Gereformeerde Kerken in Nederland*, ed. J. D. Boerkoel, Th. Delleman, and G. M. den Hartogh (Kampen: Kok, 1954), 26.

[52] "Kerknieuws," *De Bazuin*, September 29, 1854.

[53] A. B. W. M. Kok, *Dr Herman Bavinck* (Amsterdam: S. J. P. Bakker, 1945), 17. "Hij was echter zóó bescheiden en dacht zóó klein van zichzelf en zijn gaven, dat hij de benoeming tot docent aan de Theologische School niet durfde aannemen."

[54] 载于 Valentijn Hepp, *Dr. Herman Bavinck* (Amsterdam: Ten Have, 1921), 16。"Volgens *De Heraut*, 'riep hij door het lot de beslissing in van God den Heere en meende daarin een aanwijzing te ontvangen, dat hij voor deze roeping bedanken moest.'"

子女的诞生与夭折

坎彭神学院于 1854 年 12 月 6 日开学，但杨·巴文克不是该校教员。恰在一周之后，杨和赫兹娜的第二个孩子出生，就是儿子赫尔曼。巴文克一家四口在霍赫芬又生活了三年；在这之后，杨受邀去宾斯霍滕（Bunschoten）基督教归正教会牧会。他们的女儿弗米亚（Femia）就是在此时期生于 1858 年。他们在宾斯霍滕生活直到 1862 年，杨在那一年受邀去阿尔姆科克（Almkerk）任牧师。

在阿尔姆科克的时期（1862–1873），这个家庭发生了许多痛心之事。到那里后翌年，他们的第四个孩子出生，名为卡莱尔·伯恩哈德，但出生不到两周就夭折了。1864 年，他们十三岁的长女贝伦迪纳·游汉娜（迪娜）也去世了。此后的第四年，他们的女儿弗米亚夭亡，年仅八岁。杨和赫兹娜经历了失子丧女的锥心之痛。（如前文所述，这种未公开出版的自传，旨在告诉读者一些难以口述之事。）他们唯一的安慰在于恩典之约：对自己无论活着的还是对去世的孩子，上帝的应许都是信实的。"这是我们在阿尔姆科克和艾米霍温（Emmikhoven）所经历之事。我们在那里经历了爱，也承受了不幸。但是，主在凡事上都与我们同在。"[55]

教育分离派信徒的子女

阿尔姆科克的分离派会众里有一位名叫哈塞尔曼（L. W. Hasselman）的人。[56] 他开设了一所私立寄宿学校，学生大多来

---

[55] Jan Bavinck, "Een korte schets van mijn leven," 62. "Zoo is het ons gegaan in de gemeente te Almkerk en Emmikhoven. Wij hebben er lief en leed ondervonden. De Heere echter was met ons onder alles."

[56] 杨在《我的生平概略》中将他称为"P. Hasselman"。在其他资料中，哈塞尔曼通常被称为"L. W. Hasselman"。例如，见 Adriaan Cornelis

自基督教归正教会。该校设在尼文代克（Nieuwendijk）附近，在 19 世纪 60 年代发展喜人。这很快对巴文克一家变得颇为重要：他们的孩子在与此校毗连的一所小学就读，杨在哈塞尔曼的学校教授希腊文和拉丁文。（在《我的生平概略》中，杨满怀喜悦地写道，他在哈塞尔曼学院的两个学生去坎彭接受牧养服侍的训练。）学校的课程全面又现代：学生学习荷文、法文、英文、德文、拉丁文、希腊文、算术、代数、几何、会计、钢琴、艺术和体操。[57] 这与杨·巴文克在本特海姆改革宗学校所接受的碎片化教育有着天壤之别。杨所接受的教育致使他的能力不足以继续深造。所以，杨自然很乐意在这样一所学校附近担任牧师。（赫普在 1923 年赫尔曼·巴文克的讣告中指出，由于他们的父亲"热爱科学"，所以巴文克家的子女"他们圈子中大多数牧师的孩子接受了更全面的教育"。）[58]

在 1848 年之前，分离派显然在学校教育方面与政府有很多斗争。一些分离派信徒认为国家不应垄断教育，而且基督徒父母应担负子女教育的主要责任。因此，他们开办私人学校，但规模小，教学能力有限。例如，杨·巴文克曾在勒伊讷沃尔德和霍赫芬上学，所以他可能了解 19 世纪 40 年代位于霍赫芬和韦尔维（Weerwille）附近（非法）的分离派学校。这些学习通常设在家中，教师往往缺乏专业训练；最后，政府关闭了这些学校。[59]1848 年之后，分

Rosendaal, *Naar een school voor de gereformeerde gezindte: Het christelijke onderwijsconcept van het Gereformeerd Schoolverband (1868–1971)* (Hilversum: Verloren, 2006), 20。

[57] H. Hille and J. P. Neven, "Verheerlijkt en verguisd," *Oude Paden*, March 2001, 42–52.

[58] Valentijn Hepp, *Levensbericht voor Herman Bavinck* (Leiden: Brill, 1923), 2. "Herman genoot van meet af breedere vorming dan de meeste domineeskinderen uit zijn kring. De omstandigheden werkten daartoe mede en niet het minst de wetenschappelijke liefde van den vader."

[59] Emo Bos, *Souvereiniteit en religie: Godsdienstvrijheid onder de eerste Oranjevorsten* (Hilversum: Verloren, 2009), 399.

离派的教育得到长足发展。在 19 世纪 60 年代，哈塞尔曼学院成为分离派办学的典范，为分离派信徒的子女提供教育。巴文克家年轻的孩子也是如此。

正如本章开篇所述，杨·巴文克的父亲赫尔曼努斯是一名木匠，也出生于木匠之家。在赫尔曼努斯·巴文克所生活的前工业时代，父亲的职业地位对儿子有直接且显著的影响。他的儿子杨却生活在工业化初期。在工业化过程中，劳动力市场发生巨变，致使一些职业被淘汰，而另一些职业变得日益重要。因着工作变得机械化和高度专业化，行业基本上不再以子承父业的模式相传。新兴的、依赖所受教育的职业激增，又借以下事实推动发展，即子女的前途不再由父辈相传的职业地位决定，而是取决于自己的成就。尽管杨是木匠的儿子，但他不再是木匠。在短暂初涉车轮车工之后，他的职业生涯都在基于知识的经济体系中度过。

杨·巴文克清楚意识到这一文化转型。他意识到教育对参与现代文化的重要性。这种意识透过他在本特海姆和霍赫芬时对接受更好教育的渴望，跳动于《我的生平概要》的字里行间，也回响在他不情愿接受坎彭教职的态度中（因为他的同事接受了更好的教育）。这种意识也十分鲜明地体现于他不遗余力地为孩子寻求优质教育，为要让孩子在荷兰未来社会中发挥作用。这种雄心壮志从杨传递给了他的孩子，成为他们所处的工业化艰难进程中小资产阶级地位的特征：杨和赫兹娜具有那个时代父母的特征，不再认为自己的子女会继承父业，于是引导子女进入学程更长、更为严谨的教育体系。[60] 巴文克的孩子在尼文代克（Nieuwendijk）读书，所在学校与 1848 年前处于纷争中的分离派私人小学校已经大不相同，也远胜于杨小时候在本特海姆的学校。（我们会在下一章看到，杨的志向也表现在他支持子女前往国立大学求学。）

---

[60] Richard Lindert Zijdeman, *Status Attainment in the Netherlands, 1811–1941: Spatial and Temporal Variation before and during Industrialisation* (Ede: Ponsen & Looijen, 2010), 92.

他个人生活的轨迹和分离运动的轨迹,以及那时孩子的发展轨迹,共同朝前推进。这条轨迹的弧线,从1848年之前荷兰社会的边缘,不断向荷兰社会的中心弯曲延伸。杨不想让自己的孩子成为弃民。[61]

杨·巴文克的著作

在阿尔姆科克的年日,杨逐渐成为一名作家。他的第一本著作是1863年出版的讲道集,题为《拯救之声》。[62] 当该书于1870年再版时,文化类杂志《我们的诠释者:艺术与文学新闻杂志》对此有所说明。[63] 在对同月发行新书的概述中,杨·巴文克的作品与儒勒·凡尔纳(Jules Verne)[64] 和查尔斯·司布真(Charles Haddon Spurgeon)[65] 的著作,以及马丁·路德的〈加拉太书〉注释荷文新译本[66],一同被提及。作为一位作家,分离者杨·巴文克加入了"新宗教势力群体"的行列;他们必须"为自己在社会中的地位而争辩"。[67]

---

[61] 赫尔曼·巴文克之后也仔细反思了这种社会发展;见 Herman Bavinck, *De opvoeding der rijpere jeugd* (Kampen: Kok, 1916), 174–88。

[62] Jan Bavinck, *Stemmen des heils* (Gorinchem: Van Nas, 1863).

[63] *Onze Tolk: Centraalblad voor kunst en letternieuws* 1, no. 8 (January 5, 1870): 62.

[64] Jules Verne, *De Noordpoolexpeditie van kapitein Hatteras*, trans. Gerard Keller (Leiden: de Breuk & Smits, 1870; first published in French in 1864).

[65] Charles Haddon Spurgeon, *Voor iederen morgen: Dagboek voor huisgezin of binnenkamer*, trans. P. Huët (Amsterdam: W. H. Kirberger, 1870; first published in English in 1866).

[66] Martin Luther, *Het regtveerdigend geloof verklaart en bevestigt: In eene verhandeling over Paulus brief aan den Galaten*, trans. Theodorus van der Groe (Utrecht: A. Visscher, 1870; first published in Latin in 1519).

[67] James Kennedy and Jan Zwemer, "Religion in the Modern Netherlands and the Problems of Pluralism," *BMGN—Low Countries Historical Review* 125 (2–3): 249.

在 1866 年,杨的儿子昆拉德·伯纳德斯(伯纳德)出生。在 19 世纪 60 至 70 年代,杨可能出版了超过六卷讲道集。[68] 在那段时期,他也成为月刊《见证者》(De Getuigenis)的编辑,从《见证者》可看到杨思想的某个方面及其与现代文化的关系,这些在他侧重释经的讲道集出版物中未曾发现。在《见证者》中,杨更为直接地论述了众多文化主题。在赫尔曼十四岁那年,杨在这个月刊第一期编辑卷首语中(与亨利·德科克合撰),论述了解决时代需求的新基督教杂志的办刊宗旨:

> 当今时代,思想氛围无处不在。我们的教会也经历自己所处时代的影响。尤其是我们的年轻人,他们只能非常有限地避免时代精神的影响,似乎这样就可以在某种程度上保护他们。因此,我们看到发行自己刊物的必要性,从而福音真理得以宣扬并被捍卫,而且圣经的真理和神圣性得到维护,以回击无信仰和三心二意之信仰的攻击,这远远超出一份周刊所能达到的深度。[69]

---

[68] Jan Bavinck, *De vriendschap der geloovigen met God: Leerrede over Jac. 2:23b* (Amsterdam: Van den Bor, 1866); *Het toebrengen van andere schapen tot de kudde van Jezus: Leerrede over Johannes X:16* (Amsterdam: Van den Bor, 1867); *Klachte van eene geloovige ziel over de verberging van Gods aanschijn: Leerrede over Psalm 88:15* (Kampen: G. Ph. Zalsman, 1868); *Wilt gijlieden ook niet weggaan? Leerrede over Joh. 6:66–69* (Amsterdam: Kröber, Heijbrock & Hötte, 1868); *"Houd wat gij hebt": Afscheidswoord aan de Gemeente van Almkerk en Emmikhoven, uitgesproken den 27 Juli 1873* (Kampen: G. Ph. Zalsman, 1873); *De bediening des Evangelies een schat, gelegd in aarden vaten: Intreêrede, uitgesproken te Kampen, den 3 Aug. 1873* (Kampen: G. Ph. Zalsman, 1873).

[69] Jan Bavinck and Helenius de Cock, "Inleiding," in *De Getuigenis: Maandschrift in het belang van Waarheid en Godzaligheid* 1 (1869): 3–4. "Ook onze kerk ondervindt den invloed van den tijd waarin zij zich bevindt. Onze jongelingen vooral zijn het, die aan den invloed van den tijdgeest zoo min onttrokken kunnen worden, als dat zij er zich van kunnen

巴文克一家迁至坎彭

在19世纪70年代,杨与赫兹娜迎来了另外两个儿子。1870年,贝伦迪努斯·约翰内斯·弗米亚(迪努斯)出生;1872年,约翰内斯·赫里特(约翰)出生。[70] 此后不久,巴文克一家于1873年迁至坎彭。杨在坎彭小镇上的基督教归正教会任牧师。杨把在那里的大部分时间投入了讲道侍奉:"主日有三场讲道。在冬天,周间时会另加一场。"[71] 坎彭神学院的一位教师负责其中一场讲道,而杨要负责完成其余的讲道。在那些年,这些讲道总令人感到满足:"啊,我仍清晰记得在一些时刻,尤其在晚上,依偎在瓦斯灯旁,会众十分安静且专注地聆听讲道,似乎要吞食讲道者的每一个字!他们渴慕上帝的圣言,生命的话语是饥渴灵魂的粮与水。我相信,自己在那段时期的工作成效喜人,并满有祝福。"[72]

杨早年曾希望在坎彭服侍,尽管他当时希望成为坎彭神学院的教师而非主任牧师。虽然那些愿望未能实现,但是他对自己最终迁

---

vrijwaren. Daarom achtten wij het behoefte, dat er ook van ons een orgaan uit mocht gaan, waarin de waarheden des Evangeliums breedvoeriger verklaard en verdedigd, en de waarheid en goddelijkheid van de Schrift tegen de aanvallen van het on- en het halfgeloof gehandhaafd worden, dan dit in weekbladen kan geschieden."

[70] 贝伦迪努斯·约翰内斯·弗米亚得名于他两位姐姐:在他出生前两年离世的弗米亚和贝伦蒂娜·游汉娜(Berendina Johanna)。

[71] Jan Bavinck, "Een korte schets van mijn leven," 68. "Er waren drie predikbeurten op den Rustdag des Heeren te vervullen en des winters kwam er nog eene beurt in de week bij."

[72] Jan Bavinck, "Een korte schets van mijn leven," 68. "O ik herinner mij nog levendig enkele beurten, vooral des avonds bij het gaslicht, hoe stil en aandachtig eene groote schare naar de prediking kon luisteren en de woorden van de prediker scheen op te eten! Er was honger en dorst naar het Woord Gods en de woorden des levens waren spijze en drank voor die hongerige en dorstige zielen. Ik mag gelooven dat mijn arbeid in die dagen niet zonder vrucht en zegen is geweest."

至坎彭的回忆，包括了坎彭神学院教师西蒙·凡维尔岑（Simon van Velzen）的评价。后者认为，更大的善工藉此特别的护理临到："凡维尔岑对我说：'你对学生的影响胜过教授。'我认可这个来自教授的评价；可是我对此想说，教授**和**学生都不止一次对我说，我的讲道让他们获益良多。"[73] 在坎彭这些年间，杨和赫兹娜庆祝了结婚 25 周年；这作为一个重要事件，刊登在《旌旗报》1875 年 4 月 29 日一期的"广而告之"一栏中，并在此报刊 1875 年 5 月 8 日一期中再次发文，感谢恭祝他们的亲朋好友。[74]

杨、赫尔曼与科学性神学

1882 年，杨·巴文克担任学院理事主席。那年，杨的儿子赫尔曼，连同卢卡斯·林德博姆（Lucas Lindeboom）和道威·克拉泽斯·卫兰赫（Douwe Klazes Wielenga），接受委任在坎彭神学院任教。杨作为主席，应邀发表其中一场演讲，以庆贺此次委任。杨的演讲和希思本（W. H. Gispen）的演讲共同在 1883 年出版。[75] 若要理解杨对赫尔曼的神学道路的支持，以及观察他发展分离派神学的志向，这篇演讲是最有帮助的文本之一。

---

[73] Jan Bavinck, "Een korte schets van mijn leven," 69. "'Uw invloed op de studenten,' zeide eens Prof. van Velzen tot mij, 'is nog grooter dan die van ons Professoren.' Ik laat dit door den Professor gezegd zijn, maar dit, dunkt mij, mag ik zeggen, dat èn Professoren èn Studenten mij meer dan eens betuigd hebben, dat zij door mijne prediking waren gesticht."

[74] "Advertentien," *De Standaard*, April 29, 1875; "Advertentien," *De Standaard*, May 5, 1875.

[75] Jan Bavinck and Willem Hendrik Gispen, *De Christ. Geref. Kerk en de Theologische School: Twee toespraken, gehouden den 9 Jan. 1883 bij de installatie van de drie leeraren aan de Theol. School* (Kampen: G. Ph. Zalsman, 1883).

根据杨的演讲内容，坎彭神学院的办学宗旨，是为基督教归正教会培养"敬畏上帝、值得信赖且接受科学性〔wetenschappelijk〕教育的福音的仆人"。[76] 当提出这一要求时，杨预见到有些分离派信徒所持的异议，就是认为神学训练的科学性元素并非必要："我深知有些人会认为，此种科学性的知识对福音的仆人并非必要，继而他们反对一切科学性的教育。"[77] 杨的回应聚焦于他们特殊的历史处境："19 世纪合情合理地对福音的仆人提出了更高的要求。若无严格的学习训练，一个人就难达到这个要求。"[78] 对杨·巴文克而言，坎彭神学院是为教会和世界而设，训练牧者，并按着自身的科学实践，以圣化的方式（sanctifying）立足于荷兰文化。鉴于此，他直截了当地对几位新任教授说："这位主，教会的君王，正在注视着你们；基督教归正教会正在注视着你们；整个荷兰正在注视着你们。是的，成千上万人的眼睛，朋友和敌人的眼睛，正在注视着你们。"[79] 他对那些正统、科学性的神学家教师的挑战，就是要为自己在这个世界中的位置而争辩。杨的演讲表明他对自己儿子的职责的深刻认同，是对自己儿子众多追求的公开肯定。（我们若并列阅读杨于 1882 年在坎彭

---

[76] Bavinck and Gispen, *De Christ. Geref. Kerk en de Theologische School*, 19. "Die Kerk heeft behoefte, groote behoefte aan godvruchtige, degelijke, wetenschappelijk-gevormde dienaren des Evangelies."

[77] Bavinck and Gispen, *De Christ. Geref. Kerk en de Theologische School*, 20. "Ik weet wel, dat er zijn, die zulk eene wetenschappelijke kennis niet noodig achten in den dienaar des Evangelies, en daarom alle wetenschappelijke opleiding afkeuren."

[78] Bavinck and Gispen, *De Christ. Geref. Kerk en de Theologische School*, 20. "Bovendien stelt de negentiende eeuw met recht groote eischen aan den dienaar des Evangelies, aan welke hij zonder degelijke studie niet voldoen zou."

[79] Bavinck and Gispen, *De Christ. Geref. Kerk en de Theologische School*, 24. "De Heere, de Koning der Kerk ziet op U; de Chr. Geref. Kerk ziet op U; Nederland ziet op U; ja de oogen van duizenden, van vrienden en vijanden zijn op U geslagen."

的演讲和他儿子于 1883 年发表的演讲〈神圣神学的科学〉，就会发现二者同声相和。）[80]

从分离派的历史处境来看，杨·巴文克为此番正统神学重新获取科学特性（wetenschap）的公开尝试所做的贡献不容忽视。毕竟在分离运动早期历史，他们当然知道那些用"科学"这个概念来反对他们的人会拒绝什么（这里的"他们"是指国立荷兰改革宗教会的神学家）。例如，分离派神学的内容被批评为"落后于科学的发展"。分离者凡胡肯（C. J. van Hoeken）在 1841 年所著的《回应〈给脱离改革宗教会信徒之警言〉的作者》中，驳斥了此评述。[81] 由此观之，杨发表的支持赫尔曼从事科学性神学之进路的演讲，应从分离派所做努力之背景出发来理解。几十年来，这些分离派信徒一直努力提升宗派内部神学教育中"科学性"的内容。这一关切并非只关乎巴文克父子。

这一强烈愿望自坎彭神学院成立伊始就融于其办学目标中。该学院于 1854 年 12 月 6 日正式成立，即赫尔曼出生前一周。登哈姆（Den Ham）的牧师卡莱尔·德摩恩（Carel Godefroy de Moen）在建校典礼上发表了演讲。[82] 德摩恩的讲座解释了《历代

---

[80] Herman Bavinck, *De wetenschap der H. Godgeleerdheid: Rede ter aanvaarding van het leeraarsambt aan de Theologische School te Kampen* (Kampen: G. Ph. Zalsman, 1883); 另见恩雅各，《三位一体和有机体》，54 页。

[81] C. J. van Hoeken, *Antwoord aan den schrijver van: Een woord aan de afgescheidenen uit de hervormden, en aan allen die de waarheid lief hebben* ('s Gravenhage: J. van Golverdinge, 1841), 22. "Over den inhoud van ons geloof, kan er geen twijfel bestaan ... dat men zelfs ... ons beschuldigt van illiberaliteit, (stonden tegenover vrijheid van denken) begrompenheid, en, van, bij vooruitgang der wetenschap, achterlijk te blijven."

[82] 德摩恩家族是来自莱顿的分离派富户。安东尼·布鲁梅尔坎普（Anthony Brummelkamp）、艾伯塔斯·凡拉尔特（Albertus van Raalte）和西门·凡费泽恩（Simon van Velzen）这三位分离派主要牧师，透过德摩恩家族互为连襟。Gerrit Jan Beuker, *Abgeschiedenes Streben nach Einheit: Leben und Wirken Henricus Beukers 1834–1900* (Bad Bentheim: Hellendoorn KG, 1996), 43.

志下》一10所罗门的祷告（"求祢现在就赐我智慧与知识"），并将其作为坎彭神学院基督徒学术研究之标志的基础。[83] 然而，他此番努力未能引起强烈反响。德摩恩所用圣经为1673年荷文官方版圣经（Statenvertaling）。该版圣经对这节经文的翻译遭到质疑——"geef mij wijsheid en wetenschap"（字面意思为"求祢赐我智慧与科学"）。此翻译反映了17世纪而非19世纪语境中"科学"（wetenschap）的含义。在19世纪，"科学"（wetenschap）一词主要用于学术机构、正式资格认证、全行业标准，而17世纪的"科学"一词指更加个人化的洞见与理解。同一词汇的词义在两个时代之间有了巨大发展。德摩恩认为基督徒牧师应从主那里寻求智慧（wijsheid）和科学（wetenschap），但他掩盖了"科学"一词在数百年间的词义变迁。他带领听众阅读《但以理书》二21——"主是诸般科学（wetenschappen）的上帝，'祂将智慧赐予智慧人，将科学（wetenschap）赐予有悟性的人'"——以此为敬虔科学实践的另一实例。[84] 他认为这所新学校的学生，应勇于成为现代科学院校的但以理。

尽管这场坎彭神学院建校典礼上的公开演讲，试图将这所新学校描绘为一所符合现代社会处境的科学性学院，但是这实为粗浅的努力。"科学"一词在17世纪和19世纪为同样的荷文术语，然而在两个时代的含义各异。这场建校演讲借着两种不同用法在希伯来圣经词汇中的共通点，尝试强制将它们叠合，导致演讲效

---

[83] 《号角报》事先宣布了德摩恩会发表这场开学讲座的消息。见 "De Theologische School," *De Bazuin*, December 1, 1854。最终出版的德摩恩讲座，见 Carol Godefroy de Moen, *De Bede van Salomo om wijsheid en wetenschap: Een gepast voorbeeld voor allen, maar inzonderheid voor de dienaren in 's Heeren wijngaard, die met Gods hulp de hun opgelegde taak willen aanvaarden en volbrengen* (Kampen: S. van Velzen Jnr., 1854)。

[84] De Moen, *De Bede van Salomo om wijsheid en wetenschap*, 28. "De Heere toch is de God der wetenschappen, 'Hij geeft den wijzen wijsheid, en wetenschap dengenen die verstand hebben,' Daniël II : 21b."

果平平。⁸⁵ 德摩恩为坎彭神学院科学性呼召所提出的论点并不令人信服。《号角报》对他演讲的报道，将他所选经文减缩为"请祢赐我智慧！"（Geef mij wijsheid!），并向读者说明，该演讲是"一篇富有力量、激发心志、振奋人心的演讲"。⁸⁶ 但是，《号角报》的报道并未提到对科学的呼吁。我们因而不禁思考，《号角报》文章的作者，是否认为不宜让读者关注德摩恩对科学的主张。随后一周，德摩恩在《号角报》上发表了文章，为自己令人失望的演讲方式而道歉；这也暗示了这场讲座本就进展不顺利。⁸⁷ 坎彭神学院将自身定位为致力于科学性神学研究的首度公开努力，似乎没有多少说服力。

在此建校演讲 28 年后，杨·巴文克的演讲代表了分离派对转化使用"科学"之叙述更为成熟的阶段。他对学生呼吁："这位主，教会的君王，正在注视着你们；基督教归正教会正在注视着你们；整个荷兰正在注视着你们。是的，成千上万人的眼睛，朋友和敌人的眼睛，正在注视着你们。"⁸⁸ 诚然，这一呼吁明显借

---

⁸⁵ 我们必须承认，德摩恩的书在杂志 *Vaderlandsche Letteroefeningen, of Tijdschrift van Kunsten en Wetenschappen* (Amsterdam: P. Ellerman, 1855), 322–24 中深受好评。这篇书评消极地描述了早期分离者讲道的质量，但称许新神学院的创建，并注明该校教师主要"由我们祖国各大学院培养而成"。

⁸⁶ "Verslag van de Opening der Theologische School te Kampen, 6 December 1854," De Bazuin, December 16, 1854: "... eene krachtige, opwekkende en bemoedigende toespraak."

⁸⁷ C. G. de Moen, "Toelichting," *De Bazuin*, December 22, 1854. 在这篇文章中，德摩恩回应了以下批判——他的演讲并非一场即兴发挥的讲道，实则是朗读事先写好的讲稿。他宣称因着两个原因，需事先写好演讲稿。其一，在他写讲稿之前，已经确定了这篇演讲稿事后会出版；这必然要有一份手稿。其二，他实在过于忙碌，无暇腾出足够的时间设计并背诵全篇讲稿。他也承认，读出讲稿意味着，演讲表达方式的质量也未令他自己满意。他说明，在自己十三年的讲台侍奉中，从未这样读出讲章。

⁸⁸ Bavinck and Gispen, *De Christ. Geref. Kerk en de Theologische School*, 24. "De Heere, de Koning der Kerk ziet op U; de Chr. Geref. Kerk ziet op U; Nederland ziet op U; ja de oogen van duizenden, van vrienden en vijanden zijn op U geslagen."

鉴了德摩恩的演讲,其句子结构与德摩恩的主张高度相似:"主耶稣正在注视着你们!上帝的教会正在注视着你们!这所学校的莘莘学子正在注视着你们!这所学校的理事正在注视着你们!**整个荷兰**正在注视着你们!谎言之父正在注视着你们!"[89]

由此视之,之前提及的德摩恩的演讲(1854)、杨·巴文克的演讲(1882)和赫尔曼·巴文克的演讲(1883年),都体现出同一个传统中一系列的努力,要将自身的正统传统与他们现代后期文化中以科学为导向的学院相调和。[90]在赫尔曼·巴文克出生之前,分离派众子们早已担负起这一任务。这也是杨·巴文克对自己传统所做贡献的一个重要部分。

约翰内斯·赫里特和赫兹娜离世

为纪念自己担任圣职40周年(1888)和50周年(1898),杨·巴文克先后出版了《唯靠耶稣的名得救》和《大卫晚年的祷告》。[91]然而在两次周年纪念期间,杨和赫兹娜不得不面对丧子之痛:约翰内斯去世了。

---

[89] De Moen, *De Bede van Salomo om wijsheid en wetenschap*, 21. "De Heere Jezus ziet op U! De Gemeente Gods ziet op U! De Kweekelingen dezer School zien op U! De Bezorgers (Curatoren) der School zien op U! Nederland ziet op U! De Vader der leugenen ziet op U!"

[90] 附带提及的是,《我的生平概略》也注明,杨·巴文克在坎彭就任牧师不久之后,基于《箴言》一7向当地的神学生发表了一场演讲。这节经文译作荷文就是"De vreeze des Heeren is het beginsel der wetenschap"(敬畏主就是科学的原则)。Jan Bavinck, "Een korte schets van mijn leven," 67. 这次演讲在《号角报》也有记录,见 *De Bazuin*, September 26, 1873。

[91] Jan Bavinck, *De zaligheid alleen in den naam van Jezus; Davids bede in den ouderdom: Eene overdenking bij gelegenheid van zijne vijftigjarige bediening van het Woord Gods* (Kampen: Ph. Zalsman, 1898).

巴文克一家快要离开阿尔姆科克之时，约翰内斯·巴文克出生。全家搬到坎彭时，他不满一岁。他在那里的基督教小学就读，之后和哥哥迪努斯一起就读于镇上的文科中学。这所学校用拉丁文授课，并预备学生接受大学教育。约翰在该校学习6年，以优等成绩通过了毕业考试。征得父母同意后，他来到阿姆斯特丹，在阿姆斯特丹大学和阿姆斯特丹自由大学学习法律。他的哥哥赫尔曼和迪努斯已在国立大学里接受高等教育。当约翰内斯开始自己的学业时，赫尔曼在莱顿大学攻读神学，迪努斯是阿姆斯特丹大学一位医学生；三人都是木匠的儿子、自己也同为木匠的赫尔曼努斯·巴文克的孙子。如今，木匠巴文克的三位后裔分别攻读神学、医学和法律。杨和赫兹娜是承上启下的一代人。他们驾驶着家族之舟，经过工业化时代，驶入以知识为基础的新经济时代。

在阿姆斯特丹，约翰内斯攻读法律和社会科学的博士。[92] 他以《国家理论的加尔文主义原则》（*De Calvinistische Beginselen der Staatsleer*）为题，撰写博士论文，后因染肺炎不幸于1896年12月26日去世，年仅二十四岁。（约翰内斯的离世以及此事对家庭的打击，会在第八章予以详细讲述。）约翰内斯未完成之论文的题目表明，与他的父亲和哥哥一样，约翰内斯也在努力解决以正统改革宗立场参与现代社会所引发的问题。他的去世对杨和赫兹娜是沉痛的打击，他们唯一的慰藉就是约翰内斯的基督教信仰宣信。赫兹娜此后在1900年离世。杨回忆道："我痛失所深爱和忠实的妻子。我虽不认为她博学，但她是一位智慧的妻子，潜心家事，关爱家人。除了感谢我主上帝之外，我和孩子最要感谢的就是她。五十年来，我和她两情相悦，享有备沐主恩

---

[92] University of Amsterdam, *Album academicum van het Athenaeum illustre en van de Universiteit van Amsterdam: Bevattende de namen der curatoren, hoogleeraren en leeraren van 1632 tot 1913, der rectores magnifici en secretarissen van den Senaat der universiteit van 1877 tot 1913, der leden van den Illustrissimus senatus studiosorum Amstelodamensium van 1851 tot 1913, en der studenten van 1799 tot 1913* (Amsterdam: R. W. P. de Vries, 1913), 21.

的婚姻生活。现在她从我身边被带走。她的离去让我如今倍感孤单，落落寡欢。"⁹³ 赫兹娜离世后，杨·巴文克搬到赫尔曼的家中。⁹⁴ "我离开牧师宅邸，与我儿子一家同住。我的儿子和弗拉尔丁恩（Vlaardingen）的席佩斯先生（A. W. Schippers）的长女组成家庭。上帝赐给他们一个孩子，是一个女儿。这个孩子现在有好几岁了，她是一家人的掌上明珠。"⁹⁵

杨在坎彭度过了最后几年的牧师生活。他将孤独之情融入写作，于 1900 和 1901 年间出版了两本讲道集⁹⁶，并预备了两卷本解读《海德堡要理问答》的著作，分别在 1903 年和 1904 年出版。⁹⁷ 在他从牧师职位退休⁹⁸和赫尔曼在阿姆斯特丹自由大学就任教席之后，杨·巴文克搬到阿姆斯特丹，在那里写了《我的生平概略》。根据杨的自述，他的生活轨迹已从下萨克森社会的边

---

⁹³ Jan Bavinck, "Een korte schets van mijn leven," 72. "Ik verloor in haar eene lieve en trouwe Gade, eene, ik zeg niet geleerde, maar verstandige huisvrouw die op hare huishouding goede acht gaf en haar huisgezin trouw verzorgde. Ik en ook mijne kinderen, wij hebben naast God den Heere, veel, zeer veel aan haar te danken. Ruim 50 jaren was ik in een genoeglijken en gezegenden echt met haar vereenigd geweest, en nu was zij van mijne zijde weggerukt. Ik gevoelde mij ten gevolge van haar verlies nu zoo eenzaam en mismoedig gestemd."

⁹⁴ Jan Bavinck, "Een korte schets van mijn leven," 72.

⁹⁵ Jan Bavinck, "Een korte schets van mijn leven," 72. "Ik verliet de pastorie en werd in het huisgezin van mijn zoon opgenomen. Mijn zoon is gehuwd met de oudste dochter van den heer A.W. Schippers te Vlaardingen. De Heere heeft hun één kind, eene dochter gegeven. Dit kind, reeds eenige jaren oud, is de lievelinge des huizes."

⁹⁶ Jan Bavinck, *Feeststoffen (voor het Kerstfeest en voor het Ouden Nieuwjaar)* (Kampen: Ph. Zalsman, 1900); *Feeststoffen (voor het Paaschfeest)* (Kampen: Ph. Zalsman, 1901).

⁹⁷ Jan Bavinck, *De Heidelbergsche Catechismus in 60 leerredenen verklaard*, 2 vols. (Kampen: Kok, 1903–4).

⁹⁸ 他出版了最后一场演讲：Jan Bavinck, *De algeheele heiliging van de geloovigen, de wensch van de dienaar des Evangelies: Afscheidswoord uitgesproken den 25 Januari 1903* (Kampen: Kok, 1903)。

缘，移到了阿姆斯特丹运河区（Grachtengordel）——这是阿姆斯特丹最显赫的地段。[99] 两个地方有着天壤之别，这其中的意味在老巴文克（现在他已步入垂暮之年）的话语中不难看出："我的儿子后来提名为阿姆斯特丹自由大学的教授，他接受此提名后，我和他及家人随迁至此。我在垂暮之年成了这个伟大的世界之都的居民。"[100] 巴文克家的生活情形颇具时代特色：杨与赫尔曼、赫尔曼的妻子游汉娜·艾德里安娜，以及他们的女儿游汉娜·赫兹娜，共同生活。游汉娜·赫兹娜的爷爷来到他们家时，她才九岁。随着工业化和经济现代化的发展，老年人寿命更长，因而他们往往与已成年儿女的小家庭同住。在此背景下，荷兰出现了"三世同堂"的家庭；阿姆斯特丹的巴文克一家就是此类家庭的代表。[101]

杨·巴文克在阿姆斯特丹度过了人生的最后六年，于1909年去世，葬于坎彭的赫兹娜和约翰内斯的墓旁。[102] 受赫普所著传记的影响，杨和赫兹娜·巴文克常被认为是超脱现世、反文化之人，在某种意义上是反现代之人。[103] 事实上，他们也许比赫普所述的

---

[99] 从1902年至1904年，赫尔曼·巴文克租赁了阿姆斯特丹东区沃特格拉斯米尔（Watergraafsmeer）林奈公园大道（Linnaeusparkweg）37号。在这之后，他购置了运河区辛赫路（Singel）62号。Hepp, Dr. *Herman Bavinck*, 289.

[100] Jan Bavinck, "Een korte schets van mijn leven," 72. "Toen mijn zoon later tot hoogleeraar aan de Vrije Universiteit te Amsterdam werd benoemd en die benoeming aannam, ben ik met hem en zijn gezin naar Amsterdam vertrokken en nog op mijn ouden dag een inwoner van die groote wereldstad geworden." 在侍奉年日，他多次收到来自阿姆斯特丹分离群体的牧会邀请，纵然他拒绝了这些接洽。如见 "Kerknieuws," *De Bazuin*, June 8, 1855; "Kerknieuws," *De Bazuin*, July 30, 1855; "Kerknieuws," *De Bazuin*, August 31, 1855。

[101] 如见 Michael Wintle, *An Economic and Social History of the Netherlands, 1800–1920: Demographic, Economic and Social Transition* (Cambridge: Cambridge University Press, 2000), 332。

[102] "Ds. J. Bavinck van de oud-gereformeerde kerk is overleden," *Kamper Courant*, December 31, 1909.

[103] Hepp, *Dr. Herman Bavinck*, 14.

更为现代。赫普在传记开篇的确承认，尽管他与巴文克本人有深交，但他们从未论及巴文克的早年生活（至少有一篇对他所著传记的早期书评提到了这个事实）。[104]

故此，赫普忽视了一个事实：在横渡古典到现代后期之骤变的过程中，杨和赫兹娜是新自由民主社会领域的外来者，但他们选择在此陌生的处境中养育子女。由此观之，杨对赫尔曼有特殊的影响，并一生支持自己的儿子在现代后期文化中成为一位正统的加尔文主义者。他对儿子之影响的重大意义，远未得到充分认识。亨利·多斯克把赫尔曼描绘为"既很像但又完全不像他的父母"。[105] 与此看法不同，本传记认为在巴文克家里，父母和子女两代人应被视为身处同一个更为宏大的连续体：巴文克家族的成员是分离派在现代世界中努力奋斗寻找自身位置的同类典范。两代人的重要区别在于，赫尔曼和他的兄弟姐妹一样，出生于现代后期，而杨和赫兹娜在现代文化的早期阶段就已步入成年。

---

[104] Hepp, *Dr. Herman Bavinck*, v; *De Bazuin*, December 17, 1921.
[105] Dosker, "Herman Bavinck: A Eulogy by Henry Elias Dosker," 14.

第三章

赫尔曼的童年与学生时代（1854–1872）

"这位现代青年已受现代社会的影响。"

> 通告
>
> 今日，因着上帝的恩慈，上帝圣言的牧者杨·巴文克的爱妻赫兹娜·玛格达莱娜·霍兰，于1854年12月13日，在霍赫芬顺利产下一子。[1]

1854年12月22日，杨·巴文克和赫兹娜在《号角报》所登的这则通告，将赫尔曼·巴文克的出生时间在印刷刊物上记载了下来。前章论到了富有现代特色（却是未出版和私人）的自传。与此自传类似，这种短小（发表和公开）的文本极具历史意义。这则广告登出时，分离派报刊《号角报》已发行一年有余，但未设"出生通告"专栏。分离派信徒的父母若想通告孩子出生的消

---

[1] "Heden beviel, door Gods goedheid, zeer voorspoedig van een Zoon GEZIENA MAGDALENA HOLLAND, hartelijk Echtgenoot van J. BAVINCK, *v.d.m.*, HOOGEVEEN, 13 December 1854." "Advertentiën," *De Bazuin*, December 22, 1854. 英注：缩略词 "*v.d.m.*" 代表了拉丁文 *verbi divini minister*，意思是"上帝圣言的牧者"。

息，需付费才能登在分类广告栏版面。分离派牧师在《号角报》创刊初期通常如此刊登这类消息。[2] 这类通告刊登在分类广告栏，由此提供了一个有用的背景，借此可一窥赫尔曼早年生活境况：他的出生通告下面是一则铜铁匠的广告，他想聘一名"品德端正、受人称赞的帮手"。[3]

我在第二章描述了巴文克在普通分离派信徒发起的运动中的地位。这些信徒渴望更深融入新建的、现代后期社会，然而鲜有历史学家特意将他们的生活记录在史。《号角报》的广告栏让我们得以粗略了解他们的故事。除了出生通告，那些年间的广告还提及诸如分离派信徒运营醋出口贸易[4]、烘焙面包与甜面包干[5]、为新时代的学生提供住宿[6]、兜售各类药品[7]。他们委身于教会的分离，同时致力于融入现代文化；二者成了他们生活的记号。早期发行的《号角报》广告栏鲜明体现了1848年之后，向上级阶层流动的中产阶级（kleine burgerij），他们对社会理想的意识在这些活动中可见一斑。《号角报》于1854年12月22日通告有一子诞生，他正是这个分离运动之子。

杨·巴文克与赫尔曼·巴文克

赫尔曼出生时，杨·巴文克二十八岁。杨去世十二年后，赫尔曼也离世了。赫尔曼童年时，杨·巴文克既是他父亲，也是他的牧者。正如本章下文所示，赫尔曼的日记始于兹沃勒文科中学

---

[2] "Advertentie," *De Bazuin*, August 4, 1853. 在这个例子中，移居美国的艾伯塔斯·凡拉尔特（Albertus van Raalte）在《号角报》第一期上通告了自己"乖巧的"女儿在密歇根出生的消息。

[3] "Advertentiën," *De Bazuin*, December 22, 1854.

[4] "Advertentiën," *De Bazuin*, March 30, 1855.

[5] "Advertentie," *De Bazuin*, December 1, 1853.

[6] "Advertentie," *De Bazuin*, October 20, 1853.

[7] "Advertentie," *De Bazuin*, May 16, 1855.

（Zwolle Gymnasium）。这是一所提供古典教育的高中。他的日记清晰表明，他与父亲一直关系亲厚，也参与了父亲当时的服侍。赫尔曼在莱顿求学期间的信件显明，他在那些年与父母一直保持着密切联系。[8] 正如在前章已说明，年迈的杨在赫兹娜去世后，与赫尔曼及其家人共住在坎彭；之后，他们迁至阿姆斯特丹，度过了赫尔曼学术成果最为丰硕的几年。他们两人生活的交集既深又广，以至于杨·巴文克在我们的赫尔曼·巴文克生平与年代叙述中不能只是背景式人物，在引言中论及后就只字不再提。

因此，本章旨在论述赫尔曼·巴文克童年的图景，但需以第二章所勾勒的杨·巴文克的生平为背景。杨的职业生涯和世界观，为赫尔曼的早年生活设定了航向。他的服侍为赫尔曼成长的城镇和就读学校赋予了特色。杨对赫尔曼影响最终延伸至赫尔曼在学生时代所做的各项大胆决定。就此而言，本章并非旨在简单地按时间顺序，重述或详述赫尔曼从霍赫芬迁至宾斯霍滕、再至阿尔姆科克、最后至兹沃勒等的基本细节，而是通过探索赫尔曼自己对这些细节的回忆，进而对他的早年生活提供一个更为丰富细致的描述。这些回忆又按着更为宏大的社会和历史问题进行架构。这些问题关乎赫尔曼在19世纪中后期荷兰的儿时经历。于是，那些推进本章发展的问题相互交织却各有不同：赫尔曼的童年有哪些详细信息？与其他生活于19世纪50至70年代的荷兰儿童相比，赫尔曼拥有怎样的童年？

赫尔曼·巴文克的自传

除了《号角报》上的出生通告，还有少量的一手资料对理解巴文克的童年有重要意义。1908年，五十八岁的巴文克在荷文美国报刊《宪章》（*De Grondwet*）发表了自传性短篇《赫尔曼·巴

---

[8] Bavinck to Snouck Hurgronje, Kampen, January 6, 1879, in *ELV*.

文克博士生平概略》。⁹（他彼时在美国讲学，应这个报刊之邀发表一篇生平回顾。迄今为止，这篇特殊的文献在巴文克研究中尚未被人所知，其译文可见本传记的附录。）

　　杨·巴文克和赫尔曼·巴文克的生平概略形成了有趣的对比。杨的生平概略洋洋洒洒四万二千字¹⁰，而赫尔曼的仅有三百六十字。作为一篇文学作品，杨的自传符合当时这一特定文学体裁的要求：这篇自传未出版、自用、为家庭直系亲属而作，用于讲述不宜为公众所知的敏感之事。赫尔曼的自传具有之后次自传体裁（subgenre of autobiography）的特征：凝练，应报刊编辑约稿而作，面向公众。然而，杨的《我的生平概略》和赫尔曼在《宪章》上发表的短篇概略一样，内容都经过精心选择；正因如此，作者在写作中审慎甄选材料的做法往往十分显著。在当时的情境中，到底哪些童年信息被巴文克视为与他现在的生活必然相关呢？"我于1854年12月13日出生于霍赫芬，父亲杨·巴文克是那里的一位牧师。之后，父亲搬至宾斯霍滕，再后来迁至北布拉班特（North Brabant）的阿尔姆科克。我在那里就读于哈塞尔曼先生开办的学院。在此之后，我在兹沃勒就读文科中学，并与多斯克一家相识，与他家的男孩亨利多斯克成为好友。我们的友谊保持至今。"¹¹ 正如前章已略述，赫尔曼在七个孩子中排行第二；他的长姐蒂娜比他年长三岁。牧师家孩子的特点就是，他们辗转于几个城镇间，如此度过自己的童年。赫尔曼的名字取自爷爷的名字赫尔曼努斯。在杨·巴文克年幼时，赫尔曼努斯就过世了。作为牧师的儿子，赫尔曼出生后第四天就由父亲在霍赫芬为他施洗。¹²

9　Herman Bavinck, "Autobiographische schets van Dr. H. Bavinck," *De Grondwet*, no. 9, October 6, 1908, 3.

10　Jan Bavinck, "Een korte schets van mijn leven," unpublished, handwritten autobiography, n.d., HBA, folder 445.

11　Bavinck, "Autobiographische schets van Dr. H. Bavinck, " 3.

12　R. H. Bremmer, *Herman Bavinck en zijn tijdgenoten* (Kampen: Kok, 1966), 17.

除此之外，赫尔曼在自传中所提供的细节，特别提到哈塞尔曼学院以及移居美国的多斯克家族，针对的是熟知他们的荷裔美国读者。

在宾斯霍滕和阿尔姆科克的童年：神秘的"未琢之玉"

当巴文克家的两个孩子分别为七岁和三岁时，他们离开霍赫芬去了宾斯霍滕，并一直住在那里直到赫尔曼八岁时才离开。杨虽然在自传中详细谈到了宾斯霍滕分离派教会的历史和自己在那里的服侍，但未提及赫尔曼在那里的任何情况；赫尔曼可能在那里开始上小学。赫尔曼的自传对此也只字未提，却明确提到了阿尔姆科克的哈塞尔曼学院和兹沃勒文科中学；二者形成了鲜明对比。[13]

赫尔曼去世之后不久，赫普便为其立传。该传记大多基于巴文克家族和与巴文克相熟之人的口述。该传记表明，赫尔曼于童年初期在宾斯霍滕的学校并未表现出明显的学术潜质。

> 我曾在某处读到以下论述："这块未琢之玉（即幼年的巴文克）有时总被忽略，似乎被视为一块普通的石头。赫尔曼担任教职后不久，有一个知情人讲述了赫尔曼小时候的故事。那时杨·巴文克到阿尔姆科克担任牧师之职，哈塞尔曼学院的德波尔先生为其接风洗尘。杨·巴文克谈到自己的孩子和他们当前的教育。在宾斯霍滕，大家并未发现'我们的赫尔曼'在学习方面有何特别之处，而巴文克家的小儿子身上倒是有所体现，那个孩子将会成为这位先生的

---

[13] 巴文克父子都未谈及赫尔曼在宾斯霍滕所接受的小学教育。赫尔曼所读学校如今是一所改革宗小学（Gereformeerde Basisschool），命名为"赫尔曼·巴文克小学"，以此纪念他。

> 一位学生。但是杨·巴文克对长子将来如何发展尚无明确看法。德波尔先生说：'我现在可以测测他。'随后，测试就开始了。几周后，杨·巴文克牧师问这位先生，他的长子将来有何发展。他回答道：'牧师，他是块宝玉，但未经雕琢，还需打磨。'"[14]

正如赫普所承认，该故事的真实性有待考证，令人怀疑之处在于杨·巴文克那位明显更聪颖的小儿子。根据上述传闻，这个小儿子也曾在宾斯霍滕上学，也有可能就读于哈塞尔曼学院。但是，当巴文克一家从宾斯霍滕搬到阿尔姆科克时，家里只有四口人——杨、赫兹娜、蒂娜和赫尔曼——更小的儿子（或女儿）尚未出生。这个传闻很有趣，但不幸的是，作为故事情节核心人物的小儿子那时尚未出世。[15] 博拉梅尔所著的传记中也讲述了这个故事，但有所改编，故事中没有小儿子，内容集中在德波尔先生的评价：七岁的赫尔曼是一块未琢之玉。[16] 后来，在格林森所著的传记中，有关赫尔曼童年的章节，标题取为"青年巴文克：

---

[14] Valentijn Hepp, *Dr Herman Bavinck* (Amsterdam: Ten Have, 1921), 17. "Wel las ik ergens het volgende, 'Er is een oogenblik geweest, waarin deze diamant (n.l. de jonge Bavinck) ongeslepen zou zijn ter zijde gelegd als een gewone steen. Toen,—zoo is ons reeds kort na zijn optreden als professor door iemand, die het kon weten, verhaald,—toen Ds. Bavinck Sr. te Almkerk zijn intrede gedaan had, en door "Monsieur" de Boer, den man van het Instituut Hasselman, werd verwelkomd, sprak de vader over zijn kinderen en hun verder onderwijs. In "onzen Herman" had men te Bunschoten niet veel studiekracht gezien; wél in den jongeren zoon. Die zou wel een leerling van "Monsieur" worden. Maar wat de oudste zoon moest worden, dat wist vader Bavinck nog niet. Nu! zeide de heer de Boer: "geef hem mij toch maar eens op proef." En dat geschiedde. Toen na enkele weken Ds. Bavinck den onderwijzer vroeg: of er van zijn oudsten zoon nog iets te verwachten was, gaf deze hem ten antwoord: "Dominé, 't is een diamant, maar die is niet goed geslepen, die moet nog ontbolsterd worden."'

[15] Hepp, *Dr. Herman Bavinck*, 18.

[16] Bremmer, *Herman Bavinck en zijn tijdgenoten*, 17–18.

未琢之玉"，而且对杨和赫尔曼的一系列描述，完全取自赫普的未经核实、问题颇多的故事。

> 根据父亲杨的评价，赫尔曼并不是非常早慧的孩子。杨对儿子学业心存顾虑。不要忘了，当时赫尔曼仅有七岁。在童年时期，根据杨的论述，赫尔曼似乎并未明显表现出成为一位思想家的潜质。杨想知道赫尔曼是否能够胜任未来的学业。……赫尔曼是否能〔在哈塞尔曼学院〕脱颖而出？还是他不能紧跟进度，不堪压力？在儿子成长的早期阶段，这些问题萦绕在杨的心头。[17]

这些论述在多大程度上真正"根据杨所述"令人怀疑。在杨自己的描述中，他送赫尔曼去哈塞尔曼学院的决定，未显露对孩子学业能力有丝毫焦虑，也未提及与教师就赫尔曼在宾斯霍滕的学业表现有任何交谈。以上引文所做的评论，不过是近期出版的一本书的推论而已。该书基于一个人在1921年对一个故事回忆。这个故事（"由一位知情者"讲述）与赫尔曼在1882年在坎彭就任教职有关。然而，这个故事本身就是对杨·巴文克和德波尔先生，于1862年在阿尔姆科克进行的未经证实之交谈的回顾。

亚伯拉罕·凯波尔后来成为巴文克的同事。几本早期凯波尔传，也常将凯波尔的童年裹上浪漫式民间流传。[18] 就巴文克的童年而言，"未琢之玉"的叙述也许是同类想象的一个例子，乃基于对幼年时期天才的初始征兆的浪漫式探寻。这种想象在后续对巴文克童年的传记式描述中展开。虽然赫普认为在巴文克去世后，这类例子常见于分离派的**口述**传统中，但他在自己所著的传记中

---

[17] Ron Gleason, *Herman Bavinck: Pastor, Churchman, Statesman, and Theologian* (Phillipsburg, NJ: P&R, 2010), 32–33.
[18] 对此倾向的批判，见 James Bratt, *Abraham Kuyper: Modern Calvinist, Christian Democrat* (Grand Rapids: Eerdmans, 2013), 3。

纳入这则"不足凭信"的巴文克童年故事，最终使巴文克童年教育为"未琢之玉"的故事版本，在随后其他有关巴文克的**著作**中成为一种规范，即便他自己也承认这个故事并不严谨。（如下文可见，有关巴文克童年的民间流传，也包括了对哈塞尔曼学院的描述；这所学院就是巴文克家的子女在阿尔姆科克所就读的中学。）我们发现巴文克家族对这段早年生活普遍没有兴趣。此番忽视或许表明了19世纪中期荷兰文化中的一个事实：荷兰文化基本上还未形成对孩童时期或该时期某类特定行为的浪漫化观念。[19]

抛开比赫尔曼更为聪明的弟弟的传闻不谈，显而易见的是，赫尔曼在七岁至十六岁入学的哈塞尔曼学院，对他的生活产生了深远影响：这所学院在杨·巴文克对赫尔曼童年的描述中受到特别关注，在赫尔曼自己更为简短的自传概略中亦是如此。

我们不应忽略一个事实：赫尔曼享受了相对优质的教育。尽管荷兰的识字率和入学率在整个19世纪得到大幅提升（1826年，有62%的男孩和47%的女孩入学；相比之下，该组数据在1888年分别上升为73%和65%），但是在19世纪中叶，荷兰的四分之一人口是文盲，在1901年才施行了义务教育。[20]在赫尔曼童年时期，财富创造和教育成就均有大幅增长，但是那个时期的多数荷兰孩童，依然生活在不同形式的贫困之中。在19世纪中期，荷兰孩童一般在工厂或农场干活，而不是学习拉丁文、英文、音乐和会计。[21]从这点来看，巴文克的童年在某种程度上并非普通。

---

[19] Michael Wintle, *An Economic and Social History of the Netherlands, 1800–1920: Demographic, Economic and Social Transition* (Cambridge: Cambridge University Press, 2000), 335.
[20] Wintle, *Economic and Social History of the Netherlands*, 270.
[21] Colin Heywood, "Children's Work in Countryside and City," in *The Routledge History of Childhood in the Western World*, by Paula S. Fass (London: Routledge, 2013), 133; cf. Wintle, *Economic and Social History of the Netherlands*, 335.

哈塞尔曼学院与赫尔曼的青少年时代

赫尔曼在哈塞尔曼学院接受了十分全面的优质教育。尽管如此，我们需谨记史密茨（C. Smits）的告诫，就是不要过分夸大这所学校的独特性和卓越之处，甚至夸大赫尔曼·巴文克在同侪之中的重要性。史密茨特别参阅了赫普[22]、布玛（H. Bouma）[23]和德格拉夫（W. de Graaff）[24]的传记。他批判道，对这所学院的描绘，"因着……赫尔曼·巴文克七岁至十六岁期间曾在此就读"，往往"笼罩着人为营造的浪漫式薄雾"。[25]

巴文克被描述为这所只招收天资出众学生的独特学校中彼时最优秀的学生。[26]但是，这一描述令人迷惑，而史密茨以更为现实的描述予以纠正。哈塞尔曼学院在诸多方面表现卓越：它提供具挑战性、广泛、现代的课程，旨在成为一所基督教学校，并由一位分离派信徒领导——这在巴文克看来是有利的；它聘请了母语为英文、法文、德文的外教；诸如此类。（但在那个时代，荷兰的寄宿学校聘请说母语的外教讲授现代语言是相当普遍之事。1864 年出版的《一个就读荷兰学校的英格兰男孩》一书，描述了一位就读于一所荷兰寄宿学校的英格兰男孩的经历；他在几位

---

[22] Hepp, *Dr. Herman Bavinck*, 17–20.
[23] H. Bouma, *Een vergeten hoofdstuk* (Enschede: Boersma, 1959), 133–35.
[24] W. de Graaff, "Een merkwaardige school in de vorige eeuw," *De Hoeksteen* 11 (1982): 105–12.
[25] C. Smits, *De Afscheiding van 1834*, vol. 8, *Provincie Noord-Brabant* (Dordrecht: J. P. van den Tol, 1988), 165. "Het reilen en zeilen van deze onderwijs-inrichting—kostschool en lagere school—is in de literatuur omgeven met een lichte nevel van romantiek. En deze is enigszins verdicht doordat ... Herman Bavinck er van zijn zevende tot zijn zestiende jaar onderwijs heeft genoten." To the list of sources Smits critiqued in 1988, we might add Gleason's account of the Hasselman Institute, which depends on Hepp and Bremmer. 见 Gleason, *Herman Bavinck*, 32–33。
[26] 如见 Hepp, *Dr. Herman Bavinck*, 19。"Want het instituut-Hasselman had een goeden naam. Het was eenig in het land."

说母语的外教指导下，接受多语教育。）²⁷ 哈塞尔曼学院的许多学生，后来在事业上成就非凡。著名的神学家、教育家艾萨克·凡戴克（Isaäc van Dijk，1847–1922）就曾在该校学习。他从 1883 年至 1917 年担任格罗宁根大学的教授席位。²⁸

这所学院的学生总被认为在学术上天赋异禀，这个设想可能也属于之前所说的"浪漫式迷雾"。该学院未接受政府的任何资助，而是依靠寄宿学生的家长的资助得以持续发展。²⁹ 能在此校就读的学生，大多数是因学生家庭富裕，而非因学生的学业优势。即便如此，哈塞尔曼学院确实为赫尔曼提供了坚实的教育。这是一所非常优秀且不同寻常的学校，但也并非如从前一些研究所描绘的那般独特。

赫普把巴文克在哈塞尔曼的年日，描绘为青少年巴文克内省和内心充满挣扎的岁月，并声称巴文克在父母营造的"反文化"气氛，与学院更开明、属世的氛围之间，倍感煎熬。³⁰ 可是，赫普并未为此提供可考文献，这也是他所著传记的普遍特征。无论如何，我们至少可以说，将杨·巴文克与他所珍视的哈塞尔曼学院分别描绘为"反文化"与"亲文化"，这令人费解。虽然这种做法符合赫普认为早期分离派具有抗文化（Kulturfeindlichkeit）特征的描述（即分离派视现代文化为属世的，因而普遍对其不屑一顾），但是他对分离派的描绘没能逃脱将"分离派"同质化所固有的问题。³¹ 如果我们记得杨对现代文化一直保有积极态度，

---

²⁷ P. J. Andriessen, *Een Engelsche jongen op eene Hollandsche school* (Amsterdam: P. N. van Kampen, 1864), 9.

²⁸ Smits, *De Afscheiding van 1834*, 8:165. 博拉梅尔在描述中也说明凡戴克曾是该学院的学生。Bremmer, *Herman Bavinck en zijn tijdgenoten*, 17.

²⁹ 史密茨记录，一位寄宿学生每年费用为 225 弗罗林（florin），此外还需缴纳钢琴课费用 26 弗罗林，以及希腊文与拉丁文辅导费 26 弗罗林。见 Smits, *De Afscheiding van 1834*, 8:168。

³⁰ Hepp, *Dr. Herman Bavinck*, 20.

³¹ Hepp, *Dr. Herman Bavinck*, 14; van den Berg, "De Spiritualiteit van de Afgescheidenen," 174.

那么以上所论之反差就有牵强附会之嫌。[32]

如果赫尔曼在阿尔姆科克的那段时间（1862–1870）的确变得沉默寡言，那么我们应回想起他在那些年（他从七岁至十六岁的阶段）就自身而言非常不易。他九岁时，幼弟卡莱尔出生，但不到两周便夭折。翌年，长姐蒂娜去世。五年之后，妹妹弗米亚也去世了。当卡莱尔于1863年2月22日出生时，赫尔曼在四个孩子中排行第二。两周之后，他变为三个孩子中的老二。一年之后，他成为两个孩子中最年长的一位。他在那些年显然备受煎熬。

巴文克认为青春期是批判性自我觉知（critical self-awareness）的时期；在这期间，一个人长大成人，对父母的孩童般依赖渐减。他之后（1911）反思了现代后期世界中青春期之经历，并这样写道：

> 现代青年所表现出的特征，在之前的年代要么不存在，要么程度不一样。这个现代青年自己也深受现代社会的影响。诚然，无论哪个时代、无论何地，青年都要为独立而奋斗，努力摆脱厚古薄今的观念，打造自己通往未来的道路。这本身并没有任何错误。它是推动进步之发展的自然过程；我们不应以暴力压制，而是必须知道如何引导它，从而，过去与将来才能为了正在成长的青年而和谐共存。[33]

---

[32] 另一针对赫普的杨·巴文克描述的批判，见 John Bolt, *Bavinck on the Christian Life: Following Jesus in Faithful Service* (Wheaton: Crossway, 2015), 25。Henry Dosker's "Herman Bavinck: A Eulogy by Henry Elias Dosker" (in *Essays on Religion, Science, and Society*, ed. John Bolt, trans. Harry Boonstra and Gerrit Sheeres [Grand Rapids: Baker, 2008]) 也将杨和赫兹娜描述为具有抗文化的特征（15页）。

[33] Herman Bavinck, *De opvoeding der rijpere jeugd* (Kampen: Kok, 1916), 79: "De moderne jeugd karaktertrekken vertoont, die haar in vorige tijden niet of niet in die mate eigen waren. De moderne jeugd heeft zelve den invloed der moderne maatschappij ondergaan. Wel is waar is het aan

巴文克从普泛而非个体的视角，对青少年的身份进行了深入思考，其核心就是充满人文情怀的论述：无论时代与文化如何变迁，他认为青少年时期本身就很艰难，身体和社会方面有诸般不适。巴文克却在以上著作中承认，许多在基督教家庭成长的现代荷兰青少年，认为信仰与不信之间的冲突难以忍受，并且未能进一步发展为成熟的基督教认信。[34] 我们可在此背景下回顾杨·巴文克在《见证者》编辑卷首语的论述："尤其是我们的年轻人，他们只能非常有限地避免时代精神的影响，似乎这样就可以在某种程度上保护他们。"[35] 当时，赫尔曼十四岁。

文科中学还是职业高中？

1870 年，巴文克十六岁，完成了哈塞尔曼学院的学业。他在两年后就读于兹沃勒文科中学。文科中学与拉丁语和法语学校，以及文理中学（Athenaea），都属于特殊的一类中学——为了预备荷兰青少年接受大学教育。在 1848 年之前，这类中学数量较少，旨在培养精英阶层的子女。[36] 例如，荷兰在 1860 年有 30 所这类

---

de jeugd ten allen tijde en overal eigen, om naar zelfstandigheid te streven, aan het gezag van het verledene zich te ontworstelen, en in de toekomst zich een eigen weg te banen. Er ligt daarin op zichzelf ook niets verkeerds; het is een natuurlijk proces van ontwikkeling, dat vooruitgang mogelijk maakt; men mag het daar om ook niet met geweld onderdrukken, maar moet het weten te leiden, zoodat verleden en toekomst bij de opwassende jeugd in harmonie met elkander blijven."

[34] Bavinck, *De opvoeding der rijpere jeugd*, 75.
[35] Jan Bavinck and Helenius de Cock, "Inleiding," *De Getuigenis: Maandschrift in het belang van Waarheid en Godzaligheid* 1 (1869): 3–4. "Onze jongelingen vooral zijn het, die aan den invloed van den tijdgeest zoo min onttrokken kunnen worden, als dat zij er zich van kunnen vrijwaren."
[36] Wintle, *Economic and Social History of the Netherlands*, 269.

中学，约有 1300 名学生接受古典教育；其中只有 5 所学校有超过 50 位学生。整个荷兰的人口在 1860 年仅为 3300 万，大学生数量约为 1400 名。[37]

荷兰社会的自由化过程动摇了这种单一主导的局面。[38] 例如，作为 1848 年宪法主要制定者的首相约翰·鲁道夫·托尔贝克（Johan Rudolf Thorbecke），在 1863 年通过了《高中教育法案》。该法案将带动建立 50 所职业高中（hogere burgerscholen）。这个措施目的是要培养职业工人阶层，以满足基于知识的新型经济的需要。职业高中给学生讲授现代课程，着重于自然科学和现代语言，继而在现代社会中扩大职业工人阶层。这些学生将是荷兰 19 世纪后期的职员、会计和商务经理等。尽管职业高中校的开设带来了新的机遇，但杨和赫兹娜选择将儿子送到文科中学。至少在他父母看来，赫尔曼的人生发展方向与职业高中并不相合。

新的职业高中数量大幅增加，与彼时荷兰学术文化的显著变化相契合。在赫尔曼步入成年之前，荷文正在快速取代荷兰学术界的通用语拉丁文；这一变化在 1876 年正式发生。[39] 在此时期，拉丁文不再有用的普遍共识，充斥着不断增长的中产阶级。尽管如此，文科中学作为拉丁文教育的堡垒，在荷兰教育系统中依然有其地位。一些家长，例如杨和赫兹娜·巴文克，依然为子女选择了文科中学的教育。

---

[37] P. Th. F. M. Boekholt and Engelina Petronella de Booy, *Geschiedenis van de school in Nederland vanaf de middeleeuwen tot aan de huidige tijd* (Assen: Van Gorcum, 1987), 197–98; Frederick Martin, *The Statesman's Year-Book: A Statistical, Genealogical, and Historical Account of the States and Sovereigns of the Civilised World for the Year 1886* (London: MacMillan and Co., 1866), 353.

[38] 有关巴文克对教育自由化和"职业高中"之创立的成熟思想，见以下手稿 "Inrichting der gymnasia," "Gymnasiaal onderwijs," "Bezwaren tegen gymnasiaal onderwijs en hedendaagsche gymnasia," 以及 "Hoogere burgerscholen" (1896, 1901, 1903, 1904, 1908), HBA, folder 122.

[39] Boekholt and de Booy, *Geschiedenis van de school in Nederland*, 199.

根据波克霍尔特（P. Th. F. M. Boekholt）和英格利纳·彼得罗妮拉·德博伊（Engelina Petronella de Booy）的观点，这一选择应被视为人们在新社会中争取空间的一种方式。他们认为，尽管荷兰社会正在自由化，但是社会等级意识依然强烈。古典教育传授希腊文和拉丁文，让学生因着文化素养变得出类拔萃，其作用是区分精英人士与中产阶层。[40] 人们普遍认为选择文科中学在本质上就是选择精英化道路。然而，当讨论正统改革宗牧师为子女选择古典教育时，我们需要更为细化地分析这一普遍看法。赫尔曼·巴文克不是唯一从分离派牧师宅邸进入文科中学的孩子。例如，他的两个挚友亨利·多斯克和魏司坚也接受了同样教育。

在当时，荷兰大学可学科目明显十分有限，有神学、文学、医学、自然科学、哲学和法律。掌握希腊文、希伯来文和拉丁文，这在改革宗牧师中备受推崇，也是牧养训练的先决条件。在19世纪后期，如果一个荷兰改革宗牧师认为，他的某个儿子会承继父业，那么几乎可以肯定的是，他这个儿子会被送到文科中学学习，作为最终步入神学学习的预备学校。对此特别的学生群体而言，就读文科中学不必可少，为的是接受更高的教育，而非为了进入更高社会阶层。

因此，我们难以确定地指出，致使杨和赫兹娜送赫尔曼就读兹沃勒文科中学的明确动因。不管如何，他们的儿子就读的是所名校。兹沃勒文科中学发端于中世纪的现代属灵革新运动（Modern Devotion movement），历史悠久，声名远播。[41] 从该校毕业的学生实有当时的首相约翰·鲁道夫·托尔贝克[42]，之前还有教宗阿德里安六世（Adrian VI, 1459–1523）——他是唯一被

---

[40] Boekholt and de Booy, *Geschiedenis van de school in Nederland*, 199.
[41] Boekholt and de Booy, *Geschiedenis van de school in Nederland*, 10.
[42] Marius Buys, *Mr. Jan Rudolf Thorbecke herdacht* (Tiel: D. Mijs, 1872), 6.

任命为教宗的荷兰人。[43] 在该校学习自然会为赫尔曼带来社会利益：使他有机会结识精英（不论这是否是他父母送他去兹沃勒文科中学的意图），为他迈进大学打下坚实基础。

赫尔曼的第一本日记

在这一时期，巴文克开始写日记（dagboek）。日记是一扇迷人的窗户，让我们得窥他即将进入大学之前的生活和经历。[44] 就写作体裁而言，现代后期的日记是以零散的自传写作方式，作为一种个体记录文本（egodocument）。坚持日记写作的做法因着一些十分现代的原因而出现。由于人们感到时光飞逝，在不断变换的世界里，个体感到有必要按时间线索翔实记录生活。[45] 巴文克在1872年至1891年间的日记，一直保存在巴文克档案库。最后一个现存的完整日记是"1886年至1891年"日记本，其中有几页是（可能已遗失的）1901年所写的日记（赫普与博拉梅尔所写传记分别于1921年和1966年出版，二者都引用了现已遗失的几本日记；这些日记覆盖了巴文克在1891年之后的生活。）[46] 现存的巴文克日记，记录了他对17岁至37岁生活，也有对47岁生活的少许记载。作为巴文克持续性自传反思的文献来源，这

---

[43] Ross Fuller, *The Brotherhood of the Common Life and Its Influence* (New York: State University of New York Press, 1995), 195.

[44] "H. Bavinck, 1872, Zwolle," HBA, folder 16.

[45] Arianne Baggerman, "Lost Time: Temporal Discipline and Historical Awareness in Nineteenth-Century Dutch Egodocuments," in *Controlling Time and Shaping the Self: Developments in Autobiographical Writing since the Sixteenth Century*, edited by Arianne Baggerman, Rudolf Dekker, and Michael James Mascuch (Leiden: Brill, 2011), 455–535.

[46] 如 Hepp, *Dr. Herman Bavinck*, 209; Bremmer, *Herman Bavinck en zijn tijdgenoten*, 108。

些日记对我们纵观巴文克一生发挥了积极重要的作用；赫普与博拉梅尔传记中现已遗失日记之残篇也是如此。

青少年时期的巴文克翔实记载了哪些生活事件？他日记的首页有一列经文。这些经文有的是关于要与走上歧途的基督徒保持距离，有的是勉励持守信仰。他未对经文的重要性作解释，尽管经文主题的类型已暗示了，十七岁的巴文克正在努力解决如何在众多关系中忠信跟随耶稣的问题。此后，我们发现在日记本里有一些关于一位名叫阿梅利亚·邓德克（Amelia Dekkerana；用拉丁文所写）的女孩的日记。第一组日记未标明日期，可是按着时间线来看，应是写于第一个标注日期的日记之前（1871 年 6 月 20 日）。从内容来看，这些日记写于巴文克即将离开阿尔姆科克的时期，难得让我们对他在那个时期的生活了解一二："在 5 月 1 日的三天之前，我问阿梅利亚·邓德克，如果我们离开此地，以后是否可与她互通书信？"[47] 阿梅利亚·约希娜·邓德克（Amelia Josina den Dekker, 1849–1933）是农场主阿里·邓德克（Arie den Dekker, 1813–1894）和安娜·米德尔库普（Anna Middelkoop, 1819–1854）的女儿；他们是邻近阿尔姆科克的艾米霍温（Emmikhoven）分离派教会的会友。[48] 十七岁的巴文克对这位二十二岁的女孩倾心不已。

此外，他的早期日记大部分用拉丁文所写，所记事项有：参加兹沃勒文科中学的入学考试（1871 年 8 月 14 日）并顺利被录取，之后是在该校所获荷兰历史和代数课程的一系列班级奖项，以及和友人的来往。他也记录了 1871 年 9 月 6 日阿梅利亚·邓德克的

---

[47] "H. Bavinck, 1872, Zwolle." "III dies ante Cal. Junias ego rogavi Ameliam Dekkeranam, alius alia litteras scribene, si hunc locum relinquam."

[48] "Amelia Josina den Dekker," *Bevolkingsregister, Almkerk*, 1910–1920, 34:96; "Wouterina Arnolda den Dekker," *Bevolkingsregister, Emmikhoven en Waardhuizen*, 1870–1879, 14:103; Smits, *De Afscheiding van 1834*, 8:150; *Provinciale Noordbrabantsche en 's Hertogenbossche courant*, December 18, 1933.

来信。1872年之后所记录的事项越来越个人化，会略略多言几字（尽管简洁如故），一般用荷文记录。记录事项多为父母来访、自己的火车旅行、探望父母的旅程以及与亨利·多斯克的见面。

他与多斯克一家关系的重要性在日记中显而易见。与巴文克的父亲一样，亨利的父亲尼古拉斯是一位分离派牧师；他们二人的侍奉生涯有千丝万缕的关联：尼古拉斯·多斯克（Nikolaas Dosker）比杨·巴文克更早地在宾斯霍滕担任牧师，亨利也在此出生。如巴文克家一样，多斯克一家也从德国移民至荷兰。[49] 作为兹沃勒文科中学的同窗[50]，赫尔曼和亨利有许多共通之处。尽管他们的生活（和神学观）最终朝不同方向发展，但是不足为奇的是，他们早年就结下了深情的厚谊。

阿梅利亚·邓德克

巴文克对阿梅利亚·邓德克的情感似乎一直延续到了中学时期。在1872年日记的最后几页，巴文克加入了亲笔所写的一组浪漫情诗，日期是在1872年和1874年之间。这些诗情感浓烈程度不一，并非全为原创。例如，有一首诗是巴文克用英文所写，

---

[49] George Harinck, "'The Tares in the Wheat': Henry E. Dosker's Calvinist Historiography of Dutch Anabaptism," in *Religious Minorities and Cultural Diversity in the Dutch Republic*, ed. August den Hollander, Mirjam van Veen, Anna Voolstra, and Alex Noord (Leiden: Brill, 2014), 269.

[50] "Binnenland," *Provinciale Overijsselsche en Zwolsche courant*, August 19, 1872, 2. 根据记录，赫尔曼的同学包括：E. S. Eisma, W. H. Roijer, J. H. Tobias, A. Fränkel, T. Brouwer, H. Kerbert, H. N. Dosker, A. H. van Deventer, B. Wartena, H. E. Dosker, G. Kortenbos van der Sluijs, S. Gratama, E. Damsté, G. Kalff, P. Sichterman, J. A. de Vos van Steenwijk, S. J. van Buuren, J. C. Roosenburg, H. Ferwerda, D. Z. van Duijl 和 E. F. J. Heerspink。

日期为"莱顿，1874 年"（似乎依然写给阿梅利亚）。这首诗从上往下、再从下往上竖行阅读：

自	心	因	深	两	离
上	我	知	我	心	分
而	明	卿	如	合	难
下	诗	心	我	一	剑
复	读	亦	爱	金	刀
向	此	知	若	石	霜
上	如	我	卿	坚	风

Read	C	that	me	If	you	No	2
down	will	I	love	U	love	knife	in
and	U	love	U	love	I	will	love
up	and	U	as	me	as	cut	our

有一些用荷文和法文所写的精选之诗，日期标注为"兹沃勒，1872 年，赫尔曼·巴文克"。这些诗也写于他恋慕阿梅利亚的这段早年时光，尽管诗中未提她的名字。这些诗中有一首结构并不匀称，但富有张力，明显是首求婚情诗，即便阿梅利亚似乎未曾读过此诗。这首诗（荷文）为我们提供了一个独特的视角，可以粗略了解十八岁的巴文克对二十三岁的阿梅利亚的爱情。

> 我的挚爱！我的心为妳狂奔，
> 在爱的回应中寻找良伴佳偶，
> 我的心上人，请接受这份爱的宣告。
> 妳的心是否也深知对我的爱？
> 愿这首诗，我的祷告，
> 也从妳的心涌出，
> 愿爱的应许莫耽延。

妳眼眸清纯的火花，

淹没我，灼烧我，使我活力澎湃，

它的力量隐匿又真实，

我心中爱的火炬永不止息。

说出我的爱，说出我的爱，以免我失魂落魄。

妳的火花激情四射，

从妳的面庞扑面而来，我且已算好代价，

因你的眼眸胜过日月星辰。[51]

他对阿梅利亚的恋慕之情一直持续到莱顿学习阶段，甚至在这之后；最后的结果就是，巴文克在 1877 年求婚未果，心中留下难平伤痛。但在这个阶段，他还在痴恋之中。

分离者之子成为分离运动之子

1873 年 3 月 19 日，巴文克借着信仰宣告，正式成为基督教归正教会的会友："在兹沃勒的基督教归正教会，多斯克牧师带领我完成了信仰宣告。"3 月 30 日的这则日记表明，他在多斯克牧师的坚振宣告下成为所在教会的一名会友。[52] 赫尔曼正式归

---

[51] "H. Bavinck, 1872, Zwolle." "Lief meisje! Dat ik u hartelijk min, / 'K zag gaarne u tot echtsvriendin / Ziedaar mijn declaratie / Voelt ge ook voor mij genegenheid / Zoo bid ik, lieve beste meid / Geef mij uw approbatie / Een vonk geschoten uit uw ogen / Veel schooner dan een diamant / Stak door een heimelijk vermogen / Mijn jeugdig hart in vollen brand / Spreek uit, spreek uit of ik ben verloren / Blaas met een vonk die mij verteert. / Een vonk uit uw gezicht geboren / 't Gezicht dat zon en maan braveert."

[52] " H. Bavinck, 1872, Zwolle." "19 Maart 1873. Belijdenis des Geloofs afgelegd bij Ds. Dosker in de Chr. Geref. Kerk te Zwolle. 30 Maart '73. Zondag. Bevestigd door Ds. Dosker."

属基督教归正教会，由此一位分离派者的儿子宣布自己成了分离运动之子。在尼古拉斯·多斯克的牧养下，巴文克在兹沃勒感受到分离运动在那里的独特之处：多斯克鼓励分离派融入并参与荷兰社会。这对准确辨识青少年时期的巴文克成了哪类分离者具有重要价值。至少日记表明，巴文克积极参与教会生活：他按时间线记录了新执事聘任的投票细节（1873年6月8日），他作为会友所参加的选举，以及与其他会友的会面。亨利·多斯克也同时成为这个教会的会友。[53]

但是在巴文克信仰宣告后不久，尼古拉斯·多斯克就收到并接受了牧养美国密歇根州大激流城第二归正教会的邀请。巴文克的两则日记记录了由多斯克为他主持的坚振礼，并在此之后记录了多斯克于1873年4月11日在兹沃勒的最后演讲。他的牧师决意离开荷兰和其已经自由化、处于现代后期的文化，离开荷兰分离派教会，年轻的巴文克对此如何理解？哈林克曾认为尼古拉斯·多斯克对一些基督教归正教会感到灰心失望，这些教会只满足于自己在荷兰社会越发边缘化的地位，而多斯克的个性不喜争竞，所以选择移民这条更加直接的途径来实现自己的理想。[54]1874年春，亨利·多斯克的来信说明了他们离开荷兰另有原因：他们移民是因着社会流动性。亨利·多斯克就读于密歇根州霍兰德的霍普学院（Hope College），之后又在另外几所美国神学院学习。在信中解释了美国教育的一般情况之后，他告诉巴文克：

> 这对你而言全然不同。你从青年时期开始，就获得了比我们更好的学业资助。你的父亲有让你获得大学学位的方式。万千道路任你挑选，却对我们关闭。在上帝的帮助下，你终会卓尔不群，而我在

---

[53] Bremmer, *Herman Bavinck en zijn tijdgenoten*, 19.
[54] Harinck, "Tares in the Wheat," 269.

> 荷兰难以望你项背。毋庸置疑，我们所接受的教育现在正变得非常不同。[55]

在面对自己的牧师和青少年时期的挚友即将离开时，巴文克一直心情尚可。正如上文提到他在 1872 年那首诗中所表达的那样，巴文克十分渴望与阿梅利亚·邓德克结婚，但 1873 年春的一则日记表明，他开始关注艾尔切·克林科特（Aaltje Klinkert, 1857–1934）。[56]

> 73 年 4 月 10 日，出售多斯克牧师家具（总价约 1100 弗罗林）。那时，我遇到了艾尔切·克林科特（Ααλτιε Κλιωκερτ）和其姊妹。[57]

出于保密的需要，巴文克将她的名字音译为希腊文，并提到自己遇到她和她的姊妹，并用拉丁文 cum sororibus 表示"姊妹"。但是，巴文克对她们的关注似乎并无下文。相反，在之后的年日里，阿梅利亚·邓德克依然是他爱慕的对象。

---

[55] Dosker to Bavinck, Holland (Michigan), Spring 1874, in BHD. "Met u is het gansch anders. Van jongs af waren uwe studieën beter gebaseerd dan de onze. Uw vader bezit de middelen om u een academische graad te doen verkrijgen. Voor u staan duizend wegen open die ons voor immer gesloten waren. Met Gods hulpe kuntent en zult ge iets worden, waarvan ik in Nederland de schaduw zelfs niet had kunnen bereiken."

[56] "Zwolle, Geboorteakte, Aaltje Klinkert, 18-11-1857, Zwolle," Historisch Centrum Overijssel, inventory no. 14445, article no. 556; "Zwolle, Registers van overlijden, 1811–1942, Aaltje Klinkert," Historisch Centrum Overijssel, inventory no. 15325, article no. 231.

[57] "Notes, H. Bavinck, 1873, Zwolle." "10 April '73. Verkooping van Ds. Dosker inboedel (ten bedrage van ± f. 1100). Bij die gelegenheid kwam ik in aanraking met Ααλτιε Κλιωκερτ *cum sororibus*."

杨·巴文克收到去坎彭的邀请

巴文克在这一阶段的日记内容以家庭事项为主体。他在 1872 年 9 月 25 的日记里写到弟弟（约翰内斯·赫里特）的出生，说明他在弟弟出生后第二天获知此消息。[58] 在第二年的日记中，巴文克按时间线记录了他父亲收到去坎彭的邀请：

5月19日　父亲受邀去坎彭，途径兹沃勒。
5月20日　与父亲同去坎彭。
5月22日　耶稣升天节。父亲再此回家。此次邀请会是何结果？这个问题一直萦绕在我们心中。
5月24日　接到电报……父亲接受来自坎彭的邀请。
5月27日　父亲正式接受邀请。[59]

在这个时期之后的日记，清晰表明赫尔曼与父母关系亲厚，定期探亲，参与并支持父亲的牧养工作。在指出这点同时，本传记赞同博拉梅尔和格里森的立场，拒绝赫普的观点。赫普认为，巴文克在此阶段与父母的关系疏离且紧张。[60] 事实却恰恰相反。巴文克一家人关系亲厚。

巴文克在文科中学毕业考试中获得拉丁文、希腊文、法文和荷文科目的班级奖。从学业上看，他在文科中学成绩优异。荷

---

[58] "H. Bavinck, 1872, Zwolle." "25 Sept. '72. Broertje gekregen. 26 Sept. kreeg ik er de tijding van."
[59] " H. Bavinck, 1872, Zwolle." "19 Mei. Vader hier gekomen te Zwolle wegens de roeping naar Kampen. 20 Mei. Met vader naar Kampen gegaan.... 22 Mei. Vader weer naar huis gegaan. Wat zal de uitslag van diens roeping zijn? Dit was de vraag die ons vooral bezig hield. 24 Mei. Kreeg ik een telegraam ... dat vader de roeping v. Kampen had aangenomen. 27 Mei. Had voor goed de Aanneming der roeping plaats."
[60] Bremmer, *Herman Bavinck en zijn tijdgenoten*, 20; Gleason, *Herman Bavinck*, 35–37.

文奖竞争者是赫里特·卡尔夫（Gerrit Kalff, 1856–1923），他后来成为莱顿大学荷文教授和校长。巴文克在日记中对比了二人论文写作测试的成绩：他自己有一处语法小错误，而卡尔夫有三处。[61] 与巴文克一样，卡尔夫也就读于莱顿大学。最后二人都成为荷兰皇家科学院院士（Koninklijke Nederlandse Akademie van Wetenschappen），并被授予荷兰雄狮勋位（Order of the Lion of the Netherlands）。

巴文克和这位才华横溢的同学同窗共读（在上述测试中巴文克甚至比他更优秀），这对本传记下文所论的几个方面非常重要：我们能更清晰理解，为何他在成为坎彭神学院住校生的短暂时期内，感到不满意（因为坎彭神学院甚少有学生接受过和他一样的中学教育），这也让我们理解他后来职业上的高远志向，在他刚步入成年时尤是如此。与卡尔夫一样，巴文克希望不只是在莱顿学习，而且以后可以在此任教。[62] 他在此种环境中的经历，为他带来了更高的社会志向。

本传记第一部分（"寻根问宗"）的核心论点就是：巴文克生平应基于更为宽泛的分离派社会发展轨迹予以理解。如前所述，分离派的发展轨迹始于1848年之前的秘密聚会（十分有限的社会参与），后逐渐在荷兰现代后期文化中享有宗教宽容与自由。巴文克出生于欧洲之春运动之后，因而他完全在现代文化中成长。例如，他在文科中学时期对荷兰政治生活的兴趣，充分表现了这一点：他在日记中提到胜过卡尔夫一事后，写到荷兰议会二院成员的选举。遗憾的是，因为缺乏青少年时期巴文克的一手资料，

---

[61] "Notes, H. Bavinck, 1873, Zwolle." "10 Juni. De uitslag der Hollandsche Prijsthemata was dat ik den prijs van Kalff had gewonnen. 't Laatste thema had ¼ fout voor mij en ¾ voor Kalff." 卡尔夫的儿子为他写了本传记。这本传记未提及卡尔夫把奖项输给了巴文克。Gerrit Kalff jnr., *Leven van Dr. G. Kalff (1856–1923)* (Groningen: Wolters, 1924), xiii–xiv.

[62] Bavinck to Christiaan Snouck Hurgronje, Kampen, January 29, 1889, in *ELV*.

所以他在这一时期重要的思想发展的迹象并不明显。除了日记，巴文克在这段时间唯一所写的是一篇关于古希腊喜剧历史的演讲手稿，用红墨水以拉丁文书写，字迹清雅。[63]

行文至此，本传记的第一部分即将结束。19 世纪 30 年代在下萨克森和荷兰爆发了两次教会脱离运动；在此背景下，一场社会运动很快就要洪波涌起。在这场运动中，古旧归正教会和分离派作为他们所在社会的力量平衡被重新构筑，并且社会流动性的新契机开始出现。在此境况下，一名来自古旧归正教会的德国男子——杨·巴文克——移民进入了荷兰文化，加入分离派教会，在志向日益高远且不断向上流动的中产阶层中占有一席之地。到 1873 年，他的儿子赫尔曼（自我认同分离派教会）一直享有优质教育。与他的同窗赫里特·卡尔夫一样，赫尔曼即将踏入大学的门槛。

故事到此便进入第二部分（"学生时代"）。卡尔夫从兹沃勒文科中学进入阿姆斯特丹高等学院（Athenaeum Illustre in Amsterdam），之后就读于莱顿大学。不同于卡尔夫，巴文克一个令人惊奇的发展就是，他选择了一条完全不同的求学之路，至少在短期内如此。

---

[63] Manuscript "Oratio de Historia Atticae Comoediae Antiquae: Elocutus est H. Bavinck Jz. die III in. Sept. a. MDCCCLXXIII" (1873), HBA, folder 17.

第二部分

学生时代

第四章
坎彭（1873–1880）

"那里的教育差强人意。"

在阿姆斯特丹后期的时光里，巴文克有一本未出版、也未标注日期的笔记本，题为《我的著作列表》。[1] 他还写了此前所受教育与职业发展的时间线，作为著作列表的序言。

出生日期	1854年12月13日	霍赫芬
神学博士候选人	莱顿	1878年4月1日
攻读闪米特语言	同上	1878年9月20日
博士考试	同上	1879年8月4日
荣获神学博士	同上	1880年6月10日
神学生	坎彭	1880年7月20日
在弗拉讷克被按牧		1881年3月13日
受召	兹沃勒教会会议	1882年8月24日
离开	弗拉讷克	1882年10月8日
任职	坎彭	1883年1月10日
同上	阿姆斯特丹	1902年12月17日[2]

---

[1] Manuscript "Lijst mijner geschriften" (no publisher, no date), HBA, folder 99.

[2] Lijst mijner geschriften.

最前面的时间线发展非常平缓。这位出生于霍赫芬的年轻人前往莱顿大学深造。莱顿大学是荷兰历史最为悠久、最有威望的大学。他在该校获得了神学与闪米特语学位（1878–1879），相当于今天的双学位。此后他成为一名博士候选人（1879），并获博士学位（1880）。他此时已完成了高等教育，不久后又在坎彭通过了教会牧会资格考试（1880），让他得以在弗拉讷克被按立为牧师（1881）。

在那个时代，荷兰大学旨在培养教会职业化牧者、法律专业人士以及学术研究者，尽管莱顿培养的神学家之后在基督教归正教会牧会者甚少。[3] 然而，成年后的巴文克所列出的以上教育时

Geb.	13 Dec. 1854	Hoogeveen
Candid. Theol.	Leiden	1 April 1878
" Semit.	"	20 Sept. 1878
Doct. Exam	"	4 Aug. 1879
Doctorate	"	10 Juni 1880
Cand. Theol.	Kampen	20 Juni 1880
Intrede te Franeker		13 Maart 1881
Benoemd,	Syn. Zwolle	24 Aug. 1882
Afscheid	Franeker	8 Oct. 1882
Ambt Kampen aanvaard		10 Jan. 1883
"Amsterdam"		17 Dec. 1902

[3] Michael Wintle, *An Economic and Social History of the Netherlands, 1800–1920: Demographic, Economic and Social Transition* (Cambridge: Cambridge University Press, 2000), 271. 坎彭神学院的西门·凡费泽恩（Simon van Velzen）和安东尼·布鲁梅尔坎普（Anthony Brummelkamp）教授曾在莱顿大学学习神学，尽管这发生在 1834 年分离运动之前。然而，在巴文克前往莱顿之前，分离派的学生在 1834 年之后从未在莱顿大学学习神学。在此之外，确有其他来自分离派的学生——物理学家威廉·希勒布兰德·纽豪斯（Willem Hillebrand Nieuwhuis）和法律生克里斯提安·卢卡斯乌（Christiaan Lucassewho）——在巴文克到莱顿时已经是那里的学生。F. L. Bos, "Velzen, Simon van," in *Biografisch lexicon voor de geschiedenis van het Nederlands protestantisme*, ed. D. Nauta, A. de Groot, J. van den Berg, O. J. de Jong, F. R. J. Knetsch, and G. H. M.

间线与他人相比并无奇特之处。例如赫尔曼在文科中学的同窗赫里特·卡尔夫，他从兹沃勒来到阿姆斯特丹求学，后前往莱顿学习，之后在哈勒姆和阿姆斯特丹任教，最后在乌特勒支和莱顿担任教授席位。

实际上，巴文克文科中学毕业后求学的第一阶段，比《我的著作列表》所勾勒的进展更为复杂。那个时间线仅记录了顺利完成的学业，并未提到中断的学业。他在莱顿大学最终获取神学与闪米特语的学位，如同卡尔夫在莱顿取得荷文学位一样，对于文科中学毕业的学生而言，是情理之中的发展路径。但是有些出乎意料的是，进入大学并不是他高中毕业后的后续选择。他并未直接从文科中学升入大学学习。十九岁的巴文克做出了与他此前教育之路并不相合的决定。他在 1873 年 9 月 18 日的日记中简短写了一句："[我]成为了一名学生。"[4] 但是，他在彼时并未在莱顿、阿姆斯特丹、格罗宁根或乌特勒支学习，而是入学坎彭神学院。[5]

19 世纪 70 年代的神学院

自 1854 年以来，坎彭一直是分离派神学院的所在地。赫尔曼在入学坎彭神学院前不久，他的父亲已经接受牧养坎彭基督教归正教会的邀请。杨长期以来一直希望在坎彭工作，但对于青少年的儿子来说并非如此。格林森反复强调那个时期的坎彭如同一

Posthumus Meyjes, 2nd ed. (Kampen: Kok, 1983), 2:431–33; Melis te Velde, "Brummelkamp, Anthony," in *Biografisch lexicon voor de geschiedenis van het Nederlands protestantisme*, ed. D. Nauta, A. de Groot, J. van den Berg, O. J. de Jong, F. R. J. Knetsch, and G. H. M. Posthumus Meyjes (Kampen: Kok, 1998), 4:74–77.

[4] "Notes, H. Bavinck, 1873." "19 Sept. Student geworden."

[5] 巴文克入学坎彭神学院一事在 *De Bazuin*, September 26, 1873 一期有说明。

个"小村庄",是一个"有着田园风光的……世外桃源"。⁶ 虽然这一描述言过其实,但是相比于之前提到的那些大学所在的城市,坎彭面积小且文化保守。该地人口刚过一万五千人,即便是一个工业城镇,却规模较小。⁷ 相比之下,阿姆斯特丹的人口已超过二十八万。之于巴文克这样对文化充满好奇的青少年,荷兰大学所在的城市是打开更为广阔世界的窗户。坎彭的确无法与那些城市的独特魅力相媲美。

坎彭神学院要激发巴文克的兴趣,也是困难重重。神学院建校之初,教授们在自己家中授课。在1870年,神学院从自己的一位教授赫勒尼纽斯·德考科(Helenius de Cock)手中购置了他的住宅兼作教室,后来往旧街南端扩建成面积更大的一栋楼;最后,所有课堂都搬到一所小学的礼堂里。⁸ 在赫尔曼入学坎彭时,神学院已经发展了十九年,彼时已拥有了一栋专用教学楼,聘用了四位专职教师:西门·凡费泽恩(1809–1896)和安东尼·布鲁梅尔坎普(1811–1888),二人均毕业于莱顿大学;赫勒尼纽斯·德考科(1824–1894)曾在父亲亨利·德考科指导下接受牧养训练;曾就读于坎彭神学院的阿德里安·斯迪克特(Adriaan Steketee, 1846–1913)。青年巴文克对斯迪克特充满敬仰之情。在巴文克入学前一年,阿德里安·斯迪克特被委任讲授古典和古代语言,以学术兴趣广泛(尤其是在文学、艺术与哲学方面)而著称。由于斯迪克特是坎彭神学院第一位被委任讲授古典语言的讲师,所

---

⁶ Ron Gleason, *Herman Bavinck: Pastor, Churchman, Statesman, and Theologian* (Phillipsburg, NJ: P&R, 2010), 136, 147, 307, 399.

⁷ *Verslag van den toestand der gemeente Kampen over het jaar 1873* (Kampen: n.p., 1874), 1. 对那个时期坎彭生活特色的印象,如见 *Handelingen van den raad der Gemeente Kampen, 1873* (Kampen: K. van Hulst, 1873)。

⁸ G. M. den Hartogh, "Varia," in *Sola Gratia: Schets van de geschiedenis en de werkzaamheid van de Theologische Hogeschool der Gereformeerde Kerken in Nederland*, ed. J. D. Boerkoel, Th. Delleman, and G. M. den Hartogh (Kampen: Kok, 1954), 61.

以他的任命对坎彭神学院自19世纪60年代以来追求现代化所做出的努力意义重大。[9]

自1854年建立至1873年初具规模，坎彭神学院取得了长足发展。尽管如此，在19世纪70年代初期，该校就学院身份、发展方向、校址问题，以及对亚伯拉罕·凯波尔的态度，展开了激烈辩论。凯波尔是一位杰出的加尔文主义神学家和牧师。他在荷兰改革宗教会（Nederlands Hervormde Kerk）内引发了诸多争议。

坎彭神学院的初期建设阶段具有明显的教会特征。学生录取和考试均由理事而非教学人员决定。这些理事都是和杨·巴文克一样的牧师，未接受系统的教育。有几个未通过神学院入学考试的申请者，这些理事所给出的豁免理由是"年龄偏大"和"身体欠佳"。登哈托格以此为例说明学院在19世纪70年代的管理"非常原始"。[10] 如前所述，教职员工教育背景多样（如有的毕业于莱顿大学，有的受教于分离派牧师，有的毕业于坎彭学院）；他们代表了分离运动内部的代际差异。

此外，截至19世纪70年代，分离派移民北美的浪潮纷至沓来，这使得众多荷兰裔美国群体，要么建立了急缺师资的神学院，要么在筹建神学院的过程中。从这一视角来看，坎彭神学院还容易受到教师移民所带来的冲击（至少在理论上如此）。如在1871年，西门·凡费泽恩接到移民密歇根霍兰德并在霍普学院任教的邀请，但他拒绝了（霍普学院建校比坎彭神学院早了三年）。[11] 在此之后，他又拒绝了1874年在密歇根大急流创建一所神学院的机会。[12]

---

[9] George Harinck and Wim Berkelaar, *Domineesfabriek: Geschiedenis van de Theologische Universiteit Kampen* (Amsterdam: Prometheus, 2018), 61.
[10] Den Hartogh, "Varia," 60.
[11] *Handelingen der Zes-en-twintigste Vergadering van de kuratoren der Theologische School der Christelijke Gereformeerde Kerk in Nederland* (Kampen: S. van Velzen Jnr., 1871), 12.
[12] *Handelingen der Dertigste Vergadering van de kuratoren der Theologische School der Christelijke Gereformeerde Kerk in Nederland* (Kampen:

《号角报》7月24日（周五）一期中的一篇报导，记录了坎彭神学院考试的进展，公开注明学院请求凡费泽恩不要移民。[13] 坎彭神学院难以承受师资和学生流失而带来的冲击。

19世纪70年代初期也见证了基督教归正教会内部，就坎彭神学院如何完全融入更为广阔的荷兰高等教育世界进行了持续辩论。例如在1875年，这场辩论开始聚焦于，该校教师的职称是否应从此前一直使用的"讲师"（docent）改为"教授"。学院理事对此意见不一。教会会议的审议也未达成一致意见。之后，大多数人的意见被公示：学院教师依然称为"讲师"。[14] 巴文克在坎彭神学院就读时，坎彭神学院与更为广阔的学术界的关系并不明朗：虽然学院长期以来珍视科学理想，但是教职工未明确定位成科学性神学的实践者。

在那些年间，理事会也继续讨论坎彭神学院是否继续定址在坎彭。在巴文克就读坎彭的那一年，他们认为学院可迁之地有阿姆斯特丹、乌特勒支和莱顿。1875年教会会议否决了给予学院教师以"教授"头衔的建议，同时提出了一个令人激动的动议：将学院迁至莱顿。这一可能发生的迁址行动理由十分有趣，因为它们揭示了巴文克尚为学生时所居住的坎彭的文化环境："最主要的原因是，学生有机会可以受到更广泛的文化熏陶，有更全面的发展。"[15] 教会会议最终却否决了学院迁址的动议。不同于离开坎彭的巴文克，神学院依旧留在了坎彭。

坎彭神学院的学生会于1863年成立。在当时，学生会早已是荷兰大学的重要特征。学生会注重戏剧、音乐、体育运动和文学，

G. Ph. Zalsman, 1874), 16. 从1854至1883年，凡费泽恩讲授法语、古代语言、伦理学、教会历史、自然神学和讲道学。在1883年之后，他的教学只限于讲道学。Bos, "Velzen, Simon van," 431.

[13] "Theologische School," *De Bazuin*, July 24, 1874.
[14] Den Hartogh, "Varia," 61.
[15] Den Hartogh, "Varia," 61. "Vooral de gelegenheid tot meer universele beschaving en ontwikkeling van de studenten werd naar voren gebracht."

藉此强化精英群体的社会文化身份。坎彭神学院不是一所大学，学生并非来自精英阶层的子女。因此，坎彭学院学生会的发展，标志着"文化素养改进之脉动"，在 1848 年之后社会流动进程中的扩散。坎彭学生会为学生提供了了解现代文化的机会，帮助他们在此进程中进入更高的阶层。但是，在最初的阶段，神学院的学生并不热心提升文化素养。[16] 在社团成立的最初十年，坎彭神学院学生会确实默默无闻。但在 1873 年 2 月 13 日，这种情形发生了变化。该学生会更名为"信仰寻求理解"（Fides Quaerit Intellectum）。[17] 七个月之后，巴文克入校。

显然，年轻的巴文克入校时，坎彭学院尚处于持续的机构身份的自我反思、代际更替和某种意义上的动荡。

凯波尔与坎彭

1871 年，即巴文克入校两年前，坎彭神学院邀请亚伯拉罕·凯波尔前来讲学；凯波尔与巴文克的生活后来产生诸多交集。凯波尔曾在莱顿修读神学，逐渐成为一位古典自由主义者，后在首次担任牧职期间经历了一次敬虔主义式的转变。截至巴文克入读坎彭神学院时，凯波尔已然作为一位主要的改革派代言者，在荷兰改革宗教会内掀起波澜。在坎彭神学院历史上，这一时期并不平顺。当时所有荷兰学校的学生必须接受天花疫苗，神学院与警察就此事发生冲突。在此之际，凯波尔首次来访坎彭神学院。第一代分离派信徒强烈反对给子女注射疫苗，认为这是不相信上帝护

---

[16] Gerrit Roelof de Graaf, "Fides Quaerit Intellectum: 'Het geloof zoekt te verstaan'; Het Kamper studentencorps 'Fides Quaerit Intellectum' in zijn omgang met de 'moderne' cultuur (1863–1902)," in *Documentatieblad voor de Nederlandse kerkgeschiedenis na 1800 28* (2005): 20–35.

[17] Den Hartogh, "Varia," 68.

理的行为，然而到了 1871 年，第二代分离派信徒已乐意接受预防性的药物。[18] 在此处境下，凯波尔从 1865 年就公开认同注射疫苗的立场。他在神学院的演讲中，**同时**提倡宗教自由和现代医药，并鼓励分离派信徒应拒绝强制注射疫苗的规定。[19] 基督教归正教会会议当年的决议，清晰表明神学院热情接待了凯波尔。[20]

1874 年 3 月 24 日，凯波尔再度访问坎彭。在此之前，巴文克已成为坎彭神学院的学生。不久之前，凯波尔作为"独立基督新教人士"当选为议会议员。[21] 这次访问是凯波尔为庆祝 1848 年宪法颁布 25 周年巡回讲学的一部分。他在坎彭神学院以及其他几所荷兰大学，作了题为《加尔文主义：我们宪法式自由的源泉与堡垒》[22] 的同一演讲。[23] 该演讲的核心观点就是，加尔文主义的成果之一乃是建立了一个自由得到保护的自由国家（"自由"为泛指，在此特指宗教自由）。凯波尔努力说服坎彭神学院的学子们，这一显著现代社会的愿景，却扎根于具有历史意义的改革

---

[18] 分离运动之父亨利·德考科和他的儿子、坎彭神学院教授赫勒尼纽斯对此事意见相左，突显了这种代际转移。赫勒尼纽斯·德考科在年轻时也反对疫苗接种，但在访问苏格兰后便改变了想法，并发现苏格兰改革宗基督徒对他们荷兰弟兄姊妹所持立场感到困惑不解。见 Helenius de Cock, *Waarom heb ik mijn kinderen laten vaccineren? Open brief aan de heer D. Wijnbeek* (Kampen: Simon van Velzen jnr., 1871), 11。

[19] Jasper Vree, *Kuyper in de kiem: De precalvinistische periode van Abraham Kuyper, 1848–1874* (Hilversum: Verloren, 2006), 135.

[20] *Handelingen der Zes-en-twintigste Vergadering van de kuratoren der Theologische School der Christelijke Gereformeerde Kerk in Nederland*, 20.

[21] R. H. Bremmer, *Herman Bavinck en zijn tijdgenoten* (Kampen: Kok, 1966), 21.

[22] Abraham Kuyper, *Het Calvinisme, oorsprong en waarborg onzer constitutioneele vrijheden* (Amsterdam: B. van der Land, 1874); ET: "Calvinism: Source and Stronghold of Our Constitutional Liberties," in *Abraham Kuyper: A Centennial Reader*, ed. James Bratt (Grand Rapids: Eerdmans, 1998), 279–322.

[23] James Bratt, *Abraham Kuyper: Modern Calvinist, Christian Democrat* (Grand Rapids: Eerdmans, 2013), 78.

宗信仰。他认为"加尔文主义不是固化样式、故步自封的力量，亦非在加尔文时代已经得到确切结论或已有明晰确定的形式。恰恰相反，它是一种逐渐展示自己力量的原则，此原则为每个时代都提供了洞见，并以适合每个国家的形式呈现。正是在这一形态变化过程中，这个原则得以继续发展"。[24] 詹姆斯·布拉特（James Bratt）认为凯波尔的演讲面临一个巨大的难题，因为"正统加尔文主义者对〔1848年宪法〕几乎历来毫无热情"。[25] 但是事实是，许多分离派信徒、古旧归正教会的信徒，在1848年之前，都积极为宗教自由而拼搏，并为新宪法而欢欣鼓舞；巴文克一家也不例外。凯波尔受到坎彭神学院教师们的热情接待。虽然他的讲座引发了部分坎彭神学院学生的反对，但是神学院对他此次演讲的普遍印象非常正面。[26] 学生会秘书艾斯克博士（P. W. Eskes, 1851–1929）在《号角报》对此次讲座的报道具有启发性，让我们可以粗略了解此次作为一场公共活动的讲座，同时表现了学生会对凯波尔所提愿景的共识。

> **坎彭消息：** 上周二傍晚，学生会、神学院教师和其他受邀嘉宾，一起度过了愉快且有效益的时光。大部分受邀嘉宾是牧师和本地职业高中的教师。应上述学生会邀请，亚伯拉罕·凯波尔博士在这些听众当中发表了题为《加尔文主义：我们宪法式自由的源泉与堡垒》的讲座。演讲者以他精妙绝伦的演讲技巧，带领我们深入历史，一览其中奇珍异宝，向我们展示了加尔文主义的发展脉络。沿着这个脉络，人们真正的自由，发端于日内瓦，传播至荷兰、英

---

[24] Kuyper, "Calvinism," 293.

[25] James Bratt, introduction to "Calvinism: Source and Stronghold of Our Constitutional Liberties," by Abraham Kuyper, in Bratt, *Abraham Kuyper: A Centennial Reader*, 279.

[26] Den Hartogh, "Varia," 67–68.

国和美国，并继续向前发展。本次演讲的方式令人振奋，内容依实出华，引人入胜，又发人深思，催人奋进。上帝主权按着其尊荣在这场演讲中得到有力彰显；在对祂主权的体认中，教会和社会通向自由的道路也被指明。宗教改革与法国大革命截然不同，犹如不同的树有时却长出完全相似的树枝。二者可以按着本质和活力、自由和恣意加以区分，也可以从这些树枝每个枝条的生发之地来进行区分。

希望我们所听到的演讲内容，能够很快形诸文字，以飨读者，在此不再详论。但我们要郑重声明：

我们认同真正自由的原则！

不是出于对演讲的反应，而是为了能真正发展这些原则！

我们支持这位备受尊敬的演讲者，他如此忠实又真切地道出〔真正的自由〕！

我们为他献上感谢与祝福！

谨代表学生会，

理事会

艾斯克博士（学生会秘书）[27]

---

[27] *De Bazuin*, March 27, 1874. "Kampen. Dinsdag avond l.l. werd het studentencorps met de leeraren der Theol. School en andere uitgenoodigden, waaronder de meeste predikanten en leraren der Hoogere Burgerschool van deze stad, een aangename en nuttige ure bereid. Op uitnoodiging van genoemd corps, was Dr. A. Kuyper in hun midden opgetreden, om zijne lezing te houden over 'Het Calvinisme, oorsprong en waarborg onzer constitutioneele vrijheden.' Met ongewone bedrevenheid wist de Spreker ons in de diepe schatkameren der historie binnen te leiden, om ons dáár den draad van Calvijn te doen zien, langs welken de ware volksvrijheid, van uit Genève over Nederland en Engeland naar Amerika heen, zich had voortbewogen. Boeiend was de wijze van voorstelling, indrukmakend het doen spreken der feiten, wegslepend straks het geven van inzichten en wenken. De Souvereiniteit Gods werd in hare eer krachtig gehandhaafd en in de

凯波尔的演讲备受一位坎彭学生的关注，他的古旧归正教会的前辈曾为在 1848 年获得的宗教自由而欢欣。巴文克听完演讲之后，在日记本上写道："**1874 年 3 月 24 日，见到凯波尔博士。他认为加尔文主义是我们宪法式自由的源泉和堡垒。**"[28] 尽管巴文克对凯波尔的观点未进一步论述，但此则日记意义重大。此前，凯波尔一直作为独立候选人，而非某个党派代表，付诸政治上的努力。他希望借助此次巡回讲学来改变这一状态，也为正在兴起的抗革命政治运动寻找未来领袖。（凯波尔在那些年努力的成果就是，荷兰第一个现代政治党派——抗革命党——于 1879 年成立。）巴文克在兹沃勒时期的日记，已表现出他早年对国家政治事务的兴趣。凯波尔在巴文克身上的确发现了未来领袖的潜质。在 1905 年至 1907 年间，巴文克真正接任了凯波尔抗革命党党魁的职务，尽管他在任上未能取得卓越成就。[29]

这则日记提供了第一份文献资料，说明年轻的巴文克直接谈及凯波尔，似乎也是他首次听凯波尔演讲。鉴于日记和艾斯克在《号角报》之报道的细节，凯波尔和巴文克在此活动中似乎不大可能有实质性的个人交往。尽管如此，1874 年 3 月 24 日的演讲，

---

erkenning dier Souvereiniteit de weg der vrijheid voor kerk en maatschappij aangewezen. Hervorming en Revolutie werden treffend voorgesteld, als takken, somtijds geheel gelijkend op elkaar, maar opgeschoten uit verschillende stam, en daarom in wezen en groeikracht onderscheiden, gelijk ook de vrijheid en de willekeur, de loten, welke uit elk dier takken voortspruiten moeten. Het gehoorde hopen we spoedig te kunnen lezen en weiden er niet over uit. Maar wij zeggen: Onze sympathie voor die beginselen der ware vrijheid! Niet voor reactie, maar voor de rechtontwikkeling dier beginselen! Onze sympathie voor den geachten Spreker, die haar zoo getrouw en waar voorstelde! Onze dank en heilwensch zij hem ook hierbij toegebracht. Namens het corps, de Senaat, PH. ESKES, Secr."

[28] "Notes, H. Bavinck, 1874." 24 Maart 1874 Dr Kuyper gezien. Hij sprak over het Calvinisme oorsprong en waarborg onzer constitutioneele vrijheden."

[29] Valentijn Hepp, *Dr Herman Bavinck* (Amsterdam: Ten Have, 1921), 296.

标志着时年十九岁的巴文克一生重要变化的开始,而凯波尔那年已经三十四岁。不久之后,他追随凯波尔的脚踪,前往莱顿大学研究神学。在莱顿,凯波尔的海报贴在他卧室的墙上。凯波尔激发了他的创作想象。

巴文克在坎彭

巴文克在坎彭的那一年并不经常写日记。除了记录自己参加了凯波尔的讲座,其他日记内容大多关于他造访荷兰其他地方的朋友。那时,他对阿莫斯福特(Amersfoort)、巴恩(Baarn)、宾斯霍滕(Bunschoten)比对坎彭更感兴趣。那一年保留下来的资料中,只有一套课堂笔记,那是阿德里安·斯迪克特哲学课的随堂笔记本。[30]

在那段时间,巴文克依然恋慕着阿梅利亚。那年春天,亨利·多斯克写信给他,说想拍张自己的单人照,会和自己女友的照片一同寄给巴文克:"如果你有阿梅利亚的照片,也给我寄一张。欣赏她的魅力时,我就能想象到你的幸福。"[31]

尽管当年坎彭神学院教授的记录中,仅有两条关于巴文克就读的信息,但第二条记录非常重要。[32] 第一条是他的入校登记记录,由安东尼·布鲁梅坎普在 1873 年 9 月 17 日记录。第二条关于巴文克文学考试的资格申请。当时,学校要求新生在专攻神学

---

[30] Jotter entitled "Philosophie," HBA, folder 18. 这本随堂笔记所记录的,可能是他首次接触德国神学家施莱尔马赫。在这门课中,施莱尔马赫被描述成一位泛神论哲学家。

[31] Dosker to Bavinck, location unknown, spring 1874, in BHD. "Heb gij er een van Amelia, stuur dat mij dan eens, opdat ik me in het aanschouwen harer trekken uw geluk moge kunnen voorstellen."

[32] "Notulen: 1872 november 7–27 april 1876," Archief van het College van Hoogleraren, Stadsarchief Kampen, item no. 15491.

之前，须学习基础人文学科的课程。完成这些课程后，学生必须要通过文学考试，才能正式成为神学专业的学生。但是对于巴文克这样文科中学的毕业生，这种基础课程是多余的。神学院有一条由布朗姆坎普在 1873 年 3 月 19 日所做记录，内容是关于几位和巴文克一样的学生，已申请免修这些基础课程，并获取直接参加文学考试的资格。虽然教授们对巴文克的两位同学因病申请免修的申请持保留意见，但是这些申请都予以准许。于是，截至那个时期，学校并不要求巴文克在坎彭上课。他的学籍身份已发生变化。现在，他已是坎彭神学院的一名学生，学校同意他参加下一轮文学考试。

尽管神学院师生在那一年的许多信件都保存至今，但是巴文克似乎并非以书信与坎彭神学院老师交流。巴文克显然对神学院大多数教师缺少热情，这为我们理解后来巴文克自传中对坎彭时光的概括，提供了一个启发性的背景。自传中的概括对比了坎彭神学院和备受学生敬仰的莱顿教授的魅力："我父亲在坎彭任牧师。文科中学毕业后，我在坎彭度过了一年时光，但是那里的教育差强人意。所以，我在 1874 年前往莱顿学习神学，师从著名教授斯霍尔滕和库能。"[33]

在后来评述阿德里安·斯迪克特的著作（1914）中，巴文克更详细地讲述了这一时期。巴文克与斯迪克特关系良好，后者广博的学识激发了巴文克的想象。[34]

---

[33] Herman Bavinck, "Autobiographische schets van Dr. H. Bavinck," *De Grondwet*, no. 9, October 6, 1908, 3. "Na het gymnasium te hebben afgeloopen, ging ik een jaar naar de Theol. School te Kampen, waar mijn vader predikant geworden was. Maar het onderwijs aldaar bevredigde mij niet. Zoo ging ik in 1874 naar Leiden, om daar Theologie te studeeren onder de beroemde professoren Scholten en Kuenen."

[34] 斯迪克特在 1882 年失去了坎彭神学院的教职，这与巴文克在那里被委任教职紧密相关。格里森对巴文克在坎彭岁月的描述，长篇详述了斯迪克特被解雇一事，并认为这是巴文克做出就读莱顿大学之决定的一个重要原因："简而言之，斯迪克特被解雇显得粗暴。这也对年轻时期

> 那是在1873至1874年。我完成了文科中学学业，一直渴望去莱顿继续深入研究，能了解现代神学（Modern theology）。但是我的父母刚搬到坎彭，敦促我返家至少住一年，而且让我在坎彭神学院就读。尽管我完全顺从了父母的要求，但是我仍旧渴望接受比当时坎彭神学院更为科学的教育。后来家人同意我1874年9月前往莱顿学习。[35]

这当然是巴文克后来的回顾，而且这些内容属于斯迪克特去世后、为颂扬他的生平和著作而出版书籍的内容。巴文克在坎彭写的日记中，没有提及斯迪克特；或许在回顾往昔岁月时，他对这位以前的老师的感激与日俱增。

坎彭神学院作为一个学术环境，对年轻的巴文克而言显得格格不入。（尽管后来）巴文克说他真正的求学渴望是从兹沃勒直接进入莱顿，但是他为了满足父母所愿，同意在坎彭神学院学习一年。他在坎彭的学生团体中也有些格格不入。1873年夏天，快要就任坎彭基督教归正教会主任牧师的杨·巴文克，收到即将

的巴文克带来了持久的印象。" Gleason, *Herman Bavinck*, 41. 然而，这个说法在时间脉络上令人困惑，因为斯迪克特在巴文克入学坎彭前一年被委任教职，直到1882年才被解雇。而在此时，巴文克已经成为弗拉讷克基督教归正教会的牧师，并即将被委任坎彭神学院的教职。

[35] Herman Bavinck, "Inleidend woord van Prof. Dr. H. Bavinck," in *Adriaan Steketee (1846–1913): Beschouwingen van een Christen-denker*, by A. Goslinga (Kampen: Kok, 1914), v. "Het was in de jaren 1873/'74. Ik had den gymnasialen leertijd achter de rug en koesterde eene sterke begeerte, om in Leiden mijne studie voort te zetten en met de moderne theologie van nabij kennis te maken. Maar mijne ouders waren toen pas naar Kampen verhuisd, en drongen er bij mij aan, dat ik althans voor een jaar thuis zou komen en mij als student aan de Theologische School zou laten inschrijven. Ofschool ik daaraan gaarne voldeed, bleef toch het verlangen mij bij, om eene meer wetenschappelijke opleiding deelachtig te worden, dan de Theol. School toenmaals geven kon; en zoo werd goedgevonden, dat ik in Sept. 1874 naar Leiden zou gaan."

入学的学生名单。³⁶ 学生名单上以表格方式列出了学生年龄、之前所受的教育和以前的职业。将入校的一名学生曾就读文科中学，另一名毕业于拉丁文学校；另有一名学生曾就读职业高中。除此之外，大多数学生之前未接受过教育，或仅在短期时间内受教于分离派牧师门下。这些即将入学的学生中有一名烘焙师、一名园艺工、数名农场工人、一名铜匠、一名销售员和一名被标注为"无职业"的学生。只有一名学生与赫尔曼年龄相仿，其他学生都比他年长，一半学生的年龄在二十八九岁至三十八九岁之间。大部分即将入学的新生来自社会较低阶层。一位历史学家将他们描述为"籍籍无名，无任何政治影响力"。³⁷ 相比之下，巴文克和他的父亲一样，属于向上流动的中产阶层。尽管其他学生来坎彭是为了接受牧养侍奉的培训，但是根据上文提及的1914年的声明，青少年时期的巴文克希望在纯粹学术环境中研究"现代神学"运动。尽管他最后牧会一年，但他选择研究神学起初似乎并不是感到被呼召去承接牧职。他最初的兴趣在于作为学术学科的神学。尽管从1854年德摩恩发表演讲之后，分离派学校一直努力为自己的牧师提供科学性神学教育，但是1873年坎彭神学院的教育对巴文克并无足够吸引力，难以使他在此驻足。

1873年7月即将入学的新生名单编制完成，两个月后，赫尔曼便注册为坎彭学生，但他的名字和个人信息均未出现在名单上。如果将他的名字和信息和其他快要入学的同窗的信息并置，那么他会显得非常与众不同：他的年龄最小，之前所受教育远超其他同学，来自更高的社会阶层，之前一直为在校学生、未进入

---

³⁶ F. J. Bulens, "Litt. Examenandi" and "Theol. Examinandi," June 11 and July 12, 1873, Archief van het College van Curatoren, Stadsarchief Kampen, item no. 12821. 杨·巴文克索要这份学生信息，这与他自己的信念相一致，即他来坎彭牧会的呼召，不仅是服侍这里的基督教归正教会的会众，也要服侍神学院。见 Jan Bavinck, De zaligheid alleen in den naam van Jezus (Kampen: J. H. Bos, 1888), 24。

³⁷ Wintle, *Economic and Social History of the Netherlands*, 301.

职场。杨曾要求在1873年6月编制好学生名单,那是赫尔曼在兹沃勒文科中学毕业的前一天。如果赫尔曼将要在坎彭就读而不是进入大学,想要了解自己未来同窗的信息,那么他举手可得。因此,从多个角度看,对巴文克这样的文科中学毕业生,选择坎彭神学院是一个出人意料的决定。他的老对手赫里特·卡尔夫正在阿姆斯特丹高等学院学习,同窗中有未来的阿姆斯特丹大学教授尤素尔·菲利普·博森万恩(Ursul Philip Boissevain)和科恩拉德·凯珀(Koenraad Kuiper)。[38] 兹沃勒文科中学给巴文克的教育,并非要装备他进入多数为目不识丁的农场工人的新群体。

巴文克的动机

杨和赫兹娜既然知道他们的儿子希望师从莱顿大学现代神学运动的领袖,为何会首先要求儿子在坎彭神学院学习一年呢?杨·巴文克的自传的确有回顾,他们彼时迁至坎彭,长子已从兹沃勒文科中学毕业,且回来与他们同住。但饶有趣味的是,他未提及赫尔曼为了在神学院学习而选择留在坎彭。[39] 杨在《我的生平概略》中,实际上并未提到赫尔曼在坎彭神学院的一年时光。赫尔曼在自己著作中对父母这一特殊愿望,也未有只言片语的解释。

赫普在传记中写到,坎彭教师安东尼·布鲁梅坎普因赫尔曼前往莱顿而批评杨和赫兹娜,认为他们就是将儿子送入不信的"狮

---

[38] 阿姆斯特丹高等学院于1877年成为阿姆斯特丹大学。见 Gerrit Kalff Jr., *Leven van Dr. G. Kalff* (1856–1923) (Groningen: Wolters, 1924), xiv.

[39] Jan Bavinck, "Een korte schets van mijn leven," unpublished, handwritten autobiography, n.d., HBA, folder 445, p. 67. "Onze oudste zoon, die te Zwolle op het gymnasium was, had juist zijn eindexamen gedaan en kwam in Kampen weer bij ons inwonen."

子坑"。⁴⁰ 这个批评或许表明，如果赫尔曼的确要去莱顿大学深造，在分离派自身神学传统中沉浸一年会有助于他持守正统信仰。但是，这仅为一种猜想。杨·巴文克自己的著作并未表达对儿子的求学之路或信仰之韧性的担忧。赫尔曼先在坎彭神学院就读，后去莱顿大学学习；巴文克父子对此并未做任何解释。

或许最有说服力的解释可以从以下事实推论出来：为了就读兹沃勒文科中学，赫尔曼十七岁时就离开了父母（当时他家在阿尔姆科克）。此后，他在波什（Bosch）家里寄宿两年。波什一家是忠实的分离派，是老城中心面包店"甜品之屋"（De zoete inval）的业主。⁴¹ 巴文克一家人关系特别亲近。赫尔曼去兹沃勒时（约翰内斯即将出生），他的两个幼弟伯纳德和迪纳斯分别为五岁和一岁。考虑到杨和赫兹娜的家离神学院颇近，或许他们认为，赫尔曼从文科中学毕业后的第一年，在踏上大学研读的路程之前的时光，是与弟弟们相伴的良机。

多纳和莱顿的吸引力

暂不论他与斯迪克特的交往，巴文克认为他在坎彭的时间，在智性层面索然无味。他在兹沃勒文科中学写了大量笔记，之后在莱顿年日也有丰富的日记。与此相比，他在坎彭神学院的经历却在日记中寥寥无几。除去记录了首次见到凯波尔（1874 年 3 月 24 日），另一则日记是关于在一次宣教活动上聆听了多纳（J.

---

⁴⁰ Hepp, *Dr. Herman Bavinck*, 83–84; J. Geelhoed, *Dr. Herman Bavinck* (Goes: Oosterbaan & Le Cointre, 1958), 7 复述了此事。

⁴¹ Bremmer, *Herman Bavinck en zijn tijdgenoten*, 18. 格里森将荷文"De zoete inval"直译为"甜品入侵"（the Sweet Invasion or Incursion）。事实上，该荷文词语表达的意思类似"甜品之屋"（Home Sweet Home）。见 Gleason, Herman Bavinck, 38。

H. Donner)牧师的演讲（1874年6月5日）。多纳是莱顿基督教归正教会两位牧师中的一位。巴文克和他此次见面的重要意义在于，这标志着他定意离开坎彭："**1874年6月5日。多纳牧师来坎彭参加宣教会议，我已经决定，我应该要去莱顿。多纳牧师会帮我租房。**"[42] 做此决定后，他与父母和兄弟在弗里曾芬共度一段时光。回坎彭后，他前往莱顿了解租房情况。"**6月23日，周二。去莱顿，当日返回。查看了施密特女士房子的一个房间。这个房子位于哈尔勒梅尔斯大街。我很喜欢。在预租了一年后，多纳牧师非常友善地招待了我。**"[43]

巴文克定意去莱顿之后，坎彭神学院开始新一轮的文学考试和神学（口试）考试。巴文克到了考场。尽管他有资格参加考试，教授以为他会参加考试，但他到场只是观摩同学的表现。"**74年7月14至18日，坎彭举行考试。参加文学考试的13位学生中，12位通过考试（确实很精彩），有一位学生放弃考试。16名学生参加神学考试，全部通过。这两场考试我都喜欢，也喜欢神学内容。但是他们表现欠佳，艾斯克斯和林登也不出色。**"[44]

那个时候，巴文克在坎彭神学院的正式身份依然是在册学生，有资格参加文学考试；他可以在此后继续攻读神学。在去莱顿时，他依然保留着这个身份。这一点帮助我们理解，他在莱顿两年后，又出乎意料地返回坎彭，最终参加了文学考试（以相当优异的成

---

[42] "Notes, H. Bavinck, 1874." "5 Juni 1874. Besloten, terwijl Ds. Donner, bij gelegenheid van de zendingsvergadering hier was dat ik naar Leiden zou gaan en Ds. D. een huis zou huren."

[43] "Notes, H. Bavinck, 1874." "23 Juni. Dinsdag. In een dag naar Leiden heen en terug. De kamer gezien bij Juffrouw Smit Haarlemmerstraat. 't Stond me goed aan. Zoodat ik ze gehuurd heb voor één jaar Ds. Donner ontving mij aller vriendelijk."

[44] "Notes, H. Bavinck, 1874." "14–18 July '74 Examen te Kampen. Van de 13 Litteratores 12 doorgekomen (Vonk, Impela) en 1 afgenomen. De 16 Theologen alle er door. Beide examens vielen me zeer mee, ook het theologisch. Toch waren ze niet schitterend. Eskes, Linden evenmin."

绩通过）。本书下一章会继续讨论此事。当他前去莱顿学习时，坎彭教学文档中没有任何相关记录，因为巴文克去莱顿并不表明他真的离开了坎彭神学院。

赫尔曼决定去莱顿之后不久，杨·巴文克向会众宣布，他受邀成为海牙基督教归正教会的牧师。卡莱尔·德摩恩是彼时坎彭教会长执会的秘书。他在随后一期的《号角报》上刊登了这一消息，并公开表达了会众对巴文克牧师的挽留之意。[45] 尽管这次受邀是杨·巴文克接到又拒绝的诸多牧会邀请之一，但它体现了渗透赫尔曼一年坎彭时光的动荡气氛。那一年，赫尔曼、杨和坎彭神学院都面临是否离开坎彭的选择。

夏季即将结束，赫尔曼在1874至1875学年开学之际，依然在坎彭。可是他此时对即将来临学年的计划已然明确：为了深入学习现代神学，他将于9月23日乘船去阿姆斯特丹，从那里转乘火车去莱顿。

巴文克离开居住一年的坎彭，前往莱顿深造。对于这个过程，我们应记住两点。第一点关于他是否割断了与坎彭神学院的一切联系，在更换学校后，是否完全脱离了坎彭。赫尔曼前往莱顿并不意味着他在坎彭的学生身份的终结；这一点在本章中已有论述，并且在下一章会继续予以讨论。两年之后，他将在饶有趣味的新境况中返回坎彭，并参加了神学院的文学考试。数年之后，赫尔曼再次接受神学院理事的考试，为要成为基督教归正教会的牧师候选人。正如我们在之前讲述杨的生平故事时也会讲到他儿子的故事，当我们思考赫尔曼与坎彭和莱顿的关系时，也会发现这对父子有很多交集。凡戈尔德瑞（J. van Gelderen）和罗泽蒙德（F.

---

[45] "Kerknieuws," *De Bazuin*, July 31, 1874. "KAMPEN. Onze geachte Leraar J. Bavinck, maakte Zondag 26 Juli aan de Gemeente bekend, dat hij eene roeping had ontvangen naar 's Gravenhage. Onze wensch is dat Zew. hier zijn arbeid zal voortzetten, te meer daar hij nauwlijks een jaar onder ons verkeerd heeft. *Namens den Kerkeraad*, C. G. DE MOEN, Scriba."

Rozemond)对坎彭神学院的历史描述，未囊括学业中断的记录（这在19世纪中期时并非不为人知）。在此历史描述中，巴文克的学号是281，于1873年9月17日入学，并在1880年7月完成学业。在那张学生名单上，未能完成学业者标记为 v（v 是荷文 vertrokken 的首字母，意为"离校"），而顺利完成学业者标记为 p（p 是荷文 predikant geworden 的首字母，意为"成为牧师"）。在那张学生名单上，巴文克在坎彭的学业记录是顺利完成学业，而非放弃学业。[46] 虽然本书这一章的结尾标志着要进入巴文克在莱顿的学生岁月，但在我们后续故事的进展中，坎彭依然是一个重要的地方。巴文克在莱顿学习两年之后，分离派教会和坎彭神学院的确曾齐心协力劝他回坎彭继续学业。他确实在1874年离开坎彭去莱顿，但这只是在某种限定意义上的离开。

我们应注意的第二点是关于，一部分巴文克的同代人在多大程度上认为他就读莱顿的决定是有争议性的。巴文克是同代分离派信徒中，在莱顿大学研读神学的第一人，而莱顿大学被认为是后分离运动时代荷兰现代神学的堡垒。他这一非同寻常的选择，在基督教归正教会产生了多大影响呢？博拉梅尔的传记说明，赫尔曼前往莱顿一事在坎彭备受争议，并在基督教归正教会和坎彭神学院里皆然。[47] 坎彭教授安东尼·布鲁梅坎普严厉指责杨·巴文克纵容儿子的意愿。[48]

在先前出版的巴文克传记中，渲染因年轻的巴文克就读莱顿而引发之争议的倾向十分明显。例如，这种倾向可见于格里森的描述：巴文克入学莱顿被看作"惊动荷兰的枪声"[49]；我们被告知，这枪声"在分离派教会中如引爆炸弹一般，余声回荡，久久不能

---

[46] J. van Gelderen and F. Rozemond, *Gegevens betreffende de Theologische Universiteit Kampen, 1854–1994* (Kampen: Kok, 1994), 107.
[47] Bremmer, *Herman Bavinck en zijn tijdgenoten*, 20–21.
[48] Hepp, *Dr. Herman Bavinck*, 83–84; Geelhoed, *Dr. Herman Bavinck*, 7.
[49] Gleason, *Herman Bavinck*, 45.

平息"。⁵⁰ 亨利·多斯克对巴文克的悼词（1922）也描述巴文克在前往莱顿的过程中，"顺从了难以抵抗的冲动，不顾大家一致强烈的反对。"⁵¹ 博拉梅尔的传记说明了巴文克这一决定的严重性，但正确地把所引发的争议限定在坎彭。⁵² 安东尼·布鲁梅坎普对巴文克的决定大为不快（在下一章会论到）。在赫尔曼于1876年返回坎彭神学院参加文学考试时，布鲁梅坎普的不悦表露无遗。赫尔曼当时籍籍无名，大家只知他是巴文克家的孩子；若有人说全荷兰分离派教会对这位二十岁的年轻人去莱顿的决定倍感震惊，此种说法难以成立。巴文克去莱顿之事在《号角报》上未引起任何关注。去莱顿之后，他在报刊上首次出现于1879年1月29日正统基督教报纸《旌旗报》。该报刊报道了他在莱顿基督教归正教会的讲道，却将他的名字错写为"Mr. F. Bavinck"。⁵³ 截至那个时候，他似乎尚未崭露头角，刊物甚至拼错了他的名字。

尽管坎彭神学院安东尼·布鲁梅坎普和穆尔德（Mulder）这两位教员反对巴文克的决定，但是他父母支持他，另外支持他的还有赫勒尼纽斯·德考科、阿德里安·斯迪克特，以及在巴文克离开不久后加入坎彭神学院的马尔汀·努尔德赞 (Maarten Noordtzij, 1840–1915)。⁵⁴ 巴文克并非入学莱顿大学的第一位来自分离派的学生，在莱顿也有两间分离派教会。基督教归正教会内部确有一些人反对分离派青年学生舍弃自己的神学院而选择莱顿，但是如果将巴文克就读莱顿之事视为轰动整个分离派的重大事

---

⁵⁰ Gleason, *Herman Bavinck*, 46.
⁵¹ Henry Elias Dosker, "Herman Bavinck: A Eulogy by Henry Elias Dosker," in *Essays on Religion, Science, and Society*, ed. John Bolt, trans. Harry Boonstra and Gerrit Sheeres (Grand Rapids: Baker, 2008), 15.
⁵² Bremmer, *Herman Bavinck en zijn tijdgenoten*, 20. "Natuurlijk gaf dit besluit hevige reacties in de Kamper kring."
⁵³ "Binnenland," in *De Standaard*, January 29, 1879, 2.
⁵⁴ Den Hartogh, "Varia," 69–70. 见 J. H. Landwehr, *In Memoriam: Prof. Dr. H. Bavinck* (Kampen: Kok, 1921), 9。

件，这显然是夸大其词。这类反对意见主要是在坎彭，而非整个荷兰。他的决定根本谈不上遭到父母、多数坎彭神学院教师、坎彭神学院学生或是分离派牧师多纳的"激烈反对"。神学院的学生之后有去莱顿拜访他，多纳牧师也热情欢迎他去莱顿。[55]

至此，巴文克的生活轨迹随着父亲的早期牧会工作一直变化。如同他的父亲，赫尔曼从边缘走向中心，从起初参加秘密聚会到后来加入合法教会。现在，他是一名莱顿大学的学生。

---

[55] Alexander de Savornin Lohman, "Donner (Johannes Hendrikus)," in *Nieuw Nederlandsch Biografisch Woordenboek*, ed. P. C. Molhuysen and P. J. Blok (Leiden: A. W. Sijthoff's, 1911), 1:738. 多纳自己的生活基本模式也是一种正统加尔文主义者对现代后期荷兰文化的参与。他在莱顿基督教归正教会任牧师直到 1877 年，此后进入议会，成为二院的议员。

第五章
莱顿（1874–1880）

"上帝啊，求祢保守身处莱顿的我！"

自灵魂和身体而来。赫尔曼·巴文克
"一切转瞬即逝者皆为相似物。"歌德[1]

巴文克在自己自传性的记录中，以一本新日记本标记自己已搬迁至莱顿。日记的开篇为"自灵魂和身体而来。赫尔曼·巴文克"，随后是歌德《浮士德》末尾合唱的诗句："一切转瞬即逝者皆为相似物。"诚然，歌德故事讲述的是一位学者为得到更多的知识和欢愉，将自己的灵魂卖给了恶魔。巴文克新日记本的题记以此警语开首，是否为警醒自己勿在莱顿如此行，这一点留待读者猜想。[2]

虽然巴文克已开始在新日记本上按时间线记录莱顿的生活，

---

[1] "Ex animo et corpore. H. Bavinck, Theol Stud.," HBA, folder 16.
[2] 巴文克在后期著作中有讨论歌德这部著作，见 *Philosophy of Revelation: A New Annotated Edition*, ed. Cory Brock and Nathaniel Gray Sutanto (Peabody, MA: Hendrickson, 2018), 10, 28–30, 39, 42–43, 67–68, 88–89, 100–102; "Evolution," in *Essays on Religion, Science, and Society*, ed. John Bolt, trans. Harry Boonstra and Gerrit Sheeres (Grand Rapids: Baker Academic, 2008), 107。

但他也继续使用坎彭时期的日记本直到 1875 年的年中；在此之前，他经常在两本日记本上记录同一件事情，有时记录方式不同。在两本日记本上同时做记录，可能是由于二者尺寸大小不同。坎彭时期的日记本只有口袋大小，莱顿时期的日记本则要大很多。在莱顿的第一年，巴文克似乎随身携带旧日记本，用来简短快速地记录事件。那一年，旧日记本上的字迹随着时间推移变得越来越潦草，但在莱顿时期的大日记本上的记录越发细致，书写端正，内容详细。两本日记本的差异为我们打开了一扇窗，由此可了解巴文克在这个时期对自己日常生活的反思与考量。在这段时期，他首先经历了文化冲击，之后便要适应在莱顿作为一位基督教归正教会学生的生活。

初到莱顿

在此之前，巴文克作为分离者的生活，基本都是在面积较小，文化保守的城镇——霍赫芬、宾斯霍滕、阿尔姆科克、兹沃勒和坎彭。这种生活经历未使他预备好面对莱顿的文化冲击。坎彭时期的旧日记本中，有他对坎彭至莱顿的旅途描述，其中只字未提他对文化转变的感受。在这则日记中，他只提到了两位同行朋友的名字，以及最基本的行程信息。[3] 在同一天晚些时候，他在新日记本上写下了对这一人生转折时刻更为个体化的洞察。

> 1874 年 9 月 23 日：乘船前往阿姆斯特丹，同行好友有凡德温特、派尔斯勒、范德兹瓦恩和林派尔斯。之后从阿姆斯特丹转乘火车去莱顿。旅程愉快但依然……到后来感到很乏味。一路天气宜人，但到莱

---

[3] "Notes, H. Bavinck, 1874." "24 Sept '74 Met van Deventer, Persille per boot naar Amsterdam, per spoor naar Leiden gegaan."

顿时乌云满天，似有雨。辞别父母，难说再见，尤其是因为我要去莱顿。我会依然坚守自己的信仰吗？愿上帝成就此事！⁴

坎彭神学院与莱顿大学之间文化上的迥异立现：巴文克在莱顿的第一天也是新生导引周（ontgroenings week）的开始。在为期一周的活动中，学生们加入大学学生会，可随意喝酒，并"像真正的水手那样脏话连篇"。⁵ 巴文克对莱顿学生生活的初步接触极不和谐。在之前一年，他对坎彭神学院的学生文化毫无兴趣。在坎彭，若巴文克有何独特之处，那么就是他之前所受教育程度过高，在文化层过于高雅，以致难以参与那里的学生生活。在莱顿，他不愿参与学生生活的原因却大不相同。在莱顿这一特殊学生文化中，一位基督教归正教会信徒若有一席之地，应扮演怎样的角色呢？

在离开坎彭之前，巴文克似乎想过自己要加入莱顿学生会。新日记本记录了他和大学教务主任保罗·约翰内斯·奥斯特文（Paulus Johannes Oostveen，1831–1909）的长谈。⁶ 在此之后，巴文克支付了神学专业录取费用284荷兰盾，这是一笔不小的数目。（本章下文将会解释，尽管巴文克注册为神学生，但是他要先修完为期两年的人文课程，后方可修读神学。）坎彭时期的日

---

⁴ "Ex animo et corpore. H. Bavinck, Theol Stud." "1874. 23 Sept. Met van Deventer, Persille, v.d. Zwaan en Linpers naar Amsterdam en vandaar per spoor naar Leiden gegaan. Genoeglijk maar ... toch vervelend reisje. Mooi weer, tot we onder een regenbui in L. aankwamen. 't Afscheid van mijn ouders viel me zwaar, vooral hierom, dat ik naar L. ging. Zal 'k staande blijven? God geve het!"

⁵ 赫普的传记引述了一首发表于1875年莱顿学生会年鉴的诗。这首诗结尾将真正的学生生活定义为"像真正的水手那样脏话连篇"。Valentijn Hepp, *Dr Herman Bavinck* (Amsterdam: Ten Have, 1921), 33.

⁶ Jan Jacob de Gelder, *Catalogus van de tentoonstelling ter herdenking van het driehonderdvijftigjarig bestaan der Leidsche universiteit in het museum 'De Lakenhal,' Leiden, Februari 1925* (Leiden: Sijthoff, 1925), 27.

记本还记录了，巴文克"**开始参加新生周，但因着良知的缘故，决定不加入社团**"。⁷ 但是，莱顿时期的日记本更全面地描绘了他就莱顿学生文化的首次经历："**〔与奥斯特文〕会面后，我开始参加新生周活动……我自问作为基督徒，是否要参加莱顿学生会？多纳牧师晚上十点半来看我，他建议我不要参加。我决定不参加。我常自问不参加学生会，是否<u>只是</u>且<u>完全</u>因为良知的缘故。**"⁸ 巴文克坎彭时期的日记本表明，他在到达莱顿后，曾想加入学生会。在该本日记本末尾的杂项记录中，他列述了"莱顿开支"，其中包括 270 荷兰盾的学费、14 荷兰盾的学生会会费、5 荷兰盾的啤酒开支。⁹ 因着多纳牧师的建议，这笔 14 荷兰盾现在可用于其他开销。巴文克先前加入莱顿学生会的计划并未实施。

巴文克没有参加学生会的决定，可能是因着良知的缘故，或是要顺服他牧师的意愿，或是因为非分离派学生排斥他。无论该决定的背后原因为何，他不参加学生会的选择出人意料，但也并非为怪异之举。1874 年，莱顿大学共有 830 名学生，其中 723 名参加了学生会。¹⁰ 这种令人尴尬的新生周数据统计结果意味着，巴文克是那未参加学生会的八分之一学生中的一位。虽然他不是

---

⁷ "Notes, H. Bavinck, 1874." "<u>24 Sept</u>. In laten schrijven voor de Theologie. Betaald 284 Glds. Begonnen groen te lopen....Besloten geen lid te worden van 't Corps om mijns gewetens wille."

⁸ "Ex animo et corpore. H. Bavinck, Theol Stud." "Daarna begonnen groen te lopen.... Mag ik lid worden als Christen van 't Leidsche Stud.-Corps. 'K twijfelde: Ds. Donner kwam 's avonds te half elf bij me, ried 't me af èn—ik word geen lid, zoo besloot ik. Dikwerf vraag 'k me af, of 't wel <u>alleen</u> en <u>zuiver</u> gewetenshalve was, dat ik geen lid werd."

⁹ "Notes, H. Bavinck, 1874." "Kosten te Leiden, Collegegeld 270, Lid Corps. 14, Glas bier 5." While this note is undated, the cost of tuition envisaged does not match the actual fee paid in any of his years at Leiden. It is closest to the fee paid in his first year there. See "Kasboek, H. Bavinck," HBA, folder 19. "Uitgaven sedert 23 Sept. 1874 ... Collegegelden, *f.* 284."

¹⁰ *Almanak van het Leidsche studentencorps voor 1874*, quoted in "Akademie-en Schoolnieuws," *Provinciale Overijsselsche en Zwolsche courant*, December 25, 1873.

唯一拒绝参加学生会的学生，但是在向这所荷兰学院中心迈进的过程中，他现在面临着一个重大障碍。由于未加入学生会，他此时处于学生文化的边缘：不加入学生会的学生，被学生会会员称为"猪仔"（de biggen）。[11]

无论他从前何等渴望在莱顿学习，他在那里的最初数周度日如年。在第二周周末，正值莱顿举行从西班牙统治下解放300周年的庆典活动。庆祝本身也是一场重要的国际活动。代表德国、瑞士、英国、俄罗斯、比利时、丹麦、法国、奥匈帝国和葡萄牙众多大学的国际性教授团队前来道贺。[12]（还有来自其他荷兰大学的代表，坎彭神学院也接到官方邀请。阿德里安·斯迪克特、赫勒尼纽斯·德考科、安东尼·布鲁梅坎普和西门·凡维尔岑代表神学院来到莱顿。）[13]

这恰恰就是吸引青年巴文克来到莱顿的一类活动；但值得注意的是，他那时对此毫无兴致。在坎彭时期的日记本上对当天的反思记录中，他描述了自己在莱顿要紧紧跟随耶稣的强烈意识。截至那个时候，他对莱顿感到颇为不满："**74年10月3日：我依然感到，在这个学院中作为一个基督徒，应完全履行基督徒的责任。愿上帝赐给我力量能如此行！让我不仅在言语上，而且在行动上，有能力显明我是跟随耶稣的人。**"[14] 随后在莱顿时期的

---

[11] "Herinneringen aan den Leidsche Dies van 1875," *Het Vaderland: Staat-en letterkundig nieuwsblad*, February 12, 1925. "... niet-corpsleden, die biggen werden genoemd."

[12] J. M. E. Dercksen, *Gedenkboek der feestvieringen van het driehonderdjarig bestaan der hoogeschool te Leiden* (Leiden: De Breuk & Smits, 1875), 120. 有趣的是，这本书序言的签署者名单就包括巴文克在莱顿的牧师多纳（xi页）。这些签署者资助了这本书的前期制作。

[13] George Harinck and Wim Berkelaar, *Domineesfabriek: Geschiedenis van de Theologische Universiteit Kampen* (Amsterdam: Prometheus, 2018), 68.

[14] "Notes, H. Bavinck, 1874." "3 Oct '74 ... Ik leef veel onder den indruk van de plichten, die ik als Christen hier ter Academie te vervullen heb. God

日记本上，他更为详细地记录了对莱顿感到不满的实质。"**10月3日：莱顿建立300周年的庆典。我无甚兴趣，所以兴致不高：我看到四周人头攒动，他们只是利用这一天肆意放纵；我于是想到，上帝赐予我们的，在此活动中鲜有宣扬。**"[15] 在莱顿，很少有人感到需要活在上帝面前（coram Deo）。在初为莱顿学生的日子里，他在这样一座城市中感到格格不入。莱顿生活有令巴文克感到不适的世俗化特征。

多纳牧师的讲道

他在莱顿早期的日记记录了几位教授最初的几场讲课；在听完著名数学家大卫·比尔瑞恩斯·德·哈恩（David Bierens de Haan, 1822–1895）的第一次讲课后，他甚至写道："我难以相信自己已是莱顿大学的学生。"[16] 尽管如此，莱顿早期的日记主要记录了多纳的布道。在他人生这一阶段，多纳的讲道对他最具影响。从巴文克的日记可见，多纳的讲道结合了令人信服的解经和对当时处境相关之主题的探讨。这些主题包括现代主义及其成

---

geve mij er kracht toe! Kracht, om niet door woorden slechts maar door daden te toonen, dat ik een volgeling van Jesus ben."

[15] "Ex animo et corpore. H. Bavinck, Theol Stud." "3 Oct [1874]. Derde Eeuwfeest van Leidens ontzet; ik was niet feestelik gestemd en had dus niet veel genoegen: zag ik de woelende & kriolende schare, die deze ... dag slechts dienstbaar achtte voor uitspatting en losbandigheid, dan dacht ik, hoe weinig God toch erkend wordt voor wat Hij ons schenkt. Ik leefde veel onder den indruk der plichten, als Christen hier voor mij te vervullen. God verleene me kracht, kracht om niet door woorden slechts, maar door daden te toonen dat 'k een volgeling van Jezus ben."

[16] "Ex animo et corpore. H. Bavinck, Theol Stud." "1 Oct [1874]. Eerste college: bij Bierens de Haan. Goed bevallen maar hij spreekt onduidelijk. 'K kon niet goed begrijpen, dat ik Leidsch student was."

果，基督教信仰与无信仰，罪与恩典的对比。[17] 多纳的布道对于巴文克这样的学生十分有吸引力。

虽然多纳的布道显然给巴文克留下了深刻印象，但巴文克并非不加评判地全盘接受。他对 1874 年 10 月 18 日多纳的主日讲道如此评论：尽管多纳的思想"**如此美妙**"，但他的语言和讲道风格拖累了这次讲道，与其内容不相称。[18] 青年巴文克有更高的期望。多纳布道风格虽有不足，但他的牧养对巴文克产生了深刻影响。在同一天（那天是多纳五十岁生日），多纳作了由复活带来之安慰的讲道。巴文克在回顾中写道："**我今天的情绪如何？我只是在短短一瞬间感到为服侍耶稣〔而活〕的喜乐。我的愿望是为祂而活，但是——那罪，那罪。我的确想为耶稣而活，但是〔这罪〕将我自己安置于宝座，而不是让我〔出于〕真诚来关切上帝的国。我确实不知该如何表达自己，仿佛为耶稣而活也必须得到尊荣、名声和关注的'奖赏'。这是不好的！不好！**"[19] 在那些年，多纳

---

[17] 有关巴文克在莱顿的年日所聆听的这类讲道，见 J. H. Donner, *Lichtstralen van den kandelaar des woords* (Leiden: D. Donner, 1883)。关于在多纳离世后发表的他的讲道精选集，见 H. W. Laman, ed., *Wandelen door geloof: Overdenkingen van de gereformeerde predikanten* (Utrecht: Gereformeerd Traktaatgenootschap "Filippus," 1930)。霍德弗里德斯·约翰内斯·拉姆贝图斯·贝伦德斯（Godefridus Johannes Lambertus Berends）是从基督公教归向分离派的宣教士。在他去世后，多纳为此所讲的一篇道可见于 J. H. Donner, *Afgewezen, maar niet teleurgesteld: Toespraak naar 1 Koningen 8:17–19a* (Kampen: G. Ph. Zalsman, 1873)。多纳出版的讲道与杨·巴文克的讲道极不相同。杨的讲道一贯更具灵修性和描述性，至少最终出版的形式如此；杨并未如多纳一样使用对话修辞（dialogical rhetoric），也未打算明确地讨论紧迫的文化问题。

[18] "Ex animo et corpore. H. Bavinck, Theol Stud." "18 Oct [1874]. Zondag ... O zoo mooi! ... Jammer dat voordracht, en ook taal en stijl niet harmoniseren met de gedachten, de schoone gedachten, die Ds. Donner heeft."

[19] "Ex animo et corpore. H. Bavinck, Theol Stud." "18 Oct [1874]. Zondag ... Hoe was ik gestemd dezen dag? Een enkel oogenblik voelde ik maar dat zalige van den dienst van Jezus. En 't was mijn wensch om voor Hem te leven maar—die zonde, die zonde. 'K wilde wel voor Jezus leven, doch 't

的讲道和榜样激励着巴文克，并在他内心引发回应。毕竟，多纳的讲道曾吸引他离开坎彭来到莱顿，并在巴文克学习通识课程的头两年期间，成为他神学发展形成的焦点。在莱顿求学的那些日子里，巴文克一直关注多纳所走的"从分离到融合"的道路。

莱顿分离派的多样性

莱顿在那时有两间分离派教会：一间由多纳牧养，位于呼依胡拉赫特（Hooigracht），另一间由豪斯特（J. Holster）牧养，位于赫瑞恩格拉赫特（Heerengracht）。[20] 这些教会也体现了那时分离运动内部的多样性。与多纳不同，豪斯特并不具有才智。参加这两间教会之信徒的社会阶层，也反映出两位牧师各自牧养的类型。例如，呼依胡拉赫特教会有些信徒是贵族：杜因雷尔的考内利斯·赫尔曼·巴伦·帕兰特（Cornelis Herman Baron Pallandt of Duinrel, 1807–1890）家族；斯赫尔通·凡赫姆斯特拉（Schelto van Heemstra, 1842–1911），他的妻子后来成为威廉敏娜公主的奶妈[21]；本讷布鲁克的韦林克斯（Willinks of Bennebroek）和坡尔赫斯特（Poelgeest）的夫人小姐们也定期来教会。呼依胡拉赫特教会信徒构成特征十分显著，因为在主日早晨，教会四周停满了香车宝马。[22] 同样的情形却不会发生在赫尔瑞恩格拉赫特教会。

---

was meer, om mijzelf op den troon te plaatsen, dan oprechte belangstelling in Gods Koninkrijk. 'K weet niet hoe me juist uittedrukken: dat leven voor Jezus moest dan ook 'beloond' worden met eer en roem en aanzien. En dat is toch niet goed! neen."

[20] 有关莱顿分离派的历史，见 J. De Lange, *De Afscheiding te Leiden* (Rotterdam: J. H. Donner, 1934)。

[21] Wilhelmina, Princess of the Netherlands, *Eenzaam maar niet alleen* (Amsterdam: W. ten Have, 1959), 49.

[22] J. H. Landwehr, *In Memoriam: Prof. Dr. H. Bavinck* (Kampen: Kok,

尤其值得关注的是，即使呼依胡拉赫特教会里向上社会阶层流动、力求融入社会的分离派信徒，也遭到莱顿老牌权贵的蔑视。多纳牧养的一名莱顿分离派信徒兰德维尔（J. H. Landwehr）讲了一个例子。1879年，多纳被任命为莱顿城市委员会委员（该任命有赖于当地基督公教的支持），任期至1890年。在一次委员会上，多纳问教育报告为何没有提及莱顿基督教归正教会的学校。一位名叫乔伊·伊曼纽尔·豪德司米德（Joël Emanuel Goudsmid）的同期委员，对多纳居高临下地答道："这是为了不违背你们的意愿和你们的教育。"附带提及的是，豪德司米德是莱顿大学法学教授，并且从1870至1871年任校长。豪德司米德的回答既暗指分离派教育质量低下（因此无需探究），又意指多纳及其教会曾主张分离而非融入。²³

兰德维尔讲述了多纳布道的长处，指出他将强有力的解经和心理学的知识相结合，而没有强调他的口才或悦耳的声线。²⁴ 巴文克的日记也清楚记录了类似评述。他在同一则日记里坦言，相较之下，豪斯特的讲道平淡无奇，并认为自己在与赫瑞恩格拉赫特教会一些信徒的早期社交中感到不自在。"10月4日……下午，豪斯特的讲道经文是《诗篇》六十八27'从以色列源头而来的，当在会众中称颂上帝'。我说什么好呢？我在散会后去了豪斯特牧师家；人多，但无甚乐趣……无特别触动之处。我甚至时不时想要嘲笑。我必须谨防此事，因其甚危险。试探披着各种形式的伪装而来。愿上帝将这些试探完全向我显露，并救我脱离它们！"²⁵ 巴文克对豪斯特讲道的反应是"我该说什么好呢？"，

1921), 11. "Daar stonden iederen Zondagmorgen de equipages voor de deuren der kerk."

²³ Landwehr, *In Memoriam*, 13. "Dat is gebeurd, om u en de uwen niet te compromitteeren."

²⁴ Landwehr, *In Memoriam*, 11.

²⁵ "Ex animo et corpore. H. Bavinck, Theol Stud." "4 Oct [1874] ... 's avonds Ds. Holster over: Looft God in de gemeente: gij die zijt uit den

而对多纳深刻的讲道做了详细的听道笔记；二者形成了鲜明对比。年轻的巴文克在莱顿对分离派多样化的这些体验，帮助他明白自己是一个特殊类型的分离者：他自然而然地靠近多纳和呼依胡拉赫特教会，而非豪斯特和赫瑞恩格拉赫特教会。这一模式在他一生不同情境中一再出现。

莱顿的穆尔塔图里和凯波尔

对新认识的教授们，巴文克的初始评价不一：豪亨斯（一般）、考伯特（优）、道采（良）、兰德（差）、德弗里斯（优）、拉特赫斯（尚可）。[26] 关注这些提到的教授，可对巴文克在莱顿的早期生活带来重要说明。那时，他所修读之课程的教授，其中有古典学者卡莱尔·加百利·考伯特（Carel Gabriel Cobet, 1813–1889）、阿拉伯语学者莱因哈特·道采（Reinhart Dozij, 1820–1883）、语言学家马提亚·德弗里斯（Matthias de Vries, 1820–1892）、闪米特语学者安东尼·拉特赫斯（Antonie Rutgers, 1805–1884）和逻辑哲学家杨·皮埃特·兰德（Jan Pieter Nicolaas Land, 1834–1897）。如本章开篇所述，虽然巴文克前往莱顿的最终意图是要研究现代神学，但是他按照要求需先修读两年的人文通识课程——这是学习神学的预备阶段（在此阶段

---

springaders Israëls. Ps. 68 vers 27. Quid dicam? Na kerktijd bij ds. Holster geweest. Veel volk weinig genoegen.... 'K was niet bijzonder opgewekt; ja zelfs bekroop me een weinig spotzucht soms. 'K moet mij daarvoor wachten, want 't is zeer gevaarlijk. De verleiding kleedt zich in allerlei gedaanten. God doe ze mij ontmaskeren en ze schuwen."

[26] "Ex animo et corpore. H. Bavinck, Theol Stud." "13 Oct [1874]. Eerste college bij Huygens—tamelijk, id bij Cobet, uitmuntend, id bij Dozij, goed, id bij Land, slecht, id bij de Vries, uitmuntend, id bij Rutgers, tamelijk bevallen."

的学生被称为**预备生**）。只有顺利修完此阶段课程，他才有资格继续攻读神学。

在莱顿的第一年里，巴文克在新环境中时而感到自在、时而感到陌生。例如，在 1874 年 11 月 3 日的日记中，他感到未来暗淡，认为自己蒙召为基督徒，应作黑暗中的光。但是第二天的日记描述了大学辩论社的一次会议。在这次会议上，西奥·赫姆斯柯克（Theo Heemskerk）与亚伯拉罕·凯波尔就后者《加尔文主义：我们宪法式自由的来源与堡垒》的讲座展开辩论；巴文克在坎彭已经听了这场讲座。西奥是时任首相杨·赫姆斯柯克（Jan Heemskerk）的儿子，他后来也成了一位新加尔文主义者。巴文克对此活动兴趣盎然：**"凯波尔也在场。啊，我对凯波尔的……如此喜爱。"** [27] 该项日记的其余部分已经从日记本上被删除，内容可能是描述巴文克因那晚有凯波尔在场而倍感愉快。两周后，即 11 月 16 日，巴文克再次见到凯波尔，他们参加了辩论社的另外一场会议。在 1875 年春天之前，巴文克频频回家探亲，但在莱顿的学生文化中一直感到格格不入，二者形成了鲜明对比。他努力为自己寻找学习动力，这在他 4 月 12 日的日记中一览无遗：**"返回莱顿。〔感到〕相当松懈。为渴望学习而祷告。"** [28]

回到莱顿后的一周，巴文克听了爱德华·道维斯·戴克尔（Eduard Douwes Dekker, 1820–1887）的讲座。他是一位无神论的小说家，笔名为穆尔塔图里（Multatuli）：**"4 月 20 日：第一次听穆尔塔图里讲座，主题是关于在属灵、道德和物质问题上，个体的人在学校和家庭里追求完全之努力的关系。"** [29] 穆尔塔图

---

[27] "Ex animo et corpore. H. Bavinck, Theol Stud." "4 Nov [1874] Debating Society. Heemskerk verdedigde stellingen tegen Kuypers: 't Calvinisme, oorsprong, enz. Kuyper was er ook. O, zoo'n genoegen gehad in K's ..."

[28] "Ex animo et corpore. H. Bavinck, Theol Stud." "12 April [1874]. Weer naar Leiden. Tamelijk op mijn gemak. Bede om lust tot studie."

[29] "Ex animo et corpore. H. Bavinck, Theol Stud." "Multatuli voor 't eerst gehoord over de verhouding van de in school en huis aangewende pogingen

里的《马格斯·哈弗拉尔》[30]是一部突破性的著作,是对荷属东印度所行之压迫与不公行径的大力揭露。该著作出版那年,巴文克六岁。巴文克在莱顿就读时,穆尔塔图里这部反殖民、反基督教、反加尔文主义的著作,对荷兰文化的去基督化正在产生重大影响。巴文克在听穆尔塔图里的讲座时,他初次见到"最早公开声明为非基督徒的荷兰文学巨擘"。[31]

巴文克的收据记录显示,他在当天花了1.50荷兰盾购买了一部穆尔塔图里的著作。[32]巴文克试图理解一位如此杰出的无神论者的尝试一直延续到他的成熟期作品中;穆尔塔图里经常被拿来讨论。[33]在1913年的议会演讲中,巴文克仍讲述了穆尔塔图里在自己学生时代对社会的广泛影响。这些回顾表明,学生时代的巴文克在面对穆尔塔图里的无神论时,唯一能做的就是认定自己为基督徒。穆尔塔图里对无神论的呼吁,对他无任何吸引力。尽管如此,巴文克在议会的演讲,也表明了自己在面对这样一部备

---

tot volmaking van den mensch, op geestelijk, zedelijk en stoffelijk gebied."

[30] Multatuli, *Max Havelaar, of De koffiveilingen der Nederlandsche Handelmaatschappy*, ed. Annemarie Kets-Vree (Assen: Van Gorcum, 1992); ET: Multatuli, *Max Havelaar, or The Coffee Auctions of the Dutch Trading Company*, trans. Baron Alphonse Nahuÿs (Edinburgh: Edmonson & Douglas, 1868).

[31] George Harinck, "The Poetry of Theologian Geerhardus Vos," in *Dutch-American Arts and Letters in Historical Perspective*, ed. Robert P. Swierenga, Jacob E. Nyenhuis, and Nella Kennedy (Holland, MI: Van Raalte Press, 2008), 72.

[32] "Kasboek, H. Bavinck," HBA, folder 16. "Uitgaven sedert 12 April 1875 ... Multatuli (20 April), 1.50."

[33] 如见 Herman Bavinck, *Het Vierde eener Eeuw: Rede bij gelegenheid van het vijf en twintig-jarig bestaan van de "Standaard"* (Kampen: J. H. Bos, 1897), 33, 37; Bavinck, *De Welsprekendheid* (Kampen: Kok, 1901), 9, 15, 23, 30; Bavinck, "Voorrede," in *Het Gebed*, by Frans Kramer (Kampen: Kok, 1905), 1; Bavinck, *Bilderdijk als denker en dichter* (Kampen: Kok, 1906), 143; Bavinck, *Mental, Religious and Social Forces in the Netherlands* (The Hague: P. P. I. E., 1915), 45。

受赞誉、具革命性的小说时所经历的挣扎；这部小说揭露了压迫、剥削与不公，同时也批判了滋养巴文克成长的信仰传统。

> 我年轻时曾看到半数荷兰青年拜倒在穆尔塔图里脚前，以敬仰之情仰望。我并未同有如此仰慕之情，但穆尔塔图里有一件事吸引了我。这件事就是，他的灵魂根据自己的信念，想要在纷繁复杂的处境中，就是在荷兰和荷属东印度，辨析虚假和不公；〔他的灵魂〕难以抑制公义的烈怒。我们在面对本身就虚假和不公的环境时，常常需要这种公义的烈怒。我们不能助纣为虐，而是要尽快匡扶正道。[34]

穆尔塔图里强烈呼吁荷兰社会应去基督教化。在面对此呼吁时，巴文克却被亚伯拉罕·凯波尔所吸引；他是另一位"灵魂难以抑制公义之烈怒"的人。不同于年轻的巴文克，学生时代的凯波尔曾追随穆尔塔图里。在 1860 年，他甚至给未婚妻的父母赠送了一本《马格斯·哈弗拉尔》（*Max Havelaar*），力图"教化"他们。[35] 但在 1874 年，他与穆尔塔图里出现不可弥合的嫌

---

[34] *Verslag der Handelingen van de Eerste Kamer*, March 12, 1913, 433. "Ik ben in mijn jeugd getuige geweest, dat het halve jonge Nederland geknield lag aan de voeten van Multatuli en met bewondering tot hem opzag. Ik heb die bewondering in die mate nooit gedeeld, maar één zaak is er geweest, die mij in Multatuli sterk heeft aangetrokken en dat is, dat zijn ziel van verontwaardiging gloeien kon en zulk een verontwaardiging hebben wij menigmaal noodig tegenover toestanden, die in zichzelf onwaardig en onwaarachtig zijn en welke men daarom niet consolideeren, maar zoo spoedig mogelijk in het reine moet brengen." 我们无法查证对穆尔塔图里的这种看法，是否真的反映了莱顿时期巴文克自己的思想，或是反映了这位五十九岁议会议员，对如何在公共叙述中讨论一位知名仇神论者之著作的成熟看法。

[35] James Bratt, *Abraham Kuyper: Modern Calvinist, Christian Democrat* (Grand Rapids: Eerdmans, 2013), 25; Jan de Bruijn, *Abraham Kuyper: A Pictorial Biography* (Grand Rapids: Eerdmans, 2008), 33.

隙。那一年，凯波尔的弟弟赫尔曼在荷属东印度阵亡；赫尔曼·凯波尔拒绝基督教，并受《马格斯·哈弗拉尔》的影响。凯波尔三十四岁的弟弟受穆尔塔图里的熏陶，不愿归信，而后战死异国沙场。继责备穆尔塔图里"剥夺了弟弟的信仰"[36]之后，凯波尔公开向荷兰公众宣称自己为穆尔塔图里的宿敌。[37] 在莱顿，巴文克认识了穆尔塔图里和凯波尔，借此有机会与他那个时代两个伟大的心灵互动。

穆尔塔图里和凯波尔在公共领域声名日隆，他们的观点让青年时代的巴文克听到了有关未来的两种愿景：一个是后基督教、世俗化和无神论的愿景，另一个是通过加尔文主义的复兴达致荷兰文化更新的愿景。有一则未标注日期的日记（约在1875年4月至6月之间），记录了巴文克曾"**在那天买了一幅凯波尔肖像画**"。[38] 巴文克在开支簿上记录了这笔1荷兰盾的开支。[39] 尽管他的同学拜倒在穆尔塔图里的脚下，但巴文克敬仰这位荷兰加尔文主义冉冉升起的新星。巴文克把凯波尔的肖像画，挂在自己哈尔勒梅尔斯大街住所的墙上。

克里斯蒂安·斯努克·赫胡洛涅

日记本上还附有一张标注日期为1875年6月8日的纸片。上面首次提到后来成为巴文克一生挚友的同学——克里斯蒂

---

[36] De Bruijn, *Abraham Kuyper*, 33.
[37] Abraham Kuyper, "The Blurring of the Boundaries," in *Abraham Kuyper: A Centennial Reader*, ed. James Bratt (Grand Rapids: Eerdmans, 1998; first published 1892 by J. A. Wormser [Amsterdam]), 365–66.
[38] "Ex animo et corpore. H. Bavinck, Theol Stud." No date, "Kuyper's portret dien dag gekocht."
[39] "Kasboek, H. Bavinck." "Uitgaven sedert 12 April 1875 ... Portret van Kuyper, *f.* 1."

安·斯努克·赫胡洛涅（1857–1936）。赫胡洛涅是一位在神学上持自由主义的学生，后成为那个时代伊斯兰教研究领域最杰出的荷兰学者。[40]

巴文克与斯努克·赫胡洛涅成为好友，这似乎出人意料。尽管两人都出身牧师家庭，但是家庭背景迥异。斯努克·赫胡洛涅家族是荷兰贵族。克里斯蒂安是荷兰改革宗教会牧师雅各布·朱丽安努斯·斯努克·赫胡洛涅（Jacob Julianus Snouck Hurgronje, 1812–1870）博士和他的第二个妻子安娜·玛丽亚·赫胡洛涅－德费瑟（Anna Maria Snouck Hurgronje-de Visser, 1819–1892）的儿子。父亲斯努克·赫胡洛涅牧师在1849年因"以极其恶劣的情节不忠于牧师职责"的行径而被免去牧职。他抛弃原配妻子，与安娜·玛利亚·德费瑟逃至英格兰。[41]

赫胡洛涅父亲被罢免牧职，其第二次婚姻声名狼藉。身为这样一位牧师的儿子，且不论自己的贵族家庭背景所带来的显著地位，克里斯蒂安·赫胡洛涅背负着生活重压。尽管巴文克与斯努克·赫胡洛涅在神学与伦理信念、世界观和家族背景上截然不同，但是他们在莱顿有同等社交孤立的做法。赫尔曼是分离派信徒的儿子，而克里斯蒂安是在教会有丑闻之牧师的儿子。在19世纪70年代，大学的学生文化主要由一大批贵族学生主导；他们之间有着千丝万缕的血统和姻亲联系，但与非贵族同侪鲜有来往。[42]

---

[40] "Ex animo et corpore. H. Bavinck, Theol Stud." "8 Juni [1874] ... 's avonds met ons vijfen (Wartena, Diena, Snouck, Cramer, en ik) ... naar Alphen geweest."

[41] *De Nederlander, Nieuwe Utrechtsche Courant*, July 7, 1849. "'t Provinciaal Kerkbestuur van Zeeland heeft onlangs, wegens trouwelooze dienstverlating met verzwarende omstandigheden, van zijne bediening als predikant in de Nederlandsche Herv. Kerk, ontzet *J. J. Snouck Hurgronje*, Theol. Doct. en vroeger Pred. te Tholen."

[42] Jacob David Mees, *Dagboek: 1872–1874* (Hilversum: Verloren, 1997), 24. 雅各·大卫·米斯（Jacob David Mees）是19世纪70年代莱顿的一名学生。

通常情况下，像赫胡洛涅这样父母均为贵族的学生，不会和巴文克这样的小资产阶级新贵有交集。他们成为密友这件事，充分描述了两位青年人以及他们在莱顿学生文化中的地位。

截至 1875 年仲夏，巴文克和同学的相处变得更为自在。例如 1875 年 6 月 15 日的一则日记，记录了他同意参加大学化妆舞会的庆祝活动；这场舞会是一场具有历史意义的年度活动，那一年由他的朋友巴克（E. Baak）组织。[43] 那一年的化妆舞会以莱顿大学建校三百周年庆典为主题，展示了莱顿名闻遐迩的思想精英的历史。威廉·奥兰治亲王亲临庆典。[44] 巴文克已有很大变化，现在他开始安之若素。"**观看了庆典，非常精彩。**"[45]

在此之前，巴文克坎彭时期的旧日记本已数月未动，最后一则日记记于 1874 年 10 月 3 日。那时，巴文克注明，自己对莱顿三百周年庆典活动无甚兴趣。1875 年 6 月 21 日，他在旧日记本上补录一条："**乌特瑞纳去世。**"[46]（莱顿日记本上塞有一张纸条，上面亦有同样的字句。）乌特瑞纳·阿诺大·邓德克（Wouterina Arnolda den Dekker, 1851–1875）是阿梅利亚的妹妹，二十三岁时去世。[47] 巴文克仍将邓德克家的事情放在心上。

巴文克与斯努克·赫胡洛涅的书信中留存下来最早的一封出

---

[43] 1874 年 9 月 24 日的日记，将巴克列为巴文克在新生周就开始有来往的同学之一。"Ex animo et corpore. H. Bavinck, Theol Stud." "1874, 23 Sept."。 巴克是 1875 年化妆舞会筹委会的秘书。另见 "1875," *Het nieuws van den dag: Kleine courant*, May 12, 1874。

[44] "Een studentenfeest," *Algemeen Handelsblad*, June 17, 1875.

[45] "Ex animo et corpore. H. Bavinck, Theol Stud." "15 Juni [1874]. Maskerade der studenten … Mooi om te zien." See also 'Akademienieuws,' *Bataviaasch handelsblad*, April 4, 1874.

[46] "Notes, H. Bavinck, 1874." "<u>21 Juni 75</u> Wouterina gestorven."

[47] "Wouterina Arnolda den Dekker 23-07-1851," in *Emmikhoven en Waardhuizen Bevolkingsregister, 1870–1879*, 14:103.

自这个时期：1875 年 6 月 28 日。[48] 这个时期的书信往来大多讨论学术问题，最初数封信件写于他们离开莱顿的假期。这些书信内容让我们更好地了解巴文克的所学习的课程；相比之下，他的日记更关注自己的教会生活和自身基督教信仰的操练。这封最早的书信说明，巴文克与斯努克·赫胡洛涅听从了迈克尔·杨·德胡耶（Michael Jan de Goeje, 1836–1909）教授的建议，已提前开始学习阿拉伯语。德胡耶教授认为，常规的一年阿拉伯语课程并不足以让学生很好地学习这门语言。[49] 岁月流逝，二人友情渐增，书信内容也日趋私人化。这些信件作为一手资料具有独特的价值，为我们了解巴文克自莱顿年日之后的性格发展提供了一扇视窗。故此，本书下文会不断提及这些书信。

从坎彭返回："上帝啊，求祢保守身处莱顿的我！"

之后不久，巴文克在莱顿的第一年学生生活接近尾声。他回到坎彭度暑假，并到坎彭神学院旁观了公开考试，而且再次未参加考试。[50] 在暑假的数月里，他经常使用莱顿日记本，以历时顺序记录了自己在荷兰各地访友情况。在此之后，他回到莱顿修读预备阶段的课程，并祷告说："**上帝啊，求祢保守身处莱顿的我！**"[51]

---

[48] Bavinck to Snouck Hurgronje, Kampen, June 28, 1875, in *ELV*.

[49] 他们对各自提升阿拉伯语熟练度的讨论持续了三年，直至他们都通过了闪米特语言的考试。这令巴文克写道："十分庆幸，我们〔如今〕卸下了这个重担。" Bavinck to Snouck Hurgronje, Kampen, September 24, 1878, in *ELV*. "Gelukkig zijn we van deze zorg bevrijd." 在 1876 年 8 月 9 日的一封信中，巴文克称阿拉伯语是一门"很少让〔他〕兴奋、枯燥得可怕"的学科。

[50] "Ex animo et corpore. H. Bavinck, Theol Stud." "13 juli [1875]."

[51] "Ex animo et corpore. H. Bavinck, Theol Stud." "27 Sept 1875 Weer naar Leiden na een genoeglijke vakantie. O God: bewaar me in Leiden!"

坎彭日记本的最后几则日记也记于这一时期，内容是关于他去阿梅利亚所居住的尼文代克。"**8月14日：回家。曾和卫兰赫小聚，但未能和阿梅利亚说话。**"[52] 他在莱顿日记本内的记录阐明，巴文克于8月2日去尼文代克，与分离派牧师道威·克拉泽斯·卫兰赫（Douwe Klazes Wielenga, 1841–1902）在一起。虽然卫兰赫和巴文克是朋友，但这是个令人失望的假期："**8月14日：再次回家。在尼文代克，除了和牧师卫兰赫相处的时光，我并不快乐。**"[53] 即便莱顿日记本上并未详细说明，为何他对在那里12天的探访感到不快，但从老日记本可以清晰看到，他的失望之情与阿梅利亚·邓德克相关：他用两周最好的时光留在尼文代克，却由于未公开的原因，没能"**与阿梅利亚说话**"。

哈尔勒梅尔斯大街

由于年轻学生并不擅长料理家务，19世纪70年代的莱顿大学生一般都寄居在当地家庭，女主人会照料他们的饮食、清洗衣物。[54] 巴文克在1875年9月16日写给斯努克·赫胡洛涅的信中说到，自己因所寄居的家庭要搬走而颇感沮丧（尽管房东的新住所是在同一条街上）。

> 我现在遇到一件十分麻烦的事，就是我的女房

---

[52] "Notes, H. Bavinck, 1875." "14 Aug Naar huis. Ik was bij W. gelogeerd. Melia niet gesproken."

[53] "Ex animo et corpore. H. Bavinck, Theol Stud." "14 Aug [1876] Weer naar huis teruggekeerd. Behalve bij Ds. W. had ik niet veel genoegen op Nieuwendijk."

[54] 自16世纪以来，这种做法已在莱顿十分普遍。Pieter Antoon Marie Geurts, *Voorgeschiedenis van het statencollegte te Leiden: 1575–1593* (Leiden: Brill, 1984), 11–12.

第五章 莱顿（1874–1880） 131

东要在即将到来的 11 月搬家。〔因着〕我向她租赁了一间房间并由她提供一日三餐，所以我也得搬。她现在在同一条街上租了另外一套公寓，在贝克尔街那一侧，有一间漂亮的会客厅（多纳牧师如此说，他已为我查看过房子），隔壁有一间卧室。女房东问我是否愿意和她一起搬到新家。其他我都满意，但房子离学校更远了，而且是在哈尔勒梅尔斯大街环境略不令人满意的地段。因此，我请她给我更多的时间来考虑，待回莱顿再最后决定。[55]

巴文克在日记上诸如此类的琐事中，有一则详尽的记录，于 1875 年 10 月初的日记中描述了一次更加重要的经历：他首次以圣餐礼参与者的身份公开宣信。

<u>10月10日</u>，周日：多纳牧师以《诗篇》三十四9为讲道经文。这次为圣餐礼拜。我生命中第一次在圣餐桌旁公开宣信：我死在罪恶和过犯中，但我唯一的盼望就在基督的义里。啊，但愿我不是吃喝对自己的审判！啊，上帝，惟愿服侍祢的心愿在我里面真实无瑕，不留遗憾。[56]

---

[55] Bavinck to Snouck Hurgronje, Kampen, September 16, 1875, in *ELV*. "Tegenwoordig drukt me een groote moeilijkheid. Mijne hospita gaat namelijk met november eerstkomende verhuizen. Daar ik van haar de kamer gehuurd hebben en bij haar in kost ben, moet ik ook verhuizen. Nu heeft ze een ander bovenhuis gehuurd in dezelfde straat aan gene zij der Bakkersteeg, met een (volgens getuigenis van ds. Donner, die ze voor mij gezien heeft) mooie voorkamer en slaapkamer daarnaast, en vroeg mij of ik met haar naar de nieuwe woning verhuisde. Hierop had ik niets tegen, dan alleen dat 't nog verder van de Academie en op een min aangenaam gedeelte der Haarlemmerstraat is. Daarom heb ik uitstel gevraagd met mijn besluit, totdat ik in Leiden kom."

[56] "Ex animo et corpore. H. Bavinck, Theol Stud." "<u>10 October</u> [1874]

巴文克在兹沃勒就读文科中学时就已成为基督教归正教会的会友（1873年3月30日），即便如此，他似乎出于对使徒保罗对不按理吃喝圣餐之相关教导（林前十一27-32）的理解，在1875年下半年之前从未参加圣餐礼。他决定参加圣餐礼是他青年时期的重要一步。之后，他又继续大学日常生活。他从哈尔勒梅尔斯大街的224号，搬到相距不远的167A的房子；他认为新房子**"在很多方面更好"**。[57]

从莱顿视角看坎彭

从那以后两月，巴文克没有提前告知父母自己返家，给了他们一个惊喜，与家人共庆自己二十一岁生日。**"12月13日：今天我生日，收到阿尔伯塔·韩尼克（Albert Gunnink）赠送的250根雪茄一盒。"**[58] 此次回坎彭探亲，他还参加了坎彭神学院建校庆典活动，这显然给他留下了深刻印象。**"12月15日：坎彭神学院建校周年庆典，以斯迪克特教授对柏拉图思想的精彩讲座开场。"**[59] 这场引发讨论的演讲讨论的是"柏拉图思想研究，聚焦

Zondag. Ds. Donner sprak over Ps. 34:9. Het was Avondmaal. Voor 't eerst in mijn leven sprak ik aan de tafel des Heeren de openlijke belijdenis uit, dat ik dood ben in zonden en misdaden, maar mijne enige hoop de gerechtigheid van Christus is. O, moge ik mij niet een oordeel gegeten en gedronken hebben! Laat, o God, de wensch om u te dienen, bij mij een waarachtige geweest zijn en dus onberouwelijke."

[57] "Ex animo et corpore. H. Bavinck, Theol Stud." "<u>18 Oct.</u> [1875] Verhuisd naar een nieuwe woning, Haarlemmerstraat No. 167A. Beter in vele opzichten."

[58] "Ex animo et corpore. H. Bavinck, Theol Stud." "<u>13 Dec</u>. [1875] Was ik jarig en kreeg daarbij van Albert Gunnink een kist (250) sigaren." Bavinck's student receipts book shows that he regularly bought cigars.

[59] "Ex animo et corpore. H. Bavinck, Theol Stud." "<u>15 Dec.</u> [1875]

于神学思想的形成"。[60] 斯迪克特的讲座引人入胜，可以作为了解当时坎彭神学氛围的视窗。他在讲座中抨击了基督教亚里士多德主义，主张改为一种复兴形式的基督教柏拉图主义。他以施莱尔马赫为基督新教神学家的典范。施莱尔马赫是非正统德国基督徒，他以全新的方式设定了现代神学，重新发现了柏拉图之于亚里士多德的优越之处。有人认为19世纪70年代早期的坎彭神学院古板守旧，但斯迪克特的例子暗示了一个截然不同的事实：藉着斯迪克特，坎彭神学院正经历源自席勒、施莱格尔和施莱尔马赫等人的浪漫主义式柏拉图主义的广泛复苏。[61] 这对青年巴文克而言是极具吸引力的事情。

巴文克与坎彭学生团体的持续联系，在他的日记中也十分明显：回到莱顿后，有两名坎彭神学院的学生——科内利斯·斯塔迪赫（Cornelis Stadig）和科内利斯·约翰内斯·韦塞尔斯（Cornelis Johannes Wessels）——于1876年3月1日拜访巴文克。他带二人参观了莱顿国家文物博物馆。[62] 巴文克依然是坎彭神学院的在册学生，可以参加文学考试。他与神学院（以及学生）在这个阶

Schoolfeest in Kampen, dat met een schoone rede over Plato door Steketee geopend was."

[60] "Ex animo et corpore. H. Bavinck, Theol Stud." "16 dec. 1875 A. Steketee, De studie van Plato, met het oog op de theologische vorming. Kampen 1875." 这次讲座后来出版，即 *De studie van Plato, met het oog op de theologische forming: Rede, uitgesproken, bij het neerleggen van 't rectoraat, den 16en december 1875* (Kampen: G. Ph. Zalsman, 1875)。

[61] Douglas Hedley, "Theology and the Revolt against the Enlightenment," in *The Cambridge History of Christianity: World Christianities, c. 1815–c. 1914*, ed. Sheridan Gilley and Brian Stanley (Cambridge: Cambridge University Press, 2006), 8:41.

[62] "Ex animo et corpore. H. Bavinck, Theol Stud." "1 Maart. [1876] Studenten Stadig en Wessels bij me geweest. Museum v. Oudheden." 科内利斯·斯塔迪赫（1853–1924）在1871年成为坎彭神学院的学生。科内利斯·约翰内斯·韦塞尔斯（1852–1915）于1872年入学坎彭。见 van Gelderen and Rozemond, *Gegevens betreffende de Theologische Universiteit Kampen*, 106–7。

段的持续来往，看起来并非全为负面。不管部分坎彭师生对他心怀何等嫌隙，但并非人人如此。

怀疑的危机与重返坎彭

1876年5月初，巴文克在日记中写下从坎彭回莱顿后怀疑的危机，为此备受煎熬："**5月1日：返回莱顿。在怀疑的攻击下继续学习，同时也感到透过基督所启示的内在真理。**"[63] 这则日记并未解释此番怀疑的确切本质，尽管随后数月的情况表明，这或许是关乎巴文克基督教信仰的危机（可能来自莱顿的学习环境），或是怀疑自己是否应该继续在那里的学业。如果此番怀疑的确关乎个人信仰的危机，那么这就有趣地揭示了他后期一部著作（1902）中的一段评论。这段评论关于保守派基督徒家庭的子女所面临的困难，他们在现代科学性的大学里深造，却要在那里经历"宗教与神学、生命与知识……〔普通〕民众与受过良好教育的人、教会与学校之间痛苦的冲突"。在论到正统基督徒学生在世俗大学中的经历时，他认为"鉴于信仰已在他易受影响的良知中越发扎根，并在良知中塑造了对生命和理想品格的严肃态度，于是今后在大学课堂教室内外，他被暴露在越发尖锐的冲突前。许多人未能走出这一严峻危机。他们不仅被自己的怀疑所吞噬，而且在质疑和绝望中沦陷。"[64]

---

[63] "Ex animo et corpore. H. Bavinck, Theol Stud." "1 Mei [1875] Naar Leiden terug. Voortzetting van studie onder aanvallen van twijfel maar ook met gevoel van de innige waarheid, door Christus geopenbaard."

[64] Herman Bavinck, *Godsdienst en godgeleerdheid* (Wageningen: Vada, 1902), 13. "Deze ontwikkelingsgang der moderne wetenschap is de oorzaak van het pijnlijk conflict, dat thans allerwege tusschen Christendom en cultuur, tusschen godsdienst en godgeleerdheid, tusschen leven en kennis, tusschen zijn en bewustzijn, tusschen volk en geleerden, tusschen kerk en

这场"怀疑的攻击"当然也有可能与巴文克即将面对的生活密切相关。人文通识课程即将修读完毕,这令他与那些知名的莱顿现代神学家更近了。巴文克在坎彭神学院的身份如故:他依然是一名坎彭神学院学生,获许在参加文学考试后便可开始攻读神学专业。但到目前为止,他在莱顿大学**预备阶段的学生身份**几近告一段落。他将如期参加考试,而后便有资格在斯霍尔滕、库能以及其他学者门下学习。

莱顿时期的日记本注明,他(和斯努克·赫胡洛涅)以优异的成绩通过了预备阶段考试(5月26日),这为他迈入最初将他吸引至莱顿的科学性神学训练扫清了道路。但是,随后的几则日记记录了巴文克生平中一个决定性的时刻——他决定参加坎彭神学院的文学考试,这表示他可能完全放弃莱顿的学业。"<u>5月27日</u>。**回家,家人非常开心。我也决定参加坎彭的考试。**"[65]

在那些日子里,巴文克寄给斯努克·赫胡洛涅两封书信。第一封(6月6日)写到他正准备参加坎彭神学院的文学考试,且提到自己多么希望假期早日结束,因为"如此全新且未知的领域在我们面前全面打开"。他承认之前对莱顿大学(预备阶段的)讲课感到"厌烦",但后来开始喜欢这些课。这封信结尾写道:"我也许会回到莱顿。"[66] 此言为何意?前面所说"全新且未知

---

school wordt aanschouwd. Nergens wordt dit conflict met meer smart doorleefd dan in het hart van den student, die, tehuis in het Christelijk geloof opgevoed, straks op gymnasium en akademie met de moderne wetenschap in aanraking komt. Naarmate dat geloof dieper wortelen heeft geschoten in zijn ontvankelijk gemoed en er levensernst en ideale gezindheid heeft gekweekt, wordt de strijd heviger, waaraan hij straks in en buiten de gehoorzalen der universiteit blootgesteld wordt. Velen zijn in die gevaarlijke crisis bezweken. Zij werden een prooi van den twijfel niet slechts, maar gaven zich ook aan twijfelzucht en vertwijfeling over."

[65] "Ex animo et corpore. H. Bavinck, Theol Stud." <u>27 Mei</u>. [1875] Naar huis gegaan, waar ze zeer blij waren. Voornemen om in Kampen ook examen te doen."

[66] Bavinck to Snouck Hurgronje, Kampen, June 6, 1876, in *ELV*. "Te meer

的领域在我们面前全面打开"，指的是巴文克和斯努克·赫胡洛涅在莱顿的下一个阶段。对巴文克而言，这意味着科学性神学训练，但是斯努克·赫胡洛涅对未来道路也不确定，并且最终选择了修读闪米特语言而非神学。巴文克在结束预备阶段课程后，前面有两个选项：留在莱顿，开始近距离接触现代神学，或者回到坎彭神学院参加文学考试，继而在自身分离派传统内修读神学。

在第二封信中（6月29日），巴文克向斯努克·赫胡洛涅分享了几则消息："你可能会感到惊讶，我上周去照了单人照。如果你未感觉唐突，我下次写信时若已取照片，就寄给你一张。"（这是一张19世纪典型的名片式照片，乃本书前页图片集第三张。）他在信中坦陈，自己在莱顿预备阶段，因学习"历史、语言学等枯燥科目"缺乏动力而苦苦挣扎，也明确表示计划在参加坎彭文学考试后旅游两周。他对此番行动的解释表明，自己在那时依然倾向返回莱顿："我想去旅游……了解一些新事物，在某种意义上也是为等待我们的新学业做好准备。"[67]

根据坎彭神学院的学业进展要求，巴文克在考试前的某个时

---

nu repetite voor 't examen hier een groot deel van mijn tijd rooft.... Met verlangen zie 'k al uit naar 't einde der vacantie, omdat zoo'n geheel nieuw en onbekend terrein zich voor ons opent; zoo vervelend als de colleges op 't laatst me waren, zoo trekken ze me nu aan. Denkelijk zal ik weer wel in Leiden komen."

[67] Bavinck to Snouck Hurgronje, Kampen, June 29, 1876, in *ELV*. "Als nieuws kan ik u meedeelen, dat ik me—waarover ge u wel verwonderen zult—in de vorige week heb laten photographeeren. Zoo gij 't goed vindt, zal ik u een volgend maal een portret oversturen, als ik ze dan namelijk heb. Van studie van Hebreeuwsch en Arabisch of theologie komt niet veel. 't Repeteeren van al die dorre vakken—geschiedenis, taalkunde etc—beneemt me haast alleen lust. Na 't examen, dat den elfden juli zal gehouden worden, denk ik een veertien dagen op reis te gaan, om dan de geleden schâ in te halen, en eenigszins me voor te bereiden voor de nieuwe studie, die ons wacht." 这里所讨论的照片，由巴文克连同1876年8月9日所书信件，一并寄给斯努克·赫胡洛涅。

间，曾请求多纳牧师为他提供证明，说明他在莱顿两年期间，在呼依胡拉赫特基督教归正教会表现良好。多纳牧师在 7 月 8 日同意了这一请求。[68] 巴文克现在已万事俱备，准备面见神学院的理事。

文学考试

参加文学考试的学生要求自行拟定论文题目，以示自己攻读神学的准备已就绪。巴文克的选题为〈神话的起源与价值〉。在处理这个选题的过程中，他提出了一个细致入微的观点：神话起源于人类宗教崇拜和想象的能力，表达了人类对唯有在基督里才能找到之事物的向往。"**7 月 11 日和 12 日。坎彭的文学考试结束，大获表扬。荣耀唯独归于主，唯独归于主的恩典！我的论文探讨了神话的起源与价值。我对这一选题十分感兴趣，并且我的论文也引发了大家的讨论。**"[69] 巴文克以优异的成绩通过了文学考试，这一结果也清晰记录在当年坎彭神学院理事的会议纪事上："校长作了开场祷告之后，理事们依惯例评判了本次参考学生的学习能力，讨论结果为：虽然考生的能力有显著差异，但他们均可继续深造；赫尔曼·巴文克和塞皮肯斯（H. Sijpkens）弟兄十分杰出，授予他们文凭证书，而其他七名考生只能获得学业证明。"[70]

---

[68] 这份证明保留于 Archief van het College van Curatoren, Stadsarchief Kampen, folder no. 12824。

[69] "Ex animo et corpore. H. Bavinck, Theol Stud." "11 en 12 Juli. [1875] Litterarisch Exam te Kampen gedaan: met loffelijk attest erdoor. Soli Deo Gloria—et gratia! Mijn opstel was over: Oorsprong en Waarde der Mythologie, dat me wel beviel en nog tot discussie aanleiding gaf." The original text, "Oorsprong en Waarde der Mythologie," has been preseved in the Archief van het College van Curatoren, Stadsarchief Kampen, folder no. 12824.

[70] *Handelingen der drieendertigste vergadering van de kuratoren der*

另外一位获得表扬的学生是塞皮肯斯,他的论文题目是〈人相学〉(Physiognomy)。另有一名学生的论文题目为〈荷文的德语特征〉。其余论文无甚知识层面的奋进,所论主题分别为〈考试前的六周〉〈三位文学阶段学生在听道之后的对谈〉。另有一篇论文以极有趣的方式取题为〈无人帮我准备论文〉。[71] 在莱顿学习两年后回到坎彭,巴文克依然卓尔不群。是否参加(如果参加,那么何时参加)文学考试的问题,在这两年内都悬而不决,但现在已尘埃落定。巴文克在坎彭有了新身份,就是成为有资格继续攻读神学的学生。

随后数月,巴文克和他的家族亲戚和教会故友重续联系,拜访了住在弗里曾芬的母亲的亲人(7月28日),然后和一位舅舅同行至本特海姆,见到古旧归正牧师杨·巴伦德·桑多格;后者对巴文克父亲的归信和迈向基督教牧养侍奉之路产生了重大影响(8月7日)。[72] 在这唯一为人所知的会面时,桑多格时年

Theologische School der Christelijke Gereformeerde Kerk in Nederland (Amsterdam: P. van der Sluys, 1876), 10. "Na voorafgaand gebed door den president, gaat men op de gewone manier over om over de bekwaamheid der geene, die hun examen hebben afgelegd te oordeelen, met dien uitslag dat, hoewel er een merkbaar verschil van bekwaamheid bij de geëxamineerden is waargenomen, hen allen tot hoogere studiën te bevorderen, met dit onderscheid dat de broeders H. BAVINCK en H. SIJPKENS een diploma zullen verkrijgen met loffelijke vermelding; het overige zevental slechts met gewoon attest."

[71] *Handelingen der drieendertigste vergadering*, 8. "H. BAVINCK, over de oorsprong en waarde der Mythologie, J. KOOI, de zes weken voor het examen, J. KOOI, een gesprek tusschen drie litt. studenten, na het hooren eener predikatie, C. STEKETEE, het Germanisme in de Nederlandsche taal, M. SIJPKENS, de Physionomie, H. VAN DER VEEN, niemand heeft mij aan mijn opstel geholpen." 这些考卷保存于 Archief van het College van Curatoren, Stadsarchief Kampen, folder no. 12824。

[72] "Ex animo et corpore. H. Bavinck, Theol Stud." "28 Juli [1876] ... met mijn nichtje Dientje naar Vriezenveen (Ds. Verhagen).... 7 Aug. Met oom Ohman naar Bentheim, Ds. Sundag, de Must, Bad." 虽然巴文克有可能在

六十六岁，（赫尔曼）巴文克二十二岁。非常遗憾的是，巴文克没有在日记中记录他与桑多格交谈的内容和父亲对老导师的印象。从我们文献资料中可挖掘到的唯一附加细节就是，在他学生时代的记账本上有一条记录，是为这次短暂游历父亲家乡而收到的 25 荷兰盾。这位荷兰分离运动之子回到德国古旧归正教会时受到热情欢迎。[73]6 月 29 日，巴文克写给斯努克·赫胡洛涅的信件也谈及这次拜访。依据这封信来看，在拜访这位曾因宗教信仰违抗政府而多次入狱的桑多格先生的过程中，巴文克某种程度上受到激励，来应对接下去的莱顿生活。第二天，他回到坎彭的父母家，继续探访友人，直到九月底。

决意回莱顿

尽管巴文克完成了重续坎彭学业的各项准备，但最终他还是返回莱顿去面对诸多现代神学家。"**9 月 25 日。在四面八方的反对声中，我回到莱顿。**"[74] 这些外在反对来自何处？巴文克日记从未表明，他的父母对他有施加任何压力。莱顿时期的日记本清楚记录了杨·巴文克到莱顿看望赫尔曼，并且他的父亲在莱顿非常开心。[75] 确切而言，此时的压力似乎主要来自坎彭的安东尼·布鲁梅坎普教授；他强烈反对基督教归正教会的父母送子女去国立

早年就游历了本特海姆，但是此次拜访桑多格是巴文克来到本特海姆的首次为人所知的书面证据。

[73] "Kasboek, H. Bavinck." "7 Aug. Oom Ohman en ik naar Bentheim. 25 Gld gekregen."

[74] "Ex animo et corpore. H. Bavinck, Theol Stud." "25 Sept [1876]. Onder veel strijd van buiten weer naar Leiden terug."

[75] "Ex animo et corpore. H. Bavinck, Theol Stud." "29 Nov–1 Dec [1876]. Vader hier geweest. 't Stond hem goed aan. Veel genoegen gehad. Hij vertelde mij dat..." 这则日记的剩余内容已从日记本上被移除。

大学学习，也拒绝自己的儿子们选择此路。[76] 布鲁梅坎普似乎是在想，巴文克可能回到神学院；但当得知尽管巴文克已通过坎彭的文学考试、却明确要在莱顿继续学业时，他尤其感到失望。

在这样的背景下，布鲁梅坎普严厉批评杨·巴文克未尽到养育之责，认为杨作为具有正统基督教信仰的父亲，其做法"失当且不可接受"。[77] 他在坎彭神学院教授委员会中引发了针对赫尔曼学业计划的讨论，并建议所有教授发出一份联合反对声明。但他的提议遭到西蒙·凡维尔岑的反对；后者基于一个典型的现代后期的理据为巴文克的决定辩护，即如此限制巴文克是干涉他的"个人自由"。[78] 坎彭神学院教师中，只有姆尔德和布鲁梅坎普持同一立场。其余教授均支持巴文克返回莱顿。

另一个反对的声音来自北美。1876 年 12 月 23 日，巴文克的朋友亨利·多斯克来信。亨利当时就读于密歇根霍普大学。[79] 他在信中对自己的朋友选择留在莱顿攻读神学持保留意见。

> 感谢上帝，在四周诸般不信的攻击中，你依然站立得稳。我脑海中必然浮现的问题是：赫尔曼在那里学习神学的动机是什么？莱顿，那是现代主义

---

[76] Melis te Velde, *Anthony Brummelkamp: 1811–1888* (Barneveld: Uitgeverij de Vuurbaak, 1988), 414.

[77] G. M. den Hartogh, "Varia," in *Sola Gratia: Schets van de geschiedenis en de werkzaamheid van de Theologische Hogeschool der Gereformeerde Kerken in Nederland*, ed. J. D. Boerkoel, Th. Delleman, and G. M. den Hartogh (Kampen: Kok, 1954), 69. "In een volgende vergadering noemde Brummelkamp het 'gedrag' van Ds Bavinck met behelzing tot zijn zoon, lid der gemeente, student der Theol. School, aanstaand predikant, ongepast en onbetamelijk."

[78] Den Hartogh, "Varia," 69–70.

[79] Harinck, "'The Tares in the Wheat': Henry E. Dosker's Calvinist Historiography of Dutch Anabaptism," in *Religious Minorities and Cultural Diversity in the Dutch Republic*, ed. August den Hollander, Mirjam van Veen, Anna Voolstra, and Alex Noord (Leiden: Brill, 2014), 269.

的核心阵营。哎,库能、斯霍尔滕等人的大名不绝于耳。你在那里能寻求到什么呢?……依我之见,那里所传授的只关于敌人的攻击计划、装备和力量的全备知识。赫尔曼,愿上帝帮助你,能在你自己的选择中坚立,并坚定选择我们历代基督教的明耀信仰真理,而非跟从敌人之科学明灭不定的萤火之光。但是,**你冒险进入重重险境**。我们二人都容易受看似合乎逻辑之观点的影响。我们是正在成长、柔弱的幼苗,在狂风暴雨中很容易长至变形;我想你在那里〔即在莱顿〕,不得不退守到自己思想的狭窄天地里;尽管你能借着击打而不断成长,但是你不得不忙于自我防卫,因而**不得不**采纳对真理比较简练的看法。在下一封回信中,我想看到你对这几个问题的说明。你在莱顿学习的动机是什么?你想从那里有何收获?大众对此有何看法? 80

---

80 Dosker to Bavinck, Grand Rapids, December 23, 1876, in *BHD*. "Ik dank God, dat ge tot nog toe staande gebleven zijt, te midden van al de aanvallen des ongeloofs rondom u. Wat beweegt toch Herman om *daar* theologie te gaan studeeren, was de vraag, die zich, nolens volens, aan mijn geest voordeed. Leiden, de focus van het modernisme. De namen van Kuenen, Scholten, etc. helaas maar al te zeer bekend. Want kunt ge daar zoeken....Dit eene, mijns inziens, een volledige bekendheid met het plan van aanval, de wapenrusting en sterkte der vijanden. God helpe u, Herman, om standvastig bij uwe keuze te volharden en de heldere geloofswaarheid van ons historisch christendom te kiezen, boven al de flikkerende lichtstralen eener vijandige wetenschap. Toch ge *waagt veel*. Wij zijn beiden vatbaar voor de invloed van schijnbaar logische argumenten. We zijn groeiende, teere planten, die door de storm gebogen worden en gemakkelijk een scheeve richting behouden; gij zult u daar dunkt me te zien moeten terugtrekken binnen de enge muren van eigen opvatting; ge zult te veel verdedigenderwijze *moeten* te werk gaan, en daardoor wellicht een eenigszins gedrongen opvatting der waarheid moeten aannemen, terwijl ge groeien en ontwikkelen kunt, *alleen* door aan te vallen. Zie hier eenige puntjes, die

多斯克对巴文克在莱顿攻读神学所要面对之现实的预想，在某些方面是准确的——为了护卫自己保守的信仰和敬虔，巴文克不得不在智性上退守到"自己观点的狭窄天地里"。尽管如此，这封信结尾的问题也体现出当时真实的情况。多斯克年少时移民北美，因此并不十分清楚在原来国家的大多数分离者，是否也和自己一样为年轻的巴文克担忧，也不了解自从他来到新大陆后，荷兰分离派文化发生了多大的改变。

布鲁梅坎普对杨·巴文克的为父之道非常不满，这也许代表了多斯克想要知道的"大众的观点"。1878年，布鲁梅坎普再次表达不满。当时，杨·巴文克收到哈德文克（Harderwijk）基督教归正教会的牧会邀请，并询问坎彭神学院教职员的建议。作为回应，布鲁梅坎普向同僚建议，他们应敦促杨接受这一邀请，因为杨让赫尔曼在莱顿神学院学习的决定，已然在根本上损害了坎彭神学院的清誉。在此情境下，凡维尔岑从中调停，为要平息布鲁梅坎普的怒气。[81] 尽管如此，杨·巴文克还是决定留在坎彭。

《高等教育法案》（1876）

荷兰政府设法解决1848年针对院校的宪法修订所带来的难题，这给巴文克从莱顿的预备阶段进入专攻神学阶段的特殊时刻蒙上了阴影。1876年年中通过的《高等教育法案》（Higher Education Act），力图解决（截至那时）一个长期存在的争议：截至那时，神学一直都在大学中被讲授；此时，神学是否应由宗

---

ik gaarne zag opgehelderd in uw volgend schrijven. Wat beweegt u om te Leiden te studeeren? Wat verwacht ge ervan? Wat zegt de algemeene opinie dienaangaande?" 强调为原文所有。

[81] Den Hartogh, "Varia," 70; te Velde, *Anthony Brummelkamp*, 414.

教研究取代（将神学作为一个明显中立的进路，来开展人类宗教行为的研究）。大家对此问题意见纷纭，难以完满解决，这明显体现于该法案所带来的结果之中。该法案要求神学院系保留"神学"的名称（godgeleerdheid），但实则改为讲授宗教研究课程。巴文克后来就该法案对自己学生经历造成的影响如此回忆——它使大学水平的神学学习在智性层面上变得有些混乱："这个结果就是难以兼容之元素的奇怪混合体，而这些元素缺乏整合性与概念的统一性。有些科目提醒我们旧有的神学课程，而其他的科目显然属于宗教研究领域。"[82]

因而，正当学术神学自身进入充满危机与动荡的阶段时，巴文克在莱顿进入修读神学阶段。

一位神学生的社交活动

巴文克在莱顿学业进展的变化，从此时开始在莱顿日记本中十分明显。一些新名字开始出现在日记中，如约翰内斯·斯霍尔滕（1811–1885）和约翰内斯·雅各布斯·普林斯（1814–1898）。从之前日记中，很少看到他对学术的热情，但此时的日记开始表现出对学术的热望，二者形成鲜明对照："**9月26日，神学课堂开始了。我持续参加〔这些课堂〕使我在自己的信心中得坚固。〈神圣神学的确立〉包含了布鲁宁列出的对宗教改革的诸多命题，由道班敦、我、韦德波尔和德胡对这这些命题予以回应。我对自己并不觉得十分满意，这也许是件好事。啊，上帝，让我为祢的荣耀而战！**"[83] 在数月之后，巴文克的日记聚焦于他与教授的社

---

[82] Herman Bavinck, "Theology and Religious Studies," in *Essays on Religion, Science, and Society*, ed. John Bolt, trans. Harry Boonstra and Gerrit Sheeres (Grand Rapids: Baker Academic, 2008), 53.

[83] "Ex animo et corpore. H. Bavinck, Theol Stud." "26 Sept [1876]

交来往，而非学术讨论。"**3月3日**，与德弗威瑞思共餐，非常美好。**3月18日**，主日。在普林斯教授家共进晚餐。非常普通的一天。**3月21日**，在德胡耶教授家共进晚餐。"[84] 这是巴文克作为一名神学生的初始阶段。主导这个时期的并不是和莱顿现代神学家们的来往，而是他在自己与阿梅利亚·邓德克之关系中的情感创伤。1876年4月16日，巴文克和来自分离派的同学钮乌惠斯从坎彭前往莱顿，他在那天所写的日记说明，"〔钮乌惠斯〕**跟我分享，他已和拉文斯霍司特女士订婚。**"[85] 求婚显然是巴文克所想之事。

尽管之前他对尼文代克之行（1875）倍感失望，但巴文克于1877年夏再次前往。从日记中可清晰看到此次拜访的目的。到达尼文代克的第二天，他以拉丁文写下"Ameliam rogavi"（我询问了阿梅利亚）。[86] 随后的日记中详细说明了他所问内容：他去了阿尔姆科克，希望和阿梅利亚携手百年。巴文克的日记中没有记录她对求婚的回应，但是随后主要用拉丁文所写的三则日记，帮助我们了解随后发生之事。

9月8日

---

worden de theol. colleges geopend, die me bij voortgaande bijwoning in mijn geloof versterken. 'Oprichting van Theologico Sacrum' stellingen van Bruining over de Hervorming. Geopponeerd door Daubarton, mij, Wildeboer en de Hoogh. Voor mijzelven had ik niet veel voldoening wat misschien wel goed was. O God! laat me voor Uw eer strijden!" 这篇日记中提到的是布朗宁（J. Bruining, 1853–1943），巴文克在莱顿的同学。

[84] "Ex animo et corpore. H. Bavinck, Theol Stud." "3 Maart [1877] Gedineerd bij Prof. de Vries. Heel aardig. 18 Maart Zondag—Gesoupeerd bij Prof. Prins. Tamelijk. 21 Maart Gesoupeerd bij Prof. de Goeje."

[85] "Ex animo et corpore. H. Bavinck, Theol Stud." "16 April [1877] Weer naar Leiden met Nieuwhuis die me meldt dat hij geengageerd is met Juffr. H. Ravenshorst."

[86] "Ex animo et corpore. H. Bavinck, Theol Stud." "1 Sept [1877]. Ameliam rogavi."

> 周六，我对米莉亚女士说，阿梅利亚是我的心上
> 人，我痴情于她。
> **9月9日**
> 与阿梅利亚同去教会。我注意到几个问题。
> **9月10日**
> 我被告知，牧师之妻必为基督徒，妻子是重要的帮
> 助。我要称谢祢，我的主，我要向祢祷告，求祢向
> 我们彰显恩惠。[87]

巴文克和阿梅利亚去教会时，他所感受到的问题的确切性质不得而知。即便如此，他似乎希望他们可以结为连理。阿梅利亚并未同意巴文克的求婚，而且巴文克对与她结婚也有一定的疑虑；这两件事在翌年4月（1878年）的日记中可明确看到。"**4月30日，收到德波尔先生的信，他向我讲述了他和阿梅利亚的谈话，并给了我一个希望，就是阿梅利亚会同意我在1877年9月1日所提的问题。上帝，愿祢成就此事，让我不要对此事有任何疑虑。**"[88] 德波尔先生是巴文克从前在哈塞尔曼学院时的老师，因此他和巴文克和邓德克家有联系。尽管这对巴文克而言是满有希望的信息，但是阿梅利亚并未接受求婚。很显然，日记后半部分可能是巴文克自己用铅笔划掉，纵然被覆盖的文字依然可见。虽然如此，阿梅利亚在巴文克下一本日记中（始于1879年下半年）占了重要的地位；那时，求婚失败的原因也逐渐变得清晰起来。

---

[87] "Ex animo et corpore. H. Bavinck, Theol Stud." "8 Sept [1877] Zaterdag. Met Juffr. Melia gesproken de amore meo es Ameliai et de ira Dionisii. 9 Sept En ecclesia cum Am. iri et mihi numeravit nonnullas difficultates. 10 Sept Feminam ministri v.d. esse debere Christianam mihi dixit. Magnam opem mihi dixit. Tibi Domine gratias ago et precor ut nobis faveas!"

[88] "Ex animo et corpore. H. Bavinck, Theol Stud." "30 April [1878]. Een brief ontvangen van Mons. den Boer, die me zijn gesprek meedeelde met A., en hoop gaf dat A. de vraag van 1 Sept. 1877 met ja beantwoorden zal. O God, geef dat dat gebeurt en dat er ook van mijne zijde geen bezwaar kome."

颇为有趣的是，下一则日记描述了另外一个朋友也前往阿尔姆科克向一位年轻女子求婚。这位特别的朋友"**在遭到这位年轻女子的母亲强烈反对时，得到的是一个模棱两可的回复（而这位女子第一次给了肯定的回复）**"。[89]正如在1879年日记中清晰所示，巴文克自然对他朋友的窘境深表同情。阿尔姆科克很快就成为年轻人求婚的梦碎之地。

在遭受爱情受挫之痛苦的日子里，巴文克与莱顿现代神学家的互动却越发多起来。当时莱顿大学最著名的两位神学家是约翰内斯·斯霍尔滕和亚伯拉罕·库能（1828–1891），他们二人在巴文克的日记中扮演了重要的角色。斯霍尔滕首先是新约学者，后成为那个时代莱顿大学最杰出的系统神学家。透过早期与哲学家科内利斯·奥普佐默（1821–1892）辩论，斯霍尔滕此后坚信绝对物质决定论（absolute material determinism）的原则，并力图在教理学著作中将该原则与加尔文主义预定论整合。[90]但截至19世纪70年代后期，斯霍尔滕辉煌的思想发展期早已成为过往。他对改革宗神学的决定论式现代阐述，在19世纪50年代颇具新意，但在70年代已广为人知；但他固守这套理论，因而让他在自己学生眼中就思想而言显得老套乏味。亚伯拉罕·库能是现代主义旧约学者，他极大地推动了用高等批判法阅读圣经。当巴文克师从他时，库能正值事业辉煌时期，且享有一定的国际声望。[91]巴文克日记中写到，在1877年斯霍尔滕曾邀他共餐。"**6月6日。**

---

[89] "Ex animo et corpore. H. Bavinck, Theol Stud." "3 Mei [1877]. Thiele komt weer terug van Almkerk terug met Kok, die meegeweest was om Dientje de Jong te vragen, maar een weigerend antwoord ontving, (nadat ze eerst het jawoord gegeven had) toen haar moeder er sterk tegen was."

[90] Johannes Henricus Scholten, *De leer der hervormde kerk in hare grondbeginselen*, 2 vols. (Leiden: Engels, 1850). 对斯霍尔滕援引改革宗传统的进一步讨论，见恩雅各，《三位一体和有机体》，27–32页。

[91] Peter Berend Dirksen and Aad W. van der Kooi, eds., *Abraham Kuenen (1828–1891): His Major Contributions to the Study of the Old Testament* (Leiden: Brill, 1993).

在斯霍尔滕教授家共餐，我坐在他右侧，和他相处特别愉快。"[92] 从个人而言，他非常喜欢和斯霍尔滕的联系，但巴文克知道斯霍尔滕在思想界已然过时；这也是19世纪70年代莱顿神学生中的共识。

在此时期，巴文克与多纳也有类似紧密的联系，也常回坎彭和家人欢聚（与坎彭神学院公开考试的时间叠合），同时愈多公开参与基督教归正教会。"**7月21日，周日。今早在恩斯赫德，我首次讲道，非常顺利。我所选经文是《约翰壹书》五4下半节。称颂祢的名，我的上帝。**"[93]1878年8月3日，巴文克给赫胡洛涅写信，描述了二十四岁的他对首次准备讲道和宣讲之经历的反思，并说明了当时周围的情况。

> 八天前在恩斯赫德的主日，我首次讲道。我本想稍微推迟这次讲道，但我父母对此非常热切，而且一位住在恩斯赫德的婶婶和叔叔特别受邀参加。我早先答应过他们，我会在恩斯赫德首次讲道。我婶婶病重，可能不久于人世，所以我更要兑现承诺。困难很大，而且花了很多时间准备考试。写讲章文稿对我并非易事，但最终完成了。我所选经文是《约翰壹书》五4下半节："使我们胜过这个世界的就是我们的信心。"我非常喜欢宣讲这段经文。我当时平静镇定，因此顺利且十分开心地完成了讲道。我已克服了〔讲道〕中最大的困难。可是，我仍感到若有所失，因为并未像我期待的那样令我振奋激昂。

---

[92] "Ex animo et corpore. H. Bavinck, Theol Stud." "6 Juni [1877]. Gedineerd bij Prof. Scholten, aan wiens rechterhand gezeten ik zeer veel genoegen had."

[93] "Ex animo et corpore. H. Bavinck, Theol Stud." "21 Juli [1878]. Zondag. 's morgens mijn eerste preek gedaan in Enschede. 't Ging goed. Mijn tekst was 1 Joh 5:4b. Dank zij Uwen naam, o God."

我未曾想到会有那样的感觉，正如曾希望且应希望的那样，然而我始终感到未完全符合理想。但整体而言，一切顺利，并且万千感恩。[94]

在随后的一个月，他在坎彭首次讲道，会众中有来自坎彭神学院的教师。"**讲道非常顺利。我的上帝，为此向祢献上最真诚的感谢。**"[95] 他在 1878 年 9 月 20 日的日记中，记录了他顺利完成了闪米特语的学习。斯努克·赫胡洛涅也在第二天通过了同一门考试，但成绩要比他高。巴文克给赫胡洛涅写了祝贺信，从中可了解到巴文克父母与自己儿子的自由派朋友来往的态度："周六晚上，我平安返回。正如你所想，我父母也为你的考试成绩高兴，他们让我向你代贺。"[96]

---

[94] Bavinck to Snouck Hurgronje, August 3, 1878, in *ELV*. "Zondag voor acht dagen heb ik te Enschede mijn eerste preek gedaan. Ik voor mij had het liever nog wat uitgesteld, maar mijn ouders hadden het gaarne en een oom en tante van me, die in Enschede wonen, waren er bijzonder op gesteld. Reeds langen tijd geleden had ik het hun beloofd, daar mijn eerste preek te houden en nu de gezondheidstoestand mijner tante wel van dien aard kon zijn dat ze niet lang meer leefde, was dit reden te meer om mijn belofte te volbrengen. Maar daar was natuurlijk veel bezwaar en met 't oog op ons examen groot tijdverlies aan verbonden. Een preek maken was voor mij geen kleinigheid. Toch lukte het eindelijk. Mijn tekst was 1 Johannes 5:4b, dit is de overwinning die de wereld overwint, namelijk ons geloof. En 't uitspreken viel me zeer mee. Ik was zeer kalm en bedaard. Zoodat ik blij ben dat ik het maar gedaan heb, en de grootste zwarigheid ook hierin weer overwonnen is. Toch was ik in zooverre onvoldaan, dat het mij minder inspireerde dan ik gedacht had. Ik sprak niet met dat gevoel voor mijzelf, als ik gehoopt had dat ik doen zou; terwijl de gedachte, altijd zoo ver beneden 't ideaal te blijven staan, me onophoudelijk bijbleef. Maar overigens ging het goed en heb ik tot dankerkentenis overvloedige stof."

[95] "Ex animo et corpore. H. Bavinck, Theol Stud." "11 Aug [1878]: Zondag. 's avonds voor 't eerst te Kampen gepreekt ... 't liep best af. Ook daarvoor U, o God, mijn innige dank."

[96] Bavinck to Snouck Hurgronje, Kampen, September 24, 1878, in *ELV*. "Zaterdagavond ben ik in welstand hier aangekomen en zooals te denken

博士学习：实用主义与无果而终的爱恋

在顺利成为神学和闪米特语专业的博士候选人之后，巴文克现在开始思考博士论文。他于 1879 年写给斯努克·赫胡洛涅的书信表明，他起初计划写一篇以 1834 年分离运动为主题的论文。在巴文克二十五岁生日那天，新近聘任的教会史讲师阿克乌耶（J. G. R. Acquoy）偶然向他建议研究这一课题。[97] 巴文克向导师斯霍尔滕说明了这个博士论文计划；之后不久，他了解到另一名学生也正计划研究同一课题："斯霍尔滕……告诉我，你得注意，普鲁斯特也正在考虑写一篇有关分离运动的博士论文。但是斯霍尔滕让普鲁斯特将这个课题留给我，可是普鲁斯特有可能更擅长研究此课题。"[98] 巴文克和斯努克·赫胡洛涅在这个时期的往来书信也暗示了，两人都希望前往德国大学继续博士研究。巴文克给他的朋友写道："我仍然希望你将来在斯特拉斯堡成为闪米特语博士。"他在信中也谈到自己的计划，就是希望能访问一些德国大学，父母也为此祝福他。[99]

那一年晚些时候，斯努克·赫胡洛涅的来信也谈到，巴文克

---

was waren mijn ouders zeer verblijd, ook over uw exam, waarmee ze me verzocht hebben uit hun naam geluk te wenschen." 下一封 1878 年 9 月 29 日所写的信件表明，斯努克·赫胡洛涅的父母也向巴文克表达了祝贺。

[97] "Ex animo et corpore. H. Bavinck, Theol Stud." "13 Dec [1879] . . . Terwijl ik ook door [Acquoy] tot de beslissing gebracht werd, om een dissertatie te schrijven over de 'Afscheiding.'"

[98] Bavinck to Snouck Hurgronje, Kampen, April 8, 1879, in *ELV*. "Scholten ... vertelde me dat, nota bene, Proost er ook over dacht om een dissertatie te schrijven over de Afscheiding. Scholten had hem echter gevraagd om dat aan mij over te laten en misschien zou hij dat ook wel doen."

[99] Bavinck to Snouck Hurgronje, Kampen, January 6, 1879, in *ELV*. "Met mijn ouders heb ik over mijn reisplan naar een of andere Akademie in Duitschland gesproken. En gelukkig was van hun kant geen bezwaar ... en zie ik je nog als litteris Semiticus doctor naar Straatsburg gaan." 彼时，斯特拉斯堡是德国的一座城市。

曾和爱丁堡的自由教会大学（Free Church University，现名为爱丁堡大学神学院的新学院）的希伯来语专家、苏格兰人安德烈·戴维德森（Andrew Bruce Davidson，1831–1902）会面。戴维德森问巴文克："你是否仍想访问那所大学？你赴德计划进展如何？"[100] 戴维德森和巴文克很多方面志趣相投：戴维德森也反对苏格兰处境中温和的基督教，致力于福音神学的科学化阐述，并学习了阿拉伯文和荷文。[101] 在雅各·斯特汉（James Strahan）为戴维德森所著传记中提到，后者曾前往莱顿；在那里，"他在语言方面没有任何障碍……拿起晨报……像本地人一样阅读"。[102] 斯特汉所写传记对此次见面没有进一步描述。他们见面时，戴维德森四十岁，巴文克二十五岁。

虽然斯努克·赫胡洛涅的学术生涯后来成就非凡，但是巴文克前往德国（还有可能去苏格兰）的计划付之东流。他在坎彭忙于为博士论文收集文献，并继续在坎彭和兹沃勒讲道。巴文克在着手博士论文之前，需先通过翌年3月和4月举行的博士考试。

> 3月28日：下午3点参加博士考试的第一部分。一切顺利。普林斯教授给我设定考试第二部分的题目是〈简述施莱尔马赫对圣经阐释的影响〉。
>
> 4月4日：博士考试的第二部分，2点45分全部结束……我的成绩为优等。但与博士候选资格考试相比，我感到我在这次考试所获评价过高。荣耀唯归上帝。[103]

---

[100] Snouck Hurgronje to Bavinck, Leiden, August 4, 1879, in *ELV*. "Denkt gij nog aan die universiteit een bezoek te gaan brengen? En hoe staat het met uwe Duitsche plannen?"

[101] James Strahan, *Andrew Bruce Davidson* (London: Hodder & Stoughton, 1917), 48, 98.

[102] Strahan, *Andrew Bruce Davidson*, 261. 斯特汉指出，戴维德森"非常娴熟地"阅读荷文，但是不愿意说荷语，因为他发现喉音发音非常困难。

[103] "Ex animo et corpore. H. Bavinck, Theol Stud." "28 Maart [1879] 1ᵉ deel doctoraal, 's middags 3 uur. 't Ging goed. Als onderwerp voor 2ᵉ deel

在通过这些考试后，巴文克于在 4 月 5 日回坎彭度假。在之后复活节过后的周一，他在当地的基督教归正教会讲道，并收到以撒·杜尔纳（Isaak Dorner）的《基督位格的教义发展史》[104]，又有 13 荷兰盾为谢礼。[105] 杜尔纳是德国路德宗信徒，他撰写基督论著作以回应斯特劳斯《耶稣生平》提出的反超自然基督论。[106] 结合巴文克所在莱顿的情境，坎彭分离派会众所选礼物显然是为了鼓励巴文克。教会长老给巴文克的那笔谢礼的确很慷慨，是超乎常规数目的一笔钱。这意味着它是一笔捐献，以资助他的学业。在完成博士考试后，巴文克又要搬家，再次是在莱顿同一条街上搬迁。巴文克在莱顿之后的日子，都住在哈尔勒梅尔斯大街 216 号。尽管他起初希望撰写以分离运动为主题的博士论文，但随后一个月中的一则日记表明，亚伯拉罕·凯波尔试图引导他撰写旧约研究的论文：

> 5月30日，周五：下午1点，我去海牙市见到亚伯拉罕·凯波尔博士。与凯波尔同在一处的范宾斯告诉我们（卢卡斯和我），他刚出去散步了。我们就决定留在海牙，步行去席凡宁根，并在那里用餐，于 6:45 时回到凯波尔住处（他当时正在家）。我们在

---

kreeg ik van Prof Prins: Beknopte aanwijzing van den invloed van Schleiermacher op de uitlegging der H. Scrift. 4 April 2ᵉ deel doctoraat. Om kwart voor vier was alles al afgelopen....Ik kreeg Cum Laude maar had het gevoel dat het minder verdiend was als bij mijn Candidaats. S.D.G." 备注：S.D.G. 是 Soli Deo gloria（荣耀唯归上帝）的首字母缩写。

[104] I. A. Dorner, *Entwicklungsgeschichte der Lehre von der Person Christi* (Berlin: Schlawitz, 1853); ET: *History of the Development of the Doctrine of the Person of Christ*, trans. D. W. Simon (Edinburgh: T&T Clark, 1861).

[105] "Ex animo et corpore. H. Bavinck, Theol Stud." "5 April [1879] ... paaschmaandag preekte ik in Kampen over Gal. 2:20 waar de kerkeraad mij voor cadeau gaf: Dorner *Geschichte der lehre von der person Christi*, 13 Gld."

[106] David Strauss, *Das Leben Jesu, kritisch bearbeitet* (Tübingen: Osiander, 1835).

他那里一直待8点半，与他讨论了我的博士论文（他建议我就一个旧约小课题〔撰写论文〕），还讨论了自由大学及其宣信，以及圣经的默示。他的建议并未给我多少启发，不过他非常热心地接待了我们。[107]

凯波尔试图将巴文克的博士研究引向旧约自然有他的理由：正如巴文克在日记谈到，凯波尔已经计划建立一所新的基督教大学，需要引进师资。凯波尔对巴文克给出这个引导是因为他正在为这所大学招募旧约学者。

当时巴文克尚未确定研究选题，所以他继续那时已有的社交活动，而与突然到访的亨利·多斯克（6月3日）相聚较多。在博士研究的最后阶段，巴文克继续在一些基督教归正教会讲道。在这段早期年日，巴文克反复宣讲两处特选经文：《约翰壹书》五 4 下半节和《加拉太书》二 20。在这过程中，他似乎掌握了讲道时尽量少用（或不用）笔记的技巧。[108]

离开莱顿

那年夏天标志着巴文克在莱顿的时光告一段落。虽然要在翌年（1879 年 7 月 3 日）才能完成博士学业，但他回到坎彭，并

---

[107] "Ex animo et corpore. H. Bavinck, Theol Stud." "30 Mei [1879]. Vrijdag. 's middags 1 uur naar den Haag gegaan om met Dr. A. Kuyper kennis te maken. Hij was juist uitwandelen, zooals Fabius die bij Kuyper logeerde, ons (Lucasse en ik) vertelde. We besloten in den Haag te blijven, wandelen naar Scheveningen, aten daar en gingen andermaal naar Kuyper die nu thuis was. We bleven bij hem tot half negen spreken met hem over mijn dissertatie (hij ried me klein O. Test. onderwerp aan) over de Vrije Universiteit met haar belijdenis, over de Schriftinspiratie. 't Gaf me weinig licht. Overigens was de ontvangst hartelijk."

[108] "Ex animo et corpore. H. Bavinck, Theol Stud." "15 Juni [1879] 's Zondags in Dordt voor de 9de maal over 1 Joh. 5:4b en 's av. over Gal. 2:20 voor de 11^e maal."

在那里撰写博士论文。居住地变了，他也开始使用新一本日记本（题注为"从 1879 年至 1886 年"）。[109]

那年 10 月，巴文克再次回到阿尔姆科克。他首先拜访了阿梅利亚的父亲；这是一次尴尬的会面，他日记中用"非常生硬"来形容。之后，他拜访了阿梅利亚的姑姑米莉亚[110]，并请她转交给阿梅利亚一封信（10 月 4 日）。这本始于 1879 年的日记本记录，巴文克在随后的主日在那里讲道，阿梅利亚也在场："阿梅利亚在场，我感到力量倍增，备感振奋。"[111] 从随后一周的日记终于明白，巴文克和阿梅利亚两年前未能订婚以及他们的关系无果而终的原因。"**10 月 8 日。早晨我与阿梅利亚女士和邓德克先生道别。下午，我得知邓·德克先生与米莉亚〔姑姑〕独自在家，便前去拜访。阿梅利亚女士在那里，但她跟米莉亚姑姑立刻就离开了。我开始与邓德克先生交谈，向他和盘托出并询问他反对的原因等。他只是答道：我不同意。**"[112] 赫尔曼与阿梅利亚的故事完全因父亲的意愿而终结。根据当时的法律，若无父母许可的正式声明，二十三岁或以下的荷兰公民不能结婚。年龄介于二十四岁和三十岁的公民，按照法律要求，须三次征得父母正式许可，而父母被赋予法律权利，每次都可拒绝结婚的请求。只有在第三次拒绝后，这个年龄段的青年男女才可无视父母意见而自主结婚。那时，赫尔曼二十四岁，他可以征求阿里·邓德克首肯的机会次数有限（留

---

[109] "Van 1879 tot 1886," HBA, folder 16.
[110] 米莉亚·乔茨娜·邓德克（Melia Jozina den Dekker, 1824–1896）是阿里·邓德克（Arie den Dekker）的妹妹、阿梅利亚的姑姑。
[111] "Van 1879 tot 1886." "5 Oct Mij sterkte en inspireerde de tegenwoordigheid van A."
[112] "Van 1879 tot 1886." "8 Oct 's morgens nam ik afscheid bij Juffr. Melia & Mijnh. d. Dekker. 's middags verneem ik dat Mijnh. d. Dekker alleen thuis is met Melia. Ik ga er heen. Juffr. Melia was er maar ging weldra met Melia uit de Kamer. Ik begon met Mijnh. d. Dekker te spreken, vertelde hem heel de geschiedenis, vroeg waarom hij er tegen was, enz. Zijn eenig antwoord was: ik kan geen toestemming geven."

给他的只有会引起社会争议的选项，即未得父母许可而结婚），所以面对阿梅利亚的父亲，巴文克有些无能为力。正因如此，姑姑对他们颇为同情，以这种方式为他们穿针引线，巴文克似乎已知晓此事。

阿里·邓德克拒绝巴文克、不愿首肯的原因却不得而知。或许阿里·邓德克认为，巴文克对参与他家族的农场生意毫无兴趣，这样的女婿无甚价值。[113] 他也有可能认为，巴文克在敬虔或教义上不够好。阿里·邓德克深受进深宗教改革（Nadere Reformatie）的经验式敬虔和教义的影响，始终认为分离派牧师应该持守"严苛、严谨、坚定、正统的真理"；他这一态度大家都知晓。[114] 阿里最初确实努力在阿尔姆科克组建一个分离派教会；大家认为此举只是一时兴起、不够谨慎。[115] 1836 年，二十三岁的阿里因参与组建当地分离派教会而被处以"三至五年的监禁"，并课以 120 荷兰盾的罚金。[116] 由于缺少现存阿梅利亚本人所写的有关赫尔曼的资料，当然还有一个可能，就是巴文克单相思，阿梅利亚只是躲藏在父亲强势决定的后面。无论出于何种原因，阿里始终不同意将女儿嫁给赫尔曼·巴文克。尽管如此，阿梅利亚会再次成为他日记的主角。可是这次特殊的沟通，标志着他们结为连理的憧憬彻底破灭。

虽然在给赫胡洛涅的信中并未提及阿梅利亚，但在邓德克先生明确拒绝后的一个月，巴文克寄给赫胡洛涅的书信明显流露出他那时心灰意懒的情绪，由此也可理解为何他完成博士学业后会

---

[113] Harinck and Berkelaar, *Domineesfabriek*, 87. "Voor dochters van bemiddelde boeren waren theologen, zonder grond of kapitaal, geen goede partij."

[114] Smits, *De Afscheiding van 1834*, vol. 8, *Provincie NoordBrabant* (Dordrecht: J. P. van den Tol, 1988), 141.

[115] Smits, *De Afscheiding van 1834*, 8:154.

[116] Smits, *De Afscheiding van 1834*, 8:158. 年轻的邓德克直言不讳并强烈地批评国王的信仰观念和信仰实践。

选择与至亲共度一年（而不是立刻寻求牧职）："不管怎么说，无任何新鲜事。对我而言，每天似乎大同小异。但是我从未像现在这样，如此珍视与家人同在的喜悦。我完全有可能在这一年之后继续选择在家一年，或至少不会参与牧养教会。"[117] 他和阿梅利亚结为连理的愿望，以及他对二人世界的憧憬，都已化为了泡影。因此，巴文克在父母和弟弟们那里寻求心灵的抚慰。

在坎彭研究慈运理

阿克乌耶和凯波尔分别建议巴文克以分离运动和旧约为博士论文的选题，但是巴文克最终选则了一个完全不同的课题：瑞士改教家乌尔里希·慈运理（1484–1531）的伦理学。1879 年 11 月 11 日，他写给斯努克·赫胡洛涅的信中，说明了选择此课题的缘由。在祝贺朋友通过博士候选人考试之后，他写道：

> 我现在希望你在放松数天或数周（你确实需要放松）之后，会比我确定了博士论文课题还要开心。我对选题苦思良久，踌躇不定。几番犹豫之后，我最终选定研究慈运理的伦理学，正如你已知道的那样。我以此为论文选题，并不是因为它特别吸引我，而是因为在我所思考的选题中似乎此为最佳，再者也因我必须做出一个决定。感恩的是，我现在十分享受博士论文的准备工作。这个选题确有吸引人的

---

[117] Bavinck to Snouck Hurgronje, Kampen, November 11, 1879, in *ELV*. "Overigens geen nieuws. Iedere dag is voor mij ongeveer gelijk aan den ander. Maar het huiselijk genot is vroeger nooit door mij zoo gewaardeerd als thans. 't Zou me niet verwonderen als ik na dit jaar er nog een thuis doorbracht, althans nog niet in de gemeente ging."

> 方面，比"分离运动"的研究结果会更丰富。现在这个研究对我非常重要，它不会引发诸多致使其他课题在当下无法研究的异议。因此，我会坚持研究这一课题，并因终于定下课题而开心之至。[118]

从一方面来看，巴文克的博士论文课题似乎至少是策略性的选择。他没有明确说明，如果选择其他课题将会面对哪些具体困难。这不由得让我们猜测，巴文克是否已经感到自己无法在圣经批判学家库能面前完成（凯波尔所建议的）旧约论文的答辩，或是因为自己是"分离运动之子"，以分离运动为课题的博士论文，在莱顿大学可能会过于受各色问题困扰而缺乏学术价值。但是鉴于巴文克自身在神学和教会层面的委身**以及**与导师斯霍尔滕的关系，论文从历史和神学论述慈运理，无疑是一个相对安全的选择。

无论如何，巴文克认为斯霍尔滕作为博士生导师，对自己帮助甚微。在给斯努克·赫胡洛涅的信中，他谈到建构博士论文框架时遇到的困难：

> 如果我的导师是另外一位，那么我在此之前自然早已跟他讨论此事，但是我不觉得斯霍尔滕教授

---

[118] Bavinck to Snouck Hurgronje, Kampen, November 11, 1879, in *ELV*. "En nu hoop ik dat ge na eenige dagen of weken van ontspanning (die zult ge wel noodig hebben) gelukkiger moogt zijn in het kiezen van een dissertatie-onderwerp dan ik. Lang heb ik er over nagedacht, lang gewikt en gewogen. En na veel weifelen ben ik eindelijk besloten om, zooals ge goed gehoord hebt, Zwingli's ethiek te behandelen. Ik heb dit gekozen, niet zoozeer wijl het me zoo bijzonder aantrok, als wel omdat het me nog het beste leek van alles waarover ik nagedacht had en ik toch ten slotte eens beslissen moest. Gelukkig valt het me onder de bewerking veel mee; het heeft bepaald zijn aantrekkelijke zijde, werpt veel meer vrucht af dan de 'Afscheiding,' en—wat voor mij thans veel zegt—heeft niet die bezwaren, die een ander onderwerp voor mij althans op dit openblik bijna onmogelijk maken. Ik zal dus dit onderwerp wel houden, en ben blij dat ik eindelijk zekerheid heb."

会给我进一步的引导。最近我给他写信，说我想研究慈运理的伦理学，问他是否同意该课题。他的回复一如平常："这是一个不错的课题，特别应探讨慈运理**拣选**的教义和他的伦理学之间的关联。可参考本人著作《改革宗教会的教义》及其他几部著作。"然后，他列出了著作的标题。显而易见，这样的导师不会〔为学生〕投入很多。[119]

巴文克初到莱顿时，个人对斯霍尔滕印象深刻，但此时巴文克似乎认为后者在思想层面缺乏活力。在他的日记本和信件中，斯霍尔滕的形象是一位迟暮之年的学者，依赖大约三十年前所著教理学著作的荣誉而生存。他无兴趣和学生展开进一步建设性的神学探讨，而且他的神学讨论总是聚焦拣选的教义（出于他自己所持严苛死板的物质决定论）。赫普从 1876 年莱顿学生年鉴中引述了一个例子，说明这些看法是莱顿神学生的共识。这些神学生认可斯霍尔滕提出的神学系统的价值，但他们希望获得更广阔、更具创造性的神学教育。[120]

由此观之，标注为 1879 年 11 月 30 日、斯霍尔滕针对巴文克课题选择的回信就颇有意味。看似匆匆写就的回信中，斯霍尔滕表示支持巴文克的选题，但前提是（根据斯霍尔滕的观点）慈运

---

[119] Bavinck to Snouck Hurgronje, Kampen, January 6, 1880, in *ELV*. "Had ik een anderen promotor, dan sprak ik zeker nu er al eens met hem over; maar ik denk, prof. Scholten zou me toch niet veel verder brengen. Toen ik eenigen tijd geleden hem schreef dat ik de ethiek van Zwingli behandelen zou indien hij het goedkeurde, antwoordde hij zeer karakterisiek: het is een mooi onderwerp, vooral om aan te wijzen het verband tusschen Zwingli's verkiezingsleer en zijn moraal. Raadpleeg mijn *Leer der Hervormde Kerk* en nog een paar andere werken, die hij dan noemde. Dit bewijst genoeg dat zoo'n promotor niet veel geeft." 强调为原文所有。

[120] Hepp, *Dr. Herman Bavinck*, 44–46.

理的伦理学基于一种"完全的决定论"。[121] 除了要求巴文克阅读自己的著作《改革宗教会的教义》[122]，斯霍尔滕还推荐了研究慈运理的两本著作：爱德华·泽勒的《慈运理的神学体系》（1853）[123]和雅各布·提赫勒的《乌尔里希·慈运理：教会改革家》（1858）。[124]

尽管斯霍尔滕是巴文克的导师，但是巴文克在研究撰写博士论文过程中，最重要的富有建设性之交流来自旧约学者亚伯拉罕·库能，而非斯霍尔滕（斯霍尔滕对巴文克博士论文的评语只涵盖语法与错别字）。对巴文克而言至关重要的是，库能虽以旧约学者著称，但他超凡的思想广度和深度也包括了基督教伦理学和神学百科；他在莱顿大学常年讲授这两门课程。因此，尽管斯霍尔滕最终令巴文克感到失望，但巴文克很快从库能那里获益良多。

> 数周前，我把初稿寄给库能教授，请他赐教；他曾答应会给予指导。几天后，大概仅四五天，他就寄回来了。论文修改工作很是单调枯燥，但他的速度是如此之快。庆幸的是，他未提出许多意见，所以我完成几处修改后，就立刻付梓，然后继续下一步工作。论文的引论是唯一让库能感到不满意的地方，我亦有此看法。甚至再次修改后，我对其他章节都很满意，唯独〔引论〕例外。但论文已付梓，你很快就可以做出评价。我通常会根据库能的建议

---

[121] Scholten to Bavinck, Leiden, November 30, 1879, HBA, folder 2. "Ik heb volmaakt geen bezwaar er tegen dat u de ethiek van Zwingli tot het onderwerp van uwe dissertatie maakt....Zijn moraal staat uit het volstrekte determinisme."

[122] Scholten, *De leer der hervormde kerk*.

[123] Eduard Zeller, *Das theologische System Zwingli's* (Tübingen: L. Fr. Fues, 1853).

[124] Jacob Tichler, *Huldrich Zwingli, de Kerkhervormer* (Utrecht: Kemink en zoon, 1858).

修改（库能也跟斯霍尔滕说过此事），然后给斯霍尔滕寄一份样稿审阅，斯霍尔滕很快就寄回，但（迄今为止）没有任何评语，仅修改了语言和错字，这些是他非常重视的方面。[125]

库能对巴文克研究课题的兴趣远胜斯霍尔滕。库能于1879年10月14日写给巴文克的一封行文严谨的长信，就是一个显著的例子。他极为谦卑，在给巴文克提建议之前，首先表示自己并非研究慈运理思想的专家，而后才提出研究慈运理的建议，认为慈运理虽非最有天赋的改教家，但他追求宗教学者与普通人之间最大程度的和谐。故此，库能在信中写道，慈运理的伦理学值得进一步研究。基于此，他就如何撰写此课题论文，对巴文克提出了一系列细致的评论。库能指出巴文克不应将研究囿于有限的数篇文献，而应广泛阅读慈运理的所有著作，并且应着眼于慈运理每部著作的写作情境来研读文献。库能还建议巴文克阅读一长系列有关慈运理的后世著作，同时对这些著作的优点给出自己的评价，并用"(†)"对部分作品的题目作标注。在这封信开篇，他称呼巴文克为"朋友"（Amice!）；信的结语为："以†标注

---

[125] Bavinck to Snouck Hurgronje, Kampen, May 12, 1880, in *ELV*. "Voor eenige weken heb ik aan prof. Kuenen mijn manuscript gezonden om het eens in te zien; hij had me dit zelf aangeboden; en na eenige dagen, vier of vijf, kreeg ik het al terug. Met zoo'n spoed had hij dit vervelend werkje verricht. Gelukkig waren er niet heel veel aanmerkingen op, zoodat ik na eenige herziening hier en daar met het laten drukken een aanvang kon maken. Alleen de inleiding stond Kuenen niet erg aan, en mij ook niet; en zelfs na de overworking is ze alles behalve voor mij zelven bevredigend. Maar zij is nu gedrukt, en gij zult er spoeding zelf over kunnen oordeelen. Aan prof. Scholten, stuur ik op aanraden van Kuenen die er met hem over gesproken heeft, telkens een vel als proef. Hij zendt ze heel gauw terug, zonder eenige andere aanmerking tot dusverre dan taal- en drukfouten, waar hij zorgvuldig op attent maakt."

的书我均有，你可随时参阅……谨启，亚伯拉罕·库能。"[126] 这封由现代神学教授写给神学保守的学生的信是高雅风度的典范。

即便巴文克前往莱顿研究神学的确是主动跳入"狮子坑"，但至少斯霍尔滕这位现代主义狮子几乎无意吞吃这位年轻的分离派信徒。斯霍尔滕把自己的神学观强加给巴文克的尝试逐渐消散。[127] 从莱顿时期的日记来看，似乎巴文克并不认为斯霍尔滕对自己有特别的挑战或影响。（在弗拉讷克担任牧师时，巴文克似乎经历了一种后莱顿时期的觉察，发现自己在学生时代的确受到了斯霍尔滕的影响。下一章会进一步阐述这次觉察。）但是在某种十分特定的意义上，巴文克深受库能之榜样的影响：库能展示了一位心胸宽广、慷慨大度的神学思想者，并向自己这位事实上的博士生示范了历史–神学的严谨治学。巴文克自己的著作在行文风格和严谨性上，与库能的治学特点相近。[128]

巴文克主要在坎彭撰写博士论文，因而他常参加坎彭神学院活动，继续努力去实现分离派长期以来的志向（正如在之前章节所论），在一个认信的学院里实践科学性神学。巴文克在这一时期给斯努克·赫胡洛涅的信中写道：

> 与二十五年前相比，我们学校已取得长足进步，
> 但我仍疑惑它是否会发展成我有时所期望的样子。
> 学院在经济和道德上都得到教会支持，在各方面均

---

[126] Kuenen to Bavinck, Leiden, October 14, 1879, HBA, folder 2. "De met † geteekende boeken zijn in mijn bezit en tot uw dienst....T.T. A. Kuenen." 备注：结尾的 "T. T." 是拉丁文 "totus tuus"（wholly yours）的缩写，意为"谨启"。

[127] 鉴于此，我认同赫普的观点，即凯波尔在莱顿求学时所遇见的斯霍尔滕，到了巴文克开始在莱顿求学的年日，在很大程度上已然过时。斯霍尔滕的决定论系统仍旧主导莱顿学派，但截至19世纪70年代，已经失去了其新鲜感。Hepp, *Dr. Herman Bavinck*, 44.

[128] 例如 Abraham Kuenen, *Critices et hermeneutics librorum n. foederis lineamenta* (Leiden: P. Engels, 1858).

仰赖教会。在我看来，它只能满足于且维持非常实际的目的。显然，坎彭神学院不可能成为纯粹科学研究机构。无论有时对此感到何等遗憾，但当想到坎彭神学院依然对生命产生强烈的影响，我就感到安慰，深感慰藉。这也使我完全释然。[129]

巴文克完成博士学业

1880年5月中旬，巴文克前往莱顿以确定博士论文答辩日期。5月21日，斯霍尔滕转发给他一个消息："**下午，斯霍尔滕转发给我一封电报，说凯波尔博士向我坎彭的地址发送了一封电报，内容是要于5月22日（周六）下午一点，在拉特赫斯博士家里紧急会面。**"[130] 凯波尔发给巴文克电报的目的很明确：巴文克被召去见面，将讨论他在凯波尔新建的改革宗大学任职之事。

---

[129] Bavinck to Snouck Hurgronje, Kampen, January 6, 1880, in *ELV*. "In vergelijking met voor vijfentwintig jaar is onze school zeer vooruit gegaan. Maar of ze ooit worden zal wat ik soms wensch betwijfel ik. Financieel en zedelijk gesteund door de gemeenten, is ze van haar in elk opzicht afhankelijk en kan ze dunkt mij niet veel meer dan een practische beteekenis krijgen en houden. Zuiver wetenschappelijk kan ze uiteraard nooit worden. Hoezeer me dit soms ook spijt, ik troost me en kan me ook goed troosten met de gedachte dat ze toch een machtigen invloed kan oefenen op het leven. En dat geeft ten slotte den doorslag."

[130] "Van 1879 tot 1886." "21 Mei ... 's middags kwam er een telegram bij Prof. Scholten voor mij. Dat telegram bevatte dat er in Kampen een telegram van Dr. Kuyper aan mijn adres was gekomen inhoudende, om Zaterdag 22 Mei 's middags 1 uur eene dringende conferentie te komen houden ten huise van Dr. Rutgers." 这里所指的是弗雷德瑞克·拉特赫斯（Frederik Lodewijk Rutgers, 1836–1917），他的父亲是巴文克在莱顿的教授之一，安东尼·拉特赫斯（Antonie Rutgers）。1879年，弗雷德瑞克·拉特赫斯被委任为阿姆斯特丹自由大学教会历史和教会法教授。

这所大学开设在即，但尚未招生。"**我和卫兰赫牧师论及此事，他恰好也在莱顿。他建议我拒绝凯波尔的自由大学教职。**"[131] 翌日，巴文克前往阿姆斯特丹，花了三个小时与凯波尔讨论他对自己担任闪米特语系主任的提议，以及自己对有关教会和圣经问题的顾虑。（当时巴文克正准备在基督教归正教会接受按立，凯波尔却是荷兰改革宗教会的牧师，而自由大学并不附属于任何教会宗派。）[132]

凯波尔告诉巴文克下周二再次见面，他如约而至。会面中，凯波尔和拉特赫斯强烈敦促他接受自由大学教职。"**我说：'好吧，那我接受吧。**'"[133] 但是，巴文克在那晚开始质疑自己的判断。"**八点时，我应该已动身离开，但对这一决定感到忐忑不安，我就反悔了。**"[134] 巴文克在犹豫困顿之中错过了火车，只好留宿在拉特赫斯家。是什么导致他反悔呢？"**我不能接受这一任职。我丝毫没有感到上帝的呼召。我如果接受，那么〔只〕是为了凯波尔的意愿，以及荣耀的研究工作。**"[135] 在返回坎彭前，巴文克告诉拉

---

[131] "Van 1878 tot 1886." "21 Mei ... Ik sprak hierover met Ds. Wielenga, die net in Leiden was, en mij afried een professoraat aan Kuyper's Vrije Universiteit te aanvaarden."

[132] 凯波尔曾与约翰内斯·胡宁（Johannes Hermanus Gunning, 1829–1905）就圣经展开了一场长期的公开辩论。胡宁是19世纪伦理神学家中的领军人物。如见 J. H. Gunning Jr., *De heilige schrift, Gods woord: Antwoord aan Dr. A. Kuyper op zijn "Confidentie"* (Amsterdam: Höveker, 1872); Jasper Vree, "Gunning en Kuyper: Een bewogen vriendschap rond Schrift en kerk in de jaren 1860–1873," in *Noblesse oblige: Achtergrond en actualiteit van de theologie van J. H. Gunning jr.*, ed. Th. Hettema, and L. Mietus (Gorinchem: Ekklesia, 2005), 62–86。

[133] "Van 1879 tot 1886." "25 Mei ... 'Dan neem ik het aan,' zei ik."

[134] "Van 1879 tot 1886." "25 Mei ... Om 8 uur zou ik vertrekken. Maar ik had geen vrede bij 't besluit. Ik kwam er op terug."

[135] "Van 1879 tot 1886." "25 Mei ... Ik kon 't niet aannemen, voelde er hoegenaamd geen roeping toe, en zou, als ik 't aangenomen had, dit alles gedaan hebben om Kuyper's wil en gloriae studio."

特赫斯不能接受任职。"**那是一次冷淡的道别。我感到很尴尬。**"[136]

父亲的回应在赫尔曼对此决定的犹疑不定上十分明显。"**这件事情我是否处理得当？我是否应该接受任命？啊，上帝，如果我选择错误，请再次呼召我，让我在选择时满有平安与渴慕！我父母认为这个决定在某个方面是好事。**"[137] 巴文克的朋友亨利·多斯克在 1880 年 3 月 27 日给他的信中问及他的未来计划。作为一手资料，这似乎是首封信件（尽管是**写给**巴文克而非他**所写**），表达了巴文克希望将来在坎彭神学院任教的志向。多斯克在信中认为，凯波尔为了招募他在自由大学工作，有可能在"诱导"巴文克。多斯克写道："你的坎彭计划进展如何？你在那里的愿景是什么？从教会的观点出发，你的意愿是什么？"[138] 乔治·哈林克和乌特尔·克鲁斯认为，这封信是在询问巴文克参加在坎彭举行的教会牧职候选资格考试的计划。[139] 尽管如此，这封信的内容，尤其关于凯波尔接洽巴文克和坎彭"愿景"的问题，也有可能表明巴文克曾透露自己希望在坎彭任教的愿望。若真如此，那么这对巴文克写于 1882 年的现存第一手资料可带来新的理解，由此可完全明白他的"坎彭计划"。

---

[136] "Van 1879 tot 1886." "<u>27 Mei</u> … 't Was koel afscheid. Ik was verlegen."

[137] "Van 1879 tot 1886." "<u>27 Mei</u> … Heb ik goed gehandeld? Moest ik 't aangenomen hebben? Geef o God dat der roeping herhaald worde, als ik verkeerd deed, en laat me anders vrede en lust genieten bij 't genomen besluit! Mijn ouders vonden het maar ten deele goed."

[138] Dosker to Bavinck, Ebenezer, March 27, 1880, in *BHD*. "Hoe gaat het met uwe Kampen plannen? Wat zijn uwe vooruitzichten daar? Wat zegt gij van voornemens op kerkelijk standpunt?"

[139] George Harinck and Wouter Kroese, *"Men wil toch niet gaarne een masker dragen": Brieven van Henry Dosker aan Herman Bavinck, 1873–1921* (Amsterdam: Historisch Documentatiecentrum voor het Nederlands Protestantisme [1800–heden], 2018), 172n23.

教理学与伦理学

博拉梅尔曾描述巴文克的博士论文读来像是应要求而完成的大学论文作业,而非他自己神学思想的吐露。[140] 巴文克在撰写该论文时的确还是一名学生,正在努力培养能力,可以成为宗教改革时期一位著名人物的诠释者。故此,他的论文符合那个时间点的一般境况特征和他那个成长阶段。然而,在他的博士论文中——尤其是在引论和结论部分——我们偶尔可以看到他的神学思想;其中一些观点是首次提出,后来日益重要,甚至贯穿他的一生。

虽然巴文克意识到伦理学是比教理学更前沿的一个领域,但他在博士论文开篇首先论述了二者的互惠关系。[141](后来巴文克以数十年时间撰写**教理学与伦理学的关系**。)慈运理的伦理学曾被忽视,但值得研究,这是因为"普通公民"慈运理比同时代的改教家更深认识到,宗教改革就是重新发现上帝的主权,而此主权令每个生命领域的革新成为必须。[142](虽然巴文克后来将此观点归属于更普遍的宗教改革,但是这一直作为一个重要洞见,深刻影响了他对凯波尔最新提出的新兴现代加尔文主义的认同。)就此而言,慈运理的整个生命革新的看法,使得个体借着将个体性扎根于群体而昌盛,因而防止透过个体主义而造成个体的崩塌。[143](巴文克之后多次借用这个洞见,纵然将此观点追溯至加尔文而非慈运理。)巴文克认为慈运理敏锐意识到自己身处一个特定的历史时间点,并且乐意将自己时代的伦理学阐述与过去和

---

[140] R. H. Bremmer, *Herman Bavinck als dogmaticus* (Kampen: Kok, 1966), 373.
[141] Herman Bavinck, *De ethiek van Ulrich Zwingli* (Kampen: G. Ph. Zalsman, 1880), 1–2.
[142] Bavinck, *De ethiek van Ulrich Zwingli*, 107.
[143] Bavinck, *De ethiek van Ulrich Zwingli*, 175.

未来相连接，所以他不仅在自己的时代卓尔不群，也是当代神学家的典范。[144]（纵观他的一生，巴文克始终认为神学恰恰需要这种"历史感"。）

巴文克在博士论文的结论中甚至提出，因着慈运理对"异议"所持"尊重的"姿态，所以"慈运理相较于其他任何一位改教家，更贴近我们这个时代"。[145] 在此暂不详论巴文克在何种程度上准确诠释了慈运理这位历史上拥有独特特征的人物；库能的无私交流使巴文克收获颇丰，巴文克对慈运理的诠释也许最终受此影响。但毫无疑问，结论中的这一观点是与他对自己神学发展之志向相一致的陈述。

年轻的博士

1880 年 6 月 10 日，巴文克获神学博士学位。他对教授所提的问题都回答自如，并被评为成绩"优异"。巴文克写道："**荣耀唯归上帝！我回家了。所有神学教授都来到我家，胡罗森、阿克乌耶和乌尔特也来了。斯霍尔滕和库能到 5 点半后才离开。卢卡斯、斯努克·赫胡洛涅、维尔德伯、卡拉梅尔和我在皇家广场共餐。我们专门骑行去恩德赫斯特吃甜点，直到凌晨一点才道别。**"[146] 在乘火车回坎彭之前，巴文克翌日拜访了库能和斯霍尔

---

[144] Bavinck, *De ethiek van Ulrich Zwingli*, 177.
[145] Bavinck, *De ethiek van Ulrich Zwingli*, 179. "Geen der Hervormers is onzen tijd zoo na verwant als Ulrich Zwingli....De eerbiediging van anderer overtuigiging."
[146] "Van 1879 tot 1886." "10 Juni ... Naar huis gereden: daar kwam alle theol. professoren bij me, ook Groszen, Acquoy, en Oort. Scholten en Kuen bleven tot over half zes. Lucasse, Snouck, Wildeboer, Cramer en ik dineerden samen in Place Royale. Voor dessert reden we Endegeest nog eens om. Om een uur scheidden wij."

滕教授，以及当地的基督教归正教会牧师多纳和豪斯特。巴文克父母准备了一个聚会，庆贺他莱顿博士毕业，荣归坎彭。尽管他的博士学业顺利结束，但是他莱顿时期日记本的最后一则日记流露出他对前途的迷茫。他去莱顿求学时，心怀与阿梅利亚·邓德克结为连理的梦想，充满对凯波尔的敬仰之情。但六年之后，他与阿梅利亚牵手无望，在踌躇之中又拒绝了与所敬仰学者共事的机会。令巴文克痛苦的是，凯波尔甚至在《先锋报》公开了他们交谈的细节。[147] 巴文克对公开此事甚为不悦，这在斯努克·赫胡洛涅写给他的信中表露无遗："《先锋报》对任命希伯来教授的细节描述简直太过细微！你肯定对如此事无巨细的报道也感到不快，尤为恼人的是所有日报上都刊登了此事。"[148] 巴文克刚结束博士学业时的状态精神低落，并且对未来不确定。他的莱顿日记本开篇是歌德的"一切转瞬即逝者皆为相似物"，结束的语调也以与此相似："**现在一切告一段落。学生时代——整个学生时代——都已成为过去。现在若何？我将如何？**"[149]

不过，巴文克并非唯一对未来感到茫然的博士。他获博士学位之时，获神学博士学位的荷兰年轻人的数量开始增加，但是他们毕业后发现，可任职的教会或学术研究院所等机构数量有限。探寻目标乃这些"年轻的神学博士"共有，因为教会和大学中的荷兰文化，传统上认为神学专业知识需有数十年积累才可得，而非年轻人的一纸博士文凭就可证明。（正如博斯所言，"年轻的

---

[147] *De Heraut*, July 4, 1880.
[148] Snouck Hurgronje to Bavinck, Leiden, July 8, 1880, in *ELV*. "Wat heeft De Heraut uitvoerig den stand der zaken mêegedeeld wat de benoeming van een professor voor Hebreeuws betreft! Gij vondt zeker die uitvoerigheid minder aangenaam, vooral daar dat alles nu in alle dagbladen de ronde maakt."
[149] "Van 1879 tot 1886." "<u>12 Juni</u> ... En zo gaat alles voorbij en ligt heel de studententijd achter mij. En wat nu? Wat is er voor mij te doen?"

神学博士"本质上是 19 世纪的发明。）[150] 19 世纪，在神职专业化的推动下，尽管这种文化开始变化，但截至巴文克获得博士学位时，他在当下社会中的角色依然不甚明晰。这位二十出头、拥有博士学位证书的专家进入了社会；但在这个社会中，包括一些分离者在内的许多人，对他专业知识的学位证明几乎并不为意。

亚伯拉罕·凯波尔不同于那个时代的许多人，他赞赏这位年轻的巴文克博士所受教育的价值，即便巴文克拒绝了他首次提供的教职机会。尽管如此，不久后巴文克就得知凯波尔希望和他保持联系。凯波尔很快给这位年轻的博士寄来道贺信，以对他们共同认定之认信和原则的提醒开首。

> 尊贵的博士：
> 你的专著已收到，这令我发出赞美和感恩。因着上帝的恩慈，我们共同认定的神圣原则在该著作中得到如此清晰纯熟的阐述。望与你有更多进一步的联络交流，过去如此盼望，现在依然。[151]

在以下章节会看到，凯波尔与巴文克的生活交集日益增多。这次相邀并非凯波尔最后一次尝试将巴文克纳入自由大学的麾下。

《号角报》报道了巴文克获博士学位的消息，但行文语气复杂。巴文克的博士论文出版，成为他第一本专著，受到热烈欢迎，因为他自己成长为一位科学性神学家。然而，他的母校对此评价并不如此热情。

---

[150] David J. Bos, *Servants of the Kingdom: Professionalization among Ministers of the NineteenthCentury Netherlands Reformed Church* (Leiden: Brill, 2010), 366.

[151] Kuyper to Bavinck, Amsterdam, June 18, 1880, HBA, folder 2. "Waarde Doctor, Uw boek ontving ik en het stemde mij tot lof en dank, dat door Gods goedheid zulk een kundig pleitbezorger van de ook mij heilige beginselen was opgestaan. Enger band met u had ik gewenscht, en blijf ik wenschen."

我们关注到《乌尔里希·慈运理的伦理学》出版，甚是欣慰，借此我们年轻的朋友赫尔曼·巴文克博士证明，他的呼声也回响在科学人士之中。莱顿大学的神学系已据此博士论文授予巴文克博士学位。这所大学以"神学系"这一古老头衔自诩，却以所教导的众多科学为基础，剔除了真正被称为神学的内容（即教理学和伦理学）；巴文克就在这样一所大学里攻读博士，我们只能说为他深感遗憾。我们尤其要强调，在这样一个神学系攻读博士，虚假之学会蒙蔽我们的心。此神学系并不教导神学，而是科学（它与神学相关），因此它不配拥有传统意义上"神学"这一名称，也无资格授予神学学位。我们了解到自由改革宗大学已向这位年轻的博士提供教职，但他已回绝。现在，他已同众多学子一样，申请参加坎彭神学院的毕业考试。[152]

---

[152] *De Bazuin*, June 25, 1880. "In de tweede plaats vermelden wij evenzeer met veel ingenomenheid: DE ETHIEK VAN ÜLRICH ZWINGLI, waarin onze jeugdige vriend Dr. H. Bavinck het bewijs geleverd heeft, dat hij mede zijn stem mag laten hooren onder de mannen der wetenschap. Op dat proefschrift toch verleende hem de Theol. Fakulteit te Leiden haar doctoraat. Dat hij dit doctoraat vroeg van eene inrichting die ja, nog wel met den alouden naam zich tooit van 'Theol. fakulteit,' maar die juist uit de wetenschappen, die zij onderwijst de eigenlijk gezegde theologie d. i. de dogmatiek en de ethiek heeft geschrapt,—wij kunnen niet nalaten te zeggen, dat ons dit ten zeerste smart. Door aan die fakulteit den graad te vragen, stempelen wij zooveel, in ons is de leugen, die daarin schuilt. Eene fakulteit die geene godgeleerdheid onderwijst, maar slechts wetenschappen, die daarmede in betrekking staan, kan naar de aloude beteekenis des woords dien naam niet dragen en dus ook dien graad niet verleenen.—Wij vernemen, dat dezen jeugdigen doctor een professoraat aan de Vrije Gereformeerde Universiteit is aangeboden, maar dat hij er voor heeft bedankt. Intusschen behoort hij mede tot het getal dergenen die zich voor het eindexamen aan de Theol. School te Kampen hebben aangegeven."

在此之前，《号角报》的风格显然是作为一份为了坎彭神学院的利益，表达基督教归正教会之立场的报刊。正因如此，《号角报》秉持一种编辑策略，绝不对莱顿大学神学系加以赞美之词；尤其因为莱顿大学神学系愿意遵守1876年的《高等教育法案》。《号角报》的报道向基督教归正教会的读者呈现的，是这位朝气蓬勃且受过科学训练的巴文克终弃莱顿而归坎彭。我们会在下一章看到，巴文克结束博士学业时，申请参加了坎彭神学院的神学专业毕业考试。

进入荷兰社会的纵横轨迹

1848年宪法修订后，荷兰社会出现了新的（现代后期）社会面貌，这一切对基督教归正教会意义深远。结合这一背景，本传记勾勒了巴文克到此阶段为止的生活轨迹。赫尔曼·巴文克属于不愿移民海外、要在荷兰社会为自己群体寻求发展空间之人士中的一员。他加入了有社会志向的分离派群体，与他志同道合的人士有莱顿的牧师多纳（和众多的呼依胡拉赫特教会的信徒），以及莱顿大学同学克里斯蒂安·卢卡斯和威廉·纽豪斯。他们一道探索着在社会新图景中的诸多可能性及其局限。在探索过程中，他们在横向维度朝着社会核心移动，**并且**在纵向维度向上流阶层迈进。分离派最初是一个遭受压迫、只能秘密聚会的群体。在不到五十年的时间里，分离派不断发展，现在养育出一位莱顿大学的神学博士。不言而喻，这也表明1848年之后的荷兰社会，所有宗派享有的宽容和机会之程度。巴文克有着正统信仰，就读于一所现代主义的学校，但他在和教授的来往中经历了宽容而非敌视。他在莱顿的独特个体经历，也可视为正统加尔文主义者所进入的荷兰社会境况的范例；他们在"从分离走向融和"的过程中，找到了自己在社会中的位置。[153] 他们在绝大多数方面享有被宽容，受许进入像莱顿大学这样存在已久的社会机构。然而，他们在何种程度上能旗帜鲜明地向他们所在的现代后期文化传讲正统之声，这仍是一个问题。正因如此，加之其他诸多因素，对于这位初出校门的莱顿博士而言，未来之路该如何走，目前尚不明朗。

---

[153] Jasper Vree, "Van separatie naar integratie: De afgescheidenen en hun kerk in de Nederlandse samenleving (1834–1892)," in *Religies en (on)gelijkheid in een plurale samenleving*, ed. R. Kranenborg and W. Stoker (Leuven: Garant, 1995), 176.

第三部分

牧者

第六章

弗拉讷克（1881–1882）

> "对一位候任牧师而言，这个教会会众颇多，不易牧养。"

巴文克在莱顿大学获得博士学位时，已在坎彭家里住了一年。他不知今后该何去何从，就依然和父母同住，直到 1881 年 3 月。在此阶段，巴文克经常访友、忙于讲道，但显然经历了与阿梅利亚的恋情无果而终后深深的孤独。例如 1880 年 7 月 29 日的一则日记写到，他陪一位生病的朋友回阿尔姆科克，此地与阿梅利亚的家乡尼文代克近在咫尺。他在阿尔姆科克小住了五天，但并没有联系阿梅利亚及其家人："**送他回家。呆在学校〔即哈斯曼学院〕。无新事。未拜访邓德克家人。**"[1]

巴文克在此时期所写日记提及的各类朋友中，有一位很快显得重要起来——杨·亨德里克·乌尼克（Jan Hendrik Unink, 1858–1883）。他是一名基督教归正教会神学生，比巴文克小四岁。

---

[1] "Van 1879 tot 1886," HBA, folder 16. "<u>29 Juli</u> Thiele was sedert eenige dagen ongesteld. Ik bracht hem naar huis. Logeerde op school. Geen nieuws. Bezocht niemand v.d. familie d. D."

巴文克从莱顿回坎彭之前，似乎和乌尼克并不相熟。他完成莱顿的博士论文答辩回到坎彭的那天晚上，父母给他举办了一个"小型家庭庆祝会"。在那天的日记中，巴文克第一次提及乌尼克的名字。尽管如此，在巴文克即将担任牧职的那一年里，他和乌尼克的友情渐深；但后来乌尼克早逝，这对巴文克影响巨大。

迎接牧职按立

在随后的一个月里，巴文克在坎彭参加了两场神学公开考试。学生接受牧职按立前必须参加该类考试。这些考试由神学院理事会负责，而非学院教师；理事会成员有赫尔曼的父亲杨和阿德里安的父亲克里斯特安·斯迪克特。[2] 因是公开考试，前来观摩的有亲朋好友、基督教归正教会牧师和其他民众（乔治·哈林克和威姆·贝尔克拉指出，镇上犹太社区的一些人也有参加）。[3] 按照惯例，学生会在神学学习第二年年末参加第一场考试（考试A），在翌年年末参加第二场考试（考试B）。[4] 但是，巴文克博士连续参加了两场考试。在这两场考试中，亨里克斯·贝克（Henricus Beuker）和道威·卫兰赫（Douwe Klazes Wielenga）两位牧师也在场。重要的是，这两位牧师在分离派教会中也力荐巴文克。

> <u>7月13日</u>，坎彭考试开始。学生表现很差，多名学生未通过。
>
> <u>7月16日</u>，神学考试A开始。我、乌尼克、穆尼科、

---

[2] J. H. Landwehr, *In Memoriam: Prof. Dr. H. Bavinck* (Kampen: Kok, 1921), 20.

[3] George Harinck and Wim Berkelaar, *Domineesfabriek: Geschiedenis van de Theologische Universiteit Kampen* (Amsterdam: Prometheus, 2018), 43.

[4] Jurjen Nanninga Uitterdijk, *Kampen: Geschiedkundig overzicht en merkwaardigheden* (Kampen: Van Hulst: 1878), 143.

普洛斯蒂、胡歌特等人参加。考试顺利。圣经批判学考题中遇到了一些困难。其他都顺利。

<u>7月18日</u>，周日。贝克早上在这里讲道，下午卫兰赫讲道。

<u>7月19日</u>，神学考试B。我先讲道，经文是《马太福音》十五14上半节。考试顺利。

<u>7月20日</u>，周二下午5点公布考试结果。巴尔拉伊曾、迪伊、罗梅恩和斯迪克特未通过。我、弗彭斯·滕霍尔父子、考科、奈恩豪斯和厄尔曾格通过。[5]

尽管巴文克在日记中没有详述"圣经批判学"试题中的"困难"，但这些困难极有可能关乎他对莱顿学派所教导的圣经批判学的看法。鉴于巴文克被要求选择的讲道经文，这个推测可能就是事实。巴文克要用荷文传讲《马太福音》十五14上半节："让他们去吧，他们是瞎眼的领路人"（Laat hen varen; zij zijn blinde leidslieden）。这样的经文选择显然在玩一个文字游戏，影射巴文克的莱顿大学教授。（在荷文中，Leidsche lieden 意为"莱顿人"；而 leidslieden 意为"领路人"，读音与前者相似）。因此，赫普和博拉梅尔都将这次讲道测验描述为一次公开考验，意在显明这位年轻的巴文克是否公开让自己与斯霍尔滕、库能以及他们异端的追随者保持距离。[6]

---

[5] "Van 1879 tot 1886." "<u>13 Juli</u> Examen hier in Kampen begonnen. 't Was zeer min. Velen dropen. <u>16 Juli</u> theol. examen A begon. Eraan deelnamen: ik, Unink, Munnik, Proosdy, v.d. Hoogt enz. 't Ging tamelijk goed. Enkele moeilijkheden over kritiek etc. kwamen er; anders niet. <u>18 Juli</u> Zondag. Beuker sprak hier 's morgens, Wielenga 's avonds. <u>19 Juli</u> Examen theol. B. Eerst gepreekt, ik over Mt 15:14 a 't Examen ging goed. Dinsdag <u>20 Juli</u> middag 5 uur. Balhuizen, Dee, Romein, Steketee gedropen. Ik, Foppens ten Hoor Sr en Jr, Kok, Nijenhuis, Elzenga er door."

[6] Valentijn Hepp, *Dr. Herman Bavinck* (Amsterdam: Ten Have, 1921), 83; R. H. Bremmer, *Herman Bavinck en zijn tijdgenoten* (Kampen: Kok, 1966), 35.

赫普的传记详细描绘了当时的情形，但遗憾的是，并未提供任何可考文献。根据他的传记，巴文克对经文的选择感到"怒不可遏"，因而拒绝传讲这节经文，并打算放弃牧职候选人资格以示抗议，但他在父亲和朋友的劝说下还是完成了讲道。赫普声称巴文克的讲道以拒绝批评莱顿教授开始，同时指责布勒恩斯牧师（Reverend Bluens）只挑选了半节经文（太十五 14 上半节），在这过程中致使圣经成为用于争辩的工具。赫普写道，巴文克讲道的开篇"大致"如下："为何给我选择这部分经文，其中缘由不言自明。该节经文后半部分中'瞎眼的'〔太十五 14 下半节〕被故意省去。现在，我们唯一能做的一件事就是把该词加上去，但是他们不敢。"[7] 早期为巴文克立传的作家兰德维尔，记录了一位当时在现场的听众的叙述。这位见证者认为，布勒恩斯素来有刻意选择经文片段当作考题的习惯，但并未提及巴文克如此激烈的反应。兰德维尔的描述表明，巴文克讲道"语言优美"，尽管"老布勒恩斯"未能遂愿，但对巴文克的讲道印象颇深。[8]

赫普在 1921 年所著传记中，对以上所述几乎没有提供佐证文献。尽管如此，他的描述广为传播。巴文克的讲道以及他对所选经文大为光火，在整个 20 世纪众多荷文和其他外文文献中反复被引述。[9] 但与此相反，自 1880 年以来报刊报道的各种"教会信息"中，只提到赫尔曼·巴文克博士已通过所谈论的考试，现

---

[7] Hepp, *Dr. Herman Bavinck*, 83. 赫普引述了巴文克"大致"的话语："Waarom men dezen tekst juist mij heeft opgegeven, laat zich licht bevroeden. Met opzet heeft men de woorden 'de blinden' weggelaten. Het ontbreekt er nog maar aan, dat men er ook die aan toevoegde. Doch dat dorst men blijkbaar niet aan"。

[8] Landwehr, *In Memoriam*, 20. "Met de schooner dictie, hem eigen, leverd hij zijn preekvoorstel, dat de bewondering van allen opwekte, misschien ook wel van den ouden Bulens, al kreeg deze ook zijn zin niet."

[9] "Nederlandsch Nieuws: bij het cand.-examen van Prof. Bavinck," *Onze Toekomst*, April 19, 1922; "Dr Bavinck kreeg bij examenpreek een bittere pil te slikken," *Friese Koerier*, November 19, 1955.

可应召牧会。[10] 在众多报导中，其中《吕伐登报》（*Leeuwaarder Courant*）报道，尽管巴文克已通过相关考试，但他声明自己当前"不能接受牧会呼召"。[11] 令人困惑的是，巴文克日记中并无此相关记录。无论巴文克是否真的暂时无法接受牧会呼召，他已经开始在荷兰各地的分离派教会定期讲道。

巴文克的日记中记录了数度去兹瓦茨劳斯（Zwartsluis）讲道。其中一则日记提到和乌尼克的友谊日益深厚。8月14日，巴文克前往兹瓦茨劳斯讲道时途径兹沃勒：**"到了兹沃勒，在乌尼克家共餐。晚上同〔往〕兹瓦茨劳斯。"**[12] 巴文克在兹瓦茨劳斯完成主日讲道后，在朋友陪伴下经兹沃勒返回坎彭。他写到在兹沃勒和乌尼克共度一天后，才返回父母家。[13] 他们的友情很快就变得亲厚。在随后一年，巴文克开始了繁忙的牧会工作，踽踽独行，幸有乌尼克常来探访，成为密友。

弗拉讷克或布洛克 – 奥普 – 朗赫戴克

巴文克好几个月都定期外出讲道。他日记中记录最为详细的所到之地便是弗拉讷克，这座位于西北弗里斯兰省的小镇。

> 9月18日，早晨动身前往弗拉讷克，下午2:30到达。住在小霍夫斯特拉家。下午参观天文馆、游览城墙、观看画像等。

---

[10] 如见 "Kerknieuws," *Provinciale en Overijsselsche en Zwolsche courant*, July 22, 1880; "Schoolnieuws," *Het nieuws van de dag*, July 20, 1880。

[11] "Kerk- en schoolnieuws," *Leeuwaarder Courant*, July 23, 1880. "De heer Bavinck stelt zich vooreerst niet beroepbaar."

[12] "Van 1879 tot 1886." "14 Aug. Naar Zwolle, bij Unink gegeten. Samen 's avonds naar Zwartsluis."

[13] "Van 1879 tot 1886." "16 Aug ... Wij gingen saam naar Zwolle. Ik bleef dien dag bij Unink, ging 's av. naar Kampen."

> 9月19日，在弗拉讷克讲道，经文为《约翰福音》十七19和《罗马书》八28。教会堂会会议讨论邀我前来牧会事宜。[14]

巴文克最终接到两个教会的邀请：弗拉讷克和布洛克－奥普－朗赫戴克。当弗拉讷克当地的基督教归正教会听过巴文克讲道并思考邀请他时，巴文克日记的细节似乎披露了他自己也在考量这个小镇的资质。布洛克－奥普－朗赫戴克和弗拉讷克都历史悠久。布洛克－奥普－朗赫戴克是一座农业村镇。[15] 相比之下，虽然弗拉讷克昔日风华早已不再，但它具有作为大学城的诱人之处。正如巴文克在日记中所提到的，除了其他事物，弗拉讷克有一座天文馆，另有一堵在建筑方面令人惊叹的16世纪城墙。[16] 该城的大学始建于16世纪，却在1811年被拿破仑下令停办。法国政权在此地倒台后，弗拉讷克大学并未恢复办学，而是被改造为一间学会（athenaeum）。该学会就是一个小型教育机构，拥有内政事务部授权颁发学位的资质，旨在提升该地区居民的"品味、文化和学识"。[17] 正因如此，弗拉讷克学会局限于该省，1843年因生源不足而关闭。[18] 巴文克在19世纪80年代参观这座小镇名胜之时，也在品味它残存的昔年风姿。显然，他知道此地难与莱顿比肩。

---

[14] "Van 1879 tot 1886." "18 Sept. 's Morgens naar Franeker, kwam daar aan te half drie, logeerde bij L. Hofstra Jr. Bezichtigde 's middags 't planetarium, stadhuis, portretten etc. 19 Sept. te Franeker gepreekt over Joh 17:19 & Rom 8:28. De kerkeraad sprak er van, om mij te beroepen."

[15] 有关布洛克－奥普－朗赫戴克的历史，见 Janet Sjaarda Sheeres, *Son of Secession* (Grand Rapids: Eerdmans, 2006), 91–93。

[16] 弗拉讷克城墙和天文馆的照片，见 A. Loosjes, *Overijssel, Friesland, Groningen en Drente in Beeld* (Amsterdam: Scheltema & Holkema's Boekhandel en Uitgevers Maatschappij, 1927), 73, 114–15, 166。

[17] W. B. S. Boeles, *Frieslands hoogeschool en het Rijks Athenaeum te Franeker* (Leeuwarden: H. Kuipers, 1878), 168.

[18] 弗拉讷克学会关闭的时候，注册学生人数下降到了25人。G. Wumkes, *Stads en Dorpskroniek van Friesland* (Heerenveen: Nieuwsblad van Friesland, 1917), 9.

莱顿与弗拉讷克的反差巴文克自然看在眼中。从 16 世纪到 19 世纪，弗拉讷克的历史是一段与莱顿不断竞争的历史。16 世纪初，两座城市因着同样的伟大志向，各自建起一所大学。岁月流逝，弗拉讷克渐渐被抛在这位荷兰邻居的身后。截至 19 世纪，巴文克的母校早已成为具有国际影响力的大学，然而弗拉讷克大学甚至没有能力一较高下。相比莱顿，弗拉讷克"没有校医院和天文台，缺乏实践科学所需的主要研究工具（仅光学仪器尚可），没有令人满意的稀有植物收藏，一间阁楼上的解剖室里几乎空无一物"。[19] 两所大学争当荷兰一流大学的竞争持续了三百年，但赢家历来只有一位。弗拉讷克的名胜古迹有其自身价值，但实为这场失利的马拉松竞赛的历史文物。毫无疑问，巴文克参观这些名胜古迹之时定会意识到这一点。弗拉讷克固然比布洛克-奥普-朗赫戴克更像莱顿，但实难与莱顿比肩。

巴文克参观弗拉讷克后，向南旅行，先在鹿特丹讲道，后访问他在莱顿的朋友，也拜访了他的老师斯霍尔滕和饶文霍夫教授。他不久便接到一个重要的消息：**"10 月 5 日，我三点半再次离开莱顿，八点半到达坎彭，收到弗拉讷克教会前一天寄给我的牧会邀请函。"**[20]

三天后，在周五（10 月 8 日）《号角报》上，弗拉讷克教会公开向巴文克发出牧会邀请，希望他接受。

---

[19] A. C. J. de Vrankrijker, *Vier eeuwen Nederlandsch studentenleven* (Voorburg: Boot, 1936), 32. "Er was geen academisch ziekenhuis, geen sterretoren, geen behoorlijke verzameling werktuigen voor het practicum natuurkunde (alleen in optische instrumenten was men goed voorzien), er was geen voldoende collectie botanische zeldzaamheden; het theatrum anatomicum op één der bovenlocalen bezat vrijwel niets."

[20] "Van 1879 tot 1886." "5 Oct. half vier weer Leiden verlaten. half negen kwam ik in Kampen aan, waar ik vernam, dat er den vorigen dag een beroep voor mij gekomen was van de gemeente Franeker."

1880 年 10 月 3 日，**弗拉讷克**通告：今天在考皮尔（K. Kuiper）的带领下，三位牧者按他们名字首字母为序，依次呈报给会众：来自坎彭神学院的按牧候选人赫尔曼·巴文克博士、考德姆的凡戴乐恩和贝德姆的维塞尔斯。教会的弟兄选出了赫尔曼·巴文克博士。愿上帝在这位弟兄心中动工，让他勇敢地接受呼召，这是教会堂会和会众的共同愿望。谨代表教会堂会宣布，徒因斯特拉。[21]

双重决定

当月晚些时候，巴文克前往布洛克－奥普－朗赫戴克的基督教归正教会讲道，他很快就接到该教会的牧会邀请。之后，他立刻做出两个重要决定；它们从不同角度体现了巴文克的志向。

11 月 1 日，早晨 9 点，再次前往莱顿和多纳交流出版《更纯正神学之总览》事宜。新版工作由我负责，酬谢费 150 荷兰盾；销售 300 至 500 本，每本价格 20% 作为酬金。下午返坎彭。

11 月 2 日，接受弗拉讷克的牧会邀请，婉拒布洛克－奥普－朗赫戴克。[22]

---

[21] *De Bazuin*, October 8, 1880. "FRANEKER, den 3 October '80. Heden werd onder de leiding van Ds. K. Kuiper van Ferwerd, door een aan de gemeente Alfabetisch voorgesteld drietal Predikanten, bestaande uit Dr. H. Bavinck, candidaat aan de Theol. School te Kampen, L. van Dellen te Koudum en J. Wessels te Bedum, door de mansleden gekozen Dr. H. Bavinck. Neige de Heere het hart van dien broeder, om met volle vrijmoedigheid de roeping aan te nemen, is de wensch van Kerkeraard en gemeente. Namens den Kerkeraad, J.F. TUINSTRA."

[22] "Van 1879 tot 1886." "1 Nov. 's morg. 9 uur naar Leiden, om met D.

虽然弗拉讷克没有莱顿那般光彩夺目，但巴文克选择了这座城市，而拒绝了乡村。尽管这座城市的高雅文化只是残存的风姿，但也以一种农业文化缺少的方式吸引了巴文克。然而，他似乎并不打算长期居住在弗拉讷克，甚至也不会长期担任牧职。巴文克刚接受弗拉讷克的牧会邀请时，就动身去会见迪尔克·多纳（Dirk Donner, 1858–1894）。后者是巴文克以前牧师的儿子，开始逐渐成为一位重要的分离派出版商。巴文克在接受牧会邀请的前一天，就已专心投入到新版《更纯正神学之总览》的工作。该著作以拉丁文概述早期改革宗正统神学，在 1625 年由四位莱顿教授出版：约翰内斯·珀利安德（Johannes Polyander）、安德烈亚斯·瑞文徒斯（Andreas Rivetus）、安东尼乌斯·瓦拉乌斯（Antonius Walaeus）和安东尼乌斯·提斯乌斯（Anthonius Thysius）。[23]

巴文克借此双重选择，为自己未来数年果断地划定了发展轨迹。他现在虽动身前往弗拉讷克，但所怀的志向是成为一名科学性神学家，而弗拉讷克已经几十年没有培育出这样的神学家了。（附带提及的是，弗拉讷克大学在 1843 年闭校之前，最后一位系统神学教授正是巴文克的博士论文导师斯霍尔滕。）显然，弗拉讷克只是巴文克通往实现志向道路上的垫脚石，并非终点站。在选择弗拉讷克时，他已将目光投向了下一个站点。

巴文克若要持续前行，不止步于弗里斯兰，那么他需要积累

Donner te spreken over de uitgave der 'Synopsis.' Deze uitgave zal verschijnen onder mijn toezicht; honorarium 150 gld en 20% v. elk exemplaar van 300–500. 's middags weer naar Kampen. 2 Nov. <u>Aangenomen</u> het beroep naar Franeker & bedankt voor dat van Broek op Langendijk." 备注：虽然村庄的名字现在拼写为 Broek op Langedijk，但是巴文克称其为 Broek op Langendijk。

[23] Herman Bavinck, ed., *Synopsis purioris theologiae* (Leiden: D. Donner, 1881). 此书现已有拉丁文 – 英文双语版：*Synopsis purioris theologiae / Synopsis of a Purer Theology: Latin Text and English Translation*, vol. 1, Disputations 1–23, ed. and trans. Riemer A. Faber (Leiden: Brill, 2014)。

足够的学术影响力，才能离开此地。由此视之，他选择投入《更纯正神学之总览》新版工作，实乃精明之举。基督教归正教会的一些信徒（虽然并非所有信徒）对巴文克与莱顿的关联常存猜忌。从这个角度来看，《总览》的出版有助于让该教会大众从新的视角看待他在神学上的传承谱系，重新审视他与莱顿神学家的关系。这意味着巴文克的名字现在是与正统神学家约翰内斯·珀利安德相联，而不是与现代神学家约翰内斯·斯霍尔滕相关。《总览》的出版在促成这一新关联的过程中，也有极大的可能提升了他对自己将来受聘于坎彭神学院的诉求。[24]

与此同时，编撰《总览》对巴文克而言也是研习自身神学传统的一次良机。他在莱顿所接受的教育，让他熟悉了现代神学流派、圣经批判学、阿拉伯语，但未传授他有关激发分离派敬虔的那类神学的渊博知识。巴文克在求学年间一直是坎彭神学院的在册学生，也通过了神学院按立圣职的终考，但他未修读任何一门神学院的课程。巴文克通过《总览》的再版工作，达到了一石数鸟之效。

巴文克接受了弗拉讷克牧会邀请，并着眼于将来在坎彭任职。这从以下两方面得以明确体现：巴文克在弗拉讷克任职的那一年负责《总览》再版工作，此外还担任了分离派神学期刊《自由教会》（*De Vrije Kerk*）的编辑（著名的分离派牧师亨里克斯·贝克和巴文克的朋友道威·卫兰赫也同任编辑）；该刊为迪尔克·多纳所有。[25]巴文克在弗拉讷克期间，《自由教会》发挥了有力的作用，推动他逐渐成为影响分离派教会科学性神学之未来的关键思想家。

---

[24] 这一效应的证据可见于几年后的出版物：如见《先锋报》1890年3月23日和9月28日发表的文章，用《总览》来对比巴文克和斯霍尔滕。
[25] H. Beuker, "Bij den overgang 81 tot 82," *De Vrije Kerk* (1882), 3–4.

预见牧会的难处

巴文克接受弗拉讷克的牧会邀请之后，收到了亨利·多斯克的来信（1881 年 2 月 12 日）。在美国的多斯克享有了爱情，但复失去。他新婚燕尔，爱妻骤亡（当时她还怀着他们的第一个孩子）。多斯克内心承受着失去家室之苦，又在牧养中倍感孤独落寞："你自己所愿的独自一人生活，提醒你我孤独凄凉的境况……我和年迈的父母以及一名女仆一起生活。虽有人陪伴，但<u>形单影只</u>。茕茕独立，承受着难以消弭的痛楚。"[26] 在随后的数月，多斯克居家的孤独感，在巴文克的生活中也有了共鸣。在这封信的下文，多斯克表达了自己对巴文克接受基督教归正教会牧会邀请一事感到十分意外："从信中得知你接受了弗拉讷克的牧会邀请，我惊讶万分。你为何前往？依据你上一封信所言，这是因为争战已经过去了吗？或是因为〔《比利时信条》的〕37 条信纲变得更加明了，或是比过去更易接受？我知道你的性格，我相信以上这些是对你接受牧职最合理的解释。感谢主赐给我们胜利的信心。"[27] 令人遗憾的是，巴文克对于自己正统认信遗产中哪些教义存疑，甚至他在 19 世纪 80 年代早期的疑惑，我们一直无从知晓。在那个时期，即使巴文克的确对某些教义存有疑问，也未能阻挡他在基督教归正教会定期讲道。

多斯克的信件也许并不是了解巴文克彼时观点的可靠参考，这完全是有可能的。正如哈林克指出，尽管多斯克是巴文克的朋友，但他并不是一位新加尔文主义者。他离开荷兰时，凯波尔尚未成名，巴文克也未开始努力平衡正统与现代。[28] 由此视之，巴

---

[26] Dosker to Bavinck, Ebenezer [Holland, MI], February 12, 1881, in *BHD*. 强调为原文所有。

[27] Dosker to Bavinck, Ebenezer [Holland, MI], February 12, 1881, in *BHD*.

[28] George Harinck, "Inleiding," in *"Men wil toch niet gaarne een masker dragen": Brieven van Henry Dosker aan Herman Bavinck, 1873–1921*, ed. George Harinck and Wouter Kroese (Amsterdam: Historisch Documentatiecentrum voor het Nederlands Protestantisme [1800heden], 2018), 14.

文克神学上的动向自然越发令多斯克感到意外。进而言之，多斯克写给巴文克的书信，大都洋洋洒洒，多有感性之语，常有内省之言。他在信中常抱怨巴文克的回信过于简短。巴文克向多斯克所交流之事，往往寥寥数语，但多斯克完全有可能过度解读，甚至误解。例如，在上述信件中，多斯克抱怨巴文克的来信太过简短，这表明他习惯对来信进行推演性阅读："来信虽短，但在字里行间，往昔的回忆似乎涌流而出。"（在后来的一封信中也可看到同类例子。多斯克在信中问巴文克："读你的来信时，我品味你字里行间之意，希望与你感同身受，想你所想，如此读信，我何错之有呢？"）[29] 无论如何，巴文克自己的著述并未表明他去弗拉讷克是令人惊讶之举。

巴文克在1880年11月初就接受了弗拉讷克的牧会邀请，但赴任时间定在翌年三月。在这个过渡阶段，他投身于牧会的准备工作和其他事务。斯努克·赫胡洛涅给巴文克写了两封信，谈及报纸上关于巴文克牧会资格考试[30]和弗拉讷克牧会邀请的报道[31]，巴文克在给他的回信中（11月13日），明确说自己即将前往弗拉讷克，并谈及他预见在那里自己可能会遇到的困难。

> 正如你在报上已获悉，我接受了弗拉讷克的牧会邀请。对新晋牧师而言，这个教会会众颇多，不易牧养。我〔一想到〕即将开始的牧会实践，不由得惶惶然。若在那时拒绝此事，我现在可能会很快乐。但是我认为，不能为遂己愿而置责任于不顾。我的就职仪式已提前安排妥当，定在1881年3月6日，所以尚有时间稍做准备。弗拉讷克比较偏远，交通

---

[29] Dosker to Bavinck, Holland, March 23, 1889, in *BHD*. "Ben ik mis, als ik tusschen de regels las, en met u gevoelde en meêdacht."
[30] Snouck Hurgronje to Bavinck, Leiden, July 8, 1880, in *ELV*.
[31] Snouck Hurgronje to Bavinck, Leiden, September 6, 1880, in *ELV*.

不便，对此我甚感歉然，但你从国外回来，我还是切盼与你在牧师宅邸一聚。我一直满怀期待。我们虽不常见面，但是切盼常有见面的机会。你在持续推进博士论文写作，已大有进展，我对此倍感欢欣，期盼你早日寄来博士论文〔副本〕，让我一睹为快。感谢你邀请我参加你的博士论文答辩，但恐不能前往。现在我忙碌不堪，因为即将动身去弗拉讷克；此外，我也正在逐步承担教会各类事务，初涉新工作，颇多困难。[32]

当时，斯努克·赫胡洛涅即将参加博士论文答辩，之后将前往斯特拉斯堡大学（当时属德国）深造。他自此开始踏入绚烂多姿但颇受争议的学术和公共生活。[33] 然而，巴文克在弗拉讷克基督教归正教会潜心服侍，该教会"会众颇多……不易牧养"。从1851至1875年间，当地有一位分离派牧师，名叫皮特斯（K. J.

---

[32] Bavinck to Snouck Hurgronje, Kampen, November 13, 1880, in *ELV*. "Zooals ge gelezen hebt heb ik het beroep naar Franeker aangenomen. Het is daar eene tamelijk groote en voor een onervaren kandidaat vrij lastige gemeente. Huiverend, om de practijk in te gaan, had ik gaarne bedankt, maar ik meende me niet langer te mogen terugtrekken en plicht op te offeren aan lust. De intrede is voorloopig bepaald op zondag 6 maart 1881. Ik heb dus nog een poosje tijd, om me op een en ander voor te bereiden. 't Spijt me wel, dat Franeker zoo ver uit de buurt is maar ik hoop toch, als ge van uw buitenlandsch verblijf teruggekeerd zijt, je eens spoedig bij me in de pastorie te zien. Ik reken daar zeer vast op. Zoo heel dikwijls zal 't misschien niet meer gebeuren, dat we elkander ontmoeten; en toch hoop en wensch ik, dat de gelegenheid ervoor zich dikwijls voordoet. Erg blij ben ik, dat ge met uw dissertatie zoover gevorderd zijt. Ik verwacht er spoedig een en ben benieuwd naar den inhoud. Uwe uitnoodiging om de promotie bij te wonen, denk ik niet aan te nemen. Ik heb het, met 't oog op het aanstaand vertrek naar Franeker, erg druk en word zoo langzamerhand in allerlei kerkelijke aangelegenheden betrokken, die in het eerst nogal lastig zijn."

[33] Philip Dröge, *Pelgrim: Leven en reizen van Christiaan Snouck Hurgronje* (Utrecht: Spectrum, 2017).

Pieters）；他在神学上好争竞[34]，生活中酗酒、屡戒无果。[35] 他最终被教会解聘，但教会的部分会众也随他而去；于是，他就在谷仓给他们讲道、主持圣餐礼。后来，他成为当地自由福音教会（Free Evangelical Church）的牧师。[36] 根据赫普的传记，下一任牧师艾斯克（Rev. P. W. H. Eskes）因过于频繁宣讲预定论而引发众人不满，并且因支持凯波尔的思想而被人指责。[37] 巴文克自己与凯波尔相近，但是这个教会至少有部分人质疑凯波尔的思想。即便抛开这点暂且不论，无论巴文克是否前去该教会牧会，这个教会无疑都充满纷争，四分五裂。

巴文克在同月（11 月 24 日）写给赫胡洛涅的另一封信中，祝贺他的朋友博士顺利毕业。他回顾了二人在莱顿即将毕业时的学生时光，重点论到他们神学观的分歧以及未来可能的不同发展。

> 所以，我们二人都已到达在校求学的终点站。唯一的遗憾是，我们的生命原则和观念差异之大，如千山万水之遥。尽管我们在理解和信念上如此不同，但我对你的诚挚情谊和关切之心将会一如往昔。我希望我们之间的差异会缩小，尽管至今未看到有任何改变。我已不在莱顿，与我在斯霍尔滕和库能的强烈影响之下时相比，现在我对现代神学与现代世界观的看法已然不同，许多事情对我而言与那时大相径庭。在莱顿大学时，我所学颇多，但未学亦多。未学的可能对我有害，现在我越加明白其中的危害。

---

[34] 如见 K. J. Pieters, D. J. van der Werp, and J. R. Kreulen, *Is de Afscheiding in Nederland van het Hervormd Kerkgenootschap, zooals het thans en sedert 1816 bestaat, uit God of uit menschen?* (Franeker: T. Telenga, 1856)。

[35] Hepp, *Dr. Herman Bavinck*, 91.

[36] M. Mooij, *Bond van Vrije Evangelische Gemeenten* (Baarn: Hollandia Drukkerij, 1907), 19.

[37] Hepp, *Dr. Herman Bavinck*, 92.

我们〔到莱顿时〕所持的信念被投入到批判的熔炉，得以淬炼。那段时光已经过去。我们此时应该忠实于现在所持的信念，并用手中的武器加以捍卫。如果我们总是恳切真诚地寻求真理，就定会寻见。〔真理〕定在那里，定将自己启示在真正寻求的人面前，我对此笃信无疑。请原谅我偏离话题。这些话从我的笔尖自然涌流而出。得见〔一人〕圆满完成学业，这是何等重要之事。〔我〕再次代父亲向你道贺，恭喜你喜获博士学位。愿你常研不辍，收获常新。谨启，赫尔曼·巴文克。[38]

---

[38] Bavinck to Snouck Hurgronje, Kampen, November 24, 1880, in *ELV*. "En zoo hebben wij beiden dan het einde van de academische loopbaan bereikt. 't Kan me alleen maar spijten, dat we zoo ver, zoo ontzachlijk ver in beginsel en in levensbeschouwing uiteengaan. Toch blijft mijne hartelijke vriendschap en warme belangstelling u vergezellen ondanks nog zoo groot verschil van inzicht en overtuiging. Dat dat verschil kleiner zal worden hoop ik, maar zie ik nog niet. Nu ik uit Leiden weg ben, en de moderne theologie en de moderne wereldbeschouwing wat anders in de oogen zie, dan toen ik zoo sterk onder den invloed van Scholten en Kuenen stond, nu lijkt mij veel weer heel anders toe dan waarin het mij toen voorkwam. Ik heb in Leiden veel geleerd, maar ook veel verleerd. Dit laatste kan ten deele schadelijk voor mij gewerkt hebben, maar meer en meer begin ik dat schaedelijke ervan in te zien. Het tijdperk, waarin onze van vroeger meegebrachte overtuigingen in den smeltkroes der kritiek geworpen zijn, is voorbij. 't Komt er nu op aan, de overtuigingen, die wij thans hebben, trouw te zijn en ze te verdedigen met de wapenen die ons ten dienste staan. Maar zoeken wij beiden altijd ernstig en oprecht naar waarheid, dan zullen wij ze vinden ook. Want dit acht ik ontwijfelbaar zeker, zij is er, zij moet er wezen en ontdekt zich aan het oog van wie haar waarlijk zoekt. Vergeef me deze uitweinding. Ze ontvlood me onwillekeurig aan de pen. Het is ook zoo iets ontzachlijk belangrijks, de academische loopbaan achter zich afgesloten te zien. Maar nogmaals, ook namens mijn vader, met den doctoralen graad geluk gewenscht. Draag hem lang en met altijd toenemende verdienst. t.t. H. Bavinck."

这次特别的书信往来引发了巴文克一次自我反思，就是在离开莱顿大学并沉淀一段时间后，他回顾往昔，意识到自己在求学期间确实深受斯霍尔滕和库能的影响。

然而，斯努克·赫胡洛涅在回信中（1880年12月22日）很快对此次反思泼了冷水："在与你素日交往中，除了一些表面形式性的问题，我从未发现斯霍尔滕和库能对你产生了深刻影响。也就是说，我认为你在莱顿的年日始终未让你在教理学方面动摇分毫，不过确实让〔你〕相比之前，对反对传统圣经观的诸多批判性异议有了更为清晰的了解。"[39] 斯努克·赫胡洛涅对巴文克反思的质疑，与巴文克在莱顿时期日记本上相关内容的要旨一致（后来在1914年，巴文克也说他在莱顿求学是为了近距离了解现代神学）。[40] 斯努克·赫胡洛涅否认莱顿大学的教育对巴文克产生了影响，这引发巴文克在回信中的进一步反思（1881年1月13日）。随后的书信清楚表明，巴文克彼时奋力在两个世界之间穿梭。他在莱顿大学已经学会，作为一位科学性神学家要以令人信服的方式说话，但他现在感到自己未准备好以基督教归正教会牧师的身份如此行。

> 我履职的时刻很快到来。就职典礼和第一次崇拜定在三月的第二个周日。典礼越是临近，我越是惴惴不安。若要满怀自信、具有启发、富有信念地

---

[39] Snouck Hurgronje to Bavinck, Strasbourg, December 22, 1880, in *ELV*. "In den tijd van onzen dagelijkschen omgang heb ik nooit den zoo bijzonder sterken invloed van Kuenen en Scholten op u ontdekt, dan in de formeele vragen, d.w.z. ik meende dat uw verblijf in Leiden u steeds ongeschokt gelaten had op dogmatisch gebied, maar u een helderder inzicht dan vroeger had gegeven in de kritische bezwaren tegen de oude Schriftbeschouwing."

[40] Bavinck, "Inleidend woord van Prof. Dr. H. Bavinck," in *Adriaan Steketee (1846–1913): Beschouwingen van een Christendenker*, by A. Goslinga (Kampen: Kok, 1914), v.

传讲，我还需钻研的内容如此之多。但书山学海，我可能永远无法完成〔这一任务〕。也许在与会众的来往中、与这些质朴虔诚的信徒来往中，我会收获学校教育难以传授的东西。如果你说"重大影响"是指丢弃信仰的真理，转而吸纳他人或他们的思想，那么毫无疑问，库能和斯霍尔滕确实并未对我产生重大影响（除了对圣经的深入思考）。但是在接受真理的能力和方式方面，他们的确对我产生了影响。（若无影响如何可能呢？）但是你知道，我已失去单纯如赤子的信心，也失去了对那些从小就耳濡目染之真理的无限信心。我所失甚多。由此视之，他们对我的影响巨大而深刻。

现在我明白，我已经永远失去这些，但我感到这对我有益，我为失去这些衷心而真诚地感恩。在那份单纯（naïveté）中有许多方面与真理并不相合，需要淬炼。但是在那份单纯（我找不出更好的表达）中也有一些美好的方面，能带给人安慰。如果说我们感到真理甜美且宝贵，那么有些方面仍应葆有。但在我们时代，昔日坚若磐石的信心，现在何处可寻？我有时（应为偶然）在会众中见到拥有那份单纯的人，他们凭着那份单纯而活，享有平安、常常喜乐，我不禁希望自己能再次如同他们那样去相信，充满欢喜快乐。所以我感到自己若能拥有那份单纯，像那样单纯地讲道，富有激情、热情，对所传之道确信不疑，那么作为他们当中一员，我想我的确会坚强有力；我会成为有用的器皿，满有活力，愿为他人而活。[41]

---

[41] Bavinck to Snouck Hurgronje, Kampen, January 13, 1881, in *ELV*. De tijd van het aanvaarden mijner betrekking breekt spoedig aan. Mijne beves-

移居弗拉讷克，前瞻坎彭

巴文克前往弗拉讷克，以接受由当地会众代表组成的长执会的考核（12月16日）。考核内容是要求巴文克基于《歌罗西书》一27–28 做一个简短的试讲。在翌日周日（12月17日），巴文克便在当地讲道。之后，他在坎彭的教会承担了一些重要服侍，

---

tiging en intrede is bepaald op den tweeden zondag in maart. Naarmate het oogenblik nadert, zie ik er te meer tegen op. Er is zoo ontzachlijk veel, dat ik nog wilde onderzoeken en daardoor tot mijn eigendom maken, om er met vertrouwen, met bezieling, met geloof over te kunnen spreken. Maar het is wel waarschijnlijk, dat ik er toch nooit mee zou klaar komen. Misschien geeft mij de omgang met de gemeente, met eenvoudige, vrome menschen, wat de studeerkamer toch niet schenken kan. Neen, het is waar, Kuenen en Scholten hebben op mij (behalve in de Schriftbeschouwing) niet veel invloed gehad, als ge daaronder verstaat het verliezen van geloofswaarheden en het aannemen van andere, van de hunne. Maar zij hebben wel (hoe kon het anders) invloed gehad op de kracht en de wijze, waarmee ik die waarheden omhels. Het naïve van het kinderlijk geloof, van het onbegrensd vertrouwen op de mij ingeprente waarheid, zie, dat ben ik kwijt en dat is veel, heel veel; zoo is die invloed groot en sterk geweest.

En nu weet ik het wel, dat ik dat nooit terugkrijg. Zelfs vind ik het goed en ben ik er waarlijk en oprecht dankbaar voor, dat ik het verloren heb. Er was ook in dat naïve veel, wat onwaar was en gereinigd moest worden. Maar toch, er is in dat naïve (ik weet geen beter woord) iets, dat goed is, dat wel doet; iets dat blijven moet, zal de waarheid ons ooit zoet en dierbaar wezen. En als ik dan soms—heel enkel, want och, waar is het rotsensterke geloof van vroeger tijd nog in onze eeuw?—in de gemeente nog enkele menschen ontmoet, die dat hebben en er zoo wel bij zijn en zoo gelukkig, nu, ik kan het niet helpen, maar dan wenschte ik weer te gelooven als zij, zoo blij en zoo vrolijk; en dan voel ik, als ik dat had, en ik kon dan zoo preeken, bezield, warm, altijd ten volle overtuigd van wat ik zei, ja er één mee, o me dunkt, dan was ik sterk, machtig, dan kon ik nuttig zijn; zelf levend, zou ik leven voor anderen.

对这封信的有关论述，见 George Harinck, "'Something That Must Remain, If the Truth Is to Be Sweet and Precious to Us': The Reformed Spirituality of Herman Bavinck," *Calvin Theological Journal* 38, no. 2 (2003): 248–62.

同时对那里的学术群体亦有帮助。巴文克望向西北时,感到暗淡沉郁,但在坎彭,他似乎一直感到相对轻松自在。毕竟坎彭是他的父母、阿德里安·斯迪克特和日益扩大的神学群体的所在之地。

> 12月18日,再次返回坎彭。圣诞节假期于昨日开始。12月16日(周二),阿德里安·斯迪克特举办题为《艺术之于〔基督教牧师〕的意义》的讲座。
>
> 12月26日,圣诞假期第二天早晨,在坎彭讲道,所选经文为《提摩太前书》一15(〔讲道编号〕57)。
>
> 2月3日周四晚,7点半至10点,为学生举办讲座,题为《上帝的国,至善》。
>
> 3月6日(周日)早晨,在坎彭讲道,所选经文为《以赛亚书》五十三4-6。这是去弗拉讷克前最后一次讲道(〔讲道编号〕58)。[42]

截至此时,巴文克主要精力都放在坎彭基督教归正教会,既参与了基督教归正教会的坎彭神学院,也服侍当地会众。因与弗拉讷克长执会考核日期冲突,他未能参加坎彭神学院年度学术高光活动,就是自己敬爱的老师阿德里安·斯迪克特的公开讲座《艺术之于将来福音仆人的意义》。[43] 同时,马尔汀·努尔德赞

---

[42] "Van 1879 tot 1886." "18 Dec. Weer naar Kampen terug. Den vorigen dag (Vrijdag) begon de kerstvakantie. Donderdag 16 Dec. hield A Steketee een rede over de bet. der Kunst. 26 Dec. In Kampen 's morg. 2ᵈ kerstdag gepreekt over 1 Tim 1:15 (57). 3 Febr. Donderdag 's av. half acht – tien uur eene lezing gehouden voor de studenten over: het Rijk Gods, het hoogste goed. 6 Maart 's morg. (Zondag) in Kampen gepreekt over Jes. 53:4–6 voor 't laatst voor mijn vertrek naar Franeker (58)."

[43] Adriaan Steketee, *De beteekenis der Kunst voor den toekomstigen Evangeliedienaar: Rede, uitgesproken bij het overgeven van het rectoraat den 16en Dec. 1880* (Kampen: Zalsman, 1881). 巴文克于1881年在期刊《自由教会》发表了对这场讲座的总结和评述,这对理解斯迪克特即将被坎彭神学院(无理由)解雇一事提供了重要线索。在这份评述中,巴

（1840–1915）被任命为神学院院长。他是第三代分离者，是一位在政治上积极参与的旧约学者，积极投身于古埃及研究和古亚述研究领域。与巴文克一样，努尔德赞的儿子阿里后来也在莱顿和坎彭攻读神学。[44] 努尔德赞被任命为神学院院长，这在某种程度上解释了坎彭在这个时期对巴文克的吸引力。在坎彭，新一代分离者传承了"从分离走向融合"的道路。巴文克渴望成为其中一员。

1881年2月，巴文克为坎彭神学院的名为"信仰寻求理解"的学生会作了题为《上帝的国，至善》的讲座。从上述背景可看出这一讲座十分重要。该讲座在《自由教会》上连载[45]，这为广泛的基督教归正教会群体提供了众多机会，可以逐渐了解巴文克的才华、听到他独特的神学之声。[46] 从内容而言，《上帝的国，

文克指出，一些人批判斯迪克特在代表坎彭神学院的一场公共讲座中，讲论了一个"不合时宜"的话题（福音与艺术的关系）。此外，巴文克重述了斯迪克特的论点，为要反驳以下批判，即斯迪克特模糊了"艺术"与"福音"的边界，以至于一个牧者履行自己职责的能力会因对艺术的无知而受压制。作为回应，巴文克借着修正斯迪克特的讲座，为他进行辩护，描述艺术对牧者而言是一个有益的事物，纵然牧者的工作不依赖艺术。巴文克评述的结尾，邀请斯迪克特在这个期刊上进一步发展他的观念。Herman Bavinck, "Eene Rectorale Oratie," *De Vrije Kerk* 7 (1881): 120–30.

[44] Maarten Noordtzij, *Egyptologie en Assyriologie in betrekking tot de geloofwaardigheid des Ouden Testaments: Rede bij het overdragen van het rectoraat aan de Theologische School te Kampen, den 19den December 1881* (Utrecht: C. van Bentum, 1882). 有关马尔汀·努尔德赞的生平信息，见 C. Houtman, "Noordtzij, Maarten," in *Biografisch Lexicon voor de Geschiedenis van het Nederlandse Protestantisme* (Kampen: Kok, 1988), 3:284–86; 有关他儿子的生平信息，见 C. Houtman, "Noordtzij, Arie," in *Biografisch Lexicon voor de Geschiedenis*, 3:282–84。

[45] "Het rijk Gods, het hoogste goed," *De Vrije Kerk* 7 (April–August 1881): 4:185–92; 5:224–34; 6:271–77; 7:305–14; 8:353–60. 文章英译版，见 Herman Bavinck, "The Kingdom of God, the Highest Good," trans. Nelson Kloosterman, *Bavinck Review* 2 (2011): 133–70。

[46] 这场讲座只在巴文克离世后以单篇形式出版，由他的弟弟库恩拉德·伯纳德斯·巴文克收录于文集 *Kennis en leven* (Kampen: Kok, 1922), 28–52。

至善》是巴文克早期投身于智识之事的宣言。在讲座开篇，他批判又谨慎地肯定了施莱尔马赫对现代神学的贡献（应和斯迪克特1875年关于柏拉图的讲座）。[47] 该讲座频繁引用圣经经文，将巴文克刻画成一位加尔文思想的拥护者[48]，又汲取了新晋的凯波尔传统。[49] 该讲座充斥着巴文克对有机思想的亲赖。他以有机思想为一个工具，用来整合各不相同的事物，并使用奥古斯丁对创造与罪的论述（罪在上帝的创造里无权存在），主张上帝的国既**在世界之内**又不**属于**世界。简而言之，该讲座蕴含的观点林林总总，后来生发为新加尔文主义代表性的思想。

发表于《号角报》的这场讲座报导，提到参加讲座的有坎彭学生、校长、教授和杨·巴文克牧师以及他们的夫人。报导结尾写道："愿主使这位神学博士在学术研究和圣言服侍上都成为众人的祝福。"[50] 当巴文克成为按牧候选人时，教会一部分人似乎对他神学思想构成的细节心存疑虑。巴文克1881年在神学院举办了讲座，并且这场讲座在随后一年又有大范围、系列性的传播。

---

[47] Bavinck, "Kingdom of God, the Highest Good," 134; cf. Steketee, *De studie van Plato, met het oog op de theologische forming: Rede, uitgesproken, bij het neerleggen van 't rectoraat, den 16en december 1875* (Kampen: G. Ph. Zalsman, 1875), 21. 格里森所写传记认为，巴文克只提到施莱尔马赫，"是因为在某种意义上，以学术风格演讲是年轻神学生的标志，巴文克也未免俗"，而且巴文克的思想在其他方面反对施莱尔马赫（Ron Gleason, *Herman Bavinck: Pastor, Churchman, Statesman, and Theologian* [Phillipsburg, NJ: P&R, 2010], 71）。有关巴文克与施莱尔马赫在神学上之关系更细致的描述，包括批判和借鉴，以下著作已有阐释：Cory Brock, *Orthodox yet Modern: Herman Bavinck's Use of Friedrich Schleiermacher* (Bellingham, WA: Lexham, 2020).

[48] Bavinck, "Kingdom of God, the Highest Good," 153–54.

[49] 如 Bavinck, "Kingdom of God, the Highest Good," 159；在此处，对"领域主权"的明确提及，将巴文克归属于范普林斯特勒和亚伯拉罕·凯波尔的传统。

[50] *De Bazuin*, February 11, 1881. "Stelle de Heer dezen doctor theologiae verder tot een rijken zegen, zoowel in de beoefening der wetenschap als in de bediening des Woord!"

从此之后，他们对巴文克神学思想的疑虑才逐渐消散。此时，巴文克独特的神学之声已有人聆听。

前往弗拉讷克

巴文克这一时期在坎彭的各种活动，似乎表明他有志成为坎彭神学院教授。就当时的背景而言，他的努力得到了数位处于关键位置之人的鼎力相助：最重要的就是巴文克的父亲，他是当地基督教归正教会的牧师和坎彭神学院的理事；迪尔克·多纳，他是极为重要的分离派出版商；《自由教会》的诸位编辑。然而，无牧会经验的莱顿博士并不能在神学院任职。虽然巴文克作为大众神学家已引起广泛关注，但是他只有先在弗拉讷克牧会，才能得到在坎彭任职的机会。至少在短期内，他别无他法，只能先静心驻留于此进身之阶。随着令人忧心忡忡的赴任之期临近，巴文克在赴任前一个月的日记中详述了自己所迈出的这一步，记录之翔实，读来犹如看慢动作一般。

> 3月11日，我所有的书籍等物品在周二用火车托运至弗拉讷克。周五下午我动身前往。下午5:30到达弗拉讷克。他们热情周到的欢迎让我倍觉关爱。我住在小霍夫斯特拉家。
>
> 3月12日，我父母在下午5:30到达。我的情绪甚是低落。[51]

---

[51] "Van 1879 tot 1886." "11 Maart. Nadat al mijn boeken etc. Dinsdag per spoor naar Franeker waren verzonden, ging ik zelf Vrijdag 's middags; Ik kwam 's avonds half zes in Franeker aan, werd met liefde ontvangen en logeerde bij L. Hofstra Jr. 12 Maart. 's Middags half zes kwamen mijn ouders. Ik was droevig gestemd."

会众对他们新牧师的关爱并没有得到回报，至少最初是如此。但巴文克低落的情绪第二天就好转起来。

> 3月13日，周日早晨，父亲主持了我的任职礼，所选经文为《以赛亚书》五十二7。激动人心的时刻。下午5:30，我以《帖撒罗尼迦前书》二4为主题经文开始讲道。人山人海。（〔讲道编号〕59）。[52]

杨·巴文克在儿子任职典礼上讲道，所选经文是"那报佳音、传平安、报好信、传救恩的对锡安说：'你的上帝作王了！这人的脚登山何等佳美！'"赫尔曼在任职前已讲道58次，讲道经文通常只围绕相同的一些经文。随着杨·巴文克的讲道，赫尔曼现在要开始以牧师身份工作了。

牧会时期的孤独

巴文克父母"对弗拉讷克的印象颇佳"。[53] 他们离开后，巴文克开始忙碌起来，毫无闲暇。他忙于牧师的工作：周日早上有释经讲道，周日晚上有针对《海德堡要理问答》的讲道。在任职后第一个主日的日记中，巴文克写道："**3月20日，在弗拉讷克讲道，经文为《以赛亚书》五十三4–6，并讲解《海德堡要理问答》的问题1（第一次即席讲道，进展顺利）。**"[54] 从那时起，

---

[52] "Van 1879 tot 1886." "13 Maart Zondag. 's Morgens werd ik door Vader, naar aanleiding van Jes. 52:7, bevestigd. Roerend plechtig. 's Avonds half zes deed ik intree met 1 Thess. 2:4. Veel, veel volk. (59)."
[53] "Van 1879 tot 1886." "Dinsdag 15 Maart …'s avonds van dien dag … vertrokken mijn ouders weer, die goeden indruk van Franeker meenamen."
[54] "Van 1879 tot 1886." "20 Maart. In Franeker gepreekt over Jesaia 53:4–6 en Catech. Vraag 1. (voor 't eerst geheel geimproviseerd, ging goed.) (60 en 61)."

巴文克的讲道似乎都是即席发挥，自然也无手稿。[55] 在随后一周的日记中，他记录了：第一次主持婚礼（4月3日），收到第一个月工资108.42荷兰盾（4月10日）。不久之后，乌尼克来弗拉讷克，小住了10天（4月16日至26日）。

巴文克在完成莱顿求学至前往弗拉讷克前的时间里，虽与家人共度时光，朋友往来频繁，但在社交活动的表象之下，他感受到深切沉重的孤独。然而，弗拉讷克不同于莱顿和坎彭；他在弗拉讷克以一种新的方式面对孤独。在弗拉讷克，志同道合的朋友屈指可数，家人只能隔三差五过来陪伴。每次与他们相聚又离别之后，巴文克愈加深感形影相吊。

> 4月24日，早晨乌尼克代我讲道，经文为《哥林多后书》五17上半节。讲道顺利。下午我讲授《海德堡要理问答》中的问题7和8（第72次〔讲道〕）。
>
> 4月26日，周二。乌尼克返兹沃勒。我又独自一人。[56]

巴文克比过往愈加专注于工作，以遣孤独。他在随后一则日记中记录了一项社交活动（5月16日）——参观当地的书社。巴文克的性格热爱思想，重视亲密友情，因而弗拉讷克的书社对他自然颇有吸引力。这个书社是那个年代荷兰小镇上典型的读书

---

[55] 巴文克在自己唯一发表的讲章上补充说明，自己的讲稿纯属努力回忆当时所说的一切，这也表明了这一点。见 Herman Bavinck, "The World-Conquering Power of Faith," in *Herman Bavinck on Preaching and Preachers*, ed. and trans. James Eglinton (Peabody, MA: Hendricksen, 2017), 67。

[56] "Van 1879 tot 1886." "24 April. 's morgens preekte Unink voor mij over 2 Cor 5:17a. 't Ging goed. 's middags preekte ik weer over Catech. Vr. 7 en 8. (72 maal). 26 April. Dinsdag. Unink ging 's morgens half negen weer op reis naar Zwolle. Ik ben weer alleen."

小组，通常讨论文学佳作，为组员提供高雅文化的盛宴。⁵⁷ 然而，他在日记中对书社之事未做评述，也再未前往。若从当时情境考察，则不难理解其中缘由。巴文克在写给斯努克·赫胡洛涅的信中，回顾了自己在弗拉讷克最初数月的生活。他抱怨道，对当地人而言，他"一直"就是"牧师"，很难跟他们"轻松聊天"。⁵⁸ 他去当地书社，原本希望在那里能够觅得志趣相投的朋友；但很遗憾，在书社会员的眼里，巴文克始终是一位难以靠近的"他人"。赫尔曼已经成为"巴文克牧师博士"，这一正式身份在小镇上颇有分量。

巴文克所牧养的教会信徒与日俱增，这在他对教会每年长凳租用费的记录单中显而易见。（在19世纪的荷兰，每个家庭每年为自己在教堂里的座椅费支付租金；这笔钱用来支付教堂维修费和牧师的津贴。）巴文克的牧养正结出累累果实：那年座椅费总额是"**300荷兰盾，高出前一年的收入**"。⁵⁹ 当时，大多数地方的座椅费持续下滑，但这里的座椅费反而在增加，这对年轻的牧师无疑是一种激励。⁶⁰

巴文克在弗拉讷克早期孤单的工作包含周日两场讲道，平日还有教会事务和牧师分内工作，包括主持了两场葬礼（6月2日和6日），被任命为地区长老监督会的书记（6月9日）。他的朋友阿尔伯塔·胡尼克（Albert Gunnink）的到访打破了他这一工作节奏。在巴文克二十一岁生日时，这位朋友曾送他250支雪茄

57　Henk Nijkeuter, *Geschiedenis van de Drentse literatuur, 1816–1956* (Assen: Van Gorcum, 2003), 42.
58　Bavinck to Snouck Hurgronje, Franeker, June 16, 1881, in *ELV*. "En dat is, dat men altijd 'dominé' is en nooit eens recht vertrouwelijk meer spreken kan."
59　"Van 1879 tot 1886." "26 Mei ... 300 gld meer als de vorige maal."
60　David Bos, *Servants of the Kingdom: Professionalization among Ministers of the NineteenthCentury Netherlands Reformed Church* (Leiden: Brill, 2010), 366.

烟。"6月6日，周一，五旬节。早上我讲道，经文为《以弗所书》二 19–22（〔讲道编号〕86）。中午主持楠塔的葬礼，他是斯特克伦博格夫人的父亲。早上 10 点，阿尔伯塔·胡尼克来教会探望我。我们小聚至晚上 7 点。当时大雨倾盆。"[61] 巴文克被这些工作淹没，这透过他随后一周主日早晨（6月12日）所选讲道经文便可知一二。他再次选择了《加拉太书》二 20。巴文克来弗拉讷克之前，此节经文他已分享过数十次，可谓烂熟于心。这样细微之事，他的会众不会轻易觉察，但在那周写给斯努克·赫胡洛涅的信中（6月16日），他稍加详细地解释了他自己面对这份新工作的辛劳艰苦。斯努克·赫胡洛涅在来信中问巴文克，他能否在牧养中继续保有学术兴趣。对此问题，巴文克在回信中写道："我在每个主日必有两场讲道，一周讲授教理问答四次，此外还须投入许多时间探访家庭、看望病人，有时还要主持沉痛的葬礼。只要想想我的工作内容，你就不会问我是否还有自己研究和学习的时间或机会了。"[62]

在同一封信中，巴文克坦陈自己孤身一人之不易。至此为止，他在牧师工作中一直感到形单影只，独自茕茕。他在恋慕阿梅利亚时所想象的教牧工作，与目前的现实大相径庭。巴文克骤然且全身投入满足会众生活的需求，甚至使他开始怀疑自己履行牧会职责时是否真诚。

---

[61] "Van 1879 tot 1886." "6 Juni Pinksterenmaandag. 'S morg gepreekt over Efeze 2:19–22. (86) 'S nam. Nanta, vader van vrouw Stekelenburg begraven. 's morg. 10 uur kwam Albert Gunnink bij me, in de kerk, en bleef bij me tot 's avonds 7 uur. 't was erg regenachtig."

[62] Bavinck to Snouck Hurgronje, Franeker, June 16, 1881, in *ELV*. "Als ge eens bedenkt, dat ik elken zondag twee keer preeken moet, vier catechisantiën 's weeks heb te houden, verden aan huis- en ziekenbezoek veel tijd moet wijden en dan soms nog een Friesche begrafenis heb te leiden, dan behoeft ge niet meer te vragen, of er voor eigen studie veel tijd en gelegenheid overblijft."

我工作中最困难的部分，就是始终不得不在我的信心和认信中，将自己提升至并稳定在理想的水平。不仅如此，我需要不断去处理圣洁的事宜，总是被叫去祷告、感恩，随时鼓励或安慰他人。工作场景千变万化，但我常常感到自己甚少投射其中：这非常艰难，我时常感到自己工作效果差强人意，也常觉自己淡漠麻木。现在，我比从前更加理解，为何在属灵外表的掩饰下，可能栖息着污秽不堪、麻木无感、假冒为善的心。除了牧师职分中此番严峻和艰巨的难题，还有一个依附的阴暗面，我深受其扰。这个问题就是：一个人总是"牧师"，就不再可能与人轻松交谈。这就是我现在的情形。我到现在还没有找到一位能（或敢于）与之轻松交谈的人。这样的愉悦我很难享有。我在家时独自一人，在办公室内外，我一直是"牧师"。如果我曾渴望能有一位与我两心相契、我可以向她敞开心扉的妻子，那么就在近些日子。⁶³

63　Bavinck to Snouck Hurgronje, Franeker, June 16, 1881, in *ELV*. "Wat mij 't moeilijkst in mijn werk valt, is om mij altijd op te heffen tot en te blijven op de ideale hoogte van mijn geloof en belijdenis. O, altijd met het heilige te moeten omgaan, steeds tot gebed of tot dankzegging, tot vermaning of vertroosting geroepen te worden, en dan dikwerf zoo weinig zelf in die telkens wisselende toestanden te kunnen inleven, dat valt hard, kweekt een gevoel van onvoldaanheid en dikwerf van onverschilligheid. Ik begrijp het thans nog beter als vroeger, hoe onder het gewaad van den geestelijke een diep-onheilig, gevoelloos en huichelachtig hart wonen kan. Behalve dit ernstige en drukkende bezwaar van het predikantambt, is er nog een schaduwzijde aan verbonden, die ik ook diep gevoel, en dat is, dat men altijd 'dominé' is en nooit eens recht vertrouwelijk meer spreken kan. Althans zoo gaat het mij. Tot dusver heb ik hier nog niemand gevonden, wien ik dat vertrouwen mag en durf schenken. En dat valt me hard. Thuis ben ik alleen, op mijn kamer, en buiten ben ik altijd de 'dominé.' Zoo ooit, dan heb ik in den laatsten tijd verlangd naar eene vrouw, die mij begrijpen en aan wie ik mij gansch en al toevertrouwen kan."

在当时，人们认为未婚年轻男子不擅长照料自己的饮食起居。巴文克曾盼望和阿梅利亚出双入对，但现在和他同住的是照料他的房东。斯特克伦博格夫人和丈夫住在牧师府邸一楼。[64] 巴文克在莱顿求学的日子里，由房东施密特女士照料；他在莱顿过着无忧无虑的学生生活。他在弗拉讷克的社会地位迥然不同。在斯特克伦博格一家的眼里，赫尔曼是尊敬的巴文克先生。即使巴文克在家时，也只能潜在自己房内才能避开教会会友对他的形象期待；在他自己的房间里，孤独成了不拘礼节的糟糕替代品。当时的巴文克年轻未婚，从事牧师工作，与一对年迈的夫妇住在一起，但这并非出于主动选择，而是不得已而为之。那时的巴文克和远在美国密歇根的多斯克相仿，"虽有陪伴，但极其孤单"。

尽管有这种个人层面的艰难挣扎，但他的会众人数在持续增加。在这封给斯努克·赫胡洛涅信件的暗淡开首之后，巴文克就以更积极的话语讲述了教会的状况，并解释了该教会纷争的历史。

> 无论如何，教会整体发展良好，只是有一些不受欢迎的历史后遗症。数年来，这里有一位牧师，他在我们所有教会中一定都是个例外。此人才思敏捷，但对我们的认信不满，甚至不屑了解，并随己意讲道。在这些之余，他有严重酗酒之罪。数罪累积之下，他终被免职。我的前任牧师是艾斯克，他与这位被罢免牧师的很多朋友摩擦不断。有些人虽谴责前任牧师皮特斯所犯之罪，却喜欢听他的教义。这导致我们这里的教会出现混乱，意见分歧，而在其他方面未出现这种情况。特别要说的是，那些死心塌地跟从皮特斯的人颇有声望，而且自视聪明，

---

[64] Hepp, *Dr. Herman Bavinck*, 97.

自以为是。不过从目前看，他们对我的讲道满意。尤其当我不赞同他们的看法时，我总是想方设法和他们谈心，纠正他们的错误。耐心和爱心能成就很多事情。⁶⁵

休假回家，暂释重负

到 7 月 11 日，巴文克在弗拉讷克已经讲道 38 次。第二天早晨，他乘火车回坎彭，两周半后才返回弗里斯兰省。

巴文克休假时，坎彭神学院正在举行新一轮公开考试。他希望能在坎彭神学院任职，所以在考试 A 和考试 B 之间的那个周日，他父亲的讲台有战略上的重要地位。毋庸讳言，赫尔曼得到了机会，传讲《约翰福音》五 17；"**那天学校理事、教授和学生都在**

---

⁶⁵ Bavinck to Snouck Hurgronje, Franeker, June 16, 1881, in *ELV*. "De gemeente is over het algemeen echter wel goed. Alleen zijn er nog enkele minder aangename nawerkselen van vroeger tijden. Voor eenige jaren stond hier een predikant, die bepaald eene uitzondering maakte in heel onze kerk. Bijzonder scherp van verstand, kon hij 't met onze belijdenis niet vinden, stoorde zich daar ook niet aan en preekte gelijk hij goed vond. Bovendien maakte hij zich schuldig aan zeer groot misbruik van sterken drank—alles te zamen maakte, dat hij eindelijk werd afgezet. Mijn voorganger, Eskes, had met die vrienden van den afgezetten predikant erg te strijden. En nog zijn er, die wel de zonde van dien vroegeren predikant Pieters veroordeelen, maar toch zijne leer nog handhaven. Vandaar is er hier—wat in onze kerk anders nooit voorkomt—nogal verwarring en verschil van meeningen. Vooral de trouwe aanhangers van Pieters zijn wat voornaam, beelden zich heel wat in en meenen knap te wezen. Tot dusverre kunnen ze zich echter in mijne prediking nogal vinden. Vooral zoek ik door gesprekken hen hier en daar, waar ik hun gevoelens afkeur, terecht te brengen. Met geduld en liefde kan er veel gedaan worden."

场"。⁶⁶ 他对这两场考试的记录，之后便是有关乌尼克的学业进展。显然，乌尼克没有参加讲道考试，学校要求他"**再等一年**"。⁶⁷

在假期里，巴文克和乌尼克在多地旅行。此后，巴文克前往阿姆斯特丹讲道（7月23至24日）。这次讲道很快带来一个可离开弗拉讷克的牧会邀请。在阿姆斯特丹，一间大规模的基督教归正教会对巴文克感兴趣。他正在成为受欢迎之人。尽管如此，基督教归正教会内部的其他群体，看到他的未来发展是在神学教育，而非牧会。巴文克返回弗拉讷克两周后，道威·卫兰赫来访，和他讨论神学期刊《自由教会》的改版事宜；二人都为该期刊撰稿。

> <u>8月8日</u>，早晨10点，卫兰赫牧师来我处……商量《自由教会》的改版事宜……决定……换一家出版社，更换版式。从现在起，由我负责终审。⁶⁸

《自由教会》在基督教归正教会圈子里广为传阅，也得到分离派报刊《号角报》极力推介。现在巴文克担任《自由教会》主编。为了在弗拉讷克担任圣职，巴文克一直努力消除因与莱顿的关联而遭致的怀疑。虽然如此，他如今颇受自己宗派的神学期刊的信任。主编工作不仅增补了将巴文克带至弗拉讷克的学术动向，而且不久将会带他远离此地。

---

⁶⁶ "Van 1879 tot 1886." "17 Juni. 's morg. heb ik in Kampen, waar Curatoren, proff. & studenten allen waren, gepreekt over Joh. 5:17 (97)."

⁶⁷ "Van 1879 tot 1886." "19 Juli. 's avonds. Preekvoorstellen in de kerk gehouden. Unink deed geen examen, moet nog een jaar wachten."

⁶⁸ "Van 1879 tot 1886." "<u>8 Aug.</u> 's morg. 10 uur kwam Ds. Wielenga bij mij om ... met mij te spreken, hoe het met de 'Vrije Kerk' gaan moest. Besloten ... om van drukker te veranderen, en ander format te nemen. Eindredactie voortaan door mij."

排解孤独

在之后数月，巴文克对教牧工作逐渐得心应手。初到弗拉讷克时，他需要他人不断帮扶和陪伴，主要是乌尼克和自己的家人。八月中旬，他和父母共度两天，然后和乌尼克一起到乌特勒支参加一场教牧会议。会议至半，他突发牙痛，脸肿了起来，乌尼克陪他回父母家中。两天后，巴文克在弟弟伯纳德（昆拉德·伯纳德斯）的陪伴下返回弗拉讷克，弟弟和他一起共度几天假期。

在此期间，巴文克逐渐和自己教会信徒成为朋友，也与周边地区分离派信徒建立起友情（非常重要的是，他们并不是巴文克自己教会的信徒）。在 9 月 8 日的日记中，他写到自己和一位长老远足至赛克斯布勒姆（Sexberium），并和当地的基督教归正教会执事聚餐。巴文克的牧师生活正变得更加轻松愉悦："**天朗气清，心悦神怡。**"[69]

日月流转，巴文克越发积极的态度逐渐养成。在（10 月 16 日）日记中，巴文克记录了他的朋友穆尼科在芒斯特（Monster）的任职典礼，他也在典礼上讲道，那是"**喜悦的一天**"。[70] 那周晚些时候，他和乌尼克在坎彭和兹沃勒小住两日（10 月 20 至 21 日）。一个月后（11 月 21 日），他的朋友凡普洛斯蒂（C. van Proosdy）[71] 突然来访。凡普洛斯蒂也是基督教归正教会的年轻牧师，对学术怀有浓厚兴趣。巴文克在日记中写到："非常愉悦的一天。"[72] 这些友情对这位未婚、倍感孤独的年轻牧师意义非凡。

---

[69] "Van 1879 tot 1886." "8 Sept ... Mooi weer. Veel plezier."
[70] "Van 1879 tot 1886." "16 Oct. Munnik bevestigd 's morg. met 1 Cor 3:9 ... Aangename dag. (124)."
[71] 凡普洛斯蒂负责乌尔西努斯《海德堡要理问答》拉丁文注释的荷文翻译；见 Zacharias Ursinus, *Verklaring op den Heidelbergschen Catechismus*, trans. C. van Proosdy (Kampen: Zalsman, 1882)。
[72] "Van 1879 tot 1886." "21 nov. Naar Franeker terug. 's morg. 10 uur kwam onverwacht Proosdij bij mij. Genoeglijke dag."

任牧师后的第一个生日

这个时期的日记似乎表现出巴文克在弗拉讷克举步维艰，主要靠友情和一些其他活动勉强支撑下来。但是，如果阅读巴文克对任职后第一次（也是唯一一次）在弗拉讷克过生日的详细日记，那么上述印象就会一扫而光。

> 12月13日，我的生日。我收到会众许多表达敬意的礼物。坎姆斯特拉、帕斯、塔明哈和尤乐·德拉埃斯马每人送我一盒雪茄。妇女联合会送我一套雪茄烟斗，一些年轻女士（安妮·布劳威尔等）送我一张丝质书签，教会长执会送我一把椅子。女孩子们（要理问答班，每周三晚上8点班）送我一把银勺、一只叉子还有一块餐巾。晚上，教会长执会成员携夫人前来道贺。非常美好的一天。我向上帝献上无尽的感恩。[73]

耐心和爱心的确能成就许多事。那一年，巴文克二十七岁。他深受自己所牧养群羊的爱戴，这或许也出乎他自己的意料。

巴文克和乌尼克一起度过了那年12月所余的时光。圣诞节前不久，他们在坎彭一同参加了"**努尔德赞牧师关于古亚述研究和古埃及研究令人信服的讲座**"。[74] 在此之后，他们和朋友们"欢

---

[73] "Van 1879 tot 1886." "13 Dec. Jaardag. Van de gemeente ontving ik vele bewijzen van achting. Van Kamstra, Pars, J. Tamminga, Jule Draaisma, elk 1 kistje sigaren. Van de vrouwen vereenig. een sigarenstel, van eenige jongedochters (Anne Brouwer c.s.) een zijden boeklegger. Van den kerkeraad een stoel. Van de jongedochters (catechisatie woensd. av. 8 uur) een zilveren lepel, vork & servetband. 's avonds kwam de kerkeraad met hun vrouwen bij mij. Aangename dag, stof tot dank aan God bieden te over."

[74] 巴文克评述了这场讲座出版的讲稿。见书评 "*Egyptologie en assyriologie in betrekking tot de geloofwaardigheid des Ouden Testaments: Rede*

聚"。⁷⁵ 此后，乌尼克又去了弗拉讷克，元旦那天给巴文克送了一块讲台盖布。

一些前往阿姆斯特丹的机会

巴文克在弗拉讷克的生活有两个重点：努力牧养教会，同时采取系列行动去树立一个公众、学术的形象。当然，这两个重点相互关联。他在这两个方面都十分擅长，借此向基督教归正教会及其神学院清晰传递了如下信息：他各类活动的显然含意就是，他是一位善于牧会且善于教导他人牧会的学者。然而，坎彭神学院并不是唯一获悉这个信息的学校。2月14日，他在日记中写道："**我收到自由大学理事会主席菲利克斯牧师（Rev. J. W. Felix）的来信，〔询问〕若聘我为该校诠释学和新约释经的教授，有无原则上的异议，是否会真挚地考虑这一聘任。**"⁷⁶ 凯波尔并未停

---

bij het overdragen van het rectoraat, by Maarten Noordtzij", *De Vrije Kerk* 8, no. 3 (March 1882): 434。

75 "Van 1879 tot 1886." "19 Dec. 's morg. half zeven op spoor naar Zwolle met Unink naar Kampen. Schoolfeest. Degelijke rede van Ds. Noordtzij over de Assyriologie & Egyptologie voor 't O.T. 's avonds gezellige bijeenkomst. Unink ging den volg. dag terug naar Zwolle."

76 "Van 1879 tot 1886." "14 Febr. Kreeg ik brief van Ds. J. W. Felix president Cur. der Vrije Universiteit of ik principieele bezwaar had tegen de aanneming eener eventueele benoeming als Prof. in Hermeneutiek en Exegese van 't N.T. en of ik zoo'n benoeming ernstig zou willen overgeven." 关于"是否会真挚地考虑"这一翻译，请注意在日记本中，巴文克写的是"ernstig ... overgeven"（真挚地……服从）。然而，这里的语境，尤其是在随后一日（2月16日）日记中记录的答案，强烈暗示了他想要写的是"ernstig ... overwegen"（真挚地……思考）。这个猜想几乎可以由他在回信中使用的"ernstige en biddende overweging"（真挚并在祷告中的考虑）予以证实（这封信保留于 Bremmer, *Herman Bavinck en zijn tijdgenoten*, 39）。

下招揽这位年轻博士的步伐。之前自由大学邀请巴文克担任闪米特语教席，他先接受后又拒绝，事情一度变得颇为尴尬。如今，巴文克再次有机会能和自己青年时代的英雄共事。若巴文克有意如此，那么现在就可以离开弗拉讷克，离开这个不易牧养的教会、城市的天文馆和这里的一切，移居阿姆斯特丹国王运河附近。"**2月 16 日，我对第一个问题的回答：无异议。对于第二个问题的回答：是。但是我仍很有可能会拒绝，因为我的神学院对我意义重大。教会会议在 8 月即将召开，届时我有望在神学院获聘。**"[77]

虽然巴文克在日记中并未详述这些解释，亦无细想面对自由大学的"原则上的异议"，但是他给菲利克斯牧师的回信透露出大量相关信息。该信的确表明巴文克**并未**断然回绝自由大学，可是也明确表示坎彭神学院一直是他心之所爱：相比神学院，自由大学会遭受拒绝。

> 本月 13 日贵函令我喜出望外。承蒙垂青，不胜感激。信中提议之事，审慎思量之后，在此诚复如下。我原则上无异议，但因心中已有牵念，恐终不能接受自由大学的聘任。但是我为自由大学的很多方面感到欢欣鼓舞。在这所学校建立的过程中，我对其中的信心之工充满崇敬之情。因此，最终能受聘自由大学会是我真挚的和在祷告中斟酌的内容。在某种程度上，我的〔回复〕只能言尽于此。但是，若未向您私下坦陈极有可能拒绝此次聘任的缘由，我的良知将会难安。我热爱自己的教会，切愿为其发展添砖加瓦。坎彭神学院之兴盛，是我殷殷垂念

---

[77] "Van 1879 tot 1886." "16 febr. Antwoordde ik op de eerste vraag: neen, op de tweede ja; maar dat ik toch zeer waarschl. bedanken zou, om 't belang onzer School, aan wie ik op de a.s. Synode in Aug. gaarne benoemd zou willen worden."

之事。然而，目前坎彭神学院亟待建设；基督教归正教会大多数信徒亦有此共识，并会在即将于 8 月举行的教会会议上商议此事。我向您坦言，我现在心中切慕并希望教会会议能让我在神学院任职。（我切慕和希望的权利并不只来自我的志向，然否？）坎彭神学院并不十分具有吸引力，但它吸引我是因其对我所服侍的教会意义重大。我深知这一夙愿可能无果，而且根据一些细节判断，十有八九**将会落空**。但在下一次教会会议上，只要教会不公开拒绝我在神学院任职，不拒绝我在该学院服务，**只要我对放弃该学院、不将自己的一切能力献于它感到不舍**，我就不会舍坎彭而奔另一所高等教育院校。故此，坎彭神学院是我的首选；若无坎彭神学院，我便自由了。故而，为不拂您的美意，也为随我本心，在此我如弟兄般私下向您坦陈内心所想。鉴于此事的性质，本无需将信中最后〔部分〕向您和盘托出。但是，若非如此，实难表我诚意。幸蒙抬爱，请再次接受我诚挚的感谢。[78]

---

[78] Bremmer, *Herman Bavinck en zijn tijdgenoten*, 39–40. "Uwe geëerde letteren van den 13 den dezer hebben mij niet weinig verrast. Dankbaar ben ik voor de goede gedachten, die U wel omtrent mij koesteren wilt. Op de gestelde vragen geef ik U na ernstig beraad het volgende openhartige antwoord. Principieele bezwaren, die reeds a priori het aannemen eener eventueele benoeming mij zouden onmogelijk maken, heb ik niet. De Vrije Universiteit is veeleer door mij in veel opzichten met blijdschap begroet. In haar oprichting eer ik eene daad des geloofs. Eene eventueele benoeming zou dus ook door mij in ernstige en biddende overweging worden genomen. In zekeren zin kon ik hiermee volstaan. Toch zou mijn geweten zich niet gansch vrij gevoelen, indien ik U niet in bijzonder vertrouwen meedeelde, waarom zulk eene benoeming toch vooralsnog hoogst waarschijnlijk door mij zou worden afgewezen. Ik heb mijne Kerk lief. Liefst arbeid ik aan haar opbouw. De bloei harer Theol. School gaat mij na ter

虽然坎彭神学院尚未选聘巴文克，但他主动选择神学院，放弃了凯波尔新成立的自由大学。（事实上，这是首份现存文献，让我们看到巴文克明确写到他希望在1882年的教会会议上获得坎彭的职位。）浪漫又务实的巴文克博士暂时仍滞留在弗拉讷克这个中转站。

数日后，他又得到另一个可移居阿姆斯特丹的机会——那里一所基督教归正教会向他发来牧会邀请。他在日记说明自己是这个教会呼声最高的候选牧者（"**我得到307票，奈德霍伊德〔Nederhoed〕58票，凡敏能〔Van Minnen〕获28票**"）。此外，那里的工资比弗拉讷克也高很多。巴文克当时的年薪约为1300荷兰盾，但他若在阿姆斯特丹那所教会任职，年薪会是2400荷兰盾。尽管如此，他还是拒绝了这一邀请，因为他的目光定睛在坎彭神学院。之后的一个月，巴文克因母亲患病，回家侍疾。在那段时间，他拨冗给坎彭神学院的学生举办了一次有关

---

harte. Daar is aan die inrichting echter veel, dat dringend verbetering behoeft. De Christ. Gerf. Kerk is daarvan grootendeels overtuigd en zal op de a.s. Synode in Augustus op verbetering bedacht wezen. Eerlijk gesproken, heb ik nu een stil verlangen en hope (het recht tot beide is toch niet enkel aan mijn eerzucht ontleend?) dat die Synode mij eene plaats aanbiede aan hare School. Veel bekorends heeft die plaats zeker niet, maar mij trekt ze aan in het belang der kerk, dien ik dien. Ik weet ook zeer goed, dat die hope, die ik koester, best beschaamd kan en naar sommige gegevens te oordeelen ook beschaamd zal worden. Maar zoolang onze kerk nog niet, door mij op de a.s. Synode niet te benoemen, openlijk verklaard heeft, dat zij van mij aan haar School niet gediend wil wezen, *zoolang* gevoel ik voor mijzelf geene vrijheid, de krachten die ik hebben mocht, aan haar te onttrekken en aan eene andere inrichting voor Hooger Onderwijs mij te verbinden. Aan haar dus de eerste keuze; daarna ben ik vrij. Hiermede heb ik, naar Uw wensch en den drang van mijn hart, vertrouwelijk en broederlijk mijn antwoord U medegedeeld. Het laatste had ik uit den aard der zaak liefst voor mij zelven gehouden; maar dat kon ik niet, zonder den schijn van oneerlijkheid op mij te laden. Ontvang nogmaals mijn hartelijken dank voor Uwe gunstige gevoelens te mijwaart."

"不信的特征、基础及内容"的讲座。[79] 他为将来能在神学院任职竭尽所能,谨慎地树立自己的形象。与此同时,他于随后的数月在弗拉讷克讲道,并且更广泛地投入教会各类工作。他在按立牧职前只讲道58场,可是到了1882年6月4日,已讲道达200场之多。

那年夏天晚些时候,巴文克听说亚伯拉罕·凯波尔将在吕伐登(Leeuwarden)举办演讲,主题是关于自由大学毕业生未来的前景。巴文克(在凡普洛斯蒂陪同下)前往聆听,从而他与凯波尔的来往在这个7月得以重续。[80] 当时,凯波尔非常关切这所新建大学的毕业生的就业,尤其是神学专业毕业生的就业问题:自由大学建立在"改革宗原则"的基础上,但并不归属任何改革宗教会(换言之,未得到改革宗教会认可),因此该校神学生无从供任牧职。由此来看。巴文克在日记中对此事的详细评论,成为不可多得的视角,可让我们略窥当时他对凯波尔的大学工程的看法。

> 讲座总结:首先有两点评论:(1)他完全从自己立场讲话,未携任何人的命令;(2)自由大学是科学的基地,不负责学生的工作与职位。讲座有三部分内容。第一部分是当下各专业就业前景:医生就业良好;哲学、文学和法律专业尚可;因与教会关系之故,神学家就业状况差。第二部分是对未来的展望。荷兰将更加自由,但教会不然:教会会议定会压制自由,以维护自身地位。第三部分是根据对信仰的预言,如信徒应背十字架、承受苦难等,

---

[79] "Van 1879 tot 1886." "21 Maart. 's avonds gesproken in de Theol. zaal ... over karakter, grond, inhoud v. ongeloof."
[80] Abraham Kuyper, *Welke zijn de vooruitzichten voor de studenten der Vrije Universiteit?* (Amsterdam: Kruyt, 1882).

这是那位教师〔耶稣〕期待我们应做之事，我们的奖赏在天堂。讲座结论为：〔神学生〕就业前景暗淡。会上没有听到任何富有价值的讨论。[81]

请谨记一点，巴文克在此前不久写给菲利克斯牧师的信中，以自己对教会的热爱为由回绝了自由大学邀请。这的确似乎说明，就他的感情而言，坎彭神学院比自由大学更具优势。从简单务实的角度看，坎彭神学院的毕业生就业机会更多。用近乎巴文克自己的措辞来表述：对于一位坎彭神学院学生来说，讲课大厅就是讲台的训练基地。按着年轻的巴文克对自己作为神学教育者所做之贡献的想法，这一差别令坎彭神学院更胜一筹。（在1883年，坎彭神学院的神学生人数多于自由大学：坎彭有48名，而自由大学仅有31名）。[82]

教会会议即将召开

1882年的教会会议即将召开，巴文克已将首选服侍之地定

---

[81] "Van 1879 tot 1886." "5 Juli ... Dr. Kuyper te hooren over de vraag: welke zijn de vooruitzichten voor de studenten der Vrije Univ. Schema: Twee opmerkingen vooraf: a) hij sprak geheel voor zichzelf, niet na eenige opdracht v. wie ook. b) de Universiteit is residentie der wetenschap—zorgt niet voor baantjes en postjes der studenten. Drie deelen: 1 Vooruitzichten binnen het kader v. thans: voor artsen, goed; voor philos. litterar. rechtsgel. bijna, tamelijk. voor theologen slecht, van wege de kerk. 2 aan den horizon der verwachtingen—in den staat komt er meer vrijheid; in de kerk echter niet: de Synode moet de vrijheid onderdrukken om te blijven bestaan. 3 naar de profetie des geloofs—kruisdragen, lijden enz. is wat ons, geloovigen, wat den leerar wacht, maar 't loon in de hemelen. Slot was: er waren geen vooruitzichten. Er kwam geen debat van eenige betekenis."

[82] Harinck and Berkelaar, *Domineesfabriek*, 89.

为坎彭；无论他对自由大学学生将来前途的看法如何，都已不再重要。他一直谨慎筹谋的时刻正在快速到来。他的朋友卫兰赫和多纳也一直为此细心筹措。在此之前的一个月里，巴文克再次站在坎彭讲台上，于神学院考试周的那个主日讲道。令巴文克开心的是，乌尼克顺利通过考试："**他通过了。**"[83]

对巴文克而言，这次教会会议在两方面十分重要。最为明显的是，这次教会会议是他成为神学家之呼召的决定性时刻。但令人感到沉郁的是，也正是在这次会议上，阿德里安·斯迪克特突遭坎彭神学院解聘，不再为学院教员。这是学校理事会的决定；他们私下召集了会议，事先并未发表公开声明，说明辞退阿德里安的原由。但是这场理事会的会议记录，刻画出一种对坎彭神学院当时所提供神学教育的导向和质量的普遍不满。会议记录开篇为："整体而言，理事们印象欠佳。"[84] 学生在文学考试和神学考试中表现很差（巴文克日记本中多处也有相同评价）。此外，学校提供的教学质量欠佳，年长教师被认为身体羸弱，无力再提高他们的教学。

会议记录特别提到两位年轻一些的教师：受到肯定的旧约学者马尔汀·努尔德赞，以及遭受批评的阿德里安·斯迪克特。"斯迪克特不适合教师工作，我们对他非常失望。"[85] 教会会议中有特别不满的声音针对斯迪克特的教师天赋，以及"他对〔圣经〕批判学的偏爱"。理事们也批评努尔德赞的"批判神学"研究，

---

[83] "Van 1879 tot 1886." "16 Juli ... Unink Dinsdag, om examen te doen. Hij slaagde."

[84] *Verslag van het verhandelde in de ComitéVergadering der Synode van Zwolle 1882, op Woensdag 23 Aug. in de Voormiddagzitting*, A. Steketee Archive, Historisch Documentatiecentrum voor het Nederlands Protestantisme (1800–heden), folder 17. "In het algemeen ontvingen de Curatoren geen gunstigen indruk."

[85] *Verslag van het verhandelde*. "Steketee is niet de man op zijne plaats. Wij zijn met hem teleurgesteld."

也斥责教理学家赫勒尼纽斯·德考科，认为他不能紧跟自己研究领域的发展，此外还批评神学院教师们，因他们全体都未更好地整合自己的学科。比这些批评更加严厉的，就是大会将轻浮、自由散漫的学生文化全部归咎于斯迪克特。

根据会议记录，神学院试图让斯迪克特主动辞职，但未能如愿。于是，当斯迪克特不愿就范的时候，教会会议只好强制解聘。（哈林克和贝尔克拉已有说明，理事素来对斯迪克特甚为恼怒，但他的父亲克里斯蒂安·斯迪克特是神学院资历最高的理事，一直保护他的儿子免受理事的批评。然而，在1882年教会会议前两个月，他的父亲去世了，这对阿德里安是致命一击。失去了父亲的保护，年轻的斯迪克特很快就丢了工作。）[86]

理事们认为神学院是一间表现不佳的机构，巴文克当然也认同这一评价。那一年早些时候，他在写给菲利克斯、婉拒自由大学邀请的信中写道，"〔坎彭神学院〕亟待建设；基督教归正教会大多数信徒亦有此共识，并会在即将于8月举行的教会会议上商议此事。"[87] 理事们显然注意到学校的短处：德考科不再讲授教理学课程，而是改为讲授礼拜学和基督教信条。更为严厉的决定是斯迪克特被免职，由学院新聘教师取而代之。这些新聘教师要符合理事会为神学院所定的目标：在教理学上更加严谨，走在科学神学的前言，在学术上要更严格要求学生，具有更连贯一致的集体方向。简而言之，赫尔曼·巴文克被视为他们解决"斯迪克特问题"的一剂良方。

自那时起，巴文克在文字中对阿德里安·斯迪克特被免之事几乎只字不提。在过去那些年，他（在公开和私下写作中均）对

---

[86] Harinck and Berkelaar, *Domineesfabriek*, 80–81.
[87] Bremmer, *Herman Bavinck en zijn tijdgenoten*, 39–40. "Daar is aan die inrichting echter veel, dat dringend verbetering behoeft. De Christ. Gerf. Kerk is daarvan grootendeels overtuigd en zal op de a.s. Synode in Augustus op verbetering bedacht wezen."

克里斯蒂安·斯迪克特充满敬仰之情，若由此视之，他的沉默似乎不同寻常。例如，在给斯努克·赫胡洛涅的信中谈到自己任职之事时，却只字未提斯迪克特。唯一相关的日记提到，斯迪克特要求理事会提供公开声明，说明自己并非因道德问题遭解聘。（斯迪克特在 1914 年去世之后，包括巴文克在内的斯迪克特的支持者们才公开谈及当年解聘之事。）但是，巴文克当时的沉默可能说明他自己受聘之时的境况颇为特殊：他受聘或多或少是因为斯迪克特遭解聘。这是一种生存类型的沉默，源自他无法兼顾老师的困境和他自己的未来。

教会会议公开要为神学院选聘三位新教师的计划。45 位投票人受邀提供被提名者。第一轮投票产生了 19 位被提名者，前三甲分别是：赫尔曼·巴文克（40 票），卫兰赫（44 票），卢卡斯·林德博姆（33 票）。（杨·巴文克获 8 票。）在随后的第二轮投票中，少于四票的候选人均被淘汰。这一轮投票结果比较接近：卫兰赫获 39 票，贝克获 32 票，多恩获 11 票，小布鲁梅尔坎普获 23 票，林德博姆获 33 票，赫塞斯获 22 票，纽豪斯获 8 票，杨·巴文克获 10 票，凡安德尔获 8 票，赫尔曼·巴文克获 31 票；有 4 票作废，因为票面没有注明投给哪一位巴文克。在此轮投票中，位居前六的候选人进入了最后一轮投票。赫尔曼在日记中记录：

> 这六位进入最后一轮投票。
> 投票情况如下：
> 卫兰赫（Wielinga〔荷文拼写原文如此〕）获39票，贝克获4票，巴文克获39票，赫塞斯获2票，林德博姆获32票，小布鲁梅尔坎普获4票。
> 这一刻，我和父亲都心潮跌宕。[88]

---

[88] "Van 1879 tot 1886." "24 aug. Deze zes moesten zich verwijderen. Bij de stemming hadden <u>Wielinga</u> 39. <u>Beuker</u> 4 <u>Bavinck</u> 39 <u>Hessels</u> 2. <u>Lindeboom</u> 32. <u>Brummelk</u>. 4. Treffend oogenblij voor mij en mijn vader." 请注

杨·巴文克在自传中也回忆了这一刻，并详述了它对父子二人在个人层面上的重要性。杨发现俩人在坎彭获得聘任提名的经历有种种奇妙的巧合之处：他们都在二十八岁获任职提名，提名时的教会会议地点都设在兹沃勒，并且拟聘职位也相同。他接着反思了二人的巨大差异。杨当时拒绝了聘任提名，而自己的儿子则是大胆接受，并在教会会议上说道："我一直为此工作向上帝祷告。"杨在之前那次抽签错误后，多年来一直意难平，饱受艰辛，现在终觉释然：

> 如今我深知，在这些特别的境遇后面并无异乎寻常之处，因此我没有宣讲此事，但我的确看到上帝的手在我前面引领。我为此向祂献上感恩。我的儿子，我不会说他超越了我，而是说他接受了自己当年因缺乏信心而不敢接受的职位。会不会是我当时受引导去拒绝此职位，从而这个机会之门可以向我儿子敞开？我不知道，但我深知，自此以后，我对当年拒绝提名之事不再耿耿于怀。[89]

巴文克一家的梦想实现了：赫尔曼离开了他的中转站，杨和自己的过去终于和解。但在同一天，斯迪克特的学术生涯遭受致命一击。赫尔曼为这个双重结果感到心神疲惫，就在父母家里寻

意：巴文克在这一条目的好几个地方错误地拼写了 D. K. 卫兰赫 (D. K. Wielenga) 的姓。

[89] Jan Bavinck, "Een korte schets van mijn leven," unpublished, handwritten autobiography, n.d., HBA, folder 445, p. 52. "Ik weet nu wel dat in deze bijzonderheid niets buitengewoons is gelegen, en daarom vermeld ik haar ook niet, maar ik voor mij zag den vinger des Heeren er in, en ik dankte Hem er voor, dat mijn zoon, ik zeg niet mij zou opvolgen, maar dat hij de plaats zou innemen, die ik door kleingeloof niet had durven vervullen. Zou ik ook tot mijn bedanken geleid zijn, opdat er gelegenheid voor mijn zoon open zou blijven? Ik weet het niet, maar ik weet wel dat ik sedert dien tijd beter in mijn bedanken heb kunnen berusten."

求安慰，并认为自己不宜向弗拉讷克会众宣布离任。"**8月26日，与父亲回到坎彭，我感到疲惫不堪，无力返回弗拉讷克。艾尔德曼斯牧师代我前往，并告知他们我在坎彭任职之事。**"[90]

教会会议接近尾声时，理事们决定让巴文克讲授教理学、伦理学、百科（encyclopedia）、哲学和三年级拉丁文。巴文克在确认自己正式接受此教师职位后（9月8日），就开始准备告别弗拉讷克的相关事宜。杨和赫兹娜再次和儿子一起度假（9月12至15日）。巴文克整理妥当书籍和家具后，就离开牧师府邸，住在了霍夫斯特拉家（10月2日）。"**这一周，我拜访了镇上教会的几位信徒。**"[91] 以上事项和他在1881年时无甚差别，只是发生的顺序相反。1881年，他初到弗拉讷克时，情绪低落，对前面的道路充满担忧。一年半之后，他情绪渐好，离别之时情绪更佳。"**10月8日，我讲道，经文为《提摩太后书》三14-15。中午2点作告别讲道，经文是《约翰福音》十七17。在场人数之多超乎我想象。徒因斯特拉为我作告别讲话。铭感于心的一天！〔讲道编号〕232和233。**"[92]

---

[90] "Van 1879 tot 1886." "26 aug. Weer naar Kampen met Vader. Ik was te vermoeid om naar Franeker te gaan. Ds. Eerdmans ging voor mij en maakte daar mijne benoeming bekend."

[91] "Van 1879 tot 1886." "2 Oct ... In deze week bezocht ik de leden der gemeente in de stad."

[92] "Van 1879 tot 1886." "8 Oct. 's Morg. Gepreekt over 2 Tim. 3:14, 15. 's nam. afscheid over Joh. 17:17. Ontzachlijk veel volk. Tuinstra sprak mij toe. Onvergetelijke dag! 232. 233."

第四部分

坎彭任教

第七章

旁搜远绍（1883–1889）

"吾书乃良伴。"

巴文克在神学院获聘的消息迅速传播开来。也许最富意味的报道是刊登在荷属东印度的荷文日报《爪哇快报》（*Java Bode*）上的一篇文章。1882 年 10 月 14 日（星期六），《爪哇快报》刊发的这篇文章论述了巴文克获聘的意义。

> 我们国家仍葆有独立的学术研究。坎彭神学院近期聘任三名教师之事即为此实例。众所周知，坎彭神学院是基督教归正教会（分离派）培养牧师的学府。该校所聘的三位教师中，有一位是赫尔曼·巴文克博士，是该宗派在弗拉讷克教会的牧师。数年前，这位年轻人在莱顿大学就读，他后来用拉丁文完成了一篇学位论文并获博士学位。在校期间，巴文克的信仰坚若磐石，这广为人知。他获博士学位后，立刻参加了分离派牧师候选人考试。毋庸讳言，分离派欣然接受了这位在莱顿大学神学系的烈火试炼中仍持守信仰的信徒。请让我补充一点，莱顿教

授谈及他时总是赞赏有加。巴文克不久前是莱顿神学生，现在已成为坎彭神学院的教师，这个现象本身就值得关注。[1]

若《爪哇快报》对巴文克学生时代的描述予以事实核查，则它的参考价值会更高。例如，巴文克的博士论文是用荷文而非拉丁文所写[2]；将莱顿神学系喻为"烈火试炼"的看法，与巴文克自身在莱顿的学生经历并不相符。《爪哇快报》经由莱顿大学神学专业学生、后转行为记者的康拉德·比斯肯·休伊特（Conrad Busken Huet）在 19 世纪 70 年代初打造，传统上提倡精英主义、自由。[3] 抛开事实错误不谈，对《爪哇快报》这类报刊而言，一

---

[1] Herman, "Goed en kwaad gerucht uit Nederland," *JavaBode*, October 14, 1882. "Daar is in ons land nog zelfstandige studie. Een merkwaardig voorbeeld hiervan leverd de jongste benoeming van drie docenten aan de Theologische School te Kampen, de opleidingsschool—gelijk u bekend is—voor de leeraars der Christelijk Gereformeerde (Afgescheidenen) Kerk. Een der drie was Dr. H. Bavinck, predikant bij de gemeente van genoemd kerkgenootschap te Franeker. Deze jonge man promoveerde eerst vóór een paar jaren met een geleerde Latijnse dissertatie aan de Leidsche universiteit, waar hij ook gestudeerd had. Gedurende zijn ganschen studietijd stond hij als een ultraconfessioneel man bekend, zijn proefschrift getuigde luide van denzelfden geest, en onmiddelijk na het behalen van de doctorale bul onderwierp hij zich aan het proponentsexamen bij de Afgescheidenen. Dat zij den man, die de vuurproef der Leidsche faculteit aldus doorstond, met gejuich binnenhaalden, behoeft nauwelijks gezegd. Laat mij er bijvoegen, dat de Leidsche professoren immer met grooten lof van hem spraken. Maar het verschijnsel is merkwaardig genoeg, kort geleden theologisch student te Leiden, thans docent aan de Theologische school te Kampen." 像《爪哇快报》这类传统上自由主义的报刊，对巴文克从莱顿经弗拉讷克移居坎彭的举动表示出兴趣。这与格里森以下论述矛盾："这个世界对巴文克的去留并不感兴趣，对弗拉讷克基督教归正教会的历史也不感兴趣。" Ron Gleason, *Herman Bavinck: Pastor, Churchman, Statesman, and Theologian* (Phillipsburg, NJ: P&R, 2010), 96.

[2] Herman Bavinck, *De ethiek van Ulrich Zwingli* (Kampen: G. Ph. Zalsman, 1880).

[3] Ulbe Bosma and Remco Raben, *Being "Dutch" in the Indies: A History*

位年轻的分离者借着从莱顿移居坎彭而在荷兰社会中筚路蓝缕的故事，本身就极具新闻价值。本传记的开篇已说明，第一代分离者生存艰难，因着彼时的欧洲大地风云变幻，他们只能随世事动荡漂泊。半个世纪后，一位分离派的后代却让同一片大地震动：不仅一位分离派神学家获得莱顿大学博士学位成为可能，而且一位受过莱顿教育的神学家获聘分离派神学院也成了可能。莱顿大学和分离派都创造了历史（新闻）。

离开弗拉讷克后的反思

巴文克在1882年9月宣布接受神学院的聘任，并在数周后就搬离了弗拉讷克，但他在坎彭的任职礼直到1883年1月才举行。巴文克在这个空档期的日记表明，他的生活重回去弗拉讷克之前的活动模式：四处访友；全国各地讲道；前往阿姆斯特丹参观了帕托普提克（Panopticum）蜡像馆，一路非常愉快；之后拜访了凯波尔。虽然如此，他在写给斯努克·赫胡洛涅的信中（11月10日），详细回顾了那一年的牧师工作。这封信表明，虽然巴文克担任牧师时间不长，但这对他产生了深刻影响。弗拉讷克之后的巴文克已与昔日全然不同。

> 我现在已回坎彭，住父母家。在8月兹沃勒举行的教会会议上，我获得一致投票通过，大会同意我担任神学院教师。报上已刊登了此消息，想必你已知晓。我多少已预料到此事；尽管如此，在此之前，我时常担心这难以实现。你知道，我一直在默默期

---

of Creolisation and Empire, 1500–1920, trans. Wendie Shaffer (Athens: Ohio University Press, 2008), 293.

待这份工作。之前我在北方时，我所服侍的教会对我非常友好，我在教会内外备受关爱，赢得了众人的尊敬。在主日，前来听我讲道的人多不胜数，不久之后教会便难以容纳众人。最为重要的是，我在那里的牧会很有果效；在上帝圣言的牧养之下，教会大大地蒙福。即便如此，牧师是一个艰辛的工作。教会信徒众多，仅有讲道服侍并不够，我还需要探访家庭，安慰哀恸者，勉励病人，临终关怀，扶持软弱者和情绪低落者，警戒刚强者要谦卑。我以爱心做这些工作，颇有果效，这也是为我自己的心灵和生命而做工，但要常常舍己，倾心给予……其中有如此多的美善，我感恩不尽。尽管如此，我另有所想。我认为对自己所想之事有更强烈的呼求和切慕，也认为自己与之更为相契。现在，我的渴望终得实现。我的拟聘提名获全票通过。我写这些是想说，我出乎意料地赢得了教会极大的信任，但这也让我更加顾影惭形。

在获聘后，我在弗拉讷克教会停留了数周。临别前的数周，在很多方面都显得沉重。那里的会众对我情深意厚，无论老少贫富，无论是否属于我的教会，在知道我即将离开时，都依依不舍。这些离怀别绪令我动容，有时我颇感伤怀，不禁自问我的渴望是否美善纯正……我在临别前的数周中所学颇多，我的生命也因此变得更加丰盈。我很高兴在这个教会中工作了近一年半时间，并且很高兴认识到，这里会众虽有各样不足，但十分敬虔，对美善和真理有崇高的意识。现在我已回坎彭数周，住在父母家。一切皆十分顺利。我以前离开父母家，回家常常不过小住数天而已。现在我与父母同住，也许将会住很长时间，因为我尚无佳偶相伴，似乎近期也不会有。我并不反对结婚。我现在依旧单身，这只是环境使然，并非我个人意愿或

自己的生活原则所致。⁴

---

⁴ Bavinck to Snouck Hurgronje, Kampen, November 10, 1882, in *ELV*.
"Ik zit thans in Kampen, bij mijne ouders thuis. De couranten hebben u bericht dat de synode onzer kerk, in augustus te Zwolle gehouden, mij met eenparige stemmen benoemd heeft tot leeraar aan hare Theologische School. Half en half had ik dit verwacht; toch vreesde ik voor dien tijd dikwijls, dat het niet gebeuren zou. Dat ik in stilte er naar verlangde, begrijpt ge. Ik zat hoog in het noorden. De gemeente, welke ik diende, beviel mij wel goed; groot was de liefde en achting, die ik in en buiten haar ontving. Er kwam 's zondags veel, zeer veel volk onder mijn gehoor, zoodat de kerk haast te klein werd. En wat het voornaamste van alles is—ik arbeidde er niet zonder vrucht, er werd zegen genoten onder de bediening des Woords. Toch was 't een moeilijke post. 't Was eene groote gemeente. En preeken alleen is niet genoeg; er moest huisbezoek gedaan worden, om treurende te troosten, kranken te bemoedigen, stervenden voor te bereiden, zwakken en neergebogenen op te richten en sterken tot nederigheid te manen. Ik heb het met liefde, met vrucht ook voor eigen hart en leven gedaan, maar niet zonder zelfverloochening en opoffering van wat mij na aan 't hart lag....Ik verlangde dus ondanks al dat goede, waarvoor ik niet genoeg dankbaar kon zijn, naar iets anders, waar ik meende ook meer roeping en lust en geschiktheid voor te bezitten. En dat verlangen is vervuld. Met algemeene stemmen werd ik benoemd. Ik schrift u dit, om u met mij te doen zien het groote vertrouwen, dat ik, eigenlijk tegen alle gedachte en verwachting in, in onze kerk bezit en dat me waarlijk tot diepen ootmoed stemt.

Na de benoeming ben ik nog eenige weken in de gemeente gebleven. Die laatste weken waren in veel opzichten smartelijk. De gemeente was zoo aan mij gehecht. Oud en jong, rijk en arm, in en buiten de gemeente—het speet allen dat ik heenging. 't Greep mij soms aan en deed me vragen of mijn verlangen wel goed en zuiver was geweest....Ik heb in die laatste weken veel geleerd, mijn leven is er door verrijkt geworden. Ik ben blij, dat ik ruim anderhalf jaar in eene gemeente verkeerd heb, en 't volk heb leeren kennen in zijn menigerlei verkeerdheden ja, maar toch ook in zijn diepe godsvrucht en edelen zin voor wat goed is en waar. En nu ben ik al eenige weken in Kampen, bij mijne ouders thuis. 't Kan wonderlijk gaan; toen ik vroeger de ouderlijke woning verliet, dacht ik er nimmer meer dan voor enkele dagen te verkeeren. En nu blijf ik misschien eene geruime poos in huis, want verloofd ben ik nog niet, en het ziet er niet naar uit, dat 't spoedig zal gebeuren. Toch zou ik op een huwelijk niet tegen hebben; 't ligt aan de omstandigheden, niet aan mijn wil of beginsel, dat ik nog vrijgezel ben."

虽然巴文克回到家中可享家人宝贵的陪伴，也减轻了自己单身的孤独，但他仍然盼望能和阿梅利亚执手百年。[5] 然而，他现在有任务亟待完成：他在坎彭学院就职后需要发表就职演讲，并紧接着要承担繁重的教学任务。在同一封信中，他继续写道："有时一想到压在肩上的重担，我就惶惶然，但另一方面，我希望能够满怀渴望和勇气去投入这个工作。我就职演讲的主题尚未确定，可能是有关神学的特质（或本质）……如果演讲稿能发表（对此我尚不确定），那么我会给你寄来〔一份副本〕。那时，你会看到我现在的立场。我现在对神学的认识比在莱顿时**略为清晰**，对此我非常感恩。"[6] 在就职典礼、发表演讲前不久，巴文克建议斯努克·赫胡洛涅不要亲临典礼。他解释说父母家常有房客，需为其提供食宿，因此家中无法接待更多客人，加之届时还有许多其他访客，所以他们无暇相聚。巴文克承诺如果任职演讲稿能出版，会给斯努克·赫胡洛涅寄去一份。[7] 他随后指出，虽然他们的思想有不同的起点，继而结论必然各异，但是他欢迎斯努克·赫胡洛涅对他的演讲提出批评："我的演讲会因此更加有力，更有价值。"[8] 他的朋友当然乐意效劳。

---

[5] 在19世纪80年代与巴文克的通信中，亨利·多斯克似乎误认为巴文克的单身是原则上选择的结果，致使他将自己与巴文克归类于必然不婚的本笃会修士。如见 Dosker to Bavinck, Ebenezer [Holland, MI], March 27, 1880, in *BHD*。

[6] Bavinck to Snouck Hurgronje, Kampen, November 10, 1882, in *ELV*. "Ik huiver soms bij de gedachte, wat er op mijn schouders ligt, maar ten andere zijde hoop ik de taak toch te beginnen met lust en moed. Het onderwerp mijner oratie is nog niet geheel zeker. Denkelijk wel: het karakter (wezen) der theologie....Als mijne oratie in 't licht komt (wat nog niet zeker is), zend ik er u een toe; ge kunt dan eens zien, waar ik thans sta. Gelukkig weet ik dat thans *iets* beter dan in Leiden indertijd." 强调为原文所有。

[7] Herman Bavinck, *De wetenschap der H. Godgeleerdheid: Rede ter aanvaarding van het leeraarsambt aan de Theologische School te Kampen* (Kampen: G. Ph. Zalsman, 1883).

[8] Bavinck to Snouck Hurgronje, Kampen, January 2, 1883, in *ELV*. "Dat te vernemen scherpt en is van groot belang."

坎彭任职典礼

1883年1月9日，巴文克在神学院参加了就职典礼，与巴文克一起获聘的还有道威·卫兰赫和卢卡斯·林德博姆。[9] 正如本书第二章所述，这为杨·巴文克提供了讲座时机，论述了科学神学教育在基督教归正教会中的重要性[10]：在就职典礼上，赫尔曼得到了他父亲的公开支持；后者作为神学院理事会主席发表了演讲。

卫兰赫（1841–1902）是一位富有经验的牧师。巴文克与他相识多年，二人关系亲近。神学院聘请卫兰赫讲授教会史和教会法。与巴文克一样，卫兰赫是一位温和之人，支持凯波尔观点。他们在坎彭共事的日子里逐渐成为至交。林德博姆（1845–1933）是一个完全不同类型的人。若论学术天赋，他比卫兰赫更接近巴文克。他是一个十分自信、常令人惊艳、无畏的思想家。比如在坎彭就任之前，他曾在荷兰的赞丹牧会长达十年之久。在那些年间，教会从原来九十余人增至三百人，同时另有一百会友离开去了其他教会。[11] 作为这样一个人，有人对他赞赏不已，有人对他厌恶至极，两方人数不相上下。不同于巴文克、卫兰赫和新任校长马尔汀·努尔德赞，林德博姆对凯波尔无甚好感，对自由大学也嗤之以鼻。在公开场合，林德博姆对凯波尔毫无敬意，凯波尔也自然不待见他。[12]

---

[9] 此次就职的公告发布于 *De Bazuin*, December 15, 1882。

[10] Jan Bavinck and Willem Hendrik Gispen, *De Christ. Geref. Kerk en de Theologische School: Twee toespraken, gehouden den 9 Jan. 1883 bij de installatie van de drie leeraren aan de Theol. School* (Kampen: G. Ph. Zalsman, 1883), 14–27.

[11] H. Mulder, "Lindeboom, Lucas," in *Biografisch lexicon voor de geschiedenis van het Nederlands protestantisme*, ed. D. Nauta, A. de Groot, J. van den Berg, O. J. de Jong, F. R. J. Knetsch, and G. H. M. Posthumus Meyjes (Kampen: Kok, 1988), 3:250–53.

[12] R. H. Bremmer, *Herman Bavinck en zijn tijdegenoten* (Kampen: Kok, 1966), 49–53. 如见贬损林德博姆的评价 Abraham Kuyper, (untitled com-

巴文克在三位新聘教师中最年轻，所以被排在最后发表任职演说。任职典礼结束后，卫兰赫发表了两个半小时的演讲，林德博姆和巴文克的演讲安排在第二天："**1月10日，中午12点，林德博姆作了关于圣经历史的演讲，共3个半小时。晚上6点，巴文克发表了关于神圣神学之科学的演讲，共1小时。**"[13]

赫普传记中的记述通常富有戏剧性，以上演讲的描述也表现出这位作者的一贯写作风格。根据赫普传记所叙，这几场演讲在布赫沃教堂（Burgwalkerk）举行，当时天寒地冻。林德博姆的演讲语言艰涩，冗长耗时，所以会众在那个寒冷刺骨的冬日坐了许久，这让年轻的巴文克不禁怒从中来。作为对林德博姆冗长演讲的回应，巴文克似乎告诉父亲，自己不会发表演讲，因为大家很快就可以阅读出版的演讲稿。在父亲和挚友的劝说下，巴文克完成了演讲，"语速很快，整场演讲只用了1小时15分钟。这场讲座未能一展他的口才。"[14] 正如赫普的一贯记叙，他未提供文献去证实这个故事。兰德维尔亲历了巴文克的就职典礼，他的回忆与赫普所述并不一样。兰德维尔说那是一场"精彩绝伦、震撼人心的"演讲："作为学生，我们对巴文克的演讲满怀期待，但是我们所听到的一切内容，皆远超我们的期待……我们沉浸于他的演讲。"[15]

---

ment), *Heb de waarheid en de vrede lief. Open brief aan Dr. A. Kuyper, hoogleeraar aan de Vrije Universiteit op Gereformeerden Grondslag en redacteur van "De Heraut," alsmede aan de "Heraut"lezers en alle gereformeerden in den lande, door L. Lindeboom* (Leiden: D. Donner, 1880), 3–6。

[13] "Van 1879 tot 1886," HBA, folder 16. "10 Jan. 's middags 12 uur sprak Lindeboom over de Bijbelsche geschiedenis 3 ½ uur. 'S avonds 6 uur Bavinck over de Wetenschap der H. Godgeleerdheid 1 uur."

[14] Valentijn Hepp, *Dr. H. Bavinck* (Amsterdam: Ten Have, 1921), 121. "Hij sprak in zulk een snel tempo, dat alles in een goede vijf kwartier was afgeloopen. Als proeve van welsprekendheid kon deze rede niet gelden."

[15] J. H. Landwehr, *In Memoriam: Prof. Dr. H. Bavinck* (Kampen: Kok, 1921), 24, 26. "Wij hadden als studenten groote verwachtingen gekoesterd, maar alles, wat wij hoorden, overtrof die verwachtingen nog....Wij studenten waren vol over die rede."

博拉梅尔的传记行文一贯严谨。令人困惑的是，他认为巴文克在日记里提及林德博姆演讲冗长一事下面划了一条"粗粗的下划线"（这一记述被其他文献多次引用，但在格林森的传记中，这条粗粗的下划线演变为"两道粗粗的横线"）。[16] 博拉梅尔认为巴文克早期用这种下划线表示对林德博姆这位新同事的反感。不管巴文克对林德博姆的感观如何（这种感观随着时间变得越发冷淡），以上所论的那则日记并无此标记。

以神学的方式定义神学

如果巴文克早期的演讲〈上帝的国，至善〉[17] 可作为后来被称为新加尔文主义的神学事业之宣言，那么紧随此演讲的〈神圣的神学科学〉则对**神学**本身提出了精确的定义。[18] 巴文克的演讲以莱顿教授洛德维克·劳温霍夫（Lodewijk Rauwenhoff）的"神

---

[16] Bremmer, *Herman Bavinck en zijn tijdgenoten*, 46; Gleason, *Herman Bavinck*, 98. 格林森另写道（99 页），巴文克"在他就职演讲当天"写信给斯努克·赫胡洛涅，并"吐露他对自己作为一位如此年轻的教授而有些担忧"。这并不符合事实。巴文克的就职演讲在 1 月 10 日举行。现存的巴文克在这个时期写给斯努克·赫胡洛涅的信件，时间可确定在 1882 年 11 月 10 日、1883 年 1 月 2 日和 1883 年 2 月 8 日（见 *ELV*）。这些特定的信件并未包含巴文克反思与自己年纪轻轻明确相关的担忧。

[17] Herman Bavinck, "Het rijk Gods, het hoogste goed," *De Vrije Kerk* 7 (April–August 1881): 4:185–92; 5:224–34; 6:271–77; 7:305–14; 8:353–60; ET: "The Kingdom of God, the Highest Good," trans. Nelson Kloosterman, *Bavinck Review* 2 (2011): 133–70.

[18] 将巴文克这次就职演讲与他先前发表于《自由教会》的循规蹈矩的文章以及博士论文相比，博拉梅尔视这次讲座为巴文克建设性之神学发展的"起点"。在这方面，博拉梅尔忽略了〈上帝的国，至善〉与这次特殊讲座的对比。R. H. Bremmer, *Bavinck als dogmaticus* (Kampen: Kok, 1966), 373.

学必须世俗化"的观点开场。[19] 然后，他边破边立，提出了神学必须**神学化**的观点。他认为神学作为有关上帝的知识，就是它自己的探索大道。神学是一门科学，有自己的研究对象，有生命活力的原则，也有自己的内容和目的。在此演讲中，巴文克采取"以上帝为中心"的方式，阐释了以上每个要点：神学源自上帝，关乎上帝（以及与上帝相关的万事万物），并在上帝那里寻得终末。正因如此，神学只能靠着自身的议题而存活。它自成一体。巴文克对神学的定义很古典，明显带有奥古斯丁和阿奎那的痕迹。虽然如此，他对这个古典观念的重新阐释，依赖他与自己时代相近的施莱尔马赫的对话。[20] 巴文克向莱顿大学吹起了战斗的号角，并以现代反击现代。

巴文克在就职演说中提出一个大胆而含蓄的主张，就是神学自治性的本质，以及神学（作为众科学的女王）与宗教研究的内在差别。藉此主张，他反对《高等教育法案》（1876），而莱顿大学照章执行了至少部分内容。巴文克认为，接受《法案》的框架规条的限制，就是赋予神学以**人类学**特质，却丧失了**神学**特性。诚然，这种说法令人回想起德国哲学家路德维希·费尔巴哈（Ludwig Feuerbach），后者认为上帝是人类需要和愿望的投射。"神学无非变成了人类学；上帝〔变成〕人类塑造的一种理型和形像，即一种偶像。"[21] 巴文克的论述措辞严谨，但也不乏大胆

---

[19] Bavinck, *De wetenschap der H. Godgeleerdheid*, 5. 这个观点由劳温霍夫在1878年的《神学期刊》（*Theologische Tijdschrift*）第206页提出；cf. Herman Bavinck, "Theology and Religious Studies in the Nine-teenth-Century Netherlands," in *Essays on Religion, Science, and Society*, ed. John Bolt, trans. Harry Boonstra and Gerrit Sheeres (Grand Rapids: Baker Academic, 2008), 283n3.

[20] Bavinck, *De wetenschap der H. Godgeleerdheid*, 14, 15, 42.

[21] Bavinck, *De wetenschap der H. Godgeleerdheid*, 25. "De Theologie wordt eenvoudig anthropologie; God een ideaal, een beeld, gevormd door den mensch, d. i. een afgod."

之语。他认为莱顿大学神学系的神学是一座庙宇，心思的偶像在其中被人塑造、受人服侍。

巴文克在当时给赫胡洛涅的信中说，他不打算把演讲稿寄给任何一位莱顿教授；此话部分原由可从以上他对莱顿大学的批评窥得一二。[22] 这似乎表明，巴文克并不确定莱顿教授对自己建设性的神学言论可能会有哪些回应，尤其考虑到他的观点对比这些教授自身的历史和智识委身而显得如此旗帜鲜明。巴文克最终却给最为温和的两位莱顿教授寄去了自己的演讲稿。一位是他真正意义上的博士导师亚伯拉罕·库能，另一位是科内利斯·彼得勒斯·提勒（Cornelis Petrus Tiele）。库能的回复与先前和巴文克的来往一样："我的朋友，感谢惠赠讲稿！已阅，读来颇有兴味。如你明了，我难以认同演讲所述观点。但是我的异议并不妨碍我做出以下评价：你清晰晓畅、前后一致并以值得尊敬的方式，阐述并捍卫了你的观点。"[23] 提勒的回复与库能相似："尽管我与你的观点迥异，但这并不会阻止我因你论证观点的方式而倍感快慰。"[24] 两位教授都为巴文克受聘于坎彭而欣喜，并在信中和曾经的弟子再叙故人之情，再话友好之谊（库能在信中还向巴文克提及妻子抱恙之事），但是二人并未表露与自己的这位昔日弟子探讨神学的意愿。这位年轻的分离派神学博士尽管提出了非常绝对的神学观点，但收到了某种观点不相契合的大度回应。

---

[22] Bavinck to Snouck Hurgronje, Kampen, January 2, 1883, in *ELV*.

[23] Kuenen to Bavinck, Leiden, January 19, 1883, HBA, folder 2. "Am.! Ontvang mijne hartelijken dank voor de toezending van uwe Oratie, die ik met groote belangstelling gelezen heb. Niet met instemming, zooals gij begrijpt. Maar mijne dissensus verhinderde mij niet al lezende op te merken, dat gij uwe opvatting helder, consequent, waardiglijk hebt uiteengezet en verdedigt." 请注意：拉丁文 amice（朋友）是彼时受过大学教育群体的惯用问候语。

[24] Tiele to Bavinck, Leiden, January 17, 1883, HBA, folder 2. "Al sta ik op een standpunt, hemelsbreed van het uwe verschillende, dit verhindert mij niet u geluk te wenschen met de wijs waarop gij 't uwe hebt verdedigt."

幸好斯努克·赫胡洛涅与两位教授的态度截然不同。在收到巴文克的演讲稿之后，他在回信中做出了详尽且批判性的回应，聚焦于巴文克对圣经权威的依赖（斯努克·赫胡洛涅熟悉众多圣经文本高等批判的观点），以及巴文克观点的绝对性如何关联非基督徒。[25] 斯努克·赫胡洛涅评价这场讲座的一个明显缺陷："你的演讲面向与你观点一致的观众；在这些人当中，这些问题即使以如此严苛的言辞来表达，也并不会遭致批驳。"[26] 这个评价几乎可以确定为一针见血的批判。当巴文克的的演讲剑指莱顿时，他在莱顿时期的这位忠实朋友立刻在信中询问，转移至认信上相同一致的环境是否已导致巴文克之前的学术高标准下滑。

巴文克的回信在两方面表现得同样饶有趣味：他论述了自己在这一阶段的神学进展，以及他对思想迥异的二人之间友情的了解。我们尽管承认这篇演讲的内容只涉及有限范畴，但还是可以发现巴文克声明他的任务从未是应对圣经批判学的机制。"我的目标全然不同。我的目标是要说明，根据其自身特性，何为神学，神学要如何发展。在我看来，神学就是认识上帝。神学回答了以下十分简单且十分实际的问题：**我如何认识上帝？**"以及"**我如何才能得到永生？**"每个人都会提出这些问题，哪怕是目不识丁者亦然。若如此看待神学，那么上述问题的答案只有一个："只能从圣经开始"。[27] 巴文克认为，科学家以先验的方式假定自然之**所是**，而神学家与圣

---

[25] Snouck Hurgronje to Bavinck, Leiden, January 24, 1883, in *ELV*.

[26] Snouck Hurgronje to Bavinck, Leiden, January 24, 1883, in *ELV*. "Uwe rede nu was gericht tot met u eensdenkenden, bij wie deze met zoo harde woorden genoemde zaken niet bestreden behoeven te worden."

[27] Bavinck to Snouck Hurgronje, Kampen, February 8, 1883, in *ELV*. "Maar ook wijl mijn doen een gansch ander was. Dat doel was, om te toonen, wat de theologie naar haar eigen aard is en wezen wil. Theologie is, dunkt mij, kennen van God. Zij geeft het antwoord op de zeer eenvoudige en zeer practische en voor elk mensch, ook den ongeleerdste, belangrijkste vraag: *hoe ken ik God, en hoe krijg ik dus het eeuwige leven?* Zoo opgevat, is er geen ander antwoord mogelijk, dan: alleen uit de Heilige Schrift." 强调为原文所有。

经的关系犹如自然科学家对自然本身的依赖关系。之后，巴文克着力分析了为何斯努克·赫胡洛涅质疑他对圣经权威的使用。"这是我们彼此的不同（请允许我从个人的角度来说明）：你想藉由研究并在研究后得出这个观点〔即：以后验的方式（a posteriori）做出对圣经的判断〕，而我是从自己这个观点出发〔即：以先验的方式（a priori）表达的圣经观〕，继而进行研究。我认为如果确实要在真正意义上谈论神学，那么后一种观点就是必需的。"[28] 在这一点上，巴文克对圣经权威和圣经在神学活动中作用的先验式坚定信念，令斯努克·赫胡洛涅所表述（并赋予核心角色的）圣经高等批判关切居于次要地位。然而，尤其值得关注的是，巴文克在信末坦诚承认："我须补充一点：我的圣经观尚不成熟。"[29] 巴文克长久以来都坚信上帝在圣经中被启示出来。在此坚定信念之余，他离圣经教义成熟观点的定形尚有很长的距离。

相比之下，亚伯拉罕·凯波尔对巴文克的演讲大加赞赏。他在《先锋报》上发文表示，虽然他并不赞同巴文克对施莱尔马赫的援引，但对其他方面称道不已："这是真正的改革宗科学神学。这场演讲思想透彻，正确建立起神学首要原则，明确了神学辉煌发展的道路。"[30] 这位年轻的莱顿博士不仅公开批评了莱顿大学

---

[28] Bavinck to Snouck Hurgronje, Kampen, February 8, 1883, in *ELV*. "Dit is het verschil tusschen u en mij (laat me zoo maar eens persoonlijk spreken): gij wilt door en na onderzoek tot deze stelling komen, ik ga er van uit en ga dan aan 't verder onderzoeken. Ik meen, dat dit laatste moet, zal er ooit van theologie in den eigenlijken zin sprake kunnen zijn."

[29] Bavinck to Snouck Hurgronje, Kampen, February 8, 1883, in *ELV*. "Er moet nog iets bij: met mijne Schriftbeschouwing ben ik dus volstrekt nog niet klaar."

[30] *De Heraut*, January 24, 1883. "Dat is nu werkelijk gereformeerde wetenschappelijke theologie. Hier is doorgedacht, hier zijn de eerste beginselen weer recht gezet, hier is een weg afgebakend, die tot een uitnemende ontwikkeling leiden kan." 有关一位分离者对巴文克观点的回应，以及对凯波尔的批判和赞美之词的评述，见 H. Beuker, "Dr Bavincks inaugurele rede," *De Vrije Kerk* 9 (1883): 178–83。

的世俗化神学，而且在这过程中赞扬了认同这个批评的凯波尔。当然，凯波尔如此兴奋地阅读此演讲稿也就不足为奇了。[31]

学界得意，情场失意

巴文克在神学院工作初期专注于课程准备和授课工作，这或许并不令人惊讶。在 1883 年夏季和秋季，他在写给斯努克·赫胡洛涅的一封信中抱怨，他十分忙碌，原计划去德国度假，但未能成行，自己的写作规划也未能实施。[32] 在这个相对普通的学校中，巴文克虽新入职，但承担了超负荷的繁重教学任务。尽管在这样的处境中，他在不久之后就获得了一项颇为重要的荣誉——当选为荷兰文学协会（Maatschappij der Nederlandse Letterkunde）的会员。该协会的会员都在莱顿，会员身份的获取取决于现任会员推介。巴文克的日记中只是简单提到他在 6 月 21 日获得该协会提名，提名三天后他才得知这一消息。他在 6 月 26 日写给斯努克·赫胡洛涅的信中表示，获此提名，实为意外之喜，而且他并不知受何人推介。

> 你也许已知我被提名为荷兰文学协会会员的消息。我获此殊荣，却不知应向谁表达谢意。我想或许是库能教授。若然，我将向他献上诚挚的感谢。但我不知晓推介之人，整个提名之事更是在我意料之外，因此不便冒昧向库能教授表达谢意。协会秘书名叫弗兰岑（J. J. A. A. Frantzen），我和他从未谋面，素不相识。烦请这周帮我了解这位秘书的信

---

[31] Bavinck, *De wetenschap der H. Godgeleerdheid*, 23.
[32] Bavinck to Snouck Hurgronje, Kampen, June 26, 1883, in *ELV*; Bavinck to Snouck Hurgronje, Kampen, October 23, 1883, in *ELV*.

息，希望此事不要给你造成过多麻烦。这位秘书似乎住在莱顿，想必你认识他，至少听闻过他的名字。若不清楚对方是何人，尤其在不知道他的头衔等信息的情况下，直接给他写信，会有诸多不便。故此，烦请帮我了解他的信息，不胜感激。[33]

1883 年是库能在协会执行委员会担任主席的最后一年。如果在离职前提名巴文克入选协会，那么此举公开表达了他对这位昔日弟子的友好之情。尤其是当我们想到巴文克在坎彭就职演讲中对莱顿大学委婉（却明确）的批评，那么库能的这一举动更是友好善意的体现。提名巴文克的人也有可能是莱顿大学的教会史教授阿克乌耶（J. G. R. Acquoy），他也是该协会执行委员会的成员。无论是哪种可能，会员推介取决于协会的公投；最后投票结果表明协会同意巴文克入会。

该协会在 1883 年所吸纳的成员自然是当时的名流雅士，如乌特勒支的法学教授奥尔尼斯·德布鲁伊尔（J. Baron d'Aulnis de Bourouill）、莱顿大学的法学教授贺雷文（H. B. Greven）、阿姆斯特丹大学的法学教授莫尔泽（J. P. Moltzer），以及荷兰步兵团中尉查宝斯（H. T. Chappuis）。新晋会员中还有凯波尔的

---

[33] Bavinck to Snouck Hurgronje, Kampen, June 26, 1883, in *ELV*. "Misschien hebt ge gelezen, dat ik benoemd ben tot lid van de Maatschappij van Nederlandsche Letterkunde. Ik weet niet, aan wien ik die eer te danken heb; ik vermoed, aan prof. Kuenen. Indien dit vermoeden juist was, zou ik hem gaarne daarvoor bedanken. Maar wijl mij er niets van bekend is en heel de benoeming eene pure verrassing is, kan ik dit moelijk doen. De secretaris dier Maatschappij heet J. J. A. A. Frantzen. Die naam is mij geheel onbekend. Zoudt ge, indien 't niet te veel gevraagd is, me even deze week kunnen inlichten, wie en wat deze secretaris is. Hij schijnt in Leiden te wonen, en gij kent hem zeker wel, althans bij naam. 't Is moeilijk, een brief aan iemand te schrijven, als men niet juist weet, wie die 'iemand' is, vooral met het oog op titulatuur etc. Ge kunt me dus hierin een grooten dienst bewijzen."

阿姆斯特丹自由大学的两位教授弗雷德里克·拉特赫斯（Frederik Lodewijk Rutgers）和杨·沃尔切（Jan Woltjer）。早在巴文克接到自由大学第一次聘任邀请时，他和凯波尔的盟友拉特赫斯就有过来往（他的父亲安东尼·拉特赫斯是莱顿的旧约教授），他后来也受到了沃尔切思想的影响。在这一刻，阿姆斯特丹和坎彭的加尔文主义复兴汇聚于这个荷兰最有名望的知识分子协会。[34]

巴文克的协会会员身份，令巴文克及其思想在荷兰学界获得了显著地位，延伸至分离派群体之外。[35]例如，在那一年晚些时候写给斯努克·赫胡洛涅的信中，他说到弗兰岑曾问他可否给协会图书馆赠送他的博士论文和就职演说。[36]巴文克早期的学术研究成果和那些大胆的建设性学术著作，如今被收藏于此处。同年被协会收藏的著作还有《中世纪之歌》，这是巴文克高中时的竞争对手赫里特·卡尔夫的新作。[37]协会成为巴文克在莱顿的立足点；与坎彭神学院相比，协会为他提供了更富魅力的发展空间。在本书下文会论到，巴文克初到坎彭神学院工作时，在莱顿大学及其学者面前颇有自卑之感，并感到在坎彭神学院找到了属于自己的位置。在此背景下，这份在他工作初期来自莱顿的肯定对他意义非凡：在坎彭任职六年后，巴文克获得了足够的自信，希望能在莱顿接任教职，接替自己在就职演讲中批评的洛德维克·劳

---

[34] *Handelingen der algemeene vergadering van de Maatschappij der Nederlandsche Letterkunde te Leiden, gehouden aldaar den 21sten Juni 1883, in het gebouw van de Maatschappij tot Nut van 't Algemeen* (Leiden: Brill, 1883), 91–92.

[35] 巴文克成为该协会会员也令分离派群体感到自豪。见 *De Bazuin*, June 29, 1883。

[36] Bavinck to Snouck Hurgronje, Kampen, October 23, 1883, in *ELV*.

[37] *Handelingen der algemeene vergadering van de Maatschappij der Nederlandsche Letterkunde te Leiden, gehouden aldaar den 19den Juni 1884, in het gebouw van de Maatschappij tot Nut van 't Algemeen* (Leiden: Brill, 1884), 36, 40; Gerrit Kalff, *Het lied in de middeleeuwen* (Leiden: Brill, 1883).

温霍夫。若略过巴文克的这个发展阶段，我们就难以理解他的这一愿望逐渐生发的过程。

此时，自巴文克与阿梅利亚父亲上次无果而终的商谈已过去了四年。如今他在教会和学界都享有一定声望。巴文克不再是寂寂无名的学生，所以他期望阿里·邓德克或已改变对他的评价。1883 年 8 月，他再次与阿里沟通："**8 月 24 日，周五。下午寄给 A〔阿里〕书信一封，并在其中附了给 A. J.〔阿梅利亚·约希娜〕的一封信。**"[38] 在寄信给阿梅利亚父亲后，巴文克继续北上，到以前自己牧养的弗拉讷克教会讲道（8 月 26 日："**下午讲道，但感到十分不畅**"）。[39] 他回坎彭后，非常失望："**8 月 29 日……晚上 8 点回到坎彭。家里有封寄给我的信，内无一字，只有那封我写给阿梅利亚的信，但原封未动。**"[40] 尽管如此，直到 1885 年，阿梅利亚仍是巴文克日记的主角。

挚友亡故

在坎彭工作的第一年，巴文克与乌尼克的友情继续加深。1883 年年初，乌尼克被按立，前往阿尔默洛去牧养那里的基督教归正教会。乌尼克就职典礼的嘉宾讲员自然非赫尔曼·巴文克莫属。巴文克的讲道经文为《以西结书》三 17–21："人子啊，我要立你作以色列家的守望者。"[41] 可是在随后数月，乌尼克的

---

[38] "Van 1879 tot 1886." "24 aug. Vrijdag. 's Namiddags. Een brief verzonden aan A. den Dekker, met een ingesloten brief aan A. J."
[39] "Van 1879 tot 1886." "'s Middags sprak ik zeer moeilijk voor mij zelf."
[40] "Van 1879 tot 1886." "29 aug ... 's Avonds te 8 uur kwam ik te Kampen. Thuis lag een brief voor mij, niets inhoudend dan mijn ingesloten brief voor A.J., nog ongeopend."
[41] *De Bazuin*, January 26, 1883 报道了巴文克的讲道。

健康每况愈下。巴文克的日记记录了他于 8 月 11 日再次探访自己这位朋友：“**早晨去阿尔默洛，乌尼克身体虚弱，情绪低落。**”[42] 巴文克主动代乌尼克在随后的主日讲道。此后，他刚回坎彭就得知乌尼克病势加重，于是就立刻返回阿尔默洛，这次有他的弟弟同行：“**一路上心情沉重。**”[43] 乌尼克生命垂危，巴文克这次探访后不到一月，乌尼克就去世了。"**1883 年 9 月 21 日，杨·亨德里克·乌尼克去世，年仅二十五岁。1883 年 9 月 25 日下葬。父亲主持了葬礼。**"[44] 此后，巴文克对乌尼克去世唯一文字形式的回忆，是他在 1886 年所写的一封信。该信写与约翰·范哈瑟伦（Johan van Haselen, 1865–1887），他是一名坎彭学生，当时重病缠身，医治无望。巴文克在信中回忆，乌尼克在临终前说他已安然迎接死亡：“经过一段时间，他已心有准备，将自己完全交托给主。”[45] 1883 年，巴文克数次到阿尔默洛看望乌尼克，那些经历促使他深入自省：他的朋友预备好迎接此生终结，这使他直面自己基督教信仰中深层且令人不安的问题。在当时的情况下，尽管乌尼克意识到自己无论在神学上还是在生命状态上，都做好了迎接死亡的准备，但是巴文克发现自己是一位毫无准备的旁观者。

在那周晚些时候（9 月 28 日），《号角报》刊登了乌尼克的葬礼和杨·巴文克"措辞恰切、令人倍受安慰和鼓舞"的讲道。从事情发生的时间顺序来看，在阿里·邓德克最近一次（默然）拒绝巴文克向他女儿求婚的那几周内，乌尼克去世了。这段时间对巴文克而言是孤独、悲苦的日子。巴文克在二十九岁的年纪与

---

[42] "Van 1879 tot 1886." "11 Aug. 's morgens naar Almelo, Unink was zeer zwak en dien dag weinig opgewekt."

[43] "Van 1879 tot 1886." "15 aug ... op dit uitstapje had ik niet veel genoegen."

[44] "Van 1879 tot 1886." "21 Sept. 1883. Jan Hendrik Unink overleden, 25 j. oud. 25 Sept. 1883 begraven Vader heeft de plechtigheid geleid."

[45] Herman Bavinck, "Letters to a Dying Student: Bavinck's Letters to Johan van Haselen," trans. James Eglinton, *Bavinck Review* 4 (2013): 97.

父母同住，佳偶渺无踪影。在乌尼克的英年早逝之后，他的身边挚友寥寥无几。

由此，我们可理解巴文克后来在写给即将离世的哈瑟伦信中"吾书乃挚友"的蕴意。这句话体现了巴文克正在迈入的生活新阶段的特征。[46] 巴文克追求阿梅利亚受阻，后又痛失乌尼克，而与斯努克·赫胡洛涅和亨利·多斯克等好友也只能书信交流。所以，他潜心于文山，寄情于书海，书籍成为巴文克新的对话者。当时的巴文克正值盛年，他心灵的良朋密友却是一群早已作古的神学家。

着笔《改革宗教理学》和《改革宗伦理学》

巴文克遭到阿里·邓德克断然拒绝，目睹了尤尼克的残酷命运，因而经受着双重孤独的折磨，于是只能全身投入坎彭神学院工作。在1883年7月的考试阶段，也是他入职后学校举行的第一次考试，巴文克在日记中写道：**"教理学考得很差。"**[47] 在第二年的夏天，他对学生学业评价已有不同：**"7月17日，考试和理事会议结束了。对教理学的审查比较顺利。理事们笑逐颜开。"**[48] 显然，他第一年的教学颇有成效。然而，理事们对巴文克学生学业的满意度，与巴文克对自己工作的看法并不一致。1883年10月23日，他在写给斯努克·赫胡洛涅的信中，对比了他朋友迅速增加的著作出版，和自己只能在准备教理学、伦理学、神学百科和哲学课程之余去写作的挣扎。[49]

---

[46] Bavinck, "Letters to a Dying Student," 100.

[47] "Van 1879 tot 1886." "16 Juli ... Het examen in de dogmatiek was slecht."

[48] "Van 1879 tot 1886." "17 juli. Examen en vergadering der Curatoren is afgelopen. 't Onderzoek in de dogmatiek ging vrij goed. De Curatoren waren tevreden."

[49] Christiaan Snouck Hurgronje, "Prof. De Louter over 'Godsdienstige

我希望自己也可著书立说，可是现在对于我并不可能。我必须首先教好课程，但这需要投入大量的时间，进行许多研究。讲授这些科目对我而言尤为困难，因为它们并非孤立存在，〔每门课程〕都紧密相连，而且课程形式的问题绝不简单，总控全局。我经常感到不堪重负，难免气馁。如此多的重要问题尚待解决。我的理想与自身能力之间的距离宛如鸿沟相隔。我感到研读越多，理想变得越是遥不可及。我只能对此缄默不言，让难堪的差距摆在那里。[50]

在1883年期间，巴文克的作品除了就职演讲印制成册发行，其他都是发表在《自由教会》上的短文和书评。[51] 同年12月，迪尔克·多纳在《旌旗报》上发布公告，宣布《自由教会》编辑团队任期已满，需另选编辑：巴文克和卫兰赫会继续向《自由教会》投稿，支持该刊发展，但是他们的编辑职责将会转移给他人。[52]

---

wetten, volksinstellingen en gebruiken," *De Indische Gids* 5, no. 2 (1883): 98–108; "Nogmaals 'De Islam en Oost-Indië' naar aanleiding van prof. De Louters brief," *De Indische Gids* 5, no. 2 (1883): 375–80; *De beteekenis van den islam voor zijne belijders in OostIndië* (Leiden: Brill, 1883).

[50] Bavinck to Snouck Hurgronje, Kampen, October 23, 1883, in *ELV*. "Ik wenschte wel, dat ik ook eens aan 't schrijven kon gaan. Maar het is me nog onmogelijk. Ik moet me eerst in de vakken, die ik heb, goed inwerken. En dat kost tijd en studie. Bovenal is 't me in al die vakken zoo moeilijk, iets te zeggen, wijl niets op zichzelf staat, maar 't eene in onverbrekelijk verband staat met 't ander, en formele kwestiën—waarlijk niet de gemakkelijkste—alles beheerschen. Dikwerf word ik er moedeloos onder. Zoovele vragen van 't hoogste gewicht blijven onopgelost. En de afstand tusschen 't ideaal en mijn krachten is zoo verbazend groot, en schijnt bij voortgezet studie nog grooter te worden. Men zou dan haast besluiten, om maar niets te zeggen en zich op een bescheiden afstand te houden."

[51] Eric Bristley, *Guide to the Writings of Herman Bavinck* (Grand Rapids: Reformation Heritage Books, 2008), 44–47.

[52] *De Standaard*, December 29, 1883.

他在 1884 年 2 月写给斯努克·赫胡洛涅的信中，道出了自己卸去编辑一职之决定的原因："我现在仍忙于收集资料，梳理文献，用于撰写自己的教理学和伦理学著作。换言之，我目前在讲课中主要是从历史的视角总结这些文献，并尝试让自己和学生把握历史资料，尤其是改革宗教理学。历史根基必须首先立定，之后〔我们〕才能思考如何建构自己的大厦。"[53] 此信末尾一行尤为重要，从中我们可以清晰看到，巴文克有意同时着手《改革宗教理学》和《改革宗伦理学》，使之成为姊妹篇。他在信中描述在荷兰神学界首屈一指的学术出版物《神学期刊》上发表的科学神学文章，"越来越让人难以理解"。他写道："令我感到惊讶的是，这个领域〔科学神学〕出现了某种停滞，这条研究路径逐渐到了尽头，研究者进退维谷，陷入窘境。"[54] 考虑到（未指明的）"自然界和道德领域发生的可怕之事"[55]，巴文克认为现代荷兰神学采取的"批判研究动向……太无力"，难以满足时代需要。像斯霍尔滕和劳温霍夫等人，既不愿回到过去的神学，也不能且不愿为将来塑造一种神学，因此止步不前，故步自封。

---

[53] Bavinck to Snouck Hurgronje, Kampen, February 11, 1884, in *ELV*. "Ik ben zelf maar steeds bezig aan het verzamelen van bouwstof voor eene eigen dogmatiek en ethiek. Dat wil zeggen, dat ik deze thans op de colleges voornamelijk van de historische zijde opvat, en mijzelf en mijne studenten vooral tracht te oriënteeren in het historische gegeven, vooral natuurlijk in de gereformeerde dogmatiek. Een historische grondslag moet er eerste gelegd zijn, eer aan het optrekken van een eigen gebouw gedacht worden kan."

[54] Bavinck to Snouck Hurgronje, Kampen, February 11, 1884, in *ELV*. "'t Komt me ook voor, dat er tegenwoordig op dat terrein ook eenige stilstand is waar te nemen, en dat men noch vooruit kan, wijl de weg almeer wordt afgesloten, noch terug, daar dit nog veel moeilijker valt."

[55] 虽然这封信未指明这些"可怕之事"是什么，但是巴文克后来在《改革宗教理学》卷三描述 19 世纪立敕尔派神学未能铺就通往 20 世纪的可持续路径时，做出了类似且明确的评论。"属灵贫穷伴随着物质的进步越发加剧。人们再次看到文化的局限，由此窥见社会的恶、教育和教养中的缺陷，以及人们在世生存的痛苦。" *RD*, 3:555.

考虑到巴文克对正统加尔文主义的委身，他对现代神学的以上批判并不令人意外。更有趣的是，巴文克始终认为正统的解决方案并不是重述往昔神学。巴文克藉由《更纯正神学之总览》，已推出意义重大的 17 世纪荷兰改革宗课本。然而，他为此版本所写的拉丁文序言，结尾虽寥寥数言，却观点鲜明："时移世变。"[56]《更纯正神学之总览》在上一个世纪被奉为权威，但巴文克认为它在自己这个时代并非神学之圭臬。改革宗神学需要革故鼎新，而非旧调重弹，蹈袭前人。新时代需要对教理学和伦理学有全新的清晰阐述。

与斯霍尔滕和劳温霍夫一样，巴文克也无法后退，尽管各自理由截然不同。巴文克的老师全盘且变革式地否定了启蒙运动之前的神学，与昔日看似非理性的思想模式一刀两断。巴文克不愿依靠昔日神学，但这并不意味着他要全然弃绝传统。他乃是赞同持续改革，而非变革。古旧的加尔文主义在 19 世纪末需要一次更新。

故此，巴文克认为自己不同于他的老师，**他**将推动神学的发展。这一信念推动他完成了沉博绝丽的鸿篇巨制——四卷本的《改革宗教理学》——和生前未能完稿的《改革宗伦理学》。他从 1884 年开始为《改革宗教理学》收集资料、整理文献。自此之后，这一神学大厦的建造对他后来 11 年的工作产生了日益重要的影响。《改革宗伦理学》的手稿亦如是。但是，在巴文克最终于 1902 年前往阿姆斯特丹自由大学后，该部著作如同被搁置在拥挤画室里未完成的画作，似被遗忘，终未完成。因此，本书第九章会再次论及巴文克的《改革宗伦理学》。

---

[56] Bavinck, preface to *Synopsis purioris theologiae*, vi. "Sed tempora mutantur."

斯努克·赫胡洛涅的麦加之旅

1884年6月，巴文克又给斯努克·赫胡洛涅写了一封信。在这之后，斯努克·赫胡洛涅在阿拉伯暂居一年，此举备受关注，引起诸多议论。他在沙特阿拉伯吉达市的荷兰总领事馆暂居半年，然后在麦加住了五个月，并为自己起了一个穆斯林名字"阿卜杜拉·贾法尔"（'Abd al-Ghaffār）。他一边按照伊斯兰教的方式来生活，一边准备撰写两卷本的德语专著《麦加》（1888–1889）。[57]《大众商报》（*Algemeen Handelsblad*，6月4日）早已刊登斯努克·赫胡洛涅即将出发，此行目的是为了研究伊斯兰教的概况，以及特别要研究荷属东印度的穆斯林群体。这则消息促使巴文克立即给他写去一封书信。

> 原本希望我们很快能〔见面〕。7月27日（周天），我在代夫特（Delft）讲道，本打算周一去见你，但你出发在即，所以未能成行。此外，我原计划参加荷兰文学协会的大会。但这对我颇有挑战。我需要在会上发表一篇有关尚特皮·德拉索萨耶（Chantepie de la Saussaye）神学思想的论文，所以我正忙着研读他的著作。这次演讲也许会扩展为一本关于索萨耶神学思想的小书。……出发之前时间紧张，想必你无暇给我写信，我也不敢如此相求。但你在阿拉伯或返家之后，可否来信，将你的近况告知一二。诚愿旅途平安，研究顺利。但希望你不要像范博梅

---

[57] Christiaan Snouck Hurgronje, *Mekka*, 2 vols. (The Hague: Nijhoff, 1888–89); Snouck Hurgronje, *Mekka in the Latter Part of the 19th Century—Daily Life, Customs and Learning: The Moslims of the EastIndian Archipelago*, ed. and trans. J. H. Monahan (Leiden: Brill, 2006).

伦先生最近所宣称的那样重视伊斯兰教（根据《大众商报》所刊消息）。[58]

巴文克在此所提到的彼得·范博梅伦（Pieter van Bemmelen, 1828–1892）是一位荷兰法学家。他从1874年至1880年间在埃及混合法庭工作。巴文克在一个月前的《大众商报》上阅读了对范博梅伦的著作《埃及与欧洲》[59]的书评，标题为〈伊斯兰教的辩护者〉。这份书评写道："范博梅伦先生认为欧洲对伊斯兰教缺乏了解，这是正统和现代基督新教徒之过，同样也是非基督徒之过。伊斯兰教是纯粹的一神教……本书作者由此极力擢升伊斯兰教在宗教界的地位，尤其当人们重回《古兰经》教义时更会如此；本书作者相信伊斯兰教未来可期，倡议基督徒要尊重伊斯兰教，从而赢得穆斯林的信任和尊敬。"[60] 范博梅伦已回到荷兰。

---

[58] Bavinck to Snouck Hurgronje, Kampen, June 16, 1884, in *ELV*. "Ik had gehoopt, dat dit binnenkort zou plaats hebben. Zondag 27 juli moet ik namelijk in Delft preeken en ik was voornemens, dan maandag u een bezoek te brengen. Door uwe reis vervalt dit. Ook had ik gedacht, a.s. donderdag de vergadering der Maatschappij van Nederlandsche Letterkunde bij te wonen. Maar ik kan 't zeer moeilijk doen. Ik moet een referaat leveren over de theologie van Chantepie de la Saussaye en ben dus met diens geschriften bezig. Waarschijnlijk dijt dit referaat uit tot een brochure over Saussaye's theologie....Gij zult wel geen tijd hebben, me nog eens voor uw vertrek te schrijven. Ik durf 't ook niet vragen. Maar laat toch 't zij uit Arabië, 't zij na uw terugkeer weer eens iets van u hooren. Van harte wensch ik u eene voor uw studie en leven voorspoedig reis toe. Maar tevens hoop ik dat ge bewaard blijft voor eene waardeering van den islam, als onlangs mr. Van Bemmelen (naar een bericht in 't *Handelsblad*) uitsprak."

[59] Pieter van Bemmelen, *L'Egypte et l'Europe, par un ancien juge mixte* (Leiden: Brill, 1884).

[60] "Een verdediger van den Islam," *Algemeen Handelsblad*, May 2, 1884. "De heer Van Bemmelen meent dat de Islam in Europa niet goed wordt begrepen, door de schuld zoowel van orthodoxe en moderne protestanten als van ongeloovigen. De Islam is het zuivere monotheisme....De schrijver stelt dus den Islam zeer hoog onder de godsdiensten, vooral als men tot de leer van den Koran terugkeert;

他认为欧洲人常批判伊斯兰文化为未开化,在人权和宿命决定论方面尤是如此,可是绝大多数这些批判并未触及真正的伊斯兰现象。范博梅伦认为可以援引《古兰经》反驳这些批判。巴文克担心自己的好友从阿拉伯回来后也会持这样的态度,但后来斯努克·赫胡洛涅对范博梅伦著作进行了严厉批判。这表明巴文克的担心是他误解了斯努克·赫胡洛涅:对斯努克·赫胡洛涅而言,范博梅伦所代表了一种要"开化"伊斯兰文化的殖民愿望;言下之意就是,对伊斯兰文化的这种褒扬实际是在为西方唱赞歌。[61]

那个年代,完全弃绝基督教、支持荷兰现代神学的人为数不少,其中极具代表的人物有就读于莱顿大学、后为记者的康纳德·比斯肯·休伊特(本书之前提到的《爪哇快报》编辑),另有当时知名的艺术史学家阿拉德·皮尔森(Allard Pierson, 1831–1896)。[62] 在斯努克·赫胡洛涅去阿拉伯之前,巴文克向他表达了这一特定的担忧,这似乎是说他担心朋友会滑向伊斯兰教,而不是担心他会认同皮尔森和比斯肯·休伊特所推崇的世俗化基督教。尽管斯努克·赫胡洛涅在此次旅行中对伊斯兰教时近时远,但是巴文克以上担忧表明,至少在此旅行前的时刻,他误解了朋友的动机。在他们19世纪80年代初的来往信件中,巴文克设想他们两人都在寻求宏大叙事和统一的世界观。[63] 正因如此,巴文

---

hij gelooft in de toekomst van den Islam en spoort de Christenen aan, hem te eerbiedigen, zijn vertrouwen te winnen en tevens de achting van de Muzelmannen."

[61] Christiaan Snouck Hurgronje, *Verspreide geschriften* (Leipzig: Schroeder, 1923), 1:284, 2:393; cf. J. Brugman, "Snouck Hurgronje's Study of Islamic Law," in *Leiden Oriental Connections, 1850–1940*, ed. Willem Otterspeer (Leiden: Brill, 1989), 91–92.

[62] Allard Pierson, *Dr. A. Pierson aan zijne laatste gemeente* (Arnhem: D. A. Thieme, 1865).

[63] Willem Jan de Wit, *On the Way to the Living God* (Amsterdam: VU University Press, 2011), 26; F. H. von Meyenfeldt, "Prof. Dr. Herman Bavinck: 1854–1954, 'Christus en de cultuur,'" *Polemios* 9, no. 21 (October 15, 1954): 109–12; Bremmer, *Herman Bavinck en zijn tijdgenoten*, 142.

克担心朋友从麦加回来之后，成为又一个"伊斯兰教的辩护者"，认为伊斯兰教优于基督宗教和基督教世界观。事实上，斯努克·赫胡洛涅在麦加时接受了伊斯兰教，但他一旦远离伊斯兰聚居区（Dar al-Islam），就将之完全抛在脑后。他无心捍卫伊斯兰教，也无兴趣批判作为一种宗教的伊斯兰教。[64] 杨·雅斯特·惠特曼的解释捕捉到了斯努克·赫胡洛涅的态度："〔斯努克·赫胡洛涅是〕一位敏锐和愤世嫉俗的人性观察者；他鄙视人类理想主义，总是探查藏在宗教行为后面的隐秘动机，常常也是物质动机。"[65] 这完全超出了当时巴文克对斯努克·赫胡洛涅的理解。

在他们人生的这一时期，巴文克自然无法预见他的朋友在麦加的行为。斯努克·赫胡洛涅"徒有其表的伊斯兰教生活方式"，背后的理据在他以后的人生阶段才更清晰地浮现。他在爪哇以穆斯林的身份生活了16年，娶了数位穆斯林妻子，其中一位结婚时仅十三岁；他在那里有许多穆斯林儿女。但在斯努克·赫胡洛涅离开欧洲之前，巴文克无从想象他的朋友会成为阿卜杜拉·贾法尔，这位在麦加购买一名埃塞俄比亚女奴并与她共同生活的哈吉（hajji）。[66]

巴文克的日记记载，在斯努克·赫胡洛涅前往吉达市之前（7月28日），他的确前往莱顿向他道别。但他们之后的信件（1884年8月3日）清晰表明，巴文克在那次见面过程中，感到和他的朋友交流不畅；对他而言，斯努克·赫胡洛涅的世界观是如此陌生。

---

[64] Pieter Sjoerd van Koningsveld, "Conversion of European Intellectuals to Islam: The Case of Christiaan Snouck Hurgronje alias 'Abd al-Ghaffār,'" in *Muslims in Interwar Europe: A Transcultural Historical Perspective*, ed. Bekim Agai, Umar Ryad, and Mehdi Sajid (Leiden: Brill, 2016), 88–104.

[65] Jan Just Witkam, "Christiaan Snouck Hurgronje's description of Mecca," in *Mekka in the Latter Part of the 19th Century—Daily Life, Customs and Learning: The Moslims of the EastIndian Archipelago, by Christaan Snouck Hurgronje*, ed. and trans. J. H. Monahan (Leiden: Brill, 2006), xv.

[66] Van Koningsveld, "Conversion of European Intellectuals to Islam: The Case of Christiaan Snouck Hurgronje alias 'Abd al-Ghaffār," 100.

令人不解的是，巴文克认为自己的不理解是自己才学不足所致，因而感到自己才干与坎彭神学院更为相宜。在当时，受聘于莱顿大学远超巴文克的个人志向："我已经走在平凡的道路上，置身于一个更为普通的工作环境里。也许我在那里不够活跃，工作毫无果效。但以我之能，难以企及更好的职位，对此我了然于心，所以我也在此乐得其所。"[67] 巴文克在写给斯努克·赫胡洛涅的下一封信中（1884年12月23日），表达了相似的缺乏理解的感受。尽管如此，这次特殊的交流还是以渴望保持友谊结束："我们依然可以互相学习，彼此相帮。我周围的人和我志趣相仿，而你和我虽观点相悖，但友情如故，因此你对我的补偏救弊显得尤为可贵。"[68]

神学在现代世界中的未来

尽管此时的巴文克面对莱顿大学有自卑感，但他确信自己已经觉察到了莱顿学派的神学现代主义的局限。因此，他着手准备自己的教理学和伦理学。然而我们发现，在这个准备阶段的初期，巴文克一直关注另一个新兴的思想流派——但以理·尚特皮·德拉索萨耶（Daniël Chantepie de la Saussaye, 1818–1874）的伦理神学。德拉索萨耶也毕业于莱顿大学，曾在吕伐登、莱顿和鹿特丹的教会任牧师，后来成为格罗宁根大学的教授。他所引领的伦

---

[67] Bavinck to Snouck Hurgronje, Kampen, August 3, 1884, in *ELV*. "Bescheidener weg is mij aangewezen, nederiger werkkring toebetrouwd. Misschien dat ik daar niet geheel onnut werkzaam ben. Hooger roeping zou boven mijn krachten gaan; ik ben zelf daar steeds levendig van overtuigd en daarom in mijn kring zeer tevreden."

[68] Bavinck to Snouck Hurgronje, Kampen, December 23, 1884, in *ELV*. "Maar daarom kunnen we nog wel van elkander leeren en elkaar nuttig zijn. En juist wijl ik thans altijd onder geestverwanten leef, is mij de controle van tegenstanders die tevens vrienden zijn soms te onmisbaarder."

理神学与德国中介神学（Vermittlungstheologie）遥相呼应。与德国的中介神学一样，德拉索萨耶引领的神学运动旨在缓解学院的科学性神学与作为神学生发地的教会之间的张力。在当时的情境下，这种张力已经在学术性神学与教会之间引发了裂隙，以致神学与教会渐行渐远。

作为对此现象的回应，德拉索萨耶所领导的神学运动一直批判巴文克的博士导师斯霍尔滕，以及从神学家转变为艺术历史学家的阿拉德·皮尔森。[69] 与现代神学家一样，批判现代神学的伦理神学家接受从历史批判进路来研究圣经，但是他们的巨大差异在于对基督教发展前景的看法。斯霍尔滕和劳温霍夫等神学家认为，基督教的保鲜期几近结束，因为其教义的虚假已被揭开，而其执事关怀穷人的社会功用可由世俗政府机构取而代之，且效果更佳。[70] 相比之下，伦理神学家做了建设性之工，为那个时代重新阐述基督教教义，尤其是上帝内蕴于人类道德施动性（moral agency），并采用"以基督为中心"的方式重新阐述了过去的神学表述。（就此而论，这些伦理神学家在教义上的重新表述上承19世纪初期的施莱尔马赫，下启20世纪中期的卡尔·巴特。）[71] 借由这一切，伦理神学家们试图依照现代科学的进步为基督教神学开辟未来天地。

巴文克在1884年6月4日给斯努克·赫胡洛涅的信中，提到他已经研读德拉索萨耶的思想，为要在那个夏天于乌特勒支举办的牧者会议上宣读一篇小论文。[72] 令他失望的是，他的会议论文

---

[69] Daniël Chantepie de la Saussaye, *Verzameld werk*, 3 vols. (Zoetermeer: Boekencentrum, 1997–2003).

[70] 如见 Lodewijk Rauwenhoff, quoted in John Halsey Wood, "Church, Sacrament and Civil Society: Abraham Kuyper's Early Baptismal Theology," *Journal of Reformed Theology* 2, no. 3 (2008): 279.

[71] Tjerk de Reus, "Op het kompas van De la Saussaye," *Friesch Dagblad*, October 25, 2003.

[72] Bavinck to Snouck Hurgronje, Kampen, June 6, 1884, in *ELV*.

并未引起反响。[73] 正如上文已提及的那封信所说，他后来将那篇论文扩展为一本小书，题为《但以理·尚特皮·德拉索萨耶教授博士的神学：促进对伦理神学的认识》（1884）。[74] 尽管该书最终是批判德拉索萨耶及其学派，告诉自己的分离派信徒"德拉索萨耶的神学不能成为我们的神学"[75]，但该书的大部分内容是对德拉索萨耶著作的概述，以纠正对其思想的普遍误读。

这本书是巴文克首次与一个对手性的神学传统有持续批判性的互动。在这次互动中，该书以简短的结论结尾，而此结尾具有他以后著作中可见的平和与批判相结合的特色。巴文克他认为德拉索萨耶是"本世纪卓越的神学家之一"，他对"神学自由主义"的抵制"未令基督的名蒙羞"。即便如此，巴文克认为德拉索萨耶在著作中提出的另一种神学进路在神学上并不可行，但他欣然肯定德拉索萨耶高尚的首要目标，即调和那个世纪教会和神学学院（theological academy）之间的张力。可是巴文克也指出，德拉索萨耶的圣经教义和对上帝神圣内蕴的过度强调（以致忽视了上帝的超越），最终致使**所有**神学张力彼此调和，甚至在"亚他那修和亚流、奥古斯丁和伯拉纠"之间也彼此调和。[76] 简而言之，巴文克认为，伦理神学学派投射的神学发展路径，基督教神学在其上可被重新构想为一个松散的学科，其内容有足够的韧性，可跟上现代科学这一权威领导的步伐。[77] 在巴文克看来，这毫无前途可言。这并非自成一类而发展的基督教神学。

---

[73] "Van 1879 tot 1886." "1 juli ... Ik las referaat voor over Saussaye's Theol. waar geen discussie uit ontstond."

[74] Herman Bavinck, *De theologie van prof. dr. Daniël Chantepie de la Saussaye: Bijdrage tot de kennis der ethische theologie* (Leiden: D. Donner, 1884).

[75] Bavinck, *De theologie van prof. dr. Daniël Chantepie de la Saussaye*, 95. "Zijne theologie kan de onze niet zijn."

[76] Bavinck, *De theologie van prof. dr. Daniël Chantepie de la Saussaye*, 91.

[77] 有关巴文克对德拉索萨耶看法的归纳，见 Bremmer, *Bavinck als dogmaticus*, 65–72。

正如前文所论，巴文克对德拉索萨耶最初的研究在正统的改革宗牧师中未引发反响，但是这部批判性的小书激发了伦理神学家的兴趣。在 1884 年这一年内，他与阿姆斯特丹大学教会学教授胡宁（1829-1905）在《自由教会》上展开了激烈的讨论。[78] 作为德拉索萨耶的为新时代重焕神学活力之愿景的主要倡导者，胡宁与凯波尔已论战数年。但是在那一年，胡宁和巴文克之间的互动如弟兄般亲切，而且语气温和，从此开始了他们之间重要的友情。

在友情开始阶段，他们都发现了莱顿学派的局限，但都尝试说明他们提供了不同方法来解决这一问题的理据。显然，伦理学派和巴文克的加尔文主义有许多共通之处。不同于那些拒绝超自然转而认同唯物论的现代神学家，巴文克和胡宁坚信实在（reality）需要形而上学，此外也认为斯霍尔滕及其学派所推崇的那类教义属于不可取的修正主义。胡宁和巴文克分属不同思想学派，在未受过相关学术训练的人眼里，他们各自的理据差异或许并不显著，但是他们自己对此都非常在意。在这一点上，巴文克认为他们对"神学的原则、来源和方法"之观点的差异细微却十分重要。因为"原则比把握原则的人更强而有力"，所以他对胡宁说"一个更大的危险就是，我们的差异只会越来越大，目前〔我们〕所认同的许多信仰要点将来也会出现分歧。"[79]

---

[78] J. H. Gunning Jr., "Aan Prof. Dr. H. Bavinck," *De Vrije Kerk* 10, no. 5 (1884): 212–20; Herman Bavinck, "Antwoord aan Prof. Dr. J. H. Gunning Jr.," *De Vrije Kerk* 10, no. 5 (1884): 221–27; Gunning, "Aan Prof. Dr. H. Bavinck," *De Vrije Kerk* 10, no. 6 (1884): 277–86; Bavinck, "Antwoord aan Prof. Dr. J. H. Gunning Jr.," *De Vrije Kerk* 10, no. 6 (1884): 287–92; Gunning, "Aan Prof. Dr. H. Bavinck," *De Vrije Kerk* 10, no. 7 (1884): 314–19.

[79] Bavinck, "Antwoord aan Prof. Dr. J. H. Gunning Jr.," *De Vrije Kerk* 10, no. 6 (1884): 292. "Want juist omdat het verschil tusschen Ethischen en Gereformeerden loopt over het beginsel der Theologie, over de kenbron en de methode, bestaat er groot gevaar, dat het verschil steeds grooter zal worden, ook in menig punt van de belijdenis, waarin nu nog eenstemmigheid is. De beginselen zijn machtiger dan hunne menschelijke dragers."

巴文克与当时伦理神学家的教义立场并不相斥，却因着他们的观点最终指向的结论，而感到难以认同他们的立场。虽然胡宁并未将亚流和亚他那修或奥古斯丁和伯拉纠之间的差异相对化，但是巴文克坚信胡宁的追随者最终会如此行。因此，这次特殊的互动将巴文克进一步推向了凯波尔的群体。

巴文克在1884年12月23日写给斯努克·赫胡洛涅的信中，谈到了胡宁对他著作的回应。[80] 他说自己对凯波尔的神学兴趣日增，同时也坦承他与凯波尔日渐亲近的关系，让他感到自己在基督教归正教会身单力孤。截至那个时候，他对伦理学派提的批判就是，他们在基督教和现代文化之间的中介之工，因将基督教置于现代文化之下而折戟沉沙。那些伦理神学家却坚持认为，若要在现代社会继续发展，基督教必须要**被现代化**（modernized）。但是，巴文克的直觉是要倒置这一论述：现代文化必须**被基督教化**（Christianized）才拥有未来。他认为西方文化深深根植于基督教世界观，以至于若无基督教世界观必要衰亡。巴文克坚称，为了要把西方文化从后基督教时代的困境中拯救出来，基督的上主之尊（lordship）就必须要在现代生活的各个领域发挥影响。从那时起，巴文克的观点日益趋近凯波尔。"我希望将此观点运用在人类的全部生活，尽力覆盖所有领域。这正是我与基督教归正教会许多人的不同之处……我开始看到神学院所带来的局限，也看到坎彭神学院的短板。一所基督教大学是我的理想。〔尽管〕我并不赞同凯波尔博士的很多观点，但我希望他所打下的坚实基础〔自由大学〕能成为众人的祝福，大展宏图。"[81] 巴文克此时感

---

[80] J. H. Gunning Jr., *Jezus Christus de middelaar Gods en der menschen: Naar aanleiding van dr. H. Bavinck, De theologie enz. door J.H. Gunning jr.* (Amsterdam: Höveker & Zoon, 1884).

[81] Bavinck to Snouck Hurgronje, Kampen, December 23, 1884, in *ELV*. "Maar dit wensch ik toe te passen op heel 't menschelijk leven, in al de breedte die het toelaat. En juist dat is het, waarin ik van velen in de Christelijke Gereformeerde Kerk verschil....Ik begin al het nadeelige in te zien

到自己的智识层面受困于坎彭神学院的环境。这种感受令人关注，因为就在数月前，他曾告诉斯努克·赫胡洛涅，自己的生活怡然自适。由此看来，巴文克新加尔文主义最终的形成极大地归功于当时的伦理学派：伦理学派的倡导者成了巴文克和他的新加尔文主义工程一生之久的批判性对话伙伴，帮助他理解自己对凯波尔的计划的认同，并以出乎意料的方式最终将他推进了自由大学。[82]

根据巴文克和胡宁多次公开辩论的背景，我们显然发现了他们之间坦诚的私人交往。1885年春天，巴文克在阿姆斯特丹参观了水族馆，并给基督徒青年协会举办了题为《悲剧的意义》的讲座，之后他专程拜会了自己这位神学上的对手。[83]1888年，胡宁去坎彭办事时还前往神学院，参加了巴文克在早晨的讲课。巴文克在介绍胡宁时，不只将他作为听众表示欢迎，而是告诉自己的学生："阿姆斯特丹的胡宁教授来到这里，我们倍感荣幸。我冒昧请求这位深受尊敬的弟兄代我讲授这堂课。"[84]胡宁欣然允之。

与阿梅利亚的最后见面

巴文克在日记中最后一次提到阿梅利亚是在1885年8月。当时他去荷兰的南部布道，之后和德波尔先生去比利时度假（德

---

van een seminarie en dan nog wel in Kampen. Eene christelijke universiteit zou mijn ideaal zijn; en hoezeer ik in dr. Kuyper veel afkeur, aan zijne grootsche stichting wensch ik zegen en welvaart."

[82] Bremmer, *Bavinck als dogmaticus*, 72–114.
[83] "Van 1879 tot 1886." "21 Maart. Visite gemaakt bij Prof Gunning."
[84] Harinck and Berkelaar, *Domineesfabriek: Geschiedenis van de Theologische Universiteit Kampen* (Amsterdam: Prometheus, 2018), 101. "Mijne heeren, wij hebben het zeldzame voorrecht, prof. Gunning van Amsterdam in ons midden te hebben en ik waag dien hoogvereerden broeder te vragen, of hij mijne plaats wil innemen."

波尔是巴文克在哈斯曼学院时的老师）。在这两次旅行途中，巴文克在尼文代克留步小住。"**8月6日下午，我单独和阿梅利亚见面交谈。A.d.D**〔阿里·邓德克〕**和凡古尔牧师去了提耳堡。**"[85] 自从巴文克在第一本日记中写下自己对阿梅利亚的心事和关于她的点滴，至今已有十三年之久。时移世易，那位籍籍无名的痴情青少年诗人（"自上而下复又上，如此读诗明我心"），现已成为一名谨言慎行、倍受尊敬的学者，但这对情场并无助力。赫尔曼和阿梅利亚能够见此最后一面，只因她的父亲那天有事外出。根据现有文献资料，巴文克自此以后未再提到她，也未在她所在的教会讲道。赫尔曼去世十二年之后，阿梅利亚辞世。她终身未嫁，一直住在阿尔姆科克，直到1933年去世，享年八十四岁。

斯努克·赫胡洛涅从麦加回荷兰

1885年岁末，斯努克·赫胡洛涅与吉达市的法国副领事发生纠纷后，逃离麦加，返回家中。他的故事引起媒体诸多关注，这为在《鹿特丹新报》上宣传他有关哈吉的著作提供了机会。[86] 巴文克从报上得知他的朋友顺利进了麦加（非穆斯林的禁地）且在那里度过数月，之后便立刻向他修书一封，表达了对他此种壮举（单纯的）赞叹之情。巴文克似乎根本没有想到，他的这位朋友为了进入麦加暂时接受了伊斯兰教。不管如何，斯努克·赫胡洛涅此时已回到荷兰，并不以穆斯林身份示人；与人交往时，他也不用自己的阿拉伯名字，而且身着西式服装。根据巴文克的思想

---

[85] "Van 1879 tot 1886." "6 aug. 's Middags Am. alleen ontmoet en gesproken. A.d.D was met Ds. van Goor naar Tilburg."
[86] Christiaan Snouck Hurgronje, "Mijne reis naar Arabië," *Nieuwe Rotterdamsche Courant*, November 26 and 27, 1885.

原则，这意味着他的朋友对伊斯兰教的诱惑完全无动于衷（尽管如此，他获准进入了非穆斯林莫入的麦加城）。

为什么巴文克对此事的误判如此之大？因为对他而言，宗教在信徒的生活中有独特的力量。任何一种宗教藉其宏大叙事都会产生无可匹敌的引力，足以重构每位接受该宗教之人的生活。但是如前所述，按着斯努克·赫胡洛涅的看法，宗教如衣裳，或穿或脱仅为应时之举。巴文克并未意识到这一点。他向斯努克·赫胡洛涅写道："不管怎样，令我感到高兴的是，你并未完全偏离，而且在麦加居住了一段时间。这尤其令我惊叹。在你出发前，我们曾小聚，你对我说非穆斯林不能进入麦加；现在我更加好奇，想知道你如何顺利进入了那座圣城。"[87] 赫胡洛涅认为宗教是无力的，可是巴文克在那时尚未理解他朋友这一看法。数年之后，他才明白自己的失察。当时斯努克·赫胡洛涅出版了一本关于伊斯兰教的著作，巴文克发表书评[88]，并阐述了自己对"伊斯兰教辩护者"彼得·范博梅伦的观点。[89] 后来，巴文克对斯努克·赫胡洛涅认为"伊斯兰教信仰难以抵制世俗化的影响"的观点提出质疑，那时他才发现自己的朋友并不认为宗教是一种力量。[90] 但在

---

[87] Bavinck to Snouck Hurgronje, Kampen, December 9 1885, in *ELV*. "Gelukkig dat in elk geval uw reis niet geheel mislukt is en dat gij zelfs eenigen tijd in Mekka hebt kunnen doorbrengen. Vooral dit heeft mij sterk verbaasd. Toen ik voor uw vertrek bij u was, zeidet ge me, dat Mekka niet mocht betreden worden door ongeloovigen; te nieuwsgieriger ben ik nu om te weten, hoe het u gelukt is de heilige stad binnen te dringen."

[88] Bavinck to Snouck Hurgronje, Kampen, January 12, 1886, in *ELV*; Bavinck to Snouck Hurgronje, Kampen, May 7, 1886, in *ELV*; Christiaan Snouck Hurgronje, "Der Mahdi," *Revue Coloniale Internationale* 1 (1886): 25–59; Snouck Hurgronje, "Mohammedaansch recht en rechtwetenschap: Opmerkingen naar aanleiding van twee onlangs verschenen brochures," *De Indische Gids* 8, no. 1 (1886): 90–111; Snouck Hurgronje, "De islam," *De Gids* 50, no. 2 (1886): 239–73.

[89] Bavinck to Snouck Hurgronje, Kampen, January 1, 1887, in *ELV*.

[90] Bavinck to Snouck Hurgronje, Amsterdam, May 16, 1915, in *ELV*. 在近

当时，巴文克尊崇宗教，因此根本没有意识到自己的朋友皈依伊斯兰教只是便宜行事而已。巴文克只知道他所认识的那位朋友名叫斯努克·赫胡洛涅，如同斯努克·赫胡洛涅买来而后抛弃的埃塞俄比亚姑娘只知道他叫"阿卜杜拉·贾法尔"一样。[91] 无论是巴文克还是那位埃塞俄比亚姑娘，他们都认为自己了解斯努克·赫胡洛涅，实则不然。

荷兰风云与巴文克的国际联络

到 1885 年岁末，巴文克对荷兰、荷兰文化甚至荷兰著名学府的看法都变得十分悲观。他对欧洲这种"悲观厌世"（Weltschmerz）的情绪，无疑受到斯努克·赫胡洛涅从遥远的异国他乡回来后所带来信息的影响。巴文克写道："令我触动的是，我们生活在一个病态时代，每个领域都是如此，科学领域亦如是。"[92] 在这方面，巴文克的感受体现了那个时代的精神状态：他和同时代的欧洲年轻人一样，深深感受到"世纪之病"（the mal du siècle）的影响。

期的研究中，约书亚·罗尔斯顿（Joshua Ralston）绘制了不同改革宗教理学家著作对伊斯兰教细微讨论的不同水平。关于他文章中所讨论的神学家——主要是图伦丁（Turretin）、施莱尔马赫和巴文克——罗尔斯顿写道："巴文克对伊斯兰教最感兴趣，也拥有对其内部辩论和思想与实践之传统的表面认识，不管这种认识多么粗浅。" Joshua Ralston, "Islam as Christian Trope: The Place and Function of Islam in Reformed Dogmatic Theology," *Muslim World* 107, no. 4 (October 2017): 754–76.

[91] Jan Just Witkam, "Copy on Demand: Abū Šubbāk in Mecca, 1303/1886," in *The Trade in Papers Marked with NonLatin Characters*, ed. Anne Regourd (Leiden: Brill, 2018), 223.

[92] Bavinck to Snouck Hurgronje, Kampen, December 9, 1885, in *ELV*. "Wel komt het voor, dat we op elk terrein, ook op wetenschappelijk gebied, leven in een tijd van malaise."

尽管四处弥漫着沉闷低落的气息，可是荷兰改革宗教会的历史在 19 世纪 80 年代可谓风云四起。1885 年，凯波尔在阿姆斯特丹领导了一场运动，公开批评荷兰改革宗教会对非正统神学的宽容。在荷兰改革宗教会中，强调刻板认同改革宗认信为教会会友身份之主张开始出现，这导致包括凯波尔在内的一些信徒在那一年 12 月被中止会友身份。不久之后，那些认同凯波尔的教会，以按立自由大学毕业生为牧师对此予以回应（这些毕业生的学位得不到教会的正式认可）。1886 年 7 月，凯波尔被剥夺教会圣职，而后他占据阿姆斯特丹具有历史意义的新教会（Nieuwe Kerk），以表抗议。

这一冲突被称为 Doleantie（哀恸），该词源自拉丁文 dolere（对……表示哀恸）。这一冲突衍生了一个新教派——荷兰归正教会（Nederduitse Gereformeerde Kerk）。"世纪之病"很快让步于波澜壮阔的高光时刻：两年之内约有 200 间教会和 76 位牧师跟随凯波尔离开母会，随之出走的还有 18 万 1 千位信徒。

尽管 1886 年这场教会大地震的影响波及全国，但是巴文克当时的主要关注点似乎主要落在他日益扩大的国际交流活动上。他的日记本记录了苏格兰自由教会的牧师詹姆斯·亨特（Rev. James Hunter）参观了 1886 年 7 月坎彭神学院的公开考试。亨特曾鼓励巴文克与北海对岸的一些改革宗神学家进行交流。（在对社会富有远见的基督徒汤姆斯·查默斯的带领下[93]，苏格兰自由教会在 1843 年从苏格兰教会分离出来，当时荷兰基督教归正教会脱离荷兰改革宗教会已有九年。由于各自分离运动在历史上相近，查默斯与德考科各自所领导的教会对另一方都甚有兴趣。）

> 7 月 14 日，詹姆斯·亨特参观了这些天的考试活动……他居住于福尔柯克（位于格拉斯哥和爱丁堡之

---

[93] Stewart J. Brown, *Thomas Chalmers and the Godly Commonwealth in Scotland* (Oxford: Oxford University Press, 1983).

间）的劳里斯顿牧师宅邸。他给了我如下地址信息：

约翰·莱德劳牧师，道学博士，系统神学教授，爱丁堡自由教会学院。

萨蒙德牧师，道学博士，同上，阿伯丁自由教会学院。

坎德利希牧师，道学博士，同上，格拉斯哥自由教会学院。

威廉姆·宾尼牧师，道学博士，教会史教授，阿伯丁自由教会学院。[94]

巴文克初入大学时，曾计划前往爱丁堡参观苏格兰自由教会羽翼渐丰的基督教大学，但后来未能成行。在巴文克那个年纪，位于爱丁堡的自由教会大学的神学系处于初建阶段。[95] 但是，这所教会大学见证了苏格兰分离派神学家与多所苏格兰古老大学的融合。以上所提到的自由教会神学家，就是此融合的主要代表人物。1865 年，罗伯特·史密斯·坎德利希牧师（Robert Smith Candlish，1806–1873）被爱丁堡大学授予道学荣誉博士。[96]（但令人困惑的是，亨特前去坎彭的那年，坎德利希已去世 13 年；此外，他在爱丁堡工作，而非格拉斯哥。）巴文克这张名单上其

---

[94] "Van 1879 tot 1886." "14 juli. 't Examen wordt dezen dag bijgewoond door Rev. James Hunter ... Laurieston Manse, (te) Falkirk (tusschen Glasgow en Edinburgh). Deze gaf mij volgende adressen:
Rev. John Laidlaw DD prof. of Syst. Theol., Free Church College Edinburgh.
Rev. Salmond DD   id.   id.   in Aberdeen.
Rev. Candlich [sic] DD   id.   id.   in Glasgow.
Rev. Wm. Binnie DD Prof of Church History, Free Church College, in Aberdeen."

[95] Stewart J. Brown, "The Disruption and the Dream: The Making of New College 1843-1861," in *Disruption to Diversity: Edinburgh Divinity 1846–1996*, ed. David F. Wright and Gary D. Badcock (Edinburgh: T&T Clark, 1996), 29.

[96] David Wright, introduction to *Disruption to Diversity: Edinburgh Divinity 1846–1996*, ed. David Wright and Gary D. Badcock (Edinburgh: T&T Clark, 1996), x.

他自由教会神学家包括：斯图尔特·萨蒙德（Stewart Salmond, 1838–1905），他曾就读于阿伯丁自由教会学院和德国的埃朗根大学，之后在阿伯丁大学任教，后来在阿伯丁自由教会学院任教[97]；约翰·莱德劳（John Laidlaw, 1832–1906）曾就读于爱丁堡自由教会学院和海德堡大学，于1880年被爱丁堡大学授予荣誉道学博士学位，当时他担任爱丁堡自由教会学院系统神学教授。威廉姆·宾尼（William Binnie, 1823–1886）在1886年获格拉斯哥大学荣誉道学博士学位。巴文克对这些苏格兰分离派神学家颇为关注，这自在情理之中。这些神学家在各自的自由教会、神学院以及上述的苏格兰和德国大学之间轻松穿梭，甚至获得主流大学授予的荣誉头衔。苏格兰分离运动之子在从分离走向融合的道路上大步向前。

在亨特牧师去坎彭之前不久，巴文克已有其他出国旅行的安排。"**7月8日。计划前往柏林，魏司坚在那里。**"[98] 日记中所提到的魏司坚（Geerhardus Vos, 1862–1949）是一位移居海外的分离者。他与巴文克的年龄相近、看法相似。魏司坚和巴文克的家世极为相似。[99] 他们的父辈均来自本特海姆的古旧归正福音教会。此外，赫尔曼和魏司坚均为古旧归正福音教会牧师之子。他们的父亲在霍赫芬结束学业之后，都返回德国于尔森牧会，后移居至荷兰基督教归正教会。[100] 魏司坚的父亲是杨·亨德里克·魏司

---

[97] Alexander Balmain Bruce, "The Rev. Professor Stewart F. Salmond, DD, Free Church College, Aberdeen," *Biblical World* 8, no. 5 (1896): 347–53.

[98] "Van 1879 tot 1886." "8 Juli. Plan gevormd naar Berlijn te gaan, waar thans Geerh. Vos is."

[99] 哈林克对1829年《号角报》上的一个说法作出了有益的修正。根据这个说法，巴文克和魏司坚是亲属关系。这并不准确。但正如哈林克所说，这个说法"强调了他们之间关系十分亲密"。George Harinck, "Herman Bavinck and Geerhardus Vos," *Calvin Theological Journal* 45, no. 1 (2010): 20n8.

[100] James T. Dennison Jr., introduction to *The Letters of Geerhardus Vos*, ed. James T. Dennison Jr. (Phillipsburg, NJ: P&R, 2005), 14–15.

（Jan Hendrik Vos）牧师。他也将儿子送到具有卓越办学理念的学校接受教育。魏司坚在法语学校毕业后，就读于阿姆斯特丹的城市文科中学。与巴文克家的观念不同，魏司家并不反对移民。1881 年，杨·魏司牧师接受了美国大激流城的牧会邀请，因此魏司坚改变了在坎彭学习神学的计划，前往美国大激流城学习，之后在普林斯顿继续学业。

赫尔曼和魏司坚除了移民观念有别，他们的生活如出一辙，二人性情极为相似。我们可以说，虽然巴文克另外一位移居者朋友亨利·多斯克喜欢自认为是赫尔曼的灵魂密友，二人在大西洋两岸过着"相似的生活"[101]，但是毋庸置疑，魏司坚与巴文克在各个方面更为相近：两人性情相仿，学识相当，神学立场和创作力一致；二人都热爱诗歌，关注神学在学院中的地位。不同于多斯克，魏司坚理解巴文克，成为北美巴文克思想的公开拥护者。

1886 年，魏司坚从普林斯顿神学院毕业后回到欧洲，计划在柏林攻读圣经研究的研究生课程。显然，他回德国后就引起了荷兰人士的关注：在 1886 年年间，凯波尔盛情邀请魏司坚，希望他在自由大学任教，讲授东方语言和旧约课程。（与巴文克一样，魏司坚婉拒了凯波尔的邀请。）[102]

魏司坚对凯波尔聘任邀请的想法，与巴文克在 1880 年的经历十分相似。虽然魏司坚赞同凯波尔的思想，但他的父亲杨·魏司不然。在这方面，杨·魏司对凯波尔的态度和许多分离者一样，认为凯波尔因与荷兰改革宗教会有联系而有污点。在他们眼中，凯波尔对正统的满腔热忱，甚至不久前被逐出荷兰改革宗教会，都微不足道。

在这样的背景下，巴文克和弟弟迪努斯先去了汉诺威（1886

---

[101] 如见 Dosker to Bavinck, Amsterdam, August 16, 1888, in *BHD*。
[102] 有关魏司坚写给凯波尔和菲利克斯牧师（自由大学理事会主席，见第六章〈一些前往阿姆斯特丹的机会〉），见 Dennison, *Letters of Geerhardus Vos*, 116–21。

年 7 月 23 日），之后继续前往柏林与魏司坚相聚。根据巴文克的日记记录，在随后的周日（7 月 25 日），他和魏司坚一起参加了当地教会的崇拜，然后观光了柏林动物园，欣赏了音乐会。这些行动与巴文克在荷兰家乡过周日的通常方式大为不同。在他的家乡，荷兰基督徒分别周日为圣协会（Dutch Society for the Christian Setting Apart of the Sunday，成立于 1869 年）和荷兰周日安息联合促进会（Dutch Union for the Advancement of Sunday Rest，成立于 1882 年）等组织，一直持守历史上荷兰加尔文主义的共度每周安息日的传统，认为这是荷兰基督新**教群体**之集体身份的一项重要因素。[103]

这次在柏林的假期让巴文克加深了对魏司坚的了解，也让他有机会踏入一个之前仅从书本了解的世界，尽管只是短暂一瞥。在迪努斯参观格鲁尼沃尔德（Grunewald）之时，巴文克参加了德国教理学家尤利乌斯·卡夫坦（Julius Kaftan，1848–1926）的两堂课。后来在《改革宗教理学》和《启示的哲学》中，他深入探讨了卡夫坦的著作。在这次旅行期间，巴文克在黑格尔曾讲课的大厅里，参加了著名黑格尔学者爱德华·泽勒（1814–1908）的讲座，但并无兴趣（"**沉闷且枯燥**"）。[104] 此外，他聆听了泽勒最终的继任者、新康德学派哲学家弗里德里希·包尔生（Friedrich Paulsen，1846–1908）在黑格尔讲课的大厅有关黑格尔的讲课。他和弟弟还一起欣赏了现代文化的各色新潮奇巧：《凯撒全景画》和《色当全景画》（Kaiser and Sedan Panoramas）、艺术展览、柏林蜡像馆（Panopticum）、柏林水族馆、贾科莫·迈尔贝尔（Giacomo Meyerbeer）有关胡格诺信徒的歌剧（因着兄弟二人根深蒂固的加尔文主义，这或许并不令人诧异）。之后，巴文

---

[103] Joris van Eijnatten and Fred van Lieburg, *Nederlandse religiegeschiedenis* (Hilversum: Verloren, 2006), 244.
[104] "Van 1879 tot 1886." "Om 9 uur hoorde ik Zeller in Hegels zaal over Logik, dor & droog."

克参加了另一场包尔生的讲课："**他谈到心思（mind）之生命的历史，拒绝《创世记》第一章，告诫人们不要蔑视人类源于动物的观点，〔并〕声称这个理论将来〔会〕更清晰；那时，其他观点就会崩溃。**"[105]

同样在这个假期，巴文克一有时间就和魏司坚见面交流，同时也争取面对面接触卡夫坦、泽勒和包尔生等学者。当然，这四位中仅有一位和巴文克志趣相投。然而，他们四人的著作在巴文克的《改革宗教理学》中常被论及。[106] 尽管巴文克的思想与卡夫坦、泽勒和包尔生的思想存在根本性差异，但他在专著中都以建设性的方式、常以欣赏的态度评述或援引他们的著作。[107] 与对待自己公开的反对者胡宁的态度一样，巴文克珍视与对话伙伴的人际交流，甚至对那些持全然不同信念的人，他都是不遗余力地从他们的视角去理解。巴文克的"1878 年至 1886 年"日记本的最后一则日记，有关上文所提到的包尔生关于"人类先祖"的讲课。此后，同样在这个假期，他很快启用了标为"1886 年至 1891 年"的新日记本。[108] 在新日记本的第一则日记中，他详尽抄录了魏司坚的包尔生讲课笔记（似乎是另外一堂课）。巴文克不愿浪费此次学习机会。他在 8 月 14 日返回坎彭后写道："**我们两人这次旅行费用不到 400 荷兰盾。**"[109] 此次旅行无论在哪个方面都物超所值。

---

[105] "Van 1879 tot 1886." "29 juli ... en om 12 uur nog van Paulsen, die sprak over Gesch. des geistigen Lebens, Gen 1 v. verwierp, waarschuwde tegen verachtting van de leer van 't menschenafstamming van dier, beweerde dat deze theorie veel meer licht wierp in de toekomst, terwijl anders er depravation is."

[106] 巴文克在《改革宗教理学》卷一至卷三的不同地方都有与包尔生互动，在卷一至卷四的许多方面都有讨论卡夫坦、泽勒和魏司坚的观点。相关概述，见 *RD*, 4:855–56, 870, 890, 894。

[107] 如见 *RD*, 1:50–51 以赞许的方式援用卡夫坦。

[108] "Van 1886–1891," HBA, folder 16.

[109] "Van 1886–1891." "14 aug ... De reis had voor ons beiden nog geen 400 gulden gekost."

坎彭神学院里的紧张关系

巴文克在 1887 年 1 月 1 日给赫胡洛涅的信中写道，他在坎彭感到日益郁闷。他提到了发表于英文期刊《心思》[110] 上题为〈荷兰大学中的哲学〉的一篇文章，而这篇文章在坎彭神学院图书馆无法获取。他写道："我若能读到这篇文章，定喜不自胜，但在这个令人烦闷的小城，我却无法一览为快！我时常渴望自己是在莱顿大学的图书馆！我恨不得现在就能从坎彭搬到莱顿或阿姆斯特丹。在坎彭，我们和大城市相距如此遥远，而且变得越发守旧！"[111] 在那年夏天，令巴文克快快不乐之事，显然不只是图书馆所藏文献的匮乏。那年 7 月，巴文克与凯波尔的反对者、自己在坎彭神学院的同事卡斯·林德博姆的关系日益紧张，二人矛盾由暗转明。当巴文克、卫兰赫和林德博姆同在 1883 年受聘时，理事们曾严厉批评坎彭神学院在斯迪克特和他同侪那个时代自由散漫的文化。林德博姆深以为然，而且并不认为有些同事（尤其是巴文克）在这方面有充分改进。[112]

林德博姆对同事的神学立场也越加不满。1885 年，坎彭神学院的教师、当地牧师和坎彭高级职业学校的教师组成的委员会，邀请基督公教神学家赫尔曼·斯哈普曼（Herman Schaepman, 1844–1903）在坎彭作公开讲座。斯哈普曼是议会议员，他也支持凯波尔的政治方案。[113]（另一份文献以令人印象至深的方式，

---

[110] J. P. N. Land, "Philosophy in the Dutch Universities," *Mind: A Quarterly Review of Psychology and Philosophy* 3 (1878): 87–104.

[111] Bavinck to Snouck Hurgronje, Kampen, January 1, 1887, in *ELV*. "Hoe dikwerf verlang ik naar de Leidsche bibliotheek! En hoe gaarne zou ik metterwoon van Kampen naar Leiden of Amsterdam verhuizen. We wonen hier zoo achteraf en worden zoo kleinsteedsch!"

[112] Bremmer, *Herman Bavinck en zijn tijdgenoten*, 52.

[113] 有关凯波尔与斯哈普曼的关系，见 Vincent Bacote, *The Spirit in*

将斯哈普曼描述为凯波尔"在基督公教中的孪生兄弟"。）[114] 林德博姆对巴文克极为不满，也公开强烈反对凯波尔。当我们记住这一点，那么就不会惊讶于，巴文克在被奉若分离派神学之圣地的坎彭公开欢迎一位来自基督公教的凯波尔支持者，这样的行为会被认为"是可忍，孰不可忍"。到了1887年，林德博姆的种种不满无以复加。他开始正式投诉他的同事，这致使神学院理事们召开了一整天的秘密会议。"**7月21日，周四。理事们私下开会讨论，几乎开了一整天！他们讨论了林德博姆和其他同事彼此关系的问题。早晨，理事会分别召入范维尔岑和布鲁梅坎普谈话，之后是林德博姆。下午，德考科、卫兰赫、努尔德赞和我被召进谈话。理事们询问我们与林德博姆的关系等问题。之后，林德博姆再次被单独召进谈话**。"[115] 此次会议之后，巴文克和林德博姆仍保有神学院的职位，但是林德博姆对神学院成为分离派和基督公教的交流平台的愤怒越烧越旺。他在1890年出版了一本小册子，提出归正教会在今世的呼召就是反对基督公教。[116] 林德博姆和巴文克的嫌隙持续加深。

Public Theology: Appropriating the Legacy of Abraham Kuyper (Eugene, OR: Wipf & Stock, 2005), 56。

[114] George Puchinger and Nico Scheps, *Gesprek over de onbekende Kuyper* (Kampen: Kok, 1971), 25. "Bepalend is dat Kuyper, mede door zijn bondgenootschap met zijn roomse tweelingbroeder Schaepman, het regeringskasteel veroverde."

[115] "Van 1886–1891." "21 juli. Donderdag. De Curatorenverg. is bijna heel den dag in comité! Men spreekt over de verhouding van Lindeboom tot de andere Docenten. 's Morgens werden Van Velzen en Brummelkamp apart, en daarna Lindeboom afzonderlijk binnengeroepen. 's Middags moesten Cock, Wiel. Noordtzij en ik binnen komen. Ons werd gevraagd over onze verhouding tot Lindeboom enz. Daarna werd L. weer alleen binnengeroepen."

[116] Lucas Lindeboom, *Onze roeping tegenover, en onder Rome* (Heusden: A. Gezelle Meerburg, 1890).

跻身新加尔文主义者的巴文克

正如本书前文多处已有论及，巴文克的名字与新加尔文主义神学紧密关联。尽管如此，"新加尔文主义"这个术语在1887年才形成，那时巴文克已三十二岁。如哈林克指出："在巴文克成长过程中，他所听闻的是'抗革命'和'改革宗'这类术语，而非'新加尔文主义'。"[117] 新加尔文主义是巴文克人生追求的硕果，而非起点；这个与"巴文克"这个名字同义的术语，在他年轻时还未出现。

新加尔文主义作为一场运动，在巴文克所生活的时代中逐步形成，是阿姆斯特丹和坎彭不同类型的加尔文主义复兴运动的阐述。在19世纪80年代中后期，这些地方性的加尔文主义复兴运动明显变得日渐相连、日益相近。1887年秋，自由大学的伦理学家威廉·贺辛克（Willem Geesink）的专著《荷兰的加尔文主义》[118]，成了一篇书评的批判对象。这篇书评将贺辛克和他同道中人，用不同的方式描述为"新式加尔文主义者"、"复生的加尔文主义者"、"现代加尔文主义者"和"新加尔文主义者"。[119] 纵贯19世纪90年代，凯波尔创作精力聚焦于"加尔文主义"这个观念。[120] 虽然如此，起初含有贬义的"新加尔文主义"这一称谓，

---

[117] George Harinck, "Herman Bavinck and the Neo-Calvinist Concept of the French Revolution," in *NeoCalvinism and the French Revolution*, ed. James Eglinton and George Harinck (London: Bloomsbury T&T Clark, 2014), 21.

[118] Willem Geesink, *Calvinisten in Nederland* (Rotterdam: J. H. Dunk, 1887).

[119] J. Reitsma, "Passio Dordracena," *Geloof en Vrijheid: Tweemaandeliksch tijdschrift* 21 (September/October 1887): 555–90. 莱茨马所用的贬义性荷文分别是：nieuwerwetsche calvinisten, herborene calvinisten, moderne calvinisten 和 neocalvinist。

[120] 在19世纪80年代，凯波尔关注"改革宗"而非"加尔文主义"。James Bratt, *Abraham Kuyper: Modern Calvinist, Christian Democrat* (Grand Rapids: Eerdmans, 2013), 172.

直到 1896 年《号角报》的一篇文章中，才以褒义的方式被这场神学运动中的人士采用。[121] 在 1897 年[122] 和 1900 年[123]，凯波尔的支持者、法学家安妮·阿内玛（Anne Anema, 1872–1966）赋予了这一术语以褒义。之后，该术语便在 20 世纪前十年广泛流行。[124] 尽管如此，如同在 1887 年一样，新加尔文主义者在神学上被类型化：他们的类型特征被人挖掘，再加以分类，并冠以名称。不管巴文克、凯波尔及其自由大学的同事是否喜欢，他们都被视为"新加尔文主义者"。由此视之，巴文克在 19 世纪 80 年代与那些志同道合之人越发羁绊深厚，就不令人惊讶了。

在这一时期，巴文克与魏司坚的往来书信中，都谈到自己都有缺乏机构归属（institutional rootlessness）的感觉。[125] 就巴文克来说，在备选的工作地中，阿姆斯特丹自然具有一定的吸引力。他的弟弟迪努斯在那里求学，幼弟约翰也即将前往那里上学。阿姆斯特丹也是凯波尔宏图伟业的大本营，目前他的事业如火如荼，

---

[121] 哈林克将新加尔文主义者对这一术语的首次正面使用追溯到 W. H. 希思本的一篇文章，载于 *De Bazuin*, June 26, 1896. 见 Harinck, "Herman Bavinck and the Neo-Calvinist Concept of the French Revolution," 21n43。

[122] Anne Anema, *Calvinisme en rechtswetenschap: Een studie* (Amsterdam: Kirchner, 1897), xvi, 100.

[123] Anne Anema, *De grondslagen der sociologie: Een studie* (Amsterdam: Kirchner, 1900),

[124] 如见 F. J. Krop, *Waarom bestrijden wij Rome?* (Leeuwarden: Bouman, 1900), 1; A. J. Hoogenbirk, *Om de kunst* (Nijkerk: Callenbach, 1903), 46; Herman Groenewegen, *De theologie en hare wijsbegeerte* (Amsterdam: Rogge, 1904), 34; Pieter Gerrit Datema, *Zending, een plicht?* (n.p., 1904), 7; M. Beversluis, *De val van Dr. A. Kuyper een zegen voor ons land en volk* (Oud-Beierland: Hoogwerf, 1905), 10; M. ten Broek, *De geestelijke opwekking in Holland* (Ermelo: Gebr. Mooij, 1905), 9; A. J. Hoogenbirk, *Heeft Calvijn ooit bestaan? Kritisch onderzoek der Calvijnlegende* (Nijkerk: G. F. Callenbach, 1907), 36.

[125] 1887 年，魏司坚离开了柏林，来到斯特拉斯堡，寻找一个令人满意的教育机构基地。他与巴文克的通信论到了此事。Vos to Bavinck, June 16, 1887, in *LGV*.

这也致使巴文克越发参与有关基督教归正教会和凯波尔的哀恸者教会之可能联合的洽谈。尽管巴文克在那些年仍在坎彭，但期间的重要活动都发生在阿姆斯特丹。

1889 年，有些出乎意料的是，巴文克的目光短暂地投向了莱顿大学。与此同时，他的目光也逐渐定睛在一个全新的地方——弗拉尔丁恩（Vlaardingen）。这是位于鹿特丹西面的一个小镇，是游汉娜·艾德里安娜–席佩斯（1868-1942）女士的家乡，也是巴文克最终埋葬的地方。

初见席佩斯先生和夫人

1888 年夏，巴文克的两位移民朋友魏司坚和亨利·多斯克都来坎彭与他相聚。魏司坚在斯特拉斯堡获博士学位，在返回美国途中专程与巴文克一聚。多斯克回坎彭是为了参加基督教归正教会的教会会议。多斯克新婚不久后妻子病逝（1880 年），后在 1882 年与敏妮·杜尔尼可（Minnie Doornink）结婚。魏司坚和巴文克却依旧单身。正如哈林克所说："他们都未婚，与自己的父母同住，夙夜专注于研究。"[126]

但在那一年晚些时候，两人各自遇到一位女士，并终结良缘。那时，魏司坚在美国大激流城的图书馆里做研究，在那里初遇图书馆志愿者凯瑟琳·弗朗西斯·史密斯（Catherine Francis Smith），而巴文克是在去斯希丹（Schiedam）讲道时遇到了自己的佳偶。巴文克和父亲同去参加同事安东尼·布鲁梅坎普的葬礼并致悼词。（1874 年，赫尔曼·巴文克前往莱顿学习，他和父亲的这个决定曾遭到布鲁梅坎普的强烈反对。）赫尔曼参加完葬

---

[126] Harinck, "Herman Bavinck and Geerhardus Vos," 23.

礼后，向南而行，前往弗拉尔丁恩讲道，此次旅行是他生命的一个转折点。"**6 月 17 日，在弗拉尔丁恩讲道，经文为《以西结书》十六 14，《罗马书》八 14–17（〔讲道编号〕365 和 366）。住在席佩斯家。**"[127] 在这本日记本中，他格外认真地写下了房东的名字，其中缘由很快就会明了。安德里斯·威廉-席佩斯（1843–1924）这类分离派信徒，巴文克对他会天然亲近。席佩斯是一位富裕的船主，积极投身于凯波尔的抗革命党[128]，也在当地职业学校发挥领导作用[129]，后来与他人合办了鹿特丹的麻尼克斯文科中学（Marnix Gymnasium）。[130] 之后巴文克追求他的女儿，他欣然应允，这自在情理之中。安德里斯·席佩斯与阿里·邓德克截然不同，巴文克家与保守的邓德克家并不相合。巴文克一家拥护现代文化，而与邓德克家所属的乡村保守主义渐行渐远。相比之下，席佩斯家和巴文克家更为相投。

同年 9 月，巴文克去斯希丹讲道，这是一个与弗拉尔丁恩毗邻的小镇。在这次旅行中，接待他的房东恰巧是安德里斯·席佩斯的姑子，那晚她邀请自己的姊妹和姊妹夫过来一同小聚。

> 9 月 15 日，前往斯希丹。住在弗瑞兰德夫人家（寡居）。席佩斯先生和夫人从弗拉尔丁恩过来，他们晚上住在弗瑞兰德家。
>
> 9 月 16 日，讲道，经文为《约翰福音》一 16–18 和《歌罗西书》三 23（〔讲道编号〕369 和 370）。晚间，游汉娜·席佩斯从弗拉尔丁恩过来；家中另有

---

[127] "Van 1886–1891." "17 juni. Gepreekt in Vlaardingen over Ezech 16:14, Rom 8:14–17 (365. 366). Gelogeerd bij A.W. Schippers."
[128] 如见 *Delftsche Courant*, June 10, 1883。
[129] 有关席佩斯在弗拉尔丁恩当地低年级职业学校中的参与，如见 *Het Nieuws van den Dag*, July 9, 1883。
[130] "Begravenis A. W. Schippers," *Het Vaderland*, January 24, 1924.

> 两位房客：来自维尔德凡科（Wildervank）的杨汀·鲍斯女士和来自爱德纳德（Adnard）的赫尔吉·维瑞哈。[131]

在返回坎彭之前，巴文克在日记中写道，"已与弗瑞兰德夫人谈到了游汉娜。"[132] 巴文克这次依然从一位姑姑那里去了解侄女的心意。这次终成圆满，所有亲属都乐见其成，皆大欢喜。

分离者群体与哀恸者群体

1888 年 8 月，基督教归正教会三年一次的教会会议在阿森（Assen）召开。当年会议的首要议题，是关于那个世纪荷兰两个分离运动教会彼此联合的展望：一个教会是 1834 年分离运动（Afscheiding）成立的基督教归正教会，另一个是 1886 年从荷兰改革宗教会新近分离出来的教会。这次教会会议从 1888 年跨到 1889 年；在期间大大小小的分会上，巴文克极力主张两个归正教会联合。尽管他倾尽全力，但彼时联合的时机尚不成熟。纵然基督教归正教会的许多信徒认同哀恸者群体，但诸多分歧尚未消解：基督教归正教会中的一些人，仍难以将自己保守、经验式的敬虔，与凯波尔所引领之运动面对现代文化时的积极开放态度予以调和。此外，由于凯波尔与分离者群体在数十年前分离出来的教会有染，因此他们认为凯波尔并不纯正。[133]

---

[131] "Van 1886–1891." "15 Sept. Naar Schiedam. Gelogeerd bij Mevr. Wed eVrijland. Mijnheer en Mevr. Schippers van Vlaardigen kwamen 's av. ook. 16 Sept. Gepreekt over Joh. 1:16–18 en Col 3:23 (369. 370). 's avonds waren van Vlaardingen ook gekomen de Juffr. Johanna Schippers, en hare logées Juffrouw Jantine Bos van Wildervank en Juffrouw Geertje Wieringa van Adnard."

[132] "Van 1886–1891." "17 Sept ... Met Mevr. Vrijland gesproken over J."

[133] J. C. Schaeffer, *De plaats van Abraham Kuyper in de "Vrije Kerk"* (Amsterdam: Buijten & Schipperhein, 1997).

令巴文克感到大为沮丧的是，两个教会之间的差异逐渐聚焦于各自神学教育中心——坎彭神学院和阿姆斯特丹自由大学。作为分离派遗产的堡垒，巴文克所在的坎彭神学院成为（一些）分离者紧紧依附的教育基地，因而不愿与哀恸者群体联合。

巴文克从 1887 年至 1888 年担任神学院院长。在任职期间，他一直以院长身份促进分离者群体与哀恸者群体的联合。任期将满时，他作了题为《基督教与教会的大公性》的离职演讲，后来出版成书。[134] 巴文克在演讲中直截了当地指出了当时分离者群体和哀恸者群体之间的分歧。尽管他并未直接提到凯波尔的名字，但凯波尔在整篇的影响明显贯穿整场演讲。巴文克批评了敬虔主义和圣经主义，并提醒听众，1888 年的分离者群体是自己的时代之子（因而必然受现代文化的影响）；他也支持教会多元化形态，并提出"艺术、科学、哲学、政治和社会生活"都需持续革新。巴文克的这些观点表明，他坚定地站在了凯波尔一边，并与自己教会中的反凯波尔派分庭抗礼。不同于巴文克，反凯波尔派不认同凯波尔对现代文化的乐观姿态，也不认为教会有职责去处理或救赎现代文化。巴文克却支持凯波尔的立场。他主张："福音是喜乐的潮水，不仅涌向个体，也涌向全人类、家庭、社会和国家，涌向艺术与科学，涌向整个宇宙，也涌向一切痛苦呻吟的受造物。"[135] 此前两个月，凯波尔在自由大学的校长致辞便是关于《加尔文主义和艺术》。[136] 这次演讲在一间苏格兰教会（Scots

---

[134] Herman Bavinck, *De katholiciteit van Christendom en kerk* (Kampen: G. Ph. Zalsman, 1888); ET: "The Catholicity of Christianity and the Church," trans. John Bolt, *Calvin Theological Journal* 27 (1992): 220–51.

[135] Bavinck, "The Catholicity of Christianity and the Church," 224. 斯迪克特 1881 年所作的有关福音和艺术的讲座，认为基督教牧者在**缺少艺**术知识时便无法开展自己的工作。由于这个看法，那场讲座遭致批判。相比之下，巴文克这场讲座的构筑在神学上更为谨慎，并且可以被理解为是对斯迪克特讲座的一次矫正。

[136] Abraham Kuyper, *Het Calvinisme en de kunst* (Amsterdam: Wormser, 1888).

Kirk）中举行，巴文克受凯波尔之邀前往参加。

对于那些认真倾听的人而言，巴文克神学院院长的任期，以一篇清晰的信息谢幕。这篇演讲的大体神学要义包含一个明显的现实生活应用：分离者群体与哀恸者群体应联合起来。凯波尔在《先锋报》上对巴文克演讲的公开回应也同样鲜明有力："这篇演讲精彩绝伦，堪称杰作。"[137] 亨利·多斯克读了巴文克出版的演讲稿之后，给他书信一封，写到自己想象中在场的巴文克同事的反应："我看到神情忧郁的努尔德赞，坐立不安的卫兰赫，**精明的**林德博姆，愤世嫉俗的德考科，身材发福的穆尔德和倍受尊敬的凡维尔岑。我也看到在座的学生们，并仔细观察当你开始努力论说自己一连串的思想、基督教的理想和其在地上的使命时，这些人会是怎样的表情。"[138] 多斯克对神学院的人物有所了解，所以自然关心他们对巴文克观点的反应。

与《神圣神学的科学》那次演讲一样，巴文克将自己的讲稿寄给了带有批判视角的两位朋友——斯努克赫胡洛涅和胡宁。[139] 不同于凯波尔，胡宁对巴文克的教会联合倡议不抱希望，认为巴文克对大公性的看法只是一个无望理想的抽象概念，在严苛、分离主义的基督教归正教会中永远无法实现。他问道："他们为何会容忍你？"然后，他给出了自己的答案："因为你是一位杰出的学者和敬虔的教师，因为他们需要你……〔因为〕你在世俗世

---

[137] *De Heraut*, December 30, 1889. "Deze oratie is een meesterstuk."

[138] Dosker to Bavinck, March 23, 1889, in *BHD*. "Ik zag den peinzenden Noord, den mobielen Wielenga, den *snuggeren* Lindeboom, den cynischen Cock, den dikken Mulder, den eerwaardigen Van Velzen. Ik zal al de studenten en bestudeerde hunne gelaatstrekken, als gij uw gedachtengang ontwikkelde en uw ideaal van het Christendom en zijn missie op aarde ten beste gaaft." 强调为原文所有。

[139] Martien Brinkman, "Bavinck en de katholiciteit van de kerk," in *Ontmoetingen met Bavinck*, ed. George Harinck and Gerrit Neven (Barneveld: Uitgeverij De Vuurbaak, 2006), 307–24.

界有可用之处。"[140] 若斯努克·赫胡洛涅对巴文克的演讲亦有回应，那么此回应并未保存下来。不过，巴文克对斯努克·赫胡洛涅如此评价自己的演讲，表明他以满怀希望的心境发表这次演讲。

> 你肯定已经收到我的演讲。你借此演讲可以如此想象：我这场演讲主要是作为一剂良药，医治我们教会中有时出现的分离主义和宗派主义的倾向。教会中心胸狭窄、斤斤计较之人比比皆是，最糟糕的是，他们竟将此视为敬虔之举。我深知自己所奋斗的理想在坎彭难以实现，但是我希望能作为完全意义上的人，并希望在凡事上都作为一个人、作为上帝的儿女而活——这就是最美之事。我愿为之奋斗。[141]

在 1889 年 1 月举行的教会会议的另一次分会中，巴文克再次为教会的联合激昂陈词，所阐发的观点显然引用了他上一个月的卸任演讲。在这方面，作为亲历者的兰德维尔对那一刻的描述尤其突出："我看到巴文克教授站在弟兄中间。他言辞简洁，话语如箭矢直击灵魂。他如此深怀情感，甚至以脚跺地，全然不似平日举止。他情词迫切地请求教会会议接受提案。"[142] 即便巴文

---

[140] Gunning to Bavinck, quoted in Brinkman, "Bavinck en de katholiciteit van de kerk," 307–8. "Waarom tolereren zij U? ... Omdat gij een uitstekend geleerde en godvruchtig leeraar zijt, omdat zij u niet missen kunnen ... wereldlijke utiliteit."

[141] Bavinck to Snouck Hurgronje, Kampen, December 22, 1888, in ELV. "Mijne oratie hebt ge zeker ontvangen. Bedenk bij de lezing dat ze vooral bestemd is als eenige medicijn voor de separatistische en sectarische neigingen, die soms in onze kerk zich vertoonen. Er is zooveel enghartigheid, zooveel bekrompenheid onder ons, en 't ergste is dat dat nog voor vroomheid geldt. Ik weet wel, het ideaal waar ik naar streef is hier onbereikbaar, maar mensch te zijn in den vollen natuurlijken zin van dat woord en dan als mensch in alles een kind van God—dat lijkt me 't schoonst van alles. Daar streef ik naar."

[142] Landwehr, In Memoriam, 40. "Nog zie ik Prof. BAVINCK staan in het

克满腔热情，但是两个教会直到1892年才合一。尽管巴文克当时双脚踩地，但他的呼吁不足以撼动当时的局势。

来自阿姆斯特丹和莱顿的意外机遇

巴文克在1889年的行动，体现了他在1888年的院长卸任演讲中对凯波尔的隐晦支持。虽然如此，巴文克在1888年早期的私人信件中，已经十分明确表示了自己认同凯波尔、支持教会联合的立场。例如，在教会会议即将召开之际，他在给斯努克·赫胡洛涅的信中，将整个荷兰神学描述为一门在批判解构的疯狂中迷失自我、在此过程中忘记自身之本质和目标的学科。凯波尔对斯努克·赫胡洛涅评价不高，但是巴文克认为斯努克·赫胡洛涅是少有几位与他对神学本质持相同观点的人，并且他依据该观点建设性地发展神学。"整个神学一定会给那些走马观花之人留下很差的印象。当然，这是因为大多数〔神学家〕大致知道〔神学〕如何**不应**成为其所不是，只有像凯波尔博士这样的少数人士才知道神学如何必须成为其所是。"[143] 巴文克致力于教会联合，但备

---

midden der broederen. Zijn korte zinnen drongen als pijlen in de ziel. Hij geraakte zoo in geestdrift, dat hij zelfs met den voet op de grond stampte, iets wat hem anders geheel en al vreemd was. Het was een machtig aangrijpend pleidooi om de Synode te bewegen de Concept-acte aan te nemen."

[143] Bavinck to Snouck Hurgronje, Kampen, August 7, 1888, in *ELV*. "De theologie over 't algemeen moet op allen die buiten haar staan wel een armzaligen indruk maken. Zeker, omdat de meesten wel zoo ongeveer weten, hoe het *niet* kan en slechts een enkele als dr. Kuyper meent te weten, hoe het wel moet." 有趣的是，巴文克对荷兰神学现状的评述，呼应了魏司坚在前一年所写信中对德国神学事态的相同判断："如果给更偏向人文专业的奖学金同样多、学生将来就业也更加确定，那么现今就读神学系的大多数学生会选择其他专业。这里十分糟糕的是，我只用看一眼，便可区分神学家和其他专业的学生。因此，就个人而言，我不会太重视在德国

受挫折，然而在这一过程中，他在荷兰社会中的声望日隆。1889年春天，他被任命为荷兰皇家东南亚研究所（Koninklijk Instituut voor Land- en Volkenstudie van Nederlands Oost-Indië）的研究员。[144] 这一任命由斯努克·赫胡洛涅一手促成，他希望自己的朋友能参与研究所对荷属东印度殖民地的学术探讨。[145] 那个月晚些时候，在归正教会联合之事无望之时，巴文克再次接到自由大学聘任邀请。他在日记本中只提到，他约三周后才拒绝邀请，除此之外，并无其他言词。从收到自由大学的聘任邀请到做出最后决定之间的那段时间里，所发生的事情令巴文克的心情跌宕起伏。

自由大学向巴文克发来（第三次）聘任邀请，是请他接替菲利普斯·雅各布斯·浩德莫克（Philippus Jacobus Hoedemaker, 1839–1910）教授的职位。这位教授在哀恸者运动中不愿离开荷兰改革宗教会，所以他和凯波尔难再共事。[146] 自由大学这次的聘请出人意料。虽然巴文克的日记只记录在3月26日接到聘任邀请，但是他在那年1月与凯波尔的往来信件表明，凯波尔先让他考虑在坎彭供职的同时可在阿姆斯特丹任教。由于教会层面和一些实际原因，巴文克回绝了凯波尔的邀请。[147] 在这之后，自由大学就直接向他发来了教席聘任函（3月26日）。

1879年，自由大学向巴文克发出了第一次聘任邀请，他当时表示接受，但次日就反悔了，为此他颇感尴尬。这也体现了巴文克年轻时犹豫不决的心态。1882年，那时他在弗拉讷克牧会，自由大学向他发出第二次邀请，他的回复较为明确。这次回复不仅让他表达了对凯波尔所创立大学的赞赏，而且也表明自己要以牧养教会为首要职责。对于自由大学的第三次邀请，他再一次以

获取的神学学位。" Vos to Bavinck, Strasbourg, June 16, 1887, in *LGV*.
[144] *De Bazuin*, March 1, 1889.
[145] Bavinck to Snouck Hurgronje, Kampen, February 11, 1889, in *ELV*.
[146] D. J. C. van Wyk, "P J Hoedemaker, teoloog en kerkman," *HTS Teologiese Studies* 47, no. 4 (1991): 1069–87.
[147] Bremmer, *Herman Bavinck en zijn tijdgenoten*, 62–63.

私下踌躇不定的方式予以回复,并将此踌躇不定带入了自己对自由大学和坎彭神学院意外坦诚的公开表态。

巴文克在给拉特赫斯(F. L. Rutgers)的信中写道:"我现在站在三岔路口,不知何为正确之路。"[148] 自由大学可以让他接触到众多学养更为深厚的同事,拥有更大的写作自由,行使更诱人的教学职责选择范围。(在这一时期,巴文克在坎彭仍然肩负繁重的教学任务,直到1890年才得以减少。)在坎彭,除了与林德博姆不合之外,他广受尊敬、备受爱戴。离开坎彭也意味着要和他们告别。伊德泽尔特·范德伦(Idzerd van Dellen, 1871–1965)从1889至1894年在坎彭神学院学习,师从巴文克。根据他的自传所述,巴文克在此阶段,尤其在其单身的日子里,将自己奉献给学生,深受学生爱戴。

> 我们跟着巴文克研习教理学三年之久。他的课安排在早上。在讲课开始之前,通常是在9点,他站在炉子附近,我们围着他,问他各种问题。我们论及各类话题,无所不谈——凯波尔博士的文章、一部用某种现代语言所写的小说、社会主义、心理学。当他回答我们的时候,我们领略到他广见洽闻的风采,而且他常常从上帝圣言的伟大原则出发对话题加以阐释。然后,他还会稍作即兴阐发,我们从中获益匪浅。之后,他会看看手表,说:"先生们,我们该上课了。"他便带领我们祷告,再讲授教理学。他以一种独特的方式讲课,甚至我们时常忘记要记下应做的笔记。那时,他的教理学专著还未面世,

---

[148] Bavinck to Rutgers, April 5, 1889, quoted in Bremmer, *Herman Bavinck en zijn tijdgenoten*, 63.

我们只是聆听他充满激情地讲授教理学。[149]

关于巴文克最近身处坎彭和自由大学之间的两难选择，各类地方报纸纷纷报导，订阅量较大的自由派（反对凯波尔的）日报《大众商报》也为此刊出专文。[150] 坎彭神学院的学生在得知这一消息后便发起活动，劝说巴文克不要离开。3月29日，巴文克收到一封文笔优美的信件，上有89位神学院学生的签名。来信恭喜他收到自由大学的聘任邀请，但同时请求他为了神学院和基督教归正教会的益处拒绝这一邀请。[151] 三天以后，巴文克也收到一封代表自由大学全体学生的类似信件，切望他接受这一邀请。[152]

巴文克回复自由大学的信件，言辞极为坦诚，明确表达了他对自由大学的赞赏，同时他对将要与阿姆斯特丹的杰出学者共事持保留看法（这似乎是一种礼貌性的表述）。尽管如此，他并未看到清晰的迹象，表明现在是离开坎彭成熟时机：他的教学进展顺利，他喜爱自己的学生和（大多数）同事。他认为自己前往阿姆斯特丹可能会有碍将来和哀恸者教会的联合。他写道："拒绝贵校邀请，深感遗憾，尤其因为反对我们的人……自然会将此聘任归因至一些无端指责的动机。"[153]

当巴文克宣布留任坎彭的决定后，全国性的报刊对此进行了报道。[154] 坎彭当地的《坎彭快讯》（*Kamper Courant*）记录，镇

---

[149] Idzerd van Dellen, *In God's Crucible: An Autobiography* (Grand Rapids: Baker, 1950), 40.
[150] "School en Kerk," *Algemeen Handelsblad*, April 1, 1889.
[151] Van der Munnik to Bavinck, Kampen, March 29, 1889, HBA, folder 3.
[152] Berends to Bavinck, Amsterdam, April 1, 1889, HBA, folder 3.
[153] Bavinck to Hovy, Kampen, April 15, 1889, HBA, folder 3. "Deze afwijzing uwe benoeming doet mij smart, vooral omdat tegenstanders haar allicht ~~zullen~~ toeschrijven aan beweegredenen die de mijnen niet zijn." 删除线为原文所有。
[154] "School en Kerk," *Algemeen Handelsblad*, April 17, 1889.

上的学生在窗上挂旗以示庆贺。[155] 媒体也纷纷刊文报道巴文克这一决定的原因。在《号角报》同一期上（1889 年 4 月 19 日），神学院的理事们发文呼吁基督教归正教会为巴文克的决定向他表示感谢。与此报道一同刊出的还有巴文克的文章。他在文中感谢基督教归正教会对自己的鼓励，同时阐明了自己彼时对自由大学和神学院的看法："我对自由大学相邀之事慎思良久，许多人可能对此感到困惑不解。但令我感到惊讶的是，我无法不如此行。我理解此事前后的情境，所以我和许多人看待此事的视角不同。此外，尽管自由大学与自己的校名和宗旨并不相符，但是这所大学代表并承载着一个伟大的思想。它的办学宗旨是：每一位归正教会〔的基督徒〕必须圣洁，……在科学领域也应弘扬上帝的尊荣。"[156]

尽管巴文克明确拒绝了自由大学的聘任，但他的解释也流露出自己可能难以长期留在坎彭。相比神学院，他更喜欢在大学；这在 1884 年他写给斯努克·赫胡洛涅的私人信件中已有所表露，如今已然公开。他在信中写道："尽管大学有其缺陷，但它总是优于神学院，因为它努力将在基督里启示的有关上帝的真理，彰显在人类生活的**各个**领域。"[157] 巴文克在考虑是否前往自由大学

---

[155] *Kamper Courant*, April 18, 1889.

[156] Herman Bavinck, "Dankbetuiging," *De Bazuin*, April 19, 1889. "Misschien verwondert het velen, dat ik de benoeming zoo lang en zoo ernstig in overweging nam. Maar het kwam mij voor, dat ik niet anders mocht doen. Bekend met de omstandigheden waaronder zij plaats had, zag ik haar in een ander licht, dan waarin zij zich aan velen voordeed. Bovendien, de Vrije Universiteit, hoe weinig zij ook nog aan haar naam en doel beantwoorde, is toch vertegenwoordigster en draagster van eene groote gedachte. Zij stelt zich een doel voor oogen, dat elk Gereformeerde heilig moet zijn, de handhaving n.l. van de eere Gods ook op het terrein der wetenschap."

[157] Bavinck, "Dankbetuiging." "Eene Universiteit heeft ondanks haar schaduwzijde daarom altijd, naar mij voorkomt, boven eene Theol. School de voorkeur, omdat zij de waarheid Gods, in Christus geopenbaard, tot heerschappij zoekt te brengen op *ieder* terrein van het menschelijk leven."

的问题时，并无意加入哀恸者的荷兰归正教会（或许是浩德莫克的去世引发了谣传）。巴文克这位分离运动之子选择留在分离运动（1834）的教会中，但是他公开表示自己对1888年教会会议所达成的决议的异议。巴文克直言不讳地表示，自己拒绝自由大学的邀请，主要是因为基督教归正教会朋友和学生对他的爱与尊敬，而不是因为神学院作为神学的生存环境有何种优势。[158]

此后，自由大学理事委员会主席威廉·霍威（Willem Hove, 1840–1915）在多份报纸刊文中，就巴文克的抉择作了回应，将巴文克的回复引为对自由大学的赞美之词。尽管巴文克已拒绝了自由大学的邀请，但是霍威写道："无论神学院如何令人敬慕，自由大学所具有的大学属性，令其拥有比神学院更广泛的师资力量。"[159] 借着将此番提示悬于公众视野之内，自由大学改变了聘请巴文克的策略："守株待兔"，静候时机。

巴文克已选择留在坎彭，而不是去阿姆斯特丹，但在同一时期，坊间流传说他即将在他的母校任职。巴文克以前在莱顿的老师洛德维克·劳温霍夫是莱顿大学教理史教授，也是巴文克在《神圣的神学科学》中批判莱顿学派的切入点。劳温霍夫于1889年1月26日去世。此后第三天，巴文克给斯努克·赫胡洛涅写了一封信，回复后者先前的来信（未能保存下来）。巴文克在信中谈及在莱顿任职并接替劳温霍夫的可能性。

> 你论及另外一事，我就此大胆分享自己的想法。坦言之，我承认像劳温霍夫所担任的教席的确令我心动。我并不隐瞒一些〔相关的〕顾虑。令我尤为

---

[158] 巴文克在《号角报》上所述原因，再刊于 De Heraut, April 28, 1889。

[159] Willem Hovy, "Advertentiën: Vrije Universiteit," De vriend van oud en jong, April 28, 1889. "Immers, het universitair karakter der Vrije Universiteit brengt mede, dat haar werkkring zoveel omvangrijker is dan die van een theologische school, hoe verdienstelijk deze ook overigens is."

担心的是，那里的**所有**同事与我立场相异，而我要在他们当中以**我的**思维方式来工作；许多人认同他们的立场，并用强大的科学能力加以捍卫。尽管如此，这种教职吸引我的地方在于，它可以让〔一个人〕拥有自由和丰富的机会，以科学的方式证实自己信念，并与他人分享这些信念。若非你**勾起**我对此职位的想法，我未曾想过担任这一职位。至于其他，我觉得再思再论均无益处。[160]

斯努克·赫胡洛涅当时是莱顿大学的一位讲师，他很想知道自己这位朋友是否有兴趣和他成为同事。即便巴文克明确表示支持基督教大学的理想，他也未被人劝说而离开坎彭前往阿姆斯特丹。鉴于此，巴文克准备好离开坎彭前往莱顿，这是一个意义重大的私下承认。我在本书前文论述了巴文克鲜明的分离者经历和家庭背景，其特征就是具有一个努力向社会中心和上层社会流动的强烈愿望。正是此种抱负，驱使学生时代的巴文克离开坎彭、来到莱顿求学。在 19 世纪 80 年代初，这种推动力逐渐变得暗淡；但在 80 年代即将结束时，这一抱负再次被唤醒。

---

[160] Bavinck to Snouck Hurgronje, Kampen, January 29, 1889, in *ELV*. "Gij schrift nog over eene andere zaak, wier eerste bespreking uwerzijds mij ook vrijmoedigheid geeft, om er mijne meening van te zeggen. Eerlijk beken ik, dat een leerstoel als dien van Rauwenhoff innam, voor mij veel bekoorlijks heeft. Ik ontveins me de bezwaren niet, vooral niet het optreden met *mijne* denkwijze te midden van mannen, die àllen een ander standpunt innemen, en velen ook met groote wetenschappelijke kracht handhaven en verdedigen. Desniettemin zou zulk eene plaats mij aantrekken door de vrijheid en de rijke gelegenheid, die zij biedt om eigen overtuigingen wetenschappelijk te bevestigen en aan andere mede te deelen. Toch zou ik aan het innemen van zulk een plaats niet hebben gedacht als gij er mijne gedachte niet op *gevestigd* had. Voor het overige geloof ik ook, dat verder nadenken en spreken erover rekenen zou zijn buiten den waard." 强调为原文所有。

巴文克在随后写给斯努克·赫胡洛涅的信（3月15日）中清楚表明，斯努克·赫胡洛涅在核心权力层为巴文克游说："我要衷心感谢你向〔东南亚研究〕皇家研究所举荐我，并感谢你向大臣库赫尼乌斯举荐我接替莱顿大学的空缺职位。"[161] 在此所提到的大臣莱文尼斯·库赫尼乌斯（Levinus Keuchenius, 1822–1893）负责管理荷兰殖民地，故而与斯努克·赫胡洛涅以及时任首相巴伦·埃涅阿斯·麦凯（Baron Aeneas Mackay, 1838–1909）有密切的工作往来。关键在于，麦凯内阁在任的大臣中，库赫尼乌斯是唯一忠实的"抗革命人士"，至少凯波尔如此认为。[162]（凯波尔和库赫尼乌斯交情深厚，幼子莱文尼斯·威廉·克里斯蒂安〔Levinus Willem Christiaan, 1882–1893〕便取名自库赫切尼乌斯的名字，而且库赫尼乌斯是其教父〔godfather〕。）[163] 由于在莱顿的任何预想中的聘任必须要有政治方面的支持，所以巴文克需要一些身处高位的朋友。显然，斯努克·赫胡洛涅认为库赫尼乌斯就是这样一位支持者。

　　虽然巴文克得到朋友的引荐，但此信也表明，并未有人主动联系他接替劳温霍夫的职位。"我不想让大家认为，我有意努力争取〔这个岗位〕。我有时为自己在信中很少与你沟通此事而感到遗憾。对于这整件事，我所知道的无非几句不确定的流言，说莱顿大学已推荐数人，而我名列其中；但在我看来，这不太可能。让我真正倍受激励的却是你的评价，**你**认为我足以填补这一空缺。"[164] 莱顿大学和政府方面对此事都未表态（政府对国立大

---

[161] Bavinck to Snouck Hurgronje, Kampen, March 15, 1889, in *ELV*. "Maar toch moet mij een woord van dank nog van 't hart voor de aanbeveling van mijn persoon bij het Koninklijk Instituut en voor de Leidsche vacature bij minister Keuchenius."

[162] Bratt, *Abraham Kuyper: Modern Calvinist, Christian Democrat*, 218.

[163] Bratt, *Abraham Kuyper: Modern Calvinist, Christian Democrat*, 221.

[164] Bavinck to Snouck Hurgronje, Kampen, March 15, 1889, in *ELV*. "Ik wilde zelfs de schijn niet geven van mij eenigszins te willen opdringen, en soms had ik berouw over het weinige, dat ik er u over geschreven had. Van

学的教授任命有最终决策权），这让巴文克很快陷于窘境。上述那封信之后几天，新闻界风传巴文克是莱顿大学教席聘任的四位候选人之一。首先是《奥兰治》（一家抗革命党的刊物）报道了这一消息，而后在 3 月 15 日至 19 日期间，很快《兹沃勒日报》（*Zwolsche Courant*）、《海牙日报》（*Haagsche Courant*）、《吕伐登日报》（*Leeuwarder Courant*）等报纸争相报道，甚至《大众商报》亦有报道。[165] 这些传闻在新闻界又持续流传了一个月，比如《觉醒报》（*De Wakker*）4 月 27 日期的教育板块再次论及此事。[166] 此处关键在于，巴文克对莱顿大学这个教席未做任何公开回应，这与他近期对自由大学聘任邀请的处理方式完全不同。在公众层面，流言终为流言。

五月底，巴文克从旁（从他一个弟弟的来信中间接）得知，自己宿来的竞争对手（也是朋友）胡宁会承接此教席。"**5 月 20 日。迪努斯来信，我得知胡宁教授已受聘于莱顿大学，接替劳温霍夫。据说我和他均在拟聘候选人之列。**"[167] 显然，巴文克始终没有接到关于聘任的官方信息。[168] 诚然，莱顿大学神学系对此次

---

de heele zaak hoorde ik verder niets, dan alleen enkele onzekere geruchten over de personen, die door de faculteit waren voorgedragen en waaronder ook ik zou behooren, wat me wel onwaarschijnlijk voorkwam. Eén ding heeft me echter wezenlijk verblijd, dat *gij* mij vervulling dier vacature niet onwaardig keurdet."

[165] *Leeuwarder Courant*, March 16, 1889; *Haagsche Courant*, March 18, 1889; *Provinciale Overijsselsche en Zwolsche Courant*, March 18, 1889; *Algemeen Handelsblad*, March 19, 1889. See C. M. van Driel, *Schermen in de schemering: Vijf opstellen over modernisme en orthodoxie* (Hilversum: Verloren, 2007), 22.

[166] *De Wakker*, April 27, 1889.

[167] "Van 1886–1891." "20 mei. Uit brief van Dinus vernam ik dat Prof. Gunning benoemd is te Leiden. Men zei dat ik met hem op de nominatie stond."

[168] George Harinck, "'Eén uur lang is het hier brandend licht en warm geweest': Bavinck en Kampen," in George Harinck and Gerrit Neven, eds., *Ontmoetingen met Bavinck* (Barneveld: De Vuurbaak, 2006), 114.

聘任的商议，最终强调新聘任教师应"以中立的方式"，而不是站在"依据宗教教理之根基"的基础上授课。[169] 巴文克曾公开批判对宗教的中立学术研究。如果斯努克·赫胡洛涅有在他同事中力荐巴文克，那么神学系对中立性的强调立刻就会扼杀所有认真考虑聘请巴文克的可能。

触碰社会阶层天花板

本书在开篇将分离派群体描述为正统改革宗基督徒。在分离运动初期，即从1834年的分离运动到1848年的欧洲之春这段时期，他们经历了诸多艰难曲折。在那一时期，他们忠于非法聚会的教会，这意味着他们的社交机会极为有限。对于早期分离者而言，与其说他们抬头就可触到社会阶层的玻璃天花板，不如说他们深受这种天花板的压迫。在1848年之后，世界发生了翻天覆地的变化。现代后期的发端将下一代分离者猛然推向了一种多元化自由民主的开放式实验。在新的社会境况中，分离者人数开始激增。1849年，有4万信徒归属分离派教会，而到了1889年，人数增至18万9千人，占当时荷兰人口的4.2%。[170] 在人生的早期阶段，巴文克就是这个人数陡增且心怀抱负的新一代分离群体的一员（也是所谓社会变革的参与者）；如果他认为社会阶层天花板的确存在，那么他也只是远观而已。作为一位年轻的分离者，他得以就读兹沃勒文科中学，从荷兰这片土地上最知名的大学获得学位，受邀成为精英汇聚的学术协会的一员。这一切给人的感觉是，种种固有的社会限制似乎早在1848年的运动中被彻底打破，化为陈迹，埋没于遥远的往昔。1889年令人尴尬的事态变化，

---

[169] Van Driel, *Schermen in de schemering*, 22.
[170] Harinck and Berkelaar, *Domineesfabriek*, 87.

就是巴文克对受聘莱顿大学貌似谨慎低调的努力最后遭拒，改变了这个印象。在这个自由民主的国家里，巴文克在三十五年追求梦想的过程中，一路扬帆直航，畅行无阻，但是现在他发现自己正在面对一片社会阶层的天花板，且似乎难以超越。巴文克因意识形态原因未能得到莱顿任职的机会，同时因自己的成长而不再适合坎彭神学院。因此，巴文克的神学研究需要新的安身之所。

第八章
书写现代宗教改革（1889–1902）

"它是我们时代所需之神学。"

　　巴文克未通过接替莱顿大学劳温霍夫职位的遴选。这一经历提醒他，虽然自己有志将自己的现代加尔文主义研究带入国立大学，但是怀有如他一样信念的神学家，未必能在这样的大学获得任职的机会。莱顿大学乐意接收他为学生，但并不愿意接纳他进入教学队伍。与此同时，他越发意识到亚伯拉罕·凯波尔对自己神学观点的影响。凯波尔认为神学关乎生活的每个领域，也与其他学科息息相关。此种影响下，巴文克在坎彭的生活变得有些复杂起来。即使巴文克并非在坎彭唯一一位支持凯波尔的神学家，但他与凯波尔遥遥相和的意愿，让他与卢卡斯·林德博姆等同事的关系从一开始就不和谐。此外，巴文克越加渴望将基督的上主之尊（lordship）应用于科学性大学（universitas scientiarum）的各个领域；但他现在清楚意识到，坎彭神学院只为他实现这一愿望提供了非常有限的可能性。

　　在 19 世纪 80 年代，巴文克措辞审慎地表达了他就神学是一门现代、仆人心态的"众科学的女王"（queen of sciences）。[1]到莱顿拟聘之事发生时，他视"众科学的女王"为探究途径，需要用以满足其他学科深深的颂赞性之渴望。因而，巴文克预备神学去服侍其他科学，使其成为一门现代整合性的学科；若无神学，其他学科注定走向一种不合心意的各自为政的局面。所有科学都需要神学，正如神学也渴望其他科学，尽管神学的渴望意义不同。借着提出这一点，巴文克却将自己推入一个困境：一方面，国立大学不愿臣服于仆人式的女王；另一方面，私立神学院并无其他学科可供这位女王服侍。巴文克身处神学院，这并未阻止他在1889年年末撰写文字优美、内容丰富的《口才》。[2]该著作从艺术、历史、文学、语言学和哲学与讲道之关系的角度，分别予以阐述之。尽管如此，他此时深感基督教大学有神学院所不具备的条件。

心系幼弟约翰，情系佳偶游汉娜

在那一时期，巴文克的弟弟迪努斯和约翰在阿姆斯特丹读书，他们也同住一屋。（他的另一个弟弟伯纳德在坎彭神学院就读）。10月下旬，巴文克去阿姆斯特丹看望他们，之后他在日记中写道："**约翰身体欠佳**。"[3] 之后，巴文克去乌特勒支参加一场宣

---

[1] Wolter Huttinga, "'Marie Antoinette' or Mystical Depth? Herman Bavinck on Theology as Queen of the Sciences," in *Neo-Calvinism and the French Revolution*, ed. James Eglinton and George Harinck (London: Bloomsbury T&T Clark, 2014), 143–54.

[2] Herman Bavinck, *De Welsprekendheid* (Kampen: G. Ph. Zalsman, 1889); ET: Eloquence, in *Herman Bavinck on Preaching and Preachers*, ed. and trans. James Eglinton (Peabody, MA: Hendrickson, 2017), 21–56. 中注：赫尔曼·巴文克，〈口才〉，魏峰译，载于《赫尔曼·巴文克的教牧神学》，徐西面编（爱丁堡：贤理·璀雅，2021），31–75页。

[3] "Van 1886–1891," HBA, folder 16. "23 Oct ... Johan was niet al te wel."

教研讨会，并发表了关于犹太教的演讲。那天晚些时候，他和弗瑞兰德夫人（游汉娜·席佩斯的姑姑）一同前往斯希丹。"**10月25日早晨，拜访威瑞兰德夫人，游汉娜·席佩斯在那里，她也参加了我的讲座。在参加完早上的欢迎酒会和宴会后，我于下午4:30启程返回坎彭。**"[4] 在巴文克早前关于阿梅利亚的日记中，我们很难看到巴文克对她的情感是否有得到回应。相较之下，巴文克有关游汉娜的最初几则日记暗示了，他们对彼此都有关注。然而，在1890年的头几个月，约翰的健康不佳，令人牵挂不已。因此，巴文克常去阿姆斯特丹看望弟弟。

> 2月4日，早晨前往阿姆斯特丹。约翰身体有所好转，但不想和我同回坎彭。
> 2月20日，下午〔从阿姆斯特丹〕返坎彭。约翰身体不适，和我一同回家。[5]

在同一天（1890年2月20日），巴文克得知他的反对者卢卡斯·林德博姆拒绝离开坎彭神学院，前去牧养鹿特丹的基督教归正教会。此事极富嘲讽意味，巴文克在日记中写道："**学生们并没有求他〔留下来〕。**"[6] 当时，巴文克的情感活力渐渐转离神学院，尤其转向了游汉娜和患病的弟弟；恰在这时，林德博姆一门心思扎在神学院，不愿须臾离开。巴文克在前一年对神学院发表了令大众失望的公开评价，而林德博姆针锋相对地毅然宣称：他不会像巴文克那样，他自己绝不离开神学院。

---

[4] "Van 1886–1891." "25 Oct. Visite gemaakt bij Mevr Vrijland Sr. Johanna Schippers was daar gelogeerd en had ook de lezing bijgewoond. 's Middags na aangenamen morgendrank en diner, om half vijf vertrokken naar Kampen."

[5] "Van 1886–1891." "4 febr. 's Morgens naar Amsterdam. Johan was vrij wel, wou niet mee....20 febr. 's Avonds terug naar huis. Johan was niet wel en ging mee."

[6] "Van 1886–1891." "20 febr ... De studenten verzochten hem niet."

婚庆联翩而至，喜事纷至沓来

1890 年 4 月 20 日，巴文克家的兄弟们在《号角报》上刊登了一则通告：

> 我们敬爱的父母
> **杨·巴文克和［赫兹娜·］玛格林娜－霍兰德**
> 将于 4 月 28 日在坎彭庆祝结婚四十周年。
> 满怀感激的儿子，
> 赫尔曼·巴文克
> 昆拉德·巴文克
> 贝伦迪努斯·巴文克
> 约翰内斯·巴文克
> 敬告于坎彭[7]

这一宝石婚的庆典之后，很快便迎来了巴文克以及他亲朋好友的几场婚礼。赫尔曼与游汉娜喜结良缘，他的弟弟伯纳德与赫里耶·布沃斯（Grietje Bouwes）结为连理；但他的朋友斯努克·赫胡洛涅的婚事引发众议，他娶了一位十几岁的穆斯林女孩，名叫桑卡纳（Sangkana）。

那一年伯纳德二十四岁，即将在基督教归正教会按牧。巴文克在杨和赫兹娜结婚周年纪念日（4 月 28 日）那天的日记中提到伯纳德的新女友，然而未写她的名字，但在那年的 11 月，她就成为了赫里耶·巴文克－布沃斯。

斯努克·赫胡洛涅（第一段）婚姻的情况异乎寻常。1889 年，

---

[7] *De Bazuin*, April 25, 1890. "Onze geliefde Ouders, JAN BAVINCK EN GEZINA MAGDALENA BAVINCK, hopen den 28sten April a.s. hunne 40-jarige Echtvereeniging te herdenken. *Hunne dankbare zonen*, H. BAVINCK, C. B. BAVINCK, B. J. T. BAVINCK, J. G. BAVINCK, Kampen." 请注意：这则通告错误地列出了贝伦迪努斯·约翰内斯·弗米亚（Berendinus Johannes Femia）的首字母缩写，还拼错了赫兹娜（Geziena）的名字。

第八章 书写现代宗教改革（1889–1902） 285

他前去荷属东印度殖民地，继续他"徒有其表的伊斯兰教生活"。他一到当地就化身为"阿卜杜拉·贾法尔"，娶了第一位穆斯林妻子——十七岁的桑卡纳。她为斯努克·赫胡洛涅生下四个（穆斯林）孩子。[8] 斯努克·赫胡洛涅娶当地姑娘为妻之事传至荷兰，引发纷纷议论，因而他不得不在公开和私下场合否认自己已婚。斯努克·赫胡洛涅在1890年7月给巴文克的回信中（巴文克的来信已丢失），矢口否认自己结婚之事，并说那都是传舌之人的谣言。[9]

事实上，他的回复并不属实。荷属东印度殖民地采用了两套法律系统。当地人遵守伊斯兰教的法律，殖民者遵守荷兰法律。根据荷兰法律，斯努克·赫胡洛涅与桑卡纳的婚姻无法得到法律上的认可；但在爪哇当地人看来，斯努克·赫胡洛涅就是一名真正的穆斯林，他们自然认为二人婚姻合法。在此次通信后，巴文克和斯努克·赫胡洛涅五年内再无书信往来。

赫尔曼迈入婚姻的过程并不复杂。据现有文献资料，截至这个时候，游汉娜只陪伴了巴文克两次：一次是他在1888年秋天去斯希丹讲道的途中，另一次是在1889年末他在乌特勒支讲座之后。1890年6月，巴文克再次去了游汉娜的家乡。

> 6月1日，在弗拉尔丁恩讲道，经文为《约翰福音》八23–24和九4–5（〔讲道编号〕411和412）。我住在席佩斯家……周一早晨，我在弗拉尔丁恩逗留至下午3点才离开。喜悦满怀。游汉娜。
>
> 1890年6月4日，周三。向席佩斯先生和夫人书信一封，恳请他们同意我和他们的女儿游汉娜执手百年。

---

[8] Pieter Sjoerd van Koningsveld, "Conversion of European Intellectuals to Islam: The Case of Christiaan Snouck Hurgronje alias ʿAbd al-Ghaffār," in *Muslims in Interwar Europe: A Transcultural Historical Perspective*, ed. Bekim Agai, Umar Ryad, and Mehdi Sajid (Leiden: Brill, 2016), 101.

[9] Snouck Hurgronje to Bavinck, Weltevreden, July 16, 1890, in *ELV*. 请注意：彼时的维特福瑞登（Weltevreden）就是今日的雅加达。

> 6月8日，他们来信表示同意，我立刻写信〔给游汉娜〕。
>
> 6月12日，周四晚，我收到游汉娜来信，她接受了我的求婚。[10]

按照当时的习俗，赫尔曼和游汉娜通过书信方式立了婚约。他很快亲自前往弗拉尔丁恩（并在中途的胡斯讲道），与未婚妻见面，并为此写了一则异样凌乱的日记。他用颤抖的手写了以下这些话：

> 6月16日，早晨8点坐上途径穆尔代克、开往鹿特丹的火车，再转车前往弗拉尔丁恩。大家对我都非常热情。我和游汉娜更加熟识了……我们商定了宣布订婚的方式。[11]

在同一天，《旌旗报》报道了巴文克的幼弟约翰通过自由大学预备阶段考试的消息，他将继续攻读法律。[12] 不久，巴文克从位于阿姆斯特丹、拥有平板印刷术的伐德宏公司（Faddegon & Co.）印制了时尚的订婚折卡。[13] 在随后的周日（6月20日），这对未婚夫妇第一次同去教堂。那天下午，前来道贺的亲朋络绎

---

[10] "Van 1886–1891." "1 juni. Gepreekt in Vlaardingen over Joh 8:23, 24 en Joh 9:4, 5 (411 & 412). Ik logeerde bij A.W. Schippers....'s Maandags bleef ik te Vlaardingen tot drie uur. Veel genoten. Johanna. 4 juni 1890. Woensdag. Aan Mijnheer en Mevr. Schippers per brief verlof gevraagd, om aan hun dochter Johanna hart en hand te vragen. 8 juni. Ik ontving verlof, en schreef terstond. 12 Juni. Donderdag avond, ontving ik bericht van Johanna, dat zij mijn aanzoek aannam."

[11] "Van 1886–1891." "16 juni. 's Morgens op de trein om 8 uur over Moerdijk naar Rotterdam. Van daar naar Vlaardingen. Ik kwam hier om 2 uur en werd door allen hartelijk ontvangen. Nader kennis gemaakt met Johanna....Met Johanna afspraak gemaakt over wijze v. publiceering onzer verloving."

[12] "Schoolnieuws," *De Standaard*, June 16, 1890.

[13] 见 HBA, folder 38。一封 1890 年 10 月 21 日的书信似乎表明，亨利·多斯克收到了一张订婚折卡。

不绝，致使他们错过了晚上的崇拜。之后，巴文克在日记中写道："我和游汉娜在避暑别墅里共读格罗克。"[14] 他们所读的是德国宗教作家卡尔·格罗克（Karl Gerok，1815–1890）的诗歌。格罗克的《棕榈叶》（1857）荷文版在1865年发行。这本著作以诗歌形式，传扬"基督教信仰和基督教世界观"。[15] 他们透过阅读格罗克的诗歌拉近关系，显然赫尔曼和游汉娜审美情趣一致，宗教意识相同。二人情投意合，幸福可期。

格里森认为，"赫尔曼并非寻找可以交流神学的伴侣"。[16] 但根据以上所述，他的观点有误导性。尽管游汉娜并非一位学术性神学家，但是她家境优渥，腹有诗书，聪慧娴雅：她自幼学习英语和法语，喜欢阅读，热爱写作，并在与巴文克的婚姻生活中一直都有用英语交流。在二人相识初期，巴文克在乌特勒支演讲时，游汉娜也前往参加；她和巴文克一样喜欢富有神学蕴意的诗歌。本书之后的章节将论到，游汉娜对赫尔曼在神学上的讨论也发表了自己的见解。巴文克去世后，游汉娜成立并共同编辑期刊《基督教与妇女运动》（*Christianity and the Women's Movement*, 1923）。该期刊登载了探讨巴文克后期著作和观点的文章。[17] 巴文克去世后的几年里，游汉娜整理了有关他生平和思想的出版著作。[18] 那些年间，她也积极推动《改革宗教理学》德译本和英译本的翻译出版。[19] 在1927年，她与万登出版社（Vandenhoeck

---

[14] "Van 1886–1891." "20 juni ... Daardoor niet ter kerk 's avonds. Met Joh. in 't prieel Gerok gelezen."

[15] Karl Gerok, *Palmbladen; Heilige woorden: Ter bevordering van christelijke geloof en christelijke wereldbeschouwing*, trans. C. P. L. Rutgers (Groningen: Zweeden, 1865).

[16] Ron Gleason, *Herman Bavinck: Pastor, Churchman, Statesman, Theologian* (Phillipsburg, NJ: P&R, 2010), 139.

[17] Cornelia Frida Katz, "Inleiding," *Christendom en Vrouwenbeweging*, introductory issue (1923): 1–7, 20.

[18] HBA, folder 40.

[19] HBA, folder 11.

& Ruprecht）商谈《改革宗教理学》德译本的出版事宜，但终究未果。[20] 尽管如此，她与伊尔德曼斯出版公司（William B. Eerdmans Publishing Company）的协商表明，她非常重视该著作英译本终稿里神学表述的精确性。[21] 这些都说明游汉娜正是赫尔曼寻找的那位可以与之促膝交流神学的伴侣。在巴文克离世后多年里，游汉娜一直投身于与巴文克神学思想有关的工作。

游汉娜的父母为这对情侣举办了订婚仪式，杨和约翰·巴文克前来参加（7月23日）。巴文克买了订婚戒指（7月29日）。仪式之后，赫尔曼和游汉娜共度数周，一起访友，共赏诗歌。比如在8月4日的日记中，他写到二人一起阅读了以撒·达寇斯塔（Isaac da Costa）的诗歌。达寇斯塔是一位弥赛亚犹太运动的支持者，他的诗作激发了加尔文主义复兴运动。）他们的婚礼安排在1891年7月。在此之前，伯纳德和赫里耶于1890年11月结婚，杨·巴文克为他们证婚；赫尔曼日记将这场婚礼描述为"**并不十分喜庆**"。[22]

圣经新译本，工作新任务

自巴文克第一次向斯努克·赫胡洛涅谈到自己准备开始撰写自己的教理学和伦理学，如今已过去了六年。到目前为止，他在日记或私人信件中，都未论及这方面的进度。从他在那些年间的授课笔记可以看出，他授课中的一些内容，最终会被纳入《改革

---

[20] H. W. van der Vaart Smit to J. A. Bavinck-Schippers, Zuid-Beijerland, October 17, 1927, HBA, folder 11.

[21] HBA, folder 11. 有关在20世纪30年代对出版英译本《改革宗教理学》所作的努力，见John Bolt, "Herman Bavinck Speaks English: A Bibliographic Essay," *MidAmerica Journal of Theology* no. 19 (2008): 120–122.

[22] "Van 1886–1891." "20 November Bernard en Grietje getrouwd door Vader. Bruiloft niet erg gezellig."

宗教理学》。这些内容有写于 1883 年至 1890 年间、未发表的授课笔记，包括以下标题段落："神学方法"、"德国神学动向"、"神学中不可知（反形而上）的动向"、"圣约的教义"、"神学百科"和"神学的精髓：教理学"。[23] 此外，源自那些年日期明确但未发表的手稿让我们可略窥他早期的教理学构想："人，上帝的形像"、"上帝的可知性"和"神学在今日作为一门科学"。[24] 在 1883 年到 1887 年间，巴文克的《改革宗伦理学》初稿写作取得了重大进展，但这本书终究未能完稿。尽管《改革宗教理学》后来成书，但在现在这个阶段，他距离此终点仍有一段距离。[25]

巴文克的这项宏伟计划若要取得成果，有一个状况必需要改变：巴文克的教学任务阻碍了他去满足新时代对教理学和伦理学之需求的计划。此外，巴文克在 1890 年年中忙于订婚和结婚的筹备。就在这一时期，荷兰媒体纷纷报道，称巴文克与凯波尔、弗雷德里克·拉特赫斯和杨·沃尔切计划联手推出新版荷文圣经。

1637 年的官方版圣经（Statenvertaling）一直是 19 世纪荷兰基督新教各宗派所用的主要译本，但是当时的荷兰大众对这个版本的可读性越来越失望。对普通荷兰民众来说，这个版本的语言越来越晦涩，读来佶屈聱牙。19 世纪，在凯波尔和他的同仁致力推出新译本之前，已有多番尝试推出了圣经新译本。《帕尔默圣经译本》（*Palmbijbel*，1822–1830）适度调整了官方圣经中的晦涩表达。之后，贺布兰达·费斯贺林（Gerbrand Visschering）

---

[23] Herman Bavinck, "De theologische richtingen in Duitschland" (1884), HBA, folder 41; Bavinck, "Methodologie der theologie" (1883–84), HBA, folder 43; Bavinck, "De leer der verbonden" (1884), HBA, folder 45; Bavinck, "Medulla Theologiae. Dogmaticae. 1884/85," HBA, folder 46.

[24] Herman Bavinck, "De Mensch, Gods evenbeeld" (1884), HBA, folder 102; Bavinck, "De kenbaarheid Gods (1888), HBA, folder 106; Bavinck, "De theologie als wetenschap in dezen tijds. Kampen 1889," HBA, folder 107.

[25] 未出版的教理学授课笔记混合了标注日期和未标注日期的手稿。在 20 世纪 90 年代，标注日期的未出版教理学笔记的数量大幅增加。见 HBA, folders 155–88。

重译了新约圣经（1854–1859），并在荷兰门诺派中通用。《霍夫费圣经译本》（*Voorhoevevertaling*, 1877）延续约翰·尼尔森·达庇（John Nelson Darby）的工作。达庇是朴茨茅斯弟兄会（Plymouth Brethren）的创立人，于 1867 年将新约圣经译为英文。1899 年，一群莱顿教授在圣经批判学和自由神学的影响下开始翻译圣经，巴文克实际意义上的博士导师亚伯拉罕·库能就是其中之一。直到 1912 年，他们的《莱顿圣经译本》（Leidse Vertaling）才完成。

凯波尔和他的同仁却不属于弟兄会或者门诺派。此外，出版《帕尔默圣经译本》的约翰尼斯·范德帕尔默（Johannes van der Palm，1763–1840）是位诗人，也是威廉·比尔德戴克（Willem Bilderdijk，1756–1831）的公开劲敌；后者是巴文克和凯波尔所喜爱的吟游诗人。[26]《莱顿圣经译本》不合凯波尔及其同仁的品味。对于这些已有的众多译本，他们都不满意，其中原因显而易见。

他们计划推出圣经新译本的宣传报道，最初在《旌旗报》[27]和《每日新闻》[28]等报纸上连篇累牍地刊登。此外，许多地方报纸也都争相报道。这些报道称该版圣经将勘正 17 世纪官方圣经中的拼写和措辞。凯波尔所引领的运动，除了一所新的改革宗大学、一个新的政党、新的改革宗教理学和伦理学，还需新的圣经译本。这些报道称该翻译项目将历时三年（实际耗时五载）。巴文克一边日拱一卒般推进自己的《改革宗教理学》和《改革宗伦理学》，一边投入另外一个更为宏大、历时数载的项目——圣经新译本。

在此之前，巴文克的工作任务一直是 1883 年入职时给他分派的课程。在那时，他的获聘是坎彭神学院权力微妙平衡的结果。

---

[26] 对二人的竞争一份非常片面的描述，见 Nicolaas Beets, *Life and Character of J. H. van der Palm*, trans. J. P. Westerveld (New York: Hurd & Houghton, 1895), 16–18。

[27] *De Standaard*, July 16, 1890.

[28] *Het Nieuws van de Dag*, July 17, 1890.

巴文克在 1882 年的教会会议前一直蓄力等待，在短时间里投入了相当多的精力，让自己成为有竞争力的神学院拟聘教师候选人。更为重要的是，他得到教派中更具影响力之人的扶持；在 19 世纪 80 年代初，这些人在具有战略意义的讲台服侍和出版著作方面，为巴文克营造机会。正因如此，在刚入职阶段，巴文克对自己的教学工作量并无多少话语权：神学院理事全权主导，以此决定他的工作任务。截至 1890 年，巴文克与理事会的权力关系已非昨日，他已成为神学院和自由大学公开争夺的神学家（当时他已担任神学院院长）。

在拒绝自由大学最近一次聘任邀请时，巴文克公开表示神学院视域有限，**并且他在思想意识上认同自由大学**。他相当坦陈地表达了自己的沮丧。如果巴文克留在坎彭更久，那么神学院需尽力满足他的条件。巴文克如今已然占据上风。正如这一时期的《大众商报》上的文章论道："坎彭神学院很快会将巴文克拱手让给自由大学。"[29] 就满足巴文克在坎彭神学院任教之要求而言，神学院完全可以做到。

1890 年秋，巴文克在日记中记录了自己境况的一项重大变化，这完全在意料之中。"**9 月 16 日，在教职工会议上，我和卡普泰恩先生商谈。我的教学工作量得以减轻许多。**"[30] 日记中所提到的约翰尼斯·卡普泰恩（Johannes Kapteyn, 1862–1906）是一位新聘教师；他接替了大量从前神学班文学课的授课任务，因此巴文克的教学量得以减轻。[31]（宜德泽·范德伦在自传中写道，

---

[29] "Samensmelting van doleerenden en afgescheidenen," *Algemeen Handelsblad*, July 12, 1892. "De Theologische School te Kampen zal weldra dr. Bavinck moeten afstaan aan de 'Vrije Universiteit.'"

[30] "Van 1886–1891." "16 sept. Docentenvergadering met de Heer Kapteyn. Ik kreeg heel wat minder colleges."

[31] Zuidema, "Kapteyn (Johannes)," in *Nieuw Nederlandsch Biografisch Woordenboek*, ed. P. C. Molhuysen and P. J. Blok (Leiden: A. W. Sijthoff's, 1912), 2:647–48.

他于1889年在坎彭上学时,巴文克仍旧承担了大量文学课程的教学。)³² 不久,学院又新聘了雅各布·范德沃克(Jacob van der Valk)和亨德里克·瑞宁克(Hendrik Reinink),负责讲授其他文学课程。³³ 神学院在1890年和1891年的教师聘任,意味着巴文克开始了新的工作节奏,借此一切都发生了变化。在讲桌和书桌前,他都可以全身心投入教理学。

开启学术新篇章

虽然巴文克在19世纪80年代的著作才华初展,读者从中可清晰感受到他鲜明的神学特征,但是这些著作影响力不足。截至那时,他尚无扛鼎之作面世。他负责编撰的《更纯正神学之总览》有助于提升他的学术地位,但在该作中,他的神学之声只是一言半语而已。他仅在引论中论道:"当代需要自己的神学。"在已出版的博士论文之外,他对尚特皮·德拉索萨耶的研究主要为描述性,其他篇幅短小的著作,如《神圣神学的科学》《基督教和教会的大公性》和《口才》,都是基于自己的讲座,而非长期写作日程计划的产物。巴文克在期刊《神学研究》上发表了一篇研究阿尔布雷希特·立敕尔的文章。³⁴ 在此之外,巴文克的论文都发表于基督教归正教会内部期刊《自由教会》。

假使巴文克余生的学术作品仍停留在这一水平,那么他在

---

[32] Idzerd van Dellen, *In God's Crucible: An Autobiography* (Grand Rapids: Baker, 1950), 43.

[33] George Harinck and Wim Berkelaar, *Domineesfabriek: Geschiedenis van de Theologische Universiteit Kampen* (Amsterdam: Prometheus, 2018), 95.

[34] Herman Bavinck, "De Theologie van Albrecht Ritschl," *Theologische Studieën* 6 (1888): 369–403.

19世纪和20世纪的神学界就会影响甚微；他的名字也许只在神学泰斗凯波尔和库能作品的脚注中偶尔一现。然而，这并非巴文克的命运。他的个人生活和工作环境在1890年发生的变化，让他踏上了新的跑道，迎来了人生新阶段。游汉娜让他身心焕然有力，繁重教学工作的重担也已挪去。巴文克不久之后出版的著作，彰显出卓越的智识性抱负和持久不衰的国际影响力。他在1884年尝试着手书写的四卷本《改革宗教理学》，在之后的十年里陆续完稿付梓，分别在1895、1897、1898和1901年出版；在那个时候，他的《改革宗伦理学》也进展喜人（但终究未能完稿）。[35]

19世纪90年代是巴文克学术成果丰硕的时期。巴文克去世后，他的学生伊德泽尔特·范德伦（Idzerd van Dellen）在讣告中回忆，19世纪90年代的前五年，巴文克的讲义和著作都围绕同一研究项目："他上课语速很快，我们只能记下寥寥数语……在他的《改革宗教理学》出版后，〔他的学生〕上课定会轻松许多。"[36]

喜结连理

赫尔曼和游汉娜共度了1890年岁末时光。12月初，他们一同前往鹿特丹购买圣尼古拉斯节（Sinterklaas）的礼品（12月5

---

[35] Herman Bavinck, *Gereformeerde Ethiek*, ed. Dirk van Keulen (Utrecht: Uitgeverij KokBoekcentrum, 2019); ET: *Reformed Ethics*, vol. 1, Created, Fallen, and Converted Humanity, ed. and trans. John Bolt with Jessica Joustra, Nelson D. Kloosterman, Antoine Theron, and Dirk van Keulen (Grand Rapids: Baker Academic, 2019).

[36] Idzerd van Dellen, "In Memoriam: Prof. Dr. H. Bavinck te Kampen," *Onze Toekomst*, August 26, 1921. "Bavinck dicteerde snel. We konden maar korte aanteekeningen maken....Hoe veel gemakkelijker moet het later geweest zijn toen zijn Dogmatiek was gepubliceerd." 在赫尔曼·巴文克离世后，游汉娜保存了此讣告的剪报。见HBA, folder 40。

日）；在月末的圣诞节，巴文克在伯纳德所住地汉泽尔斯伍德（Hazerswoude）的教会讲道，之后继续前往弗拉尔丁恩，与游汉娜的家人共度圣诞（12月26日）。在同一周，一则有关他感情状况的尴尬消息刊登于美国一家荷文报纸《宪法报》。这则消息宣布了巴文克会在来年夏天出访美国，并更正了（密歇根的霍兰德）当地报纸上他已订婚的消息。"据可靠消息，坎彭神学院的巴文克博士将在明年夏季赴美，他的妻子随行。但知情人士肯定巴文克博士现在未婚。"[37]消息传播速度飞快。一周后，同一家报纸刊出更正："我们已从消息源得知，巴文克博士计划明年赴美之前结婚。"[38]虽然（荷兰裔）美国人尚未听闻游汉娜这个名字，但她本人早已知道巴文克来年的旅行计划。巴文克在三个月前（9月15日）的日记中写道：**"早晨，我和游汉娜论及赴美之事。"**[39]多年来，巴文克从他移民美国的朋友的来信中，了解到许多美国的情况，现在他计划要亲眼一观。可是，他不得不先暂时搁置这些计划：他需要先举办婚礼，不久之后分离派教会和哀恸者教会也会合一。

巴文克在1891年、尤其在赴美之前那个夏天的越洋联络颇有研究价值。在那几个月中，他曾向魏司坚发出聘任邀请。当时魏司坚任教于美国大激流城的神学院校（现为加尔文神学院），他也是该校首位获得神学博士学位的教师。在他们的往来书信中，巴文克询问魏司坚来坎彭工作的可能性（马尔汀·努尔德赞即将

---

[37] *De Grondwet*, December 23, 1890. "De NEWS verneemt uit vertrouwbare bron dat Dr. Bavinck, van de Theol. School te Kampen, in den aanstaanden zomer een bezoek aan dit land zal brengen en alsdan vergezeld zal zijn door zijne echtgenoote. Personen, die het weten kunnen, verzekeren ons dat Dr. Bavinck geen echtgenoote heeft."

[38] *De Grondwet*, December 30, 1890. "Van de NEWS krijgen wij de verdere inlichting, dat Dr. Bavinck voornemens is om te huwen, voor dat hij in den zomer dit land zal bezoeken."

[39] "Van 1886–1891." "15 Sept. 's Morgens had ik met Joh. gesprek over Amerika."

离开坎彭，参加抗革命党的政治活动）；但在巴文克婚礼两天前，魏司坚拒绝了聘任邀请。[40] 与巴文克一样，魏司坚仍在找寻自己心仪的学校。他告诉自己的朋友：

> 关于接替努尔德赞职位一事，诚复如下：我已非常熟悉美国的社会文化生活，虽然在教会和宗教生活方面不敢如此肯定。最近这段时间，我日渐感到，自己并不想一直留在当前岗位。于是便出现一个问题：然后该如何呢？我数次接到长老会神学院职位的聘任邀请。最近，我越加感到可以接受这一邀请。但是在那些教会里，我在很多方面会感到格格不入。从**神学**视角观之，我会说自己更希望去基督教归正教会工作，而非这里的长老会教会。但我另有两方面的顾虑：（1）我的父母在此；（2）美国生活有其魅力，自从我移居此地就浸润其中，难以割舍。若必须在美国和荷兰之间做出选择，我很难预想自己会倾向哪一方，幸好你并未问及此事。你的问题是：若坎彭发出拟聘邀请，我是否会不假思索地拒绝。我的回答为：会。[41]

尽管魏司坚不愿离开美国，前往坎彭和巴文克共事，但他一直在美国神学界积极推广巴文克的著作。例如，在魏司坚的建议下，普林斯顿的教授华腓德（B. B. Warfield, 1851–1921）与巴文克取得联系，巴文克应邀在期刊《长老会和改革宗评述》上发表了〈荷兰新近教理思想〉。[42] 在那段时期，与美国有关的想法

---

[40] Vos to Bavinck, Grand Rapids, June 30, 1891, in *LGV*; see also Harinck, "Inleiding," in *BHD*, 12.
[41] Vos to Bavinck, Grand Rapids, June 30, 1891, in *LGV*.
[42] Vos to B. B. Warfield, Grand Rapids, June 13, 1890, in *LGV*; Vos to B. B. Warfield, Grand Rapids, July 2, 1890, in *LGV*; Vos to B. B. Warfield,

带来了一种宝贵的宽慰，让他从坎彭的闭塞感中暂得释放。[43]

赫尔曼和游汉娜在 1891 年夏天成婚。他们在 6 月 15 日登记结婚意愿之后，在坎彭举行了婚礼前的招待宴。晚宴（6 月 17 日）的菜单现在保存在巴文克档案库里，上面的菜点包括：细面汤、开胃菜、牛肉里脊、蔬菜炖羊肉、炖小牛肉、胡萝卜、烤鸡、梨、三文鱼、沙拉、果盘、布丁、蛋糕和甜点。[44]（如此菜式繁多、铺张的宴会是早期新加尔文主义者的特征，他们的信仰主张享受美食多于禁食。）[45] 他们的婚礼于 7 月 2 日在弗拉尔丁恩举行。[46] 两人先（根据荷兰法律）完成了民事结婚仪式，成为合法夫妻，接着举办了教会婚礼仪式。赫普传记中引用了遗失的巴文克日记本中的一则日记，内容是巴文克自己对婚礼当天的概述。

> 7 月 2 日。婚礼当天。吉瑞祥和的天气。阳光明媚，天朗气清。我的父母和伯纳德夫妇〔伯纳德和格里耶〕参加了婚礼。12 点整，我从西尔德斯牧师家前往席佩斯家。12:45，十四辆马车到达。下午 1 点左右，〔我们前往〕市政厅。范德尔布鲁赫证婚。

Grand Rapids, August 5, 1890, in *LGV*; Herman Bavinck, "Recent Dogmatic Thought in the Netherlands," *Presbyterian and Reformed Review* 3, no. 10 (April 1892): 209–28. 中注：赫尔曼·巴文克，〈荷兰新近教理思想〉，载于《赫尔曼·巴文克论荷兰新加尔文主义》，徐西面编，邵大卫译（爱丁堡：贤理·璀雅，2019），37–56 页。

[43] George Harinck, "'Land dat ons verwondert en ons betoovert': Bavinck en Amerika," in *Ontmoetingen met Bavinck*, ed. George Harinck and Gerrit Neven (Barneveld: De Vuurbaak, 2006), 37.

[44] "Menu, 17 Juni 1891," in HBA, folder 38. "Menu, 17 Juni 1891. Vermicellisoep. Pasteitjes. Ossenhaas. Snijboontjes. Kalfsfricandeau. Worteltjes. Gebraden kip. Peren. Zalm. Salade. Compôte. Pudding. Taart. Dessert."

[45] George Harinck and Marjoleine de Vos, *Wat eten we vanavond? Protestants!* (Amsterdam: Donum Reeks, 2005).

[46] 《号角报》有关他们的婚讯，错误地将时间标注为 6 月 2 日。见 *De Bazuin*, July 10, 1891。

从 1:45 到 3 点左右，〔我们〕在教堂举行婚礼，西尔德斯牧师证婚，讲道引用经文是《诗篇》二十五6–7。礼毕返回家中。下午 6 点，和马车队伍一起来到斯希丹的友谊酒店。欢宴直到凌晨 4 点。[47]

伊德泽尔特·范德伦是巴文克的学生，他参加了婚礼并在自传中回忆了当时的情景。

> 巴文克结婚时，我还是在校学生。由于当时我是学生会成员，便受邀参加了婚礼。我清晰记得，当时的我有些紧张局促。我们这些来自乡下的男孩子，甚少与精英阶层来往，新娘席佩斯女士是弗拉尔丁恩一位富有船主的女儿。我们戴着仪式专用的男童手套。当时有人给我们送上糖果，我手指发颤，糖果就从指间滑落，径直掉在了新娘身边，当时努尔德赞正给我们介绍新娘。幸好我当时没有慌乱，表现得若无其事。在之后的宴会上，我发现老牧师巴文克和其妻子，就是新郎的父母，似乎和我们一样，对餐桌礼仪所知并不多，我立觉释然。[48]

这对新人在巴黎和日内瓦度过蜜月之后[49]，就住进了新

---

[47] Valentijn Hepp, *Dr. Herman Bavinck* (Amsterdam: Ten Have, 1921), 209. "2 Juli. T dag. Heerlijk weer. Zonnig en toch Frisch. Mijn ouders, B. en G. (Ds. C.B. Bavinck en zijn vrouw) waren overgekomen. Om 12 uur reed ik van Ds. Sieders naar Mr. Schippers. Om 12¾ uur kwamen de 14 rijtuigen voor. Ruim te één uur op het stadhuis. Getrouwd door Van der Brugge. Daarna om 1¾ uur tot ± 3 uur getrouwd in de kerk door Ds. Sieders, met tekst Ps. 25:6, 7. Daarna naar huis en om 6 uur met rijtuigen naar de "Vriendschap" in Schiedam. Heerlijk diner tot 4 uur 's morgens."
[48] Van Dellen, *In God's Crucible*, 40–41.
[49] Hepp, *Dr. Herman Bavinck*, 211; R. H. Bremmer, *Herman Bavinck en zijn tijdgenoten* (Kampen: Kok, 1966), 75.

家——德拉萨博朗涅瑞卡德 32 号；这是位于坎彭艾瑟尔河旁的一幢雅致别墅，建于 1880 年。1972 年，荷兰将其定为国家文化遗址。⁵⁰

基督教的政治和教会政治

19 世纪 80 年代，巴文克在不同的时间和地点，已经表达了自己要对生活各个领域展开广泛的基督教叙述的意愿：我们回顾了巴文克于 1884 年写给斯努克·赫胡洛涅的信，从中表达了他此种意愿⁵¹；1888 年他公开评论"社会生活"，认为需要持续改革⁵²；1889 年自由大学发出呼吁，"将在基督里启示的有关上帝的真理，彰显在人类生活各个领域"，巴文克对此表示赞同。⁵³

在那十年间，凯波尔和巴文克对基督教社会行动主义满腔热忱。19 世纪 80 年代自然以凯波尔最为著名的言辞开始："对人类生存领域的每一寸疆土，主权高于万有的基督皆宣告：'它属于我！'"⁵⁴ 从 80 年代到 90 年代，这一强烈意愿一直都在巴文克的世界里，也在当时日益显著的世界观概念中表现出来。从当时的语境来看，"世界观"的概念预设了多元主义的自由民主，并需要民众参与其中；若无以上元素，"世界观"仅为一个抽象概念。"世界观"在凯波尔对抗革命政治的革新中取得了大众支持，

---

⁵⁰ 德拉萨博朗涅瑞卡德（De la Sablonièrekade）32 号的国家遗址编号为 23260。
⁵¹ Bavinck to Snouck Hurgronje, Kampen, December 23, 1884, in *ELV*.
⁵² Herman Bavinck, *De katholiciteit van Christendom en kerk* (Kampen: G. Ph. Zalsman, 1888); ET: "The Catholicity of Christianity and the Church," trans. John Bolt, *Calvin Theological Journal* 27 (1992): 224.
⁵³ Herman Bavinck, "Dankbetuiging," *De Bazuin*, April 19, 1889.
⁵⁴ Abraham Kuyper, "Sphere Sovereignty," in *Abraham Kuyper: A Centennial Reader*, ed. James Bratt (Grand Rapids: Eerdmans, 1998), 488.

令抗革命政治从本质上为精英阶层的关注（正如在范普林斯特勒时期）转化为以普通国民（de kleine luyden）为中心的民众运动。对那时的巴文克而言，这场宏大的文化基督教化的运动仅是一个抽象概念。但在 19 世纪 80 年代，他亲历了现实世界中社会机构的革新。在之后十年的伊始，即 1891 年，巴文克借着提出改善劳工生活和工作条件的建议，迈出了自己在公共领域的第一步，将此理想应用于政治领域。

19 世纪经历了两次伟大的工业革命。第一次工业革命在 18 世纪末席卷北欧，在 19 世纪 40 年代走向尾声，给彼时欧洲年轻人遗留了新式机械化的职业（以杨·巴文克为例，他从事过车轮工作），并产生了查尔斯·狄更斯（Charles Dickens）的《艰难时代》（*Hard Times*，1854）和伊丽莎白·嘎斯科尔（Elizabeth Gaskell）的《北方和南方》（*North and South*，1855）等作品。在走向 19 世纪末时，第二次工业革命应时而生。在这一时期，因着科学发展和由此产生的庞大工业规模，机械化突飞猛进。这次工业革命致使赫尔曼·巴文克这些人要去应对影响深远的社会和生存问题，关乎工业工人的生活。这些被统称为"社会问题"（sociale kwestie）的议题涉及：企业家应如何对待自己的工人，工人应有怎样的生存条件，是否允许童工，国家是否应干预这些议题。[55]（在那一年，教宗利奥八世针对这些问题，发布了通谕《新事》〔*Rerum Novarum*〕。）[56]

德国基督新教和比利时基督公教针对以上所述问题开展了一些活动；此后，凯波尔也采取行动，举办了首届基督教社会代表大会（Christian Social Congress），推动荷兰加尔文主义者回

---

[55] Jeffrey Stout, "Christianity and the Class Struggle," in *The Kuyper Center Review*, vol. 4, *Calvinism and Democracy*, ed. John Bowlin (Grand Rapids: Eerdmans, 2014), 40.

[56] Pope Leo XIII, "Encyclical Letter *Rerum Novarum*," in *The Church Speaks to the Modern World: The Social Teachings of Leo XIII*, ed. Étienne Gilson (Garden City, NY: Image, 1954), 205–44.

应这些"社会问题"。该大会由凯波尔和荷兰工人联合传承协会（Nederlandsch Werkliedenverbond Patrimonium）的工会共同筹办，于 11 月 9 日至 12 日在阿姆斯特丹召开。在大会上，凯波尔发表了题为〈社会问题和基督教信仰〉的演讲。[57] 巴文克受邀参加大会，并根据大会要求发表演讲，从圣经、尤其是基于十诫，明确一些解决"社会问题"的普遍原则。

巴文克的演讲聚焦于两个概念：工作是上帝普遍恩典的一个方面，也是人类作为上帝形像的一个方面（该观点在他早期未发表的教理学著作中已有论述）。[58] 他认为，由于人类这种独特的地位，无论工厂主或工人，所有人都拥有身而为人的同等基本尊严，有权享有"不被重担压制"的生活。在一条生产线上昼夜无休地辛勤劳作，不符合上帝的形像。[59] 巴文克在缜密的神学论证之后，简明扼要地提出了几条实践主张：他反对贫困和敛财蓄地，并支持引入面向每个人的"生活保障工资"。

虽然这次大会标志着凯波尔和巴文克首次站在同一社会舞台上，但是他们的演讲各自展现出一种特质，完全体现出二人的差异。凯波尔从制高点所见的是一幅恢弘画面。他如宙斯般俯瞰人类世界，巡视他们的观念，坚信自己有能力影响并重整他们的奋

---

[57] Abraham Kuyper, "The Social Question and the Christian Religion," in *Makers of Modern Christian Social Thought*, ed. Jordan Ballor (Grand Rapids: Acton Institute, 2016), 45–118.

[58] Herman Bavinck, "De Mensch, Gods evenbeeld" (1884), HBA, folder 107.

[59] Herman Bavinck, "Welke algemeene beginselen beheerschen, volgens de H. Schrift, de oplossing der sociale quaestie, en welke vingerwijzing voor die oplossing ligt in de concrete toepassing, welke deze beginselen voor Israel in Mozaïsch recht gevonden hebben?," *Procesverbaal van het Sociaal Congres, gehouden te Amsterdam den 9–12 November, 1891* (Amsterdam: Hövker & Zoon, 1892), 149–57; ET: "General Biblical Principles and the Relevance of Concrete Mosaic Law for the Social Question Today (1891)," trans. John Bolt, *Journal of Markets & Morality* 13, no. 2 (2010): 411–46.

斗成果。在演讲中，他口若悬河地阐述法国革命和社会主义思想，呼吁基督徒工人采取具体的政治行动。他的演讲令听众热血沸腾，演讲结束时迎来上千听众如雷般的掌声。[60]

巴文克更为谨慎保守，正如在基督教社会代表大会演讲中所表现的那样。与宙斯般的凯波尔相比，他更像奥德修斯，站在**出发点**，而非**制高点**。对巴文克而言，出发点始终是来源文本或基本观念；这些都要经过探究，并根据他的研究成果予以发展。毋庸讳言，尽管巴文克的进路有助于审慎的学术研究，但这不太适合勾勒出宏大图景。从各方面来看，巴文克在基督教社会代表大会上未给大家留下深刻印象。不久之后，一封刊登于《旌旗报》书信指出，大会在介绍巴文克时，误称为"巴文克牧师"，而在场听众多为工人，他们所听到的应是一个更具权威性的头衔——"巴文克博士教授"。[61] 此番勘正收效甚微，令人抱憾。

凯波尔和巴文克之间这一差异，带来了一个存在已久（并准确）的描述：凯波尔是长于演绎的思想家，巴文克是善于归纳的思想家。这一评价由坎彭神学家提耶德·胡克斯特拉（Tjeerd Hoekstra）在1921年首次提出，不久之后，经由兰德维尔的阐发广为流传。

> 由于巴文克性情的缘故，也与他的教理信念有关，较之柏拉图，他更推崇亚里士多德。这是他与凯波尔相异的一个方面。将来，这两位思想伟人会常被相互比较，他们的差异会成为后人常研不衰的课题。我认为二人主要差异在于：巴文克具有亚里士多德的精神，而凯波尔有柏拉图的精神。巴文克擅于呈现明确的概念，而凯波尔长于提出极佳的观

---

[60] James Bratt, *Abraham Kuyper: Modern Calvinist, Christian Democrat* (Grand Rapids: Eerdmans, 2013), 223.
[61] *De Standaard*, December 2, 1891.

念。巴文克依托历史事实并在其上建构，但凯波尔基于以直觉领悟的思想来思辨。巴文克善于归纳，凯波尔长于演绎。[62]

巴文克和凯波尔之间这一特定差异，在他们首次一起参加的社会活动中就已十分明显，而且这种差异一直存在。这也是巴文克在阿姆斯特丹时，二人产生摩擦的主要原因。

但就彼时而言，他们联袂而行，合作日益紧密，所付出的努力即将开花结果，尽管这些成果是在教会政治层面而非公民政治领域。在1892年，他们盼望已久的教会合一之梦终成现实，一个新的宗派——荷兰地区归正众教会诞生了。该宗派下辖700间教会，有425名牧师和37万信徒，凯波尔和巴文克成为该宗派举足轻重的人物。[63] 改天换地的时代再次到来。

---

[62] Tjeerd Hoekstra, "Prof. Dr. H. Bavinck," *Gereformeerd Theologisch Tijdschrift*, July-August 3/4 (1921), 101. "BAVINCK voelde—overeenkomstig zijn aanleg en misschien ook in verband met zijne dogmatische overtuiging meer voor Aristoteles dan voor Plato. Hierin ligt ten deele ook het verschil met Kuyper. In de toekomst zullen deze twee groote geesten herhaaldelijk met elkander vergeleken worden en het nageslacht heeft hier een vruchtbaar veld voor onderzoek. Het komt mij voor, dat een belangrijk punt van onderscheid tusschen deze mannen is, dat BAVINCK een Aristotelische, Kuyper een Platonische geest was. BAVINCK de man van het heldere begrip, Kuyper de man van de fonkelende idee, BAVINCK een bouwer op en uit het historisch gegevene, Kuyper speculeerend met intuitief gegrepen gedachten. BAVINCK in hoofdzaak inductief, Kuyper in hoofdzaak deductief." 胡克斯特拉（Hoekstra）的文章载于 J. H. Landwehr, *In Memoriam: Prof. Dr. H. Bavinck* (Kampen: Kok, 1921), 58。有关对"归纳/演绎"之描述的复述，见 R. H. Bremmer, *Bavinck als dogmaticus* (Kampen: Kok, 1966), 13–64; Jan Veenhof, *Revelatie en Inspiratie: De Openbarings en Schriftbeschouwing van Herman Bavinck in vergelijking met die van de ethische theologie* (Amsterdam: Buijten & Schipperheijn, 1968), 130–33; J. Mark Beach, "Abraham Kuyper, Herman Bavinck, and 'The Conclusions of Utrecht 1905,'" *MidAmerica Journal of Theology* 19 (2008): 11。

[63] George Harinck and Lodewijk Winkler, "The Nineteenth Century," in

坎彭与阿姆斯特丹有何相干？

尽管两个群体的教会已合一，但大多数实际问题尚待解决。许多乡镇的分离派教会和哀恸者教会年深日久，虽然它们都改名为荷兰地区归正众教会，但联合之前固有的神学和文化差别（以及张力）并未消减。在许多地方，相邻的归正教会关系如故，甲依旧是分离派教会，乙还是哀恸者教会；这种情况在有些地方一直延续到 20 世纪 30 年代。[64] 对巴文克而言，最紧迫的事情是新合一的教会所承续的两个神学教育机构的前景。坎彭神学院完全以教会为重，而阿姆斯特丹自由大学素来未寻求荷兰改革宗教会的认可。坎彭神学院与自由大学如何才能在同一宗派中发挥功用呢？

自 1892 年以来，巴文克一直期望将新宗派的两个神学教育中心，整合为一个教育机构。然而，大家对神学之性质和地位的持续争论表明，新联合的教会依然众口难调。由于凯波尔认为神学可成为一门独立于教会而研习的科学，所以在教会联合之后，以卢卡斯·林德博姆为首的许多分离派信徒，强烈反对自由大学的神学教育。[65] 新宗派的这一支承袭了分离派思想的另一部分，以蔑视的态度看待世俗化的荷兰国立大学。在发现自己已进入新联合的归正教会中时，以林德博姆为代表的群体极力保护坎彭神学院，且越来越批判自由大学。

从 1892 年到 1902 年期间，巴文克的生活和工作一直围绕着坎彭神学院和自由大学彼此关系的问题。他屡次竭力促成两个教育单位的联合，但都无果而终。到这一阶段末期，他身心俱疲，最终离开了坎彭。但在此之前，巴文克的个人和职业生活都丰富多彩。

Handbook of Dutch Church History, ed. Herman Selderhuis (Göttingen: Vandenhoeck & Ruprecht, 2015), 497.

[64] Harinck and Winkler, "The Nineteenth Century," 497.

[65] 如见 Lucas Lindeboom, "Het doctoraat in de heilige godgeleerdheid aan de Theologische School der Christ. Geref. Kerk" (n.p., 1887).

轻舟拍浪，扬帆赴美

巴文克在 1890 年的日记中首次提到赴美计划，但到 1892 年才得以实现。尽管先前提到《宪法报》对他的旅程同伴已有猜测，但是，这次陪他前往的并不是游汉娜，而是卫兰赫。考虑到当时荷兰新近的教会联合，巴文克赴美之行具有鲜明的教会特征。

截至那个时期，移居北美的荷兰人形成了两个改革宗宗派：一个是由早期荷兰移民在 1628 年成立的北美改革宗教会，另一个是由晚近的分离派移民在 1857 年成立的基督教归正教会。[66] 在荷兰教会联合的激励下，坎彭神学院这两位教授如同特使般出行，希望自己的赴美之旅能促进美国荷兰教会联合。在蒸汽时代，教会信徒的越洋交往翻开了历史新篇章。[67]

回到荷兰后，荷兰《号角报》为公众翔实登载了他们的旅行。该报的评论指向此次旅行的另一个重要动机：除了完成促进北美荷兰改革宗宗派联合的使命，巴文克还计划参加长老会会议（Presbyterian Council）；这是正统改革宗宗派之间跨宗派联合活动（主要为英语国家），当年的会议在多伦多举行。巴文克计划在会上讲述新近复苏、在荷兰引发轰动的（新）加尔文主义。借用《号角报》一篇报道的表述来说，巴文克将超越荷兰世界的边界，赴美"捍卫加尔文主义"（荷文字面意思为："为加尔文主义接力护航"！）。[68] 巴文克这一时期的著作表明，他敏锐且明晰地意识到，"改革宗"与"加尔文主义"并非同义词。他的赴美之旅意在强调并宣讲二者的区别。

---

[66] George Harinck, "Inleiding," in *Mijne reis naar Amerika*, by Herman Bavinck, ed. George Harinck (Barneveld: Uitgeverij De Vuurbaak, 1998), 17.

[67] Hepp, *Dr. Herman Bavinck*, 211.

[68] *De Bazuin*, December 2, 1892. "Dr. Bavinck, die in zijn stuk, 'een lans gebroken heeft voor het Calvinisme.'"

"改革宗"只表达宗教和教会层面的区别，是一种纯粹的神学概念。"加尔文主义"的应用更广泛，代表一种在政治、社会和民事领域的特定类型。它代表了"生活和世界为一个整体"的特色观念，这源自那位法国改教家的强大头脑。加尔文主义者是改革宗基督徒的一个名称，因为他们不仅在教会和神学方面，也在社会和政治生活、科学和艺术上，都表现出一种特定的品质和独特的面貌。[69]

巴文克参加长老会会议，也是为了在纯粹的改革宗群体中传播加尔文主义。当时参会人员有前往新赫布里底群岛（New Hebrides）的著名宣教士约翰·佩顿（John G. Paton, 1824–1907）和苏格兰神学家詹姆斯·奥尔（James Orr, 1844–1913），还有来自在中国、日本、波斯和南非宣教的宣教士代表。

巴文克的以上两个动机相互紧密交织。1892年6月，在（荷兰）基督教归正教会与哀恸者教会即将联合之前，乔治·马修斯（George D. Mathews）牧师为最后一次教会会议发表了演讲。作为一位活跃于正统改革宗宗派之教会联合商谈事宜中的领导者，他认为荷兰教会联合前景可期。（附带说明：巴文克为教会会议与会成员翻译了马修斯的英文演讲。）[70] 马修斯负责组织当年在多伦多举行的长老会会议，他审校是次会议的论文集，巴文克的论文也收录其中。[71] 马修斯成了巴文克的一位极具影响力的非荷兰盟友，

---

[69] Herman Bavinck, "The Future of Calvinism," *Presbyterian and Reformed Review* 5, no. 17 (1894): 3. 中注：赫尔曼·巴文克，〈加尔文主义的未来〉，载于《赫尔曼·巴文克论荷兰新加尔文主义》，徐西面编，邵大卫译（爱丁堡：贤理·璀雅，2019），59页。

[70] *De Bazuin*, June 17, 1892.

[71] George D. Mathews, ed., *Alliance of the Reformed Churches Holding to the Presbyterian System: Proceedings of the Fifth General Council Toronto, 1892* (London: Publication Committee of the Presbyterian Church of England, 1892).

支持自己在荷兰教会中所做的努力和在荷兰境外的神学抱负。

巴文克对这次越洋旅行的回顾与思考，详细记录在题为〈我的赴美之旅〉的笔记中。[72] 这份笔记在巴文克生前未能发表，但在我们的文献资料中十分独特，因为它是巴文克对此次旅行详细的自传性记述，同时也成为他回荷兰后对此次旅行的公开演讲的基础。笔记内容丰富，文笔优美，自 1998 年出版以来就备受好评，2010 年荣获荷兰皇家优秀游记图书奖。（译文详见附录一。）[73] 从笔记可看出，巴文克明确认为旅行是"必习的艺术"，对异国风土人情鲜作论断；由此可知，他的旅行回忆录是一个显著的例子，体现出文艺复兴时期的"旅行艺术"（ars apodemica）如何影响了现代后期的游记写作。

巴文克和卫兰赫于 7 月 22 日离开鹿特丹，在伦敦逗留数日后前往利物浦，然后乘船远游。大众对〈我的赴美之旅〉中的大海的回忆聚焦于它的广阔无垠和翻腾不息，但赫普所写的传记保留了一则引自巴文克那本遗失的日记本更加私人化的描写，记录了当时越洋旅行中普遍存在的危险：船只遇到了冰山。"**3 点 30 分，我们看见了冰山，船减半速前行，就餐时轻松欢快的气氛荡然无存。晚饭后，我们看见在南边又有一座冰山。船停了下来。愿主保守我们！**"[74] 他们在海上航行十二天后，在加拿大魁北克市登岸，之后继续前往蒙特利尔，最后到达美国密歇根。巴文克在大激流城时住在魏司坚家，在霍兰德时住在亨利·多斯克家（当时多斯克是霍普学院的一名教授）。赫普所写的传记中引用了那本遗失日记本的内容，提到当时巴文克和魏司坚就教理学进行了

---

[72] HBA, folders 66–67.
[73] 这些笔记最先由乔治·哈林格于 1998 年转录为荷文出版。见 Herman Bavinck, *Mijne reis naar Amerika*, ed. George Harinck (Barneveld: De Vuurbaak, 1998); 另见 James Eglinton, "Herman Bavinck's 'My Journey to America,'" *Dutch Crossing* 41, no. 2 (2017): 180–93。
[74] Hepp, *Dr. Herman Bavinck*, 213.

长时间的交流，多斯克夫人还教巴文克英语发音。[75] 从这两处寄宿地出发，巴文克参观了佩拉（Pella）、爱荷华（Iowa）和密歇根的奥维塞尔（Overisel）的荷兰分离派移民社区。巴文克和卫兰赫从密歇根返回加拿大。根据日程安排，巴文克将在长老会联合大会上发表演讲（9月22日），演讲题为〈基督新教宗教改革对社群和国族之道德和宗教境况的影响〉。[76] 在巴文克之前，苏格兰自由教会神学家托马斯·林德赛（Thomas Linday）于上午发表了演讲，题为〈基督新教宗教改革：其属灵特性和在个体生命中的果效〉。[77]

巴文克所捍卫的加尔文主义的类别，明显有凯波尔思想的特性。他认为作为基督新教思想的另类阐述，路德宗和重洗派未能有效推动社群和国族在道德和宗教层面的昌盛。路德宗以个体信徒在信仰上的转变为要务，但忽视了这个信徒所在文化处境的革新；相比之下，重洗派让自己与文化保持一定距离，尽量不受其玷染。加尔文主义与这些宗派都不同，它具有整体的特性，能给个体和社群都带来变革。（在这里，巴文克认为"家庭和学校、教会和教会治理、国家和社会、艺术和科学，都是他自己要去从事并彰显上帝荣耀的领域"。这个看法呼应了他先前在1888年的校长演讲〈基督教和教会的大公性〉中提出的、具有凯波尔风格的论点。）[78]

巴文克主张加尔文主义形成的文化，"可以借着卓越的活动、

---

[75] Hepp, *Dr. Herman Bavinck*, 214.
[76] Herman Bavinck, "The Influence of the Protestant Reformation on the Moral and Religious Condition of Communities and Nations," *MidAmerica Journal of Theology* 25 (2014): 75–81; first published in Mathews, *Alliance of the Reformed Churches*, 48–55.
[77] Thomas Lindsay, "The Protestant Reformation: Its Spiritual Character and Its Fruits in the Individual Life," in Mathews, *Alliance of the Reformed Churches*, 39–45.
[78] Bavinck, "Influence of the Protestant Reformation," 79.

明晰的思想、宗教精神、对自由的热爱、公民美德的宝藏，让自己别具一格；在一定程度上，此公民美德的宝藏未见于基督公教国家。"[79] 巴文克认为信仰能推动个体与社会的转变；这一愿景在概念上与凯波尔于1898年斯通讲座中提出的论点相近，即加尔文主义是一种"生命体系"的看法。他们二人或多或少都受到黑格尔整体性民众宗教的影响。

《宪法报》对此巴文克演讲的报道提到，"巴文克博士说他英语欠佳，对此深表歉意。他说这是自己首次〔用英语演讲〕。但他无需有憾，〔因为〕他的英语演讲论述清晰，措辞准确，表达有力。"[80] 根据那本遗失的日记本内容，巴文克在演讲中明显感到不自信：**"3点20分，我在大会上宣读了自己的论文。起初有些紧张，后来状态渐佳。"**[81] 在前一年，巴文克在基督教社会代表大会上发表了演讲，但反应平平，此后他又尽心准备了这一篇振奋人心，视野宏大的演讲。虽然该演讲并非一篇完整的文章，但较之从前已有进步。

巴文克的〈我的赴美之旅〉主要记述了美国的地貌、文化和宗教生活（他着意不加评论），但《号角报》刊载的巴文克和卫兰赫的旅行报道不乏评判之语。其中一篇对多伦多大会的报道囊括了卫兰赫提供的许多细节：长老会群贤毕至，雅集一堂，多伦多为举办这一普世教会盛会而阖城骄傲。当地人主动提供餐饮，邀请来宾参观尼亚加拉大瀑布，为他们安排酒店，还引荐他们与市政府官员会面。同一时期，阿姆斯特丹也召开了重要的教会大会。卫兰赫两相比较，认为荷兰民众反应淡漠。[82] 在巴文克和卫

---

[79] Bavinck, "Influence of the Protestant Reformation," 81.
[80] *De Grondwet*, October 4, 1892. "Dr. Bavinck verontschuldigde zich over zijn gebrekkig Engelsch, zeggende dat het zijne eerste poging was, maar hij had geen verontschuldiging noodig, daar zijne taal zoowel duidelijk en keurig als krachtig was."
[81] Hepp, *Dr. Herman Bavinck*, 215.
[82] *De Bazuin*, November 25, 1892.

第八章 书写现代宗教改革（1889–1902）　　309

兰赫看来，基督教在北美比在欧洲更火热兴旺。

巴文克和卫兰赫在多伦多大会之后，继续前往纽约。巴文克那本遗失的日记本记录了从纽约开始的旅程：

> 到新布朗斯维克……参观了学院，然后前往神学院。……首先参观了图书馆。图书馆非常优质，管理员十分友善，书籍琳琅满目。……我们参观了教堂，拜访了兰辛教授……1点去搭乘火车，然后继续前往普林斯顿。拜访了华腓德教授。他陪我们参观了该校建筑，拜访了帕顿和麦科什教授。神学院有200位学生，学院有1100位学生。……在华腓德家享用晚餐。7点乘火车前往费城，8:13 到达。[83]

第二天，他们参观了华盛顿特区，之后返回纽约，在那里参加了著名布道家托马斯·德·威特·塔尔米奇（Thomas De Witt Talmage，1832–1902）的布道会。[84] 塔尔米奇曾向八千多人的会众讲道，估计有两千五百万读者阅读他的讲章。尽管有如此名人地位，但是他似乎未给巴文克留下深刻印象："布道气氛热烈，但失之肤浅。"[85]

巴文克和卫兰赫于10月5日从纽约返航，途经利物浦，于16日抵荷兰海岸。在19世纪末，世界变得很小，小到可以让这

---

[83] Hepp, *Dr. Herman Bavinck*, 220. "… naar New-Brunswick … College gezien. Dan naar 't Seminarie….Eerst de Library gezien, die zeer goed is. De bibliothekaris was zeer vriendelijk. We zagen vele boeken … Chapel gezien. Prof. Lansing bezocht … om 1 uur naar den trein. Toen naar Princeton. Naar Prof. B. Warfield. Met hem de gebouwen gezien en een bezoek gebracht bij Patton en McCoch. 't Seminarie heeft 200, 't college 1100 studenten….Bij Warfield gesupperd. Om 7 uur weer op trein naar Philadelphia, waar we 8.13 aankwamen."

[84] Louis Albert Banks, ed., *T. De Witt Talmage: His Life and Work* (Philadelphia: John C. Winston Co., 1902).

[85] Eglinton, "Herman Bavinck's 'My Journey to America,'" 190.

位年轻的神学家将自己的新婚妻子留在鹿特丹港口，为教会事宜跨洋旅行，数月之内再返回家中。正如西斯本在《号角报》上总结道："如今，人们可以轻轻松松到达美国，但四个月时间仍会发生许多事情。"[86]

在随后的一个月，《号角报》报道巴文克和卫兰赫圆满完成了使命。显然，对《号角报》读者具有重要意义的是，他们的加尔文主义愿景在国际上赢得瞩目："巴文克博士捍卫了加尔文主义……我们得知在长老会会议的成员中，也有众多加尔文主义的支持者，我们为此欢欣鼓舞。他们是否只是认可巴文克博士著作的科学特性，但并不信服他所捍卫的立场？可能其中一些人在欣赏他演讲的文采时，只是〔勉强〕相信他演讲中所论述的加尔文主义特质。但是不能、也不应认为所有与会人员都持这一态度。"[87]

"并非唯一的真理"：挑战荷兰的加尔文主义

巴文克的赴美之旅名义上是为了在英语听众面前宣扬并捍卫（新）加尔文主义，他自然对加尔文主义运动毫不吝溢美之词。尽管如此，巴文克在返回荷兰后所做的演讲（〈对美国的印象〉）十分直率，借此批判本国的加尔文主义。这几场讲座首

---

[86] W. Gispen, "Aan een vriend te Jeruzalem," *De Bazuin*, October 28, 1892. "Naar Amerika te gaan is tegenwoordig maar een uitstapje. Doch er kan in een maand of vier heel wat gebeuren."

[87] *De Bazuin*, November 25, 1892. "Dr. Bavinck immers heeft in zijn stuk een lans gebroken voor het Calvinisme....Of erkende men slechts de wetenschappelijkheid van Dr. Bavinck's arbeid zonder juist ingenomen te zijn met de positie, die hij verdedigde? Het is mogelijk, dat er sommigen waren, die het Calvinistisch karakter van zijn stuk verdroegen, terwijl zij het als letterkundig voortbrengsel prezen. Maar van allen kan en mag dit volstrekt niet gedacht worden."

先在坎彭举行，巴文克在那里向当地的一个社团发表了这一演讲。[88] 然后，他在阿姆斯特丹再次发表演讲，地点设在施特鲁肯大厦（Maison Stroucken），也就是现在的贝尔维尤剧院（Theater Bellevue），听众需凭票入场。若想晚上一睹巴文克风采并获得聆听他对美国看法的机会，需在入口处购票，票价为 25 分；若提前预订，票价为 50 分。[89]

巴文克首先阐述了自己的旅行哲学（"旅行是必习的艺术"；"放松心情，放眼欣赏，〔少论断〕多观察"；"观察、感知、评鉴"）。[90] 巴文克对美国的印象就是，美国是一个年轻的国度，热衷发明创造。在他看来，美国在国际舞台上犹如一位早慧的青少年：一切都在发展并充满抱负，青春勃发，但尚不成熟。"美国精神就是全面'向前迈进'，事事都'匆匆忙忙'，凡事都不平静，一切皆是欲望与渴求。波士顿在沉睡，纽约在梦中，芝加哥已清醒。"[91]

尽管巴文克对美国的印象开放且满有溢美之词，但他并不认为加尔文主义在美国会有所发展。相比加尔文主义而言，亚米纽主义更容易在美国土壤中扎根。"值加尔文主义在美国未得到广泛接受之际，亚米纽主义（通过循道主义）已经主导了美国精神。美国人具有强烈的自我意识，过于意识到自己的能力，意志过于强大，从而很难成为加尔文主义者。"[92]（1893 年，在改革宗青年会社的大会上，巴文克作了关于美国的演讲。对此次讲座的回应似乎表明，他认为美国的宗教疆域"布满循道主义"。此番描述被人用来劝说分离派年轻人不要移民美国。他一直反对移民，

---

[88] HBA, folder 67.
[89] *Gereformeerd Jongelingsblad*, May 1, 1893; *Amsterdamse Kerkbode*, May 7, 1893.
[90] Eglinton, "Herman Bavinck's 'My Journey to America,'" 180.
[91] Eglinton, "Herman Bavinck's 'My Journey to America,'" 186.
[92] Eglinton, "Herman Bavinck's 'My Journey to America,'" 189.

似乎想让听众牢记"不要成为美国人"。）[93]

在对比欧洲与美国文化，尤其在阐释加尔文主义在美国前景渺茫时，巴文克追溯了欧洲历史上曾发生的文化变迁，但这些荷兰听众远在美国的兄弟姐妹们，并未经历这些风云变幻。19世纪的欧洲刚刚承受了惨痛的经历——血腥的革命、君王的暴政、动荡与饥馑。幸有大西洋的天堑阻隔，这些事件几乎未曾波及美国人的心灵。

造成这一差异更为深层的原因，是大众文化中主流的上帝观不同。自然神论依然是当时美国哲学中流行的观念，而欧洲文化早已向泛神论靠拢。自然神论设定了一位高远的神，祂能被人类的美德满足。巴文克认为，自然神论倾向乐观主义和道德主义，而他在未受过伤的美国精神中发现了这两种特质。然而，欧洲的精神（Geist）已经对人的本性和欧洲文化的未来甚为悲观。如前所论，巴文克生活在一个患有"悲观厌世"（Weltschmerz）和"世纪之病"（mal du siècle）的欧洲。在巴文克看来，以一个野蛮和使人疲惫不堪的世纪为背景，泛神论必导致如下后果：如果上帝**就是**这个世界本身（不同于自然神论所认为的不介入世界的闲懒之神），而世界处处是难以消弭的痛苦和失望，那么居住于世的人们就不再怀有盼望，并对宗教和道德变得漠然。

出于以上原因，在坎彭和阿姆斯特丹的演讲中，巴文克向听众指出美国与欧洲并不一样。加尔文主义在欧洲前景光明：它会引导道德淡漠、文化绝望的欧洲人完全倚靠上帝的恩典；此恩典大有能力，足以更新个体并改造社会。美国人似乎并不需要这一

---

[93] *Jaarboekje van de Jongelingsvereenigingen in Nederland, voor 1894, uitgegeven van wege den Nederlandschen Bond van Jongelingsvereenigingen op Gereformeerden Grondslag* ('s Gravenhage: A. Berends, 1894), 52. "Het kan zijn, dat de beginselen van Scholte en van Raalte nog doorwerken in Amerika's kerkelijk leven, maar toch zeggen wij ook, dat de grond zoo door Methodistische wateren is overstroomd, dat men maar weinig meer van den grond zien kan en we blijven er bij: 'niet Amerikaansch worden.'"

济世良方——他们已经积极乐观，坚信自己追求美德的能力，并对未来充满向往。宣扬加尔文主义的巴文克回国带来的消息令人失望，就是在遥远的大洋彼岸，当地人对加尔文主义无感。美国曾是道德主义自然神论之地，可能将来亦如此。

这种悲观的预测成了巴文克的一个定论，甚至表现为他《改革宗教理学》中一句令人印象深刻的表述："在美国，加尔文主义显然没有美好的未来。"[94] 但值得关注的是，巴文克利用这些演讲来论证，美国不愿接受加尔文主义，但这并不会妨碍基督教信仰在那里的发展：上帝会建立自己的教会，而且向善的乐观精神不会将其拒之门外。美国的基督教不会沿着加尔文主义的方向发展，但巴文克认为，至少不应因此绝望。他每一次公开演讲，都以一个令人讶异、承认反方的观点作结。"在看到如此多的美善之后，我们就不会对之妄加指责。愿美国基督教依据自己的规律发展。上帝已然托付给美国崇高伟大的呼召。〔愿美国〕以自己的方式为此而奋斗。毕竟，加尔文主义并非唯一的真理！"[95] 在演讲开始，巴文克提出应观察，不要妄加评论；他也以同样的态度结束演讲：美国及其基督教不能因不接受加尔文主义而受轻视。荷兰改革宗大众靠着（新）加尔文主义成功满足了他们自身的需求而受到鼓舞，但巴文克的观点完全出乎他们的预想。哈林克对这句令人印象深刻的表述如此评论："巴文克常常以局内人

---

[94] *RD* 1:204.《改革宗教理学》第一版（1895 年）和第二版（1906 年）对这句话的修改意义重大。第一版如此表述："现今的日子似乎并不有利于改革宗神学的发展"（Het heden schijnt voor den bloei van de Geref. theologie niet gunstig ze tijn）。在修订的第二版中，巴文克如此写道："在那里〔美国〕，加尔文主义显然没有美好的未来"（Voor het Calvinisme is er de toekomst niet rooskleurig）。第一版的措辞给人的印象是，改革宗神学所面临的难题普遍存在，而非限于某个地方。在修订版中，巴文克的措辞偏好"加尔文主义"而非"改革宗神学"，并澄清这句论述特别应用于美国。见 *GD*^{1}, 1:139; *GD*^{2}, 1:206; *RD*, 1:204。

[95] Eglinton, "Herman Bavinck's 'My Journey to America,'" 191–92.

立场选择局外人的视角论述，让听众始料不及。这难免令人气恼：若顺着巴文克的思路思考，你永远无法理清自己的立场。"[96]

是否为旧约释经学而放弃《改革宗教理学》和《改革宗伦理学》？

在1892年教会联合之前，巴文克一直以自己基督教归正教会的教会立场为由，拒绝自由大学的一再邀请。在那些年间，他于1882年给菲利克斯的回复——"我爱自己的教会"——令人动容，也成为选择坎彭而放弃阿姆斯特丹的可被接受且高尚的理由。但十年之后，这样的理由已失去理据。分离者教会和哀恸者教会在当时至少在形式上已经同属一个宗派；故此，巴文克可以离开坎彭神学院，前往阿姆斯特丹自由大学，此举本质上并不背弃对荷兰地区归正众教会的忠诚。

既然如此，在教会联合之后，凯波尔抓住时机，设法将巴文克引进自由大学，也就不足为奇了。1893年10月底，巴文克再次接到自由大学的聘任邀请。更值得关注的是，这次提供的教席有关旧约释经学而非教理学，事实上他差点就接手这项新工作（同时放弃他正在进行的、耗时数载的教理学和伦理学研究）。魏司坚之前所拒绝的自由大学旧约教席，如今像个烫手山芋滚到了他朋友的手里。

截至1893年岁末，巴文克撰写卷帙浩繁的教理学和伦理学已近十年之久。在1890年，他的教学任务得以减轻，得以更专

---

[96] Harinck, "Land dat ons verwondert," 39. "Telkens weer zet Bavinck zijn publiek op het verkeerde been, door als binnenstander het buitenperspectief te kiezen. Dat heeft geleid tot irritaties: je weet bij Bavinck nooit precies waar je aan toe bent."

第八章 书写现代宗教改革（1889–1902） 315

注于这项研究。凯波尔这次向他发出聘任邀请时，巴文克的《改革宗教理学》第一卷即将结稿，他对满足那个时代需求的探索终于就要开花结果。尽管如此，他给凯波尔的最初回复可以看出，他愿意完全放下教理学研究，因为"我们须全力担负起旧约研究的任务，并且不知现在是否有其他合适人选。若有，我可立即退出。"[97]

巴文克在研究方向上即将进行惊人的调整。在私信中，他向凯波尔表示愿意接受聘任邀请，但难以立刻就任：巴文克在坎彭的租房合同到翌年夏季才期满，他也计划在那个时间之前完成《改革宗教理学》第一卷《神学绪论》。他决定改动第一卷，将其作为一份教理学手册单行本发行，而不是作为四卷本中的第一卷。[98]他对教理学的贡献也会随之止步于此。援引巴文克自己所言，此番变化是"舍己"之举。[99]他在给凯波尔的私人信件中写道：

> 但是，相比舍己，我更缺乏勇气。想到将要担负的重担，不禁惶惶然。从现在起，我只能鼓起勇气，投身于这项工作，因我深信这项任务必须由我们尽快完成，但目前尚无其他合适人选。我愿在此领域尽绵薄之力。显然，我在第一年无暇顾及其他事情，只能重新〔拾起旧约释经学〕研究，自从我到坎彭

---

[97] Bavinck to Kuyper, Kampen, October 30, 1893, quoted in Bremmer, *Herman Bavinck en zijn tijdgenoten*, 80. "De Oudtestamentische studiën onzerzijds met kracht moeten worden aangevat, en weet ik niemand, die daarvoor thans de aangewezen en tegelijk disponibele persoon zou zijn. Indien er zoo iemand ware, zou ik me terstond terugtrekken."

[98] 若此事果真发生，那么巴文克的《神学绪论》便会改动成如伯克富的以下著作一般：Louis Berkhof, *The History of Christian Doctrines* (Edinburgh: Banner of Truth, 1949)。

[99] Bremmer, *Herman Bavinck en zijn tijdgenoten*, 80–81.

> 后就再未涉猎这一领域。因此，在这条研究道路上，我将完全从头开始。[100]

当时巴文克三十八岁。虽然他多年来一直投身于教理学和伦理学研究，但是他教理学家的身份尚未借一部既成且有力的巨著来坐实。如果他确实想要放弃教理学家的身份，另选他途，那么这也许是他最后的机会。巴文克当时愿意将教理学留给他人去研究，或许也受到凯波尔即将面世的皇皇巨著《神圣神学的百科》的影响。这是一套三卷本的著作，基于凯波尔在自由大学十四年的授课内容，于1894年出版，阐述了改革宗神学的本质、历史、方法和未来。[101]

巴文克即将完稿的《教理学》第一卷，和凯波尔的《神圣神学的百科》有着惊人的相似性。在1893年，巴文克显然已经很了解凯波尔这部著作的内容。在邀请巴文克到阿姆斯特丹任职的那封信件中（1894年1月24日），凯波尔提到巴文克已经读完《神圣神学的百科》第一卷，并感谢后者对此书的赞赏。[102]（实际上，

---

[100] Bavinck to Kuyper, January 18, 1894, quoted in Bremmer, *Herman Bavinck en zijn tijdgenoten*, 80–81. "Meer echter dan aan zelfverloochening schort het me aan moed. Ik huiver voor het gewicht der taak die ik op me neem. Alleen de overtuiging, dat dit vak zoo spoedig mogelijk onzerzijds ter hand genomen moet worden, dat er op dit oogenblik geen ander persoon voor disponibel is, en dat misschien door mij op dit gebied nog iets goeds kan gedaan worden, geven me den noodigen moed om voortaan mijne kracht aan deze arbeid te wijden. Natuurlijk zal ik het eerste jaar niet veel meer kunnen doen, dan de studie weer ophalen, die ik sedert mijne komst alhier liggen liet. Ik zal dus zeer bescheiden en klein langs den weg moeten beginnen."

[101] Abraham Kuyper, *Encyclopedie der heilige godgeleerdheid*, 3 vols. (Amsterdam: J. A. Wormser, 1894). 四年之后，英译本面世，其中只包含了第一卷的导言和第二卷：*Encyclopedia of Sacred Theology: Its Principles* [vol. 2], trans. J. Hendrik de Vries (New York: Scribner, 1898)。

[102] Kuyper to Bavinck, January 24, 1894, quoted in Bremmer, *Herman Bavinck en zijn tijdgenoten*, 79–80.

巴文克在公开场合对《神圣神学的百科》并无微词。但在之后几年的课堂教学中，他对该著作进行了严谨细致的评析，常常表达出自己不满于凯波尔的方法论、推测性结论和基督教与非基督教学术研究相对立的陈述。）[103]

巴文克在给凯波尔的信件中，以相当诚敬的措辞表达了自己改而从事旧约释经学的意愿："我们一方"（即：基于新加尔文主义原则）的圣经研究至关重要，足以让巴文克放下教理学研究，尤其是因着自由大学尚无担任此岗位的其他人选。但是，他的这一态度也可能受到一些基本市场因素的影响。凯波尔在一个不协调的竞赛中，至少已抢先一步出版了教理神学的巨著。[104] 巴文克不可能完全忽视公众对他们研究相似性的看法。彼时《先锋报》上的一篇文章（直接以〈白费功夫〉为标题）写道："在坎彭的巴文克博士讲授**教理学**，在阿姆斯特丹的凯波尔博士讲授**神圣神学的百科**。〔他们〕将时间和精力投入了同一研究项目。"[105] 《神圣神学的百科》已经占据了巴文克所选的研究领域。鉴于当时情势进展，巴文克转向旧约研究也许会令人失望，不过对于正值盛年、在学术上可以重新开疆拓土的他而言，不失为有效的慰藉。

虽然巴文克已经决定移居阿姆斯特丹，但到目前为止，他一直在私下和凯波尔交流此事。[106] 他写信告诉魏司坚自己的决定。

---

[103] R. H. Bremmer, *Bavinck als dogmaticus* (Kampen: Kok, 1966), 37–45.
[104] 斯特林维弗（J. Stellingwerff）断言，在读到巴文克的《改革宗教理学》之前，凯波尔曾计划为《神圣神学的百科》取同样的书名。然而，斯特林维弗未提供文献佐证这一说法。J. Stellingwerff, *Kuyper en de VU* (Kampen: Kok, 1987), 176; cf. Dirk van Keulen, "Herman Bavinck's Reformed Ethics: Some Remarks about Unpublished Manuscripts in the Libraries of Amsterdam and Kampen," *Bavinck Review* 1 (2010): 43n60.
[105] "Krachtsverspilling," *De Heraut*, March 25, 1984. "Te Kampen Dr. Bavinck en te Amsterdam Dr. Kuyper Dogmatiek en Encyclopedie onderwijzen, en dus beiden hun tijd en kracht hebben te geven aan eenzelfde taak."
[106] 报纸上唯一一次提及此次聘任邀请的报道出现于 *De Gereformeerde Kerk*, March 15, 1894。这份报纸由自由大学前教授菲利普斯·雅各布斯·浩德莫克教授（Philippus Jacobus Hoedemaker）主编，他于1887年卸任。

从魏司坚的回信（1894年3月28日）可以看出，即便巴文克在私下接受了凯波尔的邀请，他对自己的选择依然举棋不定。

> 你问我对你移居阿姆斯特丹的看法，我感到难以回答，因为我对荷兰的形势并不了解，难作评判。此外，你已做出决定。我并不怀疑你在旧约研究领域也会取得卓越成就。现在的你风华正茂，有足够的时间扬名。但是，如果你将坎彭职位拱手让于极端分离派之人，这是否会是一大憾事？上周，我读到你的同事林德博姆的一篇演讲，我极为愤懑，甚至不禁自语道：如果坎彭的教学完全以此精神为导向，那么荷兰地区归正众教会的学术前景堪忧矣。以我之见，你的研究是唯一可与之抗衡的力量。从另一方面看，自由大学的确急需你加入，它显然需要一个更为坚实的基础。但是，自由大学若无凯波尔，恐难维系。[107]

魏司坚在信中指出，巴文克去阿姆斯特丹会给坎彭神学院带来明显的后果。荷兰地区归正众教会已经因着凯波尔及其对神学和神学教育的看法严重分裂：若巴文克不留在坎彭，在林德博姆带领下的反凯波尔的势力将会壮大，神学院与自由大学联合的前景定会日趋暗淡。魏司坚所指出的另一因素绝非猜测：自由大学仰赖凯波尔，如果他离世，自由大学眼见难以为继。在19世纪90年代初期，凯波尔是在竞争激烈的政治领域中积极奋斗的战士，是自由大学所有事务的灵魂，也是一直在新闻媒体上刊登文章的作者。他当时积劳成疾，这在他人生中并非第一次。1893

这篇文章批判了荷兰地区归正众教会内部的分裂，以及彼得勒斯·比斯特菲尔德（Petrus Biesterveld）在坎彭神学院的聘任，因后者缺乏科学性教育。文章简略提到自由大学再次向巴文克发出聘任邀请。

[107] Vos to Bavinck, Princeton, March 28, 1894, in *LGV*.

年冬天，凯波尔身染流感，病势严重。第二年夏天，他在比利时度假时，与死亡擦肩而过。（此后他不得不在法国和突尼斯休养，以恢复肺部功能。）[108] 凯波尔是自由大学唯一仰仗之人，但他因长期辛劳而身心交瘁。巴文克心仪的大学十分脆弱。

巴文克的确是因一个人的离世而改变了自己的最后决定，但此人并非是凯波尔。1894年初，坎彭年迈的教授赫勒尼纽斯·德考科离世，由彼得勒斯·比斯特菲尔德（Petrus Biesterveld, 1863-1908）接替其职。比斯特菲尔德是一位倍受尊敬的年轻牧者，深受凯波尔思想影响，他有希望成为巴文克的盟友。[109] 诚然，比斯特菲尔德就任，加之努尔德赞和卫兰赫的扶持，有可能极大地改变神学院内部的力量关系。在巴文克看来，与林德博姆长期对峙的局势现在发生了变化。在比斯特菲尔德就任前，坎彭神学院讲授的实践神学与自由大学不同，坎彭重视培养牧者而非神学科学人员。但是，比斯特菲尔德希望以凯波尔的《神圣神学的百科》的框架重构实践神学。[110] 巴文克与他联手可改变神学院的文化，并培养新一代的神学毕业学生。

与此同时，凯波尔希望巴文克在阿姆斯特丹任职之事得到教会的正式同意。然而如此一来，他就会处于波及全宗派之争论的中心，这是巴文克极力回避之事，所以他开始重新审度自己的立场。他先是设法拖延赴任，这致使凯波尔不得不催促他尽快做出承诺。几番尴尬的左右迂回之后，巴文克最后改变了决定。他在信中写道："抛下自己尚未完成的研究、转而投身一个全新领域，这番行动需要舍己，而我没有感到被呼召去如此行。……我深信

---

[108] Bratt, *Abraham Kuyper: Modern Calvinist, Christian Democrat*, 235.
[109] W. Bakker and H. Mulder, "Petrus Biesterveld," in *Biografisch lexicon voor de geschiedenis van het Nederlands protestantisme*, ed. D. Nauta, A. de Groot, J. van den Berg, O. J. de Jong, F. R. Knetsch, and G. H. M. Posthumus Meyjes (Kampen: Kok, 1988), 3:41–42; Harinck and Berkelaar, *Domineesfabriek*, 109–10.
[110] Harinck and Berkelaar, *Domineesfabriek*, 109.

找到接替我在坎彭教席之人并非易事。……半路中止强于在错中前行。"[111] 如以前一样，巴文克犹豫再三后，再次选择留在坎彭。更为重要的是，他主动放弃了在旧约释经学领域扬名立万的机会。当然，巴文克对自己教理学著作的研究投入从此永远不能回头了。巴文克笔下不再创作《教理学手册》。

初为人父

那年晚些时候，即 11 月 25 日，赫尔曼和游汉娜初为父母。他们的第一个孩子（也是唯一的孩子）游汉娜·赫兹娜（1894-1971）出生了，他们以赫尔曼的母亲和父亲的名字为她取名，但常称她汉妮（Hannie，有时将女儿名字写为 Hanny）。巴文克将女儿诞生的消息登在游汉娜家乡的地方报《新弗拉尔丁恩消息》（Nieuwe Vlaardingsche Courant）上[112]，同时也刊登在凯波尔创办的《旌旗报》和具有历史意义的分离派《号角报》上[113]；这两份报纸出生通告的读者群更广泛。甚至在发布女儿诞生通告之事上，巴文克都谨慎避开分裂的教会亚文化的困扰。那本遗失的日

---

[111] Bavinck to Hovy, May 21, 1895, quoted in Bremmer, *Herman Bavinck en zijn tijdgenoten*, 84. "Midden in dien arbeid af te breken en tot een geheel anderen kring van vakken over te gaan, eischt eene zelfverloochening waartoe ik niet kan zien, dat ik geroepen ben....En de leerstoel, dien ik hier bezet, zou naar mijn inzicht lang niet zoo gemakkelijk door een ander vervuld kunnen worden....Beter ten halve gekeerd dan ten heele gedwaald." 格里森的巴文克传记将巴文克最后一句话译作："Better half converted than totally lost"（与其完全失去，不如半路就回转）。这种直译并不准确，而且为这句普通的荷兰习语添加了一种特别信仰类的印象。见 Gleason, *Herman Bavinck*, 179。

[112] *Nieuwe Vlaardingsche Courant*, November 28, 1894.

[113] *De Standaard*, November 27, 1894; *De Standaard*, December 11, 1894; *De Bazuin*, November 30, 1894; *De Bazuin*, December 11, 1894.

记本记录了汉妮在出生后第一个主日的受洗："下午，我抱着我们的游汉娜·赫兹娜去受洗。"[114]

加尔文主义与未来

在 1894 年，巴文克在美国神学刊物《长老会和改革宗评述》上发表了一篇文章，对他于 1892 年在多伦多的演讲作了深入细致的反思，重点阐述了国内外加尔文主义的未来。[115] 自 19 世纪 70 年代以后，凯波尔所引领的运动在荷兰大获成功，然而巴文克看出凯波尔的支持者在荷兰社会中仍属少数群体。此外，他还看到旧的社会秩序（指 1848 年以前）早已成为历史。他坦承道：

> 一个加尔文主义国家，一个受宠的教会，以及改革宗信仰延伸到整个国家，无从谈起。然而，自从这些事情发生之后，情况已彻底改变。教会与国家、宗教和公民身份已永远分离。对上帝的不信已经渗透各阶级，并使很大部分人远离了基督教。不信的现象比比皆是，改革宗人士不会对这种令人震惊的现状视若无睹。他们不想、也不愿回到旧时那样。他们衷心地接受宗教和良心的自由，以及法律面前人人平等。作为时代的儿女，他们不会蔑视上帝在这个时代给予他们的美好事物；他们忘记背后之事，努力获得面前之物。他们争取进步，摆脱僵死的保守主义的致命怀抱，并像从前一样，成为每一个运动的领导者。[116]

---

[114] Hepp, *Dr. Herman Bavinck*, 209. "'S middags hield ik onze Johanna Geziena ten doop."
[115] Bavinck, "The Future of Calvinism."
[116] Bavinck, "The Future of Calvinism," 13. 中注：巴文克，〈加尔文主义的未来〉，69–70 页。

19 世纪 90 年代，巴文克认为一个正在世俗化、后基督之欧洲的出现，有利于基督教神学。基督教遇到了前所未有的挑战，需要正面阐释自身继续存在的价值；或者说，基督教从未要面对去证成自身对各个生活领域之贡献的需求。这一挑战表明基督教需要做一些新事，为基督教在历史进展的下一个新时期搭建舞台：巴文克坚信，如果基督教未来可期，那么它只能是一种在人类各个领域都彰显上帝荣耀的信仰。就基督教各个传统而言，加尔文主义具有整全性、民主性、勇于自我革新，最符合时代所需。故此，即使相较于后基督教群体、政治自由派、基督公教以及众多彼此竞争的基督新教宗派而言，加尔文主义处于少数群体地位，但是巴文克对加尔文主义的未来满怀希望。毕竟，正如在他文中提醒读者所说的，"大卫能战胜歌利亚"。[117]

诚如哈林克指出，在 19 世纪 90 年代中期，巴文克认为自己涉足多元主义的现代文化只是暂时所需。[118] 他无法想象一个充斥着彼此不兼容之世界观的公共领域，足以在存在和智识层面满足人，从而长久维系：当荷兰政府不能将自己支持的宗教强加于人民时，巴文克相信，荷兰人民很快就会选出自己心仪的宗教。故此，巴文克所生活的自由多元主义探索时代，"在他看来是一种空位期，一个新旧力量交替的时代。"[119] 在 19 世纪 90 年代，巴文克期待这一过渡时期会在众声喧哗中走向尾声，取而代之的是和谐之声，致使加尔文主义从现代晚期之探索灰烬中兴起。在同一年，巴文克在坎彭神学院发表院长演讲，后以《普遍恩

---

[117] Bavinck, "The Future of Calvinism," 20. 中注：巴文克，〈加尔文主义的未来〉，76 页。

[118] George Harinck, "The Religious Character of Modernism and the Modern Character of Religion: A Case Study of Herman Bavinck's Engagement with Modern Culture," *Scottish Bulletin of Evangelical Theology* 29, no. 1 (2011): 60–77.

[119] Harinck, "Religious Character of Modernism," 71.

典》为题发表。他在演讲中提出自己的信念：理性主义、荷兰现代文化的反超自然主义部分开始土崩瓦解。[120] 僵化的经验主义和唯物论给荷兰强加上毫无意义、冰冷无情、机械的世界观，而荷兰民众对此世界观越来越不满。经验主义和唯物论是加尔文主义最强劲的对手；它们无法俘获荷兰文化的想象（cultural imagination），现在开始偃旗息鼓。当时，巴文克并不讶异于这样的结果。他写道："加尔文主义是荷兰国族的宗教；把加尔文主义从我们身中夺走之人，也将剥夺我们的基督教信仰，并在我们当中为无信仰和革命预备了道路。"[121]

在人生的这一阶段，巴文克与 21 世纪的哲学家查尔斯·泰勒（Charles Taylor）颇为相似，勾画出一条重拾信仰的历史发展弧线。[122] 巴文克认为，在一个分崩离析、多元主义的时代，加尔文主义的长久性会远远胜过与其对立的众多现代思想，因为它能开启一条更幸福的"生活于世"之道。巴文克援引了奥古斯丁对"使用"（use）和"享有"（enjoyment）的区分。（根据奥古斯丁的观点，今世生活最美好的方式是**使用**被造物去**享有**它们的三一创造者，而不是期待被造物带来终极满足。）[123] 在此论述的基础上，他指出加尔文主义借其整体性，通过重构现代生活与上帝的关系来治愈现代生活的无序，在此过程中引导信徒的眼光超越今世、着眼于真正的幸福。巴文克坚信加尔文主义未来可期，因为它关注永恒胜于注目当下。

---

[120] Herman Bavinck, *De algemene genade* (Kampen: G. Ph. Zalsman, 1894), 36. 另见 Harinck, "Religious Character of Modernism," 71; James Bratt, "The Context of Herman Bavinck's Stone Lectures: Culture and Politics in 1908," *The Bavinck Review* 1 (2010): 13–14.

[121] Bavinck, "Future of Calvinism," 14. 中注：巴文克，〈加尔文主义的未来〉，70 页。

[122] Charles Taylor, *A Secular Age* (Cambridge, MA: Harvard University Press, 2007), 711–27.

[123] Augustine, *On Christian Teaching*, trans. R. P. H. Green (Oxford: Oxford University Press, 1997), 8–10.

> 加尔文主义者在所有事情上都回归到上帝；除非追溯到上帝主权性的美好旨意，以之为万事最终和最根本的原因，不然他们就不会满足。他们从不因事物的表象而失去方向，而是洞察它们的真实。在现象（phenomena）背后，他们寻找的是生出可见之物的那不可见的实质（noumena）。他们并非驻足于历史之中，而是在时间之外升到永恒的高度。……加尔文主义者无法在这些属世事物和正在生成、变化、将永远消逝之物的领域中，为自己的内心、思想、生活找到安息。……他没有留在圣殿的外院，而是试图进入最里面的至圣所。他从永恒的角度（sub specie aeternitatis）看待一切。[124]

[在同一篇文章中，巴文克对比了加尔文主义的"神秘主义之深层特质"与自由派基督新教带来的"属世基督教"，因后者未能从永恒的视角重塑今生的生活。迈克尔·安伦（Michael Allen）和汉斯·波尔斯玛（Hans Boersma）在他们的著作中，以夸张讽刺的笔调描绘了新加尔文主义传统，尤其是巴文克，将他形容为"今世的"、"非属灵的"、"抛弃荣福直观"，与具有浓厚神秘主义思想的凯波尔形成反差。但是这些描述既不熟悉巴文克的生平，对他的著作也知之甚少。][125]

除了加尔文主义，另一条道路就是让荷兰文化永远"迷失于物象"（lost in things）——巴文克认为这样的结局显然会令人大失所望，以至于荷兰人民定然会规避之。"荷兰人民要么是加

---

[124] Bavinck, "Future of Calvinism," 4–5. 中注：巴文克，〈加尔文主义的未来〉，61 页。
[125] Bavinck, "Future of Calvinism," 20. Cf. Michael Allen, *Grounded in Heaven: Recentering Christian Hope and Life on God* (Grand Rapids: Eerdmans, 2018), 22–23; Hans Boersma, *Seeing God: The Beatific Vision in Christian Tradition* (Grand Rapids: Eerdmans, 2018), 315–53.

尔文主义者，要么弃绝一个基督教国族。从长远来看，这两个选择是绝对必然的，杜绝任何混合性或中介性特点。"[126] 在人生的后半段，巴文克会意识到荷兰仍然处在过渡期。他的同胞更愿容忍多元主义和众声喧哗，这与他最初的预想并不一致。荷兰仍是一个国族，但不再是一个基督教国家（这对19世纪90年代的巴文克而言，似乎难以想象）。当认识到这一点后，他后来在公共领域的努力就不再捍卫加尔文主义，而是更广泛地宣扬基督教，并且他在阿姆斯特丹时期的（许多）著作也与之前的大为不同。但就当时而言，加尔文主义蒸蒸日上，巴文克正全力以赴地推动其发展。

紧张不断

林德博姆和凯波尔就神学性质的看法长久以来就截然相反。林德博姆认为神学是教会的一项职责，并不需要科学性大学。[127] 与其形成鲜明对比的是，凯波尔将科学性神学视为一份学术事业，认为它与教会生活仅间接相关。在19世纪90年代中期，巴文克似乎一直努力争取一个中间立场。他赞同凯波尔的观点，认为神学和其他科学紧密相关，而且其他科学也应基督教化。尽管如此，他对凯波尔在《神圣神学的百科》中将科学神学与教会分离的观点深感不安。[128] 巴文克认为神学应与学术界和教会紧密连

---

[126] Bavinck, "Future of Calvinism," 14. 中注：巴文克，〈加尔文主义的未来〉，70页。

[127] Lucas Lindeboom, *Bewaart het pand u toebetrouwd, of de geruststelling in "Opleiding en theologie" onderzocht en gewogen* (Kampen: Zalsman, 1896).

[128] 哈林克和贝尔克拉认为，这个分歧致使巴文克于1894年做出决定，继续研究他的教理学，而非成为旧约释经学者。见 *Domineesfabriek*, 113。

接[129]，并期望一个理想，就是坎彭神学院能依附于自由大学的神学院系。[130]

如本书前章所述，数十年来，坎彭神学院一直处于现代化进程中，并意识到自己需要提升。在自由大学再次对巴文克（1894）发出聘任邀请之后，神学院理事会让巴文克和林德博姆为神学院教育的发展出谋献策。巴文克的愿景是让神学院的预备课程迁移到一所新的文科中学，并将考核神学生的职责从学校理事会转至教学人员。林德博姆在这两方面的建议与巴文克完全相反。林德博姆认为整个坎彭神学教育应在同一屋檐下开展，并且教学效果应由教会人员评价，而非学者。

当巴文克与林德博姆提出针尖对麦芒般的建言时，凯波尔那边也陷入了神学争论。在1894年为《海德堡要理问答》的注疏《追随多特会议精神》（*E Voto Dordraceno*）中，他倡导永远称义的教义。[131]（根据这一教义，自亘古永恒开始，被拣选者就已在上帝那里为义，并在他们今世一生中，被上帝视为义，甚至在悔改或归信前就如此。）截至那个时候，这个观点在改革宗神学历史中被普遍视作异类，并致使围绕凯波尔的争议变得越发激烈：甚至被视为盟友的巴文克，也无法在这一点上与他步调一致。[132] 凯波尔之后屡屡采取异于常理的教义立场，而巴文克也多次不得不公开表示反对。

---

[129] Maarten Noordtzij, Douwe Klazes Wielenga, Herman Bavinck, and Petrus Biesterveld, *Opleiding en theologie* (Kampen: Kok, 1896).

[130] Harinck and Berkelaar, *Domineesfabriek*, 111.

[131] Abraham Kuyper, *E Voto Dordraceno* (Kampen: Kok, 1894), 2:333. Cf. Gerrit Berkouwer, *Faith and Justification* (Grand Rapids: Eerdmans, 1954), 144.

[132] Bavinck, *RD*, 4:216.

新作问世：《改革宗教理学》和《圣经新译本》

1895年，就是公开宣布巴文克加入凯波尔和拉特赫斯的团队、准备合力推出新译本荷文圣经五年后，他们这项依托众筹资金的项目终将完成。[133] 凯波尔显然对这一新版圣经寄予厚望：在《先锋报》上，他倡议该圣经译本能成为荷兰地区归正众教会的通用圣经。[134] 然而，他这一宏愿未能实现。《圣经新译本》第一版以大开本发行，包含了由巴文克、凯波尔和拉特赫斯提供的互文研究的参考和评注。此外，这一版还配有精选的地图和圣经文物古迹图片，均由杨·沃尔切绘制。但是，这些插图引发了神学争议：虽然当时的荷兰加尔文主义者显然并非总是厌恶图像，可是一些信徒并不接受在圣经中插入图片。凯波尔原本希望大开本的圣经能成为家家必备、讲台必用的圣经，而结果却是该译本未得到广泛采用。[135] 在1896年发行的小开本、不含插图圣经译本更受欢迎。尽管如此，《圣经新译本》不能取代荷兰归正信徒信仰观念中的官方版圣经（*Statenvertaling*）。（直到1904年，凯波尔甚至采用分期付款和订阅销售的方式推广《圣经新译本》，但终未达其夙愿。）[136]

---

[133] Herman Bavinck, Abraham Kuyper, and Frederik Rutgers, ed. and trans., *Biblia dat is de gansche Heilige Schrifture bevattende alle de kanonieke boeken des Ouden en des Nieuwen Testaments: Naar de uitgave der Statenoverzetting in 1657 bij de Weduwe Paulus Aertsz van Ravesteyn uitgekomen, in de thans gangbare taal overgebracht door Dr. A. Kuyper onder medewerking van Dr. H. Bavinck en Dr. F. L. Rutgers; Met volledige kantteekeningen, inhoudsopgaven, platen, kaarten, enz.* (Middelharnis: Flakkeesche Boekdrukkerij, 1895).
[134] *De Heraut*, September 8, 1895.
[135] Tjitze Kuipers, *Abraham Kuyper: An Annotated Bibliography, 1857–2010* (Leiden: Brill, 2011), 253.
[136] Kuipers, *Abraham Kuyper: An Annotated Bibliography*, 288.

同年，巴文克完成了另一耗时漫长的写作项目——《改革宗教理学》第一卷（共 531 页）。[137] 与《圣经新译本》不同，该作产生了广泛影响。巴文克在简短的前言中[138]，阐明了自己智识的投身和追求：与 1881 年为《更纯正神学之总览》所写的前言同音共律，这本新作是一项为满足自己时代之需的大胆探索。他写道："仅因其古而厚古（To praise the old simply because it is old），这既不为改革宗所乐见，也不被基督教所称道。教理学不是描述〔曾经〕如何，而是注目〔当下〕如何。它根植于过去，但为未来效力。"[139] 发新声、立新说的时机已经成熟。

在那个时代，19 世纪晚期推出教理神学新作的荷兰神学家当然并不只有巴文克一人。在凯波尔的鸿篇巨制《神圣神学的百科》之余，那个时代还见证了其他教理学新作的面世；这些作者包括：拉默斯[140]、范奥斯特泽[141]、道班顿[142] 和穆勒[143]。其中最重要的当属穆勒，他的《教理学指南》也于 1895 年出版，并旨在

---

[137] Bavinck, *GD*¹, vol. 1 (Kampen: J. H. Bos, 1895).

[138] Herman Bavinck, "Foreword to the First Edition (Volume 1) of the Gereformeerde Dogmatiek," trans. John Bolt, *Calvin Theological Journal* 45, no. 1 (2010): 9–10.

[139] Bavinck, *GD*¹, 1:iv. "Het oude te loven alleen omdat het oud is, is noch gereformeerd noch christelijk. En dogmatiek beschrift niet wat gegolden heeft, maar wat gelden moet. Zij wortelt in het verleden, maar arbeidt voor de toekomst."

[140] G. H. Lamers, *Een woord over dogmatische theologie en dogmatiek* (Amsterdam: W. H. Kirberger, 1876); Lamers, *De leer van het geloofsleven* (Amsterdam: W. H. Kirberger, 1877); Lamers, *De toekomst van de dogmatiek* (Amsterdam: W. H. Kirberger, 1878).

[141] J. J. van Oosterzee, *Christelijke dogmatiek: Een handbook voor academisch onderwijs en eigen oefening* (Utrecht: Kemink, 1876).

[142] F. E. Daubanton, *Confessie en dogmatiek* (Amsterdam: F. W. Egeling, 1891).

[143] P. J. Muller, *Handboek der dogmatiek*, 2nd ed. (Groningen: Wolters, 1908).

加固（主流的）荷兰改革宗教会的教理学实践。虽然穆勒的著作在他的宗派中颇具影响力，并在1908年重印，但其所含的抱负和最终的影响较之巴文克的著作便相形见绌：穆勒的单行本手册共296页，内容包括上帝的教义、基督论和圣灵论；相比之下，巴文克的四卷本巨著多达2875页。（他后来在阿姆斯特丹工作时，对该作进行了修订和增补，因而比之前的版本更为厚重。）巴文克已然对凯波尔的现代改革运动提供了鼎力支持。

巴文克确信自己的著作将会在教理学这个特定书市上脱颖而出。在与博斯（Bos）出版社达成协议之前，他曾向六家出版社致函，询问他们准备支付自己多少稿酬。其中一位出版商的侄子在给一位坎彭神学院学生的信中抱怨道："我们报价实际上特别高；如果我告诉你们所有出版条款，你们会发现付给巴文克的总额之大，令人乍舌。巴文克不会将出版权卖给〔博斯出版社〕。他只给了五年的出版权限，在此期间出售作者签名的800册。五年后，作者有权更新版权合约条件，重新出租版权。事情就是这样！最后，我们不再想和这位伟大的教授打交道。"[144] 巴文克十分确信，《改革宗教理学》在自己有生之年难有能与之比肩之作。他满怀期待这部著作会大获成功。

---

[144] Quoted in George Harinck, "'Eén uur lang is het hier brandend licht en warm geweest': Bavinck en Kampen," in *Ontmoetingen met Bavinck*, ed. George Harinck and Gerrit Neven (Barneveld: De Vuurbaak, 2006), 115. "Ons bod was feitelijk te hoog; als ik je de condities zeg, zul je verstomd staan over de hooge som. Het werk wordt niet verkocht [aan Bos], maar verhuurd voor het tijdvak van 5 jaar gedurende hetwelk men 800 exemplaren mag verkoopen die door den auteur worden geteekend. Na 5 jaar heeft de Schrijver het recht opnieuwe condities te stellen en opnieuw te verhuren. Voila! Enfin, we hopen ons zonder den grooten professor te redden."

巴文克的《改革宗教理学》与凯波尔的《神圣神学的百科》

巴文克《改革宗教理学》第一卷的出版，潜在地令他与凯波尔的关系自然变得更加尴尬。毕竟，凯波尔曾敦促巴文克从教理学转向旧约释经研究，但巴文克拒绝了。同时，他依旧在声望渐隆的《神圣神学的百科》所属的领域躬耕不辍：如今，在相同的神学领域中，他的新作又开始与凯波尔自许的代表作互争雄长。雪上加霜的是，一些诋毁凯波尔的人，很快借巴文克著作来攻击。1895年6月发表在《号角报》上的一篇文章谈及一位凯波尔的批判者，他称赞巴文克《改革宗教理学》第一卷在实际意义上具有**神学性**；相比之下，凯波尔的《神圣神学的百科》更像思辨性的哲学著作。（尽管凯波尔极力推动基督教哲学，但也不会将以上书评理解为对他的赞美之辞。）这位批判凯波尔之人也赞赏巴文克著作极高的文学特性，是一份亲手所写的原创作品，而凯波尔《神圣神学的百科》乃他学生的课堂讲义整理而成，行文相对而言并不流畅。[145]

凯波尔对此质疑并未漠然置之。巴文克《改革宗教理学》第一卷出版两周后，凯波尔创办的《先锋报》上刊登了一篇文章，主张巴文克的《改革宗教理学》和《神圣神学的百科》相辅相成，因为二者都完全根植于对改革宗原则的相同委身。（饶有趣味的是，巴文克在坎彭课堂上对《神圣神学的百科》的最初评价，正是从原则的视角批判凯波尔。）[146]《先锋报》的这篇文章还指出巴文克和凯波尔的著作"一样立意高远"，同时也认为凡读过这两部著作的读者都会得出结论，"两位作者的观点相合"。[147]现在，似乎是凯波尔而非巴文克，感到这一研究领域变得拥挤起

---

[145] "Om reden," *De Bazuin*, October 6, 1895.
[146] Bremmer, *Bavinck als dogmaticus*, 37–45.
[147] "Bavinck's Dogmatiek," *De Heraut*, June 16, 1895. "Deze twee mannen zijn het eens."

来。这篇文章的结尾论道:"这本《改革宗教理学》亦是可能犯错之人的作品,书中缺点在所难免。但尽管如此,我们不会对其细究深挖。"¹⁴⁸ 巴文克相对凯波尔保持了一定程度的智识独立(intellectual independence),这个事实二人都了然于心。同时,凯波尔深知巴文克是他在教会和学术界的重要盟友。若向公众道明二人差异,对他并无任何益处。¹⁴⁹

坎彭冲突不断,阿姆斯特丹矛盾升级

1895 年岁末,林德博姆在坎彭神学院的周年庆典上发表演讲,猛烈抨击凯波尔及其支持者。在他看来,对凯波尔和巴文克从前拜倒在莱顿神学家脚下的指控,应让他们抱愧蒙羞:因视神学为独立科学,两人将神学世俗化,最终神学将变为一具空壳。林德博姆的疾呼是一种先发制人的以迦博(Ichabod):坎彭的荣耀很快就要离开了。林德博姆论道:"像凯波尔和拉特赫斯之流怎么可能没有看到,神圣神学已经离开了'自己的院宇'?更令人不齿的是,一些分离派信徒,他们成长于自由教会和学校,却似乎对这样的罪恶和危害置若罔闻。难道这也是今世、不敬虔的文科中学和大学对教会及其后裔的影响吗?难道这种〔自由〕大学观念能嫁接至**改革宗的根茎**上吗?"¹⁵⁰ 在 1895 年到 1896 年

---

[148] "Bavinck's Dogmatiek," *De Heraut*, June 16, 1895. "Evenals de Encyclopaedie is ook deze Dogmatiek het werk van een feilbaar mensch; menschelijk gebrek er aanklevend. Toch zullen we hier niet op ingaan."
[149] 对此进一步讨论,尤其关于凯波尔私下试图阐述《神圣神学的百科》和《改革宗教理学》之间的差异,见 Bremmer, *Bavinck als dogmaticus*, 25。
[150] Lucas Lindeboom, *Godgeleerden* (Heusden: A Gezelle Meerburg, 1894), 74. "Hoe is het mogelijk dat mannen als Dr. KUYPER en RUTGERS niet inzien, dat de S.S. Theologia Aldus 'hare eigene woonstede' verlaten heeft? Nog erger is het, dat mannen uit de Afscheiding, uit de Vri-

间，他们的辩论在《号角报》上随处可见。林德博姆的言辞越发挑衅尖锐：在1896年春季的一个专栏里，他公开谴责巴文克的提议，认为这项提议会使坎彭神学院的工作退化败落（verbastering），而非日渐改善（verbetering）。[151]

与此同时，巴文克在自由大学两败俱伤的内讧争执中越卷越深。在自由大学，凯波尔和法学家亚历山大·德·萨沃宁·洛曼（Alexander de Savornin Lohman, 1837–1924）之间的矛盾已经蓄势很久。在抗革命党初建、自由大学初设、《旌旗报》创刊之时，洛曼是凯波尔的关键盟友。但是到19世纪90年代，二人的友谊变得紧张起来。与巴文克一样，洛曼是一位谨慎而具归纳性的思想家，对凯波尔怀有批判的看法。在人生这一阶段，巴文克在公开场合对凯波尔的姿态十分顺从：他只在私下批判凯波尔，在公开场合批判也是不得已而为之。[152] 洛曼与巴文克不同：他与凯波尔年龄相当，同样自信，而且他在智识上的独立性致使他与凯波尔的冲突难免。洛曼对凯波尔有公开的批判；而在凯波尔看来，这些批评在政治上和神学上都存在问题。凯波尔的宏伟计划力求借着将"归正原则"应用于自由大学各院系（包括法学院）来使它们基督教化。尽管如此，这些原则是否按着圣经就可以清楚辨明，运用这些原则能否会使自由大学的法律研究独具特色，洛曼对此表示怀疑。[153]

---

je Kerk en School afkomstig, ook al blind schijnen te zijn voor deze zonde en dit gevaar. Is het mede de invloed van de wereldsche, ongoddelijke, gymnasia en universiteiten op de Gemeente en haar zaad? Of is die universiteitsidee op Geref. wortel over te planten?"

[151] Lucas Lindeboom, "Ingezonden," *De Bazuin*, March 13, 1896.

[152] 如见 Vos to Bavinck, Princeton, December 22, 1895, in *LGV*。巴文克在写给凯波尔的信中直接表达了对《神圣神学的百科》第二卷的批判，而非在私下如此表达。见 Bavinck to Kuyper, October 29, 1894, quoted in Bremmer, *Bavinck als dogmaticus*, 24.

[153] Arie Theodorus van Deursen, *The Distinctive Character of the Free University in Amsterdam, 1880–2005* (Grand Rapids: Eerdmans, 2008), 51–58.

第八章 书写现代宗教改革（1889–1902） 333

　　随着以上神学分歧，凯波尔和洛曼就政治也开始公开争论。当时，只有部分男性公民拥有投票权（如在 1890 年，二十三岁及以上有投票权的男性只占总人口的 14%）。凯波尔支持自由联盟党政治家约翰·塔克·范波特弗利特（Johannes Tak van Poortvliet）扩大投票权人口比例的工作，但是洛曼对大众民主和现代政治党派不大感兴趣。他的理想恰恰聚焦于由富有仁爱之心的专业阶层掌握政权。这个观点无法与凯波尔的民主价值调和。借着吸引"小民"（little people），凯波尔抵制德·萨沃宁·洛曼这类有"双重姓名"的人。[154] 此种政治愿景分歧也危及凯波尔在抗革命党中的领导地位：凯波尔是该党主席，洛曼是下议院的抗革命党团体的主席。此外，洛曼也担任报纸《荷兰人报》（De Nederlander）的编辑；该报也是基督教报纸，与《旌旗报》互争雄长。[155]

　　正因这些缘故，洛曼继续就职自由大学一事，已然成为凯波尔的心头刺。秉持上述观念的教授如何在自由大学继续教学，公众对此问题的确颇为关注：洛曼的问题成为 1895 年改革宗高等教育协会（Vereeniging voor Hooger Onderwijs op Gereformeerden Grondslag）年会的热点话题，而这次会议吸引了两千人前来参加。年会在斯海弗宁恩（Scheveningen）的塞恩波斯特（Seinpost）酒店举行。年会成立了调查委员会，意在审查洛曼对自由大学的批评。经洛曼同意，委员会主席由公认秉公正直的赫尔曼·巴文克担任。[156] 然而，凯波尔想要的绝非开放式对话。对他而言，调查委员会提供了一个解除洛曼职务的契机。虽然洛曼信任巴文克可以专业地领导调查委员会，但是凯波尔事先已和巴文克通气，

---

[154] Bratt, *Abraham Kuyper: Modern Calvinist, Christian Democrat*, 233.
[155] Bremmer, *Herman Bavinck en zijn tijdgenoten*, 92; Bratt, *Abraham Kuyper: Modern Calvinist, Christian Democrat*, 234; van Deursen, *Distinctive Character of the Free University*, 50.
[156] *De Standaard*, June 28, 1895.

并且巴文克从始至终都让凯波尔知悉调查委员会的内部工作。[157]有巴文克作为内应，凯波尔扳倒了洛曼，后者从他教授席位上被"光荣解聘"。[158]（值得一提的是，在塞恩波斯特丑闻之后，巴文克和洛曼仍有友好的书信往来。洛曼似乎确实没有意识到，巴文克作为主席并未采取中立的立场而行。）

洛曼教授遭到解聘之事引发了接二连三的重大后果：同在自由大学讲授法律的洛曼之子维图斯·亨德里克（Witius Hendrik, 1864–1932）离职；维图斯的岳父威廉·霍威（Willem Hovy）辞去董事一职，他经营一家大型啤酒厂，也是基督徒慈善家。[159] 在此之余，塞恩波斯特最终导致荷兰抗革命党基督徒政治事务的分裂：洛曼脱离抗革命党后，成立了独立于该党的新政党——基督教历史联盟（Christelijk Historische Unie）。直到 1980 年，这两个群体才重新联合，创建了基督教民主呼吁会（Christen-Democratisch Appèl）。因着这些不太光彩的原因，巴文克在塞恩波斯特丑闻中的所作所为，塑造了下个世纪数十年的荷兰国族政治形态。

在考量这次明显的暗箱操作行径时，格里森将巴文克的所作所为描述为"难以理解"。[160] 虽然巴文克辜负了洛曼的信任是不争的事实，但是从凯波尔在 19 世纪 90 年代的影响力来看，巴文克的举动至少能得到一些解释。对凯波尔在那些年生活的解释有两种走向：一些人认为，凯波尔在那些年是一位步步高升但不择手段的机会主义者，他在争取领导权的道路上铲除自己的竞争者；

---

[157] 有关"塞恩波斯特丑闻"，见 Bremmer, *Herman Bavinck en zijn tijdgenoten*, 91–108; van Deursen, *Distinctive Character of the Free University*, 52–53; Gleason, *Herman Bavinck*, 206–24; Hepp, *Dr. Herman Bavinck*, 239。

[158] A. F. de Savornin Lohman, *De correspondentie over mijn ontslag als hoogleeraar aan de Vrije Universiteit* (Utrecht: Kemink, 1896).

[159] "De Heer Hovy over Mr Lohman's afscheid van de Vrije Universiteit," *De Tijd*, October 22, 1895.

[160] Gleason, *Herman Bavinck*, 223.

而另外一些人以更正面的意义，描述了他如何以加尔文主义的立场赋权于民，且同时打击了贵族精英。[161] 这两种解释路线难以完全割裂，尤其是因为每种解释都有其道理。按照这两种解释，洛曼对凯波尔而言就是一个难题：他在政治领域是凯波尔的公开对手，并且作为一位基督徒知识分子，将加尔文主义与贵族阶层相联。

在凯波尔处于领导地位的这段时期，巴文克的生活大量地投入到了凯波尔的宏图大业：十多年来，凯波尔对教会、神学和政治的愿景激活了巴文克的活力和才华。巴文克的工作在凯波尔主导的领域里被微妙地平衡。如本书之前所述，巴文克和凯波尔都相信，荷兰作为一个基督教国族的未来，取决于新加尔文主义的进展。从外在现象来看，洛曼对新加尔文主义的存在造成了威胁（因而威胁着位于新加尔文主义中心的这所现代基督教大学）；洛曼也威胁了基层民众反对精英阶层的政治，而依赖此种政治会带来现代改革；他甚至威胁着荷兰作为一个基督教国族的未来。正因如此，巴文克甘愿与凯波尔同谋，将洛曼免职。无论是善意还是恶意，巴文克都极大地被凯波尔所左右。

幼弟亡故

从巴文克 1890 年之后的日记可看出，他的幼弟约翰一直在与病患斗争。1895 年，约翰在撰写博士论文（题为〈加尔文主义的国家学说〉）时染上了肺结核。杨·巴文克在自传中讲述了约翰第一次咳血以及后来健康每况愈下的情形："一天晚上我回家，他咳出了点血。从那时开始，他深受病痛之苦，唾液四流。不管我们如何照顾他，不管我们如何求医问药，都无济于事。"[162]

---

[161] Bratt, *Abraham Kuyper: Modern Calvinist, Christian Democrat*, 233–34.
[162] Jan Bavinck, "Een korte schets van mijn leven," unpublished, hand-

在赫尔曼的那本已遗失地日记本中,写于 1896 年圣诞节的那则日记记录了弟弟的离世。"**12 月 26 日,圣诞节的第二天,周六。我们亲爱的约翰从 9 月 8 日周天晚上在比斯特菲尔德家中开始吐血之后,今天凌晨 1:30 去世,时年二十四岁三个月(1872 年 9 月 25 日至 1896 年 12 月 26 日)。**"[163]

在当天的《号角报》上,巴文克一家刊出了讣告。

> 今晨,在忍受长期病痛折磨之后,我们深爱的幼子、我们亲爱的弟兄、法律和国政科学(Science of Law and the State)博士候选人,约翰内斯·赫里特·巴文克,怀着永生的希望离世,时年二十四岁。
>
> 杨·巴文克　赫兹娜·巴文克－霍兰
> 赫尔曼·巴文克　游汉娜·巴文克－席佩斯
> 昆拉德·伯纳德·巴文克　赫里耶·巴文克－布沃斯
> 贝伦迪努斯·巴文克
>
> 泣告于坎彭
> 1896 年 12 月 26 日[164]

---

written autobiography, n.d., HBA, folder 445, p. 71. "Op zekeren avond te huis komende, gaf hij een weinig bloed op, en van dien tijd afaan begon hij te sukkelen en te kwijnen. Wat wij ook deden tot zijn behoud en welke middelen wij ook aanwenden tot zijn herstel, niets mocht baten."

[163] Hepp, *Dr. Herman Bavinck*, 238. "26 Dec., 2de Kerstdag, Zaterdag. Onze lieve Johan, die op Zondag 8 Sept. 1895 ten huize van Biesterveld 's avonds een bloedspuwing kreeg, is 's morgens half twee overleden, 24 jaar en 3 maanden oud (25 Sept. '72–26 Dec. '96)."

[164] *De Standaard*, December 31, 1896. "Hedenmorgen overleed, na een langdurig en geduldig lijden, in de hope des eeuwigen leven, onze geliefde jongste Zoon en Broeder JOHANNES GERRIT BAVINCK, Docts. in de rechts- en staatswetenschap, in den ouderdom van ruim 24 jaren. J. BAVINCK. G.M. BAVINCK-HOLLAND. H. BAVINCK. J.A. BAVINCK-SCHIPPERS. C.B. BAVINCK. G. BAVINCK-BOUWES. B.J.F BAVINCK. *Kampen*, 26 Dec. 1896."

第八章 书写现代宗教改革（1889–1902） 337

约翰内斯的去世对巴文克一家是一次沉痛的打击。他的父亲写道："我们失去了一个前程似锦、深爱的儿子，一位心爱的弟兄。我们每位家人都沉痛万分，万分不舍。"[165] 不久，赫尔曼也把约翰内斯去世的消息告诉了凯波尔。

> 约翰是我们家最小的一位兄弟。我们都深爱他，对他寄予厚望，也相信他会为教会和国家做出贡献。约翰谦逊质朴、天资聪颖且才思过人，甚至我们感到他定是上帝给我们和我们父母的荣耀赏赐。但是上帝将他赐给我们，也将他带走；无论赏赐还是收取，都愿祂的名得着称赞。……约翰并不十分确信〔自己的救恩〕；他经受诸多挑战，有时灵里黑暗，但是他的心仰望我们的主，将自己完全交托于上帝白白的恩典。约翰不知别的，只知耶稣基督并祂钉十字架。所以，约翰先我们而去，前往一个更美家乡。[166]

---

[165] Jan Bavinck, "Een korte schets van mijn leven," 72. "Wij verloren in hem een dierbaren en veelbelovenden zoon en een innig geliefden broeder. Wij waren dan ook allen bitterlijk bedroefd; wij hadden hem zoo gaarne behouden."

[166] Bavinck to Kuyper, January 11, 1897, quoted in Bremmer, *Herman Bavinck en zijn tijdgenoten*, 109. "Johan was onze jongste broeder; wij hadden hem allen zoo lief en wij hadden zoo goede verwachting van hem voor kerk en vaderland. Hij had zulk een bescheiden, eenvouding karakter en toch ook zulke kostelijke gaven des verstands en des geestes, dat wij meenden, dat de Heere aan mijne ouders en aan ons in hem een heerlijke gave had geschonken. Maar de Heere heeft gegeven, Hij heeft ook genomen en in beide zij zijn Naam geloofd....Hij was niet ten volle verzekerd voor zichzelf, hij stond aan veel bestrijding bloot, en soms was het donker in zijne ziel. Maar toch ging zijn hart naar den Heere uit, Hij verliet zich op Gods vrije genade; hij wilde van niets weten dan van Jezus Christus en Dien gekruisigd; en zoo is hij heengegaan, ons vooruit, naar een beter vaderland."

赫尔曼在四十二岁时,已经经历了两位姐妹和两位弟弟的离世:迪娜(1851–1864)、弗米亚(1858–1866)、卡尔(1862–1862)和约翰(1872–1896)。现在他在三位弟兄中最年长。其中一位弟弟迪努斯开始着手博士论文,研究二十年来荷兰的肺结核死亡率,直至约翰离世那个时期。[167] 巴文克家三兄弟的博士论文涉及神学、法律和医学,其中两篇完成,但另外一篇永远就此停笔。这三篇论文以奇特的方式彼此紧密关联。

硕果累累的岁月:教理学、心理学和伦理学

此后的时期,即从 1897 年到 1901 年,成为巴文克生涯极其多产的阶段。他的《改革宗教理学》第二卷(共 571 页)在 1897 年出版,第三卷(共 572 页)和第四卷(共 590 页)分别在 1898 和 1901 年出版。[168] 在第二卷出版时,凯波尔发表了书评,对巴文克赞赏不已,同时批评了主流荷兰改革宗教会中彼时最好的作品——穆勒的《教理学指南》。"巴文克专著甫一面世,曾为教授的穆勒所著的《教理学指南》只能相形见绌,抱愧〔退去〕。巴文克的专著是**真正的**教理学。该作沉博绝丽,结构清晰,对于和他相左观点,也未用任何尖刻之语。"[169] 在那些年间,除了忙

---

[167] Berendinus Johannes Femia Bavinck, *De sterfte aan tuberculosis pulmonum in Nederland (1875–1895)* (Kampen: J. H. Bos, 1897). 我感谢德克·范凯伦(Dirk van Keulen)在这里提供的建议。

[168] Herman Bavinck, *GD¹*, vol. 2 (Kampen: J. H. Bos, 1897); *GD¹*, vol. 3 (Kampen: J. H. Bos, 1898); *GD¹*, vol. 4 (Kampen: J. H. Bos, 1901).

[169] *De Heraut*, September 19, 1897. "Wat de gewezen hoogleeraar Muller als Dogmatiek uitgaf, kroop terstond na de verschijning uit schaamte onder den banken weg. Doch hier is nu een *wezenlijke* Dogmatiek, rijp en voldragen, klaar in den vorm, en aan alle bitterheid tegen afwijkende opiniën gespeend." 强调为原文所有。

于其他事务，巴文克同时还给国内外知名期刊投稿[170]，为马太·亨利《圣经注释》的荷文译著写序[171]，在地方和国家报纸上发表许多文章。在 19 世纪 90 年代后期，巴文克在报纸上所刊文章数量的确蔚为壮观，因此他完成《改革宗教理学》不久便被任命为《号角报》的编辑。

巴文克在准备《改革宗教理学》第二卷期间，于 1897 年出版了一本重要著作——《心理学原理》（共 208 页）。[172]《改革宗教理学》和《改革宗伦理学》耗时数载，卷帙浩繁；但在这两套著作写作过程中，甚至在写《改革宗教理学》的中途，他优先推出一本心理学专著，这也许出乎众人意料。在为神学专著忙得目不交睫的阶段，巴文克为何停笔《改革宗教理学》，转而探索人的心思生活（the life of the mind）？回答这个问题的重要线索，可见于他此前所著的《改革宗教理学》第一卷。巴文克认为，施莱尔马赫将神学的基础立于人的自我意识中，而整个 19 世纪的神学依照施莱尔马赫的神学研究成果被重塑。施莱尔马赫让以下观点得以普及：神学家关于上帝的知识与上帝的自我知识，两者在类型上完全不同。前者为主观且不详尽，但后者为客观并丰富无穷。前者产生于人的心思（mind）之中，而后者来自上帝的心思。在强调这种差异之时，施莱尔马赫确立了以下观点：尽管神学聚焦于上帝，但是神学是人类心思的努力之工。在巴文克看来，19 世纪的神学家普遍接受了这一观点，而这是神学研究的一大进步。巴文克写道："在施莱尔马赫以及后来者的推动下，神学整体都是一个有关意识的神学，这对

---

[170] Bavinck, "Future of Calvinism," 1–24; Bavinck, "Kleine bijdrage tot de geschiedenis der Statenvertaling," *Tijdschrift voor Gereformeerde Theologie* 4, no. 4 (1897): 233–40.

[171] Matthew Henry, *Letterlijke en practicale Bijbelverklaring* (Utrecht: Kemink, 1896).

[172] Herman Bavinck, *Beginselen der psychologie* (Kampen: J. H. Bos, 1897).

正统和现代群体皆然。"¹⁷³

故此，在后施莱尔马赫时代，众人不能满足于再版神学旧作。在巴文克看来，施莱尔马赫对神学的影响如此深远，以至于新的教理学，若不考量施莱尔马赫带来的改变，就难以满足他那个时代的需求。¹⁷⁴ 因此，再版《更纯神学之总览》并不能满足时代之需。虽然生活在现代早期的《更纯神学之总览》的作者也论及内在的灵魂生命，但未涵盖施莱尔马赫提出的具体、现代的关切。（在整个研究生涯中，巴文克都努力平衡教理学与心理学研究。后来在《启示的哲学》中，巴文克再次论道，"教理学……必须变得更具心理学特性，且必须处理宗教经验。"在他去世两年后，基于巴文克后期研究成果，《心理学原理》得以修订再版。）¹⁷⁵

---

¹⁷³ Bavinck, *GD*¹, 1:16. "Heel de theologie is door en na Schleiermacher, zoowel onder de modernen als onder de orthodoxen, bewustzijnstheologie." 在第二版中，巴文克修改了这一陈述："自施莱尔马赫以来，无论是在正统神学家还是现代神学家之中，整个神学都变成了一个有关意识的神学。" *RD*, 1:78。

¹⁷⁴ 凯波尔于 1895 年对"有关意识之神学"的讨论，一个例证可见于 Abraham Kuyper, "Recensie," *De Heraut*, June 9, 1895。

¹⁷⁵ Herman Bavinck, *Philosophy of Revelation: A New Annotated Edition*, ed. Cory Brock and Nathaniel Gray Sutanto (Peabody, MA: Hendrickson, 2018), 168; Bavinck, *Beginselen der psychologie*, 2nd ed. (Kampen: Kok, 1923). 巴文克有关心理学的其他著作，见 "Ter toelichting en verdediging der Psychologie," *Christelijk Schoolblad* (2 Juni–21 Juli 1899); "Psychologie der religie," in *Verslagen en mededeelingen der Koninklijke akademie van wetenschappen* (Amsterdam: Joh. Müller, 1907), 147–76; repr. in *Verzamelde opstellen op het gebied van godsdienst en wetenschap* (Kampen: Kok, 1921), 55–77; ET: "Psychology of Religion," in *Essays on Religion, Science, and Society*, ed. John Bolt, trans. John Vriend and Gerrit Sheeres (Grand Rapids: Baker Academic, 2008), 61–80; "De psychologie van het kind," *Paedagogisch tijdschrift* 1 (1909): 105–17; "Richtingen in de psychologie," *Paedagogisch tijdschrift* 1 (1909): 4–15; ET: "Trends in Psychology," in *Essays on Religion, Science, and Society*, 165–74; *Bijbelsche en religieuze psychologie* (Kampen: Kok, 1920); ET: *Biblical and Religious Psychology*, trans. H. Hanko (Grand Rapids: Protestant Reformed Theological School, 1974).

《心理学原理》的第一版发行，暗示了巴文克在 19 世纪晚期基督徒思想家群体中的魅力。在施莱尔马赫的影响下，那个时代高等教育领域改变了优先事项，以学科专家取代以前时代的博学之士，而这些学科专家在自己狭窄的学术领域内精耕细作：大体而言，19 世纪末期产生了学科内部专家，而非文艺复兴时期的全才。巴文克深受凯波尔加尔文主义之整体论的激发，并长久以来渴望成为"完全意义上的人"，且希望"在凡事上都作上帝儿女"。[176] 正是在这一时期，巴文克开始成长为一位学者，结合了现代后期世界的严谨细致和中世纪及现代早期博学多才的理想。他的出版记录不再普通。更为重要的是，他的生活开始变得多姿多彩、富有深度：他那时为人夫、为人父，是牧者、教理学家和科学人士，是现代加尔文主义者，近期还担任了报纸主编。

凯波尔的加尔文主义主题演讲

1898 年，一如巴文克在 1892 年所行，凯波尔横跨大西洋，赴美宣传加尔文主义。但与巴文克不同，凯波尔此行专注于学术界而非教会。1896 年，普林斯顿大学授予凯波尔法学荣誉博士学位，以表彰他在基督教政治宣言《我们的纲领》中的贡献。[177] 彼时，凯波尔也受邀前往毗邻普林斯顿大学的普林斯顿神学院发表斯通讲座，当时魏司坚就在普林斯顿神学院任教。1898 年，凯波尔便前往普林斯顿，接受荣誉博士学位，并发表斯通讲座。

---

[176] Bavinck to Snouck Hurgronje, Kampen, December 22, 1888, in *ELV*. "Ik weet wel, het ideaal waar ik naar streef is hier onbereikbaar, maar mensch te zijn in den vollen natuurlijken zin van dat woord en dan als mensch in alles een kind van God—dat lijkt me 't schoonst van alles. Daar streef ik naar."

[177] Vos to Kuyper, April 30, 1896, in *LGV*. 另见 George Harinck, *Varia Americana: In het spoor van Abraham Kuyper door de Verenigde Staten* (Amsterdam: Bert Bakker / Prometheus 2016), 13–15。

在凯波尔看来，他的赴美之行是上帝所赐的良机，是加尔文主义走向未来的关键时刻。凯波尔虽然对美国文化的印象在某些方面和巴文克相似[178]，但对于加尔文主义在美国之前景的评估，两人各执一词。凯波尔认为，美国非常适合接受加尔文主义。他认为这是因为美国是一个崭新的国度，各个生活领域都需要有一个意向。他相信加尔文主义胜过其他任何基督教传统，更能满足这一需求。此外，宗教在美国社会中的地位，完美契合凯波尔的理想。他在美国看到社会鼓励公开的宗教表达，同时维持严格的国家和教会的分离。在凯波尔看来，美国已经规避了法国共和主义的反宗教精神，以及欧洲路德宗和基督公教国家维系的专横性宗派特权。在感到惊讶的凯波尔看来，美国已然伟大，但会因接受加尔文主义变得更伟大。凯波尔相信加尔文主义之于美国是如此重要（反之亦如是），所以他将美国之旅从三个月延长至五个月。他给妻子的信中写道："这次旅行〔是上帝〕所定，我今生定有此行，它也是我的职责。"[179]

凯波尔在普林斯顿神学院的讲座，可能是他对加尔文主义作为一个"生命系统"的最清晰阐述；该系统涵盖了历史、宗教、政治、科学、艺术和未来。[180] 尽管凯波尔原本希望《神圣神学的

---

[178] Abraham Kuyper, *Varia Americana* (Amsterdam: Höveker & Wormser, 1898). 有关他们二人对美国之看法的对比，见 James Eglinton, "Varia Americana and Race: Kuyper as Antagonist and Protagonist," *Journal of Reformed Theology* 11 (2017): 68。

[179] Abraham Kuyper, *Mijn reis was geboden: Abraham Kuypers Amerikaanse tournee*, ed. George Harinck (Hilversum: Verloren, 2009), 60. "Mijn reis was geboden, was noodzakelijk, het hoorde bij mijn leven, het is een deel van mijn taak."

[180] Abraham Kuyper, *Het Calvinisme: Zes Stonelezingen in oct. 1891 te Princeton (N.-J.) gehouden* (Amsterdam: Höveker & Wormser, 1899); ET: *Lectures on Calvinism. Six Lectures Delivered at Princeton University under Auspices of the L. P. Stone Foundation* (Grand Rapids: Eerdmans, 1994).

百科》能被视为他的代表作，但从长期来看，他这部作品的读者范围远小于他在普林斯顿的讲座。然而，巴文克在收到凯波尔寄给他的《加尔文主义讲座》的讲稿后，在回复中委婉地提出了批评意见："这个思想世界对普林斯顿的听众而言完全陌生。我实在怀疑它们是否能够即刻领悟您立意高远且内容宽广的命题。您的演讲言简意赅，但意蕴丰厚，所以只有〔对您思想〕有所了解的听众才能领会其中的要义。"[181] 该演讲对新加尔文主义的发展产生了深远影响；由此视之，巴文克以上批评有其重要性。巴文克深信荷兰需要加尔文主义，毕竟加尔文主义根植于荷兰的文化土壤。诚然，他坚信加尔文主义之根延伸得如此广泛，以至于若无此根，文化土壤就得不到固养。但是在整个19世纪90年代，巴文克一直不愿主张这种情况同样适用于其他文化，因为"加尔文主义希望在前进中总不停步，并且促进多样性。它感受到更深入了解救赎奥秘的推动力，并且借此就可以尊荣众教会的每样恩赐和不同呼召。加尔文主义并不要求自己在美国和英国与在荷兰有同样的发展。我们必须坚持，在每个国家和每个改革宗教会中，加尔文主义应该按照自己的本质去发展，不应该让自己被外来观念所取代或腐化。"[182] 故此，他认为尽管加尔文主义是"一种特定的、最丰富、最美丽的基督教形式，但它并非与基督教本身同样辽阔"。[183] 虽然巴文克坚信荷兰的未来需要加尔文主义，但是

---

[181] Bavinck to Kuyper, Kampen, April 17, 1899, quoted in Harinck, "Herman Bavinck and the Neo-Calvinist Concept of the French Revolution," 24. "Ik betwijfel wel, of de toehoorders in Princeton, wien deze gedachtenwereld gansch vreemd is, in eens U hebben kunnen voegen in Uwe hooge en breede vlucht. Gij geeft zooveel in een kort bestek, dat alleen wie eenigermate zelf op de hoogte is kan waardeeren wat erin zit."

[182] Bavinck, "Future of Calvinism," 23. 中注：巴文克，〈加尔文主义的未来〉，79 页。

[183] Bavinck, "Future of Calvinism," 24. 中注：巴文克，〈加尔文主义的未来〉，79 页。

他对加尔文主义运动国际发展前景的看法与凯波尔截然相反。他写道："没有人知道荷兰加尔文主义是否仍旧会影响其他国家加尔文主义的未来。"[184]

另择他处：阿姆斯特丹、阿默斯福特、哈勒姆或是希尔弗瑟姆？

截至1899年，巴文克即将完成一项重大学术成果。他的《改革宗教理学》前三卷现已付梓。虽然他之前未获莱顿大学的教席（过去他曾三次拒绝自由大学的聘任邀请），但是他在荷兰学界声望日隆。那一年，一份态度中立的报纸评论道："如今，须将新加尔文主义加入考量之中……巴文克博士的《改革宗教理学》在许多年轻的神学家中影响极大。"[185]

确实如此，到了1899年，巴文克影响力日盛，直至他开始考虑阿姆斯特丹的一所大学向他发出的聘任邀请。然而，这次是阿姆斯特丹大学。那一年，这所市属大学，而非凯波尔的自由大学，谨慎探问巴文克前来任职的可能性。该校的教理史教席由皮埃尔·但以理·尚特皮·德拉索萨耶（Pierre Daniel Chantepie de la Saussaye, 1848–1920）任职，他父亲但以理的思想是巴文克于1883年所做研究的批判对象。尚特皮·德拉索萨耶去莱顿大学任教后，教理史教授位置空缺。鉴于巴文克《改革宗教理学》的研究，开明的抗辩派教授伊扎克·德伯西（Izaak De Bussy,

---

[184] Bavinck, "Future of Calvinism," 24. 中注：巴文克，〈加尔文主义的未来〉，80页。
[185] *Provinciale Overijsselsche en Zwolsche Courant*, June 1, 1899. "Het Neo-Calvinisme moet in deze tijd mede gerekend worden ... De gereformeerde dogmatiek van dr. Bavinck heeft veel invloed bij vele jonge theologen."

1846–1920）写信询问他是否对此教职感兴趣：

> 亲爱的同仁：
>
> 因德拉索萨耶前往莱顿任职，以及我院重排课程之故，需聘教授一名，讲授教理史、有关上帝教义的历史和百科。
>
> 资质符合教席拟聘要求的人员只有少数几位。但在这份名单上，我认为您的名字应列其中。
>
> 但此事于我颇为棘手。或许您最终会拒绝这一聘任邀请，或许您对此毫无兴趣，这都在情理之中。因此，我发现自己在科学层面的良知和实践层面的要求之间左右为难！学院需要拟定聘请人员名单，但并未直接询问对方意见，只揣度哪些教授可能会接受邀请……在目前列出且让学院知会的名字中，您的名字是我唯一未敢提出的，因而特此来信探问您的意向。我想向学院说，我并不希望将您的名字列在拟聘名单上，因我肯定您不会倾向〔接受这一聘任邀请〕，或您定不予理会。但我仍希望与您事先交流此事。
>
> 理事会提议在十四日后公布，烦请在此之前勿向他人提及此信。学院拟聘工作尚未就绪，所以在程序结束之前，我们尚有些许时间沟通。
>
> 顺颂时祺，仍铭记五月向您的提议
>
> 德伯西谨上 [186]

---

[186] De Bussy to Bavinck, November 7, 1899. 这封信引载于 Bremmer, *Bavinck als dogmaticus*, 137. 博拉梅尔说明自己在"巴文克家庭档案库"中找到这封信。然而，这些信并未出现在阿姆斯特丹巴文克档案

如果巴文克有意推自己前进一步，那么他现在就有机会去做 1889 年不可能做成的事：获聘国立大学教授席位。他虽然曾一度希望能前往莱顿（甚至在拒绝自由大学聘任邀请后不久便如此），但十年已过，他对阿姆斯特丹大学无如此热情。在公众眼中，巴文克不大可能前往那里，他自己似乎也未示意德伯西发出聘任邀请。德伯西的直觉判断是正确的：巴文克人生截至那个时期，并不期待有此聘任邀请。时过境迁，他不再热衷前往国立大学任教。

巴文克对阿姆斯特丹大学明显无甚兴趣，这当然并不是因为坎彭风平浪静。在坎彭神学院与自由大学之关系一事上，巴文克

库中。"Geachte Collega! Ten gevolge van het vertrek van de la Saussaye naar Leiden en verruiling van vakken onder de leden onzer faculteit, zal hier moeten benoemd worden een professor in de dogmengeschiedenis, in de geschiedenis van de leer aangaande God en in de Encyclopaedie. Weinigen zijn er die voor dat professoraat rechtens in aanmerking komen, en als 't er op aankomt ze te noemen dan mag naar mijn meening uw naam niet verzwegen worden. Maar daardoor ontstaat voor mij een groote moeilijkheid. Immers ik heb alle reden om te onderstellen dat U een eventueele benoeming niet zoudt aannemen, en misschien is het u wel niet eens aangenaam genoemd te worden. Zoo kom ik te staan tusschen mijn wetenschappelijk geweten en de eischen der praktijk! De faculteit moet een voordracht opmaken van personen, van wie wij, zonder het hun rechtstreeks te vragen, gissen kunnen dat zij bereid zouden zijn een benoeming aan te nemen....Van de enkelen die ik in de faculteit voorlopig genoemd heb, is u de eenige dien ik om die reden niet durf te noemen, en dien ik dan ook over deze zaak schrijf. Ik wensch aan de faculteit te zeggen, dat ik uw naam op de voordracht niet begeer gesteld te zien *omdat ik mij verzekerd houd dat U daarmee niet gediend zoudt zijn*, en dat u er misschien wel de schouders over zoudt ophalen. Maar dat wil ik u dan toch mededeelen ook. Ik verzoek de inhoud van dit briefje geheim te houden, tot nadat de voordracht van curatoren zal zijn publiek gemaakt, dat waarschijnlijk over 14 dagen zal zijn. De faculteit is nog niet gereed, dus voordat wij aan 't einde van deze weg zijn, hebben wij nog tijd van ademhalen. Geloof mij, met herinnering aan het verzoek dat ik u in Mei deed, en met beleefden groet, uw dw. De Bussy." 强调为原文所有。

与林德博姆仍旧冲突不断。在 1899 年期间，巴文克准备了一份给教会会议的提案并提交。那年的教会会议（于 8 月 15 至 30 日）在格罗宁根举行。他建议将神学院从坎彭迁往别处，比如哈勒姆、阿默斯福特或希尔弗瑟姆。这三个地方是位于阿姆斯特丹附近的小城市，但离阿姆斯特丹又有一定距离，这足以让那些反对者明白，神学院能保持自身的地位和身份。

当巴文克在格罗宁根建言的时候，凯波尔在他乡突遭人生苦痛。在人生很多时刻，长期超负荷工作的凯波尔采用休假为一种治疗形式。1899 年 8 月，凯波尔和妻子游汉娜在名叫迈林根的瑞士小村庄休假疗养；此地是柯南道尔小说中福尔摩斯与莫里亚蒂的决斗之地，因此闻名遐迩。1893 年，凯波尔和游汉娜的儿子威利夭亡，年仅八岁。游汉娜一直未从丧子之痛中恢复过来，身心俱伤。他们在迈林根度假时，游汉娜病逝并安葬。[187] 凯波尔也向教会会议提交了宣教的提案；该提案虽然在他不在场的情况下仍得以讨论，但终被搁置。[188] 巴文克继续为神学院迁址之事呼吁，但应者寥寥。[189] 在那一周，巴文克情绪低落，倍感艰难。

在此情况下，巴文克竭力捍卫科学性神学在坎彭之未来的努力与林德博姆全然相反，并支配了他的写作进程。在《坎彭神学院与自由大学：一项旨在联合的提案》[190] 中，巴文克进一步阐发了自己的观点：荷兰地区归正众教会的两个神学教育中心同属一体，并且在确保神学院独特身份的同时，二者应合而为一。（他再次陈明自己的折中之策，无需将坎彭神学院迁往阿姆斯特丹，而是迁至他首选的城市哈勒姆。）他篇幅较短的著作《教会的权力与科学的自由》十分清晰地阐述了，他对自己教会中反凯波尔

---

[187] Bratt, *Abraham Kuyper: Modern Calvinist, Christian Democrat*, 281.
[188] Kuipers, *Abraham Kuyper: An Annotated Bibliography*, 301.
[189] *De Standaard*, March 25, 1899; *Rotterdamsch Nieuwsblad*, August 7, 1899.
[190] Herman Bavinck, *Theologische School en Vrije Universiteit: Een voorstel tot vereen* (Kampen: J. H. Bos, 1899).

的群体深感懊恼。[191]（那年夏天，凯波尔的儿子赫尔曼·凯波尔〔Herman H. Kuyper, 1864–1945〕在阿姆斯特丹担任教授，但是林德博姆及其盟友反对自由大学的气势有增无减。）在 1899 年岁末，巴文克的盟友彼得勒斯·比斯特菲尔德接替他担任院长。巴文克增补了院长演讲的内容，并以《圣师的职分》（*The Office of the Doctor*）的形式出版。[192] 他在书中指出，林德博姆声称的教会导向之神学与科学导向之神学的鲜明张力，与基督教信仰的历史明显不符。巴文克认为，千百年来，基督教已经将神学家之工作使命发展成一个独特且神圣的呼召；这一发展也与大学自身的出现紧密相连。与林德博姆相反，巴文克的推论乃是，基督教信仰的历史允许同一位神学实践者**既**可以服侍教会，**也**可在科学性的学术界发展。二者并不矛盾。

综观之，以上提及的三部著作占用了巴文克的大量时间：他的《改革宗教理学》最后一卷虽然结稿在望，但因着他竭力联合坎彭神学院和自由大学的工作，不得不被暂时搁置。（且不论未完成的《改革宗伦理学》文稿已有一段时间只字未动了。）反对派对巴文克此番联合的呼吁充耳不闻，因此他开始变得心灰意冷。他在这一时期写给凯波尔、但未注明日期的一封信中说道："我仍一直切望两所学校能早日联合，但今年的结果并不利好，并不如人意。或许就当下而言，两所学校只能各自独立，保持友好关系。〔我们〕二人只能在各自的环境中，为教会和神学性科学的发展各尽绵薄之力。"[193]

---

[191] Herman Bavinck, *Het recht der kerken en de vrijheid der wetenschap* (Kampen: G. Ph. Zalsman, 1899).

[192] Herman Bavinck, *Het doctorenambt: Rede bij de overdracht van het rectoraat aan de Theologische School te Kampen op 6 Dec. 1899* (Kampen: G. Ph. Zalsman, 1899).

[193] Bavinck to Kuyper, undated, quoted in Bremmer, *Herman Bavinck en zijn tijdgenoten*, 137. 虽然这封信未注明日期，但它提及游汉娜·凯波尔

担任《号角报》编辑

巴文克继续推进《改革宗教理学》的写作,最后一卷即第四卷在 1901 年出版。在此之前,即 1900 年 1 月,他接任了《号角报》编辑一职。这个职位赋予了他一个具有影响力的独特地位,来塑造有关神学院以及其与自由大学之关系的看法。自 1856 年以来,《号角报》的全称为《号角报:谋求坎彭神学院的福祉》(*De Bazuin: Ten voordeel van de Theologische School te Kampen*)。在 1900 年时,该报大部分读者成长于分离派教会,相较于《旌旗报》和《先锋报》的普通读者,当然对自由大学疑虑更多。一个支持自由大学的新编辑或多或少可以改变这种偏见。

巴文克在他的首篇卷首语中回顾了历任编辑方针,肯定了前任之功,同时也表明在自己任编辑期间,《号角报》将着力反映整个宗派观点的多元性。他提醒读者:"上帝喜悦合一中的多元。"[194] 在新编辑的带领下,《号角报》不再只为该宗派的一所神学教育机构谋求福祉。

在随后三年中,巴文克全力投身于新闻工作,撰写了数百篇文章,涵盖一系列话题,尤其是现代艺术[195]、政治[196]、战争[197]、

的离世,这说明此信写于 1899 年 4 月 25 日之后。"Nog altijd wensch ik van ganscher harte, dat het tot vereeniging van beide opleidingsscholen moge komen. Maar mijne hoop op een gunstige uitslag is dit jaar niet versterkt. Misschien is het beste, om voorloping in vriendschappelijke verhouding naast elkander te blijven staan en ieder in eigen kring te arbeiden aan den bloei der kerken en aan de bevordering der theologische wetenschap."

[194] Herman Bavinck, "Aan de Lezers van De Bazuin," *De Bazuin*, January 5, 1900. "God heeft in de eenheid de verscheidenheid lief."
[195] Herman Bavinck, "Moderne kunst," *De Bazuin*, September 21, 1900.
[196] Herman Bavinck, "De strijd voor het recht," *De Bazuin*, July 5, 1901.
[197] Herman Bavinck, "De oorlog," *De Bazuin*, June 1, 1900.

约翰·加尔文[198]、洗礼[199]、女性主义[200]、女性投票权[201]、礼拜仪式[202]、旅行的艺术[203]，以及大量讨论神学院和自由大学彼此矛盾的短文。其中有一篇短文还论到《改革宗教理学》最后一卷最终付梓之事。该文并未提及巴文克因卷入教会矛盾纷争而导致该卷出版延期。相反，该卷出版显然因出版社方面（未明确说明）的问题而延后，同时终稿的索引制作也占用了大量时间（索引由巴文克的弟弟伯纳德负责，他当时在鹿特丹担任牧师）。在忙于新闻工作之时，巴文克终于完成了"时代所需的神学"。[204]

巴文克在 1901 年出版了《改革宗教理学》最后一卷，同时还出版了一系列篇幅短小的重要著作，其中大部分由 19 世纪 90 年代的课程讲义集结成书。同年，他出版了从牧养视角对参加圣餐礼之深入默想的《以颂赞为祭献上》[205]、探讨困扰 19 世纪晚期广泛存在的宗教怀疑感的《信心的笃定》[206]、评论父母和见证

---

[198] Herman Bavinck, "Calvijn," *De Bazuin*, April 13, 1900.

[199] Herman Bavinck, "De eerste doopvraag," *De Bazuin*, May 11, 1900.

[200] Herman Bavinck, "Feminisme," *De Bazuin*, March 15, 1901.

[201] Herman Bavinck, "Stemrecht der vrouw," *De Bazuin*, March 2, 1900.

[202] Herman Bavinck, "De tekst onzer liturgie," *De Bazuin*, January 10, 1902.

[203] Herman Bavinck, "Op reis," *De Bazuin*, August 31, 1900.

[204] Herman Bavinck, "Dogmatiek," *De Bazuin*, April 26, 1901. "Dan is zij meteen de theologie, die onze tijd behoeft."

[205] Herman Bavinck, *De offerande des lofs: Overdenkingen vóór en na de toelating tot het heilige avondmaal* ('s Gravenhage: Fred. H. Verschoor, 1901); ET: *The Sacrifice of Praise*, ed. and trans. Cameron Clausing and Gregory Parker (Peabody, MA: Hendrickson, 2019). 这本极受欢迎的著作，在 1948 年之前重复发行了 17 次。中注：赫尔曼·巴文克，〈以颂赞为祭献上：获准领受圣餐前后的静思默想〉，牛泓译，载于《赫尔曼·巴文克的教牧神学》，徐西面编（爱丁堡：贤理·璀雅，2021），113–185 页。

[206] Herman Bavinck, *De zekerheid des geloofs* (Kampen: Kok, 1901); ET: *The Certainty of Faith*, trans. Harry Der Nederlanden (St. Catharines, ON: Paideia Press, 1980). See also Henk van den Belt, "Herman Bavinck's Lectures on the Certainty of Faith (1891)," *Bavinck Review* 8 (2017): 35–63.

人在婴儿洗礼中角色的《父母还是见证人？》[207]、评析进化论的《创造抑或发展？》[208]。巴文克前二十年的研究工作最终化为累累硕果、不胜枚举。

巴文克讲章唯一现存的详实例子也来自这一时期。尽管巴文克从学生时代起就时常讲道，但这些讲章的仅存记录就是日记本中注明的讲道经文本身；他讲道不用笔记，或只用极少量的笔记。巴文克唯一存留的完整讲章，是巴文克用于 1901 年 7 月 30 日在坎彭的布尔格沃教会（Burgwalkerk）的讲道。他熟悉所选经文《约翰壹书》五 4 下半节：这是他学生时代第一次讲道所选的经文，并且之后多年他多次传讲这节经文。（鉴于此，这篇印制成文的讲章很可能就代表了巴文克平时的讲道。）这篇讲道即席而作，而想要阅读这篇讲章的普遍诉求越发增加，因为当时在场的嘉宾有南非共和国（德兰士瓦）的总统保罗·克鲁格（Paul Kruger, 1825–1904），他也是第二次波尔战争（1899–1902）中反抗英国的阿非利卡人抵抗运动（Afrikaner resistance）的代表者。巴文克的讲章具有明显的政治色彩，赞扬了波尔农民在反抗英国压迫者斗争中所表现出的基督教信仰，指出了最近荷兰议会选举中同样的基督教信仰之战；在这场战争中，抗革命党以微小的弱势惜败于自由党。由于期望瞻阅该文的人士越来越多，巴文克便尝试回顾讲道内容，后印制成册发行。[209]

---

[207] Herman Bavinck, *Ouders of getuigen: toelichting van art. 56 en 57 der Dordsche Kerkorde* (Kampen: G. Ph. Zalsman, 1901). 这本书的内容最初以系列文章刊登于《号角报》。

[208] Herman Bavinck, *Schepping of ontwikkeling?* (Kampen: Kok, 1901).

[209] Herman Bavinck, *De wereldverwinnende kracht des geloofs: Leerrede over 1 Joh. 5:4b, uitgesproken in de Burgwalkerk te Kampen den 30sten Juni 1901* (Kampen: G. Ph. Zalsman, 1901); ET: "The World-Conquering Power of Faith," in *Herman Bavinck on Preaching and Preachers*, ed. and trans. James Eglinton (Peabody, MA: Hendrickson, 2017), 67–84. 中注：赫尔曼·巴文克，〈信心得以胜过世界的能力〉，魏峰译，载于《赫尔曼·巴文克的教牧神学》，徐西面编（爱丁堡：贤理·璀雅，2021），85–100 页。

数十年来，巴文克数次宣讲这篇主题为"信心有足够的能力胜过这个世界"的讲章。在 1901 年时，世界看起来的确被战胜了，至少在荷兰如此：在全国大选之后，凯波尔应邀成立联合政府。时年八月，凯波尔出任首相。一个加尔文主义式未来的梦想似乎即将实现；而在过去十年间，这个梦想一直激励着巴文克。（令人有些困惑的是，格里森所著的巴文克传记论到，在这个新加尔文主义者政治胜利的时期，女王威廉敏娜任命巴文克为"内阁首相"；这个独特卓越的职位使得巴文克"肩挑政治重任"。[210] 然而，这个荣耀职位实际授予了亚伯拉罕·凯波尔，他比巴文克更具政治影响力。）

一份隐藏的日记残篇

巴文克从 1891 年之后的日记本记录似已失传，只藉着赫普和博拉梅尔所著的巴文克传记对这些日记的援引得以保存。尽管如此，所幸的是，收藏于巴文克档案库的"1886 年至 1889 年"日记本的背面封页中夹了数页日记，其上所标日期是从 1900 年 7 月 13 日至 1901 年 8 月 8 日。在这些日记残页中，我们可略窥巴文克在这段紧张时期的家庭生活。1900 年 6 月，赫尔曼和游汉娜去德国和奥地利旅行，六岁的汉妮留给游汉娜的父母照看。巴文克夫妇参观了科隆和海德堡之后，在斯图加特见到比斯特菲尔德夫妇，然后与他们一同前往奥地利的因斯布鲁克。两对夫妇同乘并载、一起游览，直到 7 月 31 日。那天，比斯特菲尔德夫妇前往法兰克福。在巴文克日记中，对此次共同旅行的记录最为别致之处，正是那些旅行之中看似寻常之事：远足赏景，品味酒店精致菜点，乘火车旅行，参加当地的福音教会（Evangelische

---

[210] Gleason, *Herman Bavinck*, 374.

Kirche）的敬拜。他们在坎彭身陷冲突和矛盾的处境，并未阻碍他们享受惬意美好的假期。巴文克一如既往地从神学视角看待旅行。他在这一时期《号角报》的专栏写道："放下劳心费神的工作、定期放松，这是从众光之父而来的丰富且宝贵的赏赐。在旅行中，心灵得以舒展，心胸变得开阔，眼睛愈发明澈，额上的皱纹也得以舒展。你可将工作暂置一旁，自由地、心灵满足地享受上帝为我们所创造的一切，感受祂伟大的荣耀。……旅行令人心旷神怡。"[211] 巴文克夫妇欣赏了阿尔卑斯的美丽风光，感受到上帝在自然美景中的普遍启示。之后，他们经法兰克福、美因兹和科隆返回家中。赫尔曼和游汉娜在荷兰的阿纳姆分路而行：游汉娜乘车向南去接汉妮，赫尔曼则继续北上回坎彭。在一个月后，一家人再次团聚："**8月18日，周六。游汉娜和汉妮回到家中。**"[212] 巴文克家中另一重大变化也记录于这份日记残篇中：赫尔曼不得不取消原定于1900年11月6日在乌特勒支的演讲，"**因母亲生病**"。[213] 赫尔曼、伯纳德和迪努斯得知母亲病重，纷纷返家。十天后，母亲就过世了。"**11月26日，母亲于下午3：45分离世，于11月30日（周五）安葬。**"[214]

---

[211] Bavinck, "Op reis." "En evenzoo is de tijd van ontspanning, die telkens weer den arbeid des geestes vervangt, een rijke zegen en eene kostelijke gave, die afdaalt van den Vader der lichten. Het hart gaat open en de borst verruimt, het oog verheldert en het voorhoofd ontrimpelt zich, als men voor een tijd den arbeid ter zijde zetten en vrij, naar hartelust genieten mag van de heerlijkheid, welke Gods rijke schepping ons biedt....Reizen blijft een lust en eene rijke genieting."

[212] "Van 1886–1891," enclosed fragment. "Zaterdag 18 Aug. Johanna, Hannie, kwamen weer thuis."

[213] "Van 1886–1891," enclosed fragment. "16 Nov. Ik moest lezen in Utrecht, maar telegrafeerde het af om de ziekte van Moeder."

[214] "Van 1886–1891," enclosed fragment. "26 Nov. Maandag. Moeder's nam. om 3¾ uur gestorven en Vrijdags 30 Nov. begraven." 另见 *De Bazuin*, November 30, 1900。赫兹娜·玛格达莱娜·巴文克于1900年11月26日离世，享年七十三岁。

正如在本书之前章节所述，赫兹娜去世后，年迈鳏居的杨·巴文克与赫尔曼一家同住。这一状况也许有助于解读日记残篇上最后一则日记的含义："4月8日，返回坎彭，到弗洛德迪耶克的新家。"²¹⁵ 杨·巴文克在自传中回忆，妻子过世后，自己与三个儿子商量，最后商定他和赫尔曼一家同住，因为他们也在坎彭（杨在坎彭担任牧师）。为了照料杨的起居，巴文克一家搬到一幢更适合的房子。

在此之前，杨出版的著作均为讲章集。现在他和赫尔曼一样，醉心于撰写新的内容。在鳏居的孤独生活中，他潜心撰写一本厚书大部的《海德堡要理问答》评注（共943页），并在1903至1904年间分两卷出版。²¹⁶ 巴文克一家在弗洛德迪耶克的这幢房子里的居住时间不长，但巴文克父子在那里都忙于撰写神学著作：《先锋报》上的一篇评述杨的著作的文章，将杨描述为"年纪老迈，但灵里活泼敏锐"，然后补充说明，"但凡浏览杨牧师著作第一卷的人就会发现，他对我们这个时代教理学领域的著作了然于胸。杨熟谙教理学，所以这些讲章定为佳作。"²¹⁷ 鉴于巴文克家的生活环境，杨全身心投入教理学的前沿研究，这自在情理之中。

从赫尔曼的这本遗失的日记本现存残篇中，我们也可略窥他在这一时期的讲道。日记残篇记录了他最后几次讲道：1901年4月，巴文克在游汉娜家乡的复活节崇拜中讲道三次，经文分别为

---

²¹⁵ "Van 1886–1891," enclosed fragment. "8 April. Naar Kampen terug. Intrek in 't nieuwe huis, Vloeddijk."
²¹⁶ Jan Bavinck, *De Heidelbergsche Catechismus in 60 leerredenen verklaard* (Kampen: Kok, 1903–4).
²¹⁷ "Recensiën," *De Heraut*, June 7, 1903. "Ds. Bavinck is, trots zijn hoogen leeftijd, naar den geest nog jong en frisch gebleven. Wie de eerste aflevering doorziet, merkt wel, hoe uitnemend goed Ds. Bavinck op de hoogte is met hetgeen in onzen tijd op dogmatisch gebied geschreven is. Voor den dogmatischen fijnproever bieden deze preeken een genot."

《马太福音》二十八 1–8、《约翰福音》二十 11–17 和《歌罗西书》三 2–3，讲道编号为 695、696 和 697。在此之前的那本完整日记本上，有关讲道的最后一则日记的日期为 1891 年的 5 月，讲道编号是 440：在过去的十年里，巴文克完成了 257 场讲道。因此，一位巴文克著作的译者认为，巴文克的这些年"日理万机"。[218]

前往阿姆斯特丹："公文体最佳"

巴文克负责《号角报》时，他自然努力向读者展现积极一面。当宗派陷于"甲派教会"和"乙派教会"的纷争时，巴文克作为编辑率先垂范，不偏不倚；在他的带领下，《号角报》在内容上的平衡未因教会矛盾而失色。尽管如此，巴文克不得不时常与反凯波尔派争论，有时也要与自由大学相抗，所以他内心的愤懑之情愈发明显。[219]

多年来，巴文克和那些反凯波尔派不断沟通，屡次协商，努力搭桥引线；但到了 1902 年，他意识到情势如故，并无进展。自由大学再次向巴文克（谨慎地）发出聘任邀请；这次，他的同事比斯特菲尔德也一同受邀。在此背景下，巴文克向当年在阿纳姆举行的教会会议提议：教会导向的坎彭神学院和自由大学的神学系应合为一个教育机构，为教会**和**学界培养神学家。

在阿纳姆举行的教会会议的决议令巴文克大为受挫。虽然他的提案最终赢得多数票，但反对派声称，二者若合并，宗派将走向分裂。[220] 教会会议也担心教会分崩离析，因而退缩不前。巴文

---

[218] William Hendriksen, "Translator's Preface," in *The Doctrine of God*, by Herman Bavinck (Edinburgh: Banner of Truth Trust, 1951), 7.
[219] Bremmer, *Herman Bavinck en zijn tijdgenoten*, 138.
[220] Harinck and Berkelaar, *Domineesfabriek*, 117.

克以长篇卷首语对此做出回应，指责教会让自身受少数派挟制，任其左右。他认为教会会议的退缩所带来的后果，就是坎彭神学院不可能再自称代表荷兰地区归正众教会，而是沦为迎合教会中少数派的小型机构。[221] 此言一语成谶。

不久之后，巴文克针对此事再次发声，慷慨陈词。他出版了篇幅短小的《止步还是前进？问题与答案》。[222] 他在开篇写道："在几近十五载的辛劳之后，我们如今似乎仍停留原地。在这件事中，似乎会有一个取决于我们教会的判断。"[223] 他的结论很悲观：如果这一僵局持续下去，那么他和比斯特菲尔德就不得不去自由大学（巴文克的理想并非抛弃坎彭神学院，而是欲为之开辟新路，或许坎彭神学院最终愿意由此跟进）。林德博姆自然对此怒火冲天，巴文克长期以来的盟友马尔汀·努尔德赞也愤怒不已。林德博姆和努尔德赞在《号角报》上联名发文，谴责巴文克和比斯特菲尔德的"激进干预"。[224] 在出版《止步还是前进？》并冒着与努尔德赞友情破裂的危险之后，巴文克和比斯特菲尔德很快意识到自己已无路可退：他们只能离开坎彭神学院。在此事发生过程中，《号角报》于9月5日刊登了一则通告："在喜迎尊贵的海伦娜·玛利亚女王殿下华诞之际，特授坎彭神学院教授巴文克博士等人士荷兰雄狮骑士勋章。"[225] 这是公民的一项殊荣，但巴文

---

[221] Herman Bavinck, "Na de Synode," *De Bazuin*, September 19, 1902.

[222] Herman Bavinck, *Blijven of heengaan? Een vraag en een antwoord* (Kampen: G. Ph. Zalsman, 1902).

[223] Bavinck, *Blijven of heengaan?*, 6. "En thans staan wij na ongeveer vijftienjarigen arbeid, naar het schijnt, nog even ver als aan het begin. Het is, alsof er in deze zaak een oordeel op onze kerken rust."

[224] Lucas Lindeboom and Maarten Noordtzij, "Een woord betreffende de zaak der Opleiding," *De Bazuin*, October 10, 1902.

[225] *De Bazuin*, September 5, 1902. "Onder degenen die bij gelegenheid van den verjaardag van H. M. onze geëerbiedigde Koningin opgenomen zijn onder de Ridders in de Orde van den Nederlandschen Leeuw, behoort ook Dr. H. BAVINCK, *Hoogleeraar a. d. Theol. School*."

克此时深陷一生最为困顿的时刻。他正忙于和自由大学私下商议聘任之事，几乎无暇为这份嘉奖而欢欣；甚至马尔汀·努尔德赞也劝说巴文克留在坎彭，但已无力挽回。巴文克同意了自由大学提供的薪资和养老金福利。10月初，他写信给凯波尔，恳请以非论战式的措辞来发布他们就职自由大学。他写道："我同意在《先锋报》和《号角报》上发表公告，表明自由大学向〔我们〕发出了聘任邀请，我们也已接受。但鉴于时下境况，烦请仅通告事实，勿用褒扬或感谢之词，用公文体最为合宜。"[226] 巴文克在离开坎彭、就职阿姆斯特丹前不久，就针对坎彭神学院和自由大学的长期纷争写了最后一篇题为〈停火〉的社评，刊登在10月31日的《号角报》上。[227] 在这之后，他在该报甚少发声，并于那年年末卸任《号角报》主编一职。[228] 12月15日，巴文克和比斯特菲尔德向坎彭神学院学生发表告别演讲，并与那一周晚些时候正式接受了自由大学的职位。[229]

在做告别演讲时，巴文克站在讲台前，双手按桌，满含深情地向学生说道："我以此方式结束自己的坎彭时光，完全出乎自己意料。"他接着宽慰众人，他离开坎彭之事不应被解读为"他不爱坎彭神学院"，甚至是不爱自己的学生。他借此机会向大家表明，之前有数次可以离开坎彭的机会，但并未如此行，因为他相信在自己所爱的神学院里可以实现加尔文主义的愿景。他说道："我终生所愿就是在神学院工作，而不是在那些徒有大学之名的

---

[226] Bavinck to Kuyper, Kampen, October 8, 1902. "Toch heb ik geen bezwaar, dat Heraut en Bazuin deze week reeds melding doen van de feiten van benoeming en aanneming. Maar mag ik u vriendelijk verzoeken, het, althans ditmaal, bij de vermelding der feiten te laten, en er geen woorden van lof en dank aan te voegen. Hoe meer zakelijk, hoe beter."

[227] Herman Bavinck, "Wapenstilstand," *De Bazuin*, October 31, 1902.

[228] *Het Nieuws van de Dag*, December 30, 1902.

[229] *De Bazuin*, December 12, 1902.

机构工作。昔日心愿如此，将来亦如是。"[230] 但令人费解的是，这与他之前私下对斯努克·赫胡洛涅所言自相矛盾，也与《号角报》上公开发表的观点截然相反。

当时在座学生济济一堂，他们的信仰之根都在分离派教会。在这样一个群体面前，巴文克将自己描绘成与他们同气连枝：他离开坎彭神学院正是因为自己独特的分离派信仰根源，而非不顾这种信仰根源。他说道："我是分离运动之子，从前是，如今是，将来永远都是！"[231] 在场听众报以雷鸣般的掌声。根据该演讲所保存下来的笔记（该笔记并不是巴文克本人所录），他在演讲中说，自己的父母都成长于分离派教会，关于这一点，在本书中已有论及。（若这真是他演讲时所言，那么与事实并不相符：他的母亲成长于主流的荷兰改革宗教会。）巴文克详述了自己的观点深受自己开明的分离派父母和莱顿大学教育的影响。这两方面都教导他远离狭隘思想和党派主义。不过，他藉此承认，自己是在分离派的一个具体分支的影响下成长起来的。

在阐明自己此种成长情境之后，巴文克描述了自己年轻时基督教归正教会中两极分化现象：一方强调一种他世的生活之圣洁，另一方坚持大公性的基督教信仰必然应对今世生活的各个层面。在阐述这两种现象的过程中，巴文克富有说服力地阐明了自己投身于整合正统与现代的原因；他现在相信，这种投身促使他不得不离开坎彭神学院。"在那时，教会中有一种观点，认为我们应

---

[230] Cornelis Veenhof, "Uit het leven van de Theologische Hogeschool 6," *De Reformatie* 30, no. 16 (1955): 123. "Ik had zulk een einde van mijn werken aan de Theol. School me niet kunnen voorstellen....Ik begreep dat ook een Theol. School even wetenschappelijk kan zijn als een Universiteit....Naar de neiging van mijn leven, dan arbeidde ik vroeger en zou ik nog nu veel liever arbeiden aan een Theol. School dan aan eene stichting die den naam van eene Universiteit draagt."

[231] Veenhof, "Uit het leven," 123. "Heb ik gezegd en thans herhaal ik het: Ik ben een kind der scheiding en dat hoop ik te blijven. (Daverend applaus)."

任凭这个世界按其命运走向终结。由于正是在这样的教会中成长，我感到迫切需要去大学接受教育，因为教会为了持守生活的圣洁，却面临失去教会大公性的巨大危险。于是，一个想法在心中油然而生：教会的圣洁与大公性可否调和？……我的目标是紧紧抓住二者，不要顾此失彼。"[232] 巴文克意识到，一些学生可能会追随他前往阿姆斯特丹，于是坦言自己并不十分确定即将赴任的学校未来如何："如果你问我自由大学是否会有更加光辉灿烂的未来，那么我会说，我并不清楚。"[233] 他没有公开鼓励学生跟他们二人一同离开，那些选择离开的学生也并非因听到阿姆斯特丹精彩纷呈的学生生活而如此行。在那本遗失的日记本中，巴文克写道："比斯特菲尔德和我向学生道别，院长努尔德赞主持了这次聚会，林德博姆也在座。努尔德赞发表了演讲，并借机批评了教会会议之后强制推行的〔决议〕。"[234] 无论是对巴文克和比斯特菲尔德而言，还是对努尔德赞以及许多神学院的学生来说，教会会议的决议都令人扼腕叹息。虽然此事已经变得不可避免，但并不必然会走到这一步。

那天在场聆听演讲的学生中，超过一半学生跟随这两位教授一起离开坎彭，前往阿姆斯特丹。[235] 离开神学院的队伍浩浩荡

---

[232] Veenhof, "Uit het leven," 124. "In der tijd leefde in die kerk de gedachte, we moeten de wereld maar overlaten aan haar eigen lot, en juist omdat ik gekomen ben uit den kring, waaruit ik gekomen ben, gevoelde ik mij genoopt om aan eene Universiteit mijne opleiding te zoeken. Want die kerk liep groot gevaar om terwille der heiligheid des levens de catholiciteit der kerk uit het oog te verliezen. En toen rees de gedachte bij mij, is het mogelijk, die beide te verzoenen?"

[233] Veenhof, "Uit het leven," 124. "Maar als men mij vraagt of de V.U. groot zal worden, dan zeg ik, ik weet het niet."

[234] Hepp, *Dr. Herman Bavinck*, 283. "Dinsdag 12 uur namen Biesterveld en ik afscheid van de studenten: Rector Noordtzij leidde de samenkomst, Lindeboom zat erbij. Noordtzij sprak tot ons, deelde Seitenhiebe uit over het forceeren na de Synode."

[235] Harinck and Berkelaar, *Domineesfabriek*, 117–18.

荡，这对神学院不啻为一场灾难。为了补救残局，学院聘请了凯波尔思想支持者安东尼·赫瑞特·霍尼赫（Anthonie Gerrit Honig, 1864–1940），以接替巴文克的职位。霍尼赫教授的博士论文导师正是凯波尔，他的博士论文研究的是苏格兰神学家亚历山大·科姆里（Alexander Comrie）。[236] 然而，巴文克并非可以轻松取代之人。虽然霍尼赫之后出版了自己的大部头著作《改革宗教理学指南》[237]，但他公开称赞巴文克的《改革宗教理学》是"本科学领域的最优秀作品"。[238]

---

[236] Kuipers, *Abraham Kuyper: An Annotated Bibliography*, 274.
[237] Anthonie Honig, *Handboek van de Gereformeerde Dogmatiek* (Kampen: Kok, 1938). 霍尼赫将自己这本教理学著作（867 页）献给查尔斯·贺智（Charles Hodge）、亚伯拉罕·凯波尔、赫尔曼·巴文克和亨瑞克斯·赫拉弗梅耶（Henricus Gravemeijer）。
[238] Anthonie Honig, "Ter gedachtenis aan Prof. Bavinck," *Gereformeerd Theologisch Tijdschrift* 6 (October 1921): 186. "Bavinck's Dogmatiek zal steeds gerekend worden tot het allerbeste, wat op wetenschappelijk gebied verschenen is."

第五部分
在阿姆斯特丹担任教授

第九章
尼采时代的基督教（1902–1909）

"实际上，只有两种世界观。"

前人研究认为，青年时期的巴文克选择在莱顿求学，这是他在坎彭遭排挤的原因。我在本书第四和第五章反驳了这种观点。在人生那个时期，尽管巴文克受到一些分离者的怀疑，但绝大部分时候，他一直享有坎彭神学院及其师生的礼遇和情谊。虽然他生活在莱顿，但坎彭的大门一直向他敞开。实际上是在1902年，即巴文克年近五十时，他和坎彭的关系才开始变得剑拔弩张。他从坎彭神学院辞职后，因事出仓促，一时未能在阿姆斯特丹找到合适的住所，所以他无法立刻搬离坎彭，这让一切变得愈加尴尬。他依然住在坎彭，而神学院又近在咫尺，直到他在阿姆斯特丹就任两个月后才得以离开。[1] 那段时期，与他同住的父亲仍是神学院师生的牧师，尽管讲道次数有所减少。[2] 然而，就在儿子举家

---

[1] Valentijn Hepp, *Dr. Herman Bavinck* (Amsterdam: Ten Have, 1921), 283.

[2] Jan Bavinck, "Een korte schets van mijn leven," unpublished, handwritten autobiography, n.d., HBA, folder 445, p. 74.

离开坎彭前不久,他便成了荣休牧师。《〈海德堡要理问答〉注疏》成为他的封笔之作,他的牧会生涯也就此终结。

自杨在本特海姆派古旧归正福音教会被按立圣职以来,五十五载悄然而过,期间沧海桑田,世事变迁。在过去那些年间,他给儿子传递了科学性改革宗神学的愿景;他的儿子也坚持不懈地投身于这一理想,其结果就是杨即将去阿姆斯特丹安度晚年。但在此之前,父子两人都不得不在一位与他们观点迥异的神学家手中,忍受最后一刻的窘境。1903年1月26日,坎彭为杨举办了退休庆祝会,会上讲员是作为坎彭神学院代表的卢卡斯·林德博姆。[3] 会后,巴文克一家离开了坎彭。对神学院和布格沃尔会众而言,这标志着一个时代的结束。

对自由大学的确信与疑惑

在此之前,即赫尔曼在坎彭的最后数月里,他已在自由大学发表了任职演讲。他向神学院学生发表告别演讲两天后,即12月17日,他向自由大学的学生发表了演讲;在场也有许多的熟悉面孔,他们是从神学院转入的学生。该演讲后来以《宗教与神学》为题发表。[4] 在演讲中,他基于二十年前在坎彭任职典礼演讲(《神圣神学的科学》)[5] 的观点,勾勒出自己职业生涯新阶段的蓝图,

---

[3] *Amsterdamsche Kerkbode*, February 1, 1902.

[4] Herman Bavinck, *Godsdienst en godgeleerdheid* (Wageningen: Vada, 1902). 中注:正如下文所示,巴文克此处所用的"宗教"(godsdienst)意思十分宽泛。它不仅指向某个特定所信仰的宗教,还有敬虔和敬拜上帝的意思。因此,"宗教"在这里的含义同时包含了基督教信仰和基督徒的敬虔。

[5] Herman Bavinck, *De wetenschap der H. Godgeleerdheid: Rede ter aanvaarding van het leeraarsambt aan de Theologische School te Kampen* (Kampen: G. Ph. Zalsman, 1883).

再一次提出神学应集科学和敬虔于一体。

他认为神学作为一门认识上帝的科学，与基督徒的敬虔密不可分，但二者相异。"宗教和神学……如同两姐妹，每一位在上帝教会的家庭中都有特别的角色和呼召，好比在拉撒路家中的马利亚和马大。"⁶ 神学好比是马利亚，仰望基督的面庞，思索上帝成肉身的奥秘。宗教好比忙于服侍基督的马大。根据巴文克对二者差异的阐释，两位姐妹无理由彼此轻视。毕竟，"马大也服侍主，耶稣爱她们两人"。⁷ 巴文克在阿姆斯特丹的任职演讲发出了一个清晰肯定的说明：尽管在坎彭的马利亚和马大无法和好，至少在那时如此，但是她们在阿姆斯特丹会拥有更美好的未来。在演讲结束前，巴文克直接向自由大学理事会公开陈明了自己最终离开神学院的原因。

> 在早些年，由于我感到对自己从出生便归属之教会，以及该教会所建立之神学院的道德义务，所以我并没有自由去接受你们此前给予我的任职机会。但是现在，我会说自己在这事上已尽到所有道德义务。我以此方式、以此路径受聘于自由大学，虽深感遗憾，但还是鼓足勇气接受了自由大学的聘任，并借此公开场合，为你们聘请我和我同事比斯特菲尔德献上感谢。⁸

---

⁶ Bavinck, *Godsdienst en godgeleerdheid*, 56. "Godsdienst en godgeleerdheid staan dus niet tot elkander als moeder en dochter, veel minder nog als dochter en moeder. Veeleer zijn ze twee zusters, die elk in de huishouding van Gods kerk een bijzondere taak en roeping hebben te vervullen. Zij zijn aan Maria en Martha in het huisgezin van Lazarus gelijk."

⁷ Bavinck, *Godsdienst en godgeleerdheid*, 56. "Maria had het goede deel gekozen, dat van haar niet zou weggenomen worden; en Martha was zeer bezig met veel dienens. Maar ook Martha diende den Heere. En Jezus had ze beide lief."

⁸ Bavinck, *Godsdienst en godgeleerdheid*, 63. "Mijne Heeren Directeuren.

巴文克表明自己已完成在神学院的使命，接着阐述了他在阿姆斯特丹工作的规划。

> 我来此希望实现一个高远的理想。若能为此理想尽自己绵薄之力，我必欢欣之至，从而在你们审慎且富有活力的引领下，〔宗教〕认信和科学的关联能在理论和实践上被阐释得更清晰；这片土地上神学院系和归正教会的关系能完全且充分地井然有序；靠着自由大学各个院系讲席数量快速有力的增长，自由大学可以逐步彰显建校时所取的美妙校名。[9]

巴文克公开称赞自由大学，并陈明了自己的志向，但其中隐藏了给自由大学的意见：作为一所学府，它名不副实。该校规模

Vanwege de zedelijke gebondenheid, die ik gevoelde aan de Kerk, waarin ik geboren ben, en aan de School, die door haar werd gesticht, ontbrak mij in vroegere jaren de vrijheid, om eene benoeming, een en andermaal door U op mij uitgebracht, op te volgen. Thans echter meen ik te mogen zeggen, dat aan de zedelijke verplichtingen, die te dezer zake op mij rustten, geheel en meer dan genoeg is voldaan. Hoezeer ik er dan ook diep leed over draag, dat ik niet op eene andere wijze en in een anderen weg aan deze Uwe stichting verbonden ben geworden, heb ik Uwe benoeming nochtans met volle vrijmoedigheid aangenomen en betuig ik U openlijk mijn dank, dat Gij deze benoeming op mij, evenals ook op mijn ambtgenoot Biesterveld, hebt willen uitbrengen."

[9] Bavinck, *Godsdienst en godgeleerdheid*, 63. "Hier kom ik medewerken aan de verwezenlijking van een hoog ideaal. Het zal mij tot innige vreugde strekken, als ik naar de mate mijner krachten er eenigszins toe medewerken mag, dat onder Uw beleidvol en energiek bestuur het verband van belijdenis en wetenschap steeds helderder, zoowel theoretisch als practisch, in het licht worde gesteld; dat de verhouding van de Theologische Faculteit tot de Gereformeerde Kerken in deze landen voldoende en afdoende geregeld worde; en dat deze School, door eene spoedige en krachtige uitbreiding van het aantal bezette kathaders in de onderscheidene faculteiten, hoe langer hoe meer rechtmatige aanspraak mag doen gelden op den schoonen naam, dien zij bij hare stichting ontving."

不大，缺乏真正大学的体量。至于自由大学未来的成就如何，巴文克私下对此并无十足把握。1903年1月初，他给斯努克·赫胡洛涅写道：

> 我并不是自由大学的狂热支持者，而是看到它的缺点和不足。但是在这里，我似乎已经带给大家一种印象，就是我〔拥有〕自己并未有的确信。虽然我十分确信，在未有公立基督教大学时，教会也许对神学院系有更多发言权，但是我无法接受"〔教会〕自身机构的原则"为一项教理（dogma）。而且我在这原则中发现一种分离主义的青涩恶果，并且分离主义的根茎已经在我们基督教归正教会中蔓延。我每逢选择便有很多争战。许多条条框框束缚着我，但我最终别无选择且不应有其他选择。我现在希望我们的民众通过此事，在一定程度上能理解自由大学，藉此也增强自由大学的力量。我并不认为自由大学会发展成为接近完全意义上的大学。但是如果在这所学校里能培养出一些牧师、文学家和法官，他们心怀信念，品格坚毅、傲立在时代潮头，那么在某种意义上，这所学校仍是一种祝福。所有群体都需要如此才俊，我们尤然。[10]

---

[10] Bavinck to Snouck Hurgronje, Kampen, January 3, 1903, in *ELV*. "Ik ben geen groot bewonderaar van de Vrije Universiteit en heb voor haar zwakheden en gebreken een open oog; maar hier nam ik, blijvende, den schijn op me van eene overtuiging te zijn [toe]gedaan, die ik niet heb. Hoewel ik er zeer op gesteld ben, dat, bij gemis van eene christelijke overheidsschool, de kerk een sterke zeggenschap hebbe over een theologische faculteit, ik kan het 'beginsel eener eigen inrichting' niet accepteren als een dogma, en vind daarin een onrijpe en wrange vrucht van het separatisme, dat ook in onze Christelijke Gereformeerde Kerk zijn wortelen heeft geslagen. Het heeft mij veel strijd gekost, om te beslissen zooals ik beslist

巴文克更换学校的选择，在某种程度上也受凯波尔被任命为首相的影响；这项任命意味着凯波尔实际上不再深度参与自由大学的事务。[11] 但是巴文克的选择更多是在事情处理不当后不得已的行动，并非因他确信接受凯波尔邀请的理想时机已经来到。巴文克对自己供职的新学校的公开和私下看法反差巨大。这次更换学校（几乎）事发偶然，但是他也希望这一选择能够成就美善。

生活中最悲伤的经历

巴文克在私下就自由大学对荷兰社会未来的贡献并不十分确定。从当时的政治环境视之，他这一态度也有重大意义。他从坎彭转入阿姆斯特丹时，凯波尔这位新加尔文主义者正在政坛崛起，到达人生顶峰，如日中天。毕竟身为首相的凯波尔十分忙碌，所以巴文克作为教理学家在阿姆斯特丹有施展才华的空间。在凯波尔这位新加尔文主义领导的带领下，抗革命党成员在全国各地身居政界要职。尽管如此，从巴文克对自由大学未来可能取得成就的态度来看，他开始流露出倦意，但这种倦意更是受到与人交锋的痛苦经历的影响。他年复一年在神学院的学术厅里辩论，在一

---

heb. Vele banden hielden me vast. Maar ten slotte kon en mocht ik niet anders. Ik hoop, dat de Vrije Universiteit er eenigszins door in sympathie bij ons volk en daardoor ook in kracht zal toenemen. Een eenigszins volledige universiteit zal ze wel nooit worden. Maar als ze een getal predikanten, litteratoren en juristen mocht afleveren, die op de hoogte van hun tijd staan en tevens mannen van overtuiging en karakter zijn, dan zou ze toch nog in bescheiden mate ten zegen kunnen zijn. En zulke mannen hebben alle partijen, hebben wij vooral noodig."

[11] George Harinck, "Abraham Kuyper: De Vrije Universiteit op weg naar de samenleving," in *Verder kijken: Honderdvijfendertig jaar Vrije Universiteit Amsterdam in de samenleving. Zesentwintig portretten*, ed. Ab Flipse (Amsterdam: VU Uitgeverij, 2016), 19–26.

期又一期的《号角报》上论战，在一场场教会会议上争论，在一页页文章著作中阐述，这一切都耗神费力。巴文克在那个时期写给斯努克·赫胡洛涅的一封信中说道："生活中最悲伤之事，的确是对人的失望〔之感〕。"[12] 当巴文克在坎彭二十年的时光到了最后一个月时，他感到身心交瘁，此时已无心与人交锋。这确实是该离开坎彭的时候了。

《改革宗伦理学》

巴文克在神学院的那些年，所授课程科目多样，虽然在 19 世纪 90 年代时有所减缩，但伦理学课程一直由他讲授。然而，截至他前往阿姆斯特丹之时，那本卷帙浩繁的《改革宗伦理学》尚未完稿。耶勒·米尔斯·德容（Jelle Michiels de Jong, 1874–1927）在巴文克伦理学课堂上所做的笔记幸得保存；这份笔记在巴文克突然离开坎彭时也就戛然而止了。德容的最后一篇课堂笔记记录于 1902 年 11 月，巴文克的伦理学课程讲授至一半。值得注意的是，巴文克那时在课堂中讲授基督教伦理学的内容，不同于他在坎彭早年所带学生的笔记内容，也与巴文克《改革宗伦理学》的手稿不同。[13] 显然到了 1902 年，他在这一思想领域的最终表述尚未定型。

在巴文克离开后一个月内，德容随他的老师转入自由大学。

---

[12] Bavinck to Snouck Hurgronje, Kampen, January 3, 1903, in *ELV*. "De droevigste ervaring in het leven is wel de teleurstelling, die men met menschen opdoet."

[13] Dirk van Keulen, "Herman Bavinck's Reformed Ethics: Some Remarks about Unpublished Manuscripts in the Libraries of Amsterdam and Kampen," *Bavinck Review* 1 (2010): 44–45, 51–53. 另见 Dirk van Keulen, "Ten geleide," in *Gereformeerde ethiek*, by Herman Bavinck, ed. Dirk van Keulen (Utrecht: Uitgeverij KokBoekcentrum, 2019), 9–34。

自 1890 年以来，该校的伦理学课程一直由和平主义者威廉·贺辛克（Willem Geesink）主讲。与巴文克一样，贺辛克也十分关切"我们时代改革宗伦理学研究之匮乏"[14]，并正在经历撰写一部改革宗伦理学重要作品的创作煎熬。贺辛克和巴文克成为同事后，巴文克似乎放下了伦理学写作。凯波尔推出《神圣神学的百科》后，巴文克仍旧一直推进《改革宗教理学》的写作；但是当《改革宗伦理学》遇到相似情形时，他却未如此行。（尽管如此，贺辛克的《改革宗伦理学》生前也未能完成。二人的伦理学著作手稿都是在他们去世后才问世。）[15]

巴文克在阿姆斯特丹讲授教理学。他在坎彭和阿姆斯特丹时教学和写作的平衡关系奇妙地颠倒过来。在坎彭神学院时，他所授科目广泛，但期望自己的教学和著书立说能紧扣教理学和伦理学。如今在自由大学，他在教学上可自由地聚焦教理学，但在写作题材方面更加多样。

瓦特尔赫拉夫斯梅尔、伦敦和阿姆斯特丹

1903 年 2 月，巴文克一家终于入住新家：林纳斯帕维格 37 号。这栋新建的房屋位于阿姆斯特丹东边名叫瓦特尔赫拉夫斯梅尔的小镇。（他给斯努克·赫胡洛涅的信中道出原由，自己在仓促之下"未能在阿姆斯特丹找到合适的房子"。）[16] 巴文克对初始的

---

[14] Willem Geesink, *De ethiek in de gereformeerde theologie. Rede bij de overdracht van het rectoraat der Vrije Universiteit te Amsterdam op 20 october 1897* (Amsterdam: Kirchner, 1897), 6. "Deze armoede van onzen tijd aan specifiek Gereformeerde ethische studie."

[15] Willem Geesink, *Gereformeerde ethiek*, ed. Valentijn Hepp (Kampen: Kok, 1931).

[16] Bavinck to Snouck Hurgronje, Kampen, January 3, 1903, in *ELV*. "Watergraafsmeer ... bij Amsterdam—in Amsterdam zelf kon ik zoo plotseling geen geschikt huis vinden."

阿姆斯特丹生活印象颇佳。他那年冬天给朋友的信中写道："我们在此一切安顺……生活虽不如坎彭平和，但更加丰富多样，而且知识界的层次更高。"[17]

到瓦特尔赫拉夫斯梅尔不久，赫尔曼和游汉娜一起去伦敦旅游。此前一年，巴文克的故交亦是同事道威·克拉泽斯·卫兰赫去世。（他曾和巴文克一同赴美旅行。）他的儿子道威·克拉斯·卫兰赫（Douwe Klaas Wielenga, 1880–1942）最近迁居伦敦，在利文斯通学院学习，预备赴荷属东印度宣教。[18] 巴文克夫妇希望趁小卫兰赫在伦敦时带他们欣赏这座城市的风光声色。[19] 巴文克在之前一年中经历世事沉浮，内心承受创伤，的确需要这次旅行作为休憩，但他很快就发现在伦敦的服侍正等待着他们。在伦敦期间，他在"水手之家"（Sailors' House）讲道并主持圣餐礼（他那本遗失的日记本记录了他在神学上对那里的圣餐仪式持保留看法）；他在奥斯丁托钵会士荷兰教会（Austin Friars Dutch Church）讲道。此外，他还在青年基督徒协会的大楼里，作了主题为《宗教与科学》的讲座，听众大多为荷兰人。[20] 虽然这个假期以度假开始，但整个假期可谓有名无实。

在瓦特尔赫拉夫斯梅尔，巴文克的一些左邻右舍也是他的新同事：威廉·贺辛克、赫尔曼·凯波尔和彼得勒斯·比斯特菲尔德（他是阿姆斯特丹本地人）。[21] 巴文克虽有同事在侧，刚到瓦特

---

[17] Bavinck to Snouck Hurgronje, Amsterdam, November 20, 1903, in *ELV*. "Het bevalt ons hier in Amsterdam zeer goed. Het leven is niet zoo rustig als in Kampen, maar het is rijker aan afwisseling, en de intellectueele kring staat hooger."

[18] Joel C. Kuipers, *Language, Identity, and Marginality in Indonesia: The Changing Nature of Ritual Speech on the Island of Sumba* (Cambridge: Cambridge University Press, 1998), 32.

[19] Hepp, *Dr. Herman Bavinck*, 290.

[20] Hepp, *Dr. Herman Bavinck*, 290.

[21] Hepp, *Dr. Herman Bavinck*, 289.

尔赫拉夫斯梅尔时也一切顺意，但他不久后便感到在这个小镇上很难安定下来。在过去的二十年间，他步行几分钟就可到神学院，现在需坐四十五分钟通勤车才能到阿姆斯特丹市中心，而那一年他担任了自由大学的校长。他很快觉察到这样通勤的结果，就是每天往返需花九十分钟，这扰乱了他过去二十年来持续高效工作的节奏。[22] 为了能推进写作，他不得不搬到离办公室更近的地方。于是在 1904 年，巴文克一家在自由大学附近买了栋房子，搬进了市中心。巴文克余生一直住在名闻遐迩的运河带（Grachtengordel）辛赫尔 62 号。这栋房子始建于 1638 年，在 19 世纪 90 年代中期以新文艺复兴风格加以改建。这栋房子很合巴文克的心意。在此以前，无论是在弗拉讷克和坎彭，还是在瓦特尔赫拉夫斯梅尔，他常常感到漂泊不定的隐痛，但在这栋房子里，那种感受很快就烟消云散。杨和赫尔曼从社会边缘走向社会中心的人生轨迹至此多少已经完结。对他们而言，作为分离派信徒和分离运动之子，他们一家在"从分离走向融合"的道路上长途跋涉。无论他们现在是何身份，自然都已不再是弃民。因此，赫尔曼终于

---

[22] 巴文克住在瓦特尔赫拉夫斯梅尔所出版的著作，几乎都是他早前著作的再版：*De offerande des lofs: Overdenkingen vóór en na de toelating tot het heilige avondmaal*, 3rd ed. ('s Gravenhage: Fred. H. Verschoor, 1903); *De theologie van prof. dr. Daniel Chantepie de la Saussaye: Bijdrage tot de kennis der ethische theologie*, 2nd ed. (Leiden: D. Donner, 1903); *De zekerheid des geloofs*, 2nd ed. (Kampen: Kok, 1903)。他的著作《呼召和重生》[*Roeping en wedergeboorte* (Kampen: G. Ph. Zalsman, 1903)] 是他早前在《号角报》上已发表文章的文集 [英译本：*Saved by Grace: The Holy Spirit's Work in Calling and Regeneration*, ed. J. Mark Beach, trans. Nelson Kloosterman (Grand Rapids: Reformation Heritage Books, 2008)]。在这些之余，他为一份基督教期刊写了一篇文章；"Wat is wijsbegeerte?" [What is philosophy?], *De School met den Bijbel* 1, no. 38 [1903]: 40, 42, 44–46。他也修改并出版了先前有关"今日之道德"的讲座与小册子； "Hedendaagsche moraal," *Tijdschrift voor Gereformeerde Theologie* 10 [1903]: 1–67。

有了归属感。1905 年，他写信给斯努克·赫胡洛涅：

> 我真的不记得是否在阿姆斯特丹的新家给你写过信。我们一家离开坎彭后暂居瓦特尔赫拉夫斯梅尔，因为事出仓促，所以未能立刻找到合适的居所。但是我们不喜欢那个地方，它离自由大学的教学楼约有四十五分钟车程，而且周围沉寂，人们疏于往来。我们多处查看房子，后来在阿姆斯特丹找到一处房产并买了下来。我们于去年九月安居此处。这栋房子精致典雅，有一个美丽的小花园，位于中央火车站附近，离自由大学的教学楼也不远。目前来看，这个房子很合我们心意。房子的价格不菲，房税也不低。在阿姆斯特丹，只有殷实之家才能过上惬意的生活。虽有如此种种，但我不用再浪费那么多时间往返学校去讲课，也不用以如此孤立和寂寞的方式生活。整体而言，我很高兴自己离开了坎彭。坎彭很宜人，但非常偏僻，过于守旧。[23]

---

[23] Bavinck to Snouck Hurgronje, Amsterdam, June 1, 1905, in *ELV*. "Ik herinner me werkelijk niet, of ik u al eens geschreven heb uit mijne nieuwe woning hier in Amsterdam. Bij ons vertrek uit Kampen waren we tijdelijk, omdat we toen niet ineens een geschikt huis konden vinden, naar Watergraafsmeer gegaan. Maar daar beviel het ons niet best; het was ruim drie kwartier van het gebouw der Vrije Universiteit verwijderd en was bovendien ook een stille, ongezellige buurt. Na veel zoeken vonden en kochten we een perceel in Amsterdam en hebben daar September van 't vorig jaar onzen intrek genomen. Het is een lief klein huis, met een aardig tuintje, dicht bij het Centraal Station en bij het gebouw der Vrije Universiteit, en het bevalt ons tos dusver uitnemend. Maar het is hier een duur wonen; de huizen zijn zeer prijzig en de belastigen zijn hoog. Men moet er heel wat over hebben, om in Amsterdam te wonen. Doch er staat tegenover, dat ik met college geven niet zoo veel tijd verlies en niet zoo afgezonderd en eenzaam leef. Over het algemeen ben ik blij dat ik niet meer in Kampen ben; het was er wel aardig maar ook zeer afgelegen en kleinsteedsch."

一个新来的长期邻居：超人

在 19 世纪 90 年代，巴文克相信当时世俗社会境况很快会走向末路，荷兰历史将进入崭新阶段：在一个现代社会中，透过加尔文主义棱镜折射出的基督教之光，在这个时代会闪耀出从未有的美丽光芒。因此，巴文克在那些年的作品，让他成了加尔文主义的公开捍卫者。这正是那个时代所需，因为荷兰的未来与其过去相仿，具有加尔文主义特性。

不知是在即将离开坎彭前的某段时间、还是初到阿姆斯特的某段时间，巴文克修正了这个信念。他更清晰地看到，大部分荷兰人对这种世俗化的公共领域持比较宽容的态度；此领域充斥着互相冲突的观念，嘈杂之声不绝于耳。巴文克在这一时期的著作《基督教科学》（1904）中指出，在这个文化转型的时代，"大多数卓越的科学家从无神论回归到有神论"。[24] 尽管如此，在这些心中饥渴的科学家中，转向正统基督教的人并不多。他们所持神学观点千差万别，比如哲学观念论（philosophical idealism）、神秘主义、通神学（theosophy）、泛心论（panpsychism）、目的论（teleologism）；这些观点无非增添了不和谐。此外，以科学为中心的无神论思想在 19 世纪 90 年代初期盛行一时（巴文克称之为"勒南时代"〔age of Renan〕），而如今已经影响式微。[25]

---

[24] Herman Bavinck, *Christelijke wetenschap* (Kampen: Kok, 1904). "Thans zijn wij er getuigen van, hoe velen van de uitnemendste natuurvorschers ... van het atheisme tot het theisme terugkeeren."

[25] Herman Bavinck, *Christelijke wereldbeschouwing: Rede bij de overdracht van the rectoraat aan de Vrije Universiteit te Amsterdam op 20 october 1904* (Kampen: J. H. Bos, 1904), 6; ET: *Christian Worldview*, ed. and trans. Nathaniel Gray Sutanto, James Eglinton, and Cory Brock (Wheaton: Crossway, 2019). 中注：赫尔曼·巴文克，〈基督教世界观〉，朱隽皞译，载于《基督教与世界观》，徐西面编（爱丁堡：贤理·璀雅，2022），72 页。

一种新的无神论继而开始流行起来：过世不久的德国哲学家弗里德里希·尼采（1844–1900）的思想。

尼采的无神论意在全盘且彻底摒弃它所拒绝的有神论，因此它与以往的思想截然不同。尼采认为，若上帝已死，那么所有道德价值皆需重新评估，因而无神论者没有义务延续任何一种有神论的道德窠臼。所以，尼采的无神论无意替代基督教悠久历史的前一阶段，而是要与基督教彻底脱离，创造全新的事物取而代之。对尼采的呼吁极为重要的是，他的思想借着聚焦"超人"（Übermensch），分离了无神论和虚无主义。超人是强大有力的今世之人，更喜欢统治的具体性，而非对幸福飘忽不定的追求。尼采的思想是一种有目的性的无神论，**既有**扬弃**亦有**增补。

尼采在荷兰的支持者以弗雷德里克·范伊登（Frederik van Eeden，1860–1932）等人为首。尼采对道德价值的重新评估，令这些人普遍对达尔文生物学"适者生存"的观点失去了兴趣（相比生存，强权统治更受青睐），同时对耶稣作为恩典与仆人之模范尤其不屑一顾。[26]（当时荷兰著名文学家范伊登，藉由小说人物维克·姆拉尔托，让尼采的超人思想广为人知。）[27]

尼采这种新型无神论蔑视巴文克和他的神学对手，对荷兰的基督教历史毫无兴趣，并指向一个完全脱离基督教的难以想象的未来。巴文克认同尼采对无神论道德影响的评估。[28] 即便如此，

---

[26] Frederik van Eeden, *De kleine Johannes*, 3 vols. (Amsterdam: Elsevier, 1979). 另见 George Harinck, "The Religious Character of Modernism and the Modern Character of Religion: A Case Study of Herman Bavinck's Engagement with Modern Culture," *Scottish Bulletin of Evangelical Theology* 29, no. 1 (2011): 74。有关荷兰对尼采的接受，见 Jos Gielen, "Nietzsche in Nederland," *De Nieuwe Taalgids* 37 (1943): 19–26; Jaap Kamphuis, *Nietzsche in Nederland* (Ermelo: Woord en Wereld, 1987)。

[27] Frederik van Eeden, *De nachtbruid: de gedenkschriften van Vico Muralto* (Amsterdam: Versluys, 1909).

[28] Herman Bavinck, *Philosophy of Revelation: A New Annotated Edition*, ed. Cory Brock and Nathaniel Gray Sutanto (Peabody, MA: Hendrickson, 2018), 231.

自己一些同胞甘心乐意地踏入尼采去基督教的陌生水域这一现实，证明之前他对荷兰文化取向的看法并不准确。荷兰人并不如他原想的那般深深扎根于加尔文主义。巴文克此时在《今日道德》（1902）中承认，"尼采藉由他的道德哲学，道出了众人潜意识里的心声"。[29]

因此，巴文克发现自己透过这个应急性社会群体（Notgemeinschaft），正凝视着一群无共同神学和哲学基础的同胞，而这个群体是按需形成的社会，只是临事而为，并无周密规划。因此，他不得不接受"不同原则在某种程度上的长期共存，而这些原则不再有任何交集"。[30] 他不仅要和现代派这个对手长期对峙，还要对付最近传入荷兰的这一外来思想。巴文克意识这一点后，开始重新打量自己的左邻右舍：在可见的未来，如果这些思想不得不复杂共存，那么它们会给新加尔文主义带来怎样的威胁？

文化已变，"勒南时代"已让位于"尼采时代"。因此，彼时的神学面对新问题、新挑战和新需求。荷兰各个分立的基督教传统，在它们与尼采无神论的一般关系上有了新的共通点：尼采思想的死亡阴影笼罩在所有基督教支流之上，不论基督新教或基督公教、正统派或自由派、凯波尔思想群体或伦理神学群体、现代主义或敬虔主义，概莫能外。正因如此，巴文克在不久之后就指出，根本而言，"事实上，只有两种世界观，即有神论的和无神论的"。[31] 为满足新时代的需要，他在公共领域护教学的关注点不得不要改变。尽管巴文克未将加尔文主义和更普泛意义上的基督教置于张力之中，而是承认二者之间的相互依存，但是他清晰地看到，相较于基督教各自传统的"使徒"捍卫自身传统，20世纪初更需要基督教的捍卫者。

---

[29] Herman Bavinck, *Hedendaagsche moraal* (Kampen: Kok, 1902), 51. "Inderdaad heeft een man als NIETZSCHE in zijne zedelijke wijsbegeerte slechts uiting gegeven aan wat onbewust leefde in veler hart."
[30] Harinck, "Religious Character of Modernism," 74.
[31] Bavinck, *Christelijke wereldbeschouwing*, 51; cf. ET in Bavinck, *Christian Worldview*, 73. 中注：巴文克，〈基督教世界观〉，109 页。

在过去数十年里，巴文克对世界观的概念着墨不多，只在 1883 年出版了一本短评〈当代世界观〉³²，并于 1884 年在《自由教会》上发表了一篇詹姆斯·奥尔的《基督教上帝观和世界观》的书评。³³ 若是为了满足时代的（新）需要，那么他在阿姆斯特丹的年日需要在基督教世界观方面有更多原创的学术成果。

召聚有神论者联盟

哈林克认为，这种新型无神论的出现，给巴文克的看法带来了两个变化。一方面，由于这种无神论旨在否决基督教的根基和果实，所以它是"巴文克无法触及的现代文化的一部分"。³⁴ 从 19 世纪 70 年代到 90 年代，巴文克与现代神学家和伦理神学家的对话，借着高度的相互理解得以推进：在此种对话中，巴文克可以诉诸他们共同的历史、文本、概念和道德价值，并引用基督徒最基本的直觉内容（尤其关乎道成肉身的重要性）。正因这些原因，巴文克在他神学对手的身上看到了自己。虽然他与亚伯拉罕·库能、胡宁之间存在距离，但并不妨碍他们成为激发彼此思想的朋友。

而另一方面，因着巴文克与那些新无神论者的一致之处越来越少，"他不得不搁置现代文化的无神论部分，转而专心联合基

---

[32] Herman Bavinck, "De hedendaagsche wereldbeschouwing," *De Vrije Kerk* 9, no. 10 (October 1883): 435–61. 中注：赫尔曼·巴文克，〈当代世界观〉，徐西面译，载于《基督教与世界观》，徐西面编（爱丁堡：贤理·璀雅，2022），17–40 页。

[33] Herman Bavinck, "Eene belangrijke apologie van de Christelijke Wereldbeschouwing," review of *The Christian View of God and the World, as Centring in the Incarnation*, by J. Orr, *Theologische Studiën* 12 (1894): 142–52.

[34] Harinck, "Religious Character of Modernism," 74.

督徒"。[35] 在那些年间，巴文克不辞劳苦地向他的神学对手们强调，他们长久以来对加尔文主义正统的异议很快就会变得缺乏远见：双方都扎营在以拉谷的同一侧，并面对相同的歌利亚；至少在这个时刻，他们生死与共。

为基督教教育而奋斗

正是出于这一原因，巴文克在 1904 年很快出版了三部重要著作。《基督教世界观》原为他在自由大学的校长演讲。他在该作中指出，现代缺乏合一的世界观和生命观，反而剑走偏锋，仅突出实在（reality）的某一面——或心灵、或头脑、或意志、或情感、或认知、或行动、或物理事物、或超自然事物——而忽略其余。因此，从康德到尼采和马克思，现代给生活其中的人所带来的是形形色色（终极）单维的选项；因而，巴文克认为，现代在智识层面或存在层面，都难以令人满意。巴文克主张基督教世界观和生命观是一剂良方，认为基督教的诠释能力极其广阔深邃，而非简化。此外，这种诠释能力可以为一连串相互关联、对满足人类存在至关重要的哲学问题，提供和谐自洽的答案。这些问题包括：为何有此事物存在？为何存在？存在的事物为何有常亦有变？我们如何知道怎样在此背景下行事合宜？（这部哲学性的护教著作，成为巴文克后来普林斯顿斯通讲座的基础。）

同年，巴文克针对当时一个特别的政治问题出版了《基督教科学》。自 19 世纪末以来，荷兰政坛就陷入了"有关学校的论战"（schoolstrijd）：政府是否应资助那些明显基于宗教信念或世界观信念的学校，如同资助明确"中立"的学校。[36]

---

[35] Harinck, "Religious Character of Modernism," 74.
[36] Marinus de Jong, "The Heart of the Academy: Herman Bavinck in De-

多年来，巴文克一直参与有关基督教教育的争论。他在弗拉讷克牧会时，就为此发表了专题演讲。[37] 在坎彭时，他积极参与了归正高等教育联会（Union for Reformed Higher Education）的活动；在担任《号角报》编辑时，他又积极鼓励新基督教学校的发展。[38] 在移居阿姆斯特丹时，他担任归正学校联会（Gereformeeerd Schoolverband）副主席；这是一个旨在发展基督教教育的组织。[39] 虽然他在"有关学校的论战"中是一位老练的辩手，但是他在阿姆斯特丹的任职演讲《宗教和神学》将他推到了这场全国性辩论更中心的位置。在那场演讲中，他力图让马利亚和马大彼此和解，认为个人的基督教信仰与学院中的神学实践在本质上并不矛盾。这个主张招来自由主义抗辩派神学家赫尔曼·赫鲁那维恒（Herman Groenewegen, 1862–1930）的反对，巴文克由此卷入关于自由大学学术合法性之争辩的漩涡。

1903 年，赫鲁那维恒发表了一篇文章，抨击巴文克题为《宗教与神学》的演讲。他指出，如果神学研究者以自己神学传统局内人的身份来言说神学，那么神学就不能被认定为一门科学。[40] 赫鲁那维恒认为，宗教研究应基于认信中立和经验观察，因为他相信，此种无前设的研究进路能客观表明基督教是更卓越的宗教，以现代自由主义基督教为其高峰。赫鲁那维恒在批判中提出了一

---

bate with Modernity on the Academy, Theology, and the Church," in *The Kuyper Center Review*, vol. 5, *Church and Academy*, ed. Gordon Graham (Grand Rapids: Eerdmans, 2015), 64.

[37] Herman Bavinck, "Rede over het christelijk onderwijs" (1881), HBA, folder 331.

[38] Herman Bavinck, "Middelbaar onderwijs," *De Bazuin*, August 16, 1901.

[39] Adriaan Cornelis Rosendaal, *Naar een school voor de gereformeerde gezindte: Het christelijke onderwijsconcept van het Gereformeerd Schoolverband (1868–1971)* (Hilversum: Verloren, 2006), 102.

[40] Herman Groenewegen, "Wetenschap of dogmatisme," *Theologisch Tijdschrift* 37 (1903): 385–424.

个问题：为何新加尔文主义者认为应投奔自由大学，而不是追求国立大学的教席？[41] 所有人皆可意会，他的质问中含沙射影之意显而易见：自由大学是一间伪科学性的思想回声室，它的新加尔文主义教授们过于强调宗派传统，以至于在真科学的领域不会赢得尊重。若事实真如他所言，那么"有关学校的论战"的答案就会不言自明：政府不能支持这样的伪学术。

在《基督教科学》中，巴文克回应了赫鲁那维恒批判中有关认识论的核心问题。他认为，人类一切知识皆具主观性且依据先验设定的观点。因此（基督徒所研究）的神学和大学其他探索学问的路径应享有同等地位。[42] 这是巴文克多年来一直讲论的观点。二十年前，他在坎彭发表任职演讲后，也以同样的观点反对中立性的错误观点，来反驳斯努克·赫胡洛涅；他后来在《改革宗教理学》的《神学绪论》一卷中，详细阐述了这一观点。

面对各种针对自由大学作为高等学府的诋毁，巴文克所做的回应可谓他《基督教科学》中更为新颖的论点。凯波尔的自由大学愿景的核心观点就是：信与不信之对立不仅产生"两种民众"（重生之人和非重生之人），而且产生"两种不同的科学"。[43] 毋庸置疑，凯波尔肯定（并长篇累牍地论述）普遍恩典的观点。他相信上帝也赐给非信徒美善的礼物，包括学术界的非信徒。[44] 然而，根据自由大学初建的理据，普遍恩典是作为信与不信之对立的结果而赐下。这种观点认为，由于非重生之民的科学与重生之民的科学完全不是同一类型，所以需要建立基督教大学。

---

[41] Groenewegen, "Wetenschap of dogmatisme," 413.

[42] Bavinck, *Christelijke wetenschap*, 77.

[43] Abraham Kuyper, *Principles of Sacred Theology*, trans. J. Hendrik De Vries (Grand Rapids: Eerdmans, 1954), 155–82.

[44] Abraham Kuyper, *De gemeene gratie*, 3 vols. (Leiden: D. Donner, 1902–4); ET: *Common Grace: God's Gift for a Fallen World*, 2 vols., ed. Jordan Ballor and Stephen J. Grabill, trans. Nelson Kloosterman and Ed van der Maas (Bellingham, WA: Lexham Press, 2015–17).

正是在此背景下，巴文克撰写了《基督教科学》。他藉普遍恩典（而未以信与不信的对立）概念反驳赫鲁那维恒。他首先提出非基督徒应关注基督徒的学术研究，然后指出基督徒历来尊重非基督徒的智识美德。"基督徒从来未狭隘至一个程度，不理会非信徒的一切科学研究，视其为虚假错误……因为〔基督徒〕相信上帝，也就是他们在基督里宣信为父的那位上帝，祂使太阳照恶人，也照好人，降雨给义人，也降给不义之人。"[45] 那一年，巴文克还出版了《教育学原理》（*Principles of Pedagogy*），共178页。该书基于他先前的讲座集结而成，而且他将其作为《基督教世界观》的姊妹篇推出。[46] 在这部特别的著作中，巴文克试图对投身于基督教教育的基本要素加以细化。他认为基督教对人性有自己的阐述，并且此种独特的人性观对教育学有深刻的影响。在概述当时的教育学流派过程中，他指出卢梭思想包含对孩童人性的乐观主义观点，而托尔斯泰宣扬悲观主义的观点，但二者都有失偏颇。相较之下，基督教认为孩童是按照上帝的形像受造，但被罪玷污，又因普遍恩典得以保守追求知识的能力，且在被救恩赎回时就能获取伟大的美德。这种孩童人性观可以更好地解释孩童身上的善恶，有助于他们健康茁壮地成长。

为达此目标，巴文克认为一个肯定生命的基督教学校的课程，应该在宗教知识、运用语言的技巧和自然科学方面教导孩童，并且这些内容的教导应启发头脑、滋养心灵并培养动手能力。在论述这些思想时，巴文克将（主要为德国的）心理学和教育法方面

---

[45] Bavinck, *Christelijke wetenschap*, 31. "Omgekeerd zijn Christenen nooit zoo enghartig geweest, dat zij al de wetenschappelijke onderzoekingen, door niet-geloovigen ingesteld, als leugenachtig verwierpen ... want zij gelooven, dat God, dezelfde God, dien zij in Christus als hun Vader belijden, zijne zon laat opgaan over boozen en goeden en regent over rechtvaardigen en onrechtvaardigen."

[46] Herman Bavinck, *Paedagogische beginselen* (Kampen: Kok, 1904), 8.

最前沿的发展传播给自己的荷兰读者。⁴⁷ 这是一个整全、有机主义的基督教教育愿景，在当时引起许多人的共鸣。格贝图斯·朗堡茨神父（Fr. Siegbertus Rombouts, 1883–1962）是 20 世纪荷兰最重要的基督公教教育学家。他深度反思了巴文克的教育法，并撰写了大量评论文章。他建议自己的学生阅读巴文克的著作，而非"单调的"中立性著作。⁴⁸ 自由主义抗辩派的罗米尔·卡西米尔（Rommert Casimir, 1877–1957）力赞巴文克的《教育学原理》；教育学家约翰尼斯·赫尔曼努斯·胡宁·威廉祖恩（Johannes Hermanus Gunning Willemszoon, 1859–1951）是凯波尔思想的反对者，也是巴文克的神学对手胡宁的外甥，他对这部著作亦称赞不已。⁴⁹ 巴文克的许多新加尔文主义支持者，纷纷出版对他教育学的评述。⁵⁰ 为了表达对他的敬意，后来荷兰各地以巴文克命名的小学多不胜数。⁵¹

纵观 20 世纪，巴文克沿着世界观脉络对教育理论的独特阐述，对凯波尔派最后于 1917 年在"有关学校的论战"中取得胜

---

⁴⁷ Nelle Bakker, *Kind en karakter: Nederlandse pedagogen over opvoeding in het gezin, 1845–1925* (Amsterdam: Het Spinhuis, 1995), 178.

⁴⁸ Fr. Siegbertus Rombouts, *Prof. dr. H. Bavinck: Gids bij de studie van zijn paedagogische werken* ('s Hertogenbosch: Malmberg, 1922); Bakker, *Kind en karakter: Nederlandse pedagogen over opvoeding in het gezin 1845–1925*, 310n21.

⁴⁹ Rommert Casimir, "Bavincks paedagogische beginselen," *School en leven* 8 (1906/1907): 38–42, 87–90, 118–23, 177–83, 193–200, 321–27, 465–67; J. H. Gunning Wzn. [Willemszoon], "Prof. dr. H. Bavinck," *Het Kind* 22 (1921): 321–25.

⁵⁰ Jakob Brederveld, *Hoofdlijnen der paedagogiek van dr. Herman Bavinck* (Amsterdam: De Standaard, 1927); L. van der Zweep, *De paedagogiek van Bavinck, met een inleiding tot zijn werken* (Kampen: Kok, 1935); L. van Klinken, *Bavinck's paedagogische beginselen* (Meppel: Stenvert, 1936).

⁵¹ Dr. H. Bavinckschool, Vlaardingen; Protestants-Christelijke Bavinck Basisschool, The Hague; Protestants-Christelijke Basisschool Dr. H. Bavinckschool, Haarlem; Dr. H. Bavinckschool, Dordrecht; Dr. H. Bavinckschool, Hilversum; Bavinckschool, Bunschoten-Spakenburg.

利发挥了重要作用。这场胜利又继续塑造了今日荷兰政府对教育平等资助的机制：从幼儿园到大学，基于各类世界观的学校，都享有同等资助。对于 21 世纪的读者而言，巴文克主要作为神学家广为人知。但是在 20 世纪的许多年里，他主要作为一位杰出的教育学家而赢得国际赞誉。如今在荷兰之外，他在这一领域的重要地位几乎已被遗忘。[52]

从《不信与革命》出发前行

1904 年，巴文克给范普林斯特勒的新版《不信与革命》作序。[53] 该作首版于 1847 年出版。它将法国大革命的价值观，描述为一个将基督的上主之尊从人类生存各个领域赶逐的生活系统。透过此部著作，范普林斯特勒激发了抗革命的荷兰政治传统。亚伯拉罕·凯波尔继承了这一传统，并将其发展成抗革命党；这个传统也把 19 世纪晚期新加尔文主义的表现形式，界定为对一个奸诈之敌的系统性回击。正如法国大革命无情的去基督教式逻辑会以可预料的方式在社会中逐渐渗开，抗革命党借着坚持他们自身的加尔文主义生命系统，从各个方向发起反击。

虽然巴文克在 19 世纪 70 年代至 90 年代期间已然接受以上观点，但是我们清晰发现，到了 1904 年，他日益认识到这些看法的瑕疵。尽管他一如既往地欣赏范普林斯特勒，但是他此时

---

[52] Jakob Brederveld, *Christian Education: A Summary and Discussion of Bavinck's Pedagogical Principles* (Grand Rapids: Smitter, 1928); Cornelius Richard Jaarsma, *The Educational Philosophy of Herman Bavinck: A Textbook in Education* (Grand Rapids: Eerdmans, 1935).

[53] Guillaume Groen van Prinsterer, *Ongeloof en revolutie: Eene reeks van historische voorlezingen* (Leiden: S. & J. Luchtmans, 1847); Harry Van Dyke, *Groen van Prinsterer's Lectures on Unbelief and Revolution* (Jordan Station, Ontario: Wedge Publishing Foundation, 1989).

批评《不信与革命》中假定的可预料性（predictability），仿佛人们总会依据他们（或对或错）的前设，一以贯之地行事生活。巴文克写道，范普林斯特勒"不仅相信自然律，也相信道德世界的律（并非宿命论）"。[54] 但是在那时，巴文克并不认同这一观点。他认为一个堕落被造界中的生命更混乱、更无章可循。他承认在自然和历史的事件中有一种逻辑力量，但同时也认为这种力量常因"人的才能及需要"和"上帝的谕令"而受挫。[55] 早在巴文克到达阿姆斯特丹的日子，他便觉察到罪具有全局普遍性（systemic）而非系统性（systematic），相较见于其方法，更多见于其狂乱。与此相对应的看法就是，上帝恩典的特殊运行更是难以预料。凯波尔和巴文克的差异日益明显：一位仍然是理想主义者，而另一位是越发开放的现实主义者。[56]

1905 年的大选：新加尔文主义日薄西山？

当凯波尔准备 1905 年的全国大选时，他和巴文克的差异日趋明显。凯波尔在第一次担任首相期间遇到很多波折，外部挑战不断。1898 年，他延长了自己赴美旅行时间。他那时是议会议员，但未回国参加荷兰女王威廉敏娜的加冕礼，而是选择在海外宣传加尔文主义。布拉特认为女王并没有忘记他这一轻慢之举，而且

---

[54] Herman Bavinck, "Voorrede," in Groen van Prinsterer, *Ongeloof en revolutie*, viii. "Hij geloofde niet alleen in wetten in de natuur, maar zonder fatalisme ook aan wetten in de zedelijke wereld."

[55] Bavinck, "Voorrede," in Groen van Prinsterer, *Ongeloof en revolutie*, vii. "Zij ontmoet altijd bezwaren, die, opgerezen uit den aanleg en de behoefte van den mensch, verbonden aan de natuur en aan de ordeningen Gods."

[56] Harinck, "Herman Bavinck and the Neo-Calvinist Concept of the French Revolution," in *Neo-Calvinism and the French Revolution*, ed. James Eglinton and George Harinck (London: Bloomsbury T&T Clark, 2014), 27.

由此怀疑凯波尔支持共和制。[57] 凯波尔担任首相后得不到女王支持，而他的内阁又相对缺乏经验，于是受困于彼时一个复杂医疗服务系统的实施。这个医疗服务系统由他的几位前任自由联合党首相启动。此外，荷兰实施教会和国家分离，现在却由基督教政党治国理政；因此，他就"基督教政党能否胜任"面对定期审查。在此期间，凯波尔以强硬手段处理 1903 年的铁路工人大罢工，这让极大损害了他的公众形象。尽管如此，他希望在 1905 年时能连任。然而，在大选预备阶段，凯波尔所推崇的政治策略清楚表明，他的文化直觉和巴文克这位年轻同事的文化直觉并不十分一致。

在 1901 年的竞选活动中，凯波尔已经准确嗅到了时代的氛围，将自己的政治联盟和基督教结合，而非加尔文主义。出于显而易见的原因，这种"**隐藏在神学差异之下的基督教**"的政治也吸引了巴文克。但在 1904 年，政治情势已然大变。那次首相竞选聚焦于政治人物的人格魅力及政治口号，而非政党和政治，这在荷兰历史上还是首次。在这方面，凯波尔和对手彼得·耶勒斯·特罗尔斯特拉（Pieter Jelles Troelstra, 1860–1930）都精于此道。竞选中不可能再出现有意义的细微差别，而此种转变实为回归信与不信之对立的政治。[58] 选民或是完全支持凯波尔，或完全反对他。政治参与被迫变成基督教与异教之间非此即彼的选择：前者与凯波尔的形象紧密相关，后者则是那些不倾向于投票给他之人的选择。

自凯波尔开始角逐首相一职，抗革命党就一直劝他辞去主席职位。但直到 1904 年再次竞选首相的中途，凯波尔才宣布辞去

---

[57] James Bratt, *Abraham Kuyper: Modern Calvinist, Christian Democrat* (Grand Rapids: Eerdmans, 2013), 302.

[58] George Harinck, "'Als een schelm weggejaagd'? De ARP en de verkiezingen van 1905," in *Het kabinetKuyper (1901–1905)*, ed. D. Th. Kuiper and G. J. Schutte (Zoetermeer: Meinema, 2001), 270–301.

这一特殊职位的意向，并明确表示巴文克是他优先考虑的继任者。尽管巴文克起初推辞不受，但他在 12 月下旬便同意接受任职提名。凯波尔开始在抗革命党成员中推举他。这些成员于次年四月在乌特勒支举行的党大会上，一致投票支持巴文克担任主席。[59] 巴文克在大会上的演讲，尝试就人们对一个治理世俗国家之基督教政党的批评，提出具有建设性的回应。他认为肯定宗教与政治的相互关系，不应与二者的含糊混合相混淆。因此，他认为，抗革命党反对将宗教和政治混为一谈的程度并不亚于将两者强行分开。[60] 鉴于此，他主张荷兰民众无需畏惧基督教政党，而是应担忧一些新的事物：在荷兰文化庭园里，"不信是舶来品，中立性是入侵物种"。[61]

在此类修辞和理论的基础上，巴文克的演讲充满信心且清晰分明。但论到抗革命党的历史和将来时，他显然对自己将要担任的角色自信不足："我们必须意识到〔凯波尔〕辞去主席职务、担任首相给我们党派带来的改变。我们不能保证，在范普林斯特勒和凯波尔之后，我们会幸运地再有一位才华和能力与他们比肩的新领袖。然而，我们党派的存亡并不系一人之身，因为它所仰赖的是已经经过时间考验的原则。上帝施行拯救可透过许多人，亦可透过些许人，可藉强国，亦可用小邦。"[62] 巴文克很清楚，

---

[59] George Harinck, "De Antirevolutionarie Partij, 1905–1918," in *De Antirevolutionaire Partij, 1829–1980*, ed. George Harinck, Roel Kuiper, and Peter Bak (Hilversum: Verloren, 2001), 123.

[60] Herman Bavinck, *Christelijke en Neutrale Staatkunde* (Hilversum: Witzel & Klemkerk, 1905), 39. "Want godsdienst en politiek zijn twee en mogen niet worden vermengd. Vermenging van beide is echter iets anders dan handhaving van hun onderling verband; zoozeer vermenging te mijden is, is ook scheiding verwerpelijk."

[61] Bavinck, *Christelijke en Neutrale Staatkunde*, 46. "Het ongeloof is van buiten af geïmporteerd en de neutraliteit is een uitheemsch gewas."

[62] Bavinck, *Christelijke en Neutrale Staatkunde*, 5. "Toch neemt dit niet weg, dat wij ons van de veranderingen, door zijn aftreden als onze Voorzitter en door zijn optreden als Minister in onze partij aangebracht, klaar

现在是抗革命党利益攸关的时刻：抗革命党的胜利会成为 20 世纪荷兰政治历史的分水岭。他认为，如果抗革命党败北，其政治运动"很可能永久性地分裂成更小的团体"。[63]

在政治生涯的关键时刻，凯波尔的竞选活动连连受挫。无论是在神学层面，还是就他们对凯波尔个人形像的看法而言，荷兰基督徒都太多样化，以至于无法聚集为一个单一的政党，所以抵制这种共同结合为"有神论联盟"的尝试。在抗革命党内部，很快就显而易见的是，巴文克魄力不足，难以凝聚党派内争吵的派别。他担心抗革命党政治集团即将面临崩解，而这一担心很快就成为事实。巴文克未准备充分去力挽分崩离析之势。凯波尔担任抗革命党主席长达二十六年，而巴文克只担任了两年就结束了。

1905 年的大选对凯波尔和抗革命党而言都不如意。在这过程中，抗革命党失去了九个议会席位，因而失去了议会多数党的地位。令凯波尔大失颜面的是，他自己的席位被进步自由派候选人夺去。特罗尔斯特拉的竞选口号"赶出凯波尔！"（Weg met Kuyper！）非常有效。凯波尔竞选败北后从政坛退隐，前往地中海和阿拉伯世界四处旅游。在那一时期，他完成了杰出灵修作品《与上帝亲近》的大部分内容。[64] 在该作基础上，他出版了多达千页的游记（共 1075 页）和评价伊斯兰教的作品《环绕古老的世界与海洋》。[65]

---

bewust moeten zijn. Wij hebben geen belofte, dat na Groen en Kuyper weer een leider van hun talent en energie ons beschoren zal zijn. Met een persoon staat en valt onze partij niet, omdat zij uit beginselen leeft, die den toets der eeuwen hebben doorstaan."

[63] Bavinck, *Christelijke en Neutrale Staatkunde*, 5. "Indien het daarentegen verliest, valt het waarschijnlijk voorgoed in verschillende groepen uiteen."

[64] Abraham Kuyper, *Nabij God te zijn: Meditatiën* (Amsterdam: J. R. Vrolijk, 1908); ET: *To Be near unto God*, trans. John Hendrik De Vries (Grand Rapids: Eerdmans, 1918).

[65] Abraham Kuyper, *Om de oude wereldzee*, 2 vols. (Amsterdam: Van Holkema & W dorf, 1907); ET: *On Islam*, ed. James Bratt, trans. Jan van Vliet (Bellingham, WA: Lexham Press, 2018).

凯波尔远游，巴文克履职

是年五月，巴文克接到坎彭学生德克·伦普夫（Derk Rumpff, 1878–1944）的来信。他基于以下信念而请求能与巴文克会面："深信您知道坎彭学生中的动向，而且您对此也深表同情。"[66] 巴文克和比斯特菲尔德以及众多学生离开神学院已有三年，但是神学院依然有大量学生在考虑转入自由大学。伦普夫和巴文克在之后数月一直通信交流，他也是众多转投阿姆斯特丹之坎彭神学生中的一员。

在凯波尔四处游览期间，巴文克正艰难地维持着他不擅长的抗革命党党魁的职位。在20世纪初，荷兰和北欧大部分国家一样，有关公投权的公开辩论变得越发重要，尤其聚焦于赋予女性选举权。工业化开始后，年轻的工人阶级妇女开始成为劳动力的主力，因而推迟结婚和生育。其结果便是，一些女性（尽管并非所有）作为独立公民而非妻子和女儿的角色，越发积极参与荷兰社会。在此社会情境下，尽管大多数荷兰女性仍然反对所有人都有个人投票权，但是自由妇女协会（Vrije Vrouwen Vereeniging）和女性选举权会社（Vereeniging voor Vrouwenkiesrecht）积极推动面向所有成年个体的大众选举权。

大众民主内部的此番发展，给抗革命党带来不少难题。十年前，在凯波尔–洛曼冲突的背景下，凯波尔支持一种基于家庭而非个体的大众民主形式。在家庭男性选举权（huismanskiesrecht）的体系中，每个家庭都作为共享一个世界观和生命观的单元，拥有民主意义上的投票权，而此投票权被赋予家庭的男性之首。

---

[66] Rumpff to Bavinck, Kampen, May 15, 1905, in HBA, folder 8. "De vaste overtuiging dat een zekere beweging onder de Kamper studenten aan U bekend is en Uwe sympathie heeft, geeft mij moed U te verzoeken ons—een vriend en ondergeteekende—gelegenheid te geven, met U een onderhoud te hebben over bovengenoemde beweging."

1895 年，凯波尔认为这种大众民主形式是加尔文主义和现代文化之间令人满意的结合，只因这种方式让普通人享有权力的同时，又不会破坏以家庭为单位的有机合一。相比之下，他视赋予个体选举权为简化家庭，使其变成一个由任意关联之个体形成的联合体，不期望他们会齐心协力地奔赴同一目标。他相信，如果一个社会赋予个体以选举投票权，那么这个社会中的家庭会出现破口，家庭之舟有倾覆之虞。（值得注意的是，凯波尔的提案在荷兰社会中赢得了许多人的支持。）

截至 1906 年，就是凯波尔仍在外旅游期间，抗革命党内部对于个体选举权众说纷纭、各执己见。一些人认为凯波尔"家庭男性选举权"的理念，与范普林斯特勒著作中的观点矛盾；另一些人则感到困惑，为何扩大到个体的选举权一定就会与抗革命党原则冲突。[67] 巴文克自己的观点是，凯波尔在 1895 年的立场和改革宗世界观一致，在那个时代有其"指导价值"，然而它并不适用于当下。[68] 但是凯波尔并未现身予以回应：既没有重申自己继续坚持之前的观点，也未提出新的建议。

面对这些众说纷纭的观点，巴文克虽为主席，但他的意见也只是党派内众声喧哗中的一个声音。他善于通过辨析推进讨论，但是并不擅长引领讨论，掌控局势，因而难以胜任政党领导地位。1954 年时值巴文克百年诞辰，他的女儿汉妮（当时六十岁）接受广播访谈。主持人请她描述父亲和他最著名的同事"凯波尔"的异同。汉妮说道："凯波尔喜欢掌控，父亲乐意服侍。"[69] 巴

---

[67] Harinck, "De Antirevolutionarie Partij, 1905–1918," 130.
[68] Bavinck, quoted in Harinck, "De Antirevolutionarie Partij, 1905–1918," 131. "Het huismanskiesrecht een paedagogische waarde heeft gehad; het hield ons volk terug van revolutionaire paden. Doch nu is 't in gerichten zin niet meer toe te passen; dat zou teruggang wezen en tot ontstemming van velen leiden."
[69] Quoted in *Nederlands Dagblad*, March 20, 1971. "Kuyper wilde heersen, mijn vader wilde dienen."

文克身上毫无凯波尔行事为人"无所顾惮"的风格，他在这种政治领导职位上成就平平。

1906年夏天，凯波尔回到荷兰后显然很快主导这场论战，成为中心人物，他秉持自己之前的观点并在1907年从巴文克手中拿回了主席职位。该党派在他的重新领导下继续反对普遍个体投票权，尽管许多人质疑这一举动，包括前任主席巴文克在内。巴文克担任政党要职时举步维艰，最后以失败告终。后来他在给赫胡洛涅的信中描述了此事，言辞颇为消沉："〔政治活动〕常常使人意志消沉……就我所参与之事而言，我担任这一职务只是出于责任，实非己愿。"[70]

1905年乌特勒支大会的决议

在初到阿姆斯特丹的那些年，巴文克和凯波尔矛盾四起，1905年尤甚。不过在写给斯努克·赫胡洛涅的信中，他只是委婉地说道："时光飞逝，这里的生活比坎彭忙碌。"[71] 除了那一年政治上的惨败，他还卷入了分离派和哀恸者因积年矛盾引发的一系列神学争论。这些争论在那一年乌特勒支教会会议上爆发。

这个藉1892年联合而形成的宗派，在神学上并不合一：各种各样的神学分歧很久前就已然明显，所争论的问题包括"上帝诸谕旨的逻辑顺序（堕落前预定论与堕落后预定论的对比）"、"被拣选者是否在万古以先就称义的问题"、"上帝重生之工的性质

---

[70] Bavinck to Snouck Hurgronje, Amsterdam, January 16, 1906, in *ELV*. "Er gaat daarvan dikwerf en op velen een demoraliserende invloed uit....Zoover ik er aan deed, het alleen behartigde uit plichtbesef, niet uit neiging en lust."

[71] Bavinck to Snouck Hurgronje, Amsterdam, January 16, 1906, in *ELV*. "De tijd vliegt voorbij en het leven is hier drukker dan in Kampen."

是非介导性的或是通过媒介来介导的"，以及"婴儿洗礼与婴儿假定重生的关系"。[72] 在这些问题的范围内，卢卡斯·林德博姆对凯波尔批评不断且越发声厉辞峻，认为凯波尔所提出的神学观点和宗派的认信标准并不一致。早在 1901 至 1902 年间，巴文克就已经在《号角报》上发表了系列文章，论述了自己对这些争论的看法。这些文章后来集结成书，于 1903 年以《呼召与重生》为标题出版。[73] 在该作中，巴文克努力协调凯波尔和批判者的观点，证明凯波尔的观点可以被纳入本宗派，甚至那些不认同凯波尔的人都会同意这一观点。巴文克谨慎地将自己定位于这些不认同之人的群体。他的辩护证明很有影响力：乌特勒支教会会议发表了一系列有关教义的决议，肯定了巴文克对凯波尔神学奇异之处的解读。[74] 在彼时英语世界，人们普遍认为巴文克是"凯波尔在学界的忠实追随者"，但事实并非如此。在他们的神学思想成熟时，巴文克自己的思想已经发挥作用，对凯波尔思想进行审慎微小（但十分重要）的修正。[75] 显然，巴文克在批评凯波尔神学思想的同时，也看到了它的重要价值。他作为神学家之呼召的一部分，似乎就是主动肩负起以下工作：将凯波尔的洞见细致打磨成更精致形态的最终成果。（由此视之，善于演绎的凯波尔和长于归纳的巴文克，越发像凯波尔《神圣神学的百科》中明确描绘的神学采金者和神学金匠这样的搭档。[76]）

---

[72] 有关这些争论的全面概述，见 J. Mark Beach, "Abraham Kuyper, Herman Bavinck, and the 'Conclusions of Utrecht 1905,'" *MidAmerica Journal of Theology* 19 (2008): 11–68。

[73] Bavinck, *Roeping en wedergeboorte*; ET: *Saved by Grace*. See also Aart Goedvree, *Een ondoordringbaar mysterie: Wedergeboorte volgens Herman Bavinck* (Apeldoorn: Labarum Academic, 2018), 120–43.

[74] J. L. Schaver, *The Polity of the Churches* (Chicago: Church Polity Press, 1947), 2:34–37.

[75] James Hutton Mackay, *Religious Thought in Holland during the Nineteenth Century* (London: Hodder & Stoughton, 1911), xi.

[76] Kuyper, *Encyclopedie der heilige godgeleerdheid*, 3 vols. (Amsterdam:

虽有此番公开神学争论,巴文克在自由大学的教学工作如常开展。他仍希望神学院所余留的师生都能到阿姆斯特丹和他汇合。他在给斯努克·赫胡洛涅的信中说道,这意味着"归正教会内部细枝末节的争辩和分门结党就此结束"。[77] 但事情并非如此进展,这令他颇为失望。

自由大学中的女性

巴文克在 1905 学年的开学讲座,后来以《学问与科学》为题出版。这场讲座让听众确实感到"尼采时代"已经来到。

> 如果上帝倒下,真理、科学、艺术、自然和历史、国家、社会以及家庭,一切事物都会倒下。若无上帝,就无观念(idea),就无事物所栖息、让事物得以认识的思想。……我们从历史沿袭而来的一切事物皆为古旧且过时,不仅宗教和基督教如此,道德和艺术亦然,古时的一切智慧和文明概莫能外。一切事物必须在现代文化的基础上被重新建构:学校和科学、婚姻和家庭、国家和社会、宗教和道德。〔我们的时代〕并不缺少改革者。[78]

J. A. Wormser, 1894); ET: *Encyclopedia of Sacred Theology: Its Principles* [translation of introduction to vol. 1 and of all of vol. 2], trans. J. Hendrik de Vries (New York: Scribner, 1898), 3:389–90.

[77] Bavinck to Snouck Hurgronje, Amsterdam, June 1, 1905, in *ELV*. "Alleen hoop ik, dat de achtergebleven Theologische School spoedig naar hier kome en met de Vrije Universiteit vereenigd worde; dan zou aan kleine twisten en verdeeldheden in onze Gereformeerde Kerken een einde komen."

[78] Herman Bavinck, *Geleerdheid en wetenschap* (Amsterdam: Höveker

时代面临诸多挑战。巴文克认为在这个新时代，自由大学的独特呼召，就是成为保存透过基督教的过往而遗留的一切美善的温室（conservatorium），成为甄别真、善、美之言论的实验室（laboratorium），成为可以研究过往和当下并眺望未来的观测台（observatorium）。但在巴文克看来，自由大学离迎接这一挑战尚有一段距离。"我希望自由大学逐步成为真正科学性之生活和工作、研究和思想的中心。它必须是众男儿的联盟，之后或许女子也参与其中。他们都为一灵所感，而这灵借着原则之坚定、愿景之宽阔和对未来的信念，将他们与众人分别出来。"[79] 文化正以多种方式发生着变化。这场特别的讲座是呼吁包括基督徒女性在内的众人全体出动，共同参与自由大学对尼采的可怖未知领域的战斗中。

巴文克公开提出了女性将来可在自由大学求学的愿景，这值得关注。自由大学自建立以来，就允许归正教会的女子旁听课程，但不会录为正式学生。这是抗革命党以下观点的延伸：社会最基本的构建要素是（以男性为首）的家庭而非个体。1905 年，对于自由大学招收女生一事，巴文克未强烈反对；他对此事的态度

& Wormser, 1905), 19. "Als God valt, valt alles, waarheid, wetenschap en kunst, natuur en geschiedenis, staat, maatschappij en huisgezin. Want als er geen God is, is er ook geen idee, geen gedachte meer, waarin de dingen rusten en waardoor ze kenbaar zijn....Alwat uit het verleden ons toekomt, is oud en verouderd, niet alleen de godsdienst en het Christendom, maar ook de moraal en de kunst, heel de wijsheid en beschaving der oudheid. Alles moet nieuw opgetrokken worden, op de basis der moderne cultuur: school en wetenschap, huwelijk en gezin, staat en maatschappij, godsdienst en moraal. Aan hervormers is dan ook geen gebrek."

[79] Bavinck, *Geleerdheid en wetenschap*, 28. "Ik zou wenschen dat ze meer en meer een centrum worden mocht van echt wetenschappelijk leven en werken, onderzoeken en nadenken. Ze moet eene vereeniging zijn van mannen, straks ook van vrouwen wellicht, die, door éénen geest bezield, zich kenmerken door vastheid van beginsel, ruimte van blik en geloof in de toekomst."

有些模棱两可，认为向"由个体组成之社会"的转移已完成，难以逆转。虽然他认为是法国大革命导致了这一变化，但是他指出这个变化并非不加批判就值得庆祝的益处，也不是一种要依据原则去抵抗的邪恶。这一变化不过是自然生发，仅此而已。

1905 年，同年就任大学校长（rector magnificus）的比斯特菲尔德，招收了自由大学第一位女生瑟赫莉娜·特胡夫特（Segrina 't Hooft）修读法律。这次录取的决议被提交给了大学理事会。理事会成员对此进行投票表决，其中 7 票赞同，2 票反对，从而支持比斯特菲尔德的录取决定。[80] 时代的变化在国王运河旁已经悄然发生。

对于此特殊问题，新入职的巴文克和比斯特菲尔德自然不是激进的平等主义者，亦非自诩为女性主义者，可是他们对此模棱两可的态度，导致他们与亚伯拉罕·凯波尔和威廉·贺辛克（Willem Geesink）的关系变得紧张起来。贺辛克确实曾在 1898 年的归正高等教育联会上说道，他"衷心希望自由大学能一直远离对妇女去女性化（defeminizing）之事，也永远不会因女子认为自己有男性之智识的疯狂之症而蒙羞。"[81] 1905 年，巴文克和比斯特菲尔德的共同行动已然挑战了以上观点。次年，此事引发赫尔曼·凯波尔的回应。在巴文克主持的一次会议上，赫尔曼·凯波尔提出，

---

[80] Jan de Bruijn, "'Het krankheidsverschijnsel der zich intellectueel man voelende vrouw': De eerste vrouwelijke studenten aan de Vrije Universiteit," in *Ridders van het Recht: De juridische faculteit van de Vrije Universiteit, 1880–2010*, ed. J. de Bruijn, S. Faber, and A. Soeteman (Amsterdam: Prometheus, 2015), 83–92; H. E. S. Woldring, *Een handvol filosofen: Geschiedenis van de filosofiebeoefening aan de Vrije Universiteit in Amsterdam van 1880 tot 2012* (Hilversum: Verloren, 2013), 55–56.

[81] *De Heraut*, July 31, 1898. "Het is daarom mijn hartgrondige wensch, dat de Vrije Universiteit voor het meedoen aan een dergelijke ontvrouwelijking der vrouw, ten alle tijde bewaard moge blijven; aan het krankheidsverschijnsel der zich intellectueel man voelende vrouw nimmer schuld moge dragen."

尽管创造的教义赋予女性一个普遍性的目的，即为人妻和为人母，但是这些角色对有些天赋异禀的女性并不合适；借此观点，他尝试对自己父亲的立场进行细微的调整。[82] 这几乎表明他赞成招收特胡夫特为自由大学的学生。自由大学之后再未录取其他女学生，直到1917年才开始有所改变；在此之后，女学生人数持续增加。（值得一提的是，在1937年，该校第二位获得博士学位的女生菲娜·林德博姆是卢卡斯·林德博姆的孙女。）[83]

在初到阿姆斯特丹的那几年，对当时女性变化中的社会角色，巴文克的看法有些摇摆不定。尽管如此，在之后的年日，尤其是迈向晚年，在考察第一次世界大战对社会之影响的时候，女性问题在他的写作计划中占据了重要地位。但在此之前，即1905年，他明确表示**既**不同意凯波尔"以家庭为社会单位"的看法，**也**不赞同法国大革命倡导的个体主义思想。他当然支持正在被法国大革命之成果攻陷的凯波尔思想堡垒，可是他并不认为凯波尔思想是自己誓死捍卫的山头阵地。历史车轮滚滚向前，他感到自己不过是一名无能为力的旁观者。

信靠圣经，怀疑圣经

虽然巴文克在大众的心目中是英勇迎战尼采之挑战的神学家，但是他在那一年私下交流时对自己所存疑惑的坦陈令人惊讶。巴文克在写给斯努克·赫胡洛涅的信中，再次谈到他在1883年坎彭任职演讲的论题〈圣经的权威〉；当时二人对此观点相异，现在如故。

---

[82] *Amsterdamsche Kerkbode*, June 24, 1906.
[83] Fenna Tjeerdina Lindeboom, *De ontwikkeling van het strafstelsel in SovjetR 1917–1937* (Rotterdam: Libertas Drukkerijen, 1937).

斯努克·赫胡洛涅仍坚持认为，在巴文克的思想中，圣经处处表现出任意且毫无根据的权力，并且在这点上继续质疑巴文克的看法。二十年前，巴文克在回信中指出，自然科学家先验地相信自然的存在，正如基督教神学家先验地相信上帝已在圣经中言说。1883 年，巴文克认为他朋友的观点存在重大问题。当时是斯努克·赫胡洛涅而非巴文克，坦诚表明自己的思想层面就是名副其实的一张白纸。此时到了 1905 年，巴文克虽然始终持守自己的观点，但承认这观点有众多疑难之处。

> 就我自己而言，我同意自己生命观所基于的前设（即：圣经的真理）包含了一个难题。对此，我只能说：年岁越长，阅历越丰，我越感到自己不可能脱离圣经的权威，也几乎同样感到自己不可能摒弃思想之律和道德律的权威。有时我想摆脱，但当我反躬自省时，〔我明白这种想法〕连带着自己人性中的恶，其中藏着背离美善、不能存立于上帝面前的事物。与此相反，我可以说如今我有敬虔的心思框架，也正经历更美好的时光；就此而论，我愿时刻并全心接受圣经、降服于圣经，我的内心祥和安宁。这非常奇妙。但在我看来，每个世界观和生命观都会全力对付此种灵魂的经历，而这经历先于有意识的思考和行动。[84]

---

[84] Bavinck to Snouck Hurgronje, Amsterdam, June 1, 1905, in *ELV*. "Mijnerzijds stem ik toe, dat de onderstelling, waarop mijne levensbeschouwing rust, namelijk de waarheid der Heilige Schrift, een moeilijk probleem insluit. Ik kan er eigenlijk dit alleen van zeggen: naarmate ik langer en dieper leef, bemerk ik, dat ik van het gezag der Schrift niet los kan komen, op dezelfde wijze ongeveer, als ik mij niet aan de autoriteit der denk- en der zedewet ontworstelen kan. Soms heb ik er wel eens de neiging toe, om er mede te breken, maar als ik mij zelf dan goed onderzoek, dan hangt dat saam met het booze in mijne menscheliljke natuur, dan zit er altijd iets in

1905 年是巴文克和凯波尔精疲力竭的一年。年末时，凯波尔不出意料地再次接到医嘱，要求他休长假。（杨·弗雷德里克〔Jan Frederik, 1866–1933〕是凯波尔的儿子，是一名通神学家。那一年，他看到父亲已达荷兰政坛顶峰，就力劝他说："亲爱的父亲，放手离开吧。"）[85] 但是，巴文克没有这般休整期。他和妻女还有父亲在附近的苏斯特代克休憩数日后，就继续推进自由大学的工作和自己的著书计划。此外，他不得不担负起并不喜欢的抗革命党主席一职，直到 1907 年凯波尔再次担任主席才结束。[86]

文艺复兴式的全才

巴文克从年轻时起就热爱诗歌。我们会想起他在青少年时给阿梅利亚写了许多浪漫情诗，后来与游汉娜共读格罗克和达寇斯塔的诗作。不过到了 1906 年，他已从写诗转向评诗。那一年他出版了《比尔德戴克：思想家和诗人》。该作评述了 19 世纪初期加尔文主义诗人威廉·比尔德戴克。该作内容丰富，论证翔实（共 221 页），出版时正逢该诗人一百五十岁诞辰。[87]

在巴文克和凯波尔眼中，比尔德戴克是有机性连结、整体性之世界观和生命观的杰出代表。新加尔文主义运动也推崇这样的

---

wat niet goed is en voor God niet kan bestaan. En omgekeerd, naarmate ik, laat ik het zoo maar zeggen, vromer gestemd ben en beter oogenblikken doorleef, voel ik mij tot aannemen van en onderwerping aan de Schrift volkomen bereid en geneigd, en heb vrede voor mijn hart. Dat is vrij mystiek, maar alle wereld- en levensbeschouwing worstelt naar mij toeschijnt in zulk eene zielservaring, die aan bewust denken en handelen voorafgaat."

[85] Bratt, *Abraham Kuyper: Modern Calvinist, Christian Democrat*, 358.
[86] Valentijn Hepp, *Dr. Herman Bavinck* (Amsterdam: Ten Have, 1921), 290.
[87] Herman Bavinck, *Bilderdijk als denker en dichter* (Kampen: Kok, 1906).

世界观和生命观，故此比尔德戴克深受两人的喜爱。巴文克认为，比尔德戴克是诗歌界的伦勃朗："首先，在他们里面，一种对光明与和谐的渴求从生活艰难中而生。他们仰望洒落在世间阴郁深处的金色光芒。他们先是在上帝圣言的启示中接受了这光。伦勃朗和比尔德戴克以自己的方式研读圣经，并把从圣经而来的感想和思想进行翻译转化。"[88] 巴文克在此以前出版了教理学、心理学和教育学专著，广受好评，而现在他开始涉猎传记和文学评论。他作为文艺复兴式全才的美名再次得到进一步的确立：《大众商报》新任首席文化评论员、犹太裔小说家以色列·克里多（Israël Querido, 1872-1932）[89]，评述了《比尔德戴克：思想家和诗人》，将他所反感的一系列其他关于比尔德戴克的著作，和巴文克的"经典之作"进行了对比。

> 巴文克博士给比尔德戴克，这位普通人、诗人和思想家，所立之传内容层次丰富、文采斐然。因此我力荐此作。该作既向我们描绘了比尔德戴克在家庭、国家和社会中的生活，也呈现了他的历史观、他的个性和他的自然观，以及他对宗教、道德和法律的思考方式。尽管我并不认同巴文克〔所描述的〕比尔德戴克智识生活的观点、考量，尤其是后者所

---

[88] Bavinck, *Bilderdijk als denker en dichter*, 7-8. "Maar bovenal, uit de smarten des levens werd bij beiden het heimwee naar licht en harmonie geboren. Ze zagen opwaarts naar het licht, dat met gouden glans inviel in de sombere diepten van het aardsche bestaan. Ze vingen het in de eerste plaats op uit de openbaring Gods in Zijn Woord; Rembrandt en Bilderdijk waren beiden, elk op zijn wijze, leerlingen des Bijbels en vertolkers van voorstellingen en gedachten der Schrift."

[89] 1905 年，基于克里多在小说写作上的成功，《大众商报》聘任他为文化评论员，并让他自由选择话题。见 Alex Rutten, *De Publieke Man: Dr. P. H. Ritter Jnr. als cultuurbemiddelaar in het interbellum* (Hilversum: Literatoren, 2018), 47.

做的声明，但是他对这位伟人所著之传记，在众多层面而言都是文笔晓畅、论述透彻的经典之作。[90]

巴文克的这部著作赢得荷兰文学界最知名的非基督教人士的赞誉，足见该作成就之不凡。巴文克这颗明星继续冉冉上升。（同年，凯波尔也出版了关于比尔德戴克的著作，但令人尴尬的是，该作却卷入笔墨大战。这场论战同样发生在《大众商报》上，聚焦非基督徒所创诗歌是否配称为诗歌的问题。[91] 虽然凯波尔认为非基督徒基于普遍恩典可以创作这类诗歌，但是他之前对信与不信之对立的倾向显然再度困扰了他。）[92]

在自由大学之外的影响力

巴文克与打算来阿姆斯特丹就读的坎彭神学院学生德克·伦普夫等人保持联系，此外也和那些无意来自由大学的坎彭学生时常交流。例如，芬娜·卢卡斯娜·林德博姆（Fenna Lucasina Lindeboom）是巴文克在坎彭工作时的同事林德博姆的女儿。1906年，

---

[90] Israël Querido, "Letterkundige kroniek," *Algemeen Handelsblad*, October 3, 1906. "Men ziet uit dergelijke beschouwingen, dat dr. Bavinck meer gaf dan een eenzijdige of dorre biografie van Bilderdijk, den mensch, dichter en denker. Daarom kunnen wij dit werk zeer aanbevelen. Hij stelt ons Bilderdijk nog voor in huisgezin, staat en maatschappij, in zijn geschiedbeschouwing, zijn persoonlijkheid, zijn natuurbeschouwing, zijn denkwijzen over godsdienst, zedelijkheid en recht. En al verschilt men ook nog zoozeer in meeningen, beschouwingen en vooral verklaringen van het geestesleven Bilderdijk's van Bavinck, hij heeft in vele opzichten een belangrijk en goed leesbaar boek over dien reus geschreven."
[91] Abraham Kuyper, *Bilderdijk en zijn nationale beteekenis* (Amsterdam: Höveker & Wormser, 1906).
[92] "Een vergissing van dr. Kuyper," *Algemeen Handelsblad*, October 10, 1906.

她和特杰德·胡克斯特拉（Tjeerd Hoekstra）结婚前，巴文克代表父亲和妻子给他们发去贺信。胡克斯特拉后来在坎彭神学院任教，他对神学和哲学研究颇感兴趣。巴文克在给他们新婚贺信中说明，自己因得知胡克斯特拉学术兴趣的发展而感到高兴，并鼓励他"在科学界荣耀主名"。[93]（之后数年，他跟胡克斯特拉常有书信往来，最后一次书信交流是在 1918 年。）

当"尼采时代"继续向前推进之时，巴文克对荷兰民众智识生活影响的程度日益显著：巴文克从前在坎彭的学生泰泽·德波尔（Tjitze de Boer, 1866–1942）于 1906 年 12 月被聘为阿姆斯特丹大学的哲学教授。在德波尔即将完成坎彭学业之际，巴文克推荐他攻读伯恩大学（University of Bonn）闪米特语的博士课程。不过德波尔后来去了斯特拉斯堡，在那里完成了伊斯兰哲学的博士研究。[94] 德波尔在事业上成就斐然，在伊斯兰哲学和欧洲哲学领域均有不凡贡献。[95] 尽管如此，他在 1906 年时乃聚焦于弗里德里克尼采。德波尔的任职演讲后来以《尼采与科学》为题发表。[96] 在此演讲中，他对尼采的研究方式和他之前的老师巴文克同声相和。在细致入微地评述尼采的著作和生平之后，德波尔温和地批判尼采，同时也提出了如何解读尼采的著作才有收获。最重要的是，他的结论既共情同理又鞭辟入里：他认为尼采的命运是伊卡

---

[93] Bavinck to Hoekstra, Amsterdam, May 1, 1906, in HBA, folder 8. "... en ook op het veld van wetenschap den naam des Heeren groot te maken."

[94] H. J. Pos, "Levensbericht Tj. de Boer," *Jaarboek der Koninklijke Nederlandse Akademie van Wetenschappen* (Amsterdam: Koninklijke Nederlandse Akademie van Wetenschappen, 1945–46), 215.

[95] 如见 Tjitze de Boer, "Plato en Aristoteles bij de moslims," *Tweemaandelijksch Tijdschrift* 6 (1900): 306–31; *Geschichte der Philosophie im Islam* (Stuttgart: Fr. Frommanns Verlag, 1901); "De Filosofie van Henri Bergson," *De Beweging* 5 (1909): 225–44。

[96] Tjitze de Boer, *Nietzsche en de wetenschap* (Amsterdam: Scheltema & Holkema's Boekhandel, 1906).

洛斯（Icarus）的命运，一直升腾，直到他所攀登的无神论太阳致使他毁灭。⁹⁷

德波尔这位新晋教授在结束演讲前转向了一位听众，并向他专门致谢："〔我〕有幸在大家面前向您——巴文克教授——表示〔感谢〕。无论是从前在坎彭，还是如今在阿姆斯特丹，您都唤醒了我里面对哲学的热爱。"⁹⁸ 在自由大学和阿姆斯特丹大学，人们对尼采的思想接触最早，这与赫尔曼·巴文克密不可分。

巴文克意识到一个重大的文化转型，正在他周遭世界逐步展开。他初到阿姆斯特丹的那些年，花了大量时间修改自己的《改革宗教理学》。第一卷修订版于1906年末出版。他增补了其中的内容，且表述更为精准。此外，该修订版既考虑了伦理神学家对他著作的回应，也体现出第一版面世后十年里欧洲知识界的最新进展。⁹⁹

巴文克修改《改革宗教理学》四卷本的工作直到1911年才完成，这也成了他一直努力召聚有神论联盟的背景。他的确认为以上两项任务密不可分。他的〈基督教的本质〉一文发表在1906年自由大学学生年鉴上。¹⁰⁰ 该文认为，"何为基督教之本质"

---

⁹⁷ De Boer, *Nietzsche en de wetenschap*, 47.

⁹⁸ De Boer, *Nietzsche en de wetenschap*, 50. "Allereerst U, Prof. BAVINCK, toen te Kampen, nu te dezer stede, die filosofischen zin in mij wekte."

⁹⁹ *GD*², vol. 1. 根据1895年版的合同条款，巴文克保留了之后向其他出版商提供修订版的权利。在这种情况下，他将出版商从博斯（Bos）换成了科克（Kok）。有关伦理神学家对第一版《改革宗教理学》回应的概述，见 R. H. Bremmer, *Herman Bavinck als dogmaticus* (Kampen: Kok, 1966), 100–105。

¹⁰⁰ Herman Bavinck, "Het Wezen des Christendoms," *Almanak van het studentencorps der Vrije Universiteit voor het jaar 1906* (Amsterdam: Herdes, 1906), 251–77. 在巴文克去世后，这篇论文分别以荷文和英文再版："Het wezen des christendoms," in *Verzamelde opstellen op het gebied van godsdienst en wetenschap*, ed. C. B. Bavinck (Kampen: Kok, 1921), 17–34; ET: "The Essence of Christianity," in *Essays on Religion, Science,*

的问题是当时面临的至关重要的挑战,并且寻求信仰的真正本质本身就是"一个完整的教理学和整个基督教历史的意义,而教理终究是其中的一部分"。[101] 虽然该文是为新加尔文主义读者所写,但它是在一个大胆的新事业中迈出了重要一步:他不断平衡《改革宗教理学》修订过程中日益明确的新加尔文主义,与在公共领域中普及的基督教概念之间的关系。(正如布鲁斯·帕斯所指出,他的这一平衡举动与二十世纪末 C. S. 路易斯〔C. S. Lewis〕对"纯粹基督教"的阐述异曲同工。)[102]

那时的巴文克即将登临自己影响力的顶峰。1906 年初,他接到普林斯顿神学院 1908 年斯通讲座的邀请。[103] 同年下半年,他当选为荷兰皇家科学院(Koninklijke Akademie van Wetenschappen)文学分院院士。"**4 月 9 日……今天我当选皇家科学院院士,45 票中获 28 票,德波尔、希克斯和纳贝尔也当选。**"[104] 巴文克和自己之前的学生、现任教于阿姆斯特丹大学的泰泽·德波尔一同当选。杨·希克斯(Jan Six, 1857–1926)是一名艺术历史学家,他一位同名祖辈的肖像画为伦勃朗所创,成为传世名作。法学家让·查尔斯·纳贝尔(Jean Charles Naber, 1858–1950)是

---

and Society, ed. John Bolt, trans. John Vriend and Gerrit Sheeres (Grand Rapids: Baker Academic, 2008), 33–48. 中注:赫尔曼·巴文克,〈基督教的本质〉,载于《宗教、科学和社会文集》,刘伦飞译(爱丁堡:贤理·璀雅,2022),19–36 页。

[101] Bavinck, "Essence of Christianity," 48. 中注:巴文克,〈基督教的本质〉,35 页。恩雅各此处按行文需要引用了这句话,此处译文也予以调整,与中译本在句法上有所不同。

[102] Bruce Pass, "'The Heart of Dogmatics': The Place and Purpose of Christology in the Theological Method of Herman Bavinck" (PhD diss., University of Edinburgh, 2018), 80; C. S. Lewis, *Mere Christianity* (London: Fontana, 1952).

[103] Vos to Bavinck, Princeton, February 21, 1906, in *LGV*.

[104] Hepp, *Dr. Herman Bavinck*, 296. "9 April ... Op dezen dag werd ik in de Kon. Akademie van Wet. tot lid verkozen. Ook werden gekozen Boer, Six en Naber."

荷兰学界最后几位主要以拉丁文教学和著书的学者之一。显然，巴文克注意到和他一同当选的院士都是卓尔不凡的学者。（一位大家熟悉的面孔就是斯努克·赫胡洛涅，他此前已当选皇家科学院院士。）[105]

巴文克在公共领域赢得盛誉，声望日隆，自然也有人对他提出批判。在《改革宗教理学》的《神学绪论》第二版出版前不久，该著作就成为莱顿大学教授博纳杜斯·艾尔德曼斯（Bernardus Eerdmans, 1868–1948）在 1905 年现代神学家大会（Vergadering van Moderne Theologen）讲座所讨论的话题。这次讲座取题为《当代正统的异教特征》。[106] 在演讲中，艾尔德曼斯严词批判巴文克的说法，因后者认为自己撰写的教理学**既**正统**又**现代。艾尔德曼斯认为，无论何种正统在《改革宗教理学》得以保留，皆为肤浅。确切而言，巴文克的著作实质上是一部集心理学、反超自然主义和高等批判为一体的世俗化混合体。艾尔德曼斯认为，在巴文克所构建的神学中，"一件神迹实非神迹"，所以他在两个阵营中都难以立足。艾尔德曼斯宣称，巴文克现在应该要承认失败了：新加尔文主义无法推翻并取代斯霍尔滕和库能的传统。

可以预料的是，艾尔德曼斯的演讲在《先锋报》上遭到猛烈批评，他被称为昔日伟大传统的拙劣倡导者："艾尔德曼斯教授对《改革宗教理学》的旧版和新版似乎都知之甚少。他在这次演讲中如同盲人谈论颜色一般。库能和斯霍尔滕根本不会如此随意言说。这一代东施效颦之人似乎有一套完全不同的辩论方法。看到这种代际退步，令人唏嘘不已。"[107] 数年之后，巴文克才对以

---

[105] *Nederlandsch Staatscourant*, December 15, 1906.
[106] 有关对艾尔德曼斯讲座的概述，见 "Vergadering van Moderne Theologen," *Algemeen Handelsblad*, May 3, 1905。
[107] *De Heraut*, November 10, 1907. "Prof. Eerdmans weet van de vroegere en de nieuwe Gereformeerde Dogmatiek blikbaar niets af. Hij spreekt hier als een blinde over de kleuren. Kuenen en Scholten zouden zich nooit zoo onvoorzichtig hebben uitgelaten. Maar het geslacht der epigonen heeft van de polemiek blikbaar een andere opvatting. Het is droef, deze decadentie te aanschouwen."

上批评做出深思熟虑的反驳，最终成为《现代主义和正统》一书，在 1911 年推出《改革宗教理学》最后一卷修订版后出版。[108] 在此之前，他双管齐下地迎战未来的任务让他无暇分身。一方面，他要进一步完善自己的新加尔文主义神学；另一方面，他努力召聚一个广泛的基督徒联盟。所以在当下，艾尔德曼斯的批驳暂搁一旁。相较而言，巴文克更为关注的是即将再次开启的北美之行。他在那本遗失的日记本中写道，1907 年圣诞节，游汉娜和汉妮回弗拉尔丁恩，而他"**在家里写自己的赴美讲座讲稿**"。[109]（为了准备这些演讲，巴文克将自己在阿姆斯特丹本宗派教会的讲道工作暂停了一年。自由大学神学教师在该教会每月讲道一次。）[110]

"我们有国际视野"

在 1908 年荷兰地区归正众教会的教会会议上，两名英国改革宗教会代表发表了演讲。一位是苏格兰原分离教会的罗伯特·莫顿牧师（Rev. Robert Morton, 1847–1932）。另一位是荷兰人亚伯拉罕·德·威勒格牧师博士（Rev. Dr. Abraham de Vlieger, 1868–1909），他在英国曼彻斯特的乔尔顿暨哈迪（Chorlton-cum-Hardy）地区牧养英国长老会教会。两位牧师讲述了英吉利海峡那一边改革宗信仰的状况，这似乎表现了他们对荷兰新加尔文主义有浓厚的兴趣。莫顿熟悉凯波尔的《神圣神学的百科》，且已将部分章节译为英文。德威勒格是荷兰人，他读过巴文克的《改革宗教理

---

[108] Herman Bavinck, *Modernisme en orthodoxie* (Kampen: Kok, 1911); ET: "Herman Bavinck's *Modernisme en Orthodoxie*: A Translation," trans. Bruce Pass, *Bavinck Review* 7 (2016): 63–114.

[109] Hepp, *Dr. Herman Bavinck*, 301. "Ik bleef thuis om mijn lezingen voor Amerika te maken."

[110] *De Grondwet*, August 11, 1908.

学》。他在大会上呼吁应推出该作的英译本。他认为："像巴文克《改革宗教理学》这样的重要著作，应要得到更广泛的宣传。"[111] 大会请巴文克用英文回应这一请求。他解释自己的宗派认识到自身人数较少，接着继续说：

> 我们也有国际视野，**非常珍视**和〔国外〕弟兄的联系。现在我们面临的危机就是正在走下坡路。许多人将真理的根基抛掷一旁。因此，我们需要警醒持守、站立得稳。此外，我们对你们的来访由衷地感到高兴，这也有其他重要原因。我们普遍认识到，唯物论难以为继，人们亟需宗教。因此，宗教复兴有其价值，为此我们与你们一同喜乐。社会生活也在复兴，我们应强有力地参与其中。最后一点就是，海外宣教也在大力复兴。我们在这条战线上应该传递越来越多的基督教真理。在这方面，我们能从你们身上学到的，比你们能从我们身上学到的更多。[112]

---

[111] "Generale Synode," *De Bazuin*, August 28, 1909. "Werken ook als de Dogmatiek van Dr. Bavinck moeten meer bekend worden."

[112] "Generale Synode," *De Bazuin*, August 28, 1909. "Wij voelen ons nog altijd zoo klein; toch zijn wij ook cosmopolitisch van richting en waardeeren zeer den band met onze broederen. Er is een neerwaartsche richting in de crisis, die doorgemaakt wordt. De grondslagen der waarheid worden door velen losgelaten. Daarom waakt, staat vast. Bovendien zijn er ook goede redenen ons te verblijden over uwe komst. De overtuiging wordt algemeen, dat 't materialisme heeft teleurgesteld; er is behoefte aan religie. De opwekkingen hebben dus zekere waarde, waarover wij ons met u hebben te verblijden. Dan is er opwaking voor het sociale leven, waaraan wij krachtig moeten mede doen. Eindelijk er is krachtige opleving ter beoefening van de Buitenlandsche Zending. Wij moeten ook langs deze lijn de waarheid des Christendoms meer en meer doen blijken. Hierin kunnen wij meer van u dan gij van ons leeren."

再次赴美旅行

数月此后，巴文克这位自认具有国际视野的加尔文主义者是时候再次赴美了。自从他第一次跨越大西洋赴美旅行以来，他的生活已有了很多变化。他从坎彭神学院来到了自由大学，现在也已为人父。他出版了《改革宗教理学》（并已开始修订），其他方面的成就和荣誉不胜枚举。此外，他还接任了（不久又卸下）新闻界的领导职务和政界党魁的职位。他周遭的世界也发生了翻天覆地的变化。"勒南时代"已经一去不复返，而"尼采时代"已然到来；这一切都指明了巴文克作为一位现代加尔文主义者的任务。如本书之前所述，1892 年，他参加在多伦多举办的长老会会议时，将自己当作宣扬加尔文主义的使者。在那次赴美和这次即将要来的赴美旅行之间，凯波尔也赴美旅行，也将此作为公开宣扬加尔文主义的契机。在巴文克第二次赴美旅行期间，《先锋报》上的一篇文章自然传递了一种期待：巴文克的斯通讲座会进一步推动新加尔文主义在美国的发展。"巴文克教授受普林斯顿大学〔即：普林斯顿神学院〕之邀赴美旅行，这将进一步加强美国和我校〔即：自由大学〕的纽带，定将大力推动改革宗原则在强大且极富影响力的美国的应用。"[113] 但是，巴文克的第二次旅行并没有完全满足这一期待。他之前已经在美国大地上为加尔文主义"挥戈而战"，并断定美国不太可能是新加尔文主义的复兴之地。他准备藉本次旅行大力宣传基督教。他希望自己讲座的听众有非信徒，而不只是改革宗人士。

---

[113] *De Heraut*, October 18, 1908. "De reis van Prof. Bavinck naar Amerika op uitnodiging der Princeton universiteit, haalde de banden tusschen Amerika en onze Hogeschool weer nauwer aan en zal voor de doorwerking der Gereformeerde beginselen in het zoo machtige en invloedrijke Amerika zeker goede winste afwerpen."

1908 年 8 月 28 日，赫尔曼和游汉娜登上鹿特丹号，准备启程。他们的女儿汉妮已十四岁，由她的姥爷和姥姥照看。他们的远行万人瞩目。《电讯报》如此报导：晚上 10 点，家人亲朋成群而至，在船旁告别，祝他们旅途平安。该船凌晨 2:30 启航。"年迈（八十二岁）的杨·巴文克牧师也前来告别。"[114] 游汉娜的父亲和她的兄弟们，驾着自家船只行驶在鹿特丹号前面，到布洛涅－苏梅尔（Boulogne-sur-Mer）才返航。此次送行蔚为壮观。

他们的旅程花了几近两周时间。赫尔曼在海上航行的最后一天写道："**在这次越洋旅行中，我们经历了海上万千景象：有时大雨狂风，有时风和日丽，有时云雾弥漫，有时乌云低垂，有时电闪雷鸣。我们还看到游弋的海豚，欣赏到绚丽的北极光。**"[115] 9 月 7 日，他们抵达纽约市时"**疲惫不堪，情绪低落**"。巴文克在 1892 年到北美时，曾陶醉于加拿大的壮丽景观，但在纽约这个充满压力感的城市里，他们难以感到轻松愉快："**人头攒动（人们急促匆忙）……甚少闲暇。贫病者无安身之所。这座城市是敢拼敢闯者的天下。高处传来声嘶力竭的广告宣传。震耳欲聋的喧哗……令人神困心乏。这里的生活消磨心神，令人精疲力尽。**"[116] 巴文克在纽约时联系了出版社，欲推出自己斯通讲座的英译本。赫普的传记中记录了游汉娜给自己父母所写信件的内容："这里行事方式真是奇怪。他们根本不提合同之事。赫

---

[114] "Vertrek van prof. H. Bavinck," *De Telegraaf*, August 30, 1908. "Ook was ds. J. Bavinck, niettegenstaande zijn hoogen leeftijd (82 jaar), nog bij dit afscheid tegenwoordig."

[115] Hepp, *Dr. Herman Bavinck*, 301. "We hebben op deze zeereis van alles bijgewoond, regen, wind, storm, prachtig weer, nevel, wolkensomberheid, onweer, bruinvisschen, noorderlicht."

[116] Hepp, *Dr. Herman Bavinck*, 301. "Enorme drukte (hurry) ... geen rust om tot zichzelf te komen. Voor zieken, gebrekkigen geen plaats. Stad is berekend op sterke zenuwen. Overdreven, schreeuwende reclame. 't Geraas ... is vermoeiend, zenuwverzwakkend."

尔曼得将整个〔手稿〕完全信任地交付他们。他还需跟进，以保一切稳妥无虞。若有问题，朋友们得想办法更正协调。"¹¹⁷ 在这次旅行期间，巴文克同意由朗文－格林－坎博尼出版商出版自己的系列讲稿。但其英译本直到1909年才得以面世。虽然这些是巴文克的讲座讲稿，但是承担编辑和翻译任务的是魏司坚、华腓德、尼古拉斯·斯蒂芬斯（Nicholas Steffens）和亨利·多斯克。¹¹⁸ 巴文克并不习惯将自己的作品假手他人。

　　赫尔曼和游汉娜从纽约出发，向西北而行，参观了尼亚加拉大瀑布、底特律、大激流城和霍兰德。但在这个时候，魏司坚和多斯克不在密歇根，魏司坚在普林斯顿工作，多斯克在路易斯维尔。巴文克夫妇从密歇根出发前往伊利诺依州，在参观了芝加哥后继续前往肯塔基的路易斯维尔。在那里，游汉娜终于见到亨利·多斯克。她给汉妮的一封信中写道："〔多斯克〕先生活泼有趣，幽默笑话不断。"游汉娜明显感觉到，多斯克和她的丈夫根本不是多斯克所认为的那般相像。她告诉汉妮："作为教授，多斯克和你父亲截然不同。" ¹¹⁹

　　巴文克夫妇从路易斯维尔出发，前往华盛顿特区，并在那里与西奥多·罗斯福总统有一个简短的会面。罗斯福也将此次会面

---

¹¹⁷ Hepp, *Dr. Herman Bavinck*, 301. "Dat gaat hier grappig, want van een contract maken is er geen sprake. Herman moet het geheel in vertrouwen overgeven of er iets zal overblijven en daar moeten de vrienden zich nog voor uitsloven om te corrigeren."

¹¹⁸ Vos to Bavinck, Princeton, January 7, 1909, in *LGV*. 关于对魏司坚、华腓德、斯蒂芬斯和多斯克就编辑和翻译内容上选择的评论，见 Cory Brock and Gray Sutanto, "Introduction to the Annotated Edition," in *Philosophy of Revelation: A New Annotated Edition*, by Herman Bavinck, ed. Cory Brock and Gray Sutanto (Peabody, MA: Hendrickson, 2018), xxxi。

¹¹⁹ Hepp, *Dr. Herman Bavinck*, 303. "Mijnheer is een grappige gezellige man, die nooit uitgeput is in geestigheden. Een heel ander type van professor als vader."

记录在自己的日记中。[120] 这次会面自然表明了巴文克的国际地位，但他们的会面似乎比较平淡。在巴文克印象里，罗斯福总统并不十分儒雅，也非气度不凡之人。[121]

他们从华盛顿出发，前往普林斯顿，巴文克终于和魏司坚相聚。巴文克的斯通讲座准备了一年有余，现在到了登台演讲的时刻。在人生这一时期，巴文克著书立说有两个同等重要的目标：继续推进自己所属的传统，同时叙述有神论者联盟的成立。巴文克每出版一本关于新加尔文主义的著作，就会同时推出一本有关"纯粹的基督教"的著作。巴文克的斯通讲座明显着眼于第二个目标：这个系列讲座的一些论点在他先前《基督教世界观》(1904)等著作中已有阐述，此时在《启示的哲学》中进一步阐发。《启示的哲学》是一系列讲座，论述了对神圣启示之信念的理据。巴文克认为，若不相信启示，就不可能拥有哲学、自然、历史、文化和未来这些概念；故此，没有一位无神论者真地恪守自己的信条。相反，他们若要坚持自然、历史和文化等概念，就需要时时依赖有神论。[122]

在宣称纯粹的无神论在实践上并不可行之时，巴文克采用了以前的学生泰泽·德波尔的比喻。后者用描述伊卡洛斯的词汇来形容尼采的无神论思想：他天生蜡翼，能够飞离克里特岛，直到不敬虔之蜡在阳光下渐渐融化，且自由之灵坠入爱琴海。巴文克在普林斯顿的讲座中向这个新式无神论发起挑战。戈登·格兰姆也注意到，巴文克在《启示的哲学》中虽"只有四、五处明确提

---

[120] Theodore Roosevelt, Theodore Roosevelt Papers, series 9: Desk Diaries, 1901–1909, *1907, Jan. 1–1908, Dec. 31; 1909, Jan. 7–Feb. 18*, Library of Congress, Washington, DC. "15.00. Prof & Mrs Bavinck reg. The Netherlands Minister."

[121] 1909 年，在罗斯福结束自己的总统任期之后，巴文克对罗斯福在任期间的工作做了一个简短概括。见 Herman Bavinck, "Roosevelt's Presidentschap," manuscript, 1909, HBA, folder 67。

[122] Bavinck, *Philosophy of Revelation: A New Annotated Edition*, 17.

及尼采"，但"尼采的幽灵盘旋在整部著作的上空"。[123]

巴文克在阅读凯波尔1898年的斯通讲座时，曾评论他们的学术水平对于美国听众而言过于高深。十年之后，他发表斯通讲座时，也不得不想方设法吸引普林斯顿师生的兴趣。游汉娜在家信中提到了赫尔曼的挫败感：美国人"听讲道时总是津津有味，但愿意听科学性讲座的听众寥寥无几。即使你努力将演讲表达得简洁易懂，但他们对学问有畏难情绪，不愿深入思考"。[124]

巴文克在1892年旅行时提出"旅行是必习的艺术，应多观察，少论断"的高远目标，但在他人生的现阶段，这一目标已逐渐远去。巴文克此时五十四岁，他的社会观念比自己三十八岁时更为保守。美国的"他异性"（otherness）不再让他感到有异域风情的喜悦，而是一种挑战和不快。美国种族仇恨问题之严重，令他惊愕，认为难以解决。由于美国施行国家和教会之间的严格分离，他判定美国公立学校体系是无信仰的训练基地。令他感到震惊的是，工人权利似有若无，而且许多美国老人退休时没有退休金。巴文克在美国出版的精短自传中公开论道，他和游汉娜对"美国及其山川和人民印象深刻"。尽管如此，他在私下交流中对美国的看法却是大相径庭。在很大程度上，他此时认为美国肤浅无知、追求物质且自私自利。尤其是美国年轻人的行为举止令人生厌且无奈：**"他们行为怪异，见面不问候，告别时旁若无人。孩子粗鲁无礼。比如，年轻男子不打招呼径直走出门去。女孩也不问安，相互打闹取笑，当众翘二郎腿，没有坐姿，种种无礼举动不一而**

---

[123] Gordon Graham, "Bavinck, Nietzsche, and Secularization," in *The Kuyper Center Review*, vol. 2, *Revelation and Common Grace*, ed. John Bowlin (Grand Rapids: Eerdmans, 2011), 18.

[124] Hepp, *Dr. Herman Bavinck*, 303. "... onvermoeid om preeken te horen, doch voor wetenschappelijke lezingen is geen publiek te vinden. Al doet men nog zoo zijn best om eenvoudig en helder te zijn, van geleerdheid of om wat moeite te doen iets in te denken zijn ze bang."

足。美国年轻人非常自由、独立，但是粗鲁不文明、马虎大意。"[125] 当然在那一年，巴文克出版了《基督徒的家庭》。[126] 该作探讨了家庭的概念，认为家庭是基督教世界观的组成部分，但该作并非一本礼仪指南。虽然如此，赫尔曼显然非常关注家庭中的文明礼貌。他现在年逾半百，是一个孩子的父亲，生活在一个日新月异的都市，而女儿也正值豆蔻年华，即将步入成年。

归来不见故人面：彼得勒斯·比斯特菲尔德离世

赫尔曼和游汉娜在 1908 年 12 月 11 日返回鹿特丹。他们离开纽约不久就接到彼得勒斯·比斯特菲尔德身患重病的消息。巴文克给斯努克·赫胡洛涅的信中写道："12 月 12 日，周六，我只是和他匆匆一见，略言几句，未料病来如山倒。12 月 14 日（周一），他就去世了，时年五十四岁。"[127]

比斯特菲尔德离世，巴文克从此失去了一位挚友和盟友。自

---

[125] Hepp, *Dr. Herman Bavinck*, 306. "De kinderen zijn ruw, ongemanierd, b.v. jonge man wordt niet voorgesteld, loopt zonder groeten de deur uit. Meisje groet niet, lacht ander uit, werpt in gezelschap 't eene been over 't andere, hangt voorover enz., zeer vrij, onafhankelijk, maar ruw onbeschaafd, onverschillig."

[126] Herman Bavinck, *Het christelijk huisgezin* (Kampen: Kok, 1908); ET: *The Christian Family*, trans. Nelson Kloosterman (Grand Rapids: Christian's Library Press, 2012). 中注：赫尔曼·巴文克，〈基督徒的家庭〉，罗珍译，载于《赫尔曼·巴文克的教牧神学》（爱丁堡：贤理·璀雅，2021），187–322 页。

[127] Bavinck to Snouck Hurgronje, Amsterdam, January 3, 1909, in *ELV*. "Zaterdag 12 december bezocht ik hem nog even en sprak enkele woorden met hem, niet denkende dat het zoo spoedig gedaan zou zijn. Maar 's maandags 14 december overleed hij reeds, in den ouderdom van ruim vijfenveertig jaren."

1894年以来，他们一直携手并进，联袂而行。1894年，比斯特菲尔德到神学院就任，这成为巴文克决定暂时留在神学院的一个重要原因。后来他们一同来到自由大学，二人命运紧密相交。他们自相识起一直同甘苦、共患难。约翰·巴文克第一次咳血就是在比斯特菲尔德家中。在神学院压力重重的日子里，赫尔曼和游汉娜曾与彼得勒斯和玛莎同载共游、共度假期。比斯特菲尔德逝世，这对巴文克而言是一个巨大损失。

讲述美国种族主义灾难：移民需三思

与上次赴美旅行一样，巴文克这次回国后也发表了关于旅行见闻的公开讲座。[128] 他在鹿特丹基督徒青年组织作了一场题为《美国印象》的演讲，相关报道发表在《鹿特丹报》（*The Rotterdam*）上。礼堂里济济一堂，甚至讲台附近都坐着听众。巴文克以自己惯常的节奏演讲，描述了广阔无垠的大海和壮丽无比的尼亚加拉大瀑布，阐述了荷兰对美国社会的历史性影响。之后，他预言般地论道，美国的种族主义仇恨会引发灾难性的后果。他在那本遗失的日记本中写道，一位美国南方人告诉他"黑人不是人。迦南去罗得那里要一个妻子，但那个妻子是只猩猩"。[129]（巴文克强烈反对种族主义。）[130] 他在准备斯通讲座的手写笔记中评

---

[128] 巴文克在斯海弗宁恩（*Haagsche Courant,* May 19, 1909）、阿平厄丹（Appingedam; *Nieuwsblad van het Noorden,* March 4, 1909）和阿森（*Provinciale Drentsche en Asser Courant,* March 23, 1909）对这次美国之行发表了讲座。

[129] Hepp, *Dr. Herman Bavinck*, 309. "Een zuidelijke zei: negers zijn geen mensen. Kanaan ging naar Lod en nam zich daar een vrouw. Die vrouw was een aap."

[130] 如见 George Harinck, "'Wipe Out Lines of Division (Not Distinctions)': Bennie Keet, Neo-Calvinism and the Struggle against Apartheid," *Journal of*

论道："白人指责黑人有种种恶劣品性（如偷鸡……淫乱、滥用私刑、嗜酒、懒惰）。但我知道白人并不好过他们。白人淫荡、嗜酒、拜玛门〔即：拜金〕。"[131]《鹿特丹报》如此报道："美国的未来确实危机四伏。巴文克在演讲中论道，美国的白人和黑人将来必有一场争战，那将是一场激烈的争战，会因双方的仇恨之火会越烧越旺。"[132]

从巴文克为赴美旅游所做的研读笔记中可清晰看到，他为了解美国种族关系投入不少精力。这些笔记内容包含了布克·华盛顿（Booker T. Washington, 1856–1915）的讲座、非裔美国人在商界的发展状况、非裔美国人识字率的提高，以及在预计的人口发展趋势上的地位。这本笔记现已残破，部分内容难以辨识，但其中一页上一位作家的名字清晰可见：民权活动家杜波依斯（W. E. B. Du Bois, 1868–1963）。巴文克提到了这位作家的作品。[133]

无论是在一系列《美国印象》的讲座中，还是在那本已遗失的日记本中，巴文克都指出，白人提出"将黑人送返非洲"的想法，并以此作为解决种族问题的方案，这并不可行。他在那本日记中

Reformed Theology 11, no. 1–2 (2017): 83–85; Jessica Joustra, "An Embodied Imago Dei: How Herman Bavinck's Understanding of the Image of God Can Help Inform Conversations on Race," *Journal of Reformed Theology* 11, no. 1–2 (2017): 9–23。

[131] Herman Bavinck, "Indrukken van Amerika" (ca. 1909), HBA, folder 66. "Blanken beschuldigen negers van allerlei slechte eigensch. (diefstal v. kippen ... zinnelijkheid, lynchen; drankzucht, luiheid.) Ik weet niet of blanken met hun prostitutie en alcohol en mammonisme beter zijn."

[132] *Rotterdamsch Nieuwsblad*, March 13, 1909. "Ja, in dien toekomst schuilt voor Amerika werkelijk een gevaar—zei spr.—en in de toekomst zal er ongetwijfeld een strijd tusschen zwart en wit gestreden worden, een heete strijd, aangewakkerd door sterke antipathie wederzijds."

[133] 巴文克的笔记提到了杜波依斯以下作品：W. E. B. Du Bois, "Die Negerfrage in den Vereinigten Staaten," *Archiv für Sozialwissenschaft und Sozialpolitik* 22 (1906): 31–79。见 Herman Bavinck, "Negers" (manuscript, ca. 1909), HBA, folder 67。

写道，从所论种族问题的复杂性来看，斯托夫人在《汤姆叔叔的小屋》中提出的前进方向过于简单。[134] 有关巴文克另一场在阿森举办的《美国印象》讲座的报道记载，巴文克认为白人和黑人的分裂只有通过"宗教的方式"才能解决。[135] 即便如此，他还是对当时美国教会参加礼拜人员的种族隔离状况深感震惊。除非美国教会自身进行深刻改革，否则就无从提出解决种族问题的办法。

　　总而言之，巴文克对美国的印象很差。他回到了荷兰，琢磨着美国在各方面的实践和探索会以失败告终的可能。因此，他告诫荷兰年轻基督徒听众，"移民美国会有潜在的巨大危险"。[136] 我们回想起巴文克在1892年赴美旅行归来给荷兰年轻人的讲座中的告诫——"不要成为美国人"，因为他们有可能会皈依循道宗。现在，移民的危险更加严重。巴文克毕生反对移民，现在依然，但原因不同。这不只是因为加尔文主义在美国未来暗淡；到了1909年时，巴文克怀疑美国自身是否会有美好的未来。

美国与福音宣教使命

　　巴文克离别美国后的印象并非全为负面。万国万民都在主宰万有的上帝手中，祂的谕令高过人心的恶念。尽管巴文克离开美国时的心境很悲观，但是预言新大陆试验会以失败告终，这毕竟为时尚早。当时，他认为美国仍有值得称赞的原因。"美国是一个模范国家和模范民族吗？我们不知道。那里的一切都变动不居。我们不知道美国将成为何种模样，将会如何发展。美国一直处于

---

[134] Hepp, *Dr. Herman Bavinck*, 309. "Beecher Stowe's Negerhut zeer eenzijdig."
[135] *Provinciale Drentsche en Asser Courant*, March 23, 1909.
[136] *Rotterdamsch Nieuwsblad*, March 13, 1909. "Er schuilt een groot gevaar in de emigratie van heden voor Amerika."

成长变化之中。美玉微瑕有其荣光，难成之事有其魅力。"[137]

这次旅行给巴文克的思想带来最重要的改变，也许是他看到美国人对待福音事工的态度。美国作为文化熔炉，在二十世纪初基督教全球传播中发挥了十分显著的作用。巴文克遇到一些美国基督徒，他们对此也有明确认知，认为自己的国家年轻，是世界宣教的禾场，同时也是一条伟大的宣教士生产线。巴文克写道："像英国人一样，美国人认为自己是世界公民。'拯救美国，就是拯救世界。'藉由移民，美国以极其独特的方式，成为'外来人口最多的国家和全球最伟大的宣教地'。各个国家的人都能在美国找到自己的同胞；从这些同胞当中走出的宣教士，去到世界的各个角落。'世界福音化〔就发生〕在我们这一代，在我们这个世纪。'"[138] 自19世纪90年代以来，全球福音运动的浪潮席卷基督新教的英语世界；巴文克对此一直时有接触，常有耳闻。诚然，在那个时候，巴文克用英文记录在自己荷文笔记中的口号——"将这世界福音化〔就发生〕在我们这一代"——已成为推动整个世界性福音运动的标语。布莱恩·斯坦利（Brian Stanley）论到这个标语时，描述了如何致使"美国人喜欢……德国人憎恶……但英国人持中，一如其一贯风格。"[139] 在那个时刻，巴文克在荷

---

[137] Bavinck, "Indrukken van Amerika." "Is Amerika een model land en volk? Wij weten 't niet. Geen enkel toestand is daar settled. Men weet niet, wat ervan worden zal, hoe het zich ontwikkelen zal. Het is alles in the making. Er is the glory of the imperfect, the charm of the impossible."

[138] Bavinck, "Indrukken van Amerika." "Evenals de Engelschen voelen zich de Am. een wereldvolk. Save America and you save the world. Door de immigratie zijn de V. St. geworden in geheel eenigen zin the most foreign country and the greatest mission field on the globe. Alle volken hebben hun verwanten in Amerika, en van hen uit gaat de zending voort naar alle deelen der aarde. Evangelisation of the world in this generation, in this century."

[139] Brian Stanley, "Africa through European Christian Eyes: The World Missionary C ence, Edinburgh, 1910," in *African Identities and World Christianity in the Twentieth Century*, ed. Klaus Koschorke and Jens Holger Schjørring (Wiesbaden: Harassowitz Verlag, 2005), 165–66.

文笔记中对这个标语未做任何评论：这些特殊的笔记只记录了他和美国友人相处时的所见所闻。但不可否认，他离开美国重回尼采的阴影后，"福音宣教"一词就越来越频繁地出现在巴文克的著作中。数年后，他意识到福音宣教在荷兰的重要性，这甚至促使他和卢卡斯·林德博姆并肩站在同一公共平台上发声。

对启示的哲学的一个怀疑性回应

巴文克在第二次访美发表斯通讲座时，他感到最为沮丧的事情之一，就是他不得不想方设法吸引普林斯顿师生。在此之前，斯努克·赫胡洛涅收到巴文克荷文版斯通讲座的讲稿。他总是很乐意给巴文克提出批评意见，从未让巴文克感受过此类沮丧，这次依然。

> 你对不同的思想体系、世界观和生命观的批判，在我看来尤为尖锐有力。……我心存疑虑，无意从怀疑论和不可知论出发构建一套思想体系。一如往常，你有关圣经的立场似乎缺乏说服力。一方面，这是因为最保守和最严谨的历史批判所带来的巨大关切，现在几乎已被否定或逐渐无人问津。另一方面，这是因为或出于人口、或出于人手的启示，借着人的宣告成为正典，启示的客观特性最终又变成了主观。……请接受这份目的明确的坦言：这是一个来自无比珍视你作品之人传递于你的真诚坦率的宣言。[140]

---

[140] Snouck Hurgronje to Bavinck, Leiden, December 30, 1908, in *ELV*. "Uwe critiek van verschillende stelsels, wereld- en levensbeschouwingen schijnt mij bijzonder scherp en krachtig....Ik ben sceptisch, zonder

第九章 尼采时代的基督教（1902–1909） 417

尽管巴文克为基督教信仰进行措辞严谨的护教，但他的朋友仍不信服。他们圣经观的差异令他们难以达成共识。令人感到饶有兴味的是，巴文克的回复隐约表明他意识到了这一点。他的回复也表示了他试图在不直接诉诸圣经权威的情况下，消除斯努克·赫胡洛涅的怀疑。

> 我理解你怀疑的态度。尽管我的演讲受众与我并非同道之人，但我因此也没有要求他们尊崇圣经的权威。我只是论道（1）人类和世界的样态就是如此。若无一个更为崇高、大能和恩慈的力量，世界难以为继。（2）这样一来，先知、基督和使徒就道出了核心问题：这样一种大能和恩慈的意志**的确**存在。……接受并承认此意志为真理，这就是信心的行动。整个世界、尤其是我们的心灵将我们取向〔此信心的行动〕。[141]

---

van scepsis of agnosticisme een systeem te willen maken. Zwak schijnt mij altijd uw standpunt ten aanzien der Schrift, eensdeels omdat daarbij de reusachtige bezwaren, die de meest behoudende en voorzichtige historische critiek oplevert, min of meer genegeerd of weggedoezeld worden; anderdeels omdat het objectief karakter van openbaringen, die door menschenmond gesproken, door menschenhand geschreven, door menschenuitspraak gecanoniseerd, dan toch ten slotte weer subjectief wordt....Neem deze ontboezeming voor hetgeen zij zijn wil: eene openhartige verklaring betreffende een capitaal verschil van iemand, die in waardeering van uw werk voor geen ander onderdoet."

[141] Bavinck to Snouck Hurgronje, Amsterdam, January 3, 1909, in *ELV*. "Uwe scepsis begrijp ik. Maar wijl mijne lezingen ook voor anderen dan geestverwanten bestemd zijn, heb ik mij nergens op het gezag der Heilige Schrift als zoodanig beroepen, maar heb ik alleen gezegd: a) zoo en zoo ziet de mensch en de wereld er uit. Zonder eene hoogere en genadige kracht gaat zij te gronde, en b) nu komt daar uit de mond van profeten, Christus en de apostelen, waarvan de kern is: zulk een almachtige en genadige wil is er.... Dat aan te nemen en als waarheid te erkennen, is zeker eene geloofsdaad, maar waartoe heel de wereld en vooral ons eigen hart ons dringt."

在一个持续变化的社会里捍卫加尔文和加尔文主义

为庆祝约翰·加尔文诞辰四百周年，欧洲和北美的改革宗基督徒在 1909 年陆续开展了许多纪念活动，其中最重要的活动是夏天在日内瓦举行的宗教改革纪念墙的落成典礼。[142] 世界各地的新教徒齐聚日内瓦，他们回顾了加尔文和加尔文主义对自己所在社会的影响，不乏溢美之词，而这些影响正是前些年巴文克所赞扬之处，尤其是他在 1892 年多伦多大会演讲中所称赞的。但出乎意料的是，彼时荷兰改革宗信徒对此出奇地沉默。绝大部分荷兰基督新教信徒甚少称赞加尔文，因为当时他在荷兰的公众形象并不佳。

在巴文克的博士论文导师约翰内斯·斯霍尔滕的带领下，第一代现代神学家（Modern theologians）对加尔文颇为认同。加尔文提倡预定论和神圣主权：对他们而言，加尔文就是现代科学决定论在神学方面的先驱。可是在 20 世纪初，第一代现代神学家的继承者们并不愿追随加尔文。在阿拉德·皮尔逊（Allard Pierson, 1838–1921）、威廉·克林肯伯格（Willem Klinkenberg, 1838–1921）和以撒·霍格（Isaäc Hoog, 1858–1928）等人眼中，加尔文缺乏活力、为人淡漠、可悲可叹；他们认为与加尔文思想相比，他的品格对人的影响更应引起重视。[143] 约在相同时期，在一些荷兰群体里，迈克尔·塞维图斯（Michael Servetus, 1511–1553）被尊为学术自由的典范。塞维图斯反对三一教义，

---

[142] Marcus A. Brownson, "The Calvin Celebration in Geneva, and Calvin's City as It Is Today: Personal Impressions," *Journal of the Presbyterian Historical Society* (1901–1930) 5, no. 4 (December 1909): 164–74.

[143] Johan de Niet and Herman Paul, "Collective Memories of John Calvin in Dutch NeoCalvinism," in *Sober, Strict, and Scriptural: Collective Memories of John Calvin, 1800–2000*, ed. Johan de Niet, Herman Paul, and Bart Wallet (Leiden: Brill, 2009), 83.

因而于十六世纪在日内瓦被处以火刑。[144]

塞维图斯被尊为英雄，加尔文则成了异端。在此情形下，巴文克看到护卫加尔文的公共形象尤为重要。他写了题为〈加尔文与普遍恩典〉的文章（后由魏司坚译为英文）。[145] 同年，他在《加尔文主义》（Calviniana）上发表了自己在伦敦和荷兰多地有关加尔文的讲座。他在伦敦的演讲题目为〈加尔文《基督教要义》的核心内容〉。[146] 他还为加尔文写了一部小传，并在该作中强调了加尔文的品格，认为加尔文虽不似路德那般温暖热心，但为人真诚、善于思考、非常敬虔。[147] 这部著作语气温和，或许作者有意为之。《号角报》刊文道，对于加尔文一生的评述，"巴文克博士并未呈现任何新的内容"。[148] 尽管如此，斯努克·赫胡洛涅十分欣赏这部朴实无华的著作，全因这部著作的文笔相较当年日内瓦的加尔文庆祝活动，言辞"少了些煽情"。[149]

从巴文克赴伦敦发表加尔文主题讲座前后的往来书信可以看出，他对伦敦的喜爱渐增。他这次携游汉娜一同前往伦敦，他们在 1903 年也曾同游。他们在伦敦和伯明翰都有朋友。1906 年，

---

[144] Antonius van der Linde, *Michael Servet: een brandoffer der gereformeerde inquisitie* (Groningen: P. Noordhoff, 1891).

[145] Herman Bavinck, "Calvin and Common Grace," in *Calvin and the Reformation. Four Studies*, ed. E. Doumergue, A. Lang, H. Bavinck and B. B. Warfield (New York: Revell, 1909), 99–130; "Calvin and Common Grace," trans. Geerhardus Vos, *Princeton Theological Review* 7 (1909): 437–65.

[146] 有关他在伦敦讲座的文献资料，见 HBA, folder 8。他在荷兰的加尔文讲座相关描述，见 *Nieuwsblad van het Noorden*, April 9, 1909; *Gereformeerd Jongelingsblad*, May 21, 1909。

[147] Herman Bavinck, *Johannes Calvijn* (Kampen: Kok, 1909); ET: "John Calvin: A Lecture on the Occasion of his 400th Birthday, July 10, 1509–1909," trans. John Bolt, *Bavinck Review* 1 (2010): 57–85.

[148] "Johannes Calvijn," *De Bazuin*, July 16, 1909. "Iets nieuws heeft Dr. Bavinck uiteraard niet gegeven."

[149] Snouck Hurgronje to Bavinck, Leiden, July 8, 1909, in *ELV*. "Het is eene huldiging van Calvijns werk, minder geruchtmakend dan de Geneefsche."

一位名叫安达·克拉（Ada Corah）的伯明翰年轻女子，在他们的阿姆斯特丹家中生活了三个月。[150] 在那个时候，英国长老会的信徒们和巴文克夫妇已经熟识，并向他们发来参加伦敦纪念加尔文活动的邀请。的确，截至这个时候，巴文克的国际交流已有广泛发展：他与格拉斯哥的詹姆斯·奥尔有书信往来；南非的波切夫斯特鲁姆大学（Potcheftstroom University）在拟聘神学教授时，向巴文克征求聘用人选的建议（巴文克推荐了林德博姆的女婿特杰德·胡克斯特拉）；巴文克也和美国肯塔基州路易斯维尔的美南浸信会神学院的罗博特森（A. T. Robertson）常有沟通，后者在准备自己的《希腊文新约简明语法》荷文版时请巴文克相助。[151] 巴文克的加尔文主义已完全具有国际特性。

在荷兰本土，巴文克对加尔文品格的呈现，强调了加尔文主义对荷兰人心理有历史性的（积极）影响。这一论点巧妙地呼应了他多年前在多伦多所发表的观点。虽然巴文克的一些同胞选择跟随尼采，弃绝自己的基督教信仰的过往，但是他依然认为荷兰人的性格具有不可磨灭的加尔文主义特性，而无神论和非基督教信仰才是舶来品。（凯波尔尤为赞赏巴文克为加尔文所作的这一点辩护。）[152]

巴文克一直研究加尔文和加尔文思想，并且（以合适的方式）为二者辩护。与此同时，他也在持续推进《改革宗教理学》的修订工作。第二卷《上帝和创造》的新版在1908年出版，第三卷

---

[150] Hepp, *Dr. Herman Bavinck*, 301.
[151] 这些年的书信来往，见 HBA, folder 10. Archibald Thomas Robertson, *A Short Grammar of the Greek New Testament: For Students Familiar with the Elements of Greek* (New York: Hodder and Stoughton, 1909)。
[152] Kuyper to Bavinck, Amsterdam, November 9, 1909, HBA, folder 9. "Zeer mijn dank er voor. Het was mij zoo goed, dat gij ook zijn sociale beteekenis voor het volksleven accentueert."

和第四卷的修订版分别在 1910 年和 1911 年面世。[153] 尤为重要的是，他在努力增订《改革宗教理学》的同时，撰写了一部篇幅短小的神学著作。虽然他相信《改革宗教理学》增订版可以满足那个时代迫切的智识需求，但是基督教信仰面临一个更加实践性的挑战：社会的专业分工程度不断提高，致使年轻的专业人士几乎无暇阅读以前时代神学家的经典神学著作，无论这些著作有何等价值。巴文克思忖，更令人惊讶的是：

> 昔日之作并不适用于我们时代，其语言、风格、思考过程和表达方式，与今日之作大不相同，读来颇为晦涩。前人要事在我们时代或渐失其意，或无甚价值。但他们未曾关注之事，如今却不容忽视……我们是新时代和新世纪之子……弗兰肯〔Aegidius Francken〕的《基督教教义要点》，马克〔Johannes a Marck〕的《教理学手册》和布雷克〔Wilhelmus à Brakel〕的《理所当然的侍奉》曾是案头书，如今已为故纸堆，难以触动现在年轻一代的心弦；这无意中带来一种印象：基督教不再适合当今时代。因此，现在亟待出版一部可以替代先贤的著作；这部作品需以满足时代需求的方式，将古老的真理传扬下去。[154]

---

[153] GD^2, vol. 2 (Kampen: Kok, 1908); GD^2, vol. 3 (Kampen: Kok, 1910); GD^2, vol. 4 (Kampen: Kok, 1911).

[154] Herman Bavinck, *Magnalia Dei* (Kampen: Kok, 1909), 2; ET: *Our Reasonable Faith*, trans. Henry Zylstra (Grand Rapids: Eerdmans, 1956). "Trouwens, die oude werken zijn ook niet meer van onzen tijd. Het verschil van taal en stijl, van gedachtengang en zeggingswijze maakt ze vreemd voor ons. De vraagstukken, die men vroeger als de gewichtigste beschouwde, hebben voor ons geheel of grootendeels hunne beteekenis verloren. Andere belangen, door hen niet genoemd, dringen zich thans op den voorgrond. Wij zijn kinderen van een nieuwen tijd en leven in een andere eeuw....Hoeveel goeds Frankens Kern, Marcks Merg en Brakels Redelijke Godsdienst in

正是在此背景下，巴文克在 1909 年出版了《上帝奇妙的作为》，该作更加简明（但也有 658 页！）。对现在的年轻人而言，往日最出色的神学日渐渺远，但是巴文克希望年轻人可以读到他的神学阐述。[155] 所以在这一时期，他开始尝试推出独特鲜明、题材相对广泛的神学著作。《上帝奇妙的作为》与巴文克作为文艺复兴式全才的形象相符；在该著作发行的同时，巴文克在教育学学术期刊上发表了题为〈论孩童心理〉。[156] 巴文克一生竭力从基督教视角思索人生的各个方面，他为之笔耕不辍、勤勉不怠。

与林德博姆的再度接触

在 1909 年末，卢卡斯·林德博姆庆祝自己任职荷兰基督教精神疾病关怀协会（Vereniging voor de Christelijke Verzorging van Krankzinningen in Nederland）主席二十五年。他在 1884 年建立了这个联合会。虽然林德博姆早些年是自由大学身上的一根刺，但是他一直强调为那些遭受精神疾病的人提供独特的改革宗关怀视角的重要性，而且这种坚持对自由大学在 1907 年设立精神病学教席发挥了至关重要的作用。[157] 此事之后两年内，林德博姆全

---

vroeger dagen hebben uitegewerkt, ze zijn thans niet meer tot nieuw leven te brengen, spreken het jonger geslacht niet meer toe en wekken onwillekeurig de gedachte, dat het Christendom bij deze eeuw niet meer past. Daarom is er dringend behoefte aan een werk, dat in de plaats van dezen arbeid der vaderen treden kan en de oude waarheid voordraagt in een vorm, die beantwoordt aan de eischen van dezen tijd."

[155] Bavinck, *Magnalia Dei*, 3. "En onder hen heb ik weer bij voorkeur gedacht aan al die jonge mannen en vrouwen."

[156] Herman Bavinck, "De psychologie van het kind," *Paedagogisch tijdschrift* 1 (1909): 105–17.

[157] G. J. van Klinken, "Lucas Lindeboom: Voorman van de christelijke zorg," in *Bevlogen theologen: Geëngageerde predikanten in de negentiende en twintigste eeuw*, ed. Paul E. Werkman and Roelof Enno van der Woude (Hilversum: Verloren, 2012), 123–46.

力支持在全国各地设立基督徒精神疾病诊所。在这之余，他举办了一场纪念讲座，且把讲稿寄给了巴文克，后者很快予以回信。[158]

> 尊敬的主席，
>
> 真诚感谢您代表理事会寄来协会二十五周年庆祝讲座的讲稿。您在讲稿中回顾了协会的发展历史，这弥足珍贵，协会带来的福泽也藉此得以广被人知。愿您的讲座有助于推进协会目标的实现。因着主的恩惠，愿协会如过去二十五年一样，继续带给民众源源不断的祝福。
>
> 近安
>
> 愿随时为您效力
>
> 赫尔曼·巴文克[159]

在此前一年，巴文克和林德博姆在人们的提醒下，自然也想起他们共有的历史：1908 年标志着他们同时受聘于坎彭神学院已有二十五载。基督教媒体对此里程碑之事广为报道，普遍表达了对"善于言辞"的巴文克和"注重实效"的林德博姆的感谢；

---

[158] Anthonie Honig, "Algemeene vergadering der Vereeniging tot Christelijke Verzorging van Krankzinnigen in Nederland," *De Bazuin*, October 22, 1907. 另见 Lucas Lindeboom, *Gereformeerde stichtingen van barmhartigheid in Nederland* (Kampen: Kok, 1927), 12。

[159] Bavinck to Lindeboom, Amsterdam, November 28, 1909, HBA, folder 9. "Hooggeachte Voorzitter, zeer vriendelijk zeg ik u dank voor de toezending namens het Bestuur van de gedachtenisrede, door u bij gelegenheid van 't 25 j. bestaan dier V. uitgesproken. Zij geeft een kostelijk overzicht van hare geschiedenis, en kan van vele zegeningen melding maken. Moge ze dienstbaar zijn aan de bevordering van de belangen der Vereeniging, en deze, onder 's Heeren gunst, hoe langer zoo meer tot een zegen worden voor ons volk, gelijk zij het nu reeds 25 jaren in hooge mate was. Hoogachtend Uwdw. H. Bavinck."

他们二人都是"基于同一信仰和原则开展事工"（至少根据《改革宗青少年杂志》的报道是如此）。[160]

父子天人相隔

尽管巴文克在1909年与他的宿敌林德博姆再度接触，但是自从他转至自由大学，坎彭神学院的领导经常就他离开之事以及离开后的情况变化而遭受批评。有人认为，巴文克离开神学院去自由大学，这是对那些在阿纳姆（Arnhem）教会会议向少数派让步者之"偏狭和短视行为的应有惩罚"。1904年，《号角报》上的一篇文章回应了这一说法。该文在结尾中指出："巴文克博士离开了坎彭，为要在位于资源丰富和辉煌的科学中心的自由〔大学〕大展才华，并在济济一堂的教室里发表精彩的讲座，而少数派弟兄们所在的学校已门生凋零。我们知道这一情况，内心也为此深感难过。这样的结果并非我们所愿。"[161]

巴文克去阿姆斯特丹后成就斐然。神学院的一些人渐渐为他的离职而感到后悔，认为错失了良机。例如，1908年《号角报》

---

[160] *Gereformeerd Jongelingsblad*, January 24, 1908. "Bavinck en Lindeboom verschillen. Maar beide arbeiden ze uit eenzelfde geloof en uit dezelfde beginselen." 另见 *De Heraut*, January 12, 1908; *Amsterdamsche Kerkbode*, January 18, 1908。

[161] *De Bazuin*, January 8, 1904. "Daarin wordt het overgaan van Dr. Bavinck van Kampen naar Amsterdam aangemerkt als een rechtmatige staf op de eenzijdigheid en kortzichtigheid van hen, die zich scharen om de minderheid der Arnhemsche Synode....Ten slotte: Dr. W. eindigt met de opmerking, dat Dr. Bavinck heenging om aan de Vrije in een rijk en heerlijk wetenschappelijk centrum te bloeien en voor stampvolle zalen zijn prachtige colleges te geven, terwijl de broeders der minderheid thans een vrij verlaten School hebben. We weten dit, en onze ziel is er over bedroefd. We hadden het zoo gaarne anders gezien."

上有关坎彭神学院历史的一篇文章论道:"巴文克著作等身,这给世界带来福泽之大,甚至难以述说一二。他的《改革宗教理学》就足以说明……他给教会和科学带来了丰盛的祝福。愿上帝赐福与他福寿绵长!"[162] 可是在那些年间,巴文克从未回望坎彭,并未设想留在那里的生活。坎彭已属于他的过去,而非未来。他和这个小城一直保持联系,只因自己所钟爱的科克、博斯和扎尔斯曼(Zalsman)出版社都设在那里。

但是在1909年11月,赫尔曼和他的弟弟以及各自家眷都需重返坎彭——八十三岁高龄的杨·巴文克在那个月的一个主日早晨,在辛赫路的家中辞世。此前数月里,赫尔曼和杨似乎都意识到杨的生命终点已临近。我们可以看到,在杨去世的前几个月,他和赫尔曼一起回顾了巴文克一家在本特海姆的信仰历史,甚至回溯到更为久远的家族历史。这些回忆录后来发表于门诺派报刊《周日信息》(*De Zondagsbode*)。[163] 杨将要告别人世,他也将成为这个家族历史的一部分。

杨于11月28日离世的消息刊登在荷兰各地报纸上,从《号角报》到《大众商报》均有报道,也见刊于美国荷文报纸。[164] 在下一个星期二,杨的遗体用火车运回坎彭,赫兹娜和约翰的墓地也在那里。杨的灵柩在布赫沃克教堂停放了一夜,灵柩下面是他

---

[162] "Een Gedenkdag," *De Bazuin*, January 17, 1908. "En hoe gezegend werkte hij niet door zijne vele geschriften? Onze ruimte laat niet toe ze alle te noemen. Reeds zijne Geref. Dogmatiek zegt veel en genoeg....God spare hem nog lang ten rijken zegen voor Kerk en wetenschap!"

[163] "Oude Doopsgezinde Geslachten. III. Bavink," *De Zondagsbode*, September 5, 1909.

[164] *Algemeen Handelsblad*, November 30, 1909; "Uitvaart van ds. J. Bavinck," *Provinciale Overijsselsche en Zwolsche Courant*, December 2, 1909; Harm Bouwman, "Ds. J. Bavinck," *De Bazuin*, December 3, 1909; *De Grondwet*, December 21, 1909; "Uit Holland," *De Volksvriend*, December 23, 1909.

曾用过的讲坛，当时覆以葬礼所用黑布。[165] 杨在世的儿子有赫尔曼、迪努斯和伯纳德，他们和各自的家眷在葬礼上肃立，赫尔曼和伯纳德向来宾致辞。赫尔曼在那本遗失的日记本中写道："**这是悲欣交集的一天。大家的关心令人感动。**"[166]

那一年巴文克五十五岁，父亲与他天人两别。自此以后，父亲的支持和陪伴只在梦中可温。

---

[165] *De Bazuin*, December 10, 1909.
[166] Hepp, *Dr. Herman Bavinck*, 311. "'t Was droevige en aangename dag. Belangstelling was treffend."

第十章

彰显本色（1910–1920）

"主席先生！我们现代文化和基督教密不可分。"

在父亲去世之前，赫尔曼已开始梳理巴文克家族的信仰发展历程。巴文克家族的先辈起初是基督公教信徒，后来加入德国路德宗（期间一部分人成为门诺派信徒），现在一代人属于归正教会。巴文克家族的信仰道路蜿蜒曲折，贯穿了德国和荷兰的教会历史。荷兰境内改革宗教会的故事镌刻在他的世系之上。

1910 年，巴文克在《普林斯顿神学评论》上刊文，复述了从 16 世纪宗教改革至 20 世纪新加尔文主义时期的荷兰宗教历史。该文紧密结合了巴文克家族数百年的漂泊经历（其姓氏 Bavinck 的拼写变体有 Bauingas、Bavingas 和 Bavincks）。[1] 在这份历史性叙述的结尾部分，巴文克从 20 世纪初新加尔文主义者的视角论述了荷兰当时的宗教境况：尽管分离派和哀恸者群体都取得了

---

[1] Herman Bavinck, "The Reformed Churches in the Netherlands," *Princeton Theological Review* 8 (1910): 433–60. 中注：赫尔曼·巴文克，〈荷兰地区的归正教会〉，载于《赫尔曼·巴文克论荷兰新加尔文主义》，邵大卫译，徐西面编（爱丁堡：贤理·璀雅，2019），81–98 页。

诸多成就，并且二者在 1892 年顺利联合，但是依据彼时的宗教人口统计，巴文克的支持者们仍属小众群体。与主流的荷兰改革宗教会和基督公教教会的信徒人数相比，这些支持者的人数相形见绌，而且他们发现自己正身处快速去基督教化的文化之中。巴文克写道："时代的潮流总体上正偏离基督和祂的十字架。"² 两年前他在美国时，美国的宣教观给他留下了深刻印象——美国人将自己的国家看作宣教的禾场和宣教士的输出地。巴文克回国后不久就明白，这一宣教观也正是荷兰所需。

虽然巴文克只是透过 1908 年与热心宣教之信徒的交往才有了些许上述感触，但是自 20 世纪初以来，荷兰对海外宣教的关注明显与日俱增。接替巴文克在坎彭神学院职位的是安东尼·霍尼赫（Anthonie Honig），他在 1900 年出版了《宣教与学校教育》一书。³ 自 19 世纪 70 年代以来，凯波尔对有关荷属东印度宣教事工的争论做出了诸多阐述，而霍尼赫此书就是尝试推进凯波尔的观点。在 1902 年的阿纳姆教会会议上，荷兰地区归正众教会就海外宣教正式实施了一个修订后的组织机制，这一进展提升了整个宗派对在荷属东印度传扬福音的责任感。⁴

尽管某些宗派越发积极推动海外宣教，但是不同宗派之间福音运动的精神对荷兰产生了影响。荷兰第一所致力于宣教的学院是荷兰宣教学院（Nederlandsche Zendingsschool）。该校并非由教会所建，而是由荷兰差会（De Nederlandsche Zendelinggenootschap）与乌特勒支差会（De Utrechtsche Zendingvereeniging）共同设立，于 1905 年在鹿特丹开始招生。在这所学校，未来的宣教士首先要学习通识课程，之后学习现代语言、宣教学和

---

² Bavinck, "The Reformed Churches in the Netherlands," 459–60. 中注：巴文克，〈荷兰地区的归正教会〉，97–98 页。

³ Anthonie Honig, *De Zending en de scholen* (Zeist: n.p., 1900).

⁴ *Concept Zendingsorde voor de Gereformeerde Kerken in Nederland* (n.p., ca. 1902); 另见 L. Adriaanse, *De nieuwe koers in onze zending, of Toelichting op de zendingsorde* (Amsterdam: Kirchner, 1903).

神学，再修读医学、东方语言、非以色列宗教的历史、非基督宗教的历史，以及东印度群岛的宗教、民事和经济的历史。这种全面的内部教育的目标，是要培养一群基督徒，"他们有能力并希望在面对爪哇人时就成为爪哇人，面对巴布亚人时就成为巴布亚人，面对阿尔富斯人（Alfurs）时就成为阿尔富斯人。"[5]

从1910年起，巴文克不仅投身于国内福音运动，而且放眼国际福音运动。他刊登于《普林斯顿神学评论》的文章如此总结："异教世界中宣教工作的发展对文明世界中的背道算是微小的安慰。"[6] 在那一年，他还在南非的神学期刊上发表了一篇关于海外宣教的文章。[7]

在同一时期，荷兰地区归正众教会内部，就宗派为海外宣教士提供培训一事引发了不小争论。该宗派即将差派第四位宣教士阿特·默克莱恩牧师（Rev. Aart Merkelijn, 1878–1943）前往荷属东印度。[8] 为了预备自己这份新的事工，他已在荷兰宣教学院注册为学生。他入学该校招致阿姆斯特丹的牧师约翰尼斯·科内利斯·斯科（Rev. Johannes Cornelis Sikkel, 1855–1920）的批评。斯科认为，由于一个宗派拥有鲜明的神学身份，所以它不应将自己的宣教培训假手于泛教会机构。他论道："在宣教培训中，尤其关于荷属东印度伊斯兰教和异教的学习，归正原则至关重要。"[9]

---

[5] J. P. P. Valeton Jr., *De Nederlandsche zendingsschool* (Utrecht: n.p., 1905), 2, 5. "En wij, wij moeten haar de mannen kunnen aanbieden, die voor die toestanden berekend zijn, Christenen, die den Javaan een Javaan, den Papoea een Papoea, den Alfoer een Alfoer kunnen en willen worden."

[6] Bavinck, "The Reformed Churches in the Netherlands," 460. 中注：巴文克，〈荷兰地区的归正教会〉，98页。

[7] Herman Bavinck, "Dr. Bavinck over de zending," *Het Kerkblad der Gereformeerde Kerk in ZuidAfrika* 12, no. 237 (October 1, 1910): 5–6.

[8] 写于该时期的有关荷兰地区归正众教会宣教工作历史的综述著作，见 J. H. Landwehr, *Kort overzich van de geschiedenis der Gereformeerde Kerken in Nederland, 1795 tot heden* (Zwolle: Tulp, 1908), 85–93。

[9] Quoted in C. Lindeboom, "Speciale opleiding voor de zending?," *De Bazuin*, November 4, 1910. "Speciaal wat de bestudeering van den Islam

巴文克赞同他这一观点。那年夏天，他在自由大学一年一度的"大学日"上发表演讲，提出大学应设立宣教和福音事工的教席。[10]（彼得勒斯·比斯特菲尔德去世前一直讲授新约和实践神学，内容包括宣教学。巴文克的提议是将宣教学单列为一个教席，因而应从新约和实践神学中分离出来。）

一位牧师在《号角报》上发文指出，虽然巴文克已经强调"在我们圈子里，宣教精神和对宣教之热忱和愿望已然苏醒"，但是我们宗派仍"缺少全身心奉献于宣教的人，他需要将所有的精力投入宣教、指导受训中的牧师、激发他们对宣教的热情。"[11] 另一份宣教期刊《马其顿之声》(De Macedoniër) 深信，巴文克的愿景将很快成为现实："毫无疑问，巴文克教授具有巨大的影响力。我丝毫不怀疑，我们不出数年就会有一个、甚至两个专门教席，因为教会不会置坎彭神学院于不顾。"[12]

巴文克的呼吁很快就得到了支持。自由大学公开宣布，将为东印度群岛的宣教设立一个专职教席（默克莱恩牧师将在自己的

---

en van het Heidendom in Indië aangaat. Het Gereformeerde beginsel is hier van zoo groote beteekenis."

[10] Lindeboom, "Speciale opleiding voor de zending?" "Nu heeft Prof. Bavinck in zijne rede op den Universiteitsdag van dit jaar bepleit, dat aan de Vrije Universiteit een nieuwe leerstoel zou worden gevestigd, bepaaldelijk met het oog op de Zending en den Evangelisatie-arbeid."

[11] Harm Bouwman, "Een leerstoel voor de zending," De Bazuin, September 9, 1910. "Prof. Bavinck heeft op den laatst-gehouden Universiteitsdag gepleit voor het instellen van een leerstoel voor de Zending aan de Vrije Universiteit. Terecht heeft hij aangetoond, dat ja de Zendingsgeest, de Zendingsliefde en de Zendingsijver ook in onze kringen ontwaakt is, maar dat wij nog maar aan het begin staan van onzen arbeid, dat ons ontbreekt een man, die geheel voor de Zending left, aan haar al zijne krachten wijdt en de aanstaande predikanten voorlicht en met liefde voor de Zending bezielt."

[12] H. Dijkstra, De Macedoniër, September 1910, quoted in Bouwman, "Een leerstoel voor de zending". "Dat Prof. Bavinck over grooten invloed beschikt lijdt geen twijfel....Twijfel ik niet of wij hebben binnen enkele Jaren eenen leerstoel; misschien wel twee, want de Kerken zullen dan te Kampen wel niet achterblijven."

宗派内接受所余培训内容）。[13] 此后不久，坎彭神学院向教会会议提交了在神学院设立宣教教席的计划。[14] 尽管初期大家对此事都十分热情，但巴文克的计划最终未能完全如愿实施。

1912 年，曾由比斯特菲尔德担任的教席分成了两个独立教席：一个是由弗雷德里克·贺罗斯海德（Frederick Grosheide, 1881–1972）担任的新约教席，另一个是由彼得勒斯·希尔费斯·斯密特（Petrus Sillevis Smitt, 1867–1918）担任的实践神学教席。希尔费斯·斯密特的教学任务包括宣教理论和传福音理论，但他几乎未有讲授这两门课的经验。此外，他还需讲授讲道学、礼拜学和教理问答。[15] 尽管自由大学一直都有开设宣教学课程，但是巴文克的理想未能实现：希尔费斯·斯密特并不是他在 1910 年呼吁时所期待之人——他所期待的是一位"全身心奉献于宣教的人"。可斯密特是一位实践神学家，他的工作是讲授一些理论层面的宣教学。虽然比斯特菲尔德的教学任务得以分解，但并未像巴文克所期望的那样被明确区分。不论如何，希尔费斯·斯密特后因受病痛煎熬，于 1918 年英年早逝。巴文克在 1910 年所勾勒的蓝图一时难以实现。

应区分海外宣教和殖民扩张

1911 年初，巴文克在阿姆斯特丹发表了题为《宣教在我们时代的意义》的讲座，并宣传这场讲座"对男性和女性同等重要"。

---

[13] "Schoolnieuws," *Het nieuws van de dag: kleine courant*, November 9, 1910.
[14] *Provinciale Drentsche en Asser Courant*, February 24, 1911.
[15] Willem Geesink, "In Memoriam: Petrus Abraham Elisa Sillevis Smitt," *Almanak van het Studentencorps a/d VrijeUniversiteit, 1919* (Amsterdam: Herdes, 1919), 68.

他在讲座中指出，应将海外宣教和殖民扩张区分开来。[16] 在阐述当时的地缘政治时，他论到欧洲文化在非西方世界中之影响的增强乃必然之势。但是在很大程度上，他相信此种影响推动了一种理性主义、反超自然主义和消费主义的世界观，而此类世界观对非西方世界而言十分陌生：殖民主义所传之福音是资本主义和启蒙运动的福音，并非十字架和空坟墓；殖民主义的动机完全由经济主导。巴文克因而指出，非西方世界关于今生和来生之信念犹如美丽且古老的锦绣，但殖民主义的影响令这一锦绣的丝线四散，取而代之的是世俗消费主义破布。故此，"欧洲文化能福泽世界，但也会祸害世界。如果西方文化瓦解当地异教的信仰，但并未引入更好的信仰取而代之，那么欧洲文化就完全掏空了非西方世界的文化，而非使之更加丰富。然而，现实就是如此。"[17]

巴文克相信，如果西方文化袪除了基督教的发酵性影响，那么西方文化所能教给世界其他国家的就只有剥削、统治和战争的模式。在穆尔塔图里的《马格斯·哈弗拉尔》的影响下，对于殖民主义剥夺了殖民地人民宝贵自然资源的问题，荷兰长期以来争论不休。然而在此基础上，巴文克还补充说明了殖民主义对剥夺被殖民者宗教信仰之丰富性及力量的影响，而后留下苍白无力的西方消费主义作为替代品。这种骗术花招可能会促使非西方世界以更强烈、反西方的形式，围绕他们祖先的宗教信仰而重新团结。

---

[16] *Amsterdamsche Kerkbode*, April 30, 1911. "De zendingsdag van de classe Amsterdam zal D.V. gehouden worden op Woensdag 17 Mei e.k. Des namiddags 2 uur zal er in het gebouw van de Maatschappij voor den Werkenden Stand eene bijeenkomst plaats hebben toegangkelijk voor alle belangstellenden, zoowel vrouwen als mannen, waarin Prof. Dr. H. Bavinck zal spreken over de beteekenis der Zending voor onzen tijd."

[17] *Amsterdamsche Kerkbode*, May 21, 1911. "Want de Europeesche cultuur kan voor de volken der aarde een zegen zijn, maar zij kan nu ook worden tot een vloek. Als zij, gelijk zij feitelijk doet, den eigen godsdienst der heidenen ondermijnt en hun geen ander en beter geloof in de plaats geeft, verarmt zij hen innerlijk meer dan dat zij hen verrijkt."

鉴于此，巴文克告诉自己的听众，在西方与非西方世界的接触过程中，一个强大的宣教动力之有或无，都会对未来造成深远影响。"我们的文明是基督教所结的果实。如果这些强大的民族〔即东印度群岛、中国和日本〕掌握了我们的文明却未接受基督教信仰，那么他们就是拿走了我们手中的武器，将来会用这些武器与我们为敌。这种危险日益严峻，因为近些年佛教和伊斯兰教已然复苏、重现活力，秘密装备自己要与基督教一战。"[18]

1911年的基督徒——"无论他们的教派是什么"——若不严肃对待海外宣教，那么他们的后代将面临"佛陀、穆罕穆德和基督之间的全球性战争"。[19] 在巴文克看来，若不广传福音，不仅当今世界深受其害，**而且**未来世界也无法幸免于难。他为全球性的宗教暴力深表担忧。

《改革宗教理学》结稿

巴文克在1884年开始撰写《改革宗教理学》，到1911年出版了该著作修订版第四卷，也就是最后一卷。当他在1901年完成第一版最后一卷时，四卷总页数有2265页。在经过十年的修

---

[18] *Amsterdamsche Kerkbode*, May 21, 1911. "Als deze machtige volken onze beschaving overnemen zonder het Christendom, waarvan zij de vrucht is, ontleenen zij aan onszelven de wapenen, waarmede zij in de toekomst ons bestrijden. En te ernstiger dreigt dit gevaar, wijl Boeddhisme en Mohammedanisme in den jongsten tijd tot een nieuw leven ontwaken en als in het geheim zich toerusten tot een strijd tegen het Christelijke geloof."

[19] *Amsterdamsche Kerkbode*, May 21, 1911. "Het schijnt, alsof het eigenlijke Heidendom in de twintigste eeuw allengs geheel verdwijnen zal en dat dan de wereldworsteling zal aanvangen tusschen Boeddha, Mohammed en Christus. Daarom is de zending voor alle Christenen, van wat belijdenis zij ook zijn, in deze eeuw een dure plicht."

改后，他的修订版页数已增至近 3000 页，所增页数和第一版每卷页数一样多。

《号角报》的一篇评论道，《改革宗教理学》现已大功告成，它"不是一部灵修类著作，而是研究类著作，仅适合受过科学式教育之人研读"，而且"该著作的书价也表明，钱囊羞涩之人会无力购买此书"。此番评论说明，为何巴文克刚完成修订版后，就立刻着手提炼该作提要。[20] 虽然他之前曾为忙碌的年轻职业人士推出篇幅更短的基督教教义概览《上帝奇妙的作为》（1909；页数仍不少），但是他在完成《改革宗教理学》这部巨著后，就立刻动手推出了一本更为简明的《基督宗教教学指南》（1913；共 251 页）。该作面向高中的高年级学生和大学低年级学生，同时也面向"所有想要通过阅读一部篇幅较短、书价亲民的著作来了解我们基督教和改革宗认信之要旨的人"。[21]

现代和正统

在十来年前，即 1905 年，就是巴文克的《改革宗教理学》第一卷修订版出版之前，他的新加尔文主义项目就遭到现代神学家博纳杜斯·艾尔德曼斯的批评。艾尔德曼斯认为该项目不过是披着虔诚语言外衣的自由神学。艾尔德曼斯声称，一个神学系统难以**既**正统**又**现代，于是呼吁巴文克不要再掩盖自己的真实面目，

---

[20] *De Heraut*, December 17, 1911. "Rekent men toch met het feit, dat dit boek geen stichtelijk boek is, maar een studieboek, dat alleen voor wetenschappelijk gevormden is geschreven; dat de prijs van zulk een werk maakt, dat het zeker niet binnen het bereik van ieders beurs valt."

[21] Herman Bavinck, *Handleiding bij het onderwijs in den christelijken godsdienst* (Kampen: Kok, 1913). "... allen, die door middel van een niet te uitgebreid en niet te kostbaar leesboek kennis willen maken met den hoofdinhoud van onze Christelijke, Gereformeerde geloofsbelijdenis."

应撕下自己的正统标签，全心转向他莱顿大学恩师的现代主义神学事业。

之后数年里，巴文克一直忙于修改《改革宗教理学》。艾尔德曼斯仍然将"正统"和"现代"定性为不兼容。他声称正统属于前科学时代的迷信，已被现代取而代之。正因如此，他将巴文克和凯波尔视为假充内行的骗子，因着他们声称自己在知识层面和文化层面为现代人，但又自认为持守现代之前基督教最重要的部分。艾尔德曼斯坚称，虽然加尔文自己是"正统的"，但是凯波尔和巴文克并非如此。他指出，如同使许多人相信油水可相混之人一样，新加尔文主义者在他们的智识、文化和教会环境方面，就是破坏性的灾难。[22]

1911 年，巴文克完成了《改革宗教理学》四卷的修订，之后便在自由大学一场重要的讲座中回应了艾尔德曼斯的批评。该场讲座后以《现代与正统》发表。[23] 在讲座中，巴文克反驳了艾尔德曼斯"现代已经取代正统"的观点，转而提出"现代"与"正统"在历史中的发展比这更为复杂。巴文克推断，即便现代神学主张与自己的正统先辈已断然决裂，但是"现代神学（modern theology）整体而言还是从基督教传统出发来思想和生活，这远超它自己所设想的"。[24] 不同于尼采的支持者，现代派未完全抛开启蒙运动前的基督教传统。他们依然讲着基督教神学语言（尽管使用已修改了的定义），而且持守了基督教的大部分社会价值。巴文克认为，从以上各个方面视之，现代派一直是根深叶茂的基督教大树上的旁枝，它生于且依赖这棵大树。

巴文克在质疑现代派虚张声势的自我表述之后，便开始阐述

---

[22] Bernardus Eerdmans, *"Orthodox" verweer* (Leiden: S.C. van Doesburgh, 1911).

[23] Herman Bavinck, *Modernisme en orthodoxie* (Kampen: Kok, 1911); ET: "Herman Bavinck's *Modernisme en Orthodoxie*: A Translation," trans. Bruce Pass, *Bavinck Review* 7 (2016): 63–114.

[24] Bavinck, "Herman Bavinck's *Modernisme en Orthodoxie*," 79.

"正统"这一概念："正统或多或少受到这个时代智识潮流的影响，除非它能够完全脱离所处的环境。"[25] 他认为在基督教历史中，"正统"从来不是脱离所栖息之文化的静态概念，而是在丰富多样的文化环境中向下扎根发展，正如它此时在二十世纪荷兰文化中一样。正统与现代绝非油与水一般不相容，巴文克认为这一比喻完全显出了"胸无丘壑、思想狭窄"。"现代"和"正统"并不相斥。在历史发展过程中，这两个概念的含义确实都发生了变化，在二十世纪初亦然。

巴文克相信历史作为一个进步的故事，应以谨慎的改革为上策来实现，不能推行斯霍尔滕、库能和饶文霍夫著作中所宣称要发生的智识革命。在对新加尔文主义者的批评中，艾尔德曼斯画蛇添足般地提出，"现代正统"或"正统的现代主义"可更好地来界定新加尔文主义运动，但又怀疑这样的名称语义是否会带来任何的改变。巴文克在驳论中并未采用他所提出的任何称谓，而是选择了"归正"这个标签，认为它最有效地体现了自己的宗旨："相比正统、加尔文主义和新加尔文主义，归正这个名称更值得推崇。"[26]

巴文克认为"归正"比"正统"或"现代"更令人满意，因为"归正"表达了一个基督徒如何参与历史进程的独特看法。他认为现代派藉着康德之前之世界观的萤火微光，一味地薄古厚今；当然，他们也可能持相反的态度——一味地厚古：这确实就是巴文克批判基督公教时的核心观点，因为基督公教拒绝宗教改革。[27] 巴文克相信最理想的模式应是既回望过去、又展望未来，在推动发展的同时，又不失历史根基的见识。巴文克初到阿姆斯特丹时，

---

[25] Bavinck, "Herman Bavinck's *Modernisme en Orthodoxie*," 79–80.
[26] Bavinck, "Herman Bavinck's *Modernisme en Orthodoxie*," 82.
[27] *RD*, 1:116–20. 另见 Kuyper, *Encyclopedie der heilige godgeleerdheid* (Amsterdam: J. A. Wormser, 1894), 2:276–77。

让自己的思想与范普林斯特勒的思想保持一些距离。但是时隔数年后，这位抗革命党之父开始再次呐喊：巴文克在《现代和正统》中，强烈反对革命，全力支持改革。他一生的宏图都基于此进路推进。

将教理学置之脑后？

巴文克透过修订《改革宗教理学》，一直和现代派批判者们保持对话。[28] 在完成修订版后，巴文克对他们的批判发出了振奋人心、也是最后的驳论。因此，博拉梅尔将《现代与正统》称为巴文克"教理神学的绝唱"。[29] 自此以后，巴文克走向生命的另一个阶段；这个转变通常被称为"告别神学"。[30] 赫普在他的传记中也如此说道：《现代与正统》的出版标志着巴文克阐述教理神学工作的终结。

赫普在传记中还讲到一个细节："〔巴文克〕在去世前数年间，把最重要的教理学著作赠送他人，特别是改革宗神学经典著作。他对我说：'因为我不再做这一领域的研究了。'"[31] 这一细节让大家普遍认为，在完成《改革宗教理学》后，巴文克生命的最后十年被绝望的阴影笼罩，他甚至对自己的教理学著作也信

---

[28] R. H. Bremmer, *Herman Bavinck als dogmaticus* (Kampen: Kok, 1966), 115–47.

[29] R. H. Bremmer, *Herman Bavinck en zijn tijdgenoten* (Kampen: Kok, 1966), 248.

[30] Bremmer, *Herman Bavinck en zijn tijdgenoten*, 248.

[31] Valentijn Hepp, *Dr. Herman Bavinck* (Amsterdam: Ten Have, 1921), 317–18. "Zelfs deed hij eenige jaren vóór zijn dood de belangrijkste dogmatische werken, waaronder vooral oude Gereformeerde theologie, van de hand, 'want,' zei hij mij, 'ik doe daaraan toch niet meer.'" 请注意：这里提到的荷文习语"van de hand doen"可表示"赠送"或"出售"。

心全无。³²（赫普错误地认为，在这个心灰意冷的阶段，巴文克也改变了自己的神学身份，因为他不再像早年那样相信改革宗神学，而且不断努力将自己与凯波尔进行对比性区分。）³³ 赫普在描述巴文克这一时期的生活时，有些歪曲性地论到公众对巴文克的猜测：基督教在巴文克公共对话中日益突出，这意味着"他或许不再坚持具体的改革宗，而是在极大程度上转向了一般性的基督教"。³⁴

巴文克完成《改革宗教理学》修订版，这显然标志着他生命一章的结束和新一章的开启。然而，巴文克身边的人或许对他这一艰难的转型历程及其对他本人的影响未有充分的理解。在那些年间，巴文克开始强调基督教的重要性，这当然不是因为他对改革宗遗产的信心出现危机。正如本书之前所论，为了在尼采的阴影下召聚形成一个有神论联盟，巴文克日益以公开的方式宣扬基督教。随着巴文克在阿姆斯特丹的时间越来越久，他有关基督教的著作也与自己支持国内外福音运动越发相连，因为只有先公开为基督教护教，才能为自己的改革宗神学辩护。

此外，至少是阿姆斯特丹这些年日里，巴文克的写作模式大致可分为两类且数量相当：关于改革宗传统的著作和关于更普泛意义上的基督教著作。他在（1906年）阐发了一个论点：教理学家汲取自己的神学传统时须认识到，他们的职责就是总要辨明大公性基督教信仰的真正本质。³⁵ 诚然，这个论点最能说明这两

---

³² 对这点的讨论，见 John Bolt, "Grand Rapids between Kampen and Amsterdam: Herman Bavinck's Reception and Influence in North America," *Calvin Theological Journal* 38, no. 2 (2003): 266。

³³ Hepp, *Dr. Herman Bavinck*, 321–22.

³⁴ Hepp, *Dr. Herman Bavinck*, 319. "Er werd gefluisterd, dat hij het specifiek-Gereformeerd goeddeels zou hebben ingeruild tegen het algemeen christelijke."

³⁵ Herman Bavinck, "Het Wezen des Christendoms," in *Almanak van het studentencorps der Vrije Universiteit voor het jaar 1906* (Amsterdam: Herdes, 1906), 251–77; reprinted in *Verzamelde opstellen op het gebied*

类著作之间的密切关系。巴文克以这种方式建立起出版著作的模式，以此证明自己的改革宗传统和大公性基督教信仰之间的重要关联。

若说巴文克在阿姆斯特丹的头十年里，经历了类似卡尔·巴特年轻时预备《〈罗马书〉注释》（Römerbrief）过程中的思想反转，这似乎并无根据。相反，巴文克在这个阶段逐步发展，总是倾向改革而反对革命，甚至在个人智识方面，他也认为应逐步改革。但是大众对他的这一转变不甚了解，或许是因他比大多数人对"尼采时代"之后果有更深刻的洞察。因此，他虽微微调整了自己的方向，却产生了重大回应。

巴文克在1911年完成了《改革宗教理学》的修订版。此后十年，他的确再未推出该著作的修订版。我们也许可说，《现代和正统》公开反驳了艾尔德曼斯对《改革宗教理学》的批评，同时也宣告他就此结束与现代神学的长期争论。但是有人认为，巴文克此后对基督教教义的建构已无甚兴趣，甚至对之前为之所投入的时间感到失望；这种看法完全不符合事实。巴文克自己所存留的《改革宗教理学》第二版（修订版）上，随处可见他所写的笔记和修改，内容包括提出新问题、勘正排印错误、更改所引圣经经文、增加引用文献等。这份个人副本还有23页的增补笔记，内容涉及但不局限于目的论、三一教义、逻格斯教义、《创世记》一至三章的阐释以及地质时期。[36] 可以肯定地说，地质学的进展定会促使他再次修订《改革宗教理学》。在第二版《改革宗教理学》中，巴文克以热情的笔触论及这一新兴科学："地质学所提

---

van godsdienst en wetenschap, ed. C. B. Bavinck (Kampen: Kok, 1921), 17–34; ET: "The Essence of Christianity," in *Essays on Religion, Science, and Society*, ed. John Bolt, trans. John Vriend and Gerrit Sheeres (Grand Rapids: Baker Academic, 2008), 33–48.

[36] George Harinck, "'Eén uur lang is het hier brandend licht en warm geweest': Bavinck en Kampen," in *Ontmoetingen met Bavinck*, ed. George Harinck and Gerrit Neven (Barneveld: De Vuurbaak, 2006), 110.

出的事实……正如上帝在圣经中所说的圣言,也同为上帝的话语,因此人人都要相信而接受。"[37] 然而从那一版《改革宗教理学》上所做的笔记可看出,他看到新兴地质科学会迅速发展,因此他对进一步修订《改革宗教理学》来回应这门科学持开放态度。虽然巴文克在自己那本《改革宗教理学》上的许多笔记并未标注日期,但从标注了日期的笔记可知,这些笔记录于 1911 年至 1918 年间。尽管这些修订内容未能面世,但这些足以说明,巴文克在 1911 年后并未放弃教理学或对其失去兴趣。

此外,巴文克也从未宣称自己会穷其一生研究教理学;这也许后来是其他学者所愿,比如卡尔·巴特在离世时,他未完稿的《教会教理学》(Church Dogmatics)已有六百万字。巴文克教理学研究的任务是回应时代所需(后来他认为时代的需求发生了变化,有必要加以修订)。但正如他已公开所论,即便是"一份完整的教理学",也不过是更为宽广的基督教的一部分。[38]

巴文克对《改革宗教理学》的继续修订虽未付梓,但两年后他推出了一部和《改革宗教理学》架构相同的神学概要著作《基督宗教教学指南》(1913),他特别希望那些未接受过神学教育或经济拮据而未能接受神学教育的读者,可以有机会了解自己的教理学。[39]

---

[37] Bavinck, *RD*, 2:501; 另见 D. A. Young, "The Reception of Geology in the Dutch Reformed Tradition: The Case of Herman Bavinck (1854–1921)," in *Geology and Religion: A History of Harmony and Hostility*, ed. M. Kölbl-Ebert, Geological Society Special Publication no. 310 (London: Geological Society, 2009), 289–300。

[38] Bavinck, "Essence of Christianity," 48.

[39] Bavinck, *Handleiding bij het onderwijs*, 245–51. 与四卷本《改革宗教理学》相似,这部著作的结构有四个部分:(1)神学绪论(有关上帝的知识、一般启示和特殊启示),(2)上帝和创造(上帝的本质和三一性、创造和护理、人论),(3)罪和拯救(罪和死、恩典之约、基督的位格和工作),(4)圣灵、教会和新的创造(圣灵论、有效的呼召、教会和恩典的媒介、世界的完满)。

在巴文克人生的最后十年里，他着手修订《上帝奇妙的作为》，但未付梓。他从未向他人谈及此事。巴文克去世后，其弟伯纳德"在一封标着'用于《上帝奇妙的作为》新版拟定稿'的信封中"发现了这些特别的修订稿。[40] 巴文克在修订稿中增加了恩典的媒介、圣言与圣礼、教会职分等章节。后来，伯纳德把以上内容补入了新版的《上帝奇妙的作为》（1931）。该书之后被译作了英文，书名为《我们合理的信仰》。[41] 显而易见的是，巴文克一直有兴趣不断修订自己具有建设性的著作，尽管修订规模不大。《改革宗教理学》第三版在他有生之年刊印出版（1918），但内容和1911年版本相同。无论如何，截至巴文克完成《改革宗教理学》修订时，他之前的学生小亚伯拉罕·凯波尔（1872-1941）也已经出版了自己第一本专著《论有关上帝的知识》。[42] 该作是教理神学的上乘之作，至少在一些领域人士眼中，他有望成为新一代巴文克。[43] 年轻一代成长于新时代，他们发出了教理学新声，推动着教理学的发展。

巴文克去世后，他的同事威廉·杨·阿尔德思（Willem Jan Aalders，1870-1945）解释了巴文克不愿再全面修订或增补《改革宗教理学》的原因。他评论道，"巴文克的根深蒂固之需求，就是赎罪、和谐、综合（synthesis），或是尚未有词语但可新造词汇来表述的事物：'我身为人，人之所是于我并不陌生。'〔homo

---

[40] C. B. Bavinck, "Voorrede bij den tweeden druk," in *Magnalia Dei*, by Herman Bavinck, 2nd ed. (Kampen: Kok, 1931), 1. "... die gevonden is in een envelope, met het bijschrift: 'bestemd voor een eventueelen herdruk van Magnalia.'"

[41] Herman Bavinck, *Our Reasonable Faith*, trans. Henry Zylstra (Grand Rapids: Eerdmans, 1956).

[42] Abraham Kuyper Jr., *Van de Kennisse Gods* (Amsterdam: W. Kirchner, 1907).

[43] *De Heraut*, July 7, 1907; *Gereformeerd Jongelingsblad*, August 2, 1907.

sum et nihil humanum a me alienum puto〕"[44] 依据巴文克（加尔文主义）的观点，基督教是一种大公性的信仰，让这个失序之存有的每一寸地方都重享和谐。巴文克认为，人们在基督徒身上可以看到真正复原之人性的光芒。巴文克一生的夙愿就是重新发现一切生命皆活在上帝面前。此论点可借用他在1888年的话来表达："做一个完全体现'人'最本真意义上的人，然后才在凡事上都为人，都是上帝的儿女。"[45] 在初到坎彭的年日里，巴文克将此种志向作为自己人生的"至美目标"。

随着在阿姆斯特丹的日子越来越久，巴文克当然感到心疲力竭，时常深感失望。比如，截至1911年，他对神学院和自由大学联合之事显然心灰意冷。虽然他在1910年应邀起草了新的联合计划，但是他并未参加1911年商讨联合事宜的教会会议。[46] 尽管有以上种种因素的影响，但巴文克仍受同一个"未达之理想"激励。本着独特的基督教之情理，他仍旧渴望成为一位博学多才的学者。

正因如此，巴文克案牍劳形数十载，创作（并增订）深感欣慰的教理神学巨著。[47] 在这之后，他就进入了人生的新阶段。

---

[44] Willem Jan Aalders, "In Memoriam: Dr. H. Bavinck," *Stemmen des tijds* (1921): 135. "... zijn onuitroeibare behoefte aan verzoening, aan harmonie, aan synthese, waarvoor het woord zou kunnen gevormd worden, als het niet reeds bestond: homo sum et nil humanum a me alienum puto."

[45] Bavinck to Snouck Hurgronje, Kampen, December 22, 1888, in *ELV*. "Ik weet wel, het ideaal waar ik naar streef is hier onbereikbaar, maar mensch te zijn in den vollen natuurlijken zin van dat woord en dan als mensch in alles een kind van God—dat lijkt me 't schoonst van alles. Daar streef ik naar."

[46] Hepp, *Dr. Herman Bavinck*, 321.

[47] 关于这一点，博拉梅尔引用了阿尔德思的表述："我十分怀疑巴文克博士在人生最后几年里，是否仍接受自己在第一版《改革宗教理学》中所写的一切内容（*Herman Bavinck als dogmaticus*, 377）。这表明阿尔德思怀疑巴文克最终放弃了自己早前的教理学著作。即便如此，阿尔德思的文章也承认，巴文克在阿姆斯特丹年日里作品的最终形式，反映

巴文克在坎彭时，作为一名年轻的神学家，教学工作繁重紧张，无暇度假休憩，现在那样的生活已成为过去。随着那样长时间的辛劳结束，他拥有丰厚的家资，并常有闲暇，可多方游历，但这在他生涯早期几乎是遥不可及的愿望。因此，在那些年的假期，他四处游览，在莱茵河上泛舟（1909），到威尼斯观光（1910），再次浏览伦敦（1912）。随后一年，他的旅行之地更远，先游览了罗马，后参观了圣雷莫、蒙特卡洛、尼斯和巴黎（1913）。[48]

巴文克告别了伏案疾书教理学著作的人生阶段。在步入花甲之年时，他认为当前要务就是用具体且平实的语言，将自己的基督教世界观不断展现出来。考虑到他身上即将发生的改变（社会角色的改变，而非智识致力上的改变），我们不难想到他人生最后十年也发生了变化。

担任议会议员，重返政治舞台

1911 年是巴文克一生中里程碑式的一年。如本书之前所述，他在那一年完成了传世巨著，发表了影响深远的公开讲座。此外，另有一事出乎他的意料：时年八月，他作为抗革命党代表当选上议院议员。他给斯努克·赫胡洛涅的信中如此描述这次当选："这完全出乎我的意料，因为我不涉政界已有数年。"[49]

了他先前对归正原则之委身的实现。归正原则体现于巴文克对教理学的创作，以及他以改革宗神学阐述教育学、诗歌、心理学等（Aalders, "In Memoriam: Dr. H. Bavinck," 137）。赫普所写传记就阿尔德思对巴文克之论述的阐释，比博拉梅尔所写传记的相应内容更加详尽和细致（Hepp, *Dr. Herman Bavinck*, 324）。

[48] Hepp, *Dr. Herman Bavinck*, 336.
[49] Bavinck to Snouck Hurgronje, Amsterdam, September 1, 1911, in *ELV*. "... de b ming was voor mij een totale verrassing, omdat ik al sedert een paar jaren van politiek terrein me geheel teruggetrokken had."

1905 年至 1907 年间，巴文克担任了抗革命党主席这一政界要职，但他在任期间成就平平。巴文克注重人际和谐，行事体察入微，因此担任政党领导职务非他所长。所以在他担任主席之后，抗革命党经受了不少挑战。凯波尔地中海之旅结束后精神焕发，再次成为该政党的灵魂人物。在那些年间，虽然巴文克是该政党中央委员会成员，但是抗革命党一直没有确定适合接替凯波尔的长期人选。此外，党派内部纪律松散，越来越人心涣散、四分五裂。早期的凯波尔传记作家彼得勒斯·卡斯特尔（Petrus Kasteel）如此描述这一时期："雄狮渐入暮年，幼狮任意而为。"[50]

截至这个时期，凯波尔和巴文克的关系不复从前。从 19 世纪 80 年代到 90 年代，他们彼此砥砺、互相激发，二人关系充满活力。巴文克在莱顿大学读书时，将印有凯波尔肖像的海报挂在自己哈尔勒梅尔斯大街租住屋的墙上。相比那个时候，如今已然时异事殊。

自那时起，巴文克和凯波尔之间的人生故事，在同甘共苦中紧密交织。1907 年，在自己的主席任期即将结束时，巴文克在凯波尔七十寿辰庆典上担任了一个主要角色。他给凯波尔赠送了一本纪念他的书和一副荷兰古风的盒子，并是众多致辞者中的一位；在这之后，他在纪念凯波尔的宴会中首席落座。[51] 巴文克那天在凯波尔寿辰庆典上的致辞充满了教牧特性，直接与这位已取得辉煌成就、经受过蚀骨的失望、亦承受过锥心之痛的老者对话。巴文克在致辞中所刻画的凯波尔具有强烈的原则，是彰显信心的有力楷模；透过这一切，凯波尔所倡导的加尔文主义复兴运动已然改变了这个国族。巴文克对凯波尔说道："虽然您回溯到宗教改革的时代，但是这绝非简单地重拾过往。您乃是融通古今，为

---

[50] Petrus Kasteel, *Abraham Kuyper* (Kampen: Kok, 1938), 318. "De leeuw was ouder geworden en de welpen kozen eigen wegen."
[51] *Kuyper Gedenkboek 1907* ('s Gravenhage: n.p., 1908).

要展望未来。"⁵² 凯波尔一生不懈于内、忘身于外，虽有瑕疵却瑕不掩瑜。他将生命献给了"他人，献给我们整个国族"。⁵³

《凯波尔纪念文集》刊登了一篇概括巴文克在凯波尔寿辰庆典致辞的要旨："巴文克博士正确指出，无所作为者无咎。"⁵⁴ 巴文克的致辞是对凯波尔成就卓然的一生的高度赞誉。他在致辞结尾时希愿上帝赐凯波尔"南山之寿"，从而让他在公共领域的多个工作中续写辉煌。尽管如此，巴文克在致辞中回顾了凯波尔的过去和现在，但对他的未来只是寥寥数言。（显然，巴文克的致辞与祝寿这一场合相契。他结束演讲时带领全场对凯波尔致以热烈的掌声以示敬意，对此凯波尔"心生欢喜"。）⁵⁵

从这个角度来看，正如博拉梅尔所观察到的，该演讲与巴文克在 1897 年《旌旗报》创刊二十五周年庆祝会上的演讲有着显著差异。⁵⁶ 在那场热情洋溢的演讲中，演讲稿上还标注了一些提示语，意在关键之处引发听众会意的笑声。显然，那时充满活力的巴文克将凯波尔看作未来的方向："只要凯波尔博士担任《旌旗报》主编——愿上帝赐福他可以长期担任这一要职！——只要

---

⁵² *Kuyper Gedenkboek 1907*, 25. "Want al gingt Gij naar het tijdperk der Reformatie, het was U toch nooit om repristinatie van het verleden te doen. Gij naamt het verleden wel in U op, maar om het tot een bestanddeel van het heden en van de toekomst te maken."

⁵³ *Kuyper Gedenkboek 1907*, 22. "... want Gij hebt niet alleen persoonlijk voor u zelven eene rijke geschiedenis achter u, maar Gij hebt de geschiedenis van uw leven door uw woord en uw daad ook rijk voor anderen, voor heel ons volk gemaakt."

⁵⁴ *Kuyper Gedenkboek 1907*, 98. "Terecht heeft Dr. Bavinck opgemerkt, dat alleen wie niets doet, geen fouten maakt."

⁵⁵ *Kuyper Gedenkboek 1907*, 25, 39. 《荷尔德斯和奈美赫斯省报》（*Provinciale Geldersche en Nijmeegsche Court*）的一份报道（October 30, 1907）记录，巴文克作了一场"伟大的演讲，向凯波尔表达了敬意和感谢"。

⁵⁶ "Feestrede van Prof. Dr. H. Bavinck," in *Gedenkboek: Opgedragen door het feestcomité aan Prof. Dr. A. Kuyper bij zijn vijf en twintigjarig jubileum als hoofdredacteur van "De Standaard": 1872 1 April 1897* (Amsterdam: G. J. C. Herdes, 1897), 38–52.

他坚守在此，抗革命党对原则的关切就会在《旌旗报》得到顾全。"⁵⁷ 在那段岁月安好的日子里，巴文克四十二岁，凯波尔五十九岁。到了 1907 年，即十年之后，他们都已风华不再。在望向古稀之年的凯波尔时，巴文克只是回顾了过去，而没有展望未来。

尽管凯波尔身体日衰，但他还在为自己的地位不遗余力地奋斗。这也导致他和巴文克的关系冷淡下来，在政治领域的关系尤然。例如在 1908 年，凯波尔愿意组建有问题的政治联盟（在巴文克眼中是如此），为了排挤政敌而置政党程序于不顾。巴文克写信给凯波尔，表示对此难以置信："我难以相信你怂恿并支持这些行为……也许（这些新的结盟者）对抗革命党掌控局势暂时会有所助益，但他们对政党的道德层面会带来难以估量的损失。"⁵⁸

到了 1908 年，巴文克在抗革命党的地位岌岌可危，也正是在那年秋天，他辞去了《鹿特丹报》的职务。巴文克心力交瘁，疲惫不堪，从纽约返回家中后，感到未来黯淡无比。1909 年，他离开抗革命党中央委员会，此后几乎不涉政事。因此，当 1911 年被选为上议院议员时，他颇感意外。凯波尔给他发来贺信，巴文克回复了信件，表达了自己对能否胜任这一新职心存疑虑："我信靠我生命的上帝，因此已接受该任命，并向祂献上祷告，为了荣耀祂的名，福泽大众，我愿在上议院尽自己的绵薄之力。若情况非为如此且任务非我力所能及，那么我愿斗胆辞掉此非我所长之政务。"⁵⁹

---

⁵⁷ "Feestrede van Prof. Dr. H. Bavinck," 51. "Zoolang Dr. Kuyper Redacteur van *De Standaard* is—en God geve, het zij lange nog!—zoolang is het principieel belang van de Antirevolutionaire partij in de handen van *De Standaard* veilig."

⁵⁸ Bavinck to Kuyper, Amsterdam, April 15, 1908, quoted in Bremmer, *Herman Bavinck en zijn tijdgenoten*, 231. "Ik kan niet gelooven, dat Gij die pogingen uitlokt en steunt....Misschien dienen zij voor een tijd de macht der partij; maar aan haar zedelijk gehalte brengen zij eene onberekenbare schade toe."

⁵⁹ Bavinck to Kuyper, Amsterdam, September 17, 1911, quoted in Bremmer, *Herman Bavinck en zijn tijdgenoten*, 233. "Ik heb ze daarom, in het

那时，凯波尔是下议院（全职）议员。他病痛缠身而且失聪，以至于无法跟上议会的辩论。巴文克在上议院任职不久，凯波尔就辞去下议院的职务，加入巴文克所在的参议院。[60]（荷兰议会设两个议院，上议院也称为参议院，每周召开一次会议，议员为兼职；下议院由全职政客参加。）

巴文克是上议院的议员，只需兼职工作；所以在其余时间，他仍活跃在自己的工作领域。除了在自由大学的正常工作，他也获得了一个渠道，以政治家和神学家的身份发表公开讲座，但未身兼党派领袖的责任。他对这个身份十分珍视，并在生命最后十年一直担任上议院的议员。在某种程度上，议会成为他的讲台，藉此他的声音通过《大众商报》和《电讯报》传向广大民众。

基督教和文化

巴文克作为议员发表首次演讲时的背景，就是有关荷兰为东印度群岛提供教育资助的辩论。这次演讲是对当年早些时候另一篇演讲《宣教在我们时代的意义》的进一步阐发。他首先提出一个观点，荷兰的"现代文化和基督教密不可分"。[61] 他接着论道，有些人认为在教育爪哇人时只需传讲所有西方思想，不应传播基

---

vertrouwen op den God mijns levens, aangenomen, en bid Hem, dat ik in dat hooge staatscollege nog iets, al is het weinig, tot eer van Zijn naam en tot zegen van ons volk kan doen. Mocht dat niet het geval zijn en de taak te zwaar op mijn schouders wezen, dan hoop ik den moed te ontvangen, om eene plaats te verlaten waar ik niet behoor."

[60] James Bratt, *Abraham Kuyper: Modern Calvinist, Christian Democrat* (Grand Rapids: Eerdmans, 2013), 351.

[61] *Handelingen van de Eerste Kamer der StatenGeneraal*, December 29, 1911, 127. "Mijnheer de Voorzitter! ... Onze modern cultuur ... van het Christendom ... niet los te maken is."

督教，而这个观点未能把握西方文化本身就是基督教产物的事实。巴文克认为，如果殖民者为崇拜动物的当地人提供现代西方生物科学的教育，但未教导西方科学是基督教的产物，那么殖民者一定会使当地人放弃自己祖先的崇拜，因为现代生物科学证伪了万物有灵论。然而，殖民者并未填充这个信仰空白区。因此，巴文克认为更佳的方式乃是同时传入荷兰文化和基督教。

当然，巴文克原则上并不反对西方文化的扩张；在他眼中，这是"我们的东印度群岛"。尽管这个观点不是从种族视角出发，但是身为那个时代的欧洲人，他相信西方文化具有优越性。更确切地说，他坚信基督教已经承担了提升西方文化的责任，并相信基督教和基督教化之文化的结合，尤其是荷兰文化，值得分享给全世界。居住在阿姆斯特丹的巴文克在渐进暮年时，甚至认为荷兰文化因加尔文主义而大大地蒙福：荷兰文化塑造了荷兰人民勤劳、诚实和朴实的民族品格，开创了一个自由民主的国家。他相信这样的文化值得共享，并且一定有助于改善东印度群岛的非基督教文化。例如，在议会演讲的结论中，他讲到一名爪哇族长的故事。这位族长接受了基督教和文化的结合，如今**既**敬拜上帝，**也**敬仰荷兰女王。

但可以看到，在当时的荷兰政界，巴文克对世俗化殖民扩张的批评最为激烈。他在首次议会演讲中，明确表达了对殖民扩张的严重后果深感担忧。该演讲也是对斯努克·赫胡洛涅观点的公开反对。后者期待无基督教之荷兰文化的传播，可使爪哇人离开伊斯兰教信仰。巴文克却认为："我相信，随着时间推移，斯努克·赫胡洛涅对自己的预想会越发感到失望。"[62] 对于宗教的力量，巴文克和斯努克·赫胡洛涅的观点仍有分歧。不同于自己的朋友，巴文克认为单薄的非宗教世俗主义难以和伊斯兰教这样强大的世

---

[62] *Handelingen van de Eerste Kamer der StatenGeneraal*, December 29, 1911, 127. "Ik geloof, dat hij in die verwachting zich zal teleurgesteld zien, hoe verder wij de toekomst ingaan."

界观和生命观相匹敌。

根据巴文克自己所言,他并未打算在那天演讲,而是受当时所辩议题触动,感到迫切要发表演讲。这不无可能。一方面,他沉稳从容;另一方面,他演讲的内容是他近日一直酝酿的素材,其中的观点在《基督教科学》《基督教世界观》和《启示的哲学》中已有论述。巴文克借着一些技巧即席而作这场演讲,《电信报》对此评论道:"巴文克教授侃侃而谈,令人惊讶。他的演讲比自己的同事沃尔切博士更受欢迎。沃尔切博士演讲时常语调低沉哀怨,含混不清,让人倍感折磨。"[63] 对这个特殊话题也许更值得一提的是,荷兰东印度群岛广泛发行的报纸对巴文克的演讲也尤为关注。[64] 显然,海牙所发之声迅速传播至世界各地。自此以后,巴文克充分发挥自己在上议院的角色,每年都会发表一系列演讲,直至 1920 年。

公共生活里的私人时刻

到了这一人生阶段,巴文克是荷兰万众瞩目的人物,但他与凯波尔不同。凯波尔认为无需区分私人生活和公共生活,他的私人生活总会留给公共消费。但是,巴文克将私人生活保护得几乎密不透风。在那些年间,他的大部分信件都是公文风格,鲜少提及自己的家庭生活。但是,其中一份手稿是赫尔曼和游汉娜在 1912 年下半年写给一位瑞士朋友(其名不详)的一封信。从该

---

[63] *De Telegraaf*, December 30, 1911. "En, tenslotte, prof. Bavinck verraste ons door een zeer bijzondere gemakkelijkheid van spreken, zoodat hij in dit opzicht heel wat sympathieker is dan z'n ambtgenoot dr. Woltjer, die altijd in een droeven, somberen klaag-toon, en vaak héél onduidelijk, te oreeren staat." 这场演讲也刊登于《大众商报》1911 年 12 月 31 日一期。

[64] *De PreangerBode*, December 31, 1911; *De Sumatra post*, January 2, 1912.

信可略知他们那个时期家庭生活，甚是难得。赫尔曼用法文写了信中一部分内容，其余内容由游汉娜用英文写就。赫尔曼所写部分并无太多特别之处，他谈到自己最近所读的法语文学作品。游汉娜所写部分表明，她和汉妮用英语交流："因为我们没有机会说法语，并且我现在所读的都是英文书，所以我担心我几乎已经把法语忘光了。我感到很有必要以后要重拾法语。汉妮在伯明翰，她在那里非常愉快。每周日，我给她写一封长信，聊聊一周的生活。每周四，我们会收到她的来信，她的信中满是喜乐，为此我们满心感谢我们的上帝，我们的主。"[65] 汉妮那时十八岁，住在英格兰的伯明翰。他们的朋友艾达·考拉（Ada Corah）的家就在那里。六年前，艾达在阿姆斯特丹时和赫尔曼一家同住。

葡萄树、葡萄枝和斧子

巴文克在上议院任职后，继续保持到阿姆斯特丹后的著书立说的节奏，因此新作不断。他在《基督教》中探讨了"基督教的本质"。自十九世纪初以来，该议题笼罩在欧洲思想之上。[66] "基督教本质"的研究伴随现代批判性历史作为一门独立学科的发展而出现。[67] 十九世纪的"历史转向"（historical turn）让人们越发意识到，基督教在自身漫长的历史长河中一直发生着变化。这

---

[65] Herman Bavinck and Johanna Bavinck-Schippers, addressee unknown, Amsterdam, November 10, 1912, HBA, folder 9.
[66] Herman Bavinck, *Het Christendom* (Baarn: Hollandia, 1912); ET: "Christ and Christianity," trans. A. A. Pfanstiehl, *Biblical Review* 1 (1916): 214–36。这篇译文并非通篇完整的翻译。有关探寻"基督教本质"的历史，见 Hans Wagenhammer, *Das Wesen des Christentums* (Mainz: Matthias Grünewald, 1973)。
[67] Ernst Troeltsch, *Gesammelte schriften* (Aalen: Scientia Verlag, 1962), 2:391.

种意识令人越来越关注一个问题：在变化万千的历史潮流中，我们该如何阐述基督教始终不变的事物。

巴文克对此讨论的贡献在于提出以下观点：基督教的**本质**反映在基督教的**现象**中。他认为基督教虽然在历史中产生了众多群体，但没有一个群体会宣称自己和初代信徒始终一般无二（并基于此宣传，尽管有历史的间隔，但自己仍与初代信徒相连）。正因如此，这些各具特色的基督徒群体都以各自的方式转向了新约，更为重要的是，他们都转向了耶稣祂自己。巴文克认为根据这些**现象**，基督教真正的**本质**便变得清晰：这本质就是耶稣基督。因此，基督徒就将"你们说谁是基督？"的问题，置于基督教本质的核心位置。[68]

这个问题是巴文克时代的重大历史问题之一。他积极讨论这个问题的努力，与他致力于建立有神论联盟的奋斗完美契合。巴文克论道："对基督教本质的表述可谓汗牛充栋。"同时，他论述了主要的基督教传统的分歧，如基督正教、基督公教、路德宗和改革宗，然后重点列举了观点各异的诸多思想家，如康德、黑格尔、施莱尔马赫、立敕尔和冯·哈纳克。

在概述这些彼此争竞的传统和（非正统）思想家之时，巴文克指出："令人感恩的是，尽管彼此观点存异，但他们的共识清晰可辨。"[69] 每个传统和每位思想家都努力理解耶稣，尽管他们对有关基督之问题的回答有着天壤之别。从巴文克的目的而言，重要的是，无论他们基督论的论述方式或结论如何千差万别，他们共同的基督论关切意味着，他们无一例外都面临来自尼采的威胁。在这本书中，巴文克继续论道，那些摒弃基督教**现象**的人，

---

[68] Bavinck, *Het Christendom*, 11.

[69] Bavinck, *Het Christendom*, 5. "Daar bestaan inderdaad talloos vele formuleeringen van het wezen des Christendoms, de Grieksche, de Roomsche, de Luthersche, de Gereformeerde enz., en men kan daaraan nog toevoegen die van Kant en Hegel, van Schleiermacher en Ritschl, van Harnack en Eucken, van Green en Caird en van vele anderen. Doch er bestaat op verschillende punten toch nog eene dankbaar te erkennen overeenstemming."

最终定会摒弃基督教的**本质**：对基督宗教的否定，必定要否认耶稣祂自己。⁷⁰ 巴文克以此委婉的方式提醒他的神学对手，在尼采眼中，新约中的英雄是本丢·彼拉多而非拿撒勒人耶稣。若说基督是葡萄树，基督教的众多传统是葡萄枝，那么巴文克的警告就是，超人（Übermensch）挥动的是斧头而非修剪枝条的剪子。康德认为耶稣是道德教师，施莱尔马赫认为耶稣是拥有至上上帝意识的人，巴文克认为耶稣是道成肉身的上帝。尽管有差异，这些耶稣的形象要么共存，要么同亡，因为尼采的超人根本无意区分其间的差别。重要的是，凯波尔力赞巴文克的这一观点。《基督教》出版后不久，他就给巴文克书信一封，称赞该作为"一部杰作"。⁷¹

众人仰望之士，流光溢彩之辞

那一年，巴文克继续在议会工作，他在一次演讲中激昂陈词，指出关爱穷人的责任不应由国家承担（因为秉行公义是国家的责任，彰显关爱是教会的责任）。⁷² 在另一场演讲中，他支持凯波尔的国家资助、世界观导向之学校的愿景。⁷³ 他还公开支持将马太·亨利的圣经注释译为荷文。⁷⁴ 此外，他和在日本宣教的美国加尔文主义宣教士阿尔伯图斯·皮特斯（Albertus Pieters,

---

70 Bavinck, *Het Christendom*, 10–11.
71 Kuyper to Bavinck, Amsterdam, November 12, 1912, HBA, folder 9. "M.i. is het een meesterstuk."
72 *Handelingen van de Eerste Kamer der StatenGeneraal*, April 25, 1912, 495–97.
73 Herman Bavinck, *De taak van het Gereformeerd Schoolverband: Voor onderwijs en opvoeding* (Hilversum: Klemkerk, 1912), 13–14, 20.
74 Herman Bavinck, preface to *Letterlijke en practicale verklaring van het Oude Testament. vol. 1, Genesis–Deuteronomium*, by Matthew Henry (Kampen: Kok, 1912), v–xi.

1869–1955）互通书信。为了促进大家对皮特斯在日本宣教的理解，巴文克甚至公开了他们的往来信件。[75]

1913 年，巴文克在学术上一如既往地勤耕不辍。那一年，他完成了《基督宗教教学指南》，从而让新的读者群可以了解他的教理学研究成果。《基督教世界观》的修订版也得以付梓。[76] 此外，他还陆续发表了有关基督教和自然科学[77]，以及有关社会不平等的文章。[78] 他在全国基督教学校代表大会（National Christian School Congress）上发表有关教育学的演讲[79]，又在现代神学家大会（Modern Theologians Assembly）大会上讲话，与现代主义者对《现代和正统》的回应进行了互动。[80] 那年三月，他在议会发表了一场十分精彩的演讲，回顾了《1876 年高等教育法案》对自己在莱顿大学神学研究的影响（这项特定的法案要求大学以"神学"的名义来讲授宗教研究）。他认为神学在荷兰大学中的地位需要得到更好的保护。（正是在这一演讲中，他描述自己在

---

[75] Herman Bavinck, "Een brief van zendeling Pieters uit Japan," *De Macedoniër*, September 1912.

[76] Herman Bavinck, *Christelijke wereldbeschouwing*, 2nd ed. (Kampen: Kok, 1913).

[77] Herman Bavinck, "Christendom en natuurwetenschap," *Stemmen des Tijds* 2 (1913): 343–77; ET: "Christianity and Natural Science," in *Essays on Religion, Science, and Society*, 81–104.

[78] Herman Bavinck, "Over de ongelijkheid," *Stemmen des Tijds* 2 (1913): 17–43; ET: "On Inequality," in *Essays on Religion, Science, and Society*, 145–64.

[79] Herman Bavinck, "Richtingen in de paedagogiek," *Handelingen van het nationaal christelijk schoolcongres, gehouden op 9, 10, 11 October 1913 te Utrecht* (Kampen: Kok, 1913), 61–69; ET: "Trends in Pedagogy," in *Essays on Religion, Science, and Society*, 205–8.

[80] A. Binnerts Sz., *Nieuw-Gereformeerde en Moderne Theologie: Beschouwingen naar aanleiding van de rectorale oratie van Prof. Bavinck, ter moderne theologenvergadering voorgedragen en aangevuld met een Naschrift* (Baarn: Hollandia-Drukkerij, 1912); Herman Bavinck, "Verslag van toespraak gehouden op de vergadering van moderne theologen, op 17 April 1912 te Amsterdam," *Gereformeerd Theologisch Tijdschrift* 13 (1913): 92–93.

青少年时代,目睹"荷兰半数青年人拜倒在穆尔塔图里的脚下,对他充满敬仰"。)⁸¹

那年四月,巴文克在阿姆斯特丹举办的归正福音运动代表大会(Congress for Reformed Evangelization)作开幕致辞。卢卡斯·林德博姆主持大会,并介绍了巴文克的演讲。⁸² 巴文克阐述了以"福音运动的概念和必要性"为标题的八个命题(见本传记附录)。⁸³ 在这一系列命题中,他概述了新约背景下的基督教福音,而后描述了宗教改革对重新发现福音的重要性,并指明教会向欧洲人重新传福音的呼召。欧洲文化生发于基督教,但欧洲人与之渐行渐远。该演讲全文刊登在《号角报》上,勾勒出二十世纪早期的荷兰,而这种描述的方式是坎彭时期的巴文克无法想象的:荷兰成了一个国族,其中的"无神论学者称上帝是人类的最后一个劲敌";而另一些人恰恰活出了"没有定见"的生活(不可知论式、迷信式和无所谓心态的生活),巴文克以前对这种生活提出过批评。⁸⁴ 从神学角度来看,唯有福音运动能对当时的处境做出最合适的回应。

非常重要的一点是,巴文克对宗教改革作为福音之重新发现的描述,也包括了宗教改革的一个意义,即它再次让人觉察到,福音的大能扩展至生活每个领域。在这方面,巴文克主张改革宗人士应以鲜明的改革宗方式来传福音。福音不只是人灵魂的好消息,不是稍纵即逝的经历,也不是只为了影响安静的宗教操练的

---

⁸¹ *Verslag der Handelingen van de Eerste Kamer*, March 12, 1913, 433. "Ik ben in mijn jeugd getuige geweest, dat het halve jonge Nederland geknield lag aan de voeten van Multatuli en met bewondering tot hem opzag."

⁸² *Congres voor Gereformeerde Evangelisatie op dinsdag 8 en woensdag 9 april 1913 te Amsterdam* (n.p., 1913), 5.

⁸³ Herman Bavinck, "Stellingen: het begrip en de noodzakelijkheid der evangelisatie," *Congres voor Gereformeerde Evangelisatie op dinsdag 8 en woensdag 9 april 1913 te Amsterdam* (n.p., 1913), 8–9.

⁸⁴ Anthonie Honig, "Evangelisatie," *De Bazuin*, May 16, 1913. "De atheisten van professie, die God den laatsten en grootsten vijand noemen van het menschelijk geslacht." Cf. Bavinck, "The Future of Calvinism," 14.

个人决定。正如巴文克和凯波尔数十年来所坚持的，福音是面向身体**和**灵魂的好消息，是面向艺术、科学和社会的好消息。

就此而论，这场会议在巴文克的带领下，对美国复兴运动领袖艾拉·桑基（Ira Sankey）和穆迪在荷兰日益增长的影响做出了回应。巴文克在美国曾和这个福音运动的分支有过接触，现在他告诫自己的民众应提防它。[85] 他认为改革宗人士不应像循道主义的复兴运动人士那样传福音，在福音的整全完备方面妥协退让。

那一年年初，坎彭神学院为表达对巴文克和林德博姆的敬意，举办了一场感恩日活动。这次活动让二人再次想起在神学院共同受聘的时光，三十载悄然已过。[86] 现在巴文克和林德博姆都面对着荷兰境内基督教的衰退。数月后，他们看到了共享归正福音运动代表大会这个平台的充分理由。当然，林德博姆仍旧反对印刻在巴文克福音观中的凯波尔理念。巴文克选择将"怜悯的事工"纳入福音的定义；在巴文克演讲结束后，林德博姆反驳了他的观点。[87] 尽管他们都同意福音的必要性，但是二人对福音的意义依然存在分歧。最后，归正福音运动代表大会的结论和林德博姆的观点一致："福音运动是教会走近背离信仰之人的事工，旨在带领他们回归对基督的信仰。这个事工乃必要之工。"[88] 巴文克新加尔文主义的福音事工从含义上来讲并非如此。

---

[85] D. E. Boeke, *Gereformeerde Evangelisatie: Indrukken op het Congres voor Gereformeerde Evangelisatie te Amsterdam, 8/9 April 1913* (Amsterdam: Kirberger & Kesper, 1913), 15.

[86] Harm Bouwman, "Gedenkdag," *De Bazuin*, January 10, 1913.

[87] Boeke, *Gereformeerde Evangelisatie: Indrukken op het Congres*, 20.

[88] *Provinciale Overijsselsche en Zwolsche courant*, April 9, 1913. "Evangelisatie is de arbeid van wege de kerk, die zich wendt tot degenen, die vervreemd zijn van het geloof, met de bedoeling hen terug te brengen tot het geloof in Christus. Deze arbeid wordt noodzakelijk geacht."

战事爆发，进展受阻

1914年初，年过花甲的巴文克全力以赴地将每个生活领域置于基督上主之尊之下。到了三月底，他在议会上就东印度群岛教育问题发表了三次演讲。这些演讲承续他之前的观点：去基督教的西方文化扩张对东方和西方而言都是灾难。[89] 在同一时期，巴文克发表了追念已故的阿德里安·斯迪克特的文章（其中也论及自己在坎彭学生时代的经历）。[90] 之后，他还推出心理学[91]、新约宣教[92]和美学方面的新作。[93] 他的才华澎湃如江河，延伸至如此多的领域，气势丝毫不减当年。

然而在那年七月，一切都发生了天翻地覆的变化。6月28日，弗朗茨·斐迪南大公在萨拉热窝遭暗杀，这致使奥匈帝国在一个月之后向塞尔维亚宣战，后来整个欧洲，继而全世界都卷入了战争。7月30日，荷兰宣布中立，并且保持中立直到四年后战争终结。

---

[89] *Handelingen Eerste Kamer der StatenGeneraal*, January 7, 1914, 119–22, 148–51; *Handelingen Eerste Kamer der StatenGeneraal*, March 20, 1914, 484–85; *Handelingen Eerste Kamer der StatenGeneraal*, March 21, 1914, 499.

[90] Bavinck, "Inleidend woord van Prof. Dr. H. Bavinck." 请注意：斯迪克特在前一年的1月18日去世。

[91] Herman Bavinck, "Bijbelsche Psychologie," *Orgaan van het Gereformeerd Schoolverband* (4 January 1912–5 March 1914). 这篇文章之后作为以下书籍的第一部分发表 *Bijbelsche en religieuze psychologie* (Kampen: Kok, 1920); ET: *Biblical and Religious Psychology*, trans. H. Hanko (Grand Rapids: Protestant Reformed Theological School, 1974).

[92] Herman Bavinck, "De Zending in de Heilige Schrift," in *Triumfen van het Kruis: Schetsen der Christelijke Zending van alle eeuwen en allerlei landen voor ons Hollandsch volk geteekend*, by Henry Beets (Kampen: Kok, 1914), 7–30.

[93] Herman Bavinck, "Van schoonheid en schoonheidsleer," in *Almanak van het Studentencorps aan de Vrije Universiteit voor het jaar 1914* (Amsterdam: Herdes, 1914), 121–43; ET: "Of Beauty and Aesthetics," in *Essays on Religion, Science, and Society*, 245–60.

谋杀事件引爆了欧洲的火药桶，而持中间立场的政治自由派荷兰政府在战争中选择了中立；在这两方面的影响下，巴文克学术研究的宏图似被赶到荒无人烟的陌生地带。在那些年间，荷兰的邻邦战火四起，但在大多时候，巴文克都能一如往常地工作。如果他愿意，他就可以继续著书立说，对来到阿姆斯特丹之后感兴趣的一系列问题展开研究。

巴文克在一定程度上的确如此行。他继续酝酿对《改革宗教理学》的修改，但并未出版可与《改革宗教理学》比肩的新作（也未重拾《改革宗伦理学》的写作）。即便如此，巴文克在那些年并非毫无成果。在战争年代，他继续开展公开讲座。1915年，他在海牙发表了题为《个体性与个体主义》的公开讲座。他在讲座中指出，与现代个体主义者相比，作为思想家的加尔文更好地维护了个体性。[94] 在比瑟姆（1916）和阿姆斯特丹（1917），他发表了题为《二十世纪基督教》的公开讲座。[95]

巴文克也继续参与抗革命党。1915年，他与人合著了《抗革命党中的领袖和领导地位》。[96] 该作以赞赏又批判的方式，反思了凯波尔对抗革命党的领导，并提议应重构该政党，不应再依赖这位已七十八岁高龄的领导者。（虽然巴文克是该作正式公布的七位作者之一，但其中一位作者彼得·迪彭霍斯特〔Pieter Diepenhorst〕称该作出自巴文克之手。）同年，巴文克为《国际标准圣经百科全书》撰写词条。[97] 他还直接回应了自己的朋友斯

---

[94] *Haagsche Courant*, May 28, 1915.

[95] *De Telegraaf*, October 25, 1916; *Algemeen Handelsblad*, January 11, 1917.

[96] Anne Anema, Herman Bavinck, Pieter Arie Diepenhorst, Theodorus Heemskerk, and Simon de Vries, *Leider en leiding in de AntiRevolutionaire Partij* (Amsterdam: Ten Have, 1915).

[97] Herman Bavinck, "Death: Theological View," *International Standard Bible Encyclopaedia* (Chicago: Howard-Severance Company, 1915), 2:811–13; Bavinck, "Fall," in *International Standard Bible Encyclopaedia* 2:1092–94.

努克·赫胡洛涅的以下观点：如果爪哇的穆斯林接受世俗的西方文化，那么他们就会放弃自己的穆斯林信仰。巴文克反驳道："一种宗教只能被另外一种宗教所征服或替代。"[98]

第一次世界大战爆发时，汉妮十九岁。1916年，出于对心理学的兴趣，他发表了题为〈个体主义和孩童的个体性〉的文章[99]，同时也推出了内容全面和原创性的《论养育青少年》。[100] 这或许也反映了他的家庭在那些年的需求。1917年，他发表了全新题材的《无意识》。[101] 后来他在一本书的一章中，再次肯定了宗教改革对荷兰国民品格的历史性影响。[102] 另外，他还出版了一本篇幅短小的《新教育》。[103] 该作批判了达尔文主义和尼采

---

[98] Bavinck to Snouck Hurgronje, Amsterdam, May 16, 1915, in *ELV*. "Godsdienst kan, geloof ik, alleen door godsdienst overwonnen en vervangen worden." 斯努克·赫胡洛涅正是在这个人生阶段，公开表述了隐藏在自己"外表伊斯兰教行为"后面的原理。他视宗教行动在本质上无需客体：宗教行为不需要有一个真实、直接的对象，即无需一个神祇。由此观之，他以阿卜杜拉·贾法尔的身份来看自己的行为，等同于荷兰非基督徒父母的行为；这些父母为了取得更大的社会地位，便要求为自己的孩子施洗。见 Pieter Sjoerd van Koningsveld, "Conversion of European Intellectuals to Islam: The Case of Christiaan Snouck Hurgronje alias 'Abd al-Ghaffār," in *Muslims in Interwar Europe: A Transcultural Historical Perspective*, ed. Bekim Agai, Umar Ryad, and Mehdi Sajid (Leiden: Brill, 2016), 92。

[99] Herman Bavinck, "Individualisme en Individualiteit van het kind," *Correspondentieblad van de Vereeniging van Christelijke Onderwijzers en Onderwijzeressen in Nederland en de Overzeesche bezittingen* (1916), 64–72.

[100] Herman Bavinck, *De opvoeding der rijpere jeugd* (Kampen: Kok, 1916).

[101] Herman Bavinck, *Over het onbewuste: Wetenschappelijke samenkomst op 7 juli 1915* (Amsterdam: Kirchner, 1915); ET: "The Unconscious," in *Essays on Religion, Science, and Society*, 175–98.

[102] Herman Bavinck, "De hervorming en ons nationale leven," in *Ter herdenking der hervorming, 1517–1917*, by Herman Bavinck and H. H. Kuyper (Kampen: Kok, 1917), 5–36.

[103] Herman Bavinck, *De nieuwe opvoeding* (Kampen: Kok, 1917).

的超人观对现代教育法的影响。（在该作中，巴文克批判了达尔文和尼采思想的混合对儿童教育的危害。这种思想混合教导孩童他们就是这个肉体，因而体强者优于体弱者。当时越来越多的人认为，癫痫病患者和其他身体孱弱者"无甚价值"，他们应接受绝育手术。巴文克对此深感忧虑。）[104] 当战争接近尾声时，巴文克出版了《改革宗教理学》第三版，不过内容无变动。

巴文克在思想领域依然活跃。他涉猎题材之广，著书计划之宏，丝毫不减当年。尽管荷兰中立国的状态意外地减缓了战争对他的影响，但是他不可能对这场战争漠然视之。荷兰中立的状态改变了荷兰全国上下每个人的生活。1914年，估计约有一百万比利时人跨越国境来到荷兰，在这个北方邻国中寻求避难。大战爆发后，股票交易停止。荷兰与殖民地的联系越发艰难，食品价格暴涨。当巴文克在位于运河带的家中挥笔疾书《论养育青少年》时，法国索姆河战役仅一天就使五万七千四百七十人殒命。1917年，巴文克出版《无意识》时，日常所需食品日渐匮乏，国家不得不实行定量供应。那一年，就在离他家不远的地方，人们为抢土豆而混战，九人丧命。

巴文克对自己正在进展的神学研究项目自然信心满满，然而在荷兰作为中立国日益艰难、充满恐怖的环境中，人们对生活产生了虚幻感。到大战结束时，数以百万计的人失去了生命。像巴文克这样的神学家，在学术和政治领域历来倡导稳步改良，反对以革命之名引发动荡，所以面对战争造成触目惊心的创伤，他不可能漠然视之。虽然上文提到的巴文克短篇著作是他继续开展现代改革的宏大研究项目，但是战争使他开始重点关注两个彼此关联的问题———战争和女性的社会角色。这也成为他余生一直思考的两个问题。

---

[104] Bavinck, *De nieuwe opvoeding*, 29–30, 92.

战争的问题

第一次世界大战爆发三个月后，巴文克发表了一篇短文，不久后以《战争的问题》小册子发行。[105] 在该作中，他提出基督教作为和平君王的宗教，自然更推崇怜悯而非暴力。故此，宣战不属于教会职责范围。在这个世界，宣战属于国家职责范畴。然而，他认为基督教作为推崇公义和保护被压迫者的宗教，"基督教伦理学的确只能得出如下结论：善和正义的战争**是可能的**"。[106] 在提出这一观点之时，巴文克却公开质疑历史上的众多战争中，是否有一个真正出于正义的战争。毕竟，以前的每一场战争对"基督教和人类"都有不幸的方面。在他眼中，战争的正当理由不能基于"强者的权力，或爱国主义、勇猛、勇气、耐心和坚毅的美德，或是大多数人的意见，或是战争培育出来的牺牲精神等，更不用说以获取〔经济〕利益、领土扩张、文化拓展为由发动战争，即使同时可能伴随着基督教〔的传播〕，此类战争亦无正当可言"。[107] 然而，在赞同"正义战争"理论之后，他很难想象欧洲国家之间的冲突，如何可能明确为正义。毕竟，在欧洲大陆上，经济至上和民族主义势头已经代替了基督教的影响。他担心，在缺少上帝的世界中，一切战争可能皆为非正义。在本书后记中可看到，巴文克的后代们在第二次世界大战中，视反抗纳粹的战争为正义的事业，并为之付上巨大的代价。但在眼下，赫尔曼尽力去分析第

---

[105] Herman Bavinck, "Het probleem van den oorlog," *Stemmen des tijds* 4 (1914): 1–31; repr. as *Het probleem van den oorlog* (Kampen: Kok, 1914).
[106] Bavinck, *Het probleem van den oorlog*, 16. "De Christelijke ethiek laat dus inderdaad geene andere conclusie toe dan deze, dat er goede en rechtvaardige oorlogen *kunnen* zijn." 强调为原文所有。
[107] Bavinck, *Het probleem van den oorlog*, 16. "Zijn recht rust dus niet op het recht van den sterkste, op de deugden van patriotisme, heldenmoed, geduld, standvastigheid, eendracht, offervaardigheid enz., die hij kweeken kan; nog minder op de zegenrijke gevolgen, verruiming van den gezichtskring, verbreiding der cultuur, of zelfs van het Christendom."

一次世界大战。"谁能向我们说明引发这次战争的原由呢?它如何爆发,为何爆发?从任何视角审视这场战争,都无光明可言。唯见黑暗笼罩其上。"[108] 在巴文克看来,人们认为和平的君王"不再适合我们的时代",逐渐背弃了祂的道,因此让欧洲陷入混乱和暴力,这个结果丝毫不让人惊讶。他坚信世界走上这条路,那个时代的新无神论难辞其咎。巴文克将这场虚无主义的战争的原因,全部算到了尼采的头上。[109]

服侍战争中的改革宗青年

第一次世界大战爆发之前,荷兰士兵随军牧师的工作缺乏系统安排,属灵关怀大都仰赖当地牧师。[110] 虽然荷兰在一战中选择中立,但是战争爆发后不久,荷兰就在边境集结了部队:为了护卫国家的中立地位,约有二十万士兵驻扎在荷兰四境的军事要地。这种军事部署意味着,来自荷兰北部地区、有基督新教背景的士兵,此时驻扎在以基督公教为主的南部地区,反之亦然。而在此军事部署之前,除了大城市的居民,年轻的荷兰基督公教信徒、新教信徒、社会人士之间一般鲜有来往,但如今他们作为战友一起生活,而且常常无事可忙。由于南方基督新教教会稀少,

---

[108] Bavinck, *Het probleem van den oorlog*, 1. "Wie kan ook aangeven, wat de oorzaak van dezen oorlog is, waarom hij ondernomen werd en waartoe hij dienen moet? Van welke zijde men hem beziet, nergens valt een lichtpunt op te merken, rondom is hij in duisternis gehuld."
[109] Bavinck, *Het probleem van den oorlog*, 7–8.
[110] George Harinck, "Via veldprediker naar legerpredikant: De protestantse kerken en de wederzijdse doordringing van kerk en leger," in *De kogel door de kerk? Het Nederlandse Christendom en de Eerste Wereldoorlog*, ed. Enne Koops and Henk van der Linden, eds. (Soesterberg: Aspekt B.V., 2014), 107–31.

所以荷兰基督新教越来越担心他们的年轻战士，在以基督公教为主的地区驻守时，若无新教教会的扶持，他们定会受到该宗派的影响。[111]（巴文克也有此担忧。他认为改革宗年轻一代面临灵命和道德堕落的危险。）正因如此，荷兰基督新教开始为自己宗派的士兵建立安息之所，但未得到政府任何资助。

1915 年，巴文克在上议院主导了一项倡议，认为这些士兵的属灵关怀应由各自宗派负责，但由此产生的费用应由国家承担。[112] 在此倡议活动中，他对战争的正义性和中立政策的正确性仍有疑义。他在议会提出的观点着眼于减少战争对未来一代的影响。那一代人正处于走向成年的关键期，但他们的生活被按下了暂停键。政府对此提议表示支持。在巴文克看来，这一倡议活动非常成功，因为这使新教牧师被差往边防哨所，那么战争结束后，他们的年轻士兵可安然无恙重回故里，他们对基督新教（在教义和生活上）的委身也得以保全。

巴文克就战争对荷兰年轻人的影响，以及他们在战后和平年代的社会角色，有更广泛的关切；而他对年轻基督新教士兵如何穿越这场战争的关注，构成了此广泛关切的一部分。1917 年，他在荷兰改革宗青年联合协会（Nederlandschen Bond van Jongelingsvereenigingen op Gereformeerden Grondslag）的年会上发表专题演讲。面对十七八岁的年轻听众，巴文克以自谦之语轻松开场后，

---

[111] Maartje M. Abbenhuis, *The Art of Staying Neutral: The Netherlands in the First World War, 1914–1918* (Amsterdam: Amsterdam University Press, 2006), 196. 另见 T. J. Hagen, "De geestelijke verzorging van onze weermacht," in *Onze Weermacht—van 1914 tot 1918—Extra Nummer van De Amsterdammer Weekblad voor Nederland*, ed. J. A. van Hamel et al. (Amsterdam: n.p., 1918), 7–10。

[112] *Handelingen Eerste Kamer der StatenGeneraal*, June 10, 1915, 312–13; 另见 *Handelingen Eerste Kamer der StatenGeneraal*, April 25, 1917, 496–98。

很快转入严肃的正题:"我们的时代危机四伏。"[113] 第一次世界大战爆发后三个月,巴文克发表了《战争的问题》一文,他希望战争早日结束,以减少战争造成的危害。但在三年之中,战争演化为世界大战,致使数百万人丧生。这些年轻人该如何面对如此触目惊心的现实,如何理解自己将来与这场战争相关的角色?

巴文克在文中首先引用"圣经中的经典经文",勾勒出社会秩序的基本模式:上帝以自己的形像造男造女;他们在婚姻中结合,形成原初社会;从这一原初社会衍生了所有后续人类文化。他认为人类文化中的所有关系可分为四类:男人和女人、父母和子女、主人和仆人、统治者和被统治者。他认为"所有社会问题无论如何复杂,都可归入以上四类关系"。[114] 在罪辖制的时代,这四类关系已陷入无序,正如随处可见的那样。然而,巴文克继续坚称,基督教提供了必要的资源,将这些关系恢复到原初的和谐。正因如此,他鼓励在座的青年人,视自己为蒙召去汲取自身传统的资源,来重建被毁的社会:他们应在这个关系破碎的世界中成为和平的缔造者。巴文克在演讲结束前推测,人类未来的确会有重大变化:

> 我无意尝试预言,因为无人能知晓战后的境况。但我可以肯定地对你说,战后若有必做之事,那一定就是以下这件事:〔民众〕定要比以往任何时候都要加倍努力,才能治愈所遭受的创伤,纠正已犯下的错误,保全民生、发展经济,调动众人一切能

---

[113] Herman Bavinck, "De Jongelingenvereeniging in hare beteekenis voor het sociale leven: Rede gehouden op de 29e bondsdag van de Nederlandschen Bond van Jongelingsvereenigingen op Geref. Grondslag" (n.p., 1917), 2. "Want de tijden, waarin wij leven, zij ernstig."

[114] Bavinck, "De Jongelingenvereeniging," 6. "Alle sociale vraagstukken, hoe ingewikkeld ze zijn mogen, zijn ten slotte tot deze vier te herleiden."

力应对战场外展开的战争，就是在经济和政治领域打响的战争。……请为将来的呼召预备好你自己，尤其要明白作为改革宗人士所蒙的呼召。[115]

结束"有关学校的论战"，扩大投票权

那一年荷兰政府修订了宪法，争论多年的"有关学校的论战"——政府是否资助基督教学校——终于画上了句号。自1917年以后，荷兰政府给予无宗教信仰的学校和基督教学校同等资助，这一资助体系在荷兰沿用至今。在过去数十载里，无论在弗拉讷克牧会时，还是在坎彭和阿姆斯特丹任职时，巴文克一直都在竭力为基督教学校发声。[116] 特别值得一提的是，他对该论战之解决方案的回应却是一种警示："有关学校的论战并未就此结束，而是转移到了其他领域。为了我们人民的未来，我们须将有关学校的论战从政治领域转向教育学领域。"这是告诫改革宗群体，不要在得到政府稳定资助后就躺在功劳簿上，不再努力。他们持续的挑战是在基督教教育学发展的过程中，继续推进不停

---

[115] Bavinck, "De Jongelingenvereeniging," 8. "Ik zal mij niet aan profetieën wagen, want niemand weet, welke toestanden straks na den oorlog intreden. Maar dit durf ik toch wel verzekeren, dat, indien één ding noodig zal zijn, het dit zal wezen, dat er harder dan ooit te voren gewerkt zal moeten worden, om de geleden schade te herstellen, om weer goed te maken wat misdreven werd, om er financieel en economisch weer boven op te komen, en om alle krachten van mannen en vrouwen gereed te maken voor de worsteling, die wij dan niet meer op de slag velden, maar zonder twijfel op het gebied van economie en politiek zuilen hebben te strijden....Maakt u gereed voor den arbeid, waartoe de toekomst U roepen zal. En verstaat inzonderheid als gereformeerde mannen de roeping, die in dezen op U rust."

[116] J. C. Wirtz Czn., *Bijdrage tot de geschiedenis van de schoolstrijd* (Amsterdam: H. J. Spruyt's Uitgevers-Maatschappij, 1926), 24, 35, 109.

息、长期、内部的改革。如若不然，那么"有关学校的论战在今年是为我们赢得了**经济资助**，**但在属灵层面**却败下阵来"。[117] 政府给学校掏腰包，并非百利而无一害——此告诫在之后数年里，一直回响在荷兰基督教教育学领域。[118]

这次宪法修订也将选举权扩大至所有二十三岁及以上的男性。（在此之前，只有拥有一定社会经济地位的人才有投票权。）由于这次修订案并未囊括女性投票权，因此许多人批评该修订案只解决了一半问题，离普选权（algemeen kiesrecht）的理想尚有差距。五月中旬，巴文克就此问题在议会发表了条分缕析的长篇演讲，评述了普选权和女性主义运动的内涵，但同时提出**应当**考虑女性拥有平等投票权的可能性。[119]

巴文克认为，在彼时的政坛，人们把"普选权"常挂在嘴上，为此争辩不休，仿佛这是一个全新的事物和不言自明的社会公益。但是在巴文克看来，这一术语的词源发展并不光彩：它根植于革命性的个人主义，而后者摒弃历史事实，支持一种观念化、抽象的作为个体之人的概念；这个个体以一种神秘的方式，摆脱了亲朋宗族的纽带。（巴文克两年前发表过一篇演讲，指出加尔文主义借着反对将个体性提升为某种主义，保留了个体性。）此外，巴文克认为普选权的概念充斥着有关年龄和社会地位的武断性限制。他质问普选权没有扩大至二十三岁以下之人和监狱中囚犯的

---

[117] Bavinck, quoted in *Gereformeerd Jongelingsblad*, May 23, 1919. "De Schoolstrijd is daarom niet uit; maar hij wordt verlegd en moet, terwille van de toekomst van ons volk, verlegd worden van 't politieke naar ... 't paedagogisch terrein. Meer dan tot dusver zal het aankomen op een leven voor en in de school, op rusteloos voortgezette innerlijke reformatie....Als wij deze roeping niet verstaan en ter harte nemen, dan zou het kunnen gebeuren, dat wij den schoolstrijd in dit jaar *financieel* hadden *gewonnen*, en *geestelijk* hadden *verloren*." 强调为原文所有。

[118] 如见 *Friesch Dagblad*, February 6, 1933; *Friesch Dagblad*, December 2, 1937。

[119] *Handelingen Eerste Kamer der StatenGeneraal*, May 15, 1917, 618–24.

理由。"这完全是任意而为。……普选权不具有普遍性，但它的支持者接受了这个口号，因为这听起来很悦耳，很吸引人。然而，普选权并非具有普遍性。"[120]

显然，巴文克无心与其他人低劣的推论纠缠不休，即便他们会得出相同的结论。他对女性主义运动的看法也是如此。他认为女性主义运动基于达尔文主义和马克思主义的思想，来主张妇女拥有投票权："男性总是资本家，女性总是无产阶级。"[121] 虽然巴文克确实认为罪已经腐坏了男人和女人关系，但他同时确信，无论是达尔文思想还是马克思思想，都无法解决两性分歧。巴文克未将男性和女性固定于一场永恒阶级斗争的对立面，而是主张男性和女性都是上帝的形像。

在普选权的辩论中，巴文克支持女性选举权倡导者阿莱塔·雅各布斯（Aletta Jacobs, 1854-1929）的观点。她是荷兰首位女大学生，也是荷兰首批女博士之一。她之所以赢得巴文克的支持，一个关键点在于，"她要求普选权的原因恰恰基于男女之间的**不平等**和**差异**"。[122] 她认为应肯定男女差异，而不应否认。巴文克毕生都是一位实在论者，他十分欣赏雅各布斯这一主张。在这之余，雅各布斯还呼吁男女公平：应按男女的天性，也包括按他们的差异，来接纳他们；在主张这点的同时，她曾问：若只有男性拥有投票权，这是否公平？巴文克的回答是否定的。

巴文克并未用浓厚的神学内容回答这个问题。他论道："当上帝的儿子认为一位童女配做自己的母亲时，当祂被抱在一位女

---

[120] *Handelingen Eerste Kamer der StatenGeneraal*, May 15, 1917, 619. "Het is pure willekeur....Het algemeen kiesrecht is niet algemeen, maar de voorstanders hebben die leuze aanvaard, want ze klinkt goed en maakt het aantrekkelijk voor het volk. Het is echter niet algemeen."
[121] *Handelingen Eerste Kamer der StatenGeneraal*, May 15, 1917, 621. "De man is nog altijd een bourgeois, de vrouw nog altijd een proletarier."
[122] *Handelingen Eerste Kamer der StatenGeneraal*, May 15, 1917, 621. "Wordt algemeen stemrecht geeischt juist op grond van de *ongelijkheid* en het *verschil* tusschen mannen en vrouwen."

子的胸口、在她乳汁喂养下成长时，基督教便不该有任何余地去轻慢女性。"[123] 除此之外，巴文克对妇女获得选举权的支持，是因他看到周遭世界发生了巨大且不可逆的变化。大规模工业生产已然改变了女性的社会角色。结婚率和生育率持续降低意味着，许多一直被教导长大后要为人妻为人母的年轻妇女，如今发现自己失去了人生目标。"你只需和这个时代的年轻女孩谈论几句，或者听听她们之间的聊天，就可以明白她们内心真实的想法。这个想法可概括为一句话：我们实在无事可做，最终进入了凄惨的境地，在那里不得不坐等一位永不会出现的夫婿，因为现在结婚的机会大大地减少了。我想这是一个令人担忧的境况。"[124] 巴文克认为，女性在加入新兴的工业化劳动力大军，接受与男性从前所接受之教育越发平等的教育后，必然会渴求同等的政治参与。这自在情理之中：当自由大学在十二年前录取首位女学生时，巴文克就已经预料到，此特殊社会发展已经引发了一股不可阻挡的势头。现在，他站在上议院询问自己的同僚："将来，你会仅仅因为她是**女性**而剥夺她的投票权吗？这是摆在我们面前的问题。我现在手捧圣经，敢坚定回答，以肯定〔以下看法〕：应为女性开放这种可能性。"[125] 尽管包括赫尔曼·凯波尔在内的一些抗革

---

[123] *Handelingen Eerste Kamer der StatenGeneraal*, May 15, 1917, 621. "Wanneer de Zone Gods een maagd heeft verwaardigd om zijn Moeder te zijn, en wanneer Hij onder het hart van een vrouw is gedragen en aan de borst van een vrouw is gezoogd, dan is er geen sprake meer van dat in het Christendom plaats kan zijn voor vrouwenverachting."

[124] *Handelingen Eerste Kamer der StatenGeneraal*, May 15, 1917, 622. "Men moet maar met jonge meisjes van den tegenwoordigen tijd hebben gesproken of haar onder elkaar hebben hooren spreken, om te weten wat er omgaat in de harten van deze jongedochters. Dat komt hierop neer: wij hebben eigenlijk niets te doen, en wij verkeeren in de ongelukkige positie, dat wij moeten zitten wachten op een man die misschien nooit komt, want de huwelijkskansen zijn verbazend achteruitgegaan. Dat vind ik een verschrikkelijke positie."

[125] *Handelingen Eerste Kamer der StatenGeneraal*, May 15, 1917, 622. "Zal in de toekomst de vrouw van het stemrecht zijn uitgesloten enkel en alleen omdat zij vrouw is? Dat is de vraag waarvoor wij staan. En daarop durf

命党人士纷纷称赞巴文克的演讲，但老凯波尔对他的观点甚是不悦。他在《旌旗报》上连发三篇文章，批评巴文克的立场，称这是对自己党派"原则性的攻击"，坚持认为赋予女性投票权不符合归正原则。[126] 即便巴文克在阿姆斯特丹的年月中，一直继续推进新加尔文主义事业，但他的实在论和凯波尔的观念论之间的差异，如今比以往任何时候都更加显著。巴文克已然决定与时俱进，且要"持守圣经"；但至少在凯波尔看来，这并不符合抗革命党的根本原则。

借着这次演讲，巴文克将自己推入窘境。他此时需要阐明，自己对妇女投票权的声援，如何与自己政党的传承相契合。在公共领域里，他在《当代社会中的女性》上发表了一篇重要长文（186页），详细阐述了自己的观点与抗革命党传统一脉相承。[127] 凯波尔私下寻求与巴文克和解，告诉他不想将此事演变为长期的公开争辩。[128] 面对凯波尔的公开批评，巴文克并不接纳一个完全私下的道歉。凯波尔努力维护颜面，不愿公开认同自己的观点，这让巴文克颇为沮丧。所以不久后，巴文克在抗革命党大会上的演讲中说道，他在议会演讲的基础，实际上早已由"我们党派'尊贵的'领袖阐明"。[129] 毕竟，若非凯波尔，何人可为大众民主开辟出一条抗革命党的路径呢？正如范德里尔所发现的那样，"巴文克在此使用了引号，充分表明了当时他对凯波尔的态度"。[130]

---

ik, ook met de Schrift in de hand, niet anders dan een bevestigend antwoord geven: die mogelijkheid is inderdaad voor de vrouw open te stellen."

[126] *De Standaard*, June 19, 21, and 23, 1917.

[127] Herman Bavinck, *De vrouw in de hedendaagsche maatschappij* (Kampen: Kok, 1918).

[128] Kuyper to Bavinck, Amsterdam, March 17, 1918, HBA, folder 11.

[129] Herman Bavinck, "Politieke rede 1918," 11, quoted in Niels (C. M.) van Driel, "The Status of Women in Contemporary Society: Principles and Practice in Herman Bavinck's SocioPolitical Thought," in *Five Studies in the Thought of Herman Bavinck, a Creator of Modern Dutch Theology*, ed. John Bolt (Lewiston, NY: Mellen, 2011), 181.

[130] Van Driel, "Status of Women in Contemporary Society," 181.

战后重建

随着1918年的进展，以及第一次世界大战渐入尾声，汉妮和律师赫瑞特·雷斯[131]（Gerrit Ruys, 1888–1945）喜结连理，她的父亲主持了在阿姆斯特丹的柯泽贺拉赫斯特教堂（Keizergrachtskerk）举行的婚礼仪式。[132] 巴文克的新婿曾就读于自由大学，在婚礼前不久完成了博士论文答辩。

除此之外，巴文克努力推进自己的日常工作进度。那一年，他在莱顿大学宣读了题为〈信仰的哲学〉的论文（他再次援引加尔文的观点来回应现代性的问题）。[133] 此外，他还完成了一部篇幅短小的著作《效法基督与现代生活》[134]，同时继续推出了基督教教育方面的新作。[135] 到了11月中旬，第一次世界大战结束。巴文克看到欧洲这个基督教世界已经完全背离了基督教，他为此深感忧虑。为何欧洲悠久的基督教历史未能阻挡在历史上为基督教的国家发起一场不必要、也毫无意义的战争，将世界上其他国家也拖入其中？（他依然认为这场战争既无必要也无意义）。他在〈基督教、战争和国家联盟〉一文中论道，以上问题的答案就是：随着历史进入十九世纪末期，生物学界中达尔文的"适者生存"理念和哲学界中尼采反基督教的"强权哲学"转入了民族主

---

[131] 请注意：这个姓氏在有些资料中拼写为 Ruys，在另一些资料中拼写为 Ruijs。

[132] Bremmer, *Herman Bavinck en zijn tijdgenoten*, 264.

[133] Herman Bavinck, "Philosophie des geloofs," in *Overdr. uit het Annuarium der Societas Studiosorum Reformatorum, 1918* (Leiden: Donner, 1918), 62–72.

[134] Herman Bavinck, *De navolging van Christus en het moderne leven* (Kampen: Kok, 1918).

[135] Herman Bavinck, "Klassieke opleiding," *Stemmen des Tijds* 7 (1918): 46–65, 113–47; ET: "Classical Education," in *Essays on Religion, Science, and Society*, 209–44. 中注：赫尔曼·巴文克，〈古典教育〉，载于《宗教、科学和社会文集》，刘伦飞译（爱丁堡：贤理·璀雅，2022），227–266页。

义政治的世界。¹³⁶ 随之而来的结果就是，国际政治演变为不惜一切抢夺统治地位的争霸赛，作为制约因素的基督教完全被忽视。这种发展的出现，正如彼时主导性的自由神学意识到，自身难以与痴迷进化优越感的超人（Übermensch）相抗衡。¹³⁷

在大战中，巴文克向一群青少年发表演讲时曾论道，他们将来会作为和平的缔造者来投入国家的重建工作。亲历战争的巴文克在看到和平的回归后，决意将自己以上的建议付诸社会实践。在战争走向尾声时，他指出民族主义和国际主义本身并不邪恶；但是他深信，如果缺乏更高远、更普世性的群体，二者很快就会变质。在世界大战之后，巴文克认识到，基督教比以往任何时候都更为必要："基督教具有普世性。基督教教导，全人类同属一个血脉，福音是为万国万民而预备。"¹³⁸

---

[136] Herman Bavinck, "Christendom, oorlog, volkenbond," *Stemmen des Tijds* 9 (1919): 1–26, 105–33.

[137] Bavinck, "Christendom, oorlog, volkenbond," 13.

[138] Bavinck, "Christendom, oorlog, volkenbond," 131–32. "Het Christendom is universeel; het leert, dat heel het menschelijk geslacht van éénen bloede is en dat het Evangelie voor alle volken is bestemd." 另见 Dirk van Keulen, "Herman Bavinck and the War Question," in *Christian Faith and Violence*, vol. 1, ed. D. van Keulen and M. E. Brinkman (Zoetermeer: Meinema, 2005), 122–40。

第十一章
巴文克的临别之年（1920–1921）

"不要登报，此与我并不合宜！"

在战后重享和平时，凯波尔多年来数度告危的身体突然病势加重。虽然他在1917年全面胸部感染期间尽力避免了肺部手术，但是次年又因慢性支气管炎数度卧床养病。他的社会活动日减，无法亲临，只能多以书面形式回应。到了1920年秋，因一次重跌在地，自此后常觉头晕目眩，他不得不停止工作。[1] 到了九月，他已无法握笔写字，只好口述政务辞职信，由他的一位女儿代笔。[2] 如今他已八十二岁高龄，明显身衰力竭，且在八十三岁寿宴后不多日就离世了。

相比之下，在战争走向尾声时，巴文克时年六十三岁，似乎仍精力充沛，并已投身到重建支离破碎的欧洲基督教国家的工作

---

[1] James Bratt, *Abraham Kuyper: Modern Calvinist, Christian Democrat* (Grand Rapids: Eerdmans, 2013), 373.

[2] *Verslag van de Handelingen der StatenGeneraal: Zitting van 21 September 1920–17 September 1921; Verslag van de handelingen van de Eerste Kamer der StatenGeneraal gedurende het zittingjaar 1920–1921* ('s Gravenhage: Algemeene Landsdrukkerij, 1921), 4.

中。例如，他在1919年3月议会的一篇演讲中论道（论证时借鉴了凯波尔的观点），甚至那些声称个人不信基督教的政治家都应承认，当今荷兰社会已经沿着基督教路线发展了数个世纪，现在仍遵照"基督教原则"有序构建。因此，即便非基督教信仰的政治家，对基督教也应采取积极、支持的态度。[3] 他在演讲中呼吁在政治上应实施改革，不应发动革命。他如此呼吁是因看到，凯波尔的宿敌彼得·耶勒斯·特罗尔斯特拉（Pieter Jelles Troelstra）在数月前主张发动荷兰社会主义革命。[4]

在随后的一整年里，巴文克出版了题为《圣经和宗教心理学》的文集。在该作中，他瞻望未来，尤其是关于二十世纪中期的世界变化，富有预见地论道，藉由"弗里德里希·尼采的出现"，西方大众心理发生了可怕的变化。尼采"极其蔑视大众，只尊崇少数属血气的伟人，且为他们的'强权即正义'提供理据"。[5] 在随后的数十年里，这种超人理念定会兴起。在应对此挑战时，巴文克提出基督曾质问的问题："人若赚得全世界，但失去了灵魂，又有什么益处呢？"（可八36）

巴文克继续撰写有关福音运动[6]和教育[7]方面的著作，并常在全国各地的基督教妇女协会发表演讲。[8] 他对关于妇女社会角色

---

[3] *Handelingen Eerste Kamer der StatenGeneraal*, March 13, 1919, 243.

[4] Johan S. Wijne, *De "vergissing" van Troelstra* (Hilversum: Verloren, 1999).

[5] Herman Bavinck, *Bijbelsche en religieuze psychologie* (Kampen: Kok, 1920), 75. "... en met name is toen Friedrich Nietzsche opgetreden, om, met diepe verachting voor de massa, de enkele groote mannen te verheerlijken, die uit de menschheid voortkomen, en voor hen het recht van den sterkste te vindiceeren."

[6] Herman Bavinck, Harm Bouwman, and Herman Kuyper, "Rapport voor evangelisatie" (n.p., 1920).

[7] Herman Bavinck, "Individueele en Sociale Opvoeding," *Orgaan van het Gereformeerd Schoolverband* (20 May–18 November 1920); Herman Bavinck and H. Tilanus, "Rapport van den Onderwijsraad in zake het ontwerp Lager-Onderwijswet" (n.p., 1920).

[8] 如见 *Middelburgsche courant*, January 28, 1919; *Algemeen Handelsblad*,

的公开辩论所做的贡献仍有重要的影响。1919 年，在鹿特丹举行的第二届基督教社会代表大会上，巴文克发表了题为《已婚妇女的职业工作》的演讲。[9] 因着这些努力，他已然成了备受瞩目的女子教育拥护者。他的同事鲁尔曼（J. C. Rullmann, 1876–1936）后来回忆道，那年的一个下午，巴文克教授和夫人到他家一起喝咖啡，赫尔曼和鲁尔曼的女儿们就这些话题谈了许久："他那天下午的言谈风采，每一位在场之人都不会忘怀！这位著名教授，他言辞热忱，以令人信服且易让人理解的方式，深入浅出地向我的女儿们阐释女子教育的问题。"[10] 巴文克自然仍公开大力倡导加尔文主义。他为华腓德的《神学家加尔文和今日加尔文主义》（1919）荷文译著作序。该序结语为："加尔文主义恰是世界之希望，增一分则过，减一分则损。"[11]

多年以来，巴文克一家的生活一直如火如荼，现在依然。1920 年 5 月，赫尔曼和游汉娜喜迎外长孙西奥多勒斯·雷斯（Theodorus Ruys, 1920–1986）。汉妮和赫瑞特后来又育二子。外孙接二连三来到人间，而赫尔曼逐渐走向垂暮之年。大家所知道的巴文克最后一张照片，是他给外长孙施洗时所照，照片上的他看起来和其他六十六岁的老人一般无二。第一张学生时代照片上的巴

September 13, 1919; *Het Centrum*, September 27, 1919; *De Telegraaf*, December 12, 1919。

[9] Herman Bavinck, "De beroepsarbeid der gehuwde vrouw," in *Tweede christe congres 10–13 maart 1919 te Amsterdam: Referaten* (Rotterdam: Libertas, 1919), 5–25.

[10] J. C. Rullmann, *Onze voortrekkers* (Delft: Naamlooze Vennootschap W. D. Meinema, 1923), 238. "En 's middags—niemand die 't gehoord heeft zal het ooit vergeten!—hoe hartelijk en eenvoudig, hoe begrijpend en begrijpelijk, heeft hij, de beroemde hoogleraar, toen tot onze meisjes gesproken over de opvoeding der vrouw."

[11] Herman Bavinck, "Woord vooraf," in *Calvijn als theoloog en de stand van het calvinisme in onzen tijd*, by B. B. Warfield, trans. C. M. E. Kuyper (Kampen: Kok, 1919), 38. "Zoo staat het Calvinisme voor ons als niets meer of minder dan de hope der wereld."

文克头发飞扬，但在最后一张照片上的他有些谢顶，两颊的深纹宛如刀刻，双肩微垂。照片上的他看起来是一位劳形苦心之人。多年以来，在这片动荡不安的大地上，他一直寻求可以安定之所，现在终于安定下来。在这一时期，人们亲眼见到的巴文克和透过他著作感受到的那位巴文克并不相同；人们对凯波尔也有此感受。巴文克去世后，他的朋友阿尔德斯（W. J. Aalders）回顾了巴文克在一次基督徒学生退休会上演讲时的情形：

> 巴文克博士如一位年长的护卫，引领着我们的交谈和讨论。我们在前厅的最后一次主日晚上的讨论至今历历在目。那天，我们坦诚畅谈信仰，谈到对信仰的倚靠有多少，论到对信仰应有何等程度的确据。起初，巴文克博士所言甚少。他身形壮硕，浑身散发着力量和光芒，自然令人有些敬而远之。然而当他开始讲话时，他论到不应将信仰想象为一件实用型的事务或完满之事。不论如何，他感到年岁越长，越觉自己乏善可陈：〔他认为自己是〕一个有罪的人，需要每时每刻且不断更加深切地将自己完全交托于上帝的恩典。作为一个成人，他讲话时却像孩童一样动容，也令人动容。[12]

---

[12] Willem Jan Aalders, "In Memoriam: Dr. H. Bavinck," *Stemmen des tijds* (1921): 140. "Dr Bavinck was een der ouderen en had grooten invloed op den loop der gesprekken en besluiten. Ik zie ons nog den laatsten Zondagavond in de voorkamer bijeen. Er werd vertrouwelijk gesproken over het geloof; hoe veel er toe behoorde; hoe groot de mate van zekerheid moest zijn. Dr Bavinck sprak eerst niet veel. Zijn forsche figuur neigde niet zoo licht tot vertrouwelijkheid. Zij droeg zoo geheel het kenmerk van gecondenseerde kracht en reserve. Maar toen hij eindelijk het woord nam, was dit om te zeggen, dat men zich toch niet moest verbeelden, dat het geloof iets zoo zakelijks en acheveerds was. Althans hij, naar mate hij ouder werd, voelde hoe langer hoe meer, dat er ten slotte maar heel weinig overblijft: een zondig menschenkind, dat zich telkens weer en met dieper behoefte aan Gods genade toevertrouwt. Hij sprak als een groot kind; ontroerd, ontroerend."

吕伐登教会会议

1920 年 8 月，巴文克去北方的吕伐登参加当年的教会会议。一系列潜在的冲突等待处理：除了提出对宗派礼拜仪式和认信条文的诸多修改，接替巴文克在神学院教职的安东尼·霍尼赫强烈建议教会应正式反对剧院、舞会和棋牌等活动（巴文克从基督教在全世界所面临的重大挑战来看，认为这些问题实在无关大要）。[13] 对巴文克而言更亟待解决的问题是，他之前的一位学生奈特伦博斯牧师（Rev. J. B. Netelenbos, 1879–1934），因其对圣经权威的看法，与教会会议发生了冲突。

奈特伦博斯在自由大学学生团体中颇有声望。他在学生时代就因经常参加荷兰改革宗教会的聚会而遭到自由大学的严厉批评。[14]1917 年，他在担任米德尔堡（Middelburg）荷兰地区归正众教会的牧师期间，却在海牙的荷兰改革宗教会布道，并在那个时候因持极其自由的圣经权威观而广受质疑，这些都引发了争议；但是，奈特伦博斯认为自己的观点属于对教会教义标准的细微解读。（奈特伦博斯的观点与荷兰地区归正众教会内部的一个被称为"年轻一代运动"〔beweging der jongeren〕的新发展动向有关。）

对巴文克而言重要的是，奈特伦博斯在捍卫自己的立场时，将他们二人的观点连在一起。在类似耶稣是神性和人性完美联合这样的阐述中，巴文克曾教导他，圣经以保留且联合其人性**和**神性的方式，有机地默示而成。奈特伦博斯藉此论道，圣经作为由人类书写的文本，其形式和内容皆有可能出错。教会会议的辩论很快就聚焦于伊甸园会说话的那条狡猾的蛇的历史性。奈特伦博斯认为那是个神话，因此他被撤职。

---

[13] R. H. Bremmer, *Herman Bavinck en zijn tijdgenoten* (Kampen: Kok, 1966), 265.

[14] Arie Theodorus van Deursen, *The Distinctive Character of the Free University in Amsterdam, 1880–2005* (Grand Rapids: Eerdmans, 2008), 30.

奈特伦博斯被免职之事令巴文克倍感伤怀。无论他在笔记中对这位前学生观点的论述，还是他们的私人通信，都表明巴文克十分关注奈特伦博斯的观点。实际上，他意识到奈特伦博斯并非个例；相反，后者的观点代表了他们教会中的代际变化。巴文克在这些笔记中，将圣经的人类表达形式（human form）描述为"软弱的"，且"从头到尾都是人性的"。[15] 然而与此同时，他也坚信圣经的每一个字亦皆是神圣的（divine）。基督既是完全的上帝也是完全的人，因而虽肉身软弱无力，却依然是上帝。同样地，巴文克认为圣经是取了人类表达方式的上帝圣言。基于这一观点，奈特伦博斯进而提出了圣经的脆弱、仆人之形式的看法，可能会带来的一个后果：毕竟人非圣贤，岂会无错。对此推论，巴文克十分担忧，感到这是对圣经神圣权威的妥协。因此，他不愿采纳奈特伦博斯的论述，而是坚守自己的立场，甚至后退数步。

奇怪的是，奈特伦博斯的辩论策略，让人不由得想起巴文克在1919年发表关于妇女投票权的议会演讲后，对凯波尔采取的举动。虽然凯波尔极不情愿认同巴文克的立场，但是巴文克还是给了他一个难堪的公开提醒：凯波尔很久以前就支持一种早期形式的大众民主，若无此形式，巴文克就无法得出自己的立场。但如今，巴文克也处在当年凯波尔的境地，眼睁睁地看着这个后起之秀随己意阐发自己的观点，情势已非自己能左右。当矛盾急剧升级时，巴文克紧紧抓住圣经的神圣权威，如同凯波尔紧紧抓住归正原则；二人出于同样的原因：若就此让步，则满盘皆输。尽管奈特伦博斯让巴文克的观点变得难以维持，但是在他们的私人往来书信中，巴文克真正的问题并非圣经中的蛇或驴会说话，而是"上帝是否已说话？"真正的问题是"上帝言说"（Deus

---

[15] George Harinck, Cornelis van der Kooi, and Jasper Vree, eds., *"Als Bavinck nu maar eens kleur bekende": Aantekeningen van H. Bavinck over de zaakNetelenbos, het Schriftgezag en de Situatie van de Gereformeerde Kerken (November 1919)* (Amsterdam: VU Uitgeverij, 1994), 58. "De vorm is totaal menschelijk, van begin tot einde."

dixit）。¹⁶ 巴文克从不愿意自己在教义上的举动，会有损上帝作为上帝而言说的能力；这在奈特伦博斯事件上也不例外。在巴文克看来，承认圣经不仅是人手所作，而且可能会有错误，这虽然可以解决诸多问题，但是更为根基性的神学问题立即接踵而至。

由此视之，圣经的权威是一直萦绕在巴文克脑海的问题。在与斯努克·赫胡洛涅数十年的交流中，他这位持怀疑论的朋友不断给他抛来这个论题，认为巴文克赋予了圣经一种无法保证、武断的权威。尽管巴文克更喜欢将自己的观点表述为先验性而非任意性，但是他早已认识到二者在实践上无甚实质区别。他的主张无论以何种方式表达，始终都是认为，人人都需要一个出发点。他一再表示自己不会改变这一立场。无论内心有何等激烈的冲突，他始终持守的立场就是"上帝言说"。¹⁷

巴文克私下对奈特伦博斯颇为同情，但也认识到他对自己的圣经默示观带来的挑战。尽管如此，对是否应修订且简化宗派认信标准之问题，巴文克透过自己主持的教会会议委员会所传递的公开回应清晰明确：他认为认信标准应保留现有的内容且展开论述，尤其是"圣经的神圣默示和权威、真假教会的教义，以及治理教会和国家之职分的教义"。¹⁸

---

[16] Harinck, van der Kooi, and Vree, *"Als Bavinck nu maar eens kleur bekende,"* 16. "Ik voor mij vind het beter, om te zeggen, dat de Schrift, het Woord Gods, het Deus dixit, de grond is van ons geloof, maar het getuigenis des H.G., of misschien nog juister, het door den HG. verlichte oog (hart, oor) is het middel/orgaan, waardoor ik die Schrift als Gods Woord erken en aanneem." 有关奈特伦博斯对此特定主张的公开回应，见 *Acta der generale synode van de Gereformeerde Kerken in Nederland, gehouden te Leeuwarden van 24 augustus–9 september 1920* (Kampen: Kok, 1920), 120–21。

[17] 另见 *Dirk van Keulen, Bijbel en dogmatiek: Schriftbeschouwing en schriftgebruik in het dogmatisch werk van A. Kuyper, H. Bavinck en G.C. Berkouwer* (Kampen: Kok, 2003), 175–225, 233–84。

[18] Herman Bavinck, "RAPPORT in zake de voorstellen der Particuliere Synodes rakende de Belijdenis," *Acta der generale synode van de Gereformeerde Kerken*, 152–54.

奈特伦博斯事件原本可以促使巴文克，在自己对圣经软弱的人类表达形式之信念的基础上，向前再进一步。但现在他选择退后一步，折回到圣经神圣权威这一坚实立场。一如既往，他是正统的加尔文主义者，同时也在努力让自己在现代世界立足。1883年，他向斯努克·赫胡诺涅坦承，"〔他的〕圣经教义远未成熟"，这个说法在1920年仍旧成立。[19] 巴文克参加了那一年的吕伐登教会会议，但一周后就返回阿姆斯特丹。他于8月20日（周六），在那本已遗失日记本中写道，从中心车站到家并不远，但自己步行回家后感到"筋疲力尽"。[20] 翌日，巴文克突发心脏病。尽管次日转危为安，但此后他的健康每况愈下。

在这些临别之年的某个时段（博拉梅尔推测是在突发心脏病之后），巴文克挑选出一些篇幅短小之作（著于1892年以后）。他认为这些文章可能"继续为后代所关注，因为其中所论主题仍是当今社会的重要议题"。[21] 无论这事是在突发心脏病之前还是之后，他那时开始有意识地整理自己的思想遗产。虽然他的《宗教、科学和社会文集》[22] 很快付梓，但该作面世时作者已辞世。该作由他的弟弟伯纳德编辑，成为赫尔曼的第一本遗作。

---

[19] Bavinck to Snouck Hurgronje, Kampen, February 8, 1883, in *ELV*. "Er moet nog iets bij: met mijne Schriftbeschouwing ben ik dus volstrekt nog niet klaar."

[20] Valentijn Hepp, *Dr. H. Bavinck* (Amsterdam: Ten Have, 1921), 338. "Erg moe."

[21] Coenraad Bernardus Bavinck, "Appendix A: Foreword," in *Essays on Religion, Science, and Society*, by Herman Bavinck, ed. John Bolt, trans. Harry Boonstra and Gerrit Sheeres (Grand Rapids: Baker Academic, 2008), 279.

[22] Herman Bavinck, *Verzamelde opstellen op het gebied van godsdienst en wetenschap*, ed. C. B. Bavinck (Kampen: Kok, 1921); ET: *Essays on Religion, Science, and Society*. 中注：赫尔曼·巴文克，《宗教、科学和社会文集》，刘伦飞译（爱丁堡：贤理·璀雅，2022）。

高调辞世，悄然离世：亚伯拉罕·凯波尔（1837-1920）与赫尔曼·巴文克（1854-1921）

突发心脏病之后，巴文克在那本遗失的日记本中写道："**这周来诊治的医生都嘱咐我继续休养。**"[23] 吕伐登教会会议的日程在继续推进，但巴文克未能再前往参会。在此期间，凯波尔也到风烛残年，他素来喜欢将自己"奉献给荷兰人民的生命"，事无巨细地都公之于众，现在他也特意地在公众的注视之下走向弥留之际。

凯波尔垂危之时，抗革命党政治家亚历山大·伊登伯格（Alexander Idenburg, 1861-1935）有次前去探访，询问凯波尔是否可以公开他们的谈话，凯波尔欣然应允。凯波尔的两个女儿赫尼里蒂特（Henriëtte, 1870-1933）和游汉娜（Johanna, 1875-1948）在《亚伯拉罕·凯波尔博士的临别时光》中详细生动地记录了父亲的临别时刻。[24] 凯波尔在临终前甚至安排人为他做死者石膏面具。他是最后一代以此方式存留自己容貌的荷兰人之一。[25] 荷兰报纸的卡通漫画家对凯波尔的死者石膏面具冷嘲热讽了数十年。凯波尔用留下自己石膏面具的方式，给世界留下最后的遗言，提醒这个世界不要忘记他的模样。他去世后不久，配有他家居生活插图的《凯波尔之家》出版。[26] 无论生死，凯波尔都将自己一览无余地示于人前。

---

[23] Hepp, *Dr. Herman Bavinck*, 338. "De doctoren schrijven allen, als zij mij in de loop der week bezoeken, rust voor."

[24] Henriëtte Kuyper and Johanna Kuyper, *De levensavond van Dr. A. Kuyper* (Kampen: Kok, 1921).

[25] Johan Snel, "Kuypers dodenmasker," in *Tussen Kampen en Amsterdam: George Harinck en het Historisch Documentatiecentrum van de Vrije Universiteit 1985–2017*, ed. Wim Berkelaar, Hans Seijlhouwer, and Bart Wallet (Amsterdam: Donum Reeks, 2018), 114–18.

[26] R. A. den Ouden and R. C. Verweyck, *Het Kuyperhuis* (Baarn: E. J. Bosch, 1921).

凯波尔在 1920 年 11 月 8 日去世，此事也记录在巴文克的日记中。他从 1872 年开始记录自己的生活经历，最后一则日记是凯波尔辞世的消息。[27] 在巴文克的日记中，两人的生命历程交织缠绕直到最后一刻。巴文克以此特别方式，结束了几乎保持一生之久的日记写作习惯。

在凯波尔去世前，巴文克的健康有所好转。整个 9 月，报纸对他病情的报道都相当乐观。

> 巴文克博士教授身患重病，但病情并不危急。[28]
> 巴文克教授的病情有所好转，似无大碍。[29]
> 巴文克博士教授的健康状况逐渐好转，有望痊愈。[30]

到了 10 月中旬，巴文克可以下楼用餐，亦可再度浏览报纸。但他的身体日衰，回天乏力。他开始出现尿毒症的症状，已有油尽灯枯之象。亚历山大·伊登伯格在探访弥留之际的凯波尔时，引用《诗篇》四十六篇中的经文，询问凯波尔主是否是他"在急难中的避难所和力量"。凯波尔给出了肯定的回答，并希望将之公之于众。现在，伊登伯格探访病中的巴文克，向他问了两个同样的问题：主也是**他的**避难所和力量吗？可以公开他的回答吗？巴文克回答道："是的，主是我的避难所和力量，但不要将我的回答登报，此与我并不合宜！"[31]

---

[27] Hepp, *Dr. Herman Bavinck*, 338.
[28] *Algemeen Handelsblad*, September 3, 1920. "Is prof. dr. H. Bavinck ernstig ongesteld. De toestand is echter niet zorgwekkend."
[29] *Algemeen Handelsblad*, September 8, 1920. "Is in de toestand van prof. Bavinck eenige verbetering gekomen; direct gevaar voor 't leven schijnt thans vrijwel geweken."
[30] *Provinciale Geldersche en Nijmeegsche courant*, September 13, 1920. "De gezondheidtoestand van prof. dr. H. Bavinck is langzaam vooruitgaande. Er staat hoop op geheel herstel."
[31] Quoted in Harinck, "Being Public: On Abraham Kuyper and His Publications," in *Abraham Kuyper: An Annotated Bibliography, 1857–2010*,

巴文克和凯波尔虽有共同信仰，但巴文克不愿在公众注视之下走向生命的末了。他不愿将自己弥留之际的状况见诸报端。尽管大家尊重他的这个愿望，但报纸上依然有他健康恶化的相关报道：毕竟，巴文克是举国上下瞩目的人物。11月的新闻报道说："最近数日，巴文克博士教授的健康状况无明显好转。"[32] 到了12月，报道的语气开始变化。显然，他的心脏受到了重创。

> 赫尔曼·巴文克博士教授病势严重。[33]
>
> 上议院议员巴文克教授病情略有好转，已无胸闷之感。他非常虚弱，但心脏病略有好转。[34]

数周后，《电讯报》报道说巴文克健康状况"令人关切"，他时常感到"胸闷"。[35] 1921年2月初，报道称他的身体状况愈加危急："过去数天，巴文克博士教授的健康急转直下。康复希望渺茫。"[36] 数日后，另外一些报纸报道，"他承受剧痛"，而且进食困难。[37] 一周后，一位心脏病专家证实，巴文克已无法康复，

---

by Tjitze Kuipers (Leiden: Brill, 2011), ix. 另见 *Het gereformeerde geheugen: Protestantse herinneringscultuur in Nederland, 1850–2000*, ed. George Harinck, Herman Paul, and Bart Wallet (Amsterdam: Bert Bakker, 2009), 435。

[32] *De Telegraaf*, November 29, 1920. "'De Standaard' verneemt, dat de toestand van prof. dr. H. Bavinck de laatste dagen niet merkbaar vooruitgegaan was."

[33] *De Tijd*, December 24, 1920. "De toestand van prof. dr. H. Bavinck is zorgelijk."

[34] *De Telegraaf*, December 28, 1920. "In de toestand van het Eerste Kamerlid prof. Bavinck in de laatste dagen eenige verbetering ingetreden. De benauwdheden zijn weggebleven. Wel is de patient erg zwak, maar het hart is iets beter."

[35] *De Telegraaf*, January 6, 1921. "De toestand van prof. Bavinck blijft zeer zorgelijk; de benauwdheden herhalen zich nu en dan."

[36] *Provinciale Overijsselsche en Zwolsche courant*, February 1, 1921. "De toestand van prof. dr. H. Bavinck in de laatste dagen sterk achteruitgaande. Hoop op een herstel wordt niet meer gekoesterd."

[37] *De Maasbode*, February 2, 1921. "De patient lijdt vreeselijke pijn." *De Telegraaf*, F ruary 6, 1921.

开始实施姑息治疗。[38] 到了 3 月，许多报刊，甚至《苏门答腊邮报》（*De Sumatra post*）等偏远小报，都刊登了巴文克即将离世的消息。[39]

大家都知道巴文克临终将至、回天乏力，不过死亡的脚步乃是缓缓走向了他。到 5 月时，他仍在世。海牙新设了一所以巴文克命名的学校，他口述电报回复，表示同意。电报也许由游汉娜发送。[40] 到了 6 月，他甚至计划和汉妮、赫瑞特和西奥去比瑟姆避暑，但计划成为泡影。他的身体状况再次急转直下。《鹿特丹报》报道：“他们没有提及比瑟姆度假之事。”[41]

虽然巴文克已无法离开阿姆斯特丹外出旅行，但他的病情再次有所好转，可以正常入眠。后来，他可以在下午接待一些短暂的探访。[42] 赫普和兰德维尔最早出版了巴文克传记，其中记载了巴文克在接待探访时所说的话；在探访期间，巴文克时而清醒，时而昏睡。兰德维尔在传记中回忆，巴文克说自己希望到天堂之后能够返回世间停留片刻，"向所有上帝的百姓，甚至所有世人，见证上帝的荣耀"。[43] 赫普讲述了探访弥留之际巴文克时的情景。那时巴文克说话吃力，一字一停地喘气，他告诉这位年轻的探访者："生……固……奇妙……，死……更……奇妙。"[44] 数十年前，巴文克在他的朋友杨·亨德里克·乌尼克临终榻前时对死亡感到困惑，现在他似乎仍有此感受。

在那个月末（6 月 28 日），斯努克·赫胡洛涅给游汉娜写了一封信，希望探访自己病重的朋友："上次探望后心绪久久难宁，

---

[38] *Nieuwe Apeldoornsche courant*, February 9, 1921.

[39] *De Sumatra post*, March 19, 1921.

[40] *Haagsche courant*, May 11, 1921.

[41] *Rotterdamsch Nieuwsblad*, June 6, 1921.

[42] *De Volksvriend*, June 2, 1921.

[43] J. H. Landwehr, *In Memoriam: Prof. Dr. H. Bavinck* (Kampen: Kok, 1921), 78.

[44] Hepp, *Dr. Herman Bavinck*, 339. "Het ... leven ... is ... vreemd... , het ... sterven ... nog ... vreemder."

第十一章 巴文克的临别之年（1920–1921） 483

既悲伤难过，又深受触动。从 1874 年和他相识到现在 1921 年，我只认识到我这位挚友是一位敬虔之人。"[45] 斯努克·赫胡洛涅即将接受手术治疗。他在信中问游汉娜，如果手术后自己方便行走之时来探望巴文克，是否有望两人能见最后一面。游汉娜回复道："他的身体状况和你上次见到时相差无几。他的身体机能在慢慢衰退。由于身体状况长期以来一直变化不大，所以我一直希望天人相隔的那一天能够迟些到来。"[46] 那时，巴文克已吐字不清了。客人来访时，游汉娜一直陪侍在巴文克左右，将他的话解释给访客。[47]

在那个时期，巴文克表示不愿将自己对自身健康衰退的反思公之于众。在某种意义上，他极其不愿像凯波尔那样始终将自己示于人前。新闻媒体尊重他的意愿，只报道了他的健康状况，但对他在临别之际的想法只字未透。巴文克将此只留于他自己。但在七月末，《电讯报》上的一则消息打破了媒体在此事上的沉默："据报道，巴文克教授身体极度虚弱。尽管他极力忍耐病痛，但也一直表达一个期盼，就是主能怜悯他，并早日接他到祂那里。"[48] 巴文克已做好离世的准备。

这一刻他并未等得很久。第二天（1921 年 7 月 29 日）凌晨 4:30，巴文克在家中安然离世。

---

[45] Snouck Hurgronje to Johanna Bavinck-Schippers, Leiden, June 28, 1921, in *ELV*. "Ik ben nog geheel onder den indruk van mijn laatste bezoek: weemoedig, maar stichtelijk tevens. Anders dan vroom heb ik mijn goeden vriend trouwens niet gekend: 1874–1921."

[46] Johanna Bavinck-Schippers to Snouck Hurgronje, draft letter, June 28, 1921, in *ELV*, 186n1. "De toestand is precies dezelfde als toen u hem het laatst bezocht. De krachten nemen zeer langzaam af. Nu de toestand eenmaal zoolang op dezelfde hoogte blijft, heb ik hoop dat het einde niet spoedig daar zal zijn."

[47] "Mev. Wed. J. A. Bavinck-Schippers," *De Standaard*, June 2, 1942.

[48] *De Telegraaf*, July 28, 1921. "Naar wij vernemen, wordt professor Bavinck uiterst zwak. Hoewel zeer geduldig, spreekt hij telkens het verlangen uit, dat de Heere zich spoedig over hem ontferme en hem tot Zich neme."

最后长眠之地

8月2日下午1:45，巴文克的葬礼在阿姆斯特丹的新东方公墓（Nieuwe Oosterbegraafplaats）举行。家人请求亲朋参加葬礼时不用献花。[49] 时任坎彭神学院院长的特杰德·胡克斯特拉是卢卡斯·林德博姆的女婿，他跟巴文克一直有书信往来。他在葬礼上将巴文克描述为，纵贯一生都紧随自己分离派的根源。胡克斯特拉向丧礼上的来宾说道："对于一些分离派信徒而言，生命甚至有反文化的基调，但巴文克从不如此认为。"[50] 在他生命的末了，所有人都清晰看到，在努力成为现代世界中一位正统基督徒的过程中，巴文克从始至终都是一位分离派之子。与自己的父亲一样，他一直走在"从分离走向融合"的道路上。

来自自由大学、坎彭神学院、弗拉讷克教会、上议院以及巴文克长期参与的改革宗学生团体的代表围绕在巴文克墓前，肃然而立。当巴文克的遗体放入墓中的那一刻，他们齐声朗诵赞美基督的喜乐诗篇：

诸王都要叩拜祂，万国都要侍奉祂。

（诗七十二 11）[51]

---

[49] *Algemeen Handelsblad*, July 30, 1921.

[50] Tjeerd Hoekstra, "Begravenis Prof. Dr. Bavinck," *De Bazuin*, August 6, 1921. "Hij was een zoon der Scheiding. En een van de wezenskenmerken der Afgescheidenen is geweest, dat ze sterken nadruk gelegd hebben op de vroomheid des wandels, op de heiligheid des levens. Bij enkelen—bij Bavinck niet—kreeg het leven soms een anticultureele tint."

[51] 他们所唱的是1773年出版的《韵律〈诗篇〉集》（berijmde psalmen）。我在这里引用了1650年版本的苏格兰诗篇集，作为最接近的英文译本。见 *Het boek der Psalmen, nevens de gezangen bij de hervormde kerk van Nederland in gebruik; door last van de hoog mogende heeren Staaten Generaal der Vereenigde Nederlanden, uit drie berijmingen, in den jaare 1773, gekooren, met de noodige daar in gemaakte veranderingen* (Amsterdam: J. Ratelbrand and J. Brouwer, 1786).

虽然巴文克的遗体当时安葬在阿姆斯特丹，但这并不是他最后长眠之地。赫普的传记中简略提到了此事，但博拉梅尔和格里森在他们的传记中均未论及。[52] 巴文克下葬不久后，他的灵柩从墓地被抬了出来，运往弗拉尔丁恩的忆默思公墓（Emaus cemetery），和游汉娜的家人葬在一起。后来游汉娜和巴文克合葬此处（1942 年）。这里的墓碑很大，但所刻碑文极其简略：赫尔曼·巴文克博士，生于 1854 年 12 月 13 日，卒于 1921 年 7 月 29 日。

巴文克去世后不久，为传播和保存他的思想遗产，他的故友和同事们成立了一个专门的小组（巴文克委员会）。后来，为了给巴文克建造纪念碑，小亚伯拉罕·凯波尔代表小组发起募捐。[53] 虽然这个小组的倡议未能实现，但它所建纪念碑今天依然矗立。这座纪念碑上或许可以再增加更多内容：此处长眠的是一位教理学家、伦理学家、教育改革家、基督教心理学先驱、政治家、传记作家、新闻工作者、圣经译者、女性教育的倡导者，最后，他还是反抗纳粹运动的英雄和先烈的父亲、岳父和爷爷。

在这块厚重的碑石之下，埋葬着赫尔曼·巴文克今世的遗体。他是一位正统的加尔文主义者，一位现代欧洲人，一位致力于科学之人。

---

[52] Hepp, *Dr. Herman Bavinck*, 341; Bremmer, *Herman Bavinck en zijn tijdgenoten*, 270; Ron Gleason, *Herman Bavinck: Pastor, Churchman, Statesman, and Theologian* (Phillipsburg, NJ: P&R, 2010), 428–29.

[53] Abraham Kuyper Jr., "Bavinck-Comité," *De Heraut*, October 2, 1921.

附言

在丈夫去世后的数月里,游汉娜一直忙于整理报纸上关于她丈夫生平和工作的文章。[1]那年八月,她接到亨利多斯克的吊唁信,信中写道:"我爱他至深。我们曾经同窗共读,在兹沃勒的文科中学里,我们一起争夺奖项。在青春韶华里,我们爱过同一位姑娘。"多斯克盼望游汉娜能尽快回信,详细告诉他"巴文克去世的病因和去世时的状况"。[2]当时,游汉娜需要接待络绎不绝的吊唁者,应接不暇。到了十月,吊唁者渐少,回顾赫尔曼生平和作品的文章著作也日减。秋冬之时,游汉娜在《号角报》上,向在她"一生挚爱"的丈夫生病和去世时给予她支持的朋友和公众表示了感谢。[3]

---

[1] "Prof Dr H Bavinck" (n.d.), HBA, folder 40. Although this jotter does not identify its author, the handwriting is clearly that of Johanna.

[2] Dosker to Johanna Bavinck-Schippers, Holland, MI, August 29, 1921, in *BHD*. "O Johanna, ik had hem zoo innig lief. Wij gingen samen [naar] school, wij vochten samen om dezelfde prijzen in het gymnasium te Zwolle, wij waren samen als jongens verliefd op hetzelfde meisje....Schrijf mij zoo mogelijk eens een regel of wat, hoe, waaraan enz. Herman stierf."

[3] *De Bazuin*, October 15, 1921.

瓦伦泰·赫普是一位牧师，巴文克曾指导他的博士学习。巴文克去世一年后，赫普出版了巴文克传记，对他的生平进行了全面但充满戏剧化的描述。多斯克读过此书之后向游汉娜写信抱怨，认为赫普对赫尔曼1908年赴美的愉快旅行讲述得过于疏略。[4] 这封信也许让游汉娜颇为尴尬，因为赫普在书中也写到她对美国（和对多斯克）的批判性评论。

游汉娜和基督教妇女运动

那时的游汉娜年近五十五岁，身体尚健，颇有才学。正如在本书第八章中所论及，游汉娜在推进巴文克工作的过程中，在两方面流露出她的能力和才华：继续推进巴文克在妇女运动方面的作品，以及巴文克《改革宗教理学》的国际化传播。

在巴文克去世之前，游汉娜就已积极投身于荷兰基督教妇女联合会（Dutch Christian Women's Bond），担任该会主席，负责帮扶妇女择业。[5] 1919年，她加入荷兰妇女道德促进会（Dutch Women's Bond for Moral Improvement）。[6] 同时，她也是基督教社会大会妇女委员会的成员，而赫尔曼曾在该会题为"妇女的职业生活"的分会中，与克罗姆林女士（Ms. H. M. Crommelin）同台演讲。[7]

赫尔曼去世后，游汉娜搬到比瑟姆，与汉妮、赫瑞特和他

---

[4] Dosker to Johanna Bavinck-Schippers, Louisville, March 20, 1923, in *BHD*.

[5] A. C. Diepenhorst-De Gaay Fortman, *Wat wil de Nederlandsche ChristenVro* (Rotterdam: Drukkerij Libertas, 1920), 12.

[6] *De Nederlandsche Vrouwenbond tot Verhooging van het Zedelijk Bewustzijn: Ontstaan, Organisatie, en Werkwijze* (n.p., n.d.), 13.

[7] *Christelijke Sociaal Congres* (Rotterdam: Drukkerij Libertas, 1919), 4, 8.

们日益壮大的家庭一起生活。不久之后，游汉娜相继迎来两个外孙——赫尔曼（1923–1943）和胡果·弗洛里斯（Hugo Floris, 1924–1945）。与此同时，游汉娜成为新刊物《基督教和妇女运动》（Christendom en Vrouwenbeweging）的编辑之一。该刊物旨在探讨妇女运动和家庭、教育、社会、法律、艺术、科学、社会工作以及教会的关系。该刊以推进新加尔文主义事工为己任，深信基督教在满足当代的需要时应持守自己的原则。该刊第一期由荷兰著名的新教活动家科妮莉亚·弗丽达·卡茨（Cornelia Frida Katz, 1885–1963）写作而成。该期对赫尔曼关于以上主题之著作有极其重要的探讨。[8] 该刊创刊时，游汉娜曾同意就"歇脚之所"（halfway houses）撰写一期文章。虽然她计划中的这期未能付梓，但是该刊后来所发文章都和卡茨那一期一样，探讨了赫尔曼的思想遗产。[9] 此外，游汉娜参与了为爪哇女童医疗宣教筹集资助的工作。[10] 在那些年，游汉娜十分忙碌。

在上述活动期间，赫尔曼另一位先前的学生约翰尼斯·希尔克肯牧师（Rev. Johannes Geelkerken, 1879–1960）引发了一个不小的争议。这个争议关于"蛇过去说话吗？"的问题，而后他于1926年被免职，与奈特伦博斯在1920年的遭遇一样。希尔克肯及其支持者也和奈特伦博斯一样搬出了巴文克，声称如果巴文克仍健在，定会支持他们的观点。希尔克肯被免职前，持中间立场的赫尔曼的弟弟伯纳德，与人合著了短篇著作《众生之母》。[11]

---

[8] Cornelia Frida Katz, "Inleiding," *Christendom en Vrouwenbeweging*, introductory issue (1923).

[9] 如见 M. W. Barger, "De vrouw en de studie," *Christendom en Vrouwenbeweging*, series 4, no. 1 (1923); J. R. Slotemaker de Bruïne, "De vrouw en de kerk," *Christendom en Vrouwenbeweging*, series 6, no. 1 (1923)。

[10] *Bouwen en Bewaren*, December 15, 1923.

[11] C. B. Bavinck, N. Buffinga, J. Douma, J. H. Sillevis Smitt, and B. Wielenga, *"Ons aller Moeder": Een woord van voorlichting en getuigenis inzake de kwestieGeelkerken* (Kampen: Kok, 1925).

在该作中提出了他们自己的立场（以及他们对赫尔曼著作的解读），由此将双方的辩论带入更细枝末节的话题。作为回应，赫尔曼·凯波尔发表了自己与巴文克在奈特伦博斯于 1920 年被免职后私下谈话的细节。赫尔曼·凯波尔说道："巴文克教授毫不迟疑地说道，吕伐登教会会议不可能做其他选择。无论巴文克个人对奈特伦博斯牧师多么同情，他说：'奈特伦博斯牧师不应得到支持。'"[12] 赫尔曼·凯波尔的观点是，因为巴文克拒绝奈特伦博斯将自己的立场与《改革宗教理学》绑在一起，所以巴文克对希尔克肯之事也会持相同观点。

不管怎样，希尔克肯不久后便被免职了。奈特伦博斯被免职后加入了荷兰改革宗教会。但希尔克肯和他不同，他很快被推选为归正教会复原联会（Gereformeerde Kerken in Hersteld Verband）这个新成立宗派的核心人物。这个新宗派的人数相对较少，在 1928 年时有二十三个聚会点，只有大约 5800 名信徒。尽管如此，该宗派在不久后就迎来了三名特别重要的会友：赫瑞特雷斯、汉妮·雷斯－巴文克和游汉娜·巴文克－席佩斯。

希尔克肯的教会成立两年后，即 1928 年，游汉娜加入该教会，此事的新闻价值足以让《大众商报》对此作了重点报道。[13] 在这个方面，他们三位与赫尔曼迥然不同，赫尔曼在 1920 年拒绝站在奈特伦博斯一边。（他们三人与赫尔曼的弟弟伯纳德也不同，伯纳德没有加入希尔克肯的教会。）游汉娜和汉妮显然对此有自己的想法。虽然游汉娜从未公开解释自己这一（具有争议的）选择，但是此新宗派对女性参与教会工作持更加开放态度的事实可能是促使他们如此选择的重要原因。1923 年，游汉娜与他

---

[12] *Algemeen Handelsblad*, April 8, 1926. "Prof. Bavinck nu aarzelde geen oogenblik met te verklaren, dat de synode van Leeuwarden niet naders had kunnen handelen. Hoeveel persoonlijke sympathie hij ook voor ds. Netelenbos had, ds. Netelenbos was niet te handhaven, zeide hij." 赫尔曼·凯波尔的文章最初刊登于 "Misleidende leuzen," *De Bazuin*, April 9, 1926。

[13] *Algemeen Handelsblad*, January 31, 1928.

人合编了一期《基督教与妇女运动》（*Christendom en Vrouwenbeweging*），提出应赋予女性和教会男性同样的投票权（这显然也是她已故丈夫所支持的立场）[14]，并认为女性也应可担任执事。[15]1927 年，就在游汉娜离开荷兰地区归正众教会后不久，该宗派的教会会议发布了一份报告，提议**反对**女性在教会中的投票权，认为圣经将教会内的权柄仅赋予男性，并且"在当今这个时代"，教会投票权延伸至女性的做法"会引发严重后果，违背上帝谕旨的非基督教女性解放运动就是前车之鉴"。[16] 无论游汉娜对《创世记》开篇数章持何种（未被人知的）观点，我们不难想象，她对 1927 年之后的荷兰地区归正众教会肯定有许多意见。新建立的宗派在 1936 年已经发布了一份新的教会规程，许可女性担任执事，也可参加教会的投票选举。[17] 由此观之，游汉娜很快加入了这个新宗派也在情理之中。如此而行，她至少在这点上与赫尔曼的观点保持一致。

与出版商洽谈

自二十世纪二十年代末之后，游汉娜多方联系出版社，希望推出《改革宗教理学》的德译本和英译本。她和出版商考科（J. H. Kok）在 1927 年的来往信件表明，《改革宗教理学》德译本

---

[14] *De Heraut*, September 30, 1928.
[15] Slotemaker de Bruïne, "De vrouw en de kerk."
[16] *Rapport inzake het vrouwenkiesrecht aan de generale synode van de Gereformeerde Kerken* (Kampen: Kok, 1927), 8. "De invoering van dit vrouwenstemrecht onder de tegenwoordige tijdsomstandigheden niet zonder gevaar zou wezen met het oog op de onchristelijke emancipatiebeweging, die zich tegen de ordinantie Gods keert."
[17] J. Diepersloot and E. L. Smelik, *Een kleine kerk in een groten tijd* (De Gereformeerde Kerken in Hersteld Verband) (n.p., 1937), 44.

出版计划最初由她提出。之后，她与德国学术著作出版社范登胡克与鲁普雷希特（Vandenhoeck & Ruprecht）商谈这一出版计划，但最终未能实现。1930年，她和斯密特书局（Smitter Book Company）商谈出版《改革宗教理学》英译本事宜。该书局买下该译作版权，但英译本出版计划遇到了重重困难。购买版权的第一位出版商后来倒闭。另有一间名为伊尔德曼斯（Eerdmans）的出版商有意出版凯波尔或巴文克的一部主要著作。然而，关于《改革宗教理学》应以翻译忠实的全译本推出，还是松散的节译本，游汉娜和伊尔德曼斯出版社未能达成明确的一致意见。

游汉娜坚持认为译作应为严谨的全译本，她的这一要求也许是受巴文克另一部著作英译本的影响。1916年，巴文克的《基督教王国》（Het Christendom）的英译本以标题《基督和基督教》出版，但该译本以不甚严谨的释译为主，未能忠实反映巴文克原作的内容。[18]《改革宗教理学》原来所请译者是威廉姆·亨德里克森（William Hendriksen, 1900–1982），他计划删减第一卷，推出节译本。[19] 若按游汉娜所期望的推出全译本，费用会过高，而且耗时太久。当时正值经济大萧条时期，她的计划受当时历史条件所限，全译本的宏大出版计划最后未能实现。

最终，巴文克《改革宗教理学》第二卷的部分内容得以翻译，并在1951年以《上帝的教义》为标题出版。[20] 五年后，《上帝奇妙的作为》的英译本以《我们合理的信仰》为名出版。《改革宗教理学》的英文全译本直到2008年才推出，之后陆续推出了韩文、葡萄牙文和中文译本（精缩版）。尽管游汉娜生前未能看

---

[18] Herman Bavinck, *Het Christendom* (Baarn: Hollandia, 1912); ET: "Christ and Christianity," trans. A. A. Pfanstiehl, *Biblical Review* 1 (1916): 214–36.

[19] John Bolt, "Herman Bavinck Speaks English: A Bibliographic Essay," *MidAme Journal of Theology* (2008): 121.

[20] Herman Bavinck, *The Doctrine of God*, trans. William Hendriksen (Grand Rapids: Eerdmans, 1951).

到这些译本面世，但是她一直致力于传播加尔文主义的研究成果，因此她作为一名女性，在二十世纪中叶的荷兰神学界，扮演了一个显要的角色。例如，游汉娜是 1934 年在阿姆斯特丹举办的第二届加尔文主义者国际大会（Second International Conference of Calvinists）组委会的唯一女性。[21]

与已故的丈夫一样，游汉娜积极参与的活动也因战争爆发而中断。1939 年，即二战初期，她时年七十一岁。她在战争年代从事的活动已无从查考。尽管荷兰是中立国，但从 1940 年之后就被纳粹占领。游汉娜一家很快投入了反抗纳粹的地下斗争，因为当时的处境无法公开战斗。（与他们一家截然相反的是，当时老迈的赫尔曼·凯波尔在《旌旗报》上刊文，将这群纳粹侵略者称为"上帝派给我们的领袖"，并称他们"在这些夏日并未闲懒，而是透过欧洲这场动荡，已向我们的人民指明应走的道路"。）[22]

游汉娜的侄儿约翰·赫尔曼·巴文克（1895–1964）曾在印度尼西亚宣教，他也是一位卓越的知识分子。在游汉娜去世前几年，他成为巴文克家族在公共领域的杰出代表。1939 年，约翰·赫尔曼受聘于坎彭神学院和自由大学，讲授宣教学，最后他实现了已故叔叔巴文克呼吁，就是委派"愿将自己的生命竭诚献给宣教事工"之人。[23] 三年后，即 1942 年 5 月 31 日，游汉娜·巴文克–席佩斯离世，享年七十四岁。当周遭世界战事连绵之时，游汉娜的讣闻却宣告她"已安睡在耶稣怀中"。此则讣闻由汉妮和赫瑞特刊登于《电讯报》，而非抗革命党的《旌旗报》。[24] 一周之后，她和赫尔曼合葬于她的故乡弗拉尔丁恩。

---

[21] *Tweede Internationaal Congres van Gereformeerden (Calvinisten), Amsterdam 23–26 October 1934, Verslagen* ('s Gravenhage: Martinus Nijhoff, 1935), 187.

[22] *De Heraut*, September 8, 1940, quoted in G. van Roon, *Protestants Nederland en Duitsland 1933–41* (Utrecht: Spectrum, 1973), 307.

[23] John Bolt, James Bratt, and Paul Visser, eds., *The J. H. Bavinck Reader* (Grand Rapids: Eerdmans, 2013).

[24] *De Telegraaf*, June 1, 1942.

反抗纳粹的英雄和烈士

游汉娜去世时，她的三个孙子西奥、赫尔曼和胡果分别是二十二岁、十九岁和十八岁。西奥在比瑟姆的基督教学院完成了学业[25]，他的父亲是学校理事会主席。西奥的两个弟弟还在校读书。他们和父母一样都投入了反抗纳粹的运动。赫瑞特是阿姆斯特丹人寿保险公司的律师和总裁，他小心翼翼地保护犹太人的财产，以免落入纳粹之手。《誓言报》（*Het Parool*）当时被定为非法的反纳粹报纸（如今是全国发行的日报）。胡果和赫尔曼是第一批加入该报的人员。他们印制报纸，在夜色的掩护下分发，想方设法掩护犹太人。汉妮和西奥具体参与的活动已无从查考，但显然不久后，他们一家就被纳粹视为"恐怖分子家庭"。

赫尔曼在整个1943年都和数个反抗纳粹团体并肩作战，暗中拍下纳粹防御工事、军事运输和军队驻地等照片。那年八月，他参加了暗杀沃尔茨（E. J. Woerts）的行动，但未能成功。沃尔茨是当地警察总署指挥，也是荷兰国民社会主义运动的一分子。不久后，即9月9日，赫尔曼被出卖，在青少年礼拜堂的一次非法聚会中被捕。该教堂是专为举行青少年福音活动而建，与赫尔曼父母家近在咫尺。他从那里被押到阿姆斯特丹，被关押在威特林斯堡监狱，那也是次年安妮·弗兰克（Anne Frank）和她家人被关押的地方。在临近下个月的月末，即10月22日，赫尔曼被判死刑，第二天遭枪决队杀害。

赫尔曼在青少年礼拜堂被捕当晚，胡果去附近的一所房子想探知哥哥的下落，但也被捕。兄弟两人在同一晚被押送到阿姆斯特丹。胡果三周后被释放，从此再也没能见到自己的哥哥。

与此同时，这场战争也割裂了凯波尔的后代。赫尔曼·凯波尔的儿子埃利萨·威廉（Elisa Willem, 1896–1944）弃绝了基督教，

---

[25] *Het Volk*, July 3, 1941.

抛妻另投一位更年轻的情妇的怀抱，后来积极加入东线的纳粹党卫军，担任一家纳粹报社的战时记者，不久就在工作中丧命。[26] 埃利萨的堂妹游汉娜（乔耶特）·沃斯－凯波尔（Johanna Johtje Vos, née Kuyper, 1909–2007），选择了和埃利萨截然不同的道路。乔耶特和她的丈夫阿特（Aart, 1905–1990）的房子有三间卧室。他们在战争中利用自己的房子保护了三十六名犹太人，其中八人和他们共居数年。当地一位警察富有同情心，当他看到有纳粹在附近活动，就打电话给他们，以电话铃响两次后挂断为号。听到信号后，他们的犹太朋友就直接从煤棚出去，穿过一个隐蔽的通道直接躲进屋后的树林。[27]（1982 年，乔耶特和阿特获得以色列授予的众邦正义奖〔Righteous Among the Nations Award〕。她的故事和堂兄埃利萨·威廉的故事大相径庭。）

1944 年上半年，乔耶特和阿特与他们所掩藏的朋友共享自己定额的粮食来艰难度日，而那时的埃利萨在克里米亚战争中毙命。胡果·弗洛里斯·雷斯参加《誓言报》在当地的印制工作，并趁夜色掩护骑着自行车分发。1945 年 1 月 12 日晚上，他分送报纸的时候碰到党卫军士兵，被捕后被押送到威特林斯堡监狱，警察立刻搜捕了雷斯家。西奥躲在家里阁楼上未被发现，但是赫瑞特和汉妮未能躲过抓捕，双双被捕。赫瑞特先被判为死刑，但后被押至诺因加默（Neuengamme）集中营，此后被押往德国北部的斯特拉格（Stalag X–B）战俘集中营。1945 年 4 月 5 日，在从诺因加默集中营转至他地的途中，因患严重痢疾去世。

在此一个月前，反抗纳粹成员计划暗杀荷兰纳粹社会党最高级官员汉斯·阿尔滨·劳特（Hanns Albin Rauter），但未能成功。3 月 7 日，数百名被俘的荷兰反抗纳粹人士被纳粹枪决队报复性

---

[26] James Bratt, *Abraham Kuyper: Modern Calvinist, Christian Democrat* (Grand Rapids: Eerdmans, 2013), 381.
[27] Dennis Hevesi, "Johtje Vos, Who Saved Wartime Jews, Dies at 97," *New York Times*, November 4, 2007.

处决。胡果·弗洛里斯·雷斯就是被害者之一。现在荷兰的一个街道以他的名字命名，以示纪念。[28] 与此同时，西奥在另一个反抗纳粹家庭的保护下幸免于难。汉妮在 4 月 22 日获释。与许多反抗纳粹的家庭一样，汉妮一家痛失亲人，遭受重创，但也彰显出信仰的力量。[29] 赫尔曼和胡果的遗体最后安放在位于布卢门达尔（Bloemendaal）的国家荣誉公墓里。[30] 在赫尔曼的墓碑上镌刻着《诗篇》十八 2 的经文："上帝啊，祢是我的盾牌，祢是我的拯救！"[31] 胡果墓碑上是耶稣基督对被囚和遭受患难信徒的教导（启二 10）："你务要至死忠心，我就赐给你那生命的冠冕。"

---

[28] *Hier is Londen*, March 26, 1945. 胡果·弗洛里斯·雷斯街就是以他的名字命名。

[29] 有关雷斯家族在二战中的故事，见 Historische Kring Bussum, archive no. PRS6015。

[30] Peter Heere, Arnold Vernooij, and Jan van den Bos, *De Erebegraafplaats Bloemendaal* (The Hague: SDU Uitgevers, 2005), 319, 821.

[31] 这是我对墓碑上荷文的翻译。

附录一 《我的赴美之旅》

（1. 旅行是必习的艺术。
2. 放松心情，放眼欣赏，〔少论断〕多观察。
3. 观察，感知，评鉴。）

远游之人总有故事可分享，赴美旅游者尤然，因为美国与欧洲相距甚远，山川壮美，国富力强。〔我在美国〕所见所闻纷繁多姿，若将之加以整理并娓娓道来，的确需要做一番研究。我已开始这项工作，初步回顾我们[1]此次旅行之后，拟定如下研究框架：（1）自然风光，（2）文化探源，（3）大城小镇，（4）居家生活，（5）国民品格，（6）社会生活，（7）道德风貌，（8）宗教生活。

本文译自 *Mijne reis naar Amerika*, ed. George Harinck (Barneveld: De Vuurbaak, 1998)。本译文先前发表于 James Eglinton, "Herman Bavinck's 'My Journey to America,'" *Dutch Crossing: Journal of Low Countries Studies* 41, no. 2 (2017): 180–93。感谢德福尔巴克出版社（Uitgeverij de Vuurbaak）授权发表此文英译版。

[1] 巴文克与坎彭神学院的同事道威·卫兰赫教授（1842–1902）同游美国。

旅程。为期三个月的旅程无论看似多么漫长，的确也如此漫长，但无论如何都不及从英格兰至美国旅程之漫长。7月22日，我们从鹿特丹经英国哈威奇港到伦敦，逗留至7月27日。之后，我们来到利物浦，登上大英多密诺船舶公司崭新漂亮的汽船拉布拉多号，向加拿大的魁北克和蒙特利尔进发。就我们往返旅程而言，海上旅行在很多方面都舒心愉快。我们既未遇到狂风巨浪，也未看到波涛汹涌的场景。（但晕船时感到疲乏无力、无精打采、精神倦怠、虚弱病态、索然无味、单调无聊、痛苦难言、容易发怒。）我们仅遇到一次风暴，感受到大海变得愤怒时的狂暴，狂风激打着海水，翻起惊涛骇浪。现在，我们对大海仅有的印象主要有两方面：大海广阔无垠，但又百转千回。从利物浦到魁北克行程长2600〔英里〕，从〔利物浦〕到纽约有2812英里，约需130个小时。这个行程说来似不日即可抵达，但是当你目之所及除了一望无垠的大海，就是日落月升、日复一日之时，你就会体验到旅程之漫长以及所要付上的代价。此外，船上喧哗不绝于耳，无片刻宁静；四处动静不断，从未消停。你渴想平静，但无处可寻，船上的整个图景如人心之烦乱。旅途漫漫，最后数日变得愈加单调乏味，恨不得即刻登陆。有时海面上驶来一只船，或一只鸟飞过天际，或一只鲸鱼露出水面，或一座冰山漂移，每个场景都足以令船客津津乐道一天（ein Ereignis des Tages）。海上航行数天之后，我们终于看到了陆地，人人都笑逐颜开。（戈培尔博士曾说）"不管怎么说，整个旅程有些乏味。"[2] 在船上，无论起居如何舒适，饮食如何可口，船上服务如何贴心，乘客间的交谈如何温馨，都难消解这漫长旅程的单调和由此而来的心烦意乱。最难忍受的莫过于足下没有坚实的大地，我们在船上一直左摆右晃。我们并不是栖居海中之物，简言之，我们天生陆栖，需要脚踏坚实的大地，我们也非天生可飞翔在天际。因此在海上时

---

[2] 这句引文的出处不详。

可更加领悟上帝应许之美好："大山可分开，小山可挪移，但上帝的约永远立定。"³

1. 当我们再次脚踏大地时真是满心欢喜。首先映入眼帘的是一幅令人叹为观止的美景。在拉布拉多地区到纽芬兰省的旅途中，我们穿过了白令海峡，进入圣劳伦斯海湾；它虽称为海湾，但比海更广阔，壮丽无比。这个海湾虽宽，但水域逐渐收窄，我们顺流而下，进入了圣劳伦斯河流域。这条大河美不胜收，河面开阔壮丽，河水奔腾，高高的河岸傲立两侧，青山环绕，温馨的村庄错落其间。（这里的教堂原为法国人所建，教堂名也为法语名。）美国的河流壮阔，言语难状其美。河上风景如画。这里的一切宏伟壮观又不失优雅别致。山山水水壮阔无比，但期间也有如诗如画的旖旎之景。8月5日（星期五）那天的落日余晖之美令人目眩神迷。第二天，8月6日（星期六），我们于中午抵达魁北克。该城位置特别，建于河中突出险峻的岩石上。船在那里停泊数小时。我们在四周漫步，欣赏异国风光。我们向圣劳伦斯河东面走去，一览魁北克高地美景。西边远处，太阳缓缓西沉，厚厚的云朵在落日上时聚时散。云中透出的余晖撒落在华灯初上的美丽魁北克城，幻化出色彩斑斓的万千景致；景色之美难以诉诸笔端，无法以言辞描摹，或许可用诗歌表达一二。此景只可静观默赏，暗叹天工之神奇。荷兰的天空之景很美，但加拿大的更胜一筹。

我们从蒙特利尔出发，（在美国境内我们乘火车旅行）沿着美国大铁路线，穿过休伦湖港口隧道。该隧道在海底，行程约半小时。然后我们乘火车到密歇根，来到初代荷兰移民〔Hollandsche〕定居的地方。我们在密歇根所到之处景色优美，生活宜人，但从道德风貌而言，难与斯霍尔特⁴殖民地的佩拉比肩，也不及

---

³ 《以赛亚书》五十四10（此处我根据巴文克记忆中的经文而翻译。）
⁴ 斯霍尔特（H. P. Scholte, 1805–1868）是一位分离派牧者，他带领七百人的移民群体来到美国爱荷华州，于1847年在那里建立了佩拉（Pella）。

奥兰治城，该城原为波尔克斯牧师⁵和浩斯皮尔先生⁶所建的聚居地。密歇根森林葱茏。奥兰治草原连绵，一望无际，虽树木稀疏，但物产丰饶，景色多姿，地貌起伏连绵无尽，美不胜收。

我们在此地旅行的最后一站就是奥兰治城。该城大致位于美国中间地带，过了奥兰治就是美国的大西部。我们从奥兰治出发，前去密尔沃基和密歇根湖，渐向东行。从那里我们回到多伦多，长老会会议在那里召开。⁷ 9月24日（星期六），我们和代表一道参观了尼亚加拉瀑布，那地距多伦多市大概三小时路程。尼亚加拉瀑布之壮观令人叹为观止，言语难状其美。该瀑布遥遥望去并无特别之处，但越走近瀑布，观赏时间越长，越能感受其壮丽之美。尼亚加拉瀑布汇聚了美国四大湖泊之水（苏必利尔湖、密歇根湖、哈德逊湖和伊利湖），瀑布之水流向安大略湖。形成瀑布之前的水流十分开阔却不深（离瀑布约半英里之处）。水底岩石峥嵘，流水冲向岩石的时候似乎分外兴奋，纵身碰到岩石就顺势流下。那就是瀑布水流所来之处，它一路奔流翻腾（在岩石间嬉戏），跳跃起伏，水波相拥，在千万块岩石上水花四溅，清流急湍，流过（岩石众多的）小岛（主要经过的是〔三〕姐妹〔岛〕）。你可继续向前或登上小岛游览一番，在那里就会看到尼亚加拉瀑布。⁸ 远处的水流突然到了尽头，你可以看到水深……⁹英尺。水流似乎被岩石和小岛激怒，它不是坠入而是大发雷霆般怒吼冲下，一路轰鸣翻腾，震耳欲聋地冲向下面的水，犹如直接冲入深渊一般，瀑布之下的水面全然波澜不惊，人们甚至可以在瀑布附

---

⁵ 波尔克斯（S. Bolks, 1814–1894）是一位分离派牧者，他带领一群移民于1848年在密歇根州建立了奥维瑞瑟儿（Overisel）聚居地，后于1872年成为爱荷华州奥兰治城的牧者。
⁶ 浩斯皮尔（H. Hospers, 1820–1901）于1871年被任命为奥兰治城的领导者。
⁷ 1892年9月21日至30日，长老会联会第五次全体会议在多伦多召开。
⁸ 巴文克将这句话置于括号之中。
⁹ 在原手稿中，巴文克为这个数值留了一个空格，但未填写。

近泛舟游玩。冲入水下的瀑布之水半小时后会流回水面（因受漩涡形成的强大回流的推动），这里的水流太强，无法通航。尼亚加纳瀑布天然分为两部分，因而景色更是壮观。位于美国的部分有……[10] 英尺宽，位于加拿大的部分呈马蹄形，有……[11] 英尺高。我们从上面俯瞰瀑布美景，后从另一侧欣赏。莱茵瀑布景色优美，但尼亚加拉瀑布尤为壮观，言语难状其美。[12] 可惜我们在那里时间有限，离开时感到游兴阑珊。

　　五点时，我们乘火车去奥尔巴尼，在那里度过周日（9月25日），便于周一乘汽船沿哈德逊河去纽约。哈德逊河可谓是美国的莱茵河，但比莱茵河宽阔。河岸两侧山石峥嵘（卡茨基尔群山），大城小镇沿河而建，河水冲过河间岩石，奔腾蜿蜒向前。但泛舟于哈德逊河上不似在德国莱茵河上。[13] 这里没有流传千古的浪漫传奇。美国还是一个非常年轻的国度。我们在六点抵达纽约，该城地理位置得天独厚：东临布鲁克林，有东河为界，西接新泽西，有哈德逊河为界。布鲁克林和新泽西市呈弧形凸出，像一条饰环围绕在纽约市的前面，形成了纽约湾，大大小小的岛屿位于其间（北有长岛，南有史坦顿岛、埃利斯岛和总督群岛）。这些岛屿如忠诚的哨兵环绕，一直坚立于此，护卫着纽约。这里的景色在10月5日我们离开美国的那天尤为美丽。我们从新泽西乘船驶离美国海岸，船只穿过纽约湾从纽约驶向大海。欧洲拥有美丽动人的风景，但美国的自然风光也毫不逊色，令人心怀激荡。上帝在美国亦然伟大。

　　2. 从文化而言，这片广袤大地仅有四个世纪的历史。恰是四百年前，哥伦布在7月12日离开西班牙的港口，于10月14

---

[10] 在原手稿中，巴文克为这个数值留了一个空格，但未填写。

[11] 在原手稿中，巴文克为这个数值留了一个空格，但未填写。

[12] 1887年，巴文克游玩了瑞士沙夫豪森的莱茵瀑布。Valentijn Hepp, *Dr. Herman Bavinck* (Amsterdam: W. Ten Have, 1921), 136.

[13] 1887年，巴文克曾沿着莱茵河一路旅行。见前一个注释。

日在此登陆。如今，美国各地都会举办纪念哥伦布的庆典。我们临行前数天看到庆典准备活动在陆续展开。自哥伦布发现新大陆后，美洲一直是成千上万欧洲难民和移民的目的地。南美主要为西班牙和葡萄牙人，而北美主要为日耳曼和盎格鲁－萨克逊人。美国北部主要是清教徒、民主党和普通大众，南部主要为圣公会信徒、贵族和君主制主义者。美国的国力集中于新英格兰（典型的美国人〔在缅因、佛蒙特州、新汉布什尔、马塞诸塞、罗德岛和康涅狄格州〕），这里是权力和活力的顶峰。改革宗清教徒在美国留下了自己的印记。我们荷兰人民和国度也有份于此。荷兰人是美国初代移民，是纽约的建造者。许许多多的美国人名都源自荷兰人名，现在依然使用，以示纪念（纽约的哈莱姆地区，见科恩·斯图尔特的著作）。[14] 许多美国家庭以拥有荷兰先祖为荣。在很多家庭，家人之间用荷语交流，直到近些年才有变化。他们有的会阅读荷文报刊，有的用荷语祷告。许多人告诉我，"他们的祖父或祖母还认识荷文"。在爱荷华州，我曾和一位名叫范斯托特（A. van Stout）的先生同游，他的祖上在1627年离开荷兰来到新阿姆斯特丹。美国许多家中仍保存着荷文圣经和荷文著作，当做传家宝。初代荷兰移民的后裔成为美国当今的贵族阶层。

荷兰人在美国的影响却不止于此，新的研究成果力证这一事实。尤其是格里菲斯[15]和道格拉斯·坎贝尔[16]特别在这方面进行了大量深入研究。他们研究的缘起是莱顿市计划为罗伯逊[17]建

---

[14] Martinus Cohen Stuart, *Zes maanden in Amerika* (Haarlem: Kruseman and Tjeenk Willem, 1875), 1:29–44.

[15] William Elliot Griffis, *The Influence of the Netherlands in the Making of the English Commonwealth and the American Republic* (Boston: De Wolfe, Fiske & Co., 1891).

[16] Douglas Campbell, *The Puritan in Holland, England and America: An Introduction to American history*, 2 vols. (New York: Harper and Brothers, 1892–93).

[17] 约翰·罗伯逊（John Robinson, 1585–1625）是英格兰神学院，也是阿姆斯特丹和莱顿一群英格兰公理会信徒的牧者。他鼓励自己的会众移

造一座纪念碑。早先的历史学家认为美国政治（社会、宗教）源自英格兰。但是，〔事实〕似乎并非如此。英格兰从来不是美国的榜样。首先，许多荷兰人在大逼迫时期逃亡到英格兰东部；在斯图亚特王朝时代，大多数移民正是从英格兰东部出发来到了美国。其次，初代清教徒移民曾旅居荷兰长达十五年之久。后在1620年，他们从荷兰的德尔夫哈芬（Delfshaven）出发来到美国。可以说，新英格兰的初代移民从荷兰学习了工业、政治、宗教自由、社会建构和勤劳品质。

最后一点是，美国也是本世纪成千上万荷兰人的避难所。范拉尔特在1847年买下密歇根。[18] 现有十万荷兰人在美国生活，其中两万在大激流城，那里有二十二座教堂。在佩拉和奥兰治城方圆二十英里内居住着荷兰裔农户，大量荷兰人住在〔新泽西的〕帕特森和罗斯兰，以及〔密歇根的〕霍兰德及其周边的地区（荷兰联邦州）。对这些移民而言，他们的早期历史是一部苦难史。我在此仅摘录范拉尔特著作中的一段描述：他们到美国时正值寒冬时节，四处森林密布，长日漫漫，需要不停地长途艰难跋涉。人人劳作才得存活。树林不仅无甚价值，而且带来灾祸。他们伐倒一片树林后，〔太阳的〕光照入树林，〔空地〕变成了一个烤炉。大量气体被释放出来。多人因此痛苦死去，但是范拉尔特激励大家勇敢面对。他在主日讲道，众人听完之后重拾勇气，投入劳作。他们饱受艰辛，但迎难而上，年复一年，这里终于变成欣欣向荣的殖民地。许多城镇可以建立。附近有〔密歇根的〕新泽兰、上艾塞尔〔密歇根的上艾塞尔城区〕、〔密歇根的〕德伦特、格罗宁根〔密歇根的荷兰特许城〕。这些地方被称为荷兰联邦州，

民美洲。这些会众中的大多数，也就是初代清教徒移民，于1620年移居美洲。罗伯逊想要随他们一道前往，但在莱顿逝世。1891年，在美国人的倡议下，在莱顿建立了罗伯逊纪念碑。

[18] 阿尔伯特斯·克里斯蒂安·范拉尔特（Albertus Christiaan van Raalte, 1811–1876）是一位分离派牧者，也是一群分离派移民的领袖。他们于1847年建立了一个殖民地，其中心地区就是今日的密歇根州的霍兰德。

用荷语交流毫无障碍。在美国各地，来自欧洲的荷兰人、英格兰人和德国人等，以自己的文化方式进行建设，美国就此发展起来。沙漠、森林和草原变为物产丰富的繁荣农场，人们在此建起了城镇。在许多美国人眼中，美国是一片圣地，他们的先辈在这里洒下热血、流过眼泪、受过艰辛，为它献上过祷告祈求，所有这些都让这片土地变得神圣。这里的文化也在传承发展。移民浪潮继续奔流。美国的疆土如此广袤，连续旅行数日才能穿过南北、跨越东西。我们不知它有多么广袤。东西有……[19]英里，南北有……[20]英里（面积和欧洲相仿，是英格兰和威尔士的六十倍）。美国一个州的面积就远超荷兰。这里土地富饶，物产丰富，完全可以自给自足。生存所需之物在此一无所缺：五谷肉类应有尽有，金银铁锡不计其数，煤矿、天然气和石油储藏丰富。一个人只要勤劳肯干，吃穿用度不缺。世上依然有贫穷，但在美国这片土地上，只要努力就可远离穷困。美国人心怀感恩、勤劳上进。他们对未来充满信心。他们的信仰和希望被重新点燃，他们有面对生活的勇气和创造生活的力量。美国并非人人富裕，腰缠万贯者毕竟寥寥，这些人不是通过常规工作发家，而是通过提高地价敛财致富。但在美国人人可享温饱。许多人不愁衣食，许多人也找到了对基督的信仰。

3. 浑金璞玉、仍需雕琢。在美国，一切事物尚待雕琢，这是仍在进行的工作。所见的一切并不是规整精致、妥当完全，但是这里的一切勃然而兴。草地、房屋、城市和村镇——一切如天工初成，万物新造。在这方面，具有欧洲风格、历史悠久的纽约却是一个例外。越往西行，越能感受到清新和生机。这里人人勤劳上进，但样样件件都拙朴粗陋。草坪里常常野草丛生——因为人们无暇除草。美国土地广袤，但劳力过少。田野上四处堆放着砍伐后所剩的树桩，被翻起的树根，还有刚用铁丝固定的木柴所支

---

[19] 在原手稿中，巴文克为这个数值留了一个空格，但未填写。
[20] 在原手稿中，巴文克为这个数值留了一个空格，但未填写。

搭成的围栏。在清教徒移民的时代，房屋都用圆木建成，现在的房屋依然为木质，甚至大城市中的房屋也是如此。人行道用木板铺地，但很粗糙。甚至在城市中心地段的道路，也往往高低不平、砂石裸露，有些还是土路，雨天泥泞难行。但是城镇居民越富有，该城的道路也越齐整（居民须以纳税方式支付修路费用），有些以杉木或砂石铺地，有些则用沥青。美国越新的城镇，规划越规整，城市布局都是方方正正。大道笔直、纵横交错，但都整齐划一。街道以第一大道、第二大道和第三大道等命名，别无二致。但是历史较长的城市和纽约的老城区并非如此。建城历史较短地方的规划（几乎）如出一辙，人们在那些地方很快就能熟悉道路和方向。美国的道路宽阔，但有一些单调。所有城市都基于系统有序的规划建造而成，一切都是人为建造，非自然生发。所有城市在建造和设计上大同小异。无论是芝加哥、纽约，还是费城、华盛顿，都无甚差别。美国城市既无历史底蕴，也无诗情画意。此外，所有城市都将商务区和商人的生活区分开，商人不会住在店内或在店铺上面一层生活。商务区的房屋〔楼房〕仅作商业用途，比如用作店铺、商店或办公室。人们在商务区之外的独栋房屋生活。美国的林荫大道设计优美。每天早晨六点到八点钟，先生们陆陆续续去工作，傍晚六点回家，那时大部分商铺也开始打烊，之后无其他活动。居民房屋建造精美。商务区的房屋〔楼房〕鳞次栉比，但是位于林荫大道两侧的民宅彼此独立。每栋房子都有小院，院子前后和两侧绿地（草坪）环绕，养护得宜，干净清新。有些草坪上还有花圃（如公墓草坪）。美国房子的内部装修和建造方式和我们的很不相同。首先，他们的房屋与别墅相像，前有或大或小的游廊。因此，他们的房子比我们的看起来更敞亮、更宜人、更灵动，也更富于变化。最后一点是，美国房屋的房间划分和设计也和我们的完全不同。他们的房子没有贯通前后的走廊。有些房子有一间大厅（前厅），厅内有一旋梯，拾级而上可到客厅，客厅后一般有两间房子，分作居室和卧室。其后另有两间房子，分作餐厅和卧室。其后另有两间房子，用作厨房和佣人的房子，诸如此类。美国的房子以舒适为上，设计讲求实用，起居室还可从外面进入，可直接进到房内。美国房屋外观与内部风格一致：家具颜色通常比我们的明亮轻快；上至房顶，下至地毯，大到四围的墙壁，小到桌椅板凳，无一不是淡黄色，虽然颜色鲜亮，但有失稳重。与我们的房屋风格相较，他们的风格更时尚简约。美国的家居以舒适为上，尤其是椅子。每间房里都备有摇椅，人们坐在上面时姿态放松，非常随意，女士也如此。有时候会看到大家坐着的时候都不停左摇右晃，这体现出一刻不停、节奏紧张的美国生活特征：这里的生活十分舒适，但缺少优雅和魅力。美国房屋的卧室尤其宽敞，床架宽大，床上铺陈华丽。只有枕头很不舒服。

  4. 美国西部的人确实非同凡响。人始终是最重要的元素。"对人类的研究就是对人的研究。"[21] 在所有族群中，美国人的地位日益重要。美国人因其移民背景已经备受瞩目。盎格鲁-萨克逊的元素，因而包括日耳曼的元素，构成了这一背景的基础和主要元素。但是，另有千千万万其他民族也对美国产生了不可忽视的影响，向美国注入文化血液的民族何其多！且不说美国黑人自1865年解放以来，人数日益增多、力量不断壮大，在美国的中国人也变得越来越富有：美国人本身就是混合族群。英格兰人、苏格兰人、爱尔兰人、荷兰人、法国人、德国人、意大利人、瑞典人和挪威人，所有欧洲民族的身影都刻印在美国特征上。显而易见，美国最显著的特征是富有活力、朝气蓬勃、青春洋溢、纯真好奇，这与老练持重的欧洲形成鲜明有趣的对比。美国人不用肩负过往。自新大陆发现至今仅四百年历史，美国独立也不过一百年，但这里的一切都在表明，美国未来可期。在这方面，欧

---

[21] 巴文克暗指亚历山大·波普（Alexander Pope）1734年诗作《论人》（*An Essay on Man*）中第二封书信的开首语："认识你自己吧，不要妄想上帝来鉴察；/对人类的研究就是对人的研究。"

洲恰与美国相反，欧洲尚古，对未来悲观。美国朝气蓬勃、充满激情、勇往直前、热情洋溢、乐观向上、积极进取。它心无挂虑、敢于创新，认为一切皆有可能。一则实例胜过千言论说。1871年芝加哥大火后数天，一位美国人在自己被烧毁房屋的残垣断壁上立起一个牌子："妻安然无恙，我力量如旧〔原文如此〕，公司照常营业。"美国精神就是"勇往直前"，凡事"追求速度"，人人马不停蹄、充满干劲和追求。波斯顿在沉睡，纽约在梦中，而芝加哥已醒来。芝加哥就是**那座**奇迹之城。该城有二百万居民，五十年间曾荒无人烟。1871年遭火灾，但不久得以重建。受当地气候和工作影响，芝加哥男子大都面容憔悴，身材单薄清瘦，皮肤干燥，容易显老；他们看起来形销骨立，但颇具男子气质。芝加哥鲜见俊雅男子，但美丽女子不少。美国是女性的国度。女性解放运动首先在此发起。如今的一切自由她们都可享有。无论在旅行时，还是街上或家中，她们处处可享受女士优先的礼遇。在美国，只要身为女性就可得享尊重。在法庭上，女子的证词受到重视。她有权起诉侵犯自己的男子，可以要求他和自己结婚，或要求对方经济赔偿。女子丧夫后，孀居生活有法律保护。美国女性对于学校教育有投票权。在有些地方，女性有市长和〔市〕议会的选举投票权。这些似乎只是序幕，将来她们也许会享有参议院、国会和总统选举的投票权。美国女性对社会产生了巨大影响。禁烟禁酒运动是在女性的大力推动下而发起。女性在电报业、邮递业和教育系统的众多岗位上工作。她们享有我们这里还未实现的自由。她们外出旅行、骑车漫游、练习体操、举办聚会、发表演讲、主持事务、从事管理、参与一定的治理工作等。美国女性美丽大方，比美国男性更为引人瞩目。她们体型高挑，身姿匀称（优美），步态自如，头发或白或黑或棕，眉毛如画，眼目深邃。与美国男性相比，美国女性给人留下的印象更为深刻。她们的生活并不忙碌，一般并不熟悉家务，也不忙于抚养子女。《我们的国家》第二版的作者[22]在……[23]页（博森万恩I, 113）[24]写道："许多美国家庭不讲求长幼有序，因而也缺乏权威意识，除了孩子对父母展现自己的权威。"[25]美国孩子的突出特点是随意自由，但这和粗野无礼无异。因此，美国女性可以关注自己的身心，投入到她们认同的各种协会团体活动之中。她们喜欢协会和团体生活，更重要的原因是美国的佣人声名不佳。美国女性的着装并非都如淑女般雅致，但她们希望享有淑女般待遇。她们要求高薪、美食、定期旅行，希望不为家务所累。许多家庭在餐馆就餐，或者雇人打理。

5. 不论美国人何等勤劳，他们对饮食仍旧重视。他们一日三餐，而且三餐俱佳，可谓顿顿皆美食。甚至最普通的美国人也在此享受安乐生活。日常饮食价廉物美，各类肉禽蛋奶皆有，各式糕点丰富。所有移民来美之前虽努力工作，但仍挨饿受冻，但来

---

[22] 约西亚·斯特朗（Josiah Strong, 1847–1926）是一位公理会牧者，也是一位社会福音运动的领袖。见 Josiah Strong, *Our Country: Its Possible Future and Its Present Crisis* (n.p.: Baker and Taylor for the American Home Missionary Society, 1885)。巴文克引用了这本书的1891年版。

[23] 在原手稿中，巴文克为这个数值留了一个空格，但未填写。

[24] Charles Boissevain, *Van 't Noorden naar 't Zuiden: Schetsen en indrukken van de Vereenigde Staten van NoordAmerika* (Haarlem: H. D. Tjeenk Willink, 1881), 1:113: "Gisteren had ik na den eten een gesprek met een vader van vele zonen. De jongens gingen op ongedwongene, eenigszins ongegeneerde wijze met hem om. Ze waren niet brutaal, volstrekt niet; maar jongens van 12 tot 14 jaar behandelen hun vader als waren ze academie-vrienden die met hem gestudeerd hadden. De vader was wellicht een weinig beleefder jegens de jongens, dan zij jegens hem, 'doch komt van mijn meerdere beschaving en ervaring,' zeide hij lachend." 译文："昨日晚餐后，我与一位多子的父亲进行了一场对话。这些少年们以一种轻松自在、某种程度率真的方式与父亲相处。他们绝非无礼；确切地说，这些十二至十四岁的孩子们对待父亲，宛如他在学校的朋友。父亲对他们的礼貌或许胜过他们对父亲的礼貌。这位父亲笑着说：'请不要介意我更高尚的优雅举止与经验。'"

[25] Josiah Strong, *Our Country: Its Possible Future and Its Present Crisis*, ed. Jurgen Herbst (Cambridge, MA: Harvard University Press, 1963), 103.

美之后都可丰衣足食。美国文人雅士不喝葡萄酒（啤酒）和烈酒，视之为低俗之物。但是糖果消费量不断增加。一日三餐都有热菜。每餐有肉、蔬菜、土豆和各类水果，有时饭后会有六、七种馅饼（水果馅饼和派），此外还有咖啡、茶、巧克力和各式冷饮。美国的药店（他们称为 drugstore，我们称为 pharmacies）非常便利，不仅出售药品，也出售雪茄、甜食，糖果、派、苏打水、冰激凌和香草冰等，种类繁多。绅士去药店无妨，但酒吧名声不佳。这里的酒吧也非绅士涉足之地，并非酒店（inn）那样的休憩之所。在美国酒吧里，顾客只能站在吧台前喝酒，喝完离去。这里不存在饮酒聊天、大家其乐融融（gezellige）的概念。[26] 人们只是坐在高脚凳上喝酒，饮罢就动身离开！

6. 美国社交生活缺乏我们这里的其乐融融（gezellige）。[27] 许多人到美国后万分怀念在欧洲的那种人际亲密感。[但是女人比男人在美国感到更自在。男人抱怨……[28] 女人有更多钱可以享用，感到更轻松悦然（gezellig）。] 工作、吃饭、睡觉，这是美国生活的主要内容。他们没有时间闲聊或清谈，享受亲密之谊（gezellige omgang）。当然，富裕人家会举办派对，场面宏大、极尽奢华。美国人尤其喜欢看剧，常去剧院。他们也热衷舞会和游戏，一些基督徒和长老会群体、甚至牧师也喜欢此类活动。但是，中产阶层极少有这类增进情谊的（gezellige）消闲活动。然而，毫不夸张地说，热情好客是美国人最突出的美德。异乡人在美国任何地方都会受到友好款待，当地人会尽己所能招待客人。客人可以连续数周住在为他提供的卧室。主人会为他准备最有趣的休憩活动，带他享受最快乐的远足。人人都愿竭尽所能让异乡人喜欢自己所生活的大地、所享有的自然风光和所创造的文化生

---

[26] 巴文克在这里使用了荷文"gezellig"，该词并无对应的英文单词。它表示与他人在一起时个人体会的温暖感。
[27] 有关"gezellig"一词，见前一注释。
[28] 该词模糊，难以辨认，因而未翻译。

活。尽管美国人的生活不够精致，缺乏文化底蕴，但是他们感到自己正在竭力克服缺点，弥补不足。从文化荒漠发展为高级文明的国家是令人惊叹的转变。在某种意义上，美国人能完成这种转变，因为他们既无传统和偏见的束缚，也不受陈规陋习的左右。在荷兰，电灯和电车为稀有之物，但在美国已是稀松平常。值得一提的是，电灯和电车在美国西部比东部更普及。纽约和芝加哥依然以马车为交通工具，但在大激流城已经用上电车，甚至佩兰和奥兰治城都已上了电灯。在美国各地，大自然突然让位于人类最高级的文明，自然环境和人类文明的最新成果常常交织共现。比如，一个整洁雅致的小区里却会看到肮脏的街道，在佩拉十分简陋的房子里却有电灯照明。在教育领域亦如此。美国十分重视〔教育〕。美国感到自己的教育落后于人，希望（力争）和欧洲平起平坐。学校教学楼看起来很美。美国在教育投资上不遗余力。富人乐于为大学捐款并以此为傲。美国教育体系的构成是文法中学（grammar school）、高级中学（Hoogere Burgerschool，讲授一些拉丁文）、学院（大学预备阶段的教育）和大学（有四个院系和神学院）。整体而言，美国的教育比我们更为普及，更重视自然科学。美国教育的学制并不短，但是可以感到，美国教育更强调广博而非精深，因此博而不精。匆匆构建的知识大厦根基不深，宽度有余、高度不足。美国教育中存在刻意为之的现象，有些学问华而不实。我在爱荷华州旅行时，一位同行者的一番话让我感受到这种状况对教育的影响。他说道："因此，我们美国人可以无所不谈。你作为神学家在自己领域中的论题，我们也可以明白，诸如此类。"美国人热爱自由、追求独立，这更强化了他们对教育的关注。美国人喜欢自由和独立，喜欢探索和独自寻求。美国人读报的方式很特别（博森万恩，183）[29]：在我们欧洲，

---

[29] Boissevain, *Van 't Noorden naar 't Zuiden*, 1:183. 博森万恩用一章的篇幅介绍了美国的新闻界，并编制了一份在纽约可购到的报纸和杂志清单。

大多数人并不读报，或者只读某一种报，（比如）《基甸报》[30]，或者三五成群地一起读报；而在美国，人手一份报纸，各自浏览。他们的报纸版面大，内容更新速度快，报纸上的内容五花八门（既有热点故事，也有专题访谈，所有公众之事均可见报），从最为平淡无味的琐事到社会重大事件，可谓无所不包；这里舆情透明，公众十分了解社会状况。美国有私人图书馆和公共图书馆，帮助提高人民知识水平，每个主要地段都会设图书馆。有些图书馆的建造和维护依靠一些个体捐献，有些是由市政委员会负责。图书馆（无差别地）向所有人开放且免费。美国竭尽所能地向大众传播科学和知识。这也是美国年轻但早慧的原因之一，却也导致美国人并不崇尚严格的科学研究。有些人甚至认为从民主精神出发，不应给天才和〔伟大的人类〕心思（minds）赋予优待。综上可见，美国人自发自愿奋斗，以达自己天赋之所能，体现出非凡的创造力和生命力。

  7. 强大的道德情感是这种追求精神的基础。毋庸讳言，在美国并非所有闪光的都是金子。纽约和芝加哥（流氓恶棍肆虐之地）的贫民窟是藏污纳垢之所。在这方面，这些城市和伦敦、巴黎、维也纳和柏林无甚区别。但是，美国人具有强大的道德力量和强烈的伦理意识。初代移民者的清教徒式观念仍具有影响力。加尔文主义在美国受众甚少，而亚米念派（藉由循道派的事工）已成为美国精神的主导力量。美国人自我意识非常强烈，过于重视自我力量，意志过分坚强，因而难以成为加尔文主义者。此外，美国人历来径情直行，凡他手做，无不顺利。所以在美国人看来，凡事皆有可能。而接受加尔文主义的信徒认为，他们借〔上帝的〕定旨和行动蒙拯救，他们对自己绝望，唯有靠上帝的恩典才能得救。但是美国人未经历风雨摧折；无论争取独立的斗争，还是南北战争，皆是彰显他们英勇奋战、无往不胜和不断增长之力量的

---

[30] 《基甸报》（Gideon）是一份自1875年3月起发行的基督教周报，由布瑞勒（J. Wierema te Brielle）出版。它的读者群是分离派群体。

时刻。美国人不是泛神论者，他们更倾向于自然神论、智识主义和道德主义，而这一切都〔以〕经验〔为知识源头〕而生发。美国的道德意识具有强大的影响力，其自身也十分有力。美国人渴望发展个体、改善人性、改良世界、改变命运。他们放眼未来，不念过往。美国拥有信心和盼望，散发出令人惊叹的乐观主义和强烈的利他精神。美国人相信世界会更美好，明天会不同。世界上人人都将享有安康的生活。美国不存在欧洲所面临的问题：这里不存在人口过剩的问题。美国幅员辽阔，物产丰饶。愿意劳动的人就不会缺衣少食，所以贫苦之人鲜见；美国没有苛捐杂税，无需供养吞噬财富的陆军和海军；美国没有依赖国家资助的国立教会，也无垄断或特权阶层，但这里有迄今为止所能享有的一切自由和平等。凡渴望文明生活和个体尊重的人，都可在这里平等享有。但是在美国，许多人因自身的罪恶而跌倒。邪恶的念头和欲望阻碍了前进的道路。现在，美国人对于罪恶，尤其是形形色色的具体罪恶，发起了比欧洲更为有力的战斗。为消除具体的罪或改善特定的悲惨境况，美国成立了大量的团体组织。美国打击烟酒的力度尤为猛烈。许多社会团体严格禁烟禁酒，认为抽烟喝酒是非基督徒所好之事。但无论禁令如何严厉，仍难令其销声匿迹。美国也反对其他一些罪恶行为。他们发动所有力量，动员所有人士，武装所有团体，同仇敌忾，打击罪恶。在美国，人人都有自己归属的团体，有时一个人可同时参加几个团体。每个团体有自己的章程、绶带、奖赏制度和称号。这种社会组织形式十分民主，美国人赋予团体以多种功能。比如，在伊利诺斯州，有一群人自称为"伊利诺斯大学"，只需交几美金，他们就可授予某个学科的学位证书。

尤为值得一提的是，美国的秘密社团发挥着巨大作用。重视公共宣传的时代也是秘密社团兴盛的时代。美国有数十家秘密社团。互济会（Freemasons）只是其中之一，其他还有秘密共济会（Odd Fellows）、劳工骑士团（Knights of Labor）等多个社团。

这些社团发挥了巨大影响力。许多工会附属于这些秘密团体，他们不买某些商家的物品或雪茄等，工作不超过八个小时，不接受反对某些条件的雇主的聘用等。这些团体严厉打击罪恶，努力改善民生，喜行善事义举。美国的各个州都会不遗余力地扶贫济困，帮助精神病患者。美国的精神病院环境良好，令人赞叹。美国穷人的生活条件优于欧洲。国家不仅给穷人供应面包，也提供肉类和蛋糕，这与供应给其他美国人的东西一样。

8. 在宗教生活方面，〔以上种种〕无疑导致宗教生活的肤浅。罪与恩典的差异被弱化了。重生和圣灵的工作被推至幕后。大多数讲道关乎道德教训。整个宗教信仰要素——拣选和称义——或被简化处理，或被完全抹去。讲道不再是解明上帝的圣言或有关上帝圣言的服侍，而是变成了牧师的演讲，所选经文只是讲道的引子。整体而言，美国的宗教生活的特征和我们不同。宗教未引领大众，而是大众左右着宗教，如同大众左右着艺术和科学一样。宗教是一种放松消闲的活动。美国的教堂建筑就明显体现出这一特征。美国的教堂在很多方面优于我们的教堂：他们的教堂让人感到舒适（gezellig）、亲切，在冬天堂内温暖如春，且不设讲坛；但是它们无需任何改动就可作为剧院使用。美国教堂多为淡色，铺着红色地毯，看起来很轻快活泼，敞亮清新，这与欧洲教堂的庄严肃穆、高贵持重形成鲜明的对比。教堂如此，宗教生活也如此。美国的宗教是一种娱乐。牧师是这里最受欢迎的〔人〕，他们知道如何让演讲具有号召力（他们演讲的句子短小、表达方式多样、充满活力、具有戏剧特性：帕克牧师[31]，潘克赫斯特牧师[32]和塔尔马赫[33]）：他们言辞激昂，但缺乏深度，常以幽默故事点缀其间，

---

[31] 乔尔·帕克（Joel Parker, 1799-1873）是一位长老会牧师，也是纽约著名的复兴主义讲员。
[32] 查尔斯·潘克赫斯特（Charles Henry Pankhurst, 1842-1933）是一位长老会牧师和社会改革家。1892年，他在纽约进行了反对警察腐败的讲道，从此声名鹊起。
[33] 托马斯·塔尔马赫（Thomas De Witt Talmage, 1832-1902）是纽约著名的长老会牧师。

听来颇有趣味。他们布道过程中常常穿插唱歌，有时采用合唱或独唱，有时用伴唱或乐器伴奏。藉此，教堂的观念在美国几乎荡然无存。教会变成宗教社团，刚出生和已死亡之人未算入教会的会友，而是数算领圣餐的人。美国教会的宗派和团体多不胜数，以至于教会的观念完全丧失。美国不存在真正意义上的教会。这里没有国立教会，所有〔教会〕地位平等。因此，个体主义精神也统治着教会领域。

但与此相对的是，我们可能会说，美国宗教生活虽失其深度，但得其广度。美国不存在欧洲的信与不信的区分。（我们过于〔重视〕原则，而忘记付诸实践。）美国的确有不信基督教的人，但他们没有形成组织，在自己的党派里并不具影响力。美国的民主党和共和党在处理问题时，完全没有信奉基督教和非信奉基督教之对立的困扰。在政党竞争中没有根本性的、截然对立的〔元素〕。他们不会否认对方的救赎观和天堂观。在我们荷兰，如果反对抗革命党（反对凯波尔博士）、反对范普林斯特勒、反对自由的基督教学校，那么就立刻被理解为是在反对上帝、反对基督、反对圣经。这在美国不然。这里的基督徒既可是共和党人，也可是民主党人。有些基督徒赞同公立学校，而有些基督徒反对；有些基督徒赞同自由贸易，而另一些持异议。这一切问题与"基督教"并不关联。在一定程度上且以二元的方式，美国的基督教与属世生活彼此分离（大学不讲授神学，科学与信仰相分离）。美国的一切或多或少都受基督教信仰的影响，并为基督教信仰所塑造；基督教的影子依然可见。小学里通常有祷告，学生仍读圣经。全国守主日，过宗教节日，在繁华的大都市也重视这些节日。政府会通告祷告日和感恩日的日期。10月9日到12日是举行哥伦布发现新大陆庆典的时期，该庆典是以教会的感恩仪式作为开始。美国没有系统性遵循〔法国〕大革命原则并为之奋斗的自由党。正统〔基督徒〕在荷兰是弃民，被视为泥古不化之人，但在美国不然。若有人在街上讲福音，人们会肃然站立、静静聆听。在我们这里被视为滑稽可笑的举动，在美国并不会遭到讽刺讥笑。多伦多长老会会议的代表倍受礼遇，被引荐于市长和州长。人们对教会和宗教之事非常关切。主日学、国内外宣教事工以及拓展天国的各种事工都倍受关注，但这些在荷兰都鲜少见到。美国人常常谈起信仰之事并记挂在心。多伦多的长老会会议为期八天，参会人数众多，以事工为主题的发言者不得不在两个教会演讲。妇女宣教联会有一千二百人之多。富甲一方的人以儿子成为宣教士为荣。一位身份贵重的女士说她希望自己的独子能献身宣教。无论男儿还是女子，都〔对宣教〕怀有强烈的热情。一个名为"基督教事工协会"的组织，虽起初规模不大，但现已遍布整个英语世界。它要求各地成员是敬虔的基督徒，参加该协会组织的祷告会。这个协会在英语世界竭诚服侍异教徒，并与宣教士携手开展事工。它心怀整个异教世界。亚米念派和循道派在这方面事工的投入也不遑多让。虽然人们对他们多有非议，但是与其简单地对其品头论足，我们不如发扬并仿效其中的优点。在此特别要说到美国的大学生，他们的道德水准远远高于欧洲的大学生。这得益于美国大学的建造原则。美国大学并不是建在大城市而是较为偏远的小镇，形成科学研究群体。学生住在一栋或多栋大楼里，接受学校管理。每所大学内设一座教堂，每天有小组聚会、祷告和查经，他们一起唱诗祷告并有简短的讲道。学校将他们视为学生而非少爷，对他们进行特别实际的操练，培养他们的宗教情感和道德情操。美国学生不沾烟酒、远离情色，过着非常严谨且健康的生活。

　　当在美国看到那么多美好的事物后，我们就不会对其妄加论断。愿美国的基督教遵循自己的规律发展。上帝已然交托给美国她自己崇高伟大的呼召。〔愿美国〕以自己的方式为此呼召而奋斗。毕竟，加尔文主义并非唯一的真理！

附录二 《赫尔曼·巴文克博士的自传简介》

《宪法报》（*De Grondwet*）编辑请求我们所热爱和尊敬的嘉宾赫尔曼·巴文克博士拨冗概述生平，着墨往昔一二要事。令我们喜出望外的是，巴文克博士已欣然亲笔写就！他感到欣然？是的，你们亦然。你们是来自霍兰德、齐兰、马斯基根、大激流区的读者；是的，也有来自芝加哥的读者！你们无论在哪里，都与巴文克博士以文神交。

亲爱的巴文克博士如此快速地寄来内容丰富的个人小传。《宪法报》编辑为此公开向巴文克博士致谢，也可完全视为〔编辑〕代表所有《宪法报》的读者向他致谢。[1]

〔穆尔德（J. B. Mulder）〕

※※※※※※

我于1854年12月13日出生于荷兰霍赫芬，我父亲杨·巴克在当地担任牧师。之后父亲陆续迁往他地，先去宾斯霍滕，后至北布拉班特省的阿尔姆科克。在阿尔姆科克，我在哈斯曼学院

---

[1] "Autobiographische schets van Dr. H. Bavinck," in *De Grondwet*, no. 9, October 6, 1908, 3.

就读，后在兹沃勒文科中学（高中）学习。在那里，我认识了多斯克一家，并和他们的儿子亨利·多斯克成为好友；我们的友谊保持至今。

我在文科中学完成学业后，在坎彭神学院学习了一年，我父亲在坎彭担任牧师。但是，那里的教育差强人意，于是我便在1874年前往莱顿大学求学，主攻神学，师从著名的斯霍尔滕和库能教授。五年后，我完成博士学业，并于1880年获神学博士学位，博士论文取题为《乌尔里希·慈运理的伦理学》。

我在弗拉讷克担任牧师一年后，在1882年受聘于坎彭神学院，主讲教理学。1902年，我转去自由大学，主讲科目同为教理学。在此期间，即1895年至1900年间，我出版了一部四卷本鸿篇巨著。该作现发行了第二版、增订版。此外，我也研究了许多其他题材，主要著作有《今日道德》《创造抑或发展》《信心的笃定》《心理学原理》《教育学原理》和《比尔德戴克：思想家和诗人》及其他多部著作。

数年前，我荣获荷兰女王授予的荷兰雄狮勋章。此外，我还担任许多协会会员（如莱顿的荷兰文学协会），入选阿姆斯特丹皇家科学院院士。现在承蒙美国普林斯顿大学邀请发表讲座。借此机会，我将探望相识十六载的老友。我和妻子在这里十分愉快，美国及其山川和人民给我们留下了极其深刻的印象。

附录三《提议：福音运动的概念和必要性》[1]

I

"福音"（evangel）是一个希腊文单词。该词在新约出现之前已含有"好消息"之意。

II

该词在圣经中已为固定术语，专指在基督里之拯救的好消息。

III

在新约中，"传福音"（evangelize）这一动词意为向犹太人和外邦人传讲福音。

IV

教会蒙召担负这种宣教的使命，同时应努力造就自己，不断走向完全。

---

[1] Herman Bavinck, "Stellingen: het begrip en de noodzakelijkheid der evangelisatie," *Congres voor Gereformeerde Evangelisatie op dinsdag 8 en woensdag 9 april 1913 te Amsterdam* (n.p., 1913), 8–9.

V

在基督教会历史上，教会在担负以上所述事工的过程中，因偏离正路而衰落，所以教会开始了另外一项事工，就是通过努力重归原初福音而复兴教会。后来这一事工有时被称为"福音运动"。

VI

关于教会的衰落，信徒的首要职责就是遵循上帝的圣言改革教会。

VII

所以，借着教会、学校、科学、艺术等途径，这一改革应在众人生活的各个领域尽可能广泛地开展。

VIII

在我们的时代，基督教国家偏离信仰，所以我们在进行上述改革的同时应努力赢回这些国家。这个工作也是国内宣教以及怜悯事工的一部分，更明确地被称为"福音运动"。

参考书目

　　该书目按时间顺序列出了赫尔曼·巴文克的作品。第二部分包括了其他一级文献，特别是扬·巴文克和亚伯拉罕·凯波尔的著作，以及其他信件和档案资料，这些资料也按时间顺序排列。最后一部分列出了次级文献。

　　如果某一荷文著作已有英译版，则译文信息在原作引用之后列出。按照荷文字母顺序规则，带有 tussenvoegsel 前缀（如 van、van der、de、te、in't 等）的姓氏，按照姓氏的首字母而非前缀的首字母排序（例如，de Jong 排在 J 而非 D 之后）。

　　由于脚注中包含的大量报纸文章通常不附带作者姓名、标题或页码（遵循当时的新闻惯例），因此只有那些带有作者姓名并附有标题的报纸文章才被列为书目条目。然而，脚注中引用的所有报纸文章都可以在荷兰皇家图书馆的线上档案获取：https://www.delpher.nl。

赫尔曼·巴文克著作

已出版的著作

De ethiek van Ulrich Zwingli. Kampen: G. Ph. Zalsman, 1880.

Synopsis purioris theologiae. Leiden: D. Donner, 1881. Partial ET: *Synopsis purioris theologiae / Synopsis of a Purer Theology: Latin Text and English Translation*. Vol. 1, *Disputations 1–23*. Translated by Riemer A. Faber. Leiden: Brill, 2014. Vol. 2, *Disputations 24–42*. Translated by Riemer A. Faber. Leiden: Brill, 2016.

"Eene Rectorale Oratie." *De Vrije Kerk* 7, no. 3 (March 1881): 120–30.

"Het rijk Gods, het hoogste goed." *De Vrije Kerk* 7, no. 3 (April–August 1881): 4:185–92; 5:224– 34; 6:271–77; 7:305–14; 8:353–60. ET: "The Kingdom of God, the Highest Good." Translated by Nelson Kloosterman. *Bavinck Review* 2 (2011): 133–70.

Review of *Egyptologie en assyriologie in betrekking tot de geloofwaardigheid des Ouden Testaments: Rede bij het overdragen van het rectoraat*, by Maarten Noordtzij. *De Vrije Kerk* 8, no. 3 (March 1882): 138–43.

De wetenschap der H. Godgeleerdheid: Rede ter aanvaarding van het leeraarsambt aan de Theologische School te Kampen. Kampen: G. Ph. Zalsman, 1883.

"De hedendaagsche wereldbeschouwing." *De Vrije Kerk* 9, no. 10 (October 1883): 435–61.

De theologie van prof. dr. Daniël Chantepie de la Saussaye: Bijdrage tot de kennis der ethische theologie. Leiden: D. Donner, 1884. 2nd ed., Leiden: D. Donner, 1903. "Antwoord aan Prof. Dr. J. H. Gunning Jr." *De Vrije Kerk* 10, nos. 5–6 (May–June 1884): 5:221–27; 6:287–92.

De katholiciteit van Christendom en kerk. Kampen: G. Ph. Zalsman, 1888. ET: "*The Catholicity of Christianity and the Church*." Translated by John Bolt. *Calvin Theological Journal* 27, no. 2 (1992): 220–51.

"De Theologie van Albrecht Ritschl." *Theologische Studieën* 6 (1888): 369–403. "Dankbetuiging." *De Bazuin*, April 19, 1889.

De Welsprekendheid. Kampen: G. Ph. Zalsman, 1889. Reprint, Kampen: Kok, 1901. ET: *Eloquence*. In *Herman Bavinck on Preaching and Preachers*, edited and translated by James Eglinton,

21–56. Peabody, MA: Hendrickson, 2017.

"Recent Dogmatic Thought in the Netherlands." *Presbyterian and Reformed Review* 3, no. 10 (April 1892): 209–28.

"Welke algemeene beginselen beheerschen, volgens de H. Schrift, de oplossing der sociale quaestie, en welke vingerwijzing voor die oplossing ligt in de concrete toepassing, welke deze beginselen voor Israel in Mozaïsch recht gevonden hebben?" In *Proces-verbaal van het Sociaal Congres, gehouden te Amsterdam den 9–12 November, 1891*, edited by Johan Adam Wormser, 149–57. Amsterdam: Hövker & Zoon, 1892. ET: "General Biblical Principles and the Relevance of Concrete Mosaic Law for the Social Question Today (1891)." Translated by John Bolt. *Journal of Markets & Morality* 13, no. 2 (2010): 411–46.

"The Future of Calvinism." *Presbyterian and Reformed Review* 5, no. 17 (1894): 1–24.

De algemene genade. Kampen: G. Ph. Zalsman, 1894.

"Eene belangrijke apologie van de Christelijke Wereldbeschouwing." Review of *The Christian View of God and the World, as Centring in the Incarnation*, by James Orr. *Theologische Studiën* 12 (1894): 142–52.

Edited and translated with Abraham Kuyper and Frederik Rutgers. *Biblia dat is de gansche Heilige Schrifture bevattende alle de kanonieke boeken des Ouden en des Nieuwen Testaments: Naar de uitgave der Statenoverzetting in 1657 bij de Weduwe Paulus Aertsz van Ravesteyn uitgekomen, in de thans gangbare taal over gebracht door Dr. A. Kuyper onder medewerking van Dr. H. Bavinck en Dr. F. L. Rutgers; Met volledige kantteekeningen, inhoudsopgaven, platen, kaarten, enz.* Middelharnis: Flakkeesche Boekdrukkerij, 1895.

Gereformeerde dogmatiek. 4 vols. Kampen: Bos, 1895–1901. 2nd ed. Kampen: Kok, 1906–11. ET: *Reformed Dogmatics.* 4 vols. Edited by John Bolt. Translated by John Vriend. Grand Rapids: Baker Academic, 2003–8.

With Maarten Noordtzij, Douwe Klazes Wielenga, and Petrus Biesterveld. *Opleiding en theologie.* Kampen: Kok, 1896.

"Kleine bijdrage tot de geschiedenis der Statenvertaling." *Tijdschrift voor Gerefor meerde Theologie* 4, no. 4 (1897): 233–40.

Beginselen der psychologie. Kampen: J. H. Bos, 1897. 2nd ed., Kampen: Kok, 1923.

Het Vierde eener Eeuw: Rede bij gelegenheid van het vijf en twintigjarig bestaan van de "Standaard." Kampen: J. H. Bos, 1897.

"Ter toelichting en verdediging der Psychologie." *Christelijk Schoolblad* (June 2–July 21, 1899).

Theologische School en Vrije Universiteit: Een voorstel tot vereeniging. Kampen: J. H. Bos, 1899.

Het recht der kerken en de vrijheid der wetenschap. Kampen: G. Ph. Zalsman, 1899.

Het doctorenambt: Rede bij de overdracht van het rectoraat aan de Theologische School te Kampen op 6 Dec. 1899. Kampen: G. Ph. Zalsman, 1899.

"Aan de Lezers van *De Bazuin*." *De Bazuin*, January 5, 1900.

"Stemrecht der vrouw." *De Bazuin*, March 2, 1900.

"Calvijn." *De Bazuin*, April 13, 1900.

"De eerste doopvraag." *De Bazuin*, May 11, 1900.

"De oorlog." *De Bazuin*, June 1, 1900.

"Op reis." *De Bazuin*, August 31, 1900.

"Moderne kunst." *De Bazuin*, September 21, 1900.

Ouders of getuigen: Toelichting van art. 56 en 57 der Dordsche Kerkorde. Kampen: G. Ph. Zalsman, 1901.

Schepping of ontwikkeling? Kampen: Kok, 1901.

De wereldverwinnende kracht des geloofs: Leerrede over 1 John 5:4b, uitgesproken in de Burgwalkerk te Kampen den 30sten Juni 1901. Kampen: G. Ph. Zalsman, 1901. ET: "The World-Conquering Power of Faith." In *Herman Bavinck on Preaching and Preachers*, edited and translated by James Eglinton, 67–84. Peabody, MA: Hendrickson, 2017.

"Feminisme." *De Bazuin*, March 15, 1901.

"Dogmatiek." *De Bazuin*, April 26, 1901.

"De strijd voor het recht." *De Bazuin*, July 5, 1901.

"Middelbaar onderwijs." *De Bazuin*, August 16, 1901.

De offerande des lofs: Overdenkingen vóór en na de toelating tot het heilige avondmaal. 's Gravenhage: Fred. H. Verschoor, 1901. 3rd ed., 1903. ET: *The Sacrifice of Praise*. Edited and translated by Cameron Clausing and Gregory Parker. Peabody, MA: Hendrickson, 2019.

De zekerheid des geloofs. Kampen: Kok, 1901. ET: *The Certainty of Faith.* Translated by Harry Der Nederlanden. St. Catharines, ON: Paideia Press, 1980.

Godsdienst en godgeleerdheid. Wageningen: Vada, 1902.

Hedendaagsche moraal. Kampen: Kok, 1902.

"De tekst onzer liturgie." *De Bazuin*, January 10, 1902.

"Na de Synode." *De Bazuin*, September 19, 1902.

Blijven of heengaan? Een vraag en een antwoord. Kampen: G. Ph. Zalsman, 1902.

"Wapenstilstand." *De Bazuin*, October 31, 1902.

Roeping en wedergeboorte. Kampen: G. Ph. Zalsman, 1903. ET: *Saved by Grace: The Holy Spirit's Work in Calling and Regeneration.* Edited by J. Mark Beach. Translated by Nelson Kloosterman. Grand Rapids: Reformation Heritage Books, 2008.

"Wat is wijsbegeerte?" *De School met den Bijbel* 1, no. 38 (1903): 40, 42, 44–46.

"Hedendaagsche moraal." *Tijdschrift voor Gereformeerde Theologie* 10 (1903): 1–67.

Christelijke wetenschap. Kampen: Kok, 1904.

Christelijke wereldbeschouwing: Rede bij de overdracht van het rectoraat aan de Vrije Universiteit te Amsterdam op 20 october 1904. Kampen: J. H. Bos, 1904. 2nd ed. Kampen: Kok, 1913. ET: *Christian Worldview.* Edited and translated by Nathaniel Gray Sutanto, James Eglinton, and Cory Brock. Wheaton: Crossway, 2019.

Paedagogische beginselen. Kampen: Kok, 1904.

"Voorrede." In *Ongeloof en revolutie: Eene reeks van historische voorlezingen*, by Guillaume Groen van Prinsterer, v–xii. Kampen: J. H. Bos, 1904.

Christelijke en Neutrale Staatkunde. Hilversum: Witzel & Klemkerk, 1905.

Geleerdheid en wetenschap. Amsterdam: Höveker & Wormser, 1905.

"Voorrede." In *Het Gebed*, by Frans Kramer, 1–3. Kampen: Kok, 1905.

Bilderdijk als denker en dichter. Kampen: Kok, 1906.

"Het Wezen des Christendoms." In *Almanak van het studentencorps der Vrije Universiteit voor het jaar 1906*, edited by H. C. Rutgers, 251–77. Amsterdam: Herdes, 1906. Reprinted in *Verzamelde opstellen op het gebied van godsdienst en wetenschap,* ed. C. B. Bavinck, 17–34. Kampen: Kok, 1921. ET: "The Essence of Christianity." In *Essays on Religion, Science, and Society*, edited by John Bolt, translated by John Vriend and Gerrit Sheeres, 33–48. Grand Rapids: Baker Academic, 2008.

"Psychologie der religie." In *Verslagen en mededeelingen der Koninklijke akademie van wetenschappen*, 147–76. Amsterdam: Joh. Müller, 1907. Reprinted in *Verzamelde opstellen op het gebied van godsdienst en wetenschap*, 55–77. Kampen: Kok, 1921. ET: "Psychology of Religion." In *Essays on Religion, Science, and Society*, edited by John Bolt, translated by John Vriend and Gerrit Sheeres, 61–80. Grand Rapids: Baker Academic, 2008.

"Autobiographische schets van Dr. H. Bavinck." *De Grondwet*, October 6, 1908.

Het christelijk huisgezin. Kampen: Kok, 1908. ET: *The Christian Family*. Translated by Nelson Kloosterman. Grand Rapids: Christian's Library Press, 2012.

Philosophy of Revelation. London: Longmans, Green, 1909. Reprinted as *Philosophy of Revelation: A New Annotated Edition*. Edited by Cory Brock and Nathaniel Gray Sutanto. Peabody, MA: Hendrickson, 2018.

"De psychologie van het kind." *Paedagogisch tijdschrift* 1 (1909): 105–17.

"Calvin and Common Grace." Translated by Geerhardus Vos. In *Calvin and the Reformation: Four Studies*, edited by E. Doumergue, A. Lang, H. Bavinck, and B. B. Warfield, 99–130. New York: Revell, 1909. Also published as "Calvin and Common Grace." Translated by Geerhardus Vos. *Princeton Theological Review* 7 (1909): 437–65.

Johannes Calvijn. Kampen: Kok, 1909. ET: "John Calvin: A Lecture on the Occasion of his 400th Birthday, July 10, 1509–1909." Translated by John Bolt. *Bavinck Review* 1 (2010): 57–85.

Magnalia Dei. Kampen: Kok 1909. ET: *Our Reasonable Faith*. Translated by Henry Zylstra. Grand Rapids: Eerdmans, 1956.

"De psychologie van het kind." *Paedagogisch tijdschrift* 1 (1909): 105–17.

"Richtingen in de psychologie." *Paedagogisch tijdschrift* 1 (1909): 4–15. ET: "Trends in Psychology." In *Essays on Religion, Science, and*

Society, edited by John Bolt, translated by John Vriend and Gerrit Sheeres, 165–74. Grand Rapids: Baker Academic, 2008.

"The Reformed Churches in the Netherlands." *Princeton Theological Review* 8 (1910): 433–60.

"Dr. Bavinck over de zending." *Het Kerkblad der Gereformeerde Kerk in Zuid-Afrika* 12, no. 237 (October 1, 1910): 5–6.

Modernisme en orthodoxie. Kampen: Kok, 1911. ET: "Herman Bavinck's *Modernisme en Orthodoxie*: A Translation." Translated by Bruce Pass. *Bavinck Review* 7 (2016): 63–114.

Het Christendom. Baarn: Hollandia, 1912. ET: "Christ and Christianity." Translated by A. A. Pfanstiehl. *Biblical Review* 1 (1916): 214–36. [This article is not an exact (or particularly adept) translation.]

"Bijbelsche Psychologie." *Orgaan van het Gereformeerd Schoolverband* (4 January 1912–5 March 1914).

Foreword to *Letterlijke en practicale verklaring van het Oude Testament*, vol. 1, *GenesisDeuteronomium*, by Matthew Henry, v–xi. Translated from English. Kampen: Kok, 1912.

"Een brief van zendeling Pieters uit Japan." *De Macedoniër*, September 1912.

De taak van het Gereformeerd Schoolverband: Voor onderwijs en opvoeding. Hilversum: Klemkerk, 1912.

"Verslag van toespraak gehouden op de vergadering van moderne theologen, op 17 April 1912 te Amsterdam." *Gereformeerd Theologisch Tijdschrift* 13 (1913): 92–93.

Handleiding bij het onderwijs in den christelijken godsdienst. Kampen: Kok, 1913.

"Christendom en natuurwetenschap." *Stemmen des Tijds* 2 (1913): 343–77. ET:

"Christianity and Natural Science." In *Essays on Religion, Science, and Society*, edited by John Bolt, translated by Harry Boonstra and Gerrit Sheeres, 81–104. Grand Rapids: Baker Academic, 2008.

"Over de ongelijkheid." *Stemmen des Tijds* 2 (1913): 17–43. ET: "On Inequality." In *Essays on Religion, Science, and Society*, edited by John Bolt, translated by Harry Boonstra and Gerrit Sheeres, 145–64. Grand Rapids: Baker Academic, 2008.

"Richtingen in de paedagogiek." In *Handelingen van het nationaal christelijk schoolcongres, gehouden op 9, 10, 11 October 1913 te Utrecht*, 61–69. Kampen: Kok, 1913. ET: "Trends in Pedagogy." In *Essays on Religion, Science, and Society*, edited by John Bolt, translated by Harry Boonstra and Gerrit Sheeres, 205–8. Grand Rapids: Baker Academic, 2008.

"Inleidend woord van Prof. Dr. H. Bavinck." In *Adriaan Steketee (1846–1913): Beschouwingen van een Christendenker*, by A. Goslinga, v–ix. Kampen: Kok, 1914.

"De Zending in de Heilige Schrift." In *Triumfen van het Kruis: Schetsen der Christeli jke Zending van alle eeuwen en allerlei landen voor ons Hollandsch volk geteekend*, by Henry Beets, 7–30. Kampen: Kok, 1914.

"Van schoonheid en schoonheidsleer." In *Almanak van het Studentencorps aan de Vrije Universiteit voor het jaar 1914*, 121–43. Amsterdam: Herdes, 1914. ET: "Of Beauty and Aesthetics." In *Essays on Religion, Science, and Society*, edited by John Bolt, translated by Harry Boonstra and Gerrit Sheeres, 245–60. Grand Rapids: Baker Academic, 2008.

"Het probleem van den oorlog." *Stemmen des tijds* 4 (1914): 1–31. Repr. as *Het probleem van den oorlog*. Kampen: Kok, 1914.

With Anne Anema, Pieter Arie Diepenhorst, Theodorus Heemskerk, and Simon de Vries. *Leider en leiding in de AntiRevolutionaire Partij*. Amsterdam: Ten Have, 1915.

"Death: Theological View." In *International Standard Bible Encyclopaedia*, edited by James Orr, 2:811–13. Chicago: Howard-Severance Company, 1915.

"Fall." In *International Standard Bible Encyclopaedia*, edited by James Orr, 2:1092–94. Chicago: Howard-Severance Company, 1915.

Over het onbewuste: Wetenschappelijke samenkomst op 7 juli 1915. Amsterdam: Kirchner, 1915. ET: "The Unconscious." In *Essays on Religion, Science, and Society*, edited by John Bolt, translated by Harry Boonstra and Gerrit Sheeres, 175–98. Grand Rapids: Baker Academic, 2008.

Mental, Religious and Social Forces in the Netherlands. The Hague: P. P. I. E., 1915. "Individualisme en Individualiteit van het kind." *Correspondentieblad van de Vereeniging van Christelijke Onderwijzers en Onderwijzeressen in Nederland en de Overzeesche bezittingen* (1916): 64–72.

De opvoeding der rijpere jeugd. Kampen: Kok, 1916.

"De hervorming en ons nationale leven." In *Ter herdenking der hervorming, 1517– 1917*, by Herman Bavinck and H. H. Kuyper, 5–36. Kampen: Kok, 1917.

"De Jongelingenvereeniging in hare beteekenis voor het sociale leven: Rede gehouden op de 29e bondsdag van de Nederlandschen Bond van Jongelingsvereenigingen op Geref. Grondslag." N.p., 1917.

De nieuwe opvoeding. Kampen: Kok, 1917.

De vrouw in de hedendaagsche maatschappij. Kampen: Kok, 1918.

"Philosophie des geloofs." In *Overdr. uit het Annuarium der Societas Studiosorum Reformatorum, 1918*, 62–72. Leiden: Donner, 1918.

De navolging van Christus en het moderne leven. Kampen: Kok, 1918.

"Klassieke opleiding." *Stemmen des Tijds* 7 (1918): 46–65, 113–47. ET: "Classical Education." In *Essays on Religion, Science, and Society*, edited by John Bolt, translated by Harry Boonstra and Gerrit Sheeres, 209–44. Grand Rapids: Baker Academic, 2008.

"Christendom, oorlog, volkenbond." *Stemmen des Tijds* 9 (1919): 1–26, 105–33.

"De beroepsarbeid der gehuwde vrouw." In *Tweede christelijksociaal congres 10–13 maart 1919 te Amsterdam: Referaten*, 5–25. Rotterdam: Libertas, 1919.

"Woord vooraf." In *Calvijn als theoloog en de stand van het calvinisme in onzen tijd*, by B. B. Warfield, translated by C. M. E. Kuyper, 5–6. Kampen: Kok, 1919.

Bijbelsche en religieuze psychologie. Kampen: Kok, 1920. ET: *Biblical and Religious Psychology*. Translated by H. Hanko. Grand Rapids: Protestant Reformed Theological School, 1974.

Bijbelsche en religieuze psychologie. Kampen: Kok, 1920.

With Harm Bouwman and Herman Kuyper. "Rapport voor evangelisatie." N.p., 1920. "Individueele en Sociale Opvoeding." *Orgaan van het Gereformeerd Schoolverband* (20 May–18 November, 1920).

With H. Tilanus. "Rapport van den Onderwijsraad in zake het ontwerp Lager-Onderwijswet." N.p., 1920.

Verzamelde opstellen op het gebied van godsdienst en wetenschap. Edited by C. B. Bavinck. Kampen: Kok, 1921. ET: *Essays on Religion, Science, and Society*. Edited by John Bolt. Translated by Harry Boonstra and Gerrit Sheeres. Grand Rapids: Baker Academic, 2008.

Kennis en leven. Edited by C. B. Bavinck. Kampen: Kok, 1922.

The Doctrine of God. Translated by William Hendriksen. Grand Rapids: Eerdmans, 1951.

Mijne reis naar Amerika. Edited by George Harinck. Barneveld: De Vuurbaak, 1998. ET: "Herman Bavinck's 'My Journey to America.'" Translated by James Eglinton. *Dutch Crossing* 41, no. 2 (2017): 180–93.

"Evolution." In *Essays on Religion, Science, and Society*, edited by John Bolt, translated by Harry Boonstra and Gerrit Sheeres, 105–18. Grand Rapids: Baker Academic, 2008.

"Theology and Religious Studies." In *Essays on Religion, Science, and Society*, edited by John Bolt, translated by Harry Boonstra and Gerrit Sheeres, 49–60. Grand Rapids: Baker Academic, 2008.

"Foreword to the First Edition (Volume 1) of the *Gereformeerde Dogmatiek*." Translated by John Bolt. *Calvin Theological Journal* 45, no. 1 (2010): 9–10.

"The Kingdom of God, the Highest Good." Translated by Nelson Kloosterman. *Bavinck Review* 2 (2011): 133–70.

"Letters to a Dying Student: Bavinck's Letters to Johan van Haselen." Translated and introduced by James Eglinton. *Bavinck Review* 4 (2013): 94–102.

"The Influence of the Protestant Reformation on the Moral and Religious Condition of Communities and Nations." *MidAmerica Journal of Theology* 25 (2014): 75–81.

Gereformeerde Ethiek. Edited by Dirk van Keulen. Utrecht: Uitgeverij KokBoekcentrum, 2019. ET: *Reformed Ethics*. Vol. 1, *Created, Fallen, and Converted Humanity*. Edited and translated by John Bolt, with Jessica Joustra, Nelson D. Kloosterman, Antoine Theron, and Dirk van Keulen. Grand Rapids: Baker Academic, 2019. Volumes 2 and 3 are forthcoming.

未出版的资料和手稿

除非另有说明，未出版的资料和手稿均保存在阿姆斯特丹自由大学的荷兰基督新教历史文献中心（1800年至今部分）的赫尔曼·巴文克档案库中。

"H. Bavinck, 1872, Zwolle." Folder 16. [Contains entries from 1872 through 1874.]

"Oratio de Historia Atticae Comoediae Antiquae. Elocutus est H. Bavinck Jz. Die III in. Sept. a. MDCCCLXXIII." 1873. Folder 17.

"Philosophie." Folder 18.

"Ex animo et corpore. H. Bavinck, Theol Stud." Folder 16. [Contains entries from 1874 through 1879.]

"Kasboek, H. Bavinck." Folder 19.

"Oorsprong en Waarde der Mythologie." Item no. 12824. Archief van het College van Curatoren, Stadsarchief Kampen.

"Van 1878 tot 1886." Folder 16.

"Rede over het christelijk onderwijs." 1881. Folder 331.

"Methodologie der theologie." 1883–84. Folder 43.

"De theologische richtingen in Duitschland." 1884. Folder 41.

"De leer der verbonden." 1884. Folder 45.

"Medulla Theologiae. Dogmaticae. 1884/85." Folder 46.

"De Mensch, Gods evenbeeld." 1884. Folder 102.

"Van 1886 tot 1891." Folder 16.

"De kenbaarheid Gods." 1888. Folder 106.

"De theologie als wetenschap in dezen tijds. Kampen 1889." Folder 107.

"Menu, 17 Juni 1891." Folder 38.

"Inrichting der gymnasia." 1896. Folder 122.

"Gymnasiaal onderwijs." 1901. Folder 122.

"Bezwaren tegen gymnasiaal onderwijs en hedendaagsche gymnasia." 1903. Folder 122.

"Hoogere burgerscholen." 1904. Folder 122.

"Indrukken van Amerika." Manuscript, ca. 1909. Folder 66.

"Negers." Manuscript, ca. 1909. Folder 67.

"Roosevelt's Presidentschap." 1909. Folder 67.

"Lijst mijner geschriften." N.d. Folder 99.

议会演讲

"29 Dec. 1911 n. a. v. de wetsontwerpen tot vaststelling van de begroting van Nederlands-Indie voor het dienstjaar 1912 (4)." *Handelingen van de Eerste Kamer der Staten-Generaal*, 126–28.

"25 April 1912 n. a. v. het wetsontwerp tot regeling van het armbestuur." *Handelingen van de Eerste Kamer der Staten-Generaal*, 495–97.

"12 Maart 1913 n. a. v. het wetsontwerp tot vaststelling van hoofdstuk

V (Departement van Binnenlandse Zaken) der staatsbegroting voor het dienstjaar 1913 (2)." *Handelingen van de Eerste Kamer der StatenGeneraal*, 432–34.

"7 Jan. 1914 n. a. v. de wetsontwerpen tot vaststelling der begroting van Nederlands-Indie voor het dienstjaar 1914 (4)." *Handelingen van de Eerste Kamer der Staten Generaal*, 119–22, 148–51.

"20 Maart 1914 n. a. v. het wetsontwerp tot de definitieve vaststelling van de koloniale huishoudelijke begroting van Suriname voor het dienstjaar 1914 (1)." *Handelingen van de Eerste Kamer der StatenGeneraal*, 484–85.

"21 Maart 1914 n. a. v. het wetsontwerp tot vaststelling van hoofdstuk XI (Departement van Kolonien) der staatsbegroting voor het dienstjaar 1914 (2)." *Handelingen van de Eerste Kamer der Staten-Generaal*, 499.

"29 Dec. 1914 n. a. v. het wetsontwerp tot wettelijke voorziening naar aanleiding van het koninklijk besluit van 2 nov. 1914 (staatsblad no. 514)." *Handelingen van de Eerste Kamer der Staten-Generaal*, 105.

"29 Jan. 1915 n. a. v. het wetsontwerp tot tijdelijke afwijking van de kieswet." *Handelingen van de Eerste Kamer der Staten-Generaal*, 147.

"10 Juni 1915 n. a. v. het wetsontwerp tot aanvulling en verhoging van het VIIIste hoofdstuk der staatsbegroting voor het dienstjaar 1915 (Buitengewoon krediet)." *Handelingen van de Eerste Kamer der StatenGeneraal*, 312–13.

"10 Juni 1915 n. a. v. het wetsontwerp tot vaststelling van nadere strafrechtelijke voorzieningen betreffende veroordelingen, waarbij de straf, tenzij de rechter later anders beveelt, niet wordt ondergaan, de betaling van geldboeten en de voorwaardelijke." *Handelingen van de Eerste Kamer der StatenGeneraal*, 324–28.

"11 Juni 1915 n. a. v. het wetsontwerp tot vaststelling van nadere strafrechtelijke voorzieningen etc." *Handelingen van de Eerste Kamer der StatenGeneraal*, 338–39.

"27 April 1916 n. a. v. het wetsontwerp houdende voorzieningen ten behoeve der statistiek van de in-, uit- en doorvoer." *Handelingen van de Eerste Kamer der StatenGeneraal*, 416.

"26 Mei 1916 n. a. v. verschillende wetsontwerpen ter tegemoetkoming "wegens duurte van levensmiddelen." *Handelingen van de Eerste Kamer der StatenGeneraal*, 434.

"15 Mei 1917 n. a. v. het in overweging nemen van veranderingen in het IIde, IIIde IVde hoofdstuk en in de additionele artikelen der Grondwet, alsmede van art.

192 der Grondwet (Kiesrecht)." *Handelingen van de Eerste Kamer der StatenGeneraal*, 618–24.

"25 April 1917 n. a. v. de wetsontwerpen tot vaststelling van de begroting van het Fonds ter verbetering van de kustverdediging en van de begroting voltooiing vestingstelsel, alsmede van de vaststelling van hoofdstuk VIII (Departement van Oorlog) van de st." *Handelingen van de Eerste Kamer der StatenGeneraal*, 496–98.

"11 April 1918 n. a. v. de wetsontwerpen tot vaststelling van de staatsbegroting voor het dienstjaar 1918." *Handelingen van de Eerste Kamer der StatenGeneraal*, 311–13.

"5 April 1918 n. a. v. het wetsontwerp tot vaststelling van de staatsbegroting voor het dienstjaar 1918, hoofdstuk V (Departement van Binnenlandse Zaken)." *Handelingen van de Eerste Kamer der StatenGeneraal*, 363–64.

"19 Juli 1918 n. a. v. het voorstel van wet Duys c. s. tot verlening van ouderdomsrechten." *Handelingen van de Eerste Kamer der StatenGeneraal*, 755–57, 765–66.

"13 Maart 1919 n. a. v. de wetsontwerpen tot vaststelling van de staatsbegroting voor het dienstjaar 1919." *Handelingen van de Eerste Kamer der StatenGeneraal*, 243–46.

"5 Maart 1920 n. a. v. het wetsontwerp tot voorbehoud der bevoegdheid tot toetreding tot het volkenbondsverdrag." *Handelingen van de Eerste Kamer der StatenGeneraal*, 571–74.

其他一级文献

杨·巴文克

以下是杨·巴文克于 1854 年 7 月 18 日和 25 日、8 月 9 日和 22 日写给 P. Dijksterhuis 的信件。档案号 I-9, 12772。坎彭市档案馆校董会档案库（Archief van het College van Curatoren, Stadsarchief Kampen）。

Stemmen des heils. Gorinchem: Van Nas, 1863.

De vriendschap der geloovigen met God: Leerrede over Jac. 2:23b. Amsterdam: Van den Bor, 1866.

Het toebrengen van andere schapen tot de kudde van Jezus: Leerrede over Johannes X:16. Amsterdam: Van den Bor, 1867.

Klachte van eene geloovige ziel over de verberging van Gods aanschijn: Leerrede over Psalm 88:15. Kampen: G. Ph. Zalsman, 1868.

Wilt gijlieden ook niet weggaan? Leerrede over Joh. 6:66–69. Amsterdam: Kröber, Heijbrock & Hötte, 1868.

With Helenius de Cock. "Inleiding." *De Getuigenis: Maandschrift in het belang van Waarheid en Godzaligheid*, January 1869, 3–4.

"Houd wat gij hebt": Afscheidswoord aan de Gemeente van Almkerk en Emmikhoven, uitgesproken den 27 Juli 1873. Kampen: G. Ph. Zalsman, 1873.

De bediening des Evangelies een schat, gelegd in aarden vaten: Intreêrede, uitgesproken te Kampen, den 3 Aug. 1873. Kampen: G. Ph. Zalsman, 1873.

With Willem Hendrik Gispen. *De Christ. Geref. Kerk en de Theologische School: Twee toespraken, gehouden den 9 Jan. 1883 bij de installatie van de drie leeraren aan de Theol. School.* Kampen: G. Ph. Zalsman, 1883.

De zaligheid alleen in den naam van Jezus. Kampen: J. H. Bos, 1888.

Davids bede in den ouderdom: Eene overdenking bij gelegenheid van zijne vijftigjarige bediening van het Woord Gods. Kampen: Ph. Zalsman, 1898.

Feeststoffen (voor het Kerstfeest en voor het Oud en Nieuwjaar). Kampen: Ph. Zalsman, 1900.

Feeststoffen (voor het Paaschfeest). Kampen: Ph. Zalsman, 1901.

De Heidelbergsche Catechismus in 60 leerredenen verklaard. 2 vols. Kampen: Kok, 1903–4.

De algeheele heiliging van de geloovigen, de wensch van de dienaar des Evangelies: Afscheidswoord uitgesproken den 25 Januari 1903. Kampen: Kok, 1903.

Een korte schets van mijn leven. Unpublished, handwritten autobiography, n.d. Folder 445. Bavinck Archive, Historische Documentatiecentrum.

亚伯拉罕·凯波尔

Het Calvinisme, oorsprong en waarborg onzer constitutioneele vrijheden. Amsterdam: B. van der Land, 1874. ET: "Calvinism: Source and Stronghold of Our Constitutional Liberties." In *Abraham Kuyper: A Centennial Reader*, edited by James Bratt, 279–322. Grand Rapids: Eerdmans, 1998.

Welke zijn de vooruitzichten voor de studenten der Vrije Universiteit? Amsterdam: Kruyt, 1882.

Het Calvinisme en de kunst. Amsterdam: Wormser, 1888.

"The Blurring of the Boundaries." In *Abraham Kuyper: A Centennial Reader*, edited by James Bratt, 363–402. Grand Rapids: Eerdmans, 1998. First published 1892 by J. A. Wormser (Amsterdam).

Encyclopedie der heilige godgeleerdheid. 3 vols. Amsterdam: J. A. Wormser, 1894. ET: *Encyclopedia of Sacred Theology: Its Principles.* Introduction to vol. 1 and all of vol. 2 translated by J. Hendrik de Vries. New York: Scribner, 1898.

E Voto Dordraceno. Vol. 2. Kampen: Kok, 1894. "Recensie." *De Heraut*, Sunday, June 9, 1895.

Varia Americana. Amsterdam: Höveker & Wormser, 1898.

Het Calvinisme: Zes Stonelezingen in oct. 1891 te Princeton (N.-J.) gehouden. Amsterdam: Höveker & Wormser, 1899. ET: *Lectures on Calvinism. Six Lectures Delivered at Princeton University under Auspices of the L. P. Stone Foundation.* Grand Rapids: Eerdmans, 1994.

De gemeene gratie. 3 vols. Leiden: D. Donner, 1902–4. ET: *Common Grace: God's Gift for a Fallen World.* 2 vols. Edited by Jordan Ballor and Stephen J. Grabill. Translated by Nelson D. Kloosterman and Ed M. van der Maas. Bellingham, WA: Lexham Press, 2015–17.

Bilderdijk en zijn nationale beteekenis. Amsterdam: Höveker & Wormer, 1906.

Om de oude wereldzee. 2 vols. Amsterdam: Van Holkema & Warendorf, 1907. ET: *On Islam.* Edited by James Bratt. Translated by Jan van Vliet. Bellingham, WA: Lexham Press, 2018.

Nabij God te zijn: Meditatiën. Amsterdam: J. R. Vrolijk, 1908. ET: *To*

Be near unto God. Translated by John Hendrik De Vries. Grand Rapids: Eerdmans, 1918.

Principles of Sacred Theology. Translated by J. Hendrik De Vries. Grand Rapids: Eerdmans, 1954.

"Sphere Sovereignty." In *Abraham Kuyper: A Centennial Reader*, edited by James Bratt, 461–90. Grand Rapids: Eerdmans, 1998.

Mijn reis was geboden: Abraham Kuypers Amerikaanse tournee. Edited by George Harinck. Hilversum: Verloren, 2009.

"The Social Question and the Christian Religion." In *Makers of Modern Christian Social Thought*, edited by Jordan Ballor, 45–118. Grand Rapids: Acton Institute, 2016.

出版的信件

Dennison, James T., Jr., ed. *The Letters of Geerhardus Vos*. Phillipsburg, NJ: P&R, 2005.

Harinck, George, and Jan de Bruijn, eds. *Een Leidse vriendschap*. Baarn: Ten Have, 1999.

Harinck, George, and Wouter Kroese, eds. *"Men wil toch niet gaarne een masker dragen": Brieven van Henry Dosker aan Herman Bavinck, 1873–1921*. Amsterdam: Historisch Documentatiecentrum voor het Nederlands Protestantisme (1800–heden), 2018.

杂项文献

Doop-, trouw-, en begraafboeken (retroacta burgerlijke stand). Inventory no. 308, 44. Stadsarchief Kampen, Kampen.

Hof-und Staats-Handbuch für das Köningreich Hannover auf das Jahr 1844. Hannover: E. Berenberg, n.d.

Vaderlandsche Letteroefeningen, of Tijdschrift van Kunsten en Wetenschappen. Amsterdam: P. Ellerman, 1855.

"Zwolle, Geboorteakte, Aaltje Klinkert, 18-11-1857, Zwolle." Inventory no. 14445, article no. 556. Historisch Centrum Overijssel.

Kuenen, Abraham. *Critices et hermeneutics librorum n. foederis lineamenta*. Leiden: P. Engels, 1858.

Andriessen, P. J. *Een Engelsche jongen op eene Hollandsche school*. Amsterdam: P. N. van Kampen, 1864.

Onze Tolk: Centraalblad voor kunst en letternieuws 1, no. 8. (January 5, 1870).

Handelingen der Zesentwintigste Vergadering van de kuratoren der Theologische School der Christelijke Gereformeerde Kerk in Nederland. Kampen: S. van Velzen Jnr., 1871.

Handelingen van den raad der Gemeente Kampen, 1873. Kampen: K. van Hulst, 1873.

Bulens, F. J. "Litt. Examenandi" and "Theol. Examinandi." June 11 and July 12, 1873. Item no. 12821. Archief van het College van Curatoren, Stadsarchief Kampen.

Mees, Jacob David. *Dagboek: 1872–1874.* Hilversum: Verloren, 1997.

Handelingen der Dertigste Vergadering van de kuratoren der Theologische School der Christelijke Gereformeerde Kerk in Nederland. Kampen: G. Ph. Zalsman, 1874.

Verslag van den toestand der gemeente Kampen over het jaar 1873. Kampen: n.p., 1874.

"Notulen: 1872 november 7–27 april 1876." Archief van het College van Hoogleraren, Stadsarchief Kampen, Item no. 15491.

Handelingen der drieendertigste vergadering van de kuratoren der Theologische School der Christelijke Gerformeerde Kerk in Nederland. Amsterdam: P. van der Sluys, 1876.

Winkler, Johan. "Een en ander over Friesche Eigennamen." *De Vrije Vries* 1, sections 3–4 (1877).

Verslag van het verhandelde in de ComitéVergadering der Synode van Zwolle 1882, op Woensdag 23 Aug. in de Voormiddagzitting. A. Steketee Archive, Historisch Documentatiecentrum voor het Nederlands Protestantisme (1800–heden), folder 17.

Tiele to Bavinck, Leiden, January 17, 1883. HBA, folder 2. Kuenen to Bavinck, Leiden, January 19, 1883. HBA, folder 2.

Handelingen der algemeene vergadering van de Maatschappij der Nederlandsche Letterkunde te Leiden, gehouden aldaar den 21sten Juni 1883, in het gebouw van de Maatschappij tot Nut van 't Algemeen. Leiden: Brill, 1883.

Handelingen der algemeene vergadering van de Maatschappij der Nederlandsche Letterkunde te Leiden, gehouden aldaar den 19den Juni 1884, in het gebouw van de Maatschappij tot Nut van 't Algemeen. Leiden: Brill, 1884.

van der Munnik to Bavinck, Kampen, March 29, 1889. HBA, folder 3.
    Berends to Bavinck, Amsterdam, April 1, 1889. HBA, folder 3.
Bavinck to Hovy, Kampen, April 15, 1889. HBA, folder 3.
Jaarboekje van de Jongelingsvereenigingen in Nederland, voor 1894, uitgegeven van wege den Nederlandschen Bond van Jongelingsvereenigingen op Gereformeerden Grondslag. 's Gravenhage: A. Berends, 1894.
"Feestrede van Prof. Dr. H. Bavinck." In *Gedenkboek: Opgedragen door het feestcomité aan Prof. Dr. A. Kuyper bij zijn vijf en twintigjarig jubileum als hoofdredacteur van "De Standaard," 1872 1 April 1897*, 38–52. Amsterdam: G. J. C. Herdes, 1897.
ConceptZendingsorde voor de Gereformeerde Kerken in Nederland. N.p., ca. 1902. Rumpff to Bavinck, Kampen, May 15, 1905. HBA, folder 8.
Bavinck to Hoekstra, Amsterdam, May 1, 1906. HBA, folder 8.
KuyperGedenkboek 1907. 's Gravenhage: n.p., 1908.
Herman Bavinck and Johanna Bavinck-Schippers to unknown addressee, Amsterdam, November 10, 1912. HBA, folder 9.
Kuyper to Bavinck, Amsterdam, November 12, 1912. HBA, folder 12.
Acta der generale synode van de Gereformeerde Kerken in Nederland, gehouden te Leeuwarden van 24 augustus–9 september 1920. Kampen: Kok, 1920.
"Amelia Josina den Dekker." *Bevolkingsregister, Almkerk, 1910–1920*, 34:96.
"Wouterina Arnolda den Dekker." *Bevolkingsregister, Emmikhoven en Waardhuizen, 1870–1879*, 14:103.
"Zwolle, Registers van overlijden, 1811–1942, Aaltje Klinkert." Inventory no. 15325, article no. 231. Historisch Centrum Overijssel.
Verslag der Handelingen van de Eerste Kamer. March 12, 1913. 's Gravenhage: Algemeene Landsdrukkerij.
Congres voor Gereformeerde Evangelisatie op dinsdag 8 en woensdag 9 april 1913 te Amsterdam. N.p., 1913.
Snouck Hurgronje to Johanna Bavinck-Schippers, Leiden, June 28, 1921. HBA, folder 11. Dosker to Johanna Bavinck-Schippers, Holland, MI, August 29, 1921. HBA, folder 11. [Bavinck-Schippers, Johanna]. "Prof Dr H Bavinck." N.d. HBA, folder 40.
Dosker to Johanna Bavinck-Schippers, Louisville, March 20, 1923. HBA, folder 11.

Bolt, John, James Bratt, and Paul Visser, eds. *The J. H. Bavinck Reader.* Grand Rapids: Eerdmans, 2013.

次级文献

Aalders, Willem Jan. "In Memoriam: Dr. H. Bavinck." *Stemmen des tijds* 10 (1921): 129–41.

Abbenhuis, Maartje M. *The Art of Staying Neutral: The Netherlands in the First World War, 1914–1918.* Amsterdam: Amsterdam University Press, 2006.

Adriaanse, L. *De nieuwe koers in onze zending, of toelichting op de zendingsorde.* Amsterdam: Kirchner, 1903.

Allen, Michael. *Grounded in Heaven: Recentering Christian Hope and Life on God.* Grand Rapids: Eerdmans, 2018.

van Alphen, Daniël François. *Reisverhalen en indrukken van een togt via Bentheim (Münster), Hannover, Hamburg, Kiel en Korsör naar Kopenhagen.* 's Gravenhage: J. M. van 't Haaff, 1874.

Anema, Anne. *Calvinisme en rechtswetenschap: Een studie.* Amsterdam: Kirchner, 1897.

———. *De grondslagen der sociologie: Een studie.* Amsterdam: Kirchner, 1900. Augustine. *On Christian Teaching.* Translated by R. P. H. Green. Oxford: Oxford University Press, 1997.

Bacote, Vincent. *The Spirit in Public Theology: Appropriating the Legacy of Abraham Kuyper.* Eugene, OR: Wipf & Stock, 2005.

Baggerman, Arianne. "Lost Time: Temporal Discipline and Historical Awareness in Nineteenth-Century Dutch Egodocuments." In *Controlling Time and Shaping the Self: Developments in Autobiographical Writing since the Sixteenth Century*, edited by Arianne Baggerman, Rudolf Dekker, and Michael James Mascuch, 455–535. Leiden: Brill, 2011.

Bakker, Nelle. *Kind en karakter: Nederlandse pedagogen over opvoeding in het gezin, 1845–1925.* Amsterdam: Het Spinhuis, 1995.

Bakker, W., and H. Mulder. "Petrus Biesterveld." In *Biografisch lexicon voor de ge schiedenis van het Nederlands protestantisme*, edited by D. Nauta, A. de Groot,

J. van den Berg, O. J. de Jong, F. R. J. Knetsch, and G. H. M. Posthumus Meyjes, 3:41–42. Kampen: Kok, 1988.

Banks, Louis Albert, ed. *T. De Witt Talmage: His Life and Work.* Philadelphia: John C. Winston, 1902.

Barger, M. W. "De vrouw en de studie." *Christendom en Vrouwenbeweging,* series 4, no. 1 (1923).

Bavinck, Berendinus Johannes Femia. *De sterfte aan tuberculosis pulmonum in Ne derland (1875–1895).* Kampen: J. H. Bos, 1897.

Bavinck, C. B., N. Buffinga, J. Douma, J. H. Sillevis Smitt, and B. Wielenga. *"Ons aller Moeder": Een woord van voorlichting en getuigenis inzake de kwestieGeelkerken.* Kampen: Kok, 1925.

Bavinck, Coenraad Bernardus. "Appendix A: Foreword." In Herman Bavinck, *Essays on Religion, Science, and Society,* edited by John Bolt, translated by Harry Boonstra and Gerrit Sheeres, 279–80. Grand Rapids: Baker Academic, 2008.

———. "Voorrede bij den tweeden druk." In Herman Bavinck, *Magnalia Dei,* 1–4. 2nd ed. Kampen: Kok, 1931.

Beach, J. Mark. "Abraham Kuyper, Herman Bavinck, and the 'Conclusions of Utrecht 1905.'" *MidAmerica Journal of Theology* 19 (2008): 11–68.

———. "Introductory Essay." In *Saved by Grace: The Holy Spirit's Work in Calling and Regeneration,* by Herman Bavinck, translated by Nelson D. Kloosterman, ix–xi. Grand Rapids: Reformation Heritage Books, 2008.

Beets, Nicolaas. *Life and Character of J. H. van der Palm.* Translated by J. P. Westerveld. New York: Hurd & Houghton, 1895.

van Bekkum, Koert. "Verlangen naar tastbare genade: Achtergrond, geschiedenis en typologie van spiritualiteit in de Gereformeerde Kerken (vrijgemaakt)." In *Proeven van spiritualiteit: Bijdragen ter gelegenheid van 160 jaar Theologische Universiteit Kampen,* edited by Koert van Bekkum, 131–58. Barneveld: Uitgeverij De Vuurbaak, 2014.

van den Belt, Henk. "Herman Bavinck's Lectures on the Certainty of Faith (1891)." *Bavinck Review* 8 (2017): 35–63.

van Bemmelen, Pieter. *L'Egypte et l'Europe, par un ancien juge mixte.* Leiden: Brill, 1884.

van den Berg, J. "De Spiritualiteit van de Afgescheidenen." In *Gereformeerd Theolo gisch Tijdschrift* 92 (1992): 172–88.

Berkhof, Louis. *The History of Christian Doctrines.* Grand Rapids:

Banner of Truth, 1949.

Berkouwer, Gerrit. *Faith and Justification.* Grand Rapids: Eerdmans, 1954.

Beuker, Gerrit Jan. *Abgeschiedenes Streben nach Einheit: Leben und Wirken Henricus Beukers, 1834–1900.* Bad Bentheim: Hellendoorn KG, 1996.

———. "'The Area beyond Hamse and Hardenberg': Van Raalte and Bentheim." In *The Enduring Legacy of Albertus C. Van Raalte as Leader and Liaison*, edited by Jacob E. Nyenhuis and George Harinck, 23–42. Grand Rapids: Eerdmans, 2014.

———. "German Oldreformed Emigration: Catastrophe or Blessing?" In *Breaches and Bridges: Reformed Subcultures in the Netherlands, Germany, and the United States*, edited by George Harinck and Hans Krabbendam, 101–14. Amsterdam: VU Uitgeverij, 2000.

———. *Umkehr und Erneuerung: Aus der Geschichte der Evangelischaltreformierten Kirche in Niedersachsen, 1838–1988.* Bad Bentheim: Hellendoorn KG, 1988.

Beuker, H. "Dr Bavincks inaugurele rede." *De Vrije Kerk* 9 (1883): 178–83.

———. *Tubantiana.* Kampen: Kok, 1897.

Beversluis, M. *De val van Dr. A. Kuyper een zegen voor ons land en volk.* Oud-Beierland: Hoogwerf, 1905.

Binnerts Sz., A. *Nieuw-Gereformeerde en Moderne Theologie: Beschouwingen naar aanleiding van de rectorale oratie van Prof. Bavinck, ter moderne theologenverga dering voorgedragen en aangevuld met een Naschrift.* Baarn: Hollandia-Drukkerij, 1912.

Blanning, T. C. W. Introduction to *The Oxford Illustrated History of Modern Europe*, edited by T. C. W. Blanning, 1–10. Oxford: Oxford University Press, 1996.

Bloemendal, Berthold. "Kerkelijke en nationale achtergronden van Duitse studenten in Kampen, 1854–1994." In *Documentatieblad voor de Nederlandse Kerkgeschiedenis na 1800*, no. 85 (December 2016): 62–78.

Boeke, D. E. *Gereformeerde Evangelisatie: Indrukken op het Congres voor Gerefor meerde Evangelisatie te Amsterdam, 8/9 April 1913.* Amsterdam: Kirberger & Kesper, 1913.

Boekholt, P. Th. F. M., and Engelina Petronella de Booy. *Geschiedenis van de school in Nederland vanaf de middeleeuwen tot aan de huidige tijd.* Assen: Van Gorcum, 1987.

Boeles, W. B. S. *Frieslands hoogeschool en het Rijks Athenaeum te Franeker.* Leeuwarden: H. Kuipers, 1878.

de Boer, Tjitze. "De Filosofie van Henri Bergson." *De Beweging* 5 (1909): 225–44.

———. *Geschichte der Philosophie im Islam.* Stuttgart: Fr. Frommanns Verlag, 1901.

———. *Nietzsche en de wetenschap.* Amsterdam: Scheltema & Holkema's Boekhandel, 1906.

———. "Plato en Aristoteles bij de moslims." *Tweemaandelijksch Tijdschrift* 6 (1900): 306–31.

Boersma, Hans. *Seeing God: The Beatific Vision in Christian Tradition.* Grand Rapids: Eerdmans, 2018.

Boissevain, Charles. *Van 't Noorden naar 't Zuiden: Schetsen en indrukken van de Verenigde Staten van NoordAmerika.* Haarlem: H. D. Tjeenk Willink, 1881.

Bolt, John. *Bavinck on the Christian Life: Following Jesus in Faithful Service.* Wheaton: Crossway, 2015.

———. "Editor's Introduction." In *Reformed Dogmatics: Prolegomena,* by Herman Bavinck, edited by John Bolt, 1:11–22. Grand Rapids: Baker Academic, 2003.

———. "Grand Rapids between Kampen and Amsterdam: Herman Bavinck's Reception and Influence in North America." *Calvin Theological Journal* 38, no. 2 (2003): 263–80.

———. "Herman Bavinck Speaks English: A Bibliographic Essay." *MidAmerica Journal of Theology* no. 19 (2008): 117–26.

Bos, David. *Servants of the Kingdom: Professionalization among Ministers of the NineteenthCentury Netherlands Reformed Church.* Leiden: Brill, 2010.

Bos, Emo. *Souvereiniteit en religie: Godsdienstvrijheid onder de eerste Oranjevorsten.* Hilversum: Verloren, 2009.

Bos, F. L. "Velzen, Simon van." In *Biografisch lexicon voor de geschiedenis van het Nederlands protestantisme,* edited by D. Nauta, A. de Groot, J. van den Berg, O. J. de Jong, F. R. J. Knetsch, and G. H. M. Posthumus Meyjes, 2:431–33. Kampen: Kok, 1983.

Bosma, Ulbe, and Remco Raben. *Being "Dutch" in the Indies: A History of Cre olisation and Empire, 1500–1920.* Translated by Wendie Shaffer. Athens: Ohio University Press, 2008.

Bouma, H. *Een vergeten hoofdstuk.* Enschede: Boersma, 1959. Bouwman, Harm. "Ds. J. Bavinck." *De Bazuin*, December 3, 1909.

———. "Een leerstoel voor de zending." *De Bazuin*, September 9, 1910.

———. "Gedenkdag." *De Bazuin*, January 10, 1913.

Bratt, James., ed. *Abraham Kuyper: A Centennial Reader.* Grand Rapids: Eerdmans, 1998.

———. *Abraham Kuyper: Modern Calvinist, Christian Democrat.* Grand Rapids: Eerdmans, 2013.

———. "The Context of Herman Bavinck's Stone Lectures: Culture and Politics in 1908." *Bavinck Review* 1 (2010): 4–24.

———. Introduction to "Calvinism: Source and Stronghold of Our Constitutional Liberties," by Abraham Kuyper, in Bratt, *Abraham Kuyper: A Centennial Reader*, 279–80.

Brederveld, J. *Christian Education: A Summary and Discussion of Bavinck's Pedagogical Principles.* Grand Rapids: Smitter, 1928.

———. *Hoofdlijnen der paedagogiek van dr. Herman Bavinck.* Amsterdam: De Standaard, 1927.

Bremmer, R. H. *Herman Bavinck als dogmaticus.* Kampen: Kok, 1966.

———. *Herman Bavinck (1854–1921): Portret van 'n Reformatoriese denker in Ne derland.* Potchefstroom: Potchefstroomse Universiteit vir Christelike Hoër Onderwys, 1998.

———. *Herman Bavinck en zijn tijdgenoten.* Kampen: Kok, 1966.

Brinkman, Martien. "Bavinck en de katholiciteit van de kerk." In *Ontmoetingen met Bavinck*, edited by George Harinck and Gerrit Neven, 307–24. Barneveld: Uitgeverij De Vuurbaak, 2006.

Bristley, Eric. *Guide to the Writings of Herman Bavinck.* Grand Rapids: Reformation Heritage Books, 2008.

Brock, Cory. *Orthodox yet Modern: Herman Bavinck's Use of Friedrich Schleier macher.* Bellingham, WA: Lexham, 2020.

Brock, Cory, and Nathaniel Gray Sutanto. "Introduction to the Annotated Edition." In *Philosophy of Revelation: A New Annotated Edition*, by Herman Bavinck, edited by Cory Brock and Nathaniel Gray Sutanto, xxi–xxxii. Peabody, MA: Hendrickson, 2018.

ten Broek, M. *De geestelijke opwekking in Holland*. Ermelo: Gebr. Mooij, 1905.

Brown, Stewart J. "The Disruption and the Dream: The Making of New College 1843–1861." In *Disruption to Diversity: Edinburgh Divinity 1846–1996*, 29–50. Edinburgh: T&T Clark, 1996.

———. *Thomas Chalmers and the Godly Commonwealth in Scotland*. Oxford: Oxford University Press, 1983.

Brownson, Marcus A. "The Calvin Celebration in Geneva, and Calvin's City as It Is Today: Personal Impressions." *Journal of the Presbyterian Historical Society (1901–1930)* 5, no. 4 (December 1909): 164–74.

Bruce, Alexander Balmain. "The Rev. Professor Stewart F. Salmond, DD, Free Church College, Aberdeen." *Biblical World* 8, no. 5 (1896): 347–53.

Brugman, J. "Snouck Hurgronje's Study of Islamic Law." In *Leiden Oriental Connections, 1850–1940*, edited by Willem Otterspeer, 82–93. Leiden: Brill, 1989.

de Bruijn, Jan. *Abraham Kuyper: A Pictorial Biography*. Grand Rapids: Eerdmans, 2008.

———. "'Het krankheidsverschijnsel der zich intellectueel man voelende vrouw.' De eerste vrouwelijke studenten aan de Vrije Universiteit." In *Ridders van het Recht: De juridische faculteit van de Vrije Universiteit, 1880–2010*, edited by J. de Bruijn, S. Faber, and A. Soeteman, 83–92. Amsterdam: Prometheus, 2015.

Buys, Marius. *Mr. Jan Rudolf Thorbecke herdacht*. Tiel: D. Mijs, 1872.

Campbell, Douglas. *The Puritan in Holland, England and America: An Introduction to American History*. 2 vols. New York: Harper and Brothers, 1892–93.

Casimir, Rommert. "Bavincks paedagogische beginselen." *School en leven* 8 (1906/1907): 38–42, 87–90, 118–23, 177–83, 193–200, 321–27, 465–67.

Chantepie de la Saussaye, Daniël. *Verzameld werk*. 3 vols. Zoetermeer: Boekencentrum, 1997–2003.

Christelijke Sociaal Congres. Rotterdam: Drukkerij Libertas, 1919.

de Cock, Helenius. *Waarom heb ik mijn kinderen laten vaccineren? Open brief aan de heer D. Wijnbeek*. Kampen: Simon van Velzen Jr., 1871.

Datema, Pieter Gerrit. *Zending, een plicht?* N.p., 1904.

Daubanton, F. E. *Confessie en dogmatiek.* Amsterdam: F.W. Egeling, 1891.

Davies, Guy. Review of *Herman Bavinck: Pastor, Churchman, Statesman, and Theolo gian*, by Ron Gleason. *European Journal of Theology* 21, no. 2 (October 2012): 176. Dekker, Rudolf. "Childhood in Dutch Autobiographies, 1600–1850: Changing Memory Strategies." *Paedagogica Historica* 32 (1996): 65–76.

———. Introduction to *Egodocuments and History: Autobiographical Writing in Its Social Context since the Middle Ages*, edited by Rudolf Dekker, 7–20. Hilversum: Verloren, 2002.

van Dellen, Idzerd. *In God's Crucible: An Autobiography.* Grand Rapids: Baker, 1950.

———. "In Memoriam: Prof. Dr. H. Bavinck te Kampen." *Onze Toekomst*, August 26, 1921.

Dennison, James T., Jr. Introduction to *The Letters of Geerhardus Vos*, edited by James T. Dennison Jr., 11–86. Phillipsburg, NJ: P&R, 2005.

Dercksen, J. M. E. *Gedenkboek der feestvieringen van het driehonderdjarig bestaan der hoogeschool te Leiden.* Leiden: De Breuk & Smits, 1875.

van Deursen, Arie Theodorus. *The Distinctive Character of the Free University in Amsterdam, 1880–2005.* Grand Rapids: Eerdmans, 2008.

Diepenhorst-De Gaay Fortman, A. C. *Wat wil de Nederlandsche Christen Vrouwenbond?* Rotterdam: Drukkerij Libertas, 1920.

Diepersloot, J., and E. L. Smelik. *Een kleine kerk in een groten tijd (De Gereformeerde Kerken in Hersteld Verband).* N.p., 1937.

Dirksen, Peter Berend, and Aad W. van der Kooi, eds. *Abraham Kuenen (1828–1891): His Major Contributions to the Study of the Old Testament.* Leiden: Brill, 1993. Donner, J. H. *Afgewezen, maar niet teleurgesteld: Toespraak naar 1 Koningen 8:17–19a.* Kampen: G. Ph. Zalsman, 1873.

———. *Lichtstralen van den kandelaar des woords.* Leiden: D. Donner, 1883.

Dorner, I. A. *Entwicklungsgeschichte der Lehre von der Person Christi.* Berlin: Schlawitz, 1853. ET: *History of the Development of the Doctrine of the Person of Christ.* Translated by D. W. Simon.

Edinburgh: T&T Clark, 1861.

Dosker, Henry Elias. *The Dutch Anabaptists.* Philadelphia: Judson Press, 1921.

———. "Herman Bavinck." *Princeton Theological Review* 20 (1922): 448–64. Reprinted as "Herman Bavinck: A Eulogy by Henry Elias Dosker," in *Essays on Religion, Science, and Society*, edited by John Bolt, translated by Harry Boonstra and Gerrit Sheeres, 13–24. Grand Rapids: Baker Academic, 2008.

van Driel, C. M. [Niels]. *Schermen in de schemering: Vijf opstellen over modernisme en orthodoxie.* Hilversum: Verloren, 2007.

———. "The Status of Women in Contemporary Society: Principles and Practice in Herman Bavinck's Socio-Political Thought." In *Five Studies in the Thought of Herman Bavinck, a Creator of Modern Dutch Theology*, edited by John Bolt, 153–95. Lewiston, NY: Mellen, 2011.

Dröge, Philip. *Pelgrim: Leven en reizen van Christiaan Snouck Hurgronje.* Utrecht: Spectrum, 2017.

Du Bois, W. E. B. "Die Negerfrage in den Vereinigten Staaten." *Archiv für Sozialwis senschaft und Sozialpolitik* 22 (1906): 31–79.

Van Dyke, Harry. *Groen van Prinsterer's Lectures on Unbelief and Revolution.* Jordan Station, Ontario: Wedge Publishing Foundation, 1989.

———. Review of *Herman Bavinck: Pastor, Churchman, Statesman, and Theolo gian*, by Ron Gleason. *Calvin Theological Journal* 46, no. 1 (April 2011): 192–97. Dykstra, Russell. Review of *Herman Bavinck: Pastor, Churchman, Statesman, and

Theologian*, by Ron Gleason. *Protestant Reformed Theological Journal* 46, no. 1 (November 2012): 133–37.

van Eeden, Frederik. *De kleine Johannes.* 3 vols. Amsterdam: Elsevier, 1979.

———. *De nachtbruid: De gedenkschriften van Vico Muralto.* Amsterdam: Versluys, 1909.

Eekhoff, W., ed. *Oorkonden der geschiedenis van het Sint Anthonij-Gasthuis te Leeu warden, uit de 153 en 16e eeuw, Eerste deel, Van 1406–1562.* Leeuwarden: n.p., 1876.

Eerdmans, Bernardus. *"Orthodox" verweer.* Leiden: S. C. van Doesburgh, 1911. Eglinton, James. "The Christian Family in the

Twenty-First Century." In *The Christian Family*, by Herman Bavinck, translated by Nelson D. Kloosterman, ix–x. Grand Rapids: Christian's Library Press, 2012.

———. Review of *Herman Bavinck: Pastor, Churchman, Statesman, and Theolo gian*, by Ron Gleason. *Scottish Bulletin of Evangelical Theology* 29, no. 1 (Spring 2011): 127.

———. *Trinity and Organism: Towards a New Reading of Herman Bavinck's Organic Motif*. London: Bloomsbury T&T Clark, 2012.

———. "*Varia Americana* and Race: Kuyper as Antagonist and Protagonist." *Journal of Reformed Theology* 11 (2017): 65–80.

van Eijnatten, Joris, and Fred van Lieburg. *Nederlandse religiegeschiedenis*. Hilversum: Verloren, 2006.

Eisenstadt, Shmuel Noah. *Comparative Civilizations and Multiple Modernities*. 2 vols. Leiden: Brill, 2003.

Faber, Riemer, trans. *Synopsis purioris theologiae / Synopsis of a Purer Theology: Latin Text and English Translation*. Vol. 1, *Disputations 1–23*. Leiden: Brill, 2014. Vol. 2, *Disputations 24–42*. Leiden: Brill, 2016.

Fokkema, Douwe, and Frans Grijzenhout. *Dutch Culture in a European Perspective: 1600–2000*. New York: Palgrave Macmillan, 2004.

Fuller, Ross. *The Brotherhood of the Common Life and Its Influence*. New York: State University of New York Press, 1995.

Geelhoed, J. *Dr. Herman Bavinck*. Goes: Oosterbaan & Le Cointre, 1958. Geesink, Willem. *Calvinisten in Nederland*. Rotterdam: J. H. Dunk, 1887.

———. *De ethiek in de gereformeerde theologie: Rede bij de overdracht van het rectoraat der Vrije Universiteit te Amsterdam op 20 october 1897*. Amsterdam: Kirchner, 1897.

———. *Gereformeerde ethiek*. Edited by Valentijn Hepp. Kampen: Kok, 1931.

———. "In Memoriam: Petrus Abraham Elisa Sillevis Smitt." *Almanak van het Stu dentencorps a/d VrijeUniversiteit, 1919*, 61–72. Amsterdam: Herdes, 1919.

de Gelder, Jan Jacob. *Catalogus van de tentoonstelling ter herdenking van het driehon derdvijftigjarig bestaan der Leidsche universiteit in het museum "De Lakenhal."* Leiden, Februari 1925.

Leiden: Sijthoff, 1925.

van Gelderen, J., and F. Rozemond. *Gegevens betreffende de Theologische Universiteit Kampen, 1854–1994.* Kampen: Kok, 1994.

Gerok, Karl. *Palmbladen; Heilige woorden: Ter bevordering van christelijke geloof en christelijke wereldbeschouwing.* Translated by C. P. L. Rutgers. Groningen: Zweeden, 1865.

Geurts, Pieter Antoon Marie. *Voorgeschiedenis van het statencollegte te Leiden: 1575–1593.* Leiden: Brill, 1984.

Gielen, Jos. "Nietzsche in Nederland." *De Nieuwe Taalgids* 37 (1943): 19–26.

Gispen, W. "Aan een vriend te Jeruzalem." *De Bazuin*, October 28, 1892.

Gleason, Ron. *Herman Bavinck: Pastor, Churchman, Statesman, and Theologian.* Phillipsburg, NJ: P&R, 2010.

Goedvree, Aart. *Een ondoordringbaar mysterie: Wedergeboorte volgens Herman Bavinck.* Apeldoorn: Labarum Academic, 2018.

de Graaf, Gerrit Roelof. "Fides Quaerit Intellectum: 'Het geloof zoekt te verstaan'; Het Kamper studentencorps 'Fides Quaerit Intellectum' in zijn omgang met de 'moderne' cultuur (1863–1902)." *Documentatieblad voor de Nederlandse kerk geschiedenis na 1800* 28 (2005): 20–35.

de Graaff, W. "Een merkwaardige school in de vorige eeuw." *De Hoeksteen* 11 (1982): 105–12.

Graham, Gordon. "Bavinck, Nietzsche, and Secularization." In *The Kuyper Center Review*, vol. 2, *Revelation and Common Grace*, edited by John Bowlin, 14–26. Grand Rapids: Eerdmans, 2011.

Griffis, William Elliot. *The Influence of the Netherlands in the Making of the English Commonwealth and the American Republic.* Boston: De Wolfe, Fiske & Co., 1891.

Groen van Prinsterer, Guillaume. *Ongeloof en revolutie: Eene reeks van historische voorlezingen.* Leiden: S. & J. Luchtmans, 1847. ET: *Unbelief and Revolution: A Series of Lectures in History.* Edited and translated by Harry van Dyke. Amsterdam: Groen van Prinsterer Fund, 1973–75.

Groenewegen, Herman. *De theologie en hare wijsbegeerte.* Amsterdam: Rogge, 1904.

———. "Wetenschap of dogmatisme." *Theologisch Tijdschrift* 37

(1903): 385–424.
Gunning, J. H., Jr. "Aan Prof. Dr. H. Bavinck." *De Vrije Kerk* 10 (1884): 212–20.
———. "Aan Prof. Dr. H. Bavinck." *De Vrije Kerk* 10 (1884): 277–86.
———. "Aan Prof. Dr. H. Bavinck." *De Vrije Kerk* 10 (1884): 314–19.
———. *De heilige schrift, Gods woord: Antwoord aan Dr. A. Kuyper op zijn "Confidentie."* Amsterdam: Höveker, 1872.
———. *Jezus Christus de middelaar Gods en der menschen: Naar aanleiding van dr. H. Bavinck, De theologie enz. door J. H. Gunning jr.* Amsterdam: Höveker & Zoon, 1884.
Gunning Wzn. [Willemszoon], J. H. "Prof. dr. H. Bavinck." *Het Kind* 22 (1921): 321–25.
Hagen, T. J. "De geestelijke verzorging van onze weermacht." In *Onze Weermacht— van 1914 tot 1918—Extra Nummer van De Amsterdammer Weekblad voor Neder land*, edited by J. A. van Hamel et al., 7–10. Amsterdam: n.p., 1918.
Harger, Swenna, and Loren Lemmen. *Beloved Family and Friends: Letters between Grafschaft Bentheim, Germany and America*. Holland, MI: Bentheimers International Society, 2007.
———. *The County of Bentheim and Her Emigrants to North America*. Holland, MI: Swenna Harger, 1994.
Harinck, George. "Abraham Kuyper: De Vrije Universiteit op weg naar de samenleving." In *Verder kijken: Honderdvijfendertig jaar Vrije Universiteit Amsterdam in de samenleving; Zesentwintig portretten*, edited by Ab Flipse, 19–26. Amsterdam: VU Uitgeverij, 2016.
———. "'Als een schelm weggejaagd'? De ARP en de verkiezingen van 1905." In *Het kabinetKuyper (1901–1905)*, edited by D. Th. Kuiper and G. J. Schutte, 270–301. Zoetermeer: Meinema, 2001.
———. "Being Public: On Abraham Kuyper and His Publications." In *Abraham Kuyper: An Annotated Bibliography, 1857–2010*, by Tjitze Kuipers, vii–xxi. Leiden: Brill, 2011.
———. "De Antirevolutionarie Partij, 1905–1918." In *De Antirevolutionarie Partij, 1829–1980*, edited by George Harinck, Roel Kuiper, and Peter Bak, 123–56. Hilversum: Verloren, 2001.
———. "'Eén uur lang is het hier brandend licht en warm geweest': Bavinck en Kampen." In *Ontmoetingen met Bavinck*, edited by

George Harinck and Gerrit Neven, 107–18. Barneveld: De Vuurbaak, 2006.

———. "Groen van Prinsterer en Thomas Chalmers: 'Precious Ties of a Common Faith.'" In *Groen van Prinsterer in Europese Context*, edited by George Harinck and Jan de Bruijn, 43–54. Hilversum: Uitgeverij Verloren, 2004.

———. "Herman Bavinck and Geerhardus Vos." *Calvin Theological Journal* 45, no. 1 (2010): 18–31.

———. "Herman Bavinck and the Neo-Calvinist Concept of the French Revolution." In *NeoCalvinism and the French Revolution*, edited by James Eglinton and George Harinck, 13–30. London: Bloomsbury T&T Clark, 2014.

———. "Inleiding." In *"Men wil toch niet gaarne een masker dragen": Brieven van Henry Dosker aan Herman Bavinck, 1873–1921*, edited by George Harinck and Wouter Kroese, 11–15. Amsterdam: Historisch Documentatiecentrum voor het Nederlands Protestantisme (1800–heden), 2018.

———. "Inleiding." In *Mijne reis naar Amerika*, by Herman Bavinck, edited by George Harinck, 9–29. Barneveld: Uitgeverij De Vuurbaak, 1998.

———. "'Land da ons verwondert en ons betoovert': Bavinck en Amerika." In *Ont moetingen met Bavinck*, edited by George Harinck and Gerrit Neven, 35–46. Barneveld: De Vuurbaak, 2006.

———. "The Poetry of Theologian Geerhardus Vos." In *Dutch-American Arts and Letters in Historical Perspective*, edited by Robert P. Swierenga, Jacob E. Nyenhuis, and Nella Kennedy, 69–80. Holland, MI: Van Raalte Press, 2008.

———. "The Religious Character of Modernism and the Modern Character of Religion: A Case Study of Herman Bavinck's Engagement with Modern Culture." *Scottish Bulletin of Evangelical Theology* 29, no. 1 (2011): 60–77.

———. "'Something That Must Remain, If the Truth Is to Be Sweet and Precious to Us': The Reformed Spirituality of Herman Bavinck." *Calvin Theological Journal* 38, no. 2 (2003): 248–62.

———. "'The Tares in the Wheat': Henry E. Dosker's Calvinist Historiography of Dutch Anabaptism." In *Religious Minorities and*

Cultural Diversity in the Dutch Republic, edited by August den Hollander, Mirjam van Veen, Anna Voolstra, and Alex Noord, 268–79. Leiden: Brill, 2014.

———. *Varia Americana: In het spoor van Abraham Kuyper door de Verenigde Staten*. Amsterdam: Bert Bakker, 2016.

———. "Via veldprediker naar legerpredikant: De protestantse kerken en de wederzijdse doordringing van kerk en leger." In *De kogel door de kerk? Het Nederlandse Christendom en de Eerste Wereldoorlog*, edited by Enne Koops and Henk van der Linden, 107–31. Soesterberg: Aspekt B.V., 2014.

———. "Wipe Out Lines of Division (Not Distinctions): Bennie Keet, Neo-Calvinism and the Struggle against Apartheid." *Journal of Reformed Theology* 11, no. 1–2 (2017): 83–85.

Harinck, George, and Wim Berkelaar. *Domineesfabriek: Geschiedenis van de Theo logische Universiteit Kampen*. Amsterdam: Prometheus, 2018.

Harinck, George, Cornelis van der Kooi, and Jasper Vree, eds. *"Als Bavinck nu maar eens kleur bekende": Aantekeningen van H. Bavinck over de zaakNetelenbos, het Schriftgezag en de Situatie van de Gereformeerde Kerken (November 1919)*. Amsterdam: VU Uitgeverij, 1994.

Harinck, George, Herman Paul, and Bart Wallet, eds. *Het gereformeerde geheugen: Protestantse herinneringscultuur in Nederland, 1850–2000*. Amsterdam: Bert Bakker, 2009.

Harinck, George, and Marjoleine de Vos. *Wat eten we vanavond? Protestants!* Amsterdam: Donum Reeks, 2005.

Harinck, George, and Lodewijk Winkler. "The Nineteenth Century." In *Handbook of Dutch Church History*, edited by Herman Selderhuis, 445. Göttingen: Vandenhoeck & Ruprecht, 2015.

den Hartogh, G. M. *De Afscheiding en de Theologische School*. Aalten: N. V. de Graafschap, 1934.

———. "De eerste halve eeuw." In *Sola Gratia: Schets van de geschiedenis en de werkzaamheid van de Theologische Hogeschool der Gereformeerde Kerken in Ne derland*, edited by J. D. Boerkoel, Th. Delleman, and G. M. den Hartogh, 7–103. Kampen: Kok, 1954.

———. *Onze Theologische School*. Kampen: Kok, 1953.

———. "Varia." In *Sola Gratia: Schets van de geschiedenis en de werkzaamheid van de Theologische Hogeschool der Gereformeerde Kerken in Nederland*, edited by J. D. Boerkoel, Th. Delleman, and G. M. den Hartogh, 60–64. Kampen: Kok, 1954.

Hedley, Douglas. "Theology and the Revolt against the Enlightenment." In *The Cambridge History of Christianity: World Christianities, c. 1815–c. 1914*, edited by Sheridan Gilley and Brian Stanley, 30–52. Cambridge: Cambridge University Press, 2006.

Heere, Peter, Arnold Vernooij, and Jan van den Bos. *De Erebegraafplaats Bloemendaal*. The Hague: SDU Uitgevers, 2005.

Heideman, Eugene. *Hendrik P. Scholte: His Legacy in the Netherlands and in America*. Grand Rapids: Eerdmans, 2015.

———. *The Relation of Revelation and Reason in E. Brunner and H. Bavinck*. Assen: Van Gorcum, 1959.

Hendriksen, William. "Translator's Preface." In *The Doctrine of God*, by Herman Bavinck, 7–9. Edinburgh: Banner of Truth Trust, 1951.

Henry, Matthew. *Letterlijke en practicale Bijbelverklaring*. Utrecht: Kemink, 1896. Translation of *An Exposition of the Old and New Testaments*, first published 1708–10.

Hepp, Valentijn. *Dr. Herman Bavinck*. Amsterdam: Ten Have, 1921.

———. *Levensbericht voor Herman Bavinck*. Leiden: Brill, 1923.

Herman [no first name given]. "Goed en kwaad gerucht uit Nederland." *JavaBode*, October 14, 1882.

Hevesi, Dennis. "Johtje Vos, Who Saved Wartime Jews, Dies at 97." *New York Times*, November 4, 2007.

Heywood, Colin. "Children's Work in Countryside and City." In *The Routledge His tory of Childhood in the Western World*, edited by Paula S. Fass, 125–41. London: Routledge, 2013.

Hille, H., and J. P. Neven. "Verheerlijkt en verguisd." *Oude Paden*, March 2001, 42–52. van Hoeken, C. J. *Antwoord aan den schrijver van: Een woord aan de afgescheidenen uit de hervormden, en aan allen die de waarheid lief hebben*. 's Gravenhage: J. van Golverdinge, 1841.

Hoekstra, Tjeerd. "Begravenis Prof. Dr. Bavinck." *De Bazuin*, August 6, 1921.

———. "Prof. Dr. H. Bavinck." *Gereformeerd Theologisch Tijdschrift*

22, no. 3/4 (July–August 1921): 97–102.

Hofkamp, S. J. *Geschiedenis der Beschaving: Een leesboek voor de hoogste klasse der lagere scholen*. Groningen: M. Smit, 1856.

Honig, Anthonie. "Algemeene vergadering der Vereeniging tot Christelijke Verzorging van Krankzinnigen in Nederland." *De Bazuin*, October 22, 1907.

———. *De Zending en de scholen*. Zeist: n.p., 1900.

———. "Evangelisatie." *De Bazuin*, May 16, 1913.

———. *Handboek van de Gereformeerde Dogmatiek*. Kampen: Kok, 1938.

———. "Ter gedachtenis aan Prof. Bavinck." *Gereformeerd Theologisch Tijdschrift* 6 (October 1921): 186.

Hoogenbirk, A. J. *Heeft Calvijn ooit bestaan? Kritisch onderzoek der Calvijnlegende*. Nijkerk: G. F. Callenbach, 1907.

———. *Om de kunst*. Nijkerk: Callenbach, 1903.

Houtman, C. "Noordtzij, Arie." In *Biografisch Lexicon voor de Geschiedenis van het Nederlandse Protestantisme*, 3:282–84. Kampen: Kok, 1988.

———. "Noordtzij, Maarten." In *Biografisch Lexicon voor de Geschiedenis van het Nederlandse Protestantisme*, 3:284–86. Kampen: Kok, 1988.

Hovy, Willem. "Advertentiën: Vrije Universiteit." *De vriend van oud en jong*, April 28, 1889.

Huttinga, Wolter. "'Marie Antoinette' or Mystical Depth? Herman Bavinck on Theology as Queen of the Sciences." In *Neo-Calvinism and the French Revolution*, edited by James Eglinton and George Harinck, 143–54. London: Bloomsbury T&T Clark, 2014.

Jaarsma, Cornelius Richard. *The Educational Philosophy of Herman Bavinck: A Textbook in Education*. Grand Rapids: Eerdmans, 1935.

de Jong, Marinus. "The Heart of the Academy: Herman Bavinck in Debate with Modernity on the Academy, Theology, and the Church." In *The Kuyper Center Review*, vol. 5, *Church and Academy*, edited by Gordon Graham, 62–75. Grand Rapids: Eerdmans, 2015.

Joustra, Jessica. "An Embodied *Imago Dei*: How Herman Bavinck's

Understanding of the Image of God Can Help Inform Conversations on Race." *Journal of Reformed Theology* 11, no. 1–2 (2017): 9–23.

Kalff, Gerrit. *Het lied in de middeleeuwen.* Leiden: Brill, 1883.

Kalff, Gerrit, Jr. *Leven van Dr. G. Kalff (1856–1923).* Groningen: Wolters, 1924.

Kamphuis, Jaap. *Nietzsche in Nederland.* Ermelo: Woord en Wereld, 1987.

Kasteel, Petrus. *Abraham Kuyper.* Kampen: Kok, 1938.

Katz, Cornelia Frida. "Inleiding." *Christendom en Vrouwenbeweging*, introductory issue (1923).

Kennedy, James, and Jan Zwemer. "Religion in the Modern Netherlands and the Problems of Pluralism." *BMGN—Low Countries Historical Review* 125, nos. 2–3 (2010): 237–68.

van Keulen, Dirk. *Bijbel en dogmatiek: Schriftbeschouwing en schriftgebruik in het dogmatisch werk van A. Kuyper, H. Bavinck en G. C. Berkouwer.* Kampen: Kok, 2003.

———. "Herman Bavinck and the War Question." In *Christian Faith and Violence*, edited by D. van Keulen and M. E. Brinkman, 1:122–40. Zoetermeer: Meinema, 2005.

———. "Herman Bavinck's *Reformed Ethics*: Some Remarks about Unpublished Manuscripts in the Libraries of Amsterdam and Kampen." *Bavinck Review* 1 (2010): 25–56.

———. "Ten geleide." In *Gereformeerde ethiek*, by Herman Bavinck, edited by Dirk van Keulen, 9–34. Utrecht: Uitgeverij KokBoekencentrum, 2019.

van Klinken, G. J. "Lucas Lindeboom: Voorman van de christelijke zorg." In *Bevlo gen theologen: Geëngageerde predikanten in de negentiende en twintigste eeuw*, edited by Paul E. Werkman and Roelof Enno van der Woude, 123–46. Hilversum: Verloren, 2012.

van Klinken, L. *Bavinck's paedagogische beginselen.* Meppel: Stenvert, 1936.

Klok, Jacobus, and Hendrik de Cock. *De evangelische gezangen getoetst en gewogen en te ligt gevonden.* Groningen: J. H. Bolt, 1834.

Kok, A. B. W. M. *Dr Herman Bavinck.* Amsterdam: S. J. P. Bakker,

1945.

van Koningsveld, Pieter Sjoerd. "Conversion of European Intellectuals to Islam: The Case of Christiaan Snouck Hurgronje alias ʿAbd al-Ghaffār." In *Muslims in Inter war Europe: A Transcultural Historical Perspective*, edited by Bekim Agai, Umar Ryad, and Mehdi Sajid, 88–104. Leiden: Brill, 2016.

Krabbendam, Hans. *Vrijheid in het verschiet: Nederlandse emigratie naar Amerika, 1840–1940*. Hilversum: Uitgeverij Verloren, 2006.

Krop, F. J. *Waarom bestrijden wij Rome?* Leeuwarden: Bouman, 1900.

Kuipers, Joel C. *Language, Identity, and Marginality in Indonesia: The Changing Nature of Ritual Speech on the Island of Sumba*. Cambridge: Cambridge University Press, 1998.

Kuipers, Tjitze. *Abraham Kuyper: An Annotated Bibliography, 1857–2010*. Leiden: Brill, 2011.

Kuyper, Abraham, Jr. "Bavinck-Comité." *De Heraut*, October 2, 1921.

———. *Van de Kennisse Gods*. Amsterdam: W. Kirchner, 1907.

Kuyper, Henriëtte, and Johanna Kuyper. *De levensavond van Dr. A. Kuyper*. Kampen: Kok, 1921.

Laman, H. W., ed. *Wandelen door geloof: Overdenkingen van de gereformeerde pre dikanten*. Utrecht: Gereformeerd Tractaatgenootschap "Filippus," 1930.

Lamers, G. H. *De leer van het geloofsleven*. Amsterdam: W. H. Kirberger, 1877.

———. *De toekomst van de dogmatiek*. Amsterdam: W. H. Kirberger, 1878.

———. *Een woord over dogmatische theologie en dogmatiek*. Amsterdam: W. H. Kirberger, 1876.

Land, J. P. N. "Philosophy in the Dutch Universities." *Mind: A Quarterly Review of Psychology and Philosophy* 3 (1878): 87–104.

Landwehr, J. H. *In Memoriam: Prof. Dr. H. Bavinck*. Kampen: Kok, 1921.

———. *Kort overzich van de geschiedenis der Gereformeerde Kerken in Nederland, 1795 tot heden*. Zwolle: Tulp, 1908.

De Lange, J. *De Afscheiding te Leiden*. Rotterdam: J. H. Donner, 1934.

Lauzon, Matthew. "Modernity." In *The Oxford Handbook of World History*, edited by Jerry H. Bentley, 73–84. Oxford: Oxford University Press, 2011.

Leo XIII. "Encyclical Letter *Rerum Novarum.*" In *The Church Speaks to the Modern World: The Social Teachings of Leo XIII*, edited by Étienne Gilson, 205–44. Garden City, NY: Image, 1954.

Lewis, C. S. *Mere Christianity.* London: Fontana, 1952.

van der Linde, Antonius. *Michael Servet: Een brandoffer der gereformeerde inquisitie.* Groningen: P. Noordhoff, 1891.

Lindeboom, C. "Speciale opleiding voor de zending?" *De Bazuin*, November 4, 1910.

Lindeboom, Fenna Tjeerdina. *De ontwikkeling van het strafstelsel in SovjetRusland, 1917–1937.* Rotterdam: Libertas Drukkerijen, 1937.

Lindeboom, Lucas. *Bewaart het pand u toebetrouwd, of de geruststelling in "Oplei ding en theologie" onderzocht en gewogen.* Kampen: Zalsman, 1896.

———. *Gereformeerde stichtingen van barmhartigheid in Nederland.* Kampen: Kok, 1927.

———. *Godgeleerden.* Heusden: A Gezelle Meerburg, 1894.

———. "Het doctoraat in de heilige godgeleerdheid aan de Theologische School der Christ. Geref. Kerk." N.p., 1887.

———. "Ingezonden." *De Bazuin*, March 13, 1896.

———. *Onze roeping tegenover, en onder Rome.* Heusden: A. Gezelle Meerburg, 1890.

Lindeboom, Lucas, and Maarten Noordtzij. "Een woord betreffende de zaak der Opleiding." *De Bazuin*, October 10, 1902.

Lindsay, Thomas. "The Protestant Reformation: Its Spiritual Character and Its Fruits in the Individual Life." In *Alliance of the Reformed Churches Holding to the Pres byterian System: Proceedings of the Fifth General Council Toronto, 1892*, edited by George D. Mathews, 39–45. London: Publication Committee of the Presbyterian Church of England, 1892.

Loosjes, A. *Overijssel, Friesland, Groningen en Drente in Beeld.* Amsterdam: Scheltema & Holkema's Boekhandel en Uitgevers Maatschappij, 1927.

Luther, Martin. *Het regtveerdigend geloof verklaart en bevestigt: In eene verhandeling over Paulus brief aan den Galaten.* Translated by Theodorus van der Groe. Utrecht: A. Visscher, 1870. First published in Latin in 1519.

Mackay, James Hutton. *Religious Thought in Holland during the Nineteenth Century.* London: Hodder & Stoughton, 1911.

Martin, Frederick. *The Statesman's YearBook: A Statistical, Genealogical, and His torical Account of the States and Sovereigns of the Civilised World for the Year 1886.* London: MacMillan and Co., 1866.

Mathews, George D., ed. *Alliance of the Reformed Churches Holding to the Presby terian System: Proceedings of the Fifth General Council Toronto, 1892.* London: Publication Committee of the Presbyterian Church of England, 1892.

Mattson, Brian. *Restored to Our Destiny: Eschatology and the Image of God in Herman Bavinck's Reformed Dogmatics.* Leiden: Brill, 2011.

von Meyenfeldt, F. H. "Prof. Dr. Herman Bavinck: 1854–1954, 'Christus en de cultuur.'" *Polemios* 9, no. 21 (October 15, 1954): 109–12.

de Moen, Carol Godefroy. *De Bede van Salomo om wijsheid en wetenschap: Een gepast voorbeeld voor allen, maar inzonderheid voor de dienaren in 's Heeren wijngaard, die met Gods hulp de hun opgelegde taak willen aanvaarden en volbrengen.* Kampen: S. van Velzen Jnr., 1854.

———. "Toelichting." *De Bazuin*, December 22, 1854.

Moltmann, Jürgen. *Man: Christian Anthropology in the Conflicts of the Present.* Translated by John Sturdy. Philadelphia: Fortress, 1974.

Mooij, M. *Bond van Vrije Evangelische Gemeenten.* Baarn: Hollandia Drukkerij, 1907.

Mulder, H. "Lindeboom, Lucas." In *Biografisch lexicon voor de geschiedenis van het Nederlands protestantisme*, edited by D. Nauta, A. de Groot, J. van den Berg, O. J. de Jong, F. R. J. Knetsch, and G. H. M. Posthumus Meyjes, 3:250–53. Kampen: Kok, 1988.

Muller, P. J. *Handboek der dogmatiek.* 2nd ed. Groningen: Wolters, 1908. Multatuli. *Max Havelaar, of De koffieveilingen der Nederlandsche Handelmaatschappy.* Edited by Annemarie Kets-Vree. Assen: Van Gorcum, 1992.

———. *Max Havelaar, or The Coffee Auctions of the Dutch Trading Company.* Translated by Baron Alphonse Nahuÿs. Edinburgh: Edmonson & Douglas, 1868.

De Nederlandsche Vrouwenbond tot Verhooging van het Zedelijk Bewustzijn: Ont staan, Organisatie, en Werkwijze. N.p, n.d.

van Nes, A. L. *Woorden van broederlijke onderwijzing en waarschuwing ten opzigte van het gebruik der sterke dranken.* Groningen: J. Oomkens, 1841.

de Niet, Johan, and Herman Paul. "Collective Memories of John Calvin in Dutch Neo-Calvinism." In *Sober, Strict, and Scriptural: Collective Memories of John Calvin, 1800–2000,* edited by Johan de Niet, Herman Paul, and Bart Wallet, 67–95. Leiden: Brill, 2009.

Nijkeuter, Henk. *Geschiedenis van de Drentse literatuur, 1816–1956.* Assen: Van Gorcum, 2003.

Noordtzij, Maarten. *Egyptologie en Assyriologie in betrekking tot de geloofwaar digheid des Ouden Testaments: Rede bij het overdragen van het rectoraat aan de Theologische School te Kampen, den 19den December 1881.* Utrecht: C. van Bentum, 1882.

van Oosterzee, J. J. *Christelijke dogmatiek: Een handbook voor academisch onderwijs en eigen oefening.* Utrecht: Kemink, 1876.

den Ouden, R. A., and R. C. Verweyck. *Het Kuyperhuis.* Baarn: E. J. Bosch, 1921.

Pass, Bruce. "'The Heart of Dogmatics': The Place and Purpose of Christology in the Theological Method of Herman Bavinck." PhD diss., University of Edinburgh, 2018.

Pierson, Allard. *Dr. A. Pierson aan zijne laatste gemeente.* Arnhem: D. A. Thieme, 1865.

Pieters, K. J., D. J. van der Werp, and J. R. Kreulen. *Is de Afscheiding in Nederland van het Hervormd Kerkgenootschap, zooals het thans en sedert 1816 bestaat, uit God of uit menschen?* Franeker: T. Telenga, 1856.

Pos, H. J. "Levensbericht Tj. De Boer." In *Jaarboek der Koninklijke Nederlandse Aka demie van Wetenschappen,* 215. Amsterdam: Koninklijke Nederlandse Akademie van Wetenschappen, 1945–46.

Puchinger, George, and Nico Scheps. *Gesprek over de onbekende Kuyper.* Kampen: Kok, 1971.

Querido, Israël. "Letterkundige kroniek." *Algemeen Handelsblad,* October 3, 1906.

Ralston, Joshua. "Islam as a Christian Trope: The Place and Function of Islam in Reformed Dogmatic Theology." *Muslim World* 107, no. 4 (October 2017): 754–76.

Rapport inzake het vrouwenkiesrecht aan de generale synode van de Gereformeerde Kerken. Kampen: Kok, 1927.

Reitsma, J. "Passio Dordracena." *Geloof en Vrijheid: Tweemaandelijksch tijdschrift* 21 (September/October 1887): 555–90.

de Reus, Tjerk. "Op het kompas van De la Saussaye." *Friesch Dagblad*, October 25, 2003.

Rimius, Heinrich. *The History of the Moravians.* London: J. Robinson, 1754. Robert, Jacques. *The European Territory: From Historical Roots to Global Challenges.* London: Routledge, 2014.

Robertson, Archibald Thomas. *A Short Grammar of the Greek New Testament: For Students Familiar with the Elements of Greek.* New York: Hodder and Stoughton, 1909.

Roegiers, J., and N. C. F. van Sas. "Revolution in the North and South, 1780–1830." In *History of the Low Countries*, edited by J. C. H. Blom and Emiel Lamberts, 275–318. New York: Berghahn Books, 1999.

Rombouts, Fr. Siegbertus. *Prof. dr. H. Bavinck: Gids bij de studie van zijn paedago gische werken.* 's Hertogenbosch: Malmberg, 1922.

van Roon, G. *Protestants Nederland en Duitsland, 1933–41.* Utrecht: Spectrum, 1973.

Roosevelt, Theodore. Theodore Roosevelt Papers. Series 9: Desk Diaries, 1901–1909. *1907, Jan. 1–1908, Dec. 31; 1909, Jan. 7–Feb. 18.* Library of Congress, Washington, DC.

Rosendaal, Adriaan Cornelis. *Naar een school voor de gereformeerde gezindte: Het christelijke onderwijsconcept van het Gereformeerd Schoolverband (1868–1971).* Hilversum: Verloren, 2006.

Rullmann, J. C. *Onze voortrekkers.* Delft: Naamlooze Vennootschap W. D. Meinema, 1923.

Rutten, Alex. *De Publieke Man: Dr. P. H. Ritter Jnr. als cultuurbemiddelaar in het interbellum.* Hilversum: Literatoren, 2018.

de Savornin Lohman, Alexander. *De correspondentie over mijn ontslag als hoogleeraar aan de Vrije Universiteit.* Utrecht: Kemink, 1896.

———. "Donner (Johannes Hendrikus)." In *Nieuw Nederlandsch Biografisch Woor denboek*, edited by P. C. Molhuysen and P. J. Blok, 1:738. Leiden: A. W. Sijthoff, 1911.

Schaeffer, J. C. *De plaats van Abraham Kuyper in de "Vrije Kerk."* Amsterdam: Buijten & Schipperhein, 1997.

Schaver, J. L. *The Polity of the Churches.* 2 vols. Chicago: Church Polity Press, 1947.

Schivelbusch, Wolfgang. *The Railway Journey: The Industrialization of Time and Space in the 19th Century.* Berkeley: University of California Press, 1986.

Schlüter, Dick. "De grensoverschrijdende activiteiten van duivelbanners." In *Neder land en Bentheim: Vijf eeuwen kerk aan de grens / Die Niederlande und Bentheim: Fünf Jahrhunderte Kirche an der Grenze*, edited by P. H. A. M. Abels, G.-J. Beuker, and J. G. J. van Booma, 131–46. Delft: Eburon, 2003.

Schoemaker, J. *Geschiedenis der OudGereformeerde Kerk in het Graafschap Ben theim en het Vorstendom Ostfriesland.* Hardenberg: A. Kropveld, 1900.

Scholte, Hendrik Pieter. "De zesde december." *De Reformatie* 2, no. 1 (1841): 291–97.

———. "Moet in de Nederlandsche Staatsregeling de Bepaling worden Opgenomen, dat de Koning Behooren moet tot de Hervormde Godsdienst?" *De Reformatie* 1, no. 7 (1840): 320–32.

———. "Wet op de Verdraagzaamheid opgesteld door Jefferson." In *De Reformatie* 8, no. 2 (1845): 174–78.

Scholten, Johannes Henricus. *De leer der hervormde kerk in hare grondbeginselen.* 2 vols. Leiden: Engels, 1850.

Schoone-Jongen, Robert. "Dutch and Dutch Americans, to 1870." In *Immigrants in American History: Arrival, Adaptation, and Integration*, edited by Elliott Robert Barkan, 1:59–66. Oxford: ABC-CLIO, 2013.

Sheeres, Janet Sjaarda. *Son of Secession.* Grand Rapids: Eerdmans, 2006.

Slotemaker de Bruïne, J. R. "De vrouw en de kerk." *Christendom en Vrouwenbeweging*, series 6, no. 1, 1923.

Smits, C. *De Afscheiding van 1834.* Vol. 8, *Provincie NoordBrabant.* Dordrecht: J. P. van den Tol, 1988.

Snel, Johan. "Kuypers dodenmasker." In *Tussen Kampen en Amsterdam: George Ha rinck en het Historisch Documentatiecentrum van de Vrije Universiteit, 1985–2017*, edited by Wim Berkelaar,

Hans Seijlhouwer, and Bart Wallet, 114–18. Amsterdam: Donum Reeks, 2018.

Snouck Hurgronje, Christiaan. *De beteekenis van den islam voor zijne belijders in OostIndië.* Leiden: Brill, 1883.

———. "De islam." *De Gids* 50, no. 2 (1886): 239–73.

———. "Der Mahdi." *Revue Coloniale Internationale* 1 (1886): 25–59.

———. *Mekka.* 2 vols. The Hague: Nijhoff, 1888–89.

———. *Mekka in the Latter Part of the 19th Century—Daily Life, Customs and Learning: The Moslims of the EastIndian Archipelago.* Edited and translated by J. H. Monahan. Leiden: Brill, 2006.

———. "Mijne reis naar Arabië." *Nieuwe Rotterdamsche Courant,* November 26 and 27, 1885.

———. "Mohammedaansch recht en rechtwetenschap: Opmerkingen naar aanleiding van twee onlangs verschenen brochures." *De Indische Gids* 8, no. 1 (1886): 90–111.

———. "Nogmaals 'De Islam en Oost-Indië' naar aanleiding van prof. De Louters brief." *De Indische Gids* 5, no. 2 (1883): 75–80.

———. "Prof. De Louter over 'Godsdienstige wetten, volksinstellingen en gebruiken.'" *De Indische Gids* 5, no. 2 (1883): 98–108.

———. *Verspreide geschriften.* 2 vols. Leipzig: Schroeder, 1923.

Spits, F. C. "Problems of Defence in a Non-belligerent Society: Military Service in the Netherlands during the Second Half of the Nineteenth Century." In *Britain and the Netherlands,* vol. 6, *War and Society,* edited by A. C. Duke and C. A. Tamse, 189–202. The Hague: Martinus Nijhoff, 1977.

Spurgeon, Charles Haddon. *Voor iederen morgen: Dagboek voor huisgezin of bin nenkamer.* Translated by P. Huët. Amsterdam: W. H. Kirberger, 1870. Translation of *Morning by Morning: Daily Readings for the Family or the Closet,* first published in 1866.

Stanley, Brian. "Africa through European Christian Eyes: The World Missionary Conference, Edinburgh, 1910." In *African Identities and World Christianity in the Twentieth Century,* edited by Klaus Koschorke and Jens Holger Schjørring, 165–80. Wiesbaden: Harassowitz, 2005.

Steketee, Adriaan. *De beteekenis der Kunst voor den toekomstigen Evangeliedienaar: Rede, uitgesproken bij het overgeven van het rectoraat den 16en Dec. 1880*. Kampen: Zalsman, 1881.

———. *De studie van Plato, met het oog op de theologische forming: Rede, uitge sproken, bij het neerleggen van 't rectoraat, den 16en december 1875*. Kampen: G. Ph. Zalsman, 1875.

Stellingwerff, J. *Kuyper en de VU*. Kampen: Kok, 1987.

Stokvis, Pieter R. D. "The Secession of 1834 and Dutch Emigration to the United States: Religious Aspects of Emigration in Comparative Perspective." In *Breaches and Bridges: Reformed Subcultures in the Netherlands, Germany, and the United States*, edited by George Harinck and Hans Krabbendam, 21–32. VU Studies on Protestant History 4. Amsterdam: VU Uitgeverij, 2000.

Stout, Jeffrey. "Christianity and the Class Struggle." In *The Kuyper Center Review*, vol. 4, *Calvinism and Democracy*, edited by John Bowlin, 40–53. Grand Rapids: Eerdmans, 2014.

Strahan, James. *Andrew Bruce Davidson*. London: Hodder & Stoughton, 1917.

Strauss, David. *Das Leben Jesu, kritisch bearbeitet*. Tübingen: Osiander, 1835.

Strong, Josiah. *Our Country: Its Possible Future and Its Present Crisis*. New York: Baker and Taylor for the American Home Missionary Society, 1885.

———. *Our Country: Its Possible Future and Its Present Crisis*. Edited by Jurgen Herbst. Cambridge, MA: Harvard University Press, 1963.

Stuart, Martinus Cohen. *Zes maanden in Amerika*. Haarlem: Kruseman and Tjeenk Willem, 1875.

Sullivan, Elizabeth. "A Brief History of the Collection." In *European Clocks and Watches in the Metropolitan Museum of Art*, edited by Clare Vincent, Jan Hendrik Leopold, and Elizabeth Sullivan, 3–8. New York: Metropolitan Museum of Art, 2015.

Taylor, Charles. *A Secular Age*. Cambridge, MA: Harvard University Press, 2007.

Tichler, Jacob. *Huldrich Zwingli, de Kerkhervormer*. Utrecht: Kemink, 1858.

Troeltsch, Ernst. *Gesammelte schriften*. Vol. 2. Aalen: Scientia Verlag, 1962.

Tweede Internationaal Congres van Gereformeerden (Calvinisten),

    Amsterdam 23–26 October 1934, Verslagen. 's Gravenhage: Martinus Nijhoff, 1935.

Uitterdijk, Jurjen Nanninga. *Kampen: Geschiedkundig overzicht en merkwaardighe den.* Kampen: Van Hulst, 1878.

University of Amsterdam. *Album academicum van het Athenaeum illustre en van de Universiteit van Amsterdam: Bevattende de namen der curatoren, hoogleeraren en leeraren van 1632 tot 1913, der rectores magnifici en secretarissen van den Senaat der universiteit van 1877 tot 1913, der leden van den Illustrissimus senatus studio sorum Amstelodamensium van 1851 tot 1913, en der studenten van 1799 tot 1913.* Amsterdam: R. W. P. de Vries, 1913.

Ursinus, Zacharias. *Verklaring op den Heidelbergschen Catechismus.* Translated by C. van Proosdy. Kampen: Zalsman, 1882.

Valeton, J. P. P., Jr. *De Nederlandsche zendingsschool.* Utrecht: n.p., 1905.

Vandenbosch, Amry. *Dutch Foreign Policy since 1815: A Study in Small Power Politics.* The Hague: Martinus Nijhoff, 1959.

Vanderlaan, Eldred. *Protestant Modernism in Holland.* Oxford: Oxford University Press, 1924.

van Veen, H. "De Afscheiding en de gezangenstrijd." In *Afscheiding—Wederkeer: Opstellen over de Afscheiding van 1834*, edited by D. Deddens and J. Kamphuis, 117–49. Haarlem: Vijlbrief, 1984.

Veenhof, Cornelis. "Uit het leven van de Theologische Hogeschool 6." *De Reforma tie* 30, no. 16 (1955): 123–25.

Veenhof, Jan. *Revelatie en Inspiratie: De Openbarings en Schriftbeschouwing van Herman Bavinck in vergelijking met die van de ethische theologie.* Amsterdam: Buijten & Schipperheijn, 1968.

te Velde, Melis. *Anthony Brummelkamp: 1811–1888.* Barneveld: Uitgeverij de Vuurbaak, 1988.

———. "Brummelkamp, Anthony." In *Biografisch lexicon voor de geschiedenis van het Nederlands protestantisme*, edited by D. Nauta, A. de Groot, J. van den Berg, O. J. de Jong, F. R. J. Knetsch, and G. H. M. Posthumus Meyjes, 4:74–77. Kampen: Kok, 1998.

Verne, Jules. *De Noordpoolexpeditie van kapitein Hatteras.* Leiden: de Breuk & Smits, 1870. First published in French in 1864.

Visser, Eduard. *God, het woord en de tering: Leven en werk van Simon*

Gorter (1838– 1871), met een teksteditie van zijn brieven en een keuze uit zijn proza en preken. Hilversum: Verloren, 2017.

de Vrankrijker, A. C. J. *Vier eeuwen Nederlandsch studentenleven.* Voorburg: Boot, 1936.

Vree, Jasper. *Enkele aspecten van de Afscheiding in Delfzijl: Gebeurtenissen van toen—een vraag aan ons.* N.p., 1985.

———. "Gunning en Kuyper: Een bewogen vriendschap rond Schrift en kerk in de jaren 1860–1873." In *Noblesse oblige: Achtergrond en actualiteit van de theologie van J. H. Gunning jr.*, edited by Th. Hettema and L. Mietus, 62–86. Gorinchem: Ekklesia, 2005.

———. *Kuyper in de kiem: De precalvinistische periode van Abraham Kuyper, 1848– 1874.* Hilversum: Verloren, 2006.

———. "Van separatie naar integratie: De afgescheidenen en hun kerk in de Nederlandse samenleving (1834–1892)." In *Religies en (on) gelijkheid in een plurale sa menleving*, edited by R. Kranenborg and W. Stoker, 161–76. Leuven: Garant, 1995.

Wagenhammer, Hans. *Das Wesen des Christentums.* Mainz: Matthias Grünewald, 1973.

Wijne, Johan S. *De "vergissing" van Troelstra.* Hilversum: Verloren, 1999.

Wilhelmina, Princess of the Netherlands. *Eenzaam maar niet alleen.* Amsterdam: W. ten Have, 1959.

Wintle, Michael. *An Economic and Social History of the Netherlands, 1800–1920: Demographic, Economic and Social Transition.* Cambridge: Cambridge University Press, 2000.

Wirtz Czn., J. C. *Bijdrage tot de geschiedenis van de schoolstrijd.* Amsterdam: H. J. Spruyt's Uitgevers-Maatschappij, 1926.

de Wit, Willem Jan. *On the Way to the Living God.* Amsterdam: VU University Press, 2011.

Witkam, Jan Just. "Christiaan Snouck Hurgronje's description of Mecca." In *Mekka in the Latter Part of the 19th Century—Daily Life, Customs and Learning: The Moslims of the EastIndian Archipelago*, by Christaan Snouck Hurgronje, edited and translated by J. H. Monahan, xiii–xxi. Leiden: Brill, 2006.

———. "Copy on Demand: Abū Šubbāk in Mecca, 1303/1886." In *The Trade in Papers Marked with Non-Latin Characters*, edited by Anne Regourd, 206–26. Leiden: Brill, 2018.

Woldring, H. E. S. *Een handvol filosofen: Geschiedenis van de filosofiebeoefening aan de Vrije Universiteit in Amsterdam van 1880 tot 2012*. Hilversum: Verloren, 2013.

Wood, John Halsey. "Church, Sacrament and Civil Society: Abraham Kuyper's Early Baptismal Theology." *Journal of Reformed Theology* 2, no. 3 (2008): 275–96.

Wright, David. Introduction to *Disruption to Diversity: Edinburgh Divinity, 1846– 1996*, edited by David Wright and Gary D. Badcock, vii–xxiv. Edinburgh: T&T Clark, 1996.

Wumkes, G. A. "Bavinck (Jan)." In *Nieuw Nederlandsch Biografisch Woordenboek*, edited by P. C. Molhuysen and P. J. Blok, 10:34–35. Leiden: A. W. Sijthoff's Uitgevers-Maatschappij, 1911.

———. *Stads-en Dorpskroniek van Friesland*. Heerenveen: Nieuwsblad van Friesland, 1917.

van Wyk, D. J. C. "P J Hoedemaker, teoloog en kerkman." *HTS Teologiese Studies* 47, no. 4 (1991): 1069–87.

Yarnell, Malcolm. *The Formation of Christian Doctrine*. Nashville: B&H, 2007.

Young, D. A. "The Reception of Geology in the Dutch Reformed Tradition: The Case of Herman Bavinck (1854–1921)." In *Geology and Religion: A History of Harmony and Hostility*, edited by M. Kölbl-Ebert, 289–300. Geological Society Special Publication 310. London: Geological Society, 2009.

Zeller, Eduard. *Das theologische System Zwingli's*. Tübingen: L. Fr. Fues, 1853.

Zijdeman, Richard Lindert. *Status Attainment in the Netherlands, 1811–1941: Spatial and Temporal Variation before and during Industrialisation*. Ede: Ponsen & Looijen, 2010.

Zuidema [no first name given]. "KAPTEYN (Johannes)." In *Nieuw Nederlandsch Biografisch Woordenboek*, edited by P. C. Molhuysen and P. J. Blok, 2:647–48. Leiden: A. W. Sijthoff's, 1912.

van Zuthem, Johan. *"Heelen en halven": Orthodoxprotestantse voormannen en het "politiek" antipapisme in de periode 1872–1925*. Hilversum: Verloren, 2001.

van der Zweep, L. *De paedagogiek van Bavinck, met een inleiding tot zijn werken*. Kampen: Kok, 1935.

索引

1834年的分离运动 X–XI, 4, 8-10, 12, 19, 84, 95, 110, 120, 149, 155-156, 254, 266, 279

阿德里安·斯迪克特 X, XXXVII, 94, 102-104, 107, 111, 117, 132-133, 174-175, 191-193, 211-214, 260, 267, 456

阿尔姆科克（Almkerk） XXXI, 48, 51, 60, 67-72, 75, 80, 107, 114, 144, 146, 153-154, 173, 251, 517

阿拉伯 122, 129, 150, 182, 241, 243, 251, 387

阿姆斯特丹 IX, XII, XXXI, XLI, XLIII, XLIV-XLV, 26, 60-62, 67, 88, 91, 93-94, 96, 109, 114, 162, 202, 205-206, 208, 221, 234, 250, 254, 257, 260, 262-264, 270-271, 273, 275-276, 282-283, 286, 300, 302-303, 308, 311-312, 314, 316-319, 325, 329, 331, 344-345, 347-348, 355, 357, 359, 361, 363-366, 368-373, 377, 379, 384, 388, 390, 392, 395, 399, 401, 404, 420, 424, 429, 431, 437-439, 442, 448, 450, 454, 457, 464, 468-469, 478, 482, 484-485, 493-494, 502, 518

阿姆斯特丹大学 60, 106, 233, 248, 344, 346, 400-402

阿姆斯特丹自由大学 VIII-IX, XI, XIV-XVI, XXXI, XLIII, XLV, 60-62, 152, 161-163, 167, 205-206, 208-210, 212, 225, 234, 240, 249-250, 254, 257, 262-263, 267, 271-275, 278, 286, 291, 298, 303, 314, 316-319, 326, 332-334, 344, 346-

350, 355-357, 359, 364-368, 370, 372-373, 378-380, 388, 392-395, 397, 399, 401, 404, 406, 412, 422, 424, 430-431, 435, 442, 447, 467, 469, 475, 484, 493, 518, 530

哀恸者 VIII, X-XI, 222, 264, 266-268, 271, 273, 275, 294, 303, 305, 314, 390, 427

安东尼·布鲁梅坎普 36, 102, 106, 110-111, 117, 139-140, 142, 261, 264

贝伦迪纳·游汉娜·巴文克 43, 48, 338

贝伦迪努斯·约翰内斯·巴文克 VII, 53, 60, 257-258, 263, 278, 282, 284, 336, 338, 353, 426

本特海姆 XI, 3, 6-9, 12-16, 23, 28-33, 37-44, 46, 49-50, 138, 256, 364, 425

彼得勒斯·比斯特菲尔德 318-319, 336, 348, 352, 355-357, 359, 365, 371, 388, 394, 411-412, 430-431

博拉梅尔 XXVII-XXVIII, 70, 74, 79-80, 86, 110-111, 164, 175, 227, 345, 352, 437, 442-443, 445, 478, 485

慈运理 155-159, 164-165, 168, 518

达尔文 | 达尔文主义 375, 458-459, 466, 469

《大众商报》 XII, 241-242, 273, 278, 291, 398-399, 425, 447, 449, 490

道威·克拉泽斯·卫兰赫 X, 54, 130, 162, 174–175, 202, 213, 268, 371

法国大革命 3, 100, 383, 394-395

范普林斯特勒 VIII, 20, 193, 299, 383-384, 386, 389, 437, 514

佛教 XX, 433

弗拉讷克 X, XXXI, 91-92, 104, 160, 173, 177-185, 190-191, 194-198, 200-206, 208-209, 214-215, 219-222, 235, 271, 372, 379, 464, 484, 518

弗里德里希·尼采 IX, 363, 375-376, 378, 392-393, 395, 400-401, 406, 409-410, 416, 420, 435, 438-439, 451-452, 458-459, 461, 469, 472

弗里德里希·施莱尔马赫 IX, 102, 133, 150, 193, 228, 231, 246, 253, 339-341, 451-452

弗米亚·巴文克 48, 53, 75, 284, 338

复兴运动 VIII, 9-10, 262, 288, 444, 455

《改革宗教理学》 XX, XXV, XXVII, XXXI, 237, 239-240,

258-259, 287-290, 293, 313-315, 317, 327-331, 338-339, 344, 348-350, 360, 370, 380, 401-406, 420-421, 425, 433-435, 437-442, 457, 459, 488, 490-492

《改革宗伦理学》 237, 239-240, 289-290, 293, 314, 339, 348, 369-370, 457

《更纯正神学之总览》 180-182, 240, 292, 328

哈塞尔曼 48-50, 68-74, 76, 145

《海德堡要理问答》 32, 61, 195-196, 203, 326, 354

《号角报》 XII, XIV, 45-47, 57-59, 65-67, 96, 99, 101, 109, 111, 167, 169, 179, 193, 202, 236, 256, 263, 274-275, 284, 296, 304, 308, 310, 320, 330, 332, 336, 339, 349, 351, 353, 355-358, 369, 372, 379, 391, 419, 424-425, 430, 434, 454, 487

赫尔曼努斯·巴文克 30, 50, 60, 68

荷兰地区归正众教会 XI, XV, 17, 302-303, 314, 318, 327, 347, 356, 404, 428-429, 475, 491

荷兰改革宗教会 VII-VIII, X-XI, XXIII, 4-5, 9-12, 16, 42, 56, 95, 97, 127, 162, 254, 257, 266, 271, 303, 329, 338, 358, 428, 475, 490

赫瑞特·雷斯 IX, XI, L, 469, 473, 482, 488, 490

荷属东印度 XIV, 124-126, 219, 241, 271, 285, 371, 428-429

赫兹娜·巴文克–霍兰 VII, 41-53, 48, 50, 53-54, 59-63, 65, 67, 70, 75, 77-78, 106-107, 215, 284, 336, 353-354

亨利·多斯克 VIII, 37, 63, 68, 78, 81, 84, 102, 111, 140, 152, 163, 183, 224, 237, 257, 264, 268, 286, 306, 408, 487, 518

皇家科学院 87, 402-403, 518

胡宁 VIII, 162, 248-250, 259, 268, 278, 377, 382

华腓德 XII, 295, 309, 408, 473

基督教归正教会 VII, IX-XII, XXXI, 11, 26, 43, 48-49, 53, 55, 58, 83-84, 92-93, 96, 98, 104-105, 108-112, 114-115, 121, 132, 137, 139, 142, 147, 151-152, 162, 166, 169, 173-174, 178, 180, 182-183, 185, 188, 191-192, 194, 202-203, 205, 207-208, 212, 219-220, 225, 235, 249, 254, 256, 264, 266, 268, 273-275, 283-284, 292, 295, 304-305, 314, 358, 367

《旌旗报》 XII, XIV, 54, 111, 238, 286, 290, 301, 320, 332-333,

349, 445-446, 468, 493

卡尔·巴特 246, 439-440

坎彭神学院 VII, IX-XI, XXXI, 38, 45-46, 48, 53-58, 87, 92-99, 102-112, 115, 117, 129, 132-133, 135-137, 140, 142, 147-148, 160-161, 163, 168-169, 180, 182, 191-192, 194, 201, 205-208, 210-212, 219-220, 234, 237, 245, 249-250, 254, 260, 267, 272-273, 280-283, 290-291, 294, 303-304, 314, 318-319, 322, 326, 329, 331-332, 346-349, 355-358, 363-364, 370, 399-400, 406, 423-425, 428, 430-431, 455, 484, 493, 497, 518

康德 14, 40, 258, 378, 436, 451-452

抗革命党 VIII-IX, XII, 101, 265, 278, 295, 332-334, 351, 368, 383, 385-389, 393, 397, 437, 443-444, 446, 457, 467-468, 479, 493, 514

克里斯蒂安·斯努克·赫胡洛涅 X, XIII, XXXVIII, 126-130, 135-136, 139, 147-150, 154-156, 160, 165-166, 184-186, 188, 197-198, 200, 213, 221, 224, 227, 229-232, 234, 237, 239, 241, 243-246, 249-253, 260, 268-271, 274-277, 279, 284-285, 288, 298, 358, 367, 369-370, 373, 380, 390, 392, 395-396, 403, 411, 416-417, 419, 443, 448, 458, 477, 482-483

科内利斯·彼得勒斯·提勒 XXXIX, 229

昆拉德·伯纳德斯·巴文克（伯纳德）VII, X, 52, 107, 192, 203, 282, 284, 288, 294, 296, 336, 350, 353, 426, 441, 478, 489-490

两次世界大战 IX, XXI, 3, 395, 458, 460–461, 463, 469–470

路德维希·费尔巴哈 228

卢卡斯·林德博姆 IX, 54, 213, 225-227, 260-261, 268, 272, 281, 283, 303, 318-319, 325-326, 331-332, 347-348, 356, 359, 364, 391, 395, 399, 416, 420, 422-424, 454-455, 484

伦理神学 VIII, 162, 245-249, 376-377, 401

马丁·路德 51, 228, 419

马尔汀·努尔德赞 111, 191-192, 204, 211, 225, 261, 268, 294-295, 297, 319, 356-357, 359

马克思 | 马克思主义 378, 466

门诺派 6-7, 11, 20, 290, 425, 427

拿破仑 3, 7, 178

女性主义 350, 394, 465-466

欧洲之春 XXIX, 13-14, 23, 28, 42, 87, 279

启蒙运动 XXIX, 8-9, 14-15, 25, 240, 432, 435

圣经批判 156, 175, 182, 230, 290

斯通讲座 XII, XXIII, 7, 308, 341, 378, 402, 406-407, 409-410, 412, 416

威廉·比尔德戴克 290, 397-399, 518

魏司坚 X, XII-XIII, 78, 256-259, 263-264, 270, 294-295, 306, 314, 317-318, 341, 408-409, 419

无神论 IX, 123-124, 126, 374-377, 401, 409, 420, 454, 461

希特勒｜纳粹 IX, 7, 460, 485, 493-496

《先锋报》 XII, XIV, 47, 166, 182, 231, 268, 317, 327, 330, 349, 354, 357, 403, 406

小亚伯拉罕·凯波尔 VIII, 441, 485

循道主义 311, 455

亚伯拉罕·凯波尔 VIII-XII, XIX, XXXVI, XLVI-XLVII, 71, 95, 97-99, 101-102, 107, 122-123, 125-126, 151-152, 155-156, 160-164, 166-167, 183, 186, 193, 205, 208-209, 221, 225, 231-232, 234, 248-250, 254, 257, 260-268, 270-273, 277, 281, 289-290, 293, 298-303, 307-308, 314-321, 324-335, 337-338, 340-344, 347-348, 352, 355, 357, 360, 368, 370-371, 376, 380, 382-391, 394-395, 397, 399, 404, 406, 410, 420, 428, 435, 438, 444-447, 449, 452, 455, 457, 468-469, 471-472, 474, 476, 479-481, 483, 490, 492-495, 514, 521, 535

亚伯拉罕·库能 VIII, XXXIX, 103, 135, 141, 146, 156, 158-160, 165, 175, 186, 188-189, 229, 232-233, 290, 293, 377, 403, 436, 518

亚历山大·德·萨沃宁·洛曼 IX, 332-335, 388

亚米纽主义 311

杨·巴文克 VII, X-XI, XXXI, XXXV, XLVIII, 7-8, 12, 14-16, 22, 24-38, 40-56, 58-63, 65-72, 74-78, 81, 86, 88, 93, 95, 105-107, 109-110, 119, 139-140, 142, 174, 193, 195, 213-215, 225, 234, 236, 244, 284, 288-289, 299, 335-336, 354, 364, 372, 407, 425-426, 517, 533

移民 VII, VIII, X, 8, 11, 13, 18, 20-22, 34-35, 81, 84, 88, 95-96, 142, 169, 257, 264, 294, 304, 307, 311-312, 412, 414-415, 499-500, 502-506, 508, 511

伊斯兰教 XIX, 127, 241-244, 251-253, 285, 387, 400, 429, 433, 448, 458

约翰·赫尔曼·巴文克 VII, 493

约翰·加尔文 VIII, XVII-XVIII, XX, XXIII-XXIV, XXVI, XXIX-XXX, 4-5, 16, 20, 25, 60, 63, 95, 98-99, 101, 112, 123-124, 126, 146, 164, 169, 183, 193, 227, 234, 240, 248, 250, 258, 262-263, 267, 281, 288, 294, 296, 299, 304-305, 307-308, 310-313, 317, 321-325, 327, 335, 341-343, 344, 350, 352, 357, 368, 374, 376, 378, 380, 382-385, 389, 397-398, 402-404, 406, 409, 414, 418-419, 420, 427, 434-436, 442, 444, 448, 452, 455, 457, 465, 468-469, 473, 478, 485, 489, 493, 511, 517

约翰·鲁道夫·托尔贝克 77-78

约翰内斯·赫瑞特·巴文克 VII, 53, 60–62, 86, 107, 263, 282-284, 286, 288, 335–338, 412, 425

约翰内斯·亨德里克斯·多纳 VIII, XVI, XL, 107-108, 112, 116-122, 131, 137, 147, 166, 169, 180-182, 194, 211, 238

约翰内斯·斯霍尔滕 X, XXXVIII, 103, 135, 141, 143, 146-147, 149, 156-161, 165-166, 175, 179, 181-182, 186, 188-189, 239-240, 246, 248, 403, 418, 436, 518

游汉娜·艾德里安娜·巴文克–席佩斯 VIII, 62, 264-266, 282-288, 293-296, 304, 320, 336, 352-354, 371, 397, 404, 407-408, 410-412, 419, 449-450, 473, 482-483, 485, 487-494

詹姆斯·布拉特 99, 384

种族 8, 410, 412-414, 448

《自由教会》 182, 191-192, 194, 202, 227, 238, 248, 292, 377

www.ingramcontent.com/pod-product-compliance
Lightning Source LLC
Chambersburg PA
CBHW030106240426
43661CB00001B/36